AF412146

KERBER ART

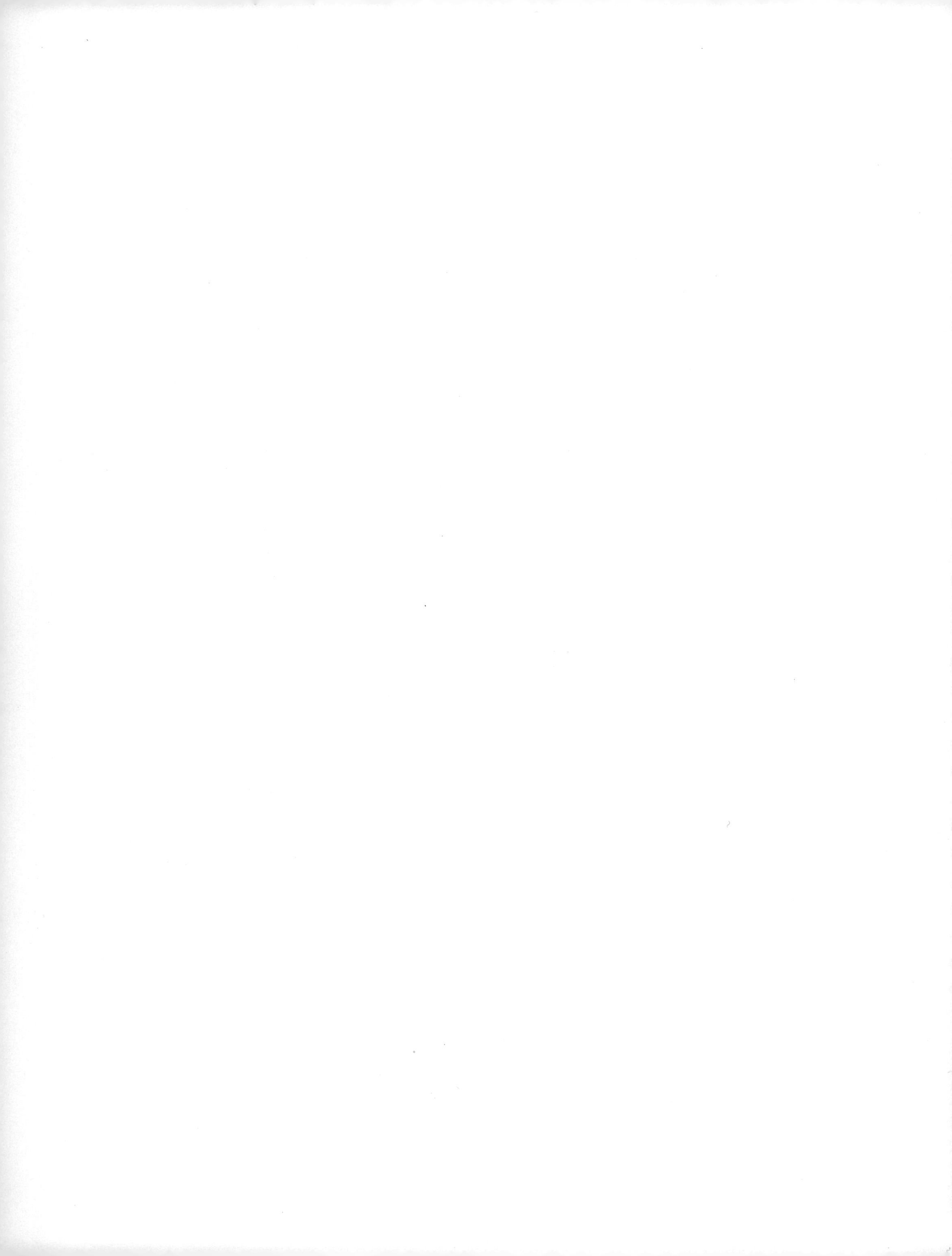

INHALT
CONTENTS

PROLOG
PROLOGUE
Monika Kerkmann
Julia Stoschek

Die **JULIA STOSCHEK COLLECTION** feiert in diesem Jahr ihr zehnjähriges Jubiläum. Zehn Jahre sind historisch gesehen eine kurze Zeitspanne, aber für eine Sammlung mit dem Fokus auf zeitbasierter Kunst vergleichsweise lang, da sich in diesen zehn Jahren grundlegende Parameter für diese Kunstgattung verändert haben. Die Verknüpfung verschiedener Technologien hat Video zum populärsten Medium unserer Zeit gemacht. Diese Weiterentwicklung durchdringt auch die künstlerische Praxis. Das Sammlungsprofil der **JULIA STOSCHEK COLLECTION** hat sich dem Aspekt der Zeitgenossenschaft verschrieben. Die Gesamtheit der Werke reflektiert die gegenwärtige Kunstproduktion, immer verbunden mit dem Rückbezug auf die historischen Positionen beziehungsweise vorherigen Generationen. Der vorliegende Katalog ist nicht nur eine Dokumentation der Jubiläumsausstellung **GENERATION LOSS,** sondern vor allem ein Rückblick auf zehn Jahre Sammlungsgeschichte, der sich nicht an einer klassischen historischen Aufbereitung orientiert.

Für die Konzeption der Ausstellung konnte der britische Künstler Ed Atkins gewonnen werden, dessen Werke bereits 2012 in einer retrospektiv angelegten Ausstellung im Sammlungsgebäude in Düsseldorf zu sehen waren. In engem Austausch mit Atkins ist eine Präsentation entstanden, die sich einer alternativen Deutung des bewegten Bildes annimmt.

Unter dem Titel **GENERATION LOSS** werden dafür Arbeiten aus dem gesamten Spektrum der Sammlung präsentiert. In simultanen Werkgruppen angeordnet und von ihrem herkömmlichen Präsentationsrahmen losgelöst, bilden sie ein Seherlebnis, das den Charakter der Sammlung als lebendiges Archiv offenlegt. Grundidee des Ausstellungskonzepts ist es, die Bezüge innerhalb der Sammlung aufzuzeigen und auch die Art und Weise wie Generationen – von Künstlern ebenso wie von Technologien – ihre Vorläufer beerben, hinter sich lassen, verändern und unterwandern.

Der Begriff „Generation Loss" (dt. Generationsverlust) bezeichnet allgemein den Prozess der Qualitätsverschlechterung von sukzessiv kopierten Datenträgern. Alles, was die Darstellungsqualität beim Vorgang des Kopierens von Daten reduziert, kann als Form von „Generationsverlust" betrachtet werden. Dies gilt nicht nur für Dateiformate oder Datenträger jeglicher Art, sondern manifestiert sich auch im ideologischen Sinne in Politik, Kultur, Natur oder allgemein in den gesellschaftlichen Umbrüchen von einer Generation zur nächsten. Die Auswahl der Werke reflektiert ebendiese Analogien und unternimmt den Versuch einer alternativen Interpretation des Bewegtbildes im Ausstellungskontext.

Die Publikation zur Ausstellung **GENERATION LOSS** gliedert sich in fünf Kapitel: Zu Beginn des Katalogs beschreibt die Sammlerin Julia Stoschek in einer sehr persönlichen Rückblende Ereignisse und Momente, die sie in den letzten zehn Jahren Sammlungsgeschichte bewegt haben. Es folgt der Medienrestaurator Andreas Weisser, der den Begriff des Generationsverlusts aus konservatorischer Sicht beleuchtet. Sein Expertenwissen hat den Grundstein für die Strategie der Langzeitarchivierung von zeitbasierter Medienkunst in der **JULIA STOSCHEK COLLECTION** gelegt. Den zentralen Text des Katalogs liefert Ed Atkins. Er richtet seinen Fokus auf die einerseits organisatorische, aber auch politische und psychologische Dimension dieser Ausstellung und formuliert eine fast poetische Annäherung an das Thema des Generationsverlusts.

Der dritte, umfangreiche Teil des Katalogs ist den einzelnen Werken gewidmet. Hier wird auf detaillierte Beschreibungen zu den Videoarbeiten verzichtet, zugunsten von kurzen Werknotizen, die Atkins verfasst hat. Diese werden mit impliziten Metadaten in Form von ausgewählten Zitaten aus verschiedenen Publikationen sowie historischen Dokumenten angereichert. Darauf folgt ein Teil mit Installationsansichten der Ausstellung. Am Ende wird im fünften Teil der komplette Sammlungsbestand erfasst und aufgelistet. Dieser Teil dokumentiert zehn Jahre Sammlungsaufbau und vervollständigt das Konzept des Katalogs als enzyklopädisches Nachschlagewerk.

Diese Sammlung wäre nichts ohne ihre Protagonisten. Deshalb gilt an dieser Stelle der Dank allen Künstlern, Freunden, Kollaborateuren und Förderern der **JULIA STOSCHEK COLLECTION.** Unser besonderer Dank richtet sich an alle MitarbeiterInnen der **JULIA STOSCHEK COLLECTION,** insbesondere an Andreas Korte, Christian Kummetat, Anna-Alexandra Pfau, Şirin Şimşek und Anke Volkmer, für ihr langjähriges Engagement und ihren persönlichen Einsatz, sowie an die Restauratoren Andreas Weisser und Lluïsa Sàrries i Zgonc, die die Sammlung konservatorisch seit den Anfängen begleiten. Nicht zuletzt möchten wir Ed Atkins unseren aufrichtigen Dank für diese außergewöhnliche Ausstellung und für seine Textbeiträge in diesem Katalog aussprechen.

The **JULIA STOSCHEK COLLECTION** is celebrating its tenth anniversary this year. Ten years is a short period of time from an historical perspective, but for a collection that focuses on time-based art, it is comparatively long, since fundamental parameters of this art genre have changed in this decade. With its linking of various technologies, video has maintained its status as the most popular medium of our time. The technological advances that account for these changes pervade artistic practice as well. The collection profile of the **JULIA STOSCHEK COLLECTION** has dedicated itself to the aspect of contemporaneity. The works as a whole reflect contemporary art production, always associated with a reference to historical positions and/or previous generations. This catalogue does not only document the anniversary exhibition, **GENERATION LOSS,** but above all looks back over ten years of collection history that is not oriented toward classic, historical processing.

For the concept of the exhibition, we managed to recruit the British artist Ed Atkins, whose works were presented in the collection's building in Düsseldorf in a retrospective-like exhibition in 2012. Our close interaction with Atkins has resulted in a presentation that provides an alternative interpretation of the moving image.

Under the title **GENERATION LOSS,** works from the complete spectrum of the collection are presented. Arranged in concurrent groups of works and detached from their traditional presentation framework, they constitute a visual experience that reveals the character of the collection as a living archive. The fundamental idea of the exhibition concept is to show references within the collection and also the ways in which generations – of artists as well as technologies – succeed, leave behind, modify, and subvert their predecessors.

The term 'generation loss' generally refers to the process of quality deterioration when data carriers are copied successively. Anything in the process of copying data that reduces presentation quality can be regarded as a form of generation loss. This not only applies to file formats and data carriers of all kinds, but is also manifested in an ideological sense in politics, culture, nature, or generally in the social upheavals from one generation to the next. The choice of works reflects these very analogies and attempts as an alternative interpretation of the moving image within the exhibition context.

The publication accompanying the exhibition **GENERATION LOSS** is divided into five sections. At the beginning of the catalogue, in a very personal review, the collector Julia Stoschek describes events and moments that moved her in the past decade of the history of the collection. This is followed by an article by the media restorer Andreas Weisser, who sheds light on the term 'generation loss' from a conservation perspective. His expert knowledge laid the foundation for the **JULIA STOSCHEK COLLECTION**'s strategy for archiving time-based media art in the long term. Ed Atkins' texts provide the focus of the catalogue. He directs the gaze to the organisational, but also political and psychological dimension of this exhibition, and formulates a poetic approach to the topic of generation loss.

The third, in-depth section of the catalogue is dedicated to the individual works themselves. It forgoes detailed descriptions of the video works in favour of brief notes on the works written by Atkins. They are supplemented with implicit metadata in the form of selected quotes from various publications as well as historical documents. These texts are followed by a section with installation views of the exhibition. At the end, in the fifth section, all the works in the collection are recorded and listed. This section documents ten years of developing the collection, and completes the concept of the catalogue as an encyclopaedic reference work.

This collection would be nothing without its protagonists. At this point, we would therefore like to thank all the artists, friends, collaborators, and supporters of the **JULIA STOSCHEK COLLECTION.** Our special gratitude is extended to all the staff employed by the **JULIA STOSCHEK COLLECTION,** in particular Andreas Korte, Christian Kummetat, Anna-Alexandra Pfau, Şirin Şimşek, and Anke Volkmer, for their many years of commitment and personal involvement, as well as to the restorers Andreas Weisser and Lluïsa Sàrries i Zgonc, who have managed the collection from a conservation perspective since the very beginning. Last but not least, we would like to express our sincere thanks to Ed Atkins for this unusual exhibition and for his articles for this catalogue.

DER WEITE HIMMEL 10 JAHRE JULIA STOSCHEK COLLECTION

THE VAST SKY 10 YEARS OF THE JULIA STOSCHEK COLLECTION

Julia Stoschek

Städte sind aus Steinen gebaut, aber was sind schon Steine? Steine sind tot. Gemälde werden mit Farben gemalt, aber Farben sind nur Chemie. Kunst ist, wenn man so will – und jeder weiß, dass ich will – aus Pixeln gemacht, aber was sind schon Pixel? Alles ist nichts ohne uns. Der Programmierer weiß: It's all about the difference between One and Zero. Alle Kunst, jedes Bild, jeder Film, jede Sammlung, jede Stadt, ein jedes Haus beginnt zu schweben, weil wir es sind, die Menschen, die hier leben, lieben und arbeiten – weil wir es sind, die mit Liebe und Leidenschaft den Unterschied zeigen zwischen der Eins und der Null. Vor 14 Jahren stand ich hier in Düsseldorf auf der Schanzenstraße vor einem Haufen Steine. Sollte dies der Ort werden, an dem ich zeige, was für mich der Unterschied zwischen Licht und Schatten, zwischen der Eins und der Null ist? Das Haus war wirklich sehr versehrt, und ich wusste: Das wird teuer. Das Haus war aber auch sehr schön, und ich wusste: Ich will.

Die drei Jahre bis zur Eröffnung meiner Sammlung waren, um es vorsichtig zu sagen, interessant. Dieses Haus – oder wie wir sie nennen: diese Burg – ist ein Denkmal frühmoderner Industriearchitektur. Es wurde genau einhundert Jahre vor der Eröffnung meiner Sammlung gebaut. Von 1907 bis 2007 war es zunächst eine Bühnenwerkstatt, dann eine Motorenfabrik, es wurden hier Damenkorsetts und Matratzen fabriziert, und schließlich war dies die Fabrik des berühmten Düsseldorfer Rahmenhändlers F. G. Conzen.

Als ich 2003 vor dem Haufen Steine stand, da war dies alles deutlich mehr Null als Eins. Conzen war schon lange weg, und sogar ein berüchtigt willensstarker Mensch kommt an seine Grenzen, wenn er an Behörden gerät. Der Haufen Steine stand – natürlich – unter Denkmalschutz, und erst im Nachhinein amüsant verlief für mich die erste Sitzung beim Denkmalamt der Stadt Düsseldorf. Als ich das Nutzungskonzept vorstellte, also das Sammlungskonzept von zeitbasierter Medienkunst, mit dem ich wieder Leben in die Steine bringen wollte, sagte der Leiter der Behörde: „Nee, junge Frau, also datt dat klar is, ne Videothek kommt in dieses Haus nicht rein!"

Ich hatte schon als kleines Kind einen starken Willen, und ich war schon als Kind undiplomatisch. Ab einem bestimmten Alter verändert sich ein Mensch nur noch äußerlich, heißt es, und sicher kann ich sagen: Meine Willensstärke ließ nie mehr nach, und wäre ich im Auswärtigen Dienst, die Welt läge in Trümmern. Mein Team und ich entschieden nach der ersten Sitzung beim Denkmalamt, dass wir erstens kämpfen werden bis zur totalen Erschöpfung für diese Sammlung in diesem Gebäude, und dass es zweitens tödlich wäre für unser Projekt, wenn der Mann vom Denkmalamt und ich uns noch einmal begegneten. Man muss seine Grenzen kennen. Und so fanden die nächsten Sitzungen dort dann also ohne mich statt.

Düsseldorf ist eine sonderbare Stadt, im Grunde ist sie viel sonderbarer als das stets als interessant gepriesene Berlin. Natürlich ist Berlin interessant, dafür ist Düsseldorf nun mal sonderbar. Die Stadt ist eigentlich recht klein, aber die Weite ihres Anblicks, wenn du am Rhein stehst, so etwas findest du in Berlin nicht. Nein, Düsseldorf ist nicht groß – aber es ist großzügig. Der Betrieb in dieser Stadt erscheint mir oft eher klein, aber die Kunst in dieser Stadt war schon immer wie der Blick, wenn du über eine der fantastischen Brücken läufst: weit, groß, ein Statement, all dies hier passiert, wie ich immer denke, unter einem weiten Himmel.

In dieser Stadt entstand nach dem Krieg unter der Leitung des legendären Werner Schmalenbach eine der weltweit bedeutendsten Sammlungen moderner Kunst, die Kunstsammlung Nordrhein-Westfalen. In dieser Stadt befruchteten und befruchten sich – mal in Liebe und Zuneigung, mal in produktiver Gegnerschaft – große zeitgenössische Galerien und Sammlungen, die Kunstakademie, Beuys, die Bechers und ihre berühmten Schüler, Uecker, Lüpertz und Immendorff, eine Musikszene, die Kraftwerk hervorbrachte. Diese nicht große, aber großzügige Stadt war dabei im Wortsinne stets: avant garde. Der Düsseldorfer, dafür wird er geliebt und mitunter belächelt, lässt es gerne krachen. Es ist eine Haltung, die gut ist für die Kunst. Diese Haltung negiert Bedenken, denn Kunst darf keine Bedenken haben. Andere sollen meinetwegen Bedenken haben, aber wahre Kunst ist bedenkenfrei. Diese Haltung schafft dann Räume, sie öffnet Räume, sie weitet den Himmel. (Voraussetzung, wie gesagt: Man überlebt den Gang zum Denkmalamt.)

Wir, meine wunderbaren Mitarbeiterinnen und Mitarbeiter und ich, schufen unsere Räume, hier, in der Burg. Wir wollten den Blick weiten, von der Burg aus in und über die Stadt, wir haben das Dach geöffnet, sodass der weite Himmel jetzt das Dach ist. Wir wollten den Blick weiten auf die Kunst, die ich liebe und sammle und deren ungeheure Kraft ich teilen möchte mit den Menschen, die sie erleben möchten, mit den Menschen aus Düsseldorf und mit den Menschen aus aller Welt, die in diese Stadt kommen, um sich meine Sammlung anzusehen.

Die **JULIA STOSCHEK COLLECTION** sollte dabei nie ein Museum sein, sondern eben eine Sammlung: Ich mag den Begriff Sammlung sehr, denn für mich steht er auch für die vielen, vielen Menschen, die sich in zehn Jahren versammelt haben: Künstler wie Besucher.

Ein jedes Haus beginnt zu schweben, weil wir es sind … so schrieb ich am Anfang dieses Vorworts. Dieses Haus hat also seit zehn Jahren wieder ein Leben, und ich verbinde mit ihm mehr, als ich damals je für möglich gehalten hätte. Ich bin, seit es meinen Sohn Jacob gibt, der jetzt auch zur Geschichte dieses Hauses gehört, nicht mehr alleine. Ich habe in diesem Haus geliebt, gefeiert, gelacht, geweint – und, auch dies weiß der Himmel: gearbeitet. Ich habe mich in dieser Stadt in meinen Nachbarn Andreas Gursky verliebt. Meinen ersten Besuch bei ihm daheim begründete ich damals so: „Ich wollte mir mal deinen Boden anschauen." Was immer ich mir dabei gedacht hatte: Es war eine extrem sonderbare Ausrede, und zwar eine, die zu dieser sonderbaren Stadt passt, in der einerseits alles möglich ist, in der andererseits eine Videokunstsammlung mit einer Videothek verwechselt wird.

Ich erinnere mich genau an unser zweites Ausstellungsjahr 2008, als Terence Koh und ich als **SNOW WHITE** für den gleichnamigen Film performten. Eine Vogelspinne musste beschafft werden und erregte Aufsehen, und ich weiß noch, wie schwierig es war, für Terence Pumps in Schuhgröße 42 zu organisieren. Ich sehe vor meinem inneren Auge die Jahre unter diesem Himmel: Die nackte Andrea Fraser mit ihrer spektakulären Performance **OFFICIAL WELCOME** (2009), Ragnar Kjartansson, an den Pfeiler gebunden, singend bis zum Stimmverlust (2009). Christian Jankowski machte aus uns allen in der Burg eine Karnevalsgesellschaft (2010) und Michalis Nicolaides nahm mich buchstäblich auf die Schippe in der Performance **RICHTIG BAGGERN** (2010). Ich erinnere mich an die fantastische und erste Kooperation überhaupt mit den Hamburger Deichtorhallen (2010), wie am Eröffnungsabend in Island der Vulkan Eyjafjallajökull ausbrach, wie meine Gäste aus dem In- und Ausland am nächsten Tag nicht mehr nach Hause kamen – wir machten uns dann unter fremdem Himmel eine gute Zeit.

Ich erinnere mich, und dies ist mir besonders wichtig, wie wir im Jahr 2015 die erste Ausstellung einer deutschen Privatsammlung in Israel zeigten – aus Anlass des fünfzigjährigen Bestehens der diplomatischen

Beziehungen zwischen unseren Ländern. Ich werde diese Wochen in Tel Aviv nie wieder vergessen, und erst recht nicht die großartigen Menschen hier in Düsseldorf und dort in Tel Aviv, die das alles möglich gemacht haben.

All dies sind nur Episoden aus den vergangenen zehn Jahren, Bilder, Erinnerungen, Töne, Farben – Namen meiner Helden, und, wie ich mit Stolz und Liebe sagen darf, meiner Freundinnen und Freunde. Marina Abramović, Doug Aitken, Katharina Fritsch, Cyprien Gaillard, Andreas Gursky, Axel Hütte, Imi Knoebel, Reinhard Mucha, Richard Phillips, Thomas Ruff, Katharina Sieverding … Und doch ergeben all diese Bilder, diese Farben, Erinnerungen und Namen für mich nun eine Geschichte. Ich liebe zeitbasierte Kunst, sie ist, wie ich mal gesagt habe, mein Archiv von Zeitlichkeit, es ist die Zeit meines Lebens, des Lebens auch meiner Generation. Ich stehe vor einem Gemälde von Lucas Cranach oder Ernst Ludwig Kirchner und staune und liebe. Ich spüre Freude, Schönheit und Einsamkeit. Aber nur in der zeitbasierten Kunst, im bewegten Bild, seinem Tempo, seinem Loop, seiner Ausweglosigkeit spüre ich diese Kraft, diese Unmittelbarkeit, auch diese Unerbittlichkeit. Dies ist: meine Kunst.

Jetzt, im Sommer 2017, bin ich stolz – auf meine Sammlung, meine Mitarbeiterinnen und Mitarbeiter, auf: unsere Burg. Ich stand vor einem Haufen Steine. Städte sind aus Steinen gebaut. Aber, da schließt sich der Kreis, was sind schon Steine? Ich habe diese Steine also umgebaut. Ich habe dann mein Leben und meine Bilder in diese Steine gelegt. Es sind bewegte Bilder in diesen Steinen, in diesen Räumen lebt meine Liebe, meine Leidenschaft, hier lebt meine Freude, hier sind meine Freunde, hier ist mein Kind – hier ist, auch das, meine Einsamkeit: Hier bin ich.

Und so wurde, nehmt alles in allem, aus der Null eine Eins. Und aus der Eins eine Zehn. Hier, in Düsseldorf, der sonderbaren und nach diesen bewegten Jahren von mir so geliebten Stadt. Der Stadt unter dem weiten Himmel.

Cities are built of stones, but what are stones? Stones are dead. Paintings are painted with paint, but paint is only chemistry. Art is, so to speak – and everyone knows that I would say – made of pixels, but what are pixels? Without us, everything is nothing. Programmers know: it is all about the difference between one and zero. All art, every picture, every film, every collection, every city, every building begins to float, because we are the ones who live, love, and work there – because we are the ones who show the difference between one and zero with love and passion.

Fourteen years ago, I stood here in Düsseldorf in front of a pile of stones on Schanzenstrasse. Was this going to be the place where I would show what the difference between light and shadow, between one and zero, is for me? The building was in a really poor state, and I knew: this will be expensive. But the building was also quite beautiful, and I knew: I want to do this.
The three years until the opening of my collection were, to put it carefully, interesting. This building – or as we call it, this fortress – is a monument to early-modern industrial architecture. It was built exactly one hundred years before my collection opened. From 1907 to 2007, it was first a stage workshop, then an engine factory, a production site for ladies' corsets, and mattresses, and then, finally, the factory of the renowned Düsseldorf picture-frame dealer, F. G. Conzen.

When I stood in front of the pile of stones in 2003, it was all clearly more zero than one. Conzen had long since left, and even a notoriously strong-willed person reaches his or her limits when it comes to dealing with the authorities. The pile of stones was, naturally, listed, and, in retrospect, I found the first meeting with the city of Düsseldorf's Office for the Protection of Historical Monuments quite amusing. When I presented the plan of use, that is, the concept of a collection of time-based media art, with which I wanted to bring the stones to life again, the Head of the Office said: "No, young lady, one thing is clear, no video rental shop is moving into that building!"

As a toddler I was quite strong-willed, and I was certainly undiplomatic as a child. It is said that from a certain age, a person only changes on the outside, and I can confidently state that my determination has never weakened, and would not, even if I were in the diplomatic service and the world lay in ruins. After that first meeting with the historical monuments office, my team and I decided that, first, we would fight to the bitter end to get the collection into this building, and, second, that it would be fatal for our project if the man from the monuments office and I met each other again. You have to know your limits. And so subsequent meetings there took place without me.

Düsseldorf is a quirky city, a city that is, in essence, much quirkier than Berlin. The capital city is constantly touted as being interesting and, of course, it is. But Düsseldorf is quirky. The city is actually quite small, but the vastness of the view when you stand by the Rhine is not something you can experience in Berlin. No, Düsseldorf is not big – but it is big-hearted. Business in this city often seems rather small to me. But art in this city has always been like the view when you walk over one of the fantastic bridges: broad, big, a statement that everything happens here, as I always think, under a vast sky.

One of the most important collections of modern art in the world, the Kunstsammlung Nordrhein-Westfalen, was created in this city after the Second World War under the direction of the legendary Werner Schmalenbach. In this city, big contemporary galleries and collections, the Art Academy, Beuys, the Bechers and their famous students, Uecker, Lüpertz, and Immendorff, a music scene that produced Kraftwerk, have and continue to cross-fertilise one another – sometimes in love and affection, sometimes in productive rivalry. This big-hearted (but not big) city has therefore always been, in a literal sense, avant-garde. The citizens of Düsseldorf, for which they are loved and occasionally mocked, enjoy letting rip. This attitude is good for art. This attitude negates doubts, since art cannot have any doubts. For all I care, others can have their doubts, but true art is free of them. This attitude creates spaces, opens up space, and widens the sky. (Provided, as previously mentioned, you survive the visit to the Office for the Protection of Historical Monuments.)

We, my wonderful staff and I, created our spaces, here, in the fortress. We wanted to broaden the view, from the fortress into and over the city; we opened the roof so that the vast sky is now the roof. We wanted to broaden the view of art, which I love and collect, and whose tremendous power I would like to share with people who would like to experience it, with people from Düsseldorf and with the people from around the world who come to this city to see my collection. The **JULIA STOSCHEK COLLECTION** was never supposed to be a museum, but rather a collection. I really like the term collection, since, for me, it also stands for the many, many people who have gathered here over the last ten years – artists as well as visitors.

Such a building starts to float, because we are the ones … as I wrote at the beginning of this foreword. This building has therefore had a life again for ten years, and I am connected to it more than I would ever have believed possible back then. I am no longer alone since the birth of my son, Jacob, who is now also part of the history of this building. In this building, I have loved, celebrated, laughed, cried – and, the sky also knows this, worked here. In this city, I fell in love with my neighbour Andreas Gursky. I justified my first visit to his home at the time as follows: "I wanted to take a look at your floor." Whatever I was thinking at the time? It was a very peculiar excuse, and, indeed, one that suits this quirky city, in which anything is possible and yet where a collection of video art is confused with a video rental shop.

I can clearly recall our second year of exhibitions, in 2008, when Terence Koh and I as **SNOW WHITE** performed for the film of the same name. A tarantula had to be procured and caused a stir, and I still remember how difficult it was to find size ten pumps for Terence. In my mind's eye, I see the years under this sky: the naked Andrea Fraser with her spectacular performance **OFFICIAL WELCOME** (2009); Ragnar Kjartansson, tied to the columns, singing until he lost his voice (2009). Christian Jankowski converted the space and all of its protagonists into a carnival society (2010); Michalis Nicolaides literally took me for a ride in the performance **RICHTIG BAGGERN** (2010). I remember the fantastic and very first co-operation with the Deichtorhallen in Hamburg (2010), and how the Eyjafjallajökull volcano in Iceland erupted on the opening evening, and how my guests from Germany and abroad could not travel home the next day – we had a good time under an alien sky.

I remember, and this is especially important to me, how we presented the first exhibition of a private German collection in Israel in 2015 – to mark fifty years of diplomatic relations between our countries. I will never forget those weeks in Tel Aviv, and certainly not the wonderful people here in Düsseldorf, and there in Tel Aviv, who made it all possible.

All these are just episodes from the past ten years, images, memories, sounds, and colours – the names of my heroes, and, as I can say with pride and love, of my friends. Marina Abramović, Doug Aitken, Katharina Fritsch, Cyprien Gaillard, Andreas Gursky, Axel Hütte, Imi Knoebel, Reinhard Mucha, Richard Phillips, Thomas Ruff, Katharina Sieverding … And, yet, for me, all these images, colours, memories, and names now create a story. I love time-based art; it is, as I have already said, my archive of temporality, it is the time of my life, also the life of my generation. I stand in front of a painting by Lucas Cranach or Ernst Ludwig Kirchner and marvel and love. I sense joy, beauty, and solitude. But only in time-based art, in the moving image, its tempo, its loop, its desperation, do I sense this power, this immediacy, this relentlessness as well. This - is my art.

Now, in the summer of 2017, I am proud. Proud of my collection, my staff, and of our fortress. I stand in front of a pile of stones. Cities are built of stones. But, and here's where we come full circle, what are stones? I have transformed these stones. I have placed my life and my pictures in these stones. There are moving images in these stones, in these rooms lives my love, my passion, here lives my joy, here are my friends, here is my child – here, too, is my solitude. Here am I.

And so, all in all, the zero became a one. And the one became a ten. Here, in Düsseldorf, the quirky city, and, after these eventful years, one that I love so much. The city under a vast sky.

ON LOSSLESSNESS
ÜBER VERLUSTLOSIGKEIT
Ed Atkins

Liebe/r [...],

ich hoffe, es geht Ihnen gut.

Dieser Brief soll Sie über eine Ausstellung informieren, die ich für die **JULIA STOSCHEK COLLECTION** kuratiere und in der Ihre Arbeit [...] aus dem Bestand der Sammlung vertreten sein wird.

Die Ausstellung findet anlässlich des zehnjährigen Bestehens der Sammlung in Düsseldorf statt und wird im Juni eröffnet. Sie heißt **GENERATION LOSS** und begreift die technologische Reflexivität im künstlerischen Bewegtbild als ihren Hauptinhalt.

Dazu ein paar einleitende Worte.

Die ausschließlich aus Sammlungsbeständen gespeiste Schau repräsentiert die gesamte Geschichte des Mediums in der modernen/zeitgenössischen Kunst – und sie wird nachzeichnen, wie Kunstwerke auf kritische Weise an Produktionstechniken und an spezielle ideologische Wendungen gebunden sind.

Insoweit die Ausstellung auf strukturelle Tendenzen damals und heute eingeht, sind die vielen Bedeutungen ihres Titels, **GENERATION LOSS**, sowohl bildlich als auch auf produktive Art wörtlich zu verstehen.

– Der Prozess des Qualitätsverlusts in aufeinanderfolgenden (Daten-)Kopien: Danach kann alles, was beim Kopieren die Qualität einer Darstellung vermindert und beim Kopieren der Kopie eine weitere Qualitätsverschlechterung zur Folge hätte, als eine Art „Generationsverlust" betrachtet werden. Im Kontext der Ausstellung erstreckt sich der Darstellungsbegriff gleichermaßen auf Politik und Kultur, auf Gefühle, Stimmen, Biografien und unkomprimierte Videofiles. Zudem spielt der Titel auf die besonderen Erbgänge in der Geschichte dieser Kunstform an. Die Wege, wie Generationen von Künstlern und Künstlerinnen einander beeinflussen; die Diskurse, die misslicherweise die technologiespezifischen Phasen von Videokünstlern überlagern; die Frage, wie Beeinflussung zu Aufbegehren, Korrektur und neuem Einklang führen kann; die Beobachtung, dass das künstlerische Bewegtbild ein auf einzigartige Weise reaktives Medium ist, dessen Vertrautheit mit dem Wandel der Mainstreamtechnologie ihm automatisch eine Art heimliches Einvernehmen mit der Kultur im Allgemeinen verleiht, wie es kein anderes Medium vorweisen kann – mit Ausnahme eben der Videokunst.

Formal wird die Ausstellung Arbeiten in, wie ich hoffe, direkter und sozial anschaulicher Weise miteinander verbinden: Projektionen werden in choreografierten Abfolgen und in räumlicher Nähe zueinander gezeigt. Diese Nähe wird zum Teil durch schalldichtes Glas erzielt, das den Sound der einzelnen Projektionen voneinander trennt, aber gleichzeitig den Durchblick auf andere Räume und Arbeiten gewährt. Ziel ist, die übliche Isolation von Videoinstallationen in der Black Box aufzuheben. Keine Arbeit für sich, alle Arbeiten in Relation zueinander.

In Anbetracht eines Mediums, dessen überaus eigene und etablierte Historizität dadurch bestimmt wird dass es faktisch mit der geplanten Obsoleszenz jeder beliebigen Technologie verwachsen ist, habe ich vor, gewisse Grenzziehungen bewusst zum Einsturz zu bringen und die Arbeiten von dieser technologischen Historizität zu befreien; ich möchte, dass sie mehr als Chor zusammenhalten. Oder nicht als Chor, sondern als eine Art Gemeinschaft eigenständiger Einheiten in choreografiertem Einklang.

[…*]

[Praktisch gesprochen darf ich an dieser Stelle fragen, ob Sie mir gestatten, Ihre Arbeit innerhalb eines gemeinschaftlichen Präsentationsrahmens der Gesamtausstellung zu zeigen. Alle Arbeiten sind mehr oder minder sichtbar – als kürzere Stücke, die in choreografierten und synchronisierten Abfolgen den gesamten Raum einnehmen. Ihr Video wird nicht unterbrochen oder überdeckt, aber andere Arbeiten werden durch die schallabsorbierenden Glasscheiben in der Umgebung des Werks sichtbar sein. Jede in der Ausstellung gezeigte Arbeit wird die vereinzelnde Klammer ihrer Einmaligkeit abgelegt haben und in einen Zustand inniger Beziehungen zurückgekehrt sein. Wie aus dem oben Gesagten hoffentlich ersichtlich geworden ist, beruht diese Ausstellung auf einer Gemeinschaft von Werken und Künstlern und Ideen. Diese kommunitäre Form bildet die Grundlage des Verfahrens.]

Gerne stehe ich Ihnen mit weiteren Informationen zur Verfügung.

Bitte lassen Sie mich wissen, was Sie denken.

Sehr herzlich,

Ed Atkins

VERLUSTLOSIGKEIT

[…]

Neben der technischen Begriffsdefinition – und dem emotionalen Verlangen nach einem affektiven Subtext – könnte „Generationsverlust" auf unbeteiligte Weise auch eine Art Evolutionsfolge bezeichnen, eine unüberwindliche Natürlichkeit, die für ein empirisches Begreifen Ambivalenz einfordert. Ein unentschiedener Schwebezustand, abseits. Dieselbe Gleichgültigkeit durchzieht auch die vermeintliche Direktheit der Technologie und durchtränkt nicht nur deren Vokabular, sondern auch unsere Annahme von der Angeborenheit ihrer Verfahren. Sie ist ein Trick, der den Kurvenverlauf des kapitalistischen Fortschritts zusammenfasst und bestimmte Bestrebungen und Bedeutungen hinter der geplanten Obsoleszenz verbirgt, anders als etwa bei der Evolution von Darwinfinken. Soweit die natürliche Welt der Technologie dem Evolutionsprozess die Motive der Gestaltung anheftet, trägt sie eine ausgeprägt kreationistische Färbung, die auch als Modus Operandi bestimmter Konsumgüter fungieren könnte: Benutzerfreundlichkeit soll in den meisten Fällen Unwissenheit aufrechterhalten und dient der ökonomisch gerechtfertigten Beschwichtigung. Die Art von Kapitulation, die eine spiritualistische Natur offensichtlich ethisch anmahnen könnte, bedarf entweder irgendeiner Form von heuristischer Distanz oder andernfalls einer auf tröstliche Weise vertretbaren Nichtbeachtung von materiellen und tödlichen Erfahrungen und Konsequenzen. In unserem Beispiel Erfahrungen und Konsequenzen von Verlust. In einer sogenannten natürlichen Ordnung der Dinge ist die Technologie anderen, größeren Himmelsbewegungen unterworfen. Das heißt, wenn niemand eingreift, droht sie – der Logik welches kapitalistischen Fortschritts auch immer entsprechend – zu gegebener Zeit und ohne Umschweife auf dem Altar der Obsoleszenz und der abwegigen Feststellung, diese sei natürlich und folge dem offensichtlichen Lauf der Dinge, entsorgt zu werden. Unter diesen Bedingungen bedeutet Sterblichkeit lediglich Wertverlust und zeitnahen Ersatz. Sterblichkeit wird hier zum abschätzigen Begriff. Oder zur allegorisierten Gewalt, die sich auf Zwangsläufigkeit beruft, während sie das wahrhaft Sterbliche parodiert. Diese Gewalt beraubt die Sterblichkeit einer ganzen Reihe von Begleiterscheinungen: Sorge, Trauer, Innigkeit, emotionale Erkenntnis, die sämtlich in direkter Verbindung zur Sterblichkeit stehen – allerdings nur, wenn man Letztere als ontologisch begreift und Sterblichkeit ein Zustand des Lebens und nicht des wirtschaftlichen Fortschritts ist – und nur wenn man sie wörtlich und nicht bildlich versteht. Wie bei so vielen in dieser Ausstellung auftretenden Verbindungen ist auch die Beziehung zwischen dem Wörtlichen und dem Bildlichen in ihrem Titel oft belastet; es herrscht Uneinigkeit – wenn nicht politischer Widerstreit – zwischen dem einen und dem anderen. Diese paradoxe Inhärenz wiederholt sich in jeder Phase und steht aus meiner Sicht im Zentrum des Versuchs der Ausstellung, dokumentarisch zu sein und den Paradoxien ihrer scheinbaren Bedingtheiten zu begegnen und Raum zu geben. Damit soll deutlich gemacht werden, wie sie als Ausstellung bestimmte unangebrachte Formen von Ironie und Verstellung durchbrechen und auflösen könnte, um ihrerseits eine solide Anwendung des Wörtlichen und des Bildlichen zu behaupten. Mit Sicherheit will **GENERATION LOSS** die Bindung des künstlerischen Bewegtbildes an den technologischen Wandel, der ihre Grenzen beschreibt, sichtbar machen. Oft klammern sich künstlerische Bewegtbildarbeiten zunächst an eine wie auch immer geartete zeitgenössische Technologie, folgen deren Parametern: stellen sich Bildseitenverhältnisse, Auflösungen und Verzögerungsgeräte für die wahrnehmbare Klang- und Bildtreue **wörtlich** oder **buchstäblich** vor – ursprünglich aus Präsentationsgründen und neuerdings wegen der besonderen, erhellenden Freuden der Endlichkeit. So entsteht der Eindruck, der oder die KünstlerIn würden sich die Technologie gewissermaßen **einverleiben**, sie also leibhaftig und körperlich greifbar machen, analog, sterblich. Sich mit Freud'schem Schritt der Welt nähern, sadistisch – prophylaktisch: Die Subjekt-Objekt-Beziehung wird als Urbeziehung anscheinend vollständig um die Hegemonie des Sadismus herum errichtet, eine vermutete, eine präventive Finte, nur zur Sicherheit.

Damit werden die Bestrebungen der Technologie entkräftet – ihre offenkundig korrekte Anwendung auf der einen Seite und ihre fachmännische Entschlüsselung auf der anderen. Das künstlerische Verhältnis zur **Nutzung** einer Technologie, deren Komplexität die Beziehungsparameter weit stärker einschränkt als etwa der **Gebrauch** eines Bleistiftes, besteht darin, die Idee der Nutzung an sich abzulehnen. Und weil eine Technologie auf so vielfältige Weise darum bemüht ist, ihre Unauffälligkeit zu bewahren, könnte ein Künstler, der sich ihrer bedient, sie gleich zu Beginn aus dem Sumpf der Bildlichkeit herausholen, in den sie sich verkrochen hat. Egal ob dieses metaphorische Versteck als gegenständliche Wahrscheinlichkeit oder, ausgelöst durch die extreme Nähe oder Ferne zu ihrem Anwender, als Verschwinden aus dem Gesichtsfeld daherkommt – die Technologie will stets verloren gehen. Während das Konsumsegment der Technologie eine passende endophytische Beziehung zu seinen Anwendern findet, erscheint der Expertenbereich fremdartig – auf staatlicher Ebene, wie das Militär, die Industrie, der Weltraum oder andere nicht fassbare Komplexe. Vielleicht wird dieser Bereich hyperobjektiviert – gedrängt bis zum Punkt einer unheilbaren Unhandlichkeit. Das exponentielle Wachstum dieser Beziehungen ist wahre Kybernetik, selbst wenn es aus meiner Sicht vielleicht treffender durch das veränderliche Objektiv der Psychoanalyse zu betrachten wäre. Um es noch einmal deutlich zu sagen: Verlust ist unser Muster. Beide Pole der Nähe (Konsument/Experte) lassen die Technologie in der Allgemeinheit verschwinden. Sicher zu ideologischen Zwecken, aber auch aus komplizierteren Gründen, die jede bedeutende Beziehung betreffen. So als gehöre das Verschwinden der Technologie zum Erhalt einer Ganzheitlichkeits- oder Kohärenzfantasie. Oder als setze der Technologieverlust womöglich den scheinbaren Fortbestand des Egos und seines zu Recht getäuschten Sitzes durch, hierarchisch gesprochen.

Auf die Technologie bezogen ist die „korrekte Anwendung" eine pragmatische Normalität, die zur Ideologie und zum sozialen Determinismus weiter aufgelöst wird. Daher muss der Künstler die Technologie zuerst **finden** oder, besser gesagt, die Technologie als etwas Verlorengegangenes begreifen. Dieses **Finden** ist metaphorisch besetzt, auch wenn der Prozess des Wiederfindens, relativ gesprochen, eine Bewegung zum Buchstäblichen in sich birgt. Wenn uneingestandene Abwesenheit die Voraussetzung für das erfolgreiche Abebben der Technologie ist, dann ist der bildliche Akt des Findens zumindest ein buchstäblicher Akt der **Vergegenwärtigung**. In dieser Darstellung ist die Technologie im engeren Sinne immer schon verloren, und dies mit arglistiger Absicht. Unwissenheit ist eine Art Schleier, um Schuldgefühle zu lindern. Also übergeht das Subjekt das Bedürfnis nach dem Objekt, indem es dieses als verloren, als für das Ich unerreichbar betrachtet:

Das Unterirdische der Technologie – ihre Realität – liegt offensichtlich außerhalb ihres Wirkungsbereichs. Der Verlust wird niemals verstanden, nur verdrängt. Soweit das verlorene Objekt über seine bewusste Verheimlichung verinnerlicht wird, ist die Beziehung, gemäß der Freud'schen Psychoanalyse, neurotisch.

In den meisten Fällen, wenn industrielle Ethik, Fabrikbedingungen, staatliche Gewalt, Umwelthorror, politischer Doktrinarismus et cetera bekannt sind (und das ist wirklich meistens so – wenn nicht, zumindest mutmaßlich, **immer**), ist der wissentlich unbemerkte Verlust gleich welcher Technologie voll und ganz erwünscht, um das Trauma der Existenz von Technologie zu unterdrücken. Diese Form von zwingender Verdrängung – zwingend, um in Übereinstimmung mit allerlei ausgedehnten, vertraglichen Konventionen schlüssig zu funktionieren – erzeugt eine Art ziellose Melancholie oder Scham. Ein scheußliches, unbeteiligtes Achselzucken überlappt das Melancholische. Das verlorene Objekt dagegen anzuerkennen, setzt einen Wechsel von Melancholie zu zielgerichteter Trauer in Gang. Die Anerkennung der in Coltanminen und Ausbeuterbetrieben traumatisierten Körper zum Beispiel stellt diese Körper wieder her und eröffnet die Möglichkeit, sie zu betrauern und ihren Verlust mitanzusehen. Banaler gesprochen, ist das hinlängliche Anerkennen, dass die Filme aus einer Prozession der Leblosigkeit bestehen – dass das Bewegtbild eine Illusion ist –, zugleich ein **Auffinden** der inneren Zelluloidspulen und des ideologischen Motors hinter dieser Illusion. Trauer kann vielleicht am besten als Weg verstanden werden, Verlust angemessen zu verfolgen und anzuerkennen. Ob im Tod, in der Erkenntnis, im Mitgefühl oder in der Wahrheit. Plötzlich sieht man die Kamera im Spiegel. Das VHS-Tracking bleibt dauerhaft und vorsätzlich ungelöst, wird rhythmisch. Musik und Geräusche summen und kippen, brechen dann plötzlich ab. Die Welt und ihre Repräsentation werden hervorgehoben, Bedrohung entzieht sich der Narration. Melancholie transmutiert zu Trauer, und die echte Arbeit kann beginnen.

Wörtlichkeit kann der Wiedergewinnung des Sterblichen nur dienen, wenn sich dieses Wiedergewinnen auf Materie bezieht. Strukturalistische Annäherungen an das Bewegtbild erkennen einen Unterschied zwischen Wirkung und Realität. Indem man die Mechanismen aufdeckt, ob Zelluloid oder Kamerablende, analogisiert man das „Aufdecken" anderer Realitäten. Indem man die Illusion des Bewegtbildes verwirft, verwirft man jede Art von Illusion. Die Verwörtlichung mündet hier ins Bildliche, während Analogie oder Metapher auftreten müssen, damit der Akt über den beliebigen Mikrokosmos hinaus etwas **bedeutet**. Der Vorgang ist parabolisch und bedarf einer signifikanten Beziehung etwa zwischen Bewegungswahrnehmung und Propaganda. Grundsätzlich verlangen sowohl die strukturalistische als auch die dekonstruktivistische Methode nach einem Gegenstand, dessen Struktur sie bloßlegen können. Anschließend ist es notwendig, die Illusion zu erhalten oder zu erneuern, damit ausreichend Funktion vorhanden ist, um der Kritik standzuhalten. Und damit Strukturalismus funktionieren kann, darf wahrlich auch eine bestimmte Bewegungsabfolge zwischen Wörtlichem und Bildlichem nicht fehlen. Dies trifft eindeutig auf die obige Sterblichkeitsanalogie zu, insofern das Aufdecken der Mechanismen des lebendigen Körpers Gewalt bedeutet oder sich besser durch Verächtlichkeit beschreiben lässt. In Bezug auf das Bewegtbild bedingt die Illusion seine Existenz: Ihm zu begegnen, setzt ein willentliches Aussetzen der Ungläubigkeit, ein Unterdrücken von Zweifeln voraus, selbst wenn dieses Unterdrücken von Zweifeln seinerseits von dem Beharren außer Kraft gesetzt wird, das Bild um des strukturellen Verständnisses willen teilweise zu

zerlegen. Oder anders gesagt, das simultane und fortgesetzte Zusammenwirken der Struktur **mit** ihrer Oberfläche, während beide zeitgleich beobachtet werden, ist essenziell für die Interpretation. So als erfasse man die
Funktionsweise einer Katze, indem man ihre Innereien betrachtet, während sie mit schnurrendem Motor weiter
funktioniert. Wenn das Wiederauffinden des verlorenen Objekts einer Bewegtbildtechnologie darin besteht,
seine Gegenständlichkeit genauso offenzulegen wie die Existenzen, Prozesse und Strategien, die in eine verzögerte
Körperlichkeit münden – verzögert durch die Illusion, die das Medium bestimmt –, dann ermöglicht die strukturelle Offenbarung zusammen mit der andauernden Funktion die Anerkennung des Objekts. Kritischerweise
geschieht dies in einer Bewegung, die den Bestrebungen der Technologie mehr oder minder entgegensteht.
Insoweit dieser Prozess politisch ist, strotzt er zudem vor Handlungsmacht: Die Dekonstruktion des Objekts
führt zur Freiheit des Subjekts. Und wieder wird das Wörtliche verteidigt, um die Bildlichkeit neu zu begründen.
Vom Bildlichen zum Wörtlichem zum Bildlichen: Das verlorene Objekt wird als verloren anerkannt, um den neurotischen Folgen der Verdrängung entgegenzuwirken und eine heilende Bewegung von der Melancholie zur
Trauer einzuleiten. Trauer ist insofern ein Mantra, als sie das Benennen eines Objekts durch die Schilderung seiner
Abwesenheit einschließt, während die wörtliche Wiedergabe dem Tod entspricht, in dem beide ihr Subjekt
finden, es vor den Zweifeln eines Lebens, den Zweifeln der Bildlichkeit retten und zugleich die Abwesenheit
eben dessen bekräftigen, dessen Endlichkeit sie beteuern. Aus wörtlicher Wiedergabe erwächst der Verlust,
nicht das Verlorene. Wörtliche Wiedergabe beschreibt das Bildliche als solches: Es begrenzt seine Existenz,
indem es seine Immanenz preisgibt.

Das Wörtliche ist das Ende der Sprache. Und dies alles wird vom Digitalen hochgradig verkompliziert; fast jede
Arbeit in **GENERATION LOSS** wurde digitalisiert. Wenn das stillschweigende Begehren der Technologie
darin besteht, durch eine Bewegung des natürlichen Fortschritts zu verschwinden, dann schiebt das Digitale
diese bildliche Idee auf das Wörtliche zu. Das Digitale markierte den Scheitelpunkt sowohl des Bildlichen wie
auch des Wörtlichen, löst beide voneinander und stört ihre Art und Weise, sich zwischeneinander zu bewegen
und eher als das eine denn als das andere erkennbar zu sein. Digitale Technologien scheinen so radikal berechnet und als eine Art ethische Befreiung so vollständig willkommen und erlaubt zu sein, dass diese Kombination
gewiss am deutlichsten die Fähigkeit untergraben kann, zwischen dem, was ist, und dem, was nicht ist, zu
unterscheiden. Oder undurchsichtiger ausgedrückt, zwischen dem, was ist, und dem, was auch ist. Wobei dieses „auch" die klein gedruckten Geschäftsbedingungen verkörpert, die in großen, erbärmlichen Berichten
aus weiter Ferne und nächster Nähe abgespult und unbekümmert durchgescrollt werden, um endlich beim Kästchen „Ich stimme zu" einen Haken zu setzen.
Ein Durcheinander von Wörtlichkeit und Bildlichkeit bedeutet, dass „die Cloud" eine Wolke bleibt, buchstäblich,
während sie auch als das Bild einer Wolke agiert – das eine löscht die Bedingungen des anderen aus und sendet
Wolken, zusammen mit welchen auch immer freigegebenen persönlichen Details, an irgendein sonderbares Nirgendwo aus Mief und Unwissenheit und Wolken, buchstäblich. Das Digitale hat keine wörtlichen Entsprechungen.
Es verdrängt, um auf Trauer und Melancholie zurückzukommen, sein verlorenes Objekt durch buchstäbliche
Bildlichkeit, und jene neurotischen Symptome, die das Melancholische verrätseln, werden zur Voraussetzung

des Digitalen. Irgendwo dort drüben verschlingen unzählige Hektar streng gesicherter Serverfarmen unermesslich viel Energie, laufen heiß, werten aus, speichern und produzieren Illusionen, die Tausende von Meilen entfernt abgespielt werden – aus den Augen, aus dem Sinn.

Die Melancholie zieht Kreise, während neurotische Ticks aus Scham und Schuld auf ruhiggestellten Gesichtern spielen. Die Unwissenheit, die sich in ihnen spiegelt, wird von jenen unmöglichen, labyrinthischen Verschlingungen gefördert, die die digitale Bildlichkeit und ihre verschwundene, wörtliche Struktur ausmachen. Die meisten der in **GENERATION LOSS** gezeigten Arbeiten waren einst Gegenstände, also materialisiert. Filme, Videos, DVDs, Blu-rays. Heute sind die meisten von ihnen Computerdateien, die man ohne jeden Verlust beliebig oft kopieren könnte. Verlustlosigkeit ist im Überfluss vorhanden, und die Trauer, die möglich wird, indem man sie benennt – indem man sie bekräftigt, um sie zu verarbeiten –, wird verbildlicht, buchstäblich.

NACHWORT

Für **GENERATION LOSS** ist es von Bedeutung, dass jegliche Fragestellung gänzlich von Natur aus angelegt ist. So wie der Ausstellung die **Bezugnahme** inhärent zu eigen ist; und insoweit jede Videoarbeit auf gewisse Weise ihrer eigenen Ganzheitlichkeit entgegendrängt, ist die Schau eine Umkehrung bestimmter anderer Ausstellungsformen, in denen die Werke mehr oder weniger als Elemente zu verstehen sind, die zur Kohärenz gleich welcher These beitragen, egal wie ambivalent sie sich zu Antworten verhält. **GENERATION LOSS** ist eine Ausstellung, die sich dieser Art von Kohärenz enthält. Grob gesagt ist es Unsinn, Kunstwerke in einen thematischen Konsens zu zwängen. Unabhängig davon, wie weit es gefasst ist, wird das Thema der Ausstellung die Nuancen jeder Arbeit zumindest teilweise einebnen, oft zu deren politischem Nachteil. Und wenn das Thema noch umfassender formuliert ist, wird es zu einer Art Apologie für das Bedürfnis, überhaupt eine Thematik zu haben. Vielleicht ist es eine Verallgemeinerung, aber als Künstler fühle ich mich von der Thematik von Gruppenausstellungen häufig betrogen, weil meine Arbeit dadurch unweigerlich mit dem Ausstellungsthema verknüpft wird. Das meine ich speziell in Bezug auf die implizite Gewalt, die durch geistige oder affektive Kooption ausgeübt wird. Eine Arbeit im Einklang mit dem übergreifenden Thema einer Gruppenausstellung auszuwählen, wirkt am Ende retardierend.

Sicherlich können Themen – und vermutlich ist das die Absicht – einen Standpunkt bieten, von dem aus sich das Publikum einem Werk nähert und es vielleicht zu deuten, zu **fühlen** beginnt. Doch sollte man das besser nicht fördern. Denn dies kommt eher einer festgelegten, verbindlichen Kategorisierung gleich, die dazu dient, die einzelnen Arbeiten abzuschwächen und so irgendeine Reihe unbewusst gestellter Fragen auszulösen – um herauszufinden, wie man ein Kunstwerk **versteht**. „Es verstehen", dieser kaum verhohlene Bewertungsprozess, nimmt die Möglichkeit der Rückgewinnung an. Oder verdrängt die Mehrdeutigkeit und Offenheit eines Werks durch eine Rückgewinnung, die selbst als Legitimationsprozess verstanden wird – die Wissen als den herausragenden Wert jeder Begegnung hochhält. Damit sind wir wieder bei der Freud'schen Idee, dass Bewegungen des Subjekts auf die Welt zu in ihrer Paranoia präventiv und de facto sadistisch sind. „Es verstehen" als Form der Rückgewinnung ist sadistisch, verbindet Verstehen mit brutaler Aneignung, verschmilzt Bedeutungsfindung mit erzwungener Kohärenz und legitimiert sich durch eine weitere Annahme, die die Hegemonie der Wissensproduktion als Grund betrifft, sich mit der Welt auseinanderzusetzen.

Bereits mein erster Impuls für **GENERATION LOSS** war, eine Ausstellung ohne Thema zu machen. Oder besser, eine Ausstellung zu machen, deren Thema sowohl den Werken als auch der Sammlung inhärent war, anstatt von außen bestimmt zu werden. Der wahre Cicerone war die Sammlung selbst. Trotz ihres immensen Umfangs ist sie zwangsläufig begrenzt, so wie jede Sammlung begrenzt sein muss. Welche Impulse Julia Stoschek ihren Ankaufsentscheidungen zugrunde legt, weiß ich nicht. Natürlich tauchen hier Künstler und Werke auf, die bahnbrechend und darum für jede Sammlung mit einer derartigen Hingabe an das Medium wohl unentbehrlich sind, doch bei vielen Arbeiten bedurfte es als objektivem Grund lediglich einer inspirierten Laune, um in die Sammlung aufgenommen zu werden.

Der Sammlungsbestand und die grundsätzliche Verschiedenartigkeit der Arbeiten machte die Entscheidung umso leichter, auf ein äußeres Thema zu verzichten. Zudem markiert **GENERATION LOSS** das zehnjährige Bestehen der Sammlung und der Düsseldorfer Ausstellungsräume. Das zwingende Motiv ist die Sammlung selbst, was die Idee, kein Thema zu verwenden, zusätzlich bestärkte. Der Gedanke an die **Quiddität**, das Wesen der Sammlung und damit an eine mögliche Ausstellung führte mich immer wieder zu den Technologien zurück, die das Medium definieren. Dass die **JULIA STOSCHEK COLLECTION** gezielt und fast ausschließlich Videokunstarbeiten ankauft, hat Bedeutung – selbst wenn der Vorgang ein entschieden subjektiver ist.

Reflexivität scheint eine Bedingtheit von Videokunstwerken im Allgemeinen zu sein, da ihre Existenz an sich zumindest teilweise von Kulturen und Formen des Bewegtbildes, die ihnen vorangegangen sind, abhängt, auf diese reagiert oder sie parodiert. Insoweit diese Art von Beziehung sich anfühlt, als sei sie einem zeitgenössischen Verständnis von Kunst – im Unterschied etwa zu Handwerks-, Amateur- oder Designarbeiten – angeboren, besitzt das künstlerische Bewegtbild in der Form der Produktions- und Aufführungstechniken, die das Medium strukturell bedingen, ein einmaliges und ausdrückliches industrielles Paradigma. Diese Bedingungen bestimmen zum Teil auch den Diskurs: zur Reflexivität hinsichtlich der Technologien, die das Medium ausmachen; wie sich die Videokunst auf ihre nahen Verwandten (Fernsehen, Kino, Videospiele usw.) bezieht oder sie kritisiert; wie das Bewegtbild als Dokumentation dient – seine Realitätstreue, welche Art von Wahrheit es ermöglicht oder verschleiert; welche Art von Spiegel es darstellt, und in Verbindung mit welchem trüben Abbild.

Um schließlich eine Ausstellung zusammenzustellen, deren Medienspezifik sich mit der unabweisbaren Selbstreflexivität des Mediums deckt, beschloss ich, die Ausstellung pragmatisch zu diktieren – die Konzeption über einen Akt der Selbstreflexivität aus der Technologie und nicht von außen über eine strukturierende Logik zu beziehen, die der Schau mit Gewalt übergestülpt wird. Um aber die Technologie zu „zeigen", bedarf es eines Tricks: Determinismus ist wesenhaft für das Medium, das heißt, dass Bildseitenverhältnisse, Auflösungen, Formate, Softwares und Abspielgeräte alle an die Industrie und ihre Standards gebunden sind und dass das

Bewegtbild sich innerhalb dieser Grenzen abspielt. Diese Einschränkungen sind nicht wertend gemeint, sondern vielmehr die Standardisierung, die das Medium und seine Diskurse bestärkt.

GENERATION LOSS standardisiert die Präsentation fast aller gezeigten Arbeiten. Schlichte Projektionswände im 4:3- und 16:9-Format werden verwendet, um Abfolgen von Werken zu zeigen. In der Sammlung befindliche Arbeiten, die ausgedehnte Installationen erforderten oder aus mehreren Kanälen bestanden oder nur in einer Hütte, auf einem Kuchen oder auf einem Goldfischglas gezeigt werden konnten, wurden nicht berücksichtigt. Das raumgreifende Kino schrumpft wieder zusammen – nicht mittels Offenbarung, sondern durch den überlegten Einsatz einer Art Vakuum. Die Technologie zu betonen, bedeutet hier, die elementare Verpflichtung jedes einzelnen Werks auf die Form wieder aufleben zu lassen. Dieser Aufbau verlangt nach einer fundamentalen Einheitlichkeit im Dienste des Mediums. Er ermöglicht der Technologie, als Bedingung der Ausstellung wiedergewonnen zu werden, anstatt in Bezug auf die Transparenz der Form einmal mehr hinter irgendeinem Schleier der Vermutung zu verschwinden.

Wenn das Medium des Bewegtbildes degradiert wird, um als **immanenter** Gegenstand einer Ausstellung zu dienen, die vollständig aus Videokunstarbeiten aus einer ähnlich exklusiv angelegten Sammlung besteht, dann ist das Fundament seiner diskursiven, kritischen Möglichkeit mehr oder weniger verworfen. Stellte man **hier drüben** eine nachdrückliche, pragmatisch-kategorische Behauptung auf, dann würde, so nahm ich an, anderswo eine nachdrückliche Verschiedenheit heraufbeschworen. Der Versuch besteht vermutlich darin, das Kuratorische zum Schweigen zu bringen; das aufgebürdete Einheitsthema auszublenden und jedem Werk seine Freiheit zu gewähren – wenn auch vollständig und immer in Relation, praktisch gesehen. Das Verhältnis der einzelnen Arbeiten zueinander ist nicht davon abhängig, was die Arbeiten ausdrücken, sondern durch ihre jeweilige Konstitution bedingt. Jenseits des Konstitutionellen hergestellter Einklang muss sich tatsächlich **einstellen**, und zwar in der Ausstellung selbst – anstatt durch thematische Zuschreibung angenommen oder entgegengestellt zu werden. Daraus folgt eine weitere praktische Grundlagenentscheidung hinsichtlich der Installation der Werke: keine Arbeit wird isoliert gezeigt. Das gegenwärtig vorherrschende Installationssystem für Videokunstarbeiten in Ausstellungsräumen folgt dem Muster, jede Arbeit in ihrem eigenen abgedunkelten und schallgeschützten Raum zu installieren; eine Fantasie der Abgeschlossenheit zu bedienen, um augenscheinlich die Individualität der Arbeit zu unterstützen. Meist wird diese Präsentationsform als Notwendigkeit des Mediums dargestellt: Für eine Projektion muss es dunkel sein; um Dinge klar hören zu können, muss es still sein. Die Arbeit muss der Wirklichkeit entrissen werden – anscheinend, um überhaupt zu funktionieren. Isolation wird daher als praktische, technische Voraussetzung aufgefasst und nicht als antisozialer oder isolationistischer Subtext. Wo technologische Reflexivität also andernorts ermöglicht wird – wo die Verzögerung zwischen dem Wörtlichen und dem Bildlichen, dem Materiellen und dem Immateriellen produktiv als wesentliches kritisches Axiom des Bewegtbildes verstanden wird –, da wird dieses finale Aussetzen der Ungläubigkeit als einzig praktikabel beibehalten. So entsteht ein Schutzgebiet, das im schlimmsten Fall eine Art Blindheit produziert – eine Blindheit, die droht, die komplizierten, auf das Werk gerichteten Deutungsmethoden zu unterlaufen und die Technologie einmal mehr im Dunkel der Spekulation verschwinden zu lassen. Als besitze das Werk zwar einen historischen und theoretischen Kontext, der **praktisch** jedoch ausgesetzt wird. In **GENERATION LOSS** versuche ich dem zumindest teilweise abzuhelfen – unter Bedingungen, die dem technologischen Pragmatismus treu bleiben, der von der Medienspezifik als Voraussetzung für das Verstehen der unterschiedlichen Realitäten herrührt, in denen ein Videokunstwerk operiert. Die in den Räumen aufgestellten Glaswände beschränken Tonüberschneidungen auf ein Minimum, sorgen aber dafür, dass die meisten Arbeiten auf jeder Etage simultan zu sehen sind. In jedem gläsernen Raum führen zwei Bildflächen im Gleichklang, aber sorgfältig austariert, einen choreografierten Dialog auf. Hier gibt es Kompromisse. Die Hoffnung aber ist, dass die den Arbeiten innewohnende strukturelle Geselligkeit überwiegen wird, während die Willenskraft jeder einzelnen Arbeit auch in der Beziehung maßgeblich erhalten bleibt.

Während ich dies schreibe, werde ich mir meiner eigenen Neurosen ebenso bewusst wie ihrer Beweglichkeit. Wie ich vom Bewegtbild fast immer verlangt habe, dass es zuallererst Menschen entspricht, Körpern, der Erfahrung, dem Verlust, dass es eine Art metaphysischen Ersatz für das bildet, was ich mir für die begrenzte Ganzheitlichkeit der Existenz eines Menschen wünsche. Jahrelang habe ich die Idee verfolgt, dass meine Videos Tote seien, wenn auch nur bildlich gesprochen. Geistig hervorgegangen aus jenem buchstäblichen Toten, der dieses ganze traurige Durcheinander für mich in Gang gesetzt hat. Videos zu machen wurde zwar nicht zur Therapie, wohl aber zur heilsamen Trauer schlechthin – sie wuchs über die wortwörtlichste, trübselige Quelle der Trauer hinaus, um sich einer Menge melancholischer, neurotischer Bindungen anzunehmen – sie in Aspekte meines Lebens zu verwandeln, die man verstehen kann – aber, und das ist wichtig, **mehr auch nicht** (es gibt hier, bei der Totenwache, nichts an verwertbarem Nutzen oder Wert). Am wichtigsten aber ist, dass Trauer das Bewegtbild auf eine Weise erfüllt, die mir anfangs wie eine gewaltsame Übereinstimmung vorkam, heute in erweiterter Form aber auch der Struktur des Mediums begegnet, seinen affektiven Methoden, seiner Parodie des Substanzdualismus und seinem Bemühen um begriffliche Überzeugungskraft. Die Ausstellung **GENERATION LOSS** ist in die Biografien ihrer Künstler verwickelt und sucht in deren Arbeiten nach Mustern. Immanenz, versichert der Loop jeder Arbeit in der Ausstellung, begrenzt die Wiedergabetreue und widersetzt sich der Verlustlosigkeit. Verlust ist die erhabene Voraussetzung für jede Form von Erfahrung.

Dear […],

I hope this finds you very well.

I'm writing to let you know about a show I'm curating for the **JULIA STOSCHEK COLLECTION** that will include your piece, […], from the collection.

The show marks the tenth anniversary of the collection in Düsseldorf, and opens in June. The show is titled **GENERATION LOSS**, and takes technological reflexivity in artists' moving image as its primary contingency.

A preliminary introduction follows.

Gleaned wholly from the collection, the show will span the entire history of the medium as modern/contemporary art – plotting the ways in which works cleave to technologies of production and other particular ideological manoeuvrings.

Insofar as it expands upon structural tendencies then and now, the title of **GENERATION LOSS** is figuratively and productively literal in its many meanings.

It describes the process of qualitative degradation in successive copies (of data). Anything that reduces the quality of (a) representation when copying – and would cause further reduction in quality when making a copy of the copy – can be considered a kind of 'generation loss'. In the show's context, this representation is to be understood to include politics, cultures, affections, voices, lives and uncompressed video files similarly. There is also an allusion to the peculiar heredities of this art form's history in the title, too. The ways in which generations of artists affect one another; the discourses that awkwardly straddle technology-specific periods of artists' moving image makers; how influence may auger revolt, revision, renewed accord; how artists' moving image is a uniquely reactive, dependent medium whose intimacy with the vicissitudes of mainstream tech confers a kind of automatic collusion with the culture at large that is pretty much unique to it – to moving image works.

Formally, the exhibition will very visibly connect works, in what is, I hope, a sort of straightforward, socially demonstrative way: projected works will be screened in choreographed sequences and in proximity to one another. This will be partially achieved using acoustic glass to divide the works and effectively block sound leaks, but allows you to see through to other spaces, works. We plan to pretty much do away with the preeminent, isolated black box of video installation. No work alone, all works in relation. In the face of a medium whose very specific and incumbent historicity is defined by its de facto adherence to whatever technology's planned obsolescence, I suppose I want to vividly collapse certain divisions and afford works a freedom from that technological historicity; I want things to hold together in more of a chorus. Or not a chorus, but a kind of community of discrete things in choreographed accord.

[...*]

[To be practical, I would ask, in this instance, if you would allow me to project your work, according to the social rubric of the exhibition's entirety. The works are all more or less visible – other shorter pieces in sequences that choreograph and synchronise throughout the space. Your video will not be interrupted or overlapped, but other works will be visible through panes of soundproof glass local to the work. Each work in the show has been shed of its own singular parenthesis, and returned to a status of deep relation. As I hope is apparent in the above write-up, this show is predicated on a community of works and artists and ideas. This communitarian form is fundamental to proceedings.]

I can of course furnish you with further information.

Do let me know your thoughts.

Very warmly,

Ed Atkins

[…]

Alongside that technical terminological definition – and the emotional yearn of some affective subtext – 'generation loss' might refer, coolly, to some kind of evolutionary succession, an insuperable naturalness that necessitates ambivalence for empirical apprehension. A disinterested suspension, apart. Such disinterest steeps seeming technological straightforwardness, too, saturating not just its lexicons, but also our presumption of the innateness of its processes. It's a sleight that conflates capitalism's waveform of progress and dissimulates certain desires and meanings behind planned obsolescence, differentiated from, say, the evolution of Galapagos finches. Insofar as it sticks evolutionary process with the motives of design, tech's natural world has a distinctly creationist hue, a tack that could be the M.O. of certain consumer products: user-friendliness more often than not pervades in order to maintain ignorance, and is engaged in economically justified mollification. The kind of capitulation that a spiritualistic natural world might apparently ethically urge, needs either some sort of heuristic detachment, or otherwise a comfortingly justifiable disregard of material and mortal experiences and consequence. Experiences and consequences of loss, in our example.

In a so-called natural order of things, technology is in thrall to other, larger, celestial movements. This means that left uninterrupted, in due course it's liable to be straightforwardly disposed of, according to the logic of whatever capitalistic progress, at the altar of obsolescence and its erroneous determination as natural and the apparent Way Things Are. On these terms, mortality confers only the loss of value and timely replacement. Mortality, here, is a pejorative. Or a violence allegorised, even as it burlesques the truly mortal by pertaining to inevitability. This violence divests mortality of a great slew of attendant undertakings: care, mourning, intimacy, affective recognition – all of which are in direct correspondence with mortality, but only if mortality is understood as ontological. Only if mortality is a condition of life rather than of economic process – and only if understood literally rather than figuratively.

As with so many of this exhibition's apparent attachments, the relationship in its title between the literal and figurative is often fraught; the one more often than not in disagreement – if not political conflict – with the other. This paradoxical inherence is rehearsed at every stage and is, I would argue, at the heart of this exhibition's attempt at a document; its attempt to encounter and afford the paradoxes of its seeming contingencies in order to better propose how it might break or resolve certain misplaced ironies and dissimulations, in turn to affirm a kind of healthy application of the literal and the figurative.

Certainly, **GENERATION LOSS** seeks to make conspicuous artists' moving image's attachment to the vicissitudes of the technologies that describe its limits. Often, artists' moving image work's first move will be to cleave to the edge of whatever contemporary technology, to trace the parameters, to figure the aspect ratios and resolutions and all the retarding apparatuses of apparent A/V fidelity as **literal**. This for the purposes of exposition, initially, and for the particular elucidatory pleasures of finitude, latterly. In so doing, an artist might be seen to be kind of **incorporating** the tech. As in, making it corporeal, analogue, mortal. Moving towards the world, with a Freudian lope, sadistically – preemptively: the subject/object relation seemingly built entirely around sadism's hegemony as ur-relation, a presumed preventative feint just to be sure.

This is a rebuttal of the desires of the tech – its apparent correct usage, and, at the other end, its specialist unpacking. The artist's relationship to the **use** of a piece of technology whose complexity makes its parameters far more restricted than, say, a pencil, is to reject the very idea of use. And because so many of the desires of a technology relate to upholding its inconspicuousness, one of the first things an artist might do when wielding it, would be to retrieve the technology from whatever quag of figuration in which it had sequestered itself. Whether that figurative hiding place is representational verisimilitude, or similarly, disappearance from the field of view by extreme intimacy or extimacy to its user – the technology constantly seeks to be lost.

The consumer-grade portion of tech finds some figured endophytic relation to its user, whereas the specialist piece of kit is figured alien – almost state-level alien, like the military or industry or space or whatever other intangible. It is, perhaps, hyper-objectivised – pushed to a point of irretrievable unwieldiness. The exponential growth of these relations is cybernetics proper, even if for me, it's perhaps more appositely considered through the mutable lens of psychoanalysis. To reiterate and to be clear: loss is our exemplar. Both of those poles of proximity (consumer/specialist) remove the tech from the general populace. Certainly to ideological ends, but also for more convoluted reasons as regards any consequential relation. As in, the tech's vanishing is part of a maintenance of a fantasy of holism, coherency. Or perhaps the loss of the tech obtains the seeming maintenance of the ego and the ego's correctly deluded place, hierarchically speaking.

'Correct usage', as regards a piece of technology, is a pragmatic normality that bleeds out into ideology, social determinism and so on. So the artist must first set out to **find** the technology. Or rather, the artist must first understand the technology as lost. This **finding** is cast metaphorically, although there is, relatively speaking, a movement towards the literal in this retrieval. If unacknowledged absence is the precondition of technology's successful ebb, then the figurative act of finding is, at least, a literal act of making **present**. In this account, technology proper is always-already lost, and by disingenuous design. Ignorance is a kind of pall to appease guilt. So the subject bypasses the need for the object by regarding it as a loss beyond the reach of the self: the subterranean of the tech – its reality – is apparently beyond impactful range. The loss is never understood, simply repressed. Insofar as the lost object becomes internalised through its dissimulation, the relationship is neurotic, according to Freudian psychoanalysis.

In most cases, where the ethics of corporate industry, factory conditions, state violence, environmental horror, political doctrinairism, etc., are known (and this, really, is most of the time – if not at least suspected **all** of the time), the consciously oblivious loss of technology is entirely desirable in order to repress the trauma of the technology's fact.

This kind of imperative repression – imperative in order to function coherently, according to all kinds of vast, contractual mores – creates a kind of aimless melancholy or shame. An awful, disinterested shrug laps the melancholic. In contrast, acknowledging the lost object sets in motion a shift from melancholy to purposive mourning. By example, acknowledging the bodies traumatised in coltan mines and sweatshops retrieves those bodies, allows the possibility of mourning them, of witnessing their loss.

More banally, sufficiently acknowledging that the movies are constituted by a procession of lifelessness – that the moving image is an illusion – **finds** simultaneously those intestinal coils of celluloid, and the ideological engine behind that illusion. Mourning might best be thought of as a way of properly tracking and acknowledging loss: whether in death or knowledge or empathy or truth. Suddenly the camera is visible in the mirror. The VHS tracking remains permanently, deliberately unresolved, becomes rhythmic. Music and foley buzz and keel, then abruptly cut. The world and its representation are distinguished, imminence evades narration. Melancholia transmutes into mourning and the real work can begin.

Literality can only be a functionary of recouping the mortal when such recoupment relates to matter. Structuralist approaches to the moving image understand a difference between effect and reality. By uncovering the workings, whether celluloid or shutter, one analogises the 'uncovering' of other realities. One repudiates illusions of all kinds by repudiating the illusion of the moving image. Making literal, here, flows into the figurative, while analogy or metaphor must appear in order for the act to **mean** beyond whatever microcosm. The process is parabolic, requiring significant relation between, say, persistence of vision and propaganda. Fundamentally, both the structural and deconstructive methods require that there be a thing of which it is possible to expose the structure. It subsequently requires that the illusion either remain or be put back in place, to allow sufficient function to sustain critique. And, really, a particular order of movement between literal and figurative is necessary for structuralism to function.

Clearly, this pertains to the mortal analogue above, insofar as uncovering the workings of the living body means violence, or can better be described via abjection. As regards the moving image, illusion is a condition of its being: a suspension of disbelief is a condition of its encounter, even if that suspension of disbelief is in turn suspended by the insistence of its partial dismantling for the sake of structural comprehension. In other words, the simultaneous and continued functioning of structure **with** its surface, whilst they are simultaneously observed, is essential to the reading. Like understanding how a cat works by observing its innards, while it continues to work, engine purring. If retrieving the lost object of a moving image technology lies in exposing its material reality as well as the lives, processes, and politics that flow into a materiality deferred by the illusion that defines the medium, then acknowledging it is made possible by structural revelation simultaneous to continued function. Critically, this happens in a movement that is more or less against the desires of that technology. Insofar as this process is political, it also abounds with agency: deconstructing the object confers the freedom of the subject. And again, the literal is asserted in order to re-found figuration.

Figural to literal to figural: the lost object is acknowledged as lost in order to counter the neurotic consequences of repression, and to begin a reparative move from melancholia to mourning. Mourning is mantric, inasmuch as it involves the naming of an object through the description of its absence, while literalisation is equivalent to death, where both **find** their subject, retrieve them from the disbelief of a life, of figuration, while affirming the absence of the very thing of which they affirm the finitude. Literalisation renders loss, rather than the thing that was lost. Literalisation describes the figurative as such: it delimits its existence by divulging its immanence.

The literal is the end of language. And all of this is profoundly complicated by the digital; almost every work in **GENERATION LOSS** has been digitised. If technology's implicit desire is to disappear by a movement of natural progress, the digital pushes that figurative idea towards the literal. The digital cusps both figuration and the literal, unmooring both, disrupting the ways in which the two might move between one another, be recognisable as one rather than the other. Digital technologies seem so fiercely figured, and so wholly welcomed and afforded as a kind of ethical relief, the combination of which is surely most conspicuously capable of eroding the capacity to tell the difference between what is and what is not. Or more opaquely, what is and what is also, with that 'also' a fine print of terms and conditions to unspool in great, abject reports from far away and next door; to be scrolled blithely through in order to reach the 'I agree' checkbox.

A confusion of literality and figuration means that 'the cloud' remains a cloud, literally, while also operating as an image of a cloud – the one obliterates the conditions of the other, sending clouds, along with whatever acceded personal details, to some weird no-place of fug and ignorance and clouds, literally. The digital does not have literal analogues. To return to mourning and melancholia, the digital represses its lost object by literal figuration, and those neurotic symptoms that riddle the melancholic become a condition of the digital. Somewhere over there, countless acres of bunkered server farms wolf inestimable amounts of energy, overheating and strobing and storing and producing illusions playing out thousands of miles away, out of sight and out of mind.

The melancholia suffuses, and neurotic tics of shame and guilt play across faces quieted by an ignorance advanced by those impossible, labyrinthine convolutions that constitute digital figuration and its disappeared, literal structure. Most of the works on show in **GENERATION LOSS** were once things, materialised. Films, videos, DVDs, Blu-rays. Most of them are now computer files that could be copied countless times without any kind of loss. Losslessness abounds and the mourning made possible by naming it – by affirming it in order to process it – is made figurative, literally.

POSTFACE

For **GENERATION LOSS,** it became important that any theme be entirely congenital. As in, the show's **aboutness** inheres, and inasmuch as each moving image work kind of pushes towards its own holism, the show is an inversion of certain other sorts of exhibition where the works are more or less to be understood as contributors to the coherence of any kind of thesis, however ambivalent its attitude to answers. **GENERATION LOSS** is a show that eschews this sort of coherency. Broadly speaking, the corralling of works into thematic consensus is a nonsense. Regardless of the capaciousness of the theme, it will always at least partially popularise any work's nuance, often to a point of political detriment. And if it's any more capacious, it becomes a kind of apologia for the need to have a thematic at all. It's perhaps something of a generalisation, but as an artist I've often felt betrayed by the group show thematic, because my work inevitably becomes bound up with the show's theme as a result. I mean this specifically in relation to tacit violences of intellectual or affective co-option. A work's recruitment to the accord of a group show's overarching theme results in its retardation.

Certainly, themes can – and presumably this is the intention – provide some place from which the audience might approach a work and perhaps begin to interpret it, **feel** it. But that should hardly be encouraged. Rather, it feels like some determined, obligatory categorisation, employed to diminish works and so as to trigger some series of subconsciously posed questions – in order to work out how to **get** a piece of art. 'Getting it', that barely mantled process of valuation, is the supposition of recuperability. Or the repression of a work's ambiguity and openness through a recuperation that is itself understood as a legitimising process – that pertains to uphold knowledge as the preeminent merit of any encounter. This is a return to the Freudian idea that movements of the subject towards the world are preemptive in their paranoia and are de facto sadistic. The recuperation of 'getting it' is sadistic, conflating understanding with the violent grab – merging sense-making with forcible coherence, legitimised by another presumption concerning the hegemony of knowledge production as a reason to engage with the world.

For **GENERATION LOSS**, my first impulse was to make a show without a theme. Or better, to make a show whose theme was inherent to both the works and the collection, rather than from any particular outside. The cicerone, really, was the collection itself. As large as it is, it is of course necessarily limited, as any collection must be. Whatever impulses guided Julia Stoschek's choices in purchasing works remains obscure to me. There are of course artists and works here that are seminal and therefore probably essential for any collection that aims for such devotion to the medium, but there are many works that clearly need no more objective a reason to be included in the collection than thrilling whim.

The pool of works, and their fundamental heterogeneity, made the decision to spurn an external theme all the easier. Furthermore, **GENERATION LOSS** is a show to mark a decade of the collection and the exhibition space in Düsseldorf. The imperative subject is the collection itself, a fact that additionally affirmed the idea of no theme as apposite. In thinking of the **quiddity** of the collection and so of a possible show, I was invariably returned to the technologies that determine the medium. That the **JULIA STOSCHEK COLLECTION** acquires artists' moving image works specifically and almost exclusively, has meaning – even if it is emphatically subjective.

Reflexivity is seemingly a contingency of artists' moving image work in general, because its very existence at least partially depends or responds or burlesques moving image cultures and forms that predate it. Insofar as that kind of relation might feel inherent to a contemporary understanding of art – as differentiated, for example, from craft, amateur, or design works – artists' moving image has a singular and explicit industrial paradigm in the form of the technologies of the production and display that make up the structural contingencies of the medium. These provisos also partially determine the discourse: reflexivity concerning the technologies that constitute the medium; how artists' moving image relates to or critiques its close relatives (TV, cinema, video games, etc.); how the moving image serves as documentary – its fealty to reality, what kind of truth it affords or obscures; what kind of mirror it is and in correspondence with what turbid likeness.

Finally, I decided that in order to put together a show whose medium specificity bore congruence with that medium's ineluctable self-reflexivity, the show would be dictated pragmatically – that the conceit would be sourced from the tech via an act of self-reflexivity rather than externally, via the forcible superimposition of a structuring logic. This requires a sleight around the 'showing' of the technology: determinism is essential to the medium, meaning that aspect ratios, resolutions, formats, softwares and players are all beholden to the industry and its standardisations, and it is within these constraints that the moving image plays out. These limitations do not pertain pejoratively, but rather it is the standardisation that confirms the medium and its discourses.

GENERATION LOSS standardises the presentation of almost all of the work on show. Entirely unadorned, 4:3 and 16:9 projection screens are used to show sequences of works. Those works in the collection that required sprawling installations, or were made up of multiple channels, or could only be shown inside a hut or on a cake or a goldfish bowl were dismissed. Expanded cinema gets re-contracted – not through revelation but by the judicious employment of a kind of vacuum. Here, technological emphasis means a reiteration of each work's fundamental commitment to the form. This installation means that homogeneity at the service of the medium be entirely obdurate. It allows for the technology to be retrieved as the condition of the show, rather than allowed to recede once again behind some pall of presumption regarding the transparency of the form.

If the medium of the moving image is demoted to ancillary as the **immanent** subject of a show comprised wholly of moving image works from a collection that is similarly exclusively composed, then the very foundation of its discursive, critical possibility is more or less nixed. Emphatic, pragmatic categorical assertion **over here** would, I figured, conjure emphatic disparity elsewhere. The attempt, I suppose, is to quiet the curatorial; to mute the imposed unifying theme and afford each work its discretion – if entirely and always in relation, practically. Each work's relationship to another is not dependent upon what they say, but on their constitution. Accord established outside of the constitutive has to actually **happen,** and in the show itself – rather than be presumed or subtended by thematic ascription. Hence another fundamental practical decision regarding the installation of the works: no work in isolation. The predominant contemporary mode of installing moving image works in a gallery space is to suspend them within their own light-locked, sound-proofed space; to attend to a fantasy of seclusion in order to apparently support the work's individuality. More often than not this is presented as a necessity of the medium: for a projection it has to be dark; to hear things with clarity it has to be silent. The work must be severed from reality – apparently in order to function at all. Isolation, therefore, is presented as a practical, technological requirement and not as an antisocial or isolationist subtext.

So where technological reflexivity is afforded elsewhere – where the slippage between the literal and the figurative, the material and immaterial, is productively understood as a fundamental critical axiom of the moving image – this final suspension of disbelief is maintained as solely practical. It's a protectorate that produces, at worst, a kind of obliviousness that threatens to subvert the complicated interpretative methods that attend to the work. It threatens to disappear technology once more into the murk of supposition… It's as if a work's context is historical and theoretical but is **practically** deferred. In **GENERATION LOSS,** I'm attempting to at least partially redress this on terms that are faithful to the technological pragmatism that emanates from medium specificity as a condition of understanding the various realities that a moving image work operates within. The glass walls within the spaces do keep sound-bleed at a minimum, but most works on each floor can be seen together. Inside each glass-walled room, a pair of screens literalise a choreographed dialogue, performing in unison, albeit carefully balanced. There is compromise here. The hope, however, is that the works' inherent, structural sociability will prevail, while each work's volition will remain powerful in relation.

Writing this, I'm struck by the clarity of my own neuroses – as well as their positive motility: how I've almost always wanted the moving image to firstly be analogous to people, to bodies, to experience, to loss. For moving image to stand as a kind of metaphysical surrogate for what I long for the finite holism of a person's existence. For years I rehearsed the idea that the videos I was making were dead men, albeit figuratively speaking. Descended, psychically, from that literal dead man who began this whole sorry mess for me. Making videos became about reparative mourning, though not therapy, per se – extending outwards from mourning's most literal, funereal wellspring, to address a whole host of melancholic, neurotic attachments – transposing them into aspects of my life possible to be understood – if never, importantly, **got** (there is nothing of applicable use or value, here, at the wake). Most importantly, mourning intuits the moving image in a way that felt like forcible congruence at first, but which has expanded to encounter the structure of the medium, its affective modes, its burlesque of substance dualism – its striving for representational cogency. **GENERATION LOSS** is embroiled in the lives of its artists, seeking paradigm in their works. Immanence, asserts the loop of every work in the show, circumscribes fidelity and stands against lossnessness. Loss is the sublime condition of any experience.

GENERATIONSWECHSEL: AUF DEM WEG ZUR EPHEMEREN SAMMLUNG

GENERATION CHANGE: THE EMERGENCE OF THE EPHEMERAL COLLECTION

Andreas Weisser

Als vor über zehn Jahren die ersten Videoarbeiten in der **JULIA STOSCHEK COLLECTION** eingetroffen sind, wurden sie noch am Besprechungstisch zwischen Ausstellungskatalogen und Kaffeetassen begutachtet. In den ersten Räumlichkeiten in der Kölner Straße in Düsseldorf gab es weder ein Mediendepot noch eine nennenswerte technische Infrastruktur. Damals handelte es sich fast ausnahmslos um Videokassetten oder DVDs, die sich dort stapelten.

Heute gelangt ein großer Teil der Videokunst per Download in die Sammlung, der andere Teil in Form von Festplatten oder Flash-Speichern – Videokassetten sind hingegen kaum noch darunter. Beim Eintritt in die Sammlung werden alle Arbeiten umfangreich überprüft, dokumentiert und mit Metadaten versehen. Später erfolgen die Einlagerung im Mediendepot und die redundante Speicherung auf hauseigenen Festplattensystemen. Zwischen beiden Szenarien liegen gerade einmal zehn Jahre Entwicklung und technologischer Wandel. Keine lange Zeit eigentlich – wenn man Videokunstarbeiten mit anderen Kunstgattungen vergleicht. Medientechnisch ist es jedoch mehr als eine Generation: Ein tiefgreifender Wandel hat auf mehreren Ebenen für einen Generationswechsel gesorgt, dessen Auswirkungen die Ausstellungen und insbesondere die Herausforderungen bei der Konservierung und Langzeitarchivierung entscheidend verändert haben. Konservatorische Kernaufgabe ist es zu verhindern, dass aus diesem vielschichtigen Wechsel ein Verlust entsteht. Bis zum Eintritt ins digitale Zeitalter bewegte sich der Erhalt von Videokunst im Rahmen der analogen Unzulänglichkeiten: Die Werke wurden „einfach" immer wieder auf die neueste erhältliche Technik umkopiert. Analoge Kopiervorgänge werden jedoch immer von einem schleichenden Verlust an Ton- und Bildqualität begleitet, da sich Übertragungsfehler bei jeder erneuten Kopie verstärken. Dieser als Generationsverlust bezeichnete Effekt sollte auf digitaler Ebene theoretisch ausgeschlossen sein. Doch das Gegenteil ist der Fall: Auch in der digitalen Welt kann es zu Generationsverlusten kommen, wenn beispielsweise keine fehlerkorrigierenden Datenübertragungsprotokolle zur Anwendung kommen. Ein noch höheres Risiko entsteht, wenn mit verlustbehafteter Kompression datenreduzierte Files in andere Formate umkopiert werden (Transkodierung). Während analoge Generationsverluste sofort sicht- und hörbar waren, sind sie bei der digitalen Kopie oftmals nur mit Analysetools oder bei großflächiger Projektion erkennbar. Die Bewahrung des vollen Reichtums an Authentizität,[1] die Anspruch und Leitsatz aller konservatorischen Betreuung ist, wird dadurch auf digitaler Ebene wesentlich komplexer als auf analoger.

DIE GENERATIONSWECHSEL: VON ANALOG ZU DIGITAL UND VON SD ZU HD

In den letzten Jahrzehnten hat sich ein grundlegender Wandel in den eng miteinander verwobenen Bereichen Video und Fernsehen vollzogen. Zunächst eroberte die Farbe das Standard-Definition(SD)-Fernsehen und verdrängte Schwarz-Weiß. Später wurden die Geräte immer größer und die gewölbten Bildröhren plan. Im Videobereich hingegen führte der technische Fortschritt zu immer kompakteren und leichteren Bändern sowie Camcordern. In der Videokunst wurden nach ½ Zoll Open-Reel zuerst U-matic, später VHS, dann MiniDV und DigitalBetacam zu beliebten Formaten. Mit den beiden letztgenannten Bandformaten und der DVD begann schließlich die digitale Ära. Durch die DVD wurde das Videoband – zumindest im privaten Bereich – endgültig verdrängt. Die Videokassette starb langsam aus.

Aktuelle Camcorder werden mit Festspeichern (SSD) ausgestattet – und bekommen doch neue Konkurrenz: Moderne Fotokameras oder Smartphones sind in der Lage, erstaunlich hochwertige Bewegtbilder aufzuzeichnen. Auch für Videokunst werden sie deshalb gern verwendet.

Gleichzeitig wurde die klassische Fernsehröhre im Bildseitenverhältnis 4:3 vom High-Definition(HD)-fähigen Flachbildschirm im kinoähnlichen Breitbildformat 16:9 abgelöst. Und so lief die Produktion von Röhrenfernsehern bereits vor Jahren aus – für Kunstwerke, die auf Röhrenmonitoren gezeigt werden sollen, ein großes Problem. Mittlerweile konkurrieren unzählige Auflösungsvarianten und Displaytechnologien um den Platz im Wohnzimmer: 3D-Displays und Bildschirme mit 2, 4 oder 8K Auflösung in unterschiedlichsten Dimensionen sind erhältlich und finden auch im künstlerischen Bereich Verwendung.

Mit der immer höheren Datendichte ging ein Niedergang der physikalischen Datenträger einher: Videobänder sind im professionellen Bereich fast vollständig verschwunden und Nachfolgeprodukte wie die Professional Disc (ein Blu-ray-Derivat) kamen zu spät auf den Markt, um sich fest zu etablieren. Durch die gewachsenen Bandbreiten bei Internetverbindungen wurden im Consumerbereich neue Modelle möglich: Inhalte werden gestreamt, dezidierte Datenträger sind nur noch bei sehr großen Datenmengen erforderlich.

Selbst beim Kino verliert das Medium Film kontinuierlich an Bedeutung. Im Zuge der ersten 3D-Produktionen begannen die Lichtspielhäuser auf digitale Projektoren umzustellen. Die Bildinhalte werden nun nicht mehr auf Filmmaterial vertrieben, sondern per Festplatte oder Download an die Kinos geliefert. Damit war das Aussterben der klassischen Filmrolle besiegelt.

In der Medienkunst blieben diese Veränderungen nicht ohne Folgen: Die Zeit der klassischen Vertriebsmedien ist vorbei – und steht doch vor einer Renaissance. Junge Künstlerinnen und Künstler beginnen gerade, historische Formate neu zu entdecken. Die visuellen Qualitäten analoger Medien stehen im Kontrast zu ultrahochaufgelösten Digitalformaten. Dias, Filme und auch Videokassetten werden bewusst künstlerisch verwendet und sind damit noch nicht ganz ausgestorben. Somit werden weiterhin eigentlich veraltete und totgeglaubte Formate in Form von Neuproduktionen in die Sammlung gelangen.

KONSERVATORISCHE HERAUSFORDERUNG

Wie andere Kunstwerke auch, benötigen Medienkunstwerke konservatorische Betreuung und Aufmerksamkeit, um nicht durch vorzeitige Alterung Schaden zu nehmen. So gilt es nicht nur, den „Altbestand" an Kassetten und Filmen zu bewahren, sondern auch den dazugehörigen Technikpark. Insbesondere Röhrenfernseher und Standard-Definition-Equipment im Bildseitenverhältnis 4:3 wie Projektoren und frühe LCD-Displays sind mittlerweile rar geworden.

Selbst wenn die erforderliche Technik vorhanden sein sollte, muss deren einwandfreie Funktion gewährleistet sein, um einen Datenträger nicht durch technische Fehlfunktion zu beschädigen. Erhalt, Pflege und Ersatzteilbeschaffung sind deshalb elementare Bestandteile der konservatorischen Sammlungspflege. Häufig bereitet auch die Alterung der Speichermedien Probleme. So sind einige U-matic- und VHS-Videobänder von einer chemischen Abbaureaktion betroffen, die dazu führt, dass die Magnetschicht klebrigen Abrieb absondert, was bedeutet, dass betroffene Bänder ohne vorherige Behandlung und Reinigung nicht problemlos abgespielt werden können.

Hier entscheidet vor allem die Art und Weise der Lagerung über Alterungsverhalten und damit den Bestand eines Kunstwerks. Audiovisuelle Datenträger haben bei einem Klima mit niedriger Luftfeuchtigkeit und niedrigen Temperaturen eine deutlich größere Überlebenschance.

Doch der Generationswechsel von klassischen Videomedien hin zu gleichsam ephemeren Files, die an kein proprietäres Medium mehr gebunden sind, bedeutet auch bei der konservatorischen Betreuung einen Paradigmenwechsel.

Beim File-basierten „Neubestand" spielen vor allem technische Faktoren eine wichtige Rolle. Durch den technologischen Wandel werden Formate und Codecs in immer kürzeren Abständen obsolet. Bereits nach wenigen Jahren ist es häufig äußerst komplex oder gar unmöglich, die passende Infrastruktur für die jeweiligen Datenträger oder Codecs zu finden. Daneben gilt es, ein waches Auge auf möglicherweise ungewollte Veränderungen in der digitalen Domäne zu haben. Aus restaurierungsethischer Sicht muss eine Veränderung durch Transkodierung, Speichervorgänge oder „bit rot" unbedingt ausgeschlossen werden. Letzteres bezeichnet die Gefahr, dass korrumpierte Files unleserlich werden.

Konstantes Monitoring auf Obsoleszenz und die enge Zusammenarbeit mit der IT-Abteilung werden deshalb immer wichtiger bei der Sammlungsbetreuung. Gleichzeitig werden in dieser interdisziplinären Zusammenarbeit die Voraussetzungen dafür geschaffen, dass komplexe File-basierte Videoarbeiten ausführlich dokumentiert und dauerhaft gespeichert werden können.

STRATEGIE ZUR LANGZEITARCHIVIERUNG

Um diesen vielfältigen Herausforderungen gerecht zu werden, wurde bereits 2005 eine Archivierungsstrategie für die **JULIA STOSCHEK COLLECTION** entwickelt, die einerseits dem originalen Träger ein optimiertes Umfeld garantiert und gleichzeitig den Inhalt dauerhaft bewahrt. Diese Strategie wurde in den letzten zehn Jahren – bedingt durch den technischen Fortschritt – immer wieder aktualisiert und angepasst. Erstmals geschah dies beim Wechsel von Standard Definition (SD) zu High Definition (HD). Später wurde auch das allmähliche Verschwinden von proprietären Videodatenträgern berücksichtigt und die Strategie um File-basierte Kunstwerke und Echtzeitsimulationen erweitert.

Diese Strategie basiert auf der Grundannahme, dass der Erhalt der audiovisuellen Medienkunstwerke langfristig nur auf der digitalen Ebene zu gewährleisten sein wird, da belastbare analoge Lösungen nicht zur Verfügung stehen. Um einer unüberschaubaren Formatvielfalt zu begegnen, wird in der **JULIA STOSCHEK COLLECTION** bereits vor dem Ankauf einer Arbeit mit der Galerie oder der Künstlerin beziehungsweise dem Künstler festgelegt, in welchen Formaten die Master und Ausstellungskopien geliefert werden sollen.

Dadurch gelingt es, die heterogene Sammlung auf der digitalen Ebene auf wenige etablierte und einheitliche Zielformate zusammenzufassen.[2] Hierdurch sinkt der Aufwand bei der Pflege, da lediglich eine überschaubare Anzahl von Formaten regelmäßig überprüft und durch Obsoleszenzmonitoring abgesichert werden muss.

Die beiden Sätze „Eine Kopie ist keine Kopie" und „Keep it simple" bildeten die Grundlage für die Entwicklung des „Drei-Säulen-Modells". Denn das Vorhandensein einer einzigen Kopie setzt das Kunstwerk einem zu großen Verlustrisiko durch Alterung, technische Defekte, Diebstahl, Bedienungsfehler oder Formatobsoleszenz aus. Um diesen Bedrohungen zu entgehen, wird die Fortdauer eines Werks auf mindestens drei unabhängige Säulen verteilt, die auch beim Ausfall einer einzelnen Säule noch eine tragfähige Basis bilden. Neben dem Original werden noch zwei Kopien auf verschiedenen Trägern und/oder in unterschiedlichen digitalen Formaten erstellt.

LANGZEITARCHIVIERUNG

1. Säule Original / Master	2. Säule Archival / Master	3. Säule Exhibition Copy
optimale Lagerung File: redundante Speicherung keine Nutzung	Tape: 1:1 Kopie sichere Lagerung Nutzung nur im Ausnahmefall File: uncompr. im Quicktime Cont.	zur Nutzung datenreduziertes File

Die schematische Darstellung des „Drei-Säulen-Modells" veranschaulicht die mehrgliedrige Sicherung der audiovisuellen Inhalte. Während die beiden dunkelgrauen Säulen für die Nutzung gesperrt sind, kann das Format in der hellgrauen Säule benutzt, das heißt ausgestellt und vorgeführt werden.

Die erste Säule bilden die angekauften Datenträger oder Files, die „Originale". Diese werden in einem klimatisierten und gesondert gesicherten Mediendepot gelagert. Als zweite Säule fungiert eine digitale 1:1-Kopie (Datenträger und/oder File), das als Archival Master (Sicherheitskopie) dient. Mit der dritten Säule (Exhibition Copy) werden alle Benutzungen abgedeckt. Hier kommen datenreduzierte File-Formate zum Einsatz, die zum Beispiel als Ausstellungskopie dienen.

BAND- UND FILE-FORMATE (CODECS)

Obwohl es sich bei audiovisuellen Datenträgern um vergleichsweise junge Medien handelt, ist der größte Teil aller analogen und digitalen Formate in Form physikalischer Datenträger bereits vom Markt verschwunden oder ausgestorben. Über die Langlebigkeit eines Medienformats entscheiden neben der physischen Alterung auch die Verfügbarkeit von Abspielmöglichkeiten, Ersatzteilen sowie die Marktpolitik einzelner Hersteller und Patentinhaber. Auch wenn dies für professionelle Formate noch ein bis zwei Jahrzehnte gesichert sein sollte, ist ein Ende abzusehen.

Aus konservatorischer Sicht ist es zudem problematisch, dass nahezu alle digitalen Videoformate über datenreduzierende Mechanismen verfügen, um mit dem beträchtlichen Informationsgehalt der bewegten Bilder umgehen zu können. Der dafür gebräuchliche Begriff „compression" verschleiert jedoch die tatsächliche Bedeutung: Es handelt sich meist um eine verlustbehaftete Datenreduktion („lossy compression"). Im Klartext bedeutet dies, dass bestimmte Anteile der Bild- oder Toninformationen verworfen werden.[3] Dies geschieht einerseits, um Speicherplatz zu sparen, andererseits lässt sich eine geringere Datenmenge meistens einfacher verarbeiten und deshalb auch besser darstellen, da weniger Rechenleistung benötigt wird.

Deshalb muss bei der digitalen Langzeitarchivierung (dLZA) sehr genau geprüft werden, welche Zielformate ausgewählt werden. Bei der Wahl eines ungeeigneten Zielformats besteht die Gefahr, dass es zu sichtbaren Veränderungen des Erscheinungsbilds kommt. So kann zum Beispiel die verlustbehaftete Kompression den Charakter eines Videokunstwerks nachhaltig beeinflussen – und das Werk somit substanziell verändern.
Zudem besteht die Gefahr, dass in der Zukunft notwendige Transkodier- oder Bearbeitungsvorgänge nochmals Verluste verursachen können. Eine Kaskadierung solcher Bearbeitungsschritte kann unter Verwendung verlustbehafteter Codecs zu massiven, visuellen Qualitätsverlusten führen.[4] Überspitzt formuliert: je höher die verlustbehaftete Kompression, umso niedriger die „Lebenserwartung" des Werks.
Im Idealfall wird für die digitale Langzeitarchivierung deshalb ein Format gewählt, das auf eine verlustbehaftete Datenreduzierung verzichtet. Ist dies nicht möglich, sollten zumindest Formate ausgewählt werden, die nur über eine geringe Datenreduzierung verfügen und weit verbreitet sind.

WORKFLOW

Ziel der Sammlung ist es, ein Videokunstwerk bereits beim Erwerb in den Formaten zu erhalten, in denen es a) produziert wurde (= Original/Master), b) langzeitarchiviert werden soll (= Sicherheitskopie/Archival Copy) sowie c) vorgeführt werden soll (= Exhibition Copy). Nur so kann zweifelsfrei gewährleistet werden, dass jede Fassung auch der künstlerischen Intention entspricht.
Wie bei vielen anderen Museen auch, werden der Künstlerin, dem Künstler oder der Galerie bereits vor dem Ankauf eines Werks „Production Guidelines" übermittelt, in denen die jeweiligen Formate definiert sind. Gleichzeitig soll ein umfassender Fragenkatalog zur Entstehung und Aufführung des Werks dabei helfen, auch in Zukunft genügend Informationen für notwendige Rückschlüsse zu sammeln. So werden neben den technischen Metadaten zu Auflösung, Codec, Bildseitenverhältnis, Datenrate, Spurbelegung und vielen weiteren Punkten auch Informationen zur verwendeten Soft- und Hardware bei der Entstehung wie auch bei der Ausstellung abgefragt. Dies beinhaltet sowohl Angaben zur eigentlichen Präsentation, wie Projektionsgröße oder Display-Typ, als auch Angaben zur Raumgröße und -beschaffenheit.
Angelehnt an das OAIS-Referenzmodell[5] werden für die langfristige Archivierung des audiovisuellen Kunstwerks, das heißt für das Informationspaket aus Inhaltsdaten und Erhaltungsmetadaten,[6] nicht nur die eigentlichen Kassetten oder Files gespeichert, sondern auch alle ermittelbaren technischen und deskriptiven Metadaten in der Datenbank erfasst und vorgehalten.
Beim Erwerb und Eingang (der „Übernahme" nach dem OAIS-Referenzmodell[7]) in die Sammlung wird zunächst eine Sicht- und Qualitätskontrolle des audiovisuellen Kunstwerks durchgeführt. Anschließend werden die technischen Metadaten des Datenträgers oder des Files extrahiert und gemeinsam mit den von dem Künstler, der Künstlerin oder der Galerie übermittelten Informationen über Inhalt, Aufführungsbestandteile und -besonderheiten in der Datenbank gespeichert. Bei Files werden die technischen Metadaten mit der frei verfügbaren Software Mediainfo[8] ermittelt und als Textdatei in die Dokumentation eingepflegt. Zukünftig wird für jede in die Sammlung übernommene Datei eine MD5-Checksumme gebildet und gespeichert werden, um die Datenintegrität automatisiert überprüfen zu können.

BANDBASIERTE MEDIENKUNST

In der Vergangenheit wurden für Erwerb und Langzeitarchivierung je nach Quellmaterial zwei unterschiedliche Zielmedien verwendet: SD-Arbeiten wurden auf DigitalBetacam Kassetten erworben, bei Arbeiten, die in HD entstanden, kamen HDCAM-Kassetten zum Einsatz. Beide Formate galten als Quasi-Standard im professionellen Bereich und sind immer noch sehr weit verbreitet. Für sie sprechen die hohen Datenraten bei vergleichsweise „milder" verlustbehafteter Kompression, eine hervorragende Bildqualität und sehr stabile Trägermaterialien. Auch wenn die Langzeitarchivierung von proprietären Medien wie DigitalBetacam oder HDCAM anachronistisch erscheint, so ist sie doch (noch) sinnvoll – und dies aus ganz praktischen Gründen, die auf dem eingangs zitierten Imperativ „Keep it simple" basieren. Denn Videokassetten funktionieren immer nach dem Schlüssel-Schloss-Prinzip. Jedes Kassettenformat „passt" nur in das dafür vorgesehene Abspielgerät (mit wenigen Ausnahmen). Somit wird eines der größten Probleme der dateibasierten Langzeitarchivierung vermieden: die sich oftmals nicht ohne Hilfsmittel erschließende Kompatibilität von Codec und Abspielgerät beziehungsweise Rechner. Gleichzeitig handelt es sich um ein physisches Format, das relativ einfach im Mediendepot archiviert werden kann.

FILE-BASIERTE MEDIENKUNST

In den letzten Jahren ist der Anteil von Werken, die auf Kassetten produziert und vertrieben werden, deutlich geschrumpft. Aus diesem Grund wurde die Strategie zur Langzeitarchivierung um Workflows für „born-digital content" erweitert.

Für die Langzeitarchivierung werden 10 bit uncompressed (4:2:2) Files (V210) im Quicktime Container angefragt, da diese über keine datenreduzierende Kompression verfügen. In den Memoriav-Empfehlungen[9] zur Langzeitarchivierung von Videomaterialien werden 8 bit beziehungsweise 10 bit (4:2:2) uncompressed als einzige Dateiformate explizit empfohlen, und auch Museen wie die Tate Modern in London oder das Guggenheim Museum[10] in New York verwenden es für die Langzeitarchivierung. Es handelt sich um ein weit verbreitetes Format mit einer guten Dokumentation. Dadurch ist eine breite Unterstützung – sowohl von professionellen wie auch semiprofessionellen Schnittsystemen – vorhanden. Dies gilt auch für Softwareapplikationen und Hardware.

Andere Formate, wie zum Beispiel MXF/JPEG2000 oder das neuere FFV1, die sich für die Langzeitarchivierung von Videokunst ebenfalls eignen, wurden zwar in Erwägung gezogen, finden aufgrund mangelnder Unterstützung im künstlerischen Kontext jedoch derzeit keine Verwendung.

MEDIENDEPOT

Audiovisuelle Datenträger bestehen immer aus zwei Komponenten: der gespeicherten Information und dem eigentlichen Trägermedium. Deshalb muss eine Strategie zur Langzeitarchivierung immer beide Faktoren berücksichtigen. Oberste Priorität hat dabei jedoch der unverfälschte Erhalt des Inhalts.

Das Trägermedium sollte trotzdem nicht unbeachtet bleiben, denn es gehört zum Gesamtkunstwerk dazu – insbesondere dann, wenn es künstlerisch gestaltet ist. Einige Medien in der **JULIA STOSCHEK COLLECTION** tragen beispielsweise die Signatur der Künstlerin respektive des Künstlers oder wurden gar in künstlerisch gestalteten Schatullen geliefert. Doch selbst wenn dies nicht der Fall ist, so handelt es sich immerhin um das Ankaufsmedium, welches das vom Künstler autorisierte Kunstwerk trägt.

Basis und konservatorisches Herzstück der Sammlung ist das Medienkunstdepot. Weil schwankende sowie hohe Temperatur- und Luftfeuchtigkeitswerte für audiovisuelle Datenträger schädlich sind, hatte ein stabiles, schwankungsarmes Klima bei der Planung höchste Priorität. Insbesondere niedrige und stabile Feuchtigkeitswerte wurden angestrebt, da dies einer der wichtigsten Faktoren bei der Langzeitarchivierung ist.[11] Als Optimalwerte gelten 25 bis 30 Prozent relative Feuchte (±5 %/24 Std.) bei 8 bis 10 °C (±1 °C/24 Std.)[12]. Da diese Werte jedoch nur unter großem technischem Aufwand erreichbar sind, wurden als Kompromiss eine relative Luftfeuchtigkeit von 30 Prozent sowie eine konstante Temperatur von 15 °C realisiert. Dieses Klima ist auch für Filme und Dias hervorragend geeignet, wodurch eine gemeinsame Lagerung möglich ist.

Um die Klimaschwankungen auch beim Betreten oder Bestücken des Depots so gering wie möglich zu halten, verfügt das individuell konzipierte und geplante Medienkunstdepot über zwei Schleusen: Eine Personenschleuse verhindert abrupte Klimawechsel beim Betreten des Depots; die zweite Schleuse ist für audiovisuelle Datenträger konzipiert, die ins Mediendepot ein- und ausgelagert werden. Sie werden in der Medienschleuse langsam akklimatisiert, bevor sie dann in einer Rollregalanlage aufbewahrt werden. Die hängenden Rollregale sind kugelgelagert und ermöglichen eine optimale Raumnutzung. Um alle Risiken für die Videobänder auszuschließen, wurden die einbrennlackierten Regalböden vor der Bestückung auf Restmagnetisierung untersucht. Zudem verhindert die Erdung der Regale eine statische Aufladung.

Die gesamte Klimatechnik ist redundant ausgelegt, sodass Klimaschwankungen selbst bei technischen Ausfällen oder Wartungsarbeiten praktisch ausgeschlossen werden können. Auch die Überwachung der Klimawerte erfolgt durch zwei getrennt voneinander arbeitende Datenlogger, die via Fernwartung ausgelesen werden können. Bei deutlichen Klimaabweichungen werden zudem Alarme an die Technikzentrale sowie die Restaurierung abgesetzt. Weil Staub und Luftschadstoffe eine ernsthafte Gefahr für Medienkunstwerke darstellen, wird die Luft vor und nach der Konditionierung mehrfach gefiltert. Gleichzeitig sorgen Rauch- und Wassermelder sowie eine mehrstufige Alarmsicherung und Videoüberwachung für einen umfassenden Schutz vor Gefahren und Diebstahl.

DIGITALES DEPOT

Unkomprimierte Videofiles benötigen enormen Speicherplatz. Diese Datenmengen ökonomisch, sicher und langfristig zu speichern, wird eine andauernde Herausforderung bleiben. Einfache externe Festplatten schieden nach kurzer Prüfung aus. Neben ungeklärten Kompatibilitätsfragen, die vermutlich in wenigen Jahren zu Problemen geführt hätten, kann auch die Haltbarkeit von Festplatten infrage gestellt werden.[13] Somit wurden nur gemanagte, redundant arbeitende Speicherlösungen in Betracht gezogen.

Deshalb werden die Videodaten parallel auf zwei unabhängigen NAS-Laufwerken gespeichert, die von der IT-Abteilung der Sammlung betreut und gewartet werden. Sie befinden sich in unterschiedlichen Gebäudeteilen und werden mit RAID-Level 6 betrieben. Eine zusätzliche Versionierung über einen Zeitraum von 60 Tagen fungiert als Backup. Daneben werden alle Ankaufsmedien (also auch USB-Sticks, SD-Karten oder mobile Festplatten) im beschriebenen Mediendepot gelagert.

Zeitweise wurde zudem eine externe Speicherung der Daten realisiert. Diese Form der zusätzlichen Absicherung hatte einige Vorteile, da eine höhere Redundanz zu höherer Sicherheit führt. Gleichzeitig waren die Arbeiten in einer „private cloud" als Vorschauvideos abrufbar. Aufgrund ökonomischer Zwänge wurde die Dienstleistung jedoch wieder eingestellt. Bis qualitativ gleichwertige Alternativen gefunden sind, unterbleibt eine externe Speicherung derzeit.

FAZIT

Aus den beiden Leitsätzen „Eine Kopie ist keine Kopie" und „Keep it simple" wurde die „Drei-Säulen-Strategie" zur Langzeitarchivierung der Medienkunstwerke der **JULIA STOSCHEK COLLECTION** entwickelt. Mit dieser Strategie gelingt es, die heterogene Sammlung von Video- und Filmkunst langfristig zu sichern und zu erhalten. Grundlagen sind einerseits das Mediendepot, das – besonders klimatisiert und gesichert – alle physischen Datenträger beherbergt. Daneben steht das digitale Depot, das alle Files, die sich im Sammlungsbestand befinden, redundant speichert. Dieses digitale Archiv wird inhouse betrieben und bildet das Backup der digitalen Sammlung.

Um den Generationswandel von der bandbasierten hin zur ephemeren Sammlung erfolgreich zu meistern, ist eine exakte und detaillierte Erfassung sowie Dokumentation aller technischen Bestandteile, deren Anforderungen sowie Parameter unerlässlich. Die Pflege und Kontrolle der Metadaten sowie das Obsoleszenzmonitoring werden in der digitalen Ära immer wichtiger – aber auch umfangreicher, da die Komplexität der Arbeiten permanent zunimmt. Denn Codecs und Formate unterliegen fortlaufender Weiterentwicklung. Inkompatibilitäten sind daher vorprogrammiert. Archive, Sammlungen und Museen sind deshalb in der Pflicht, sich mit ihrem Bestand intensiv zu befassen, um Generationsverluste zu verhindern.

Denn: So wenig es früher damit getan war, ein Videokunstband ins Regal zu stellen und dann zu „vergessen", wird es in der digitalen Ära ausreichen, eine Kopie auf einer Festplatte zu „sichern". In der Zukunft wird es deshalb weniger darum gehen, einen einzelnen Datenträger zu erhalten. Vielmehr ist es unsere Aufgabe, die Fähigkeit zu bewahren, sowohl auf eine Datei zugreifen zu können als auch sie lesen und abspielen zu können. Gegen den „Generation Loss" helfen im digitalen Zeitalter nur konstantes Monitoring, Refreshing, Migration und Pflege. Dies betrifft den Datenträger, die Integrität der Files, die Soft- und Hardware sowie die Überwachung, ob Datenformate obsolet werden.

1 Andreas Weisser, „Die Restaurierung und Konservierung von audiovisuellen Datenträgern aus restaurierungsethischer Sicht", in: Joachim Polzer (Hrsg.), **Weltwunder der Kinematographie. Beiträge zu einer Kulturgeschichte der Filmtechnik: Zur Geschichte des Filmkopierwerks,** Potsdam 2006, S. 324–335.
2 Normalizing = Konzentration auf wenige definierte Formate.
3 Memoriav-Empfehlungen, **Digitale Archivierung von Film und Video,** Version 1.0, April 2015, S. 53.
4 Ebd.
5 Open Archival Information System bzw. Offenes Archiv-Informations-System.
6 Referenzmodell für ein Offenes Archiv-Informations-System – Deutsche Übersetzung, Version 1, hrsg. von der Nestor-Arbeitsgruppe OAIS-Übersetzung, Frankfurt am Main 2012, S. 21.
7 Ebd., S. 32.
8 Vgl. http://mediainfo.sourceforge.net/ (letzter Abruf: 3.3.2017).
9 Memoriav-Empfehlungen (wie Anm. 3).
10 Vgl. https://www.guggenheim.org/conservation/time-based-media (letzter Abruf: 3.3.2017).
11 Dietrich Schüller, **IASA TC-05 – A Preview. Prepared for TELDAP,** Taipeh 23.2.2012; http://slideplayer.com/slide/10252044/ (letzter Abruf: 3.3.2017).
12 Ebd.
13 Dies legen die Ergebnisse von Google sowie der Carnegie Mellon University nahe; vgl. Eduardo Pinheiro/Wolf-Dietrich Weber/Luiz André Barroso, „Failure Trends in a Large Disk Drive Population", 5th USENIX Conference on File and Storage Technologies – Paper, 12.–13.2.2007: 1–13 San Jose, California (letzter Abruf: 3.3.2017); Bianca Schroeder und Garth A. Gibson (Carnegie Mellon University), „Disk Failures in the Real World: What does an MTTF of 1,000,000 Hours Mean to You?", Paper-Präsentation bei: 5th USENIX Conference on File and Storage Technologies – Paper, 12.–13.2.2007: San Jose, California (letzter Abruf: 3.3.2017). Auch die Aufstellungen über Fehlerraten bei verschiedenen Festplattenmodellen des Speicheranbieters Backblaze untermauern diese Ergebnisse; https://www.backblaze.com/blog/hard-drive-benchmark-stats-2016/ (letzter Abruf: 3.3.2017).

GLOSSAR

½ ZOLL VIDEO/OPEN-REEL
Analoges Videoformat auf offenen Spulen; ab Mitte/Ende der 1960er-Jahre; unterschiedliche Videostandards. „Prominentestes" Gerät: Sony Portapak; von Videokünstlern häufig genutztes tragbares Videosystem. Ausgestorben.

BILDSEITENVERHÄLTNIS
Bezeichnet das Verhältnis von Breite zu Höhe eines Bildes. Bei Standard Definition sind die Bildseitenverhältnisse 4:3 oder 16:9, bei HD-Formaten ist ausschließlich 16:9 (Breitbild) möglich.

BLU-RAY
Digitaler optischer Datenträger, blau-violetter Laser; seit ca. 2007. Abmessungen wie eine DVD. Ermöglicht die Speicherung von bis zu 50 GB Daten und erlaubt damit auch den Einsatz bei HD-Formaten. „Nachfolger" der DVD. Aktuell.

CODEC
Kunstwort aus „Coder" und „Decoder". Beschreibt die Software, die zur Codierung und Decodierung von Daten notwendig ist. Codecs kommen bei der Verarbeitung von Audio- und Videoinhalten zur Anwendung.

DIGITALBETACAM
Digitales SD-Kassettenformat; seit 1993 (Sony). Zeichnet ein digitales Komponentensignal (4:2:2) mit einer 10-Bit-Quantisierung auf. Die Datenreduktion liegt bei ca. 2:1. Hohe Verbreitung im Fernsehbereich. Langfristig gefährdet.

DVD
Optisches, beschreibbares Speichermedium aus Polycarbonat und Reflexionsschicht. Die Abkürzung steht für „Digital Versatile Disc". Umgangssprachlich versteht man unter einer DVD oft ein DVD-Video, obwohl es eine Vielzahl unterschiedlicher DVD-Formate gibt. Die Speicherkapazität beträgt 4,7 GB (single layer) oder 8,5 GB (double layer). Langfristig gefährdet.

HDCAM
Digitales HD-Videokassettenformat; seit 1997 (Sony). Zeichnet ein digitales Komponentensignal (3:1:1) mit 8-Bit-Quantisierung auf. Datenreduktionsrate ca. 4,4:1. Variante: HDCamSR (seit 2003) verfügt über wesentlich höhere Qualität/Datenrate (Datenreduktion 1,75:1). Hoher Verbreitungsgrad im professionellen Kino- und Fernsehbereich. Langfristig gefährdet.

HIGH DEFINITION
Hochauflösendes Fernsehen. Es existieren unterschiedliche Auflösungsvarianten (Full HD 1920 × 1080 oder 1280 × 720 Zeilen; progressive oder interlaced) sowie Normen. HDTV liegt immer im Bildseitenverhältnis 16:9 vor und ist digital. Aktuell.

RÖHRENFERNSEHER
In einem Kathodenstrahl-Röhrenbildschirm erzeugen eine oder mehrere Kathoden einen Elektronenstrahl, durch den ein leuchtender Punkt auf einer fluoreszierenden Schicht in einer Vakuumröhre entsteht. Durch elektromagnetische Ablenkung werden die Elektronenstrahlen so beeinflusst, dass daraus ein Bewegtbild entsteht. Obsolet.

SOLID STATE DRIVE
Speichermedium (SSD), das auf Halbleitern basiert (SDRAM). Andere Bezeichnung: Flash. Keine beweglichen Bauteile. Aktuell.

STANDARD DEFINITION
Standardauflösung. Kann sowohl analog als auch digital und sowohl in 4:3 als auch in 16:9 vorliegen. Es arbeitet mit einer Auflösung von 720 × 576 Zeilen. Wurde durch HD abgelöst. Ausgestorben.

TRANSKODIERUNG
Als Transkodierung bezeichnet man die Umwandlung eines Dateiformats in ein anderes. Die vorhandenen Daten werden dabei zunächst ausgelesen und dann in ein anderes File-Format umkodiert. Dabei können Rechenfehler und ungewollte Veränderungen auftreten.

U-MATIC
Analoges semiprofessionelles SD-Videokassettenformat; seit 1971 (Sony). Zwei Jahrzehnte „Quasi-Standard" im Broadcast-Bereich. Ausgestorben.

VHS
Analoges SD-Kassettenformat; seit 1976 (JVC). Sehr hoher Verbreitungsgrad. Im privaten Bereich immer noch im Gebrauch. Kaum noch hochwertige Geräte erhältlich. Gefährdet.

LITERATUR
Ralf Biebeler, **Codecfibel,** Berlin 2007

Nan Rubin, „Preserving Digital Public Television: is there a life after broadcasting?", in: **International Preservation News,** Nr. 47, Mai 2009, S. 26–31

Andreas Vogel/Peter Effenberg (Hrsg.), **Handbuch HD-Produktion,** Berlin 2009

Siegfried Zielinski, **Zur Geschichte des Videorecorders,** Berlin 1986

Stand des Glossars: 2017

When the **JULIA STOSCHEK COLLECTION** acquired the first video works over ten years ago, they were reviewed at a conference table, between exhibition catalogues and coffee cups. In the initial premises in the Kölner Strasse in Düsseldorf, there was neither a media depot nor any notable technical infrastructure. Back then, it was almost exclusively video cassettes or DVDs that piled up there.

Today, a large percentage of the video artworks enter the collection via download, the others in the form of hard drives or flash memory – video cassettes, in contrast, are rarely amongst them. When being entered into the collection, all the works are examined in depth, documented, and annotated with metadata. Storage in the media depot and redundant storage on the collection's internal servers then follow.

The two scenarios are separated by a period of just ten years of development and technological change. Not actually a long time – when comparing video artworks with other art genres. In terms of media technology, it is nonetheless longer than a generation. A profound change has resulted in generation change on several levels, a change whose effects have significantly altered the exhibitions and, in particular, the challenges involved in conservation and long-term archiving. One central conservation task is preventing loss from occurring as a result of this complex change. Until the beginning of the digital age, the preservation of video art took place within a framework of analogue shortcomings. The works were 'simply' recopied again and again to the most recent technology available. Analogue copying processes are, nonetheless, still accompanied by a gradual loss of sound and image quality, since transcription errors increase with each new copy. This effect, which is referred to as generation loss, should, theoretically, be ruled out on a digital level. But the opposite is the case: generation losses can also occur in the digital world, when, for instance, no error-correcting data transfer protocol is used. An even greater risk arises when lossy compressed files are transcoded into other formats (transcoding). While it was possible to immediately see and hear analogue generation losses, in the case of digital copies, such losses can often only be recognised using analytical tools or in the case of large-scale projection. Preserving the full wealth of authenticity[1], which is the goal and guiding principle of all conservation work, is therefore much more complex on a digital level than in the analogue domain.

GENERATION CHANGE: FROM ANALOGUE TO DIGITAL AND FROM SD TO HD

In the last ten years, a fundamental change has occurred in the closely intertwined fields of video and television. First, colour conquered standard-definition (SD) television and replaced black and white. Devices subsequently became bigger and bigger, and curved television tubes became flat.

In the field of video, by contrast, technical progress resulted in ever more compact and lighter tapes as well as camcorders. In video art, following ½-inch open reel, the first U-matic, later VHS, and then MiniDV and Digital-Betacam became popular formats. The digital era finally began with the two latter tape formats and the DVD. As a result of the DVD, videotape – at least in the private domain – was finally superseded once and for all. The video cassette slowly died out.

Current camcorders are equipped with a solid-state drive (SSD) – and are nonetheless receiving new competition. Modern photo cameras and smartphones are able to capture amazingly high-quality moving images. For this reason, they are very commonly used in making video art.

The traditional television tube, with an aspect ratio of 4:3, was simultaneously replaced by high definition (HD)-capable flat screens, with a cinema-like widescreen format of 16:9. And so the production of cathode ray tube (CRT) monitors ceased some years ago – a big problem for artworks that are supposed to be shown on CRT monitors.

In the meantime, innumerable resolution variants and display technologies have come to compete for a place in the living room. It is possible to purchase 3D displays and screens with 2, 4, or 8K resolution in various dimensions, and they are also used in the field of art.

The ever-higher data density has been accompanied by the demise of physical data carriers: videotapes have almost completely disappeared in the professional field, and successor products such as Professional Disc (a derivative of Blu-ray) came onto the market too late to become firmly established. As a result of the increased bandwidth of internet connections, new models also became available in the consumer sector. Content is streamed, which means that physical data carriers are only still needed when there are large amounts of data. The medium of film is also increasingly losing its importance, even in the cinema. In the course of the first 3D productions, cinemas began to shift to digital projectors. Image content is now no longer distributed on film material, but is instead delivered to cinemas on hard disk or by download. This was the final nail in the coffin of the classic film reel.

These changes also had repercussions in media art: the period of traditional distribution media has passed – and yet is nevertheless facing a renaissance. Young artists are now beginning to (re-)discover historical formats. The visual quality of analogue media differs from ultra-high-resolution digital formats. Artists are deliberately using slides, films, and also video cassettes, which means that they still have not become completely extinct. Formats that are actually out-dated and believed dead are thus finding their way into the collection in the form of new works.

CONSERVATION CHALLENGES

Like other artworks as well, media artworks require conservation and attention so that they do not suffer damage due to premature aging. It is therefore necessary to preserve not only the 'old stock' of cassettes and films, but also the corresponding technical equipment. In particular, in the meantime, tube monitors and standard definition equipment with an aspect ratio of 4:3 as well as projectors and early LCD displays have become rare.

Even if the necessary technology is available, its proper functioning has to be ensured so that technical malfunctions do not damage data carriers. Preservation, maintenance, and the procurement of replacement parts are therefore fundamental components of taking care of collections from a conservational perspective. The aging of storage media also frequently causes problems. Some U-matic and VHS videotapes, for instance, thus undergo a chemical degradation reaction that causes the magnetic layer to become sticky, which means that tapes affected by this cannot be played easily without treating and cleaning them in advance.

The way in which data carriers are stored, therefore, determines the aging behaviour and hence the existence of an artwork. Audio-visual data carriers have a considerably better chance of surviving in a climate with low air humidity and low temperatures.

The generation change from classic video media to, quasi, ephemeral files, which are no longer connected with any proprietary medium, also simultaneously signals a paradigm shift in conservation practices.

In the case of file-based 'new holdings', above all technical factors play an important role. As a result of the change in technology, formats and codecs become obsolete at ever-shorter intervals. After a few years, it is often extremely complex or even impossible to find the right infrastructure for the respective data carriers or codecs. In addition, it is also necessary to keep an eye open for possible undesired changes in the digital domain. From the ethical perspective of conservation, it is necessary to categorically rule out changes resulting from transcoding, copying procedures, or 'bit rot'. The latter refers to the danger of corrupted files becoming unreadable.

Constant monitoring for obsolescence and working closely with the IT department are therefore becoming more and more important in caring for collections. At the same time, this interdisciplinary cooperation helps create the conditions to comprehensively document and permanently store file-based video works.

STRATEGY FOR LONG-TERM ARCHIVING

To deal with these diverse challenges, a preservation strategy for the **JULIA STOSCHEK COLLECTION** was developed back in 2005 to ensure an optimised environment for the original carrier and, at the same time, to preserve the content over the long term. As a result of technical advances, this strategy has been regularly updated and adapted over the past ten years. This first took place with the shift from standard definition (SD) to high definition (HD). The gradual disappearance of proprietary video data carriers was subsequently taken into account, and the strategy for file-based artworks and real-time simulations was expanded.

This strategy is based on the basic assumption that, in the long term, it will only be possible to guarantee the preservation of audio-visual media artworks in the digital domain, since resilient analogue solutions are not available. In order to handle the vast variety of formats, at the **JULIA STOSCHEK COLLECTION,** the formats in which master and exhibition copies should be delivered is already determined in cooperation with the gallery or the artist before a work is purchased.

This makes it possible to aggregate the heterogeneous collection in the digital domain in a few established and uniform target formats[2]. Doing so reduces maintenance efforts, since only a manageable number of formats have to be checked regularly and safeguarded by means of obsolescence monitoring.

The two principles 'one copy is no copy' and 'keep it simple' provided the basis for the development of the 'three-column model'. Since the existence of one single copy exposes artworks to a too great risk of loss due to aging, technical defects, theft, operating errors, or format obsolescence.

To avoid such risks, the survival of a work is distributed over at least three independent columns, which also provide a sound basis if one of the columns fails. Besides the original, two copies are created on different carriers and/ or in different digital formats.

LONG-TERM PRESERVATION

1st Column: Original / Master	2nd Column: Archival Master	3rd Column: Exhibition Copy
Optimal storage	Tape: 1:1 copy	For use
File: redundant saving	Secure storage	Data-reduced file
No use	Use only in exceptional cases	
	File uncompromised in Quicktime	

The schematic depiction of the 'three-column model' visualises the multi-unit storage of audio-visual contents. While the two dark grey columns are blocked for use, the format in the light grey column can be used, i.e. exhibited and presented.

The first column is composed of the data carriers or files purchased: the originals. These are stored in a climate-controlled and separately secured media depot. A digital 1:1 copy (data carrier and/or file) that serves as the archival master (backup copy) constitutes the second column. The third column (exhibition copy) covers all uses. Here, data-reduced file formats, which, for instance, serve as exhibition copies, are used.

TAPE AND FILE FORMATS (CODECS)

Although audio-visual data carriers are a comparatively young media, the majority of all analogue and digital formats in the form of physical data carriers have already disappeared from the market or become obsolete. The longevity of a media format is influenced not only by physical aging, but also by the availability of playback equipment, replacement parts, as well as the market policy of individual manufacturers and patent holders. Even if a lifespan of one to two decades is supposed to be ensured in the case of professional formats, an end is in sight.

From a conservation perspective, another problem is that nearly all digital video formats have data-reduction mechanisms so as to deal with the considerable information content of moving images. The term used for this, 'compression', however, obfuscates the real meaning: what is concerned is mostly 'lossy compression'. Put simply, this means that particular portions of the picture or sound information are lost [3]. This occurs on the one hand in order to save memory space, on the other, a smaller amount of data can generally be processed more easily and therefore also be depicted more optimally, since less computing power is required.

In the case of long-term digital archiving, this is why it is necessary to consider the choice of target format very carefully. If an unsuitable target format is selected, there is a danger that visible changes in appearance may arise. It is therefore possible, for instance, for lossy compression to permanently influence the character of a video artwork – and hence substantially alter the work. There is also the danger that transcoding or processing steps required in future might cause further losses. If lossy codecs are used, a cascade of such processing steps can result in enormous visual losses in quality [4]. Taken to an extreme: the greater the lossy compression, the lower the 'life expectancy' of a work is.

Ideally, a format that abstains from lossy data reduction is chosen for long-term digital archiving. If this is not possible, one should at least choose formats that have only limited data reduction and are widely distributed.

WORKFLOW
Upon acquisition, the collection's aim is to receive a video artwork in the formats in which it a) was produced (= original/master), b) should be archived long term (= backup copy/archival copy), and also c) should be presented (= exhibition copy). This is the only way to ensure that every version also corresponds to the artist's intention.

As at many other museums, prior to acquiring a work, the artist or gallery is given production guidelines in which the respective formats are defined. At the same time, an extensive list of questions about the creation and presentation of a work also helps collect sufficient information for necessary conclusions in future. Thus, in addition to technical metadata regarding resolution, codec, aspect ratio, data rate, track configurations, and many other points, information about the software and hardware used in creating and exhibiting a work are also requested. This includes both information about the actual presentation and projection sizes or display type and also information with respect to room size and its characteristics.

Based on the OAIS reference model [5], when archiving audio-visual artworks – meaning the information package consisting of content data and preservation description metadata[6] – long-term, not only the actual cassettes or files are saved; all ascertainable technical and descriptive metadata are also recorded and maintained in the database.
When a work is acquired and 'ingested' according to the OAIS reference model[7] in the collection, visual and quality inspection of the audio-visual artwork is conducted. The technical metadata of the data carrier or file is subsequently extracted and saved in the database along with the information about the content and presentation components and characteristics provided by the artist or gallery. In the case of files, the technical metadata are ascertained using the freely available software Mediainfo[8] and populated in the documentation as a text file. In future, an

MD5 checksum will be constituted and saved for every file entered in the collection in order to check data integrity automatically.

TAPE-BASED MEDIA ART

In the past, two different target media were used for acquisition and long-term preservation, depending on the source material: SD works were acquired on DigitalBetacam cassettes, while HDCAM cassettes were used for works created in HD. Both formats were considered to be quasi-standards in the professional field, and are still quite common. Benefits include the high data rate with comparatively 'mild' lossy compression, outstanding image quality, and very stable carrier materials.

Even though archiving proprietary media such as DigitalBetacam or HDCAM long-term might seem anachronistic, it is nevertheless still sensible – and for very practical reasons based on the imperative 'keep it simple', which was quoted at the beginning of this text. For video cassettes always function according to the lock-and-key principle. Every cassette format only 'fits' into the playback device for which it is intended (with very few exceptions). This makes it possible to avoid one of the biggest problems in long-term, file-based archiving: the compatibility of codec and playback device and/or computer, which often cannot be provided without resorting to auxiliary means. Cassettes are simultaneously also a physical format that can be archived in a media depot relatively simply.

FILE-BASED MEDIA ART

In recent years, the percentage of works that are produced and distributed on cassettes has shrunk significantly. For this reason, the strategy for long-term preservation has been expanded to include workflows for 'born digital content'.

For long-term preservation, 10-bit, uncompressed (4:2:2) files (V210) in the QuickTime container are requested, since it has no data-reducing compression. In the Memoriav Recommendations[9] for the long-term archiving of video materials, 8-bit and/or 10-bit (4:2:2) uncompressed are recommended as the only data format, and museums such as the Tate Modern in London or the Guggenheim Museum[10] in New York use it for long-term preservation. It is a widely distributed format with good documentation. Broad support – both for professional as well as semi-professional editing systems – is therefore available. This also applies to software applications and hardware.

Although other formats such as MXF/JPEG2000 or the newer FFV1, which are also suitable for archiving video art long-term, have been considered, they are currently not utilised due to insufficient support in the artistic context.

MEDIA DEPOT

Audio-visual data carriers always consist of two components: the information saved and the actual carrier medium. A strategy for long-term preservation must, consequently, always take both factors into account. The top priority is, however, preserving the content unaltered.

The carrier medium should nevertheless not be ignored, since it is part of the whole artwork – especially when designed by the artist. Some carriers in the **JULIA STOSCHEK COLLECTION,** for instance, bear the signature of the artist or were even delivered in cases designed by the artist. But even when it's not so, it is still the original acquisition medium, which contains the artwork authorised by the artist.

The basis and conservational centrepiece of the collection is the media art depot. Since fluctuating and high temperatures as well as humidity levels are harmful for audio-visual data carriers, a stable climate with few fluctuations had top priority in the planning. In particular, low and stable humidity levels were the goal, since this is one of the most important factors in long-term preservation[11]. Twenty-five to 30 per cent relative humidity (±5 %/24 hrs) at 8 to 10 °C (±1 °C /24 hrs)W[12] is considered optimal. Since these values can, however, only be achieved at great technical expense, a relative humidity of 30 per cent along with a constant temperature of 15 °C was taken as a compromise. This climate is also suitable for films and slides, and makes joint storage possible.

To limit climate fluctuations as much as possible, also when entering or equipping the depot, the individually designed and planned media depot has two airlocks: a personnel airlock prevents abrupt changes of climate when entering the depot; the second airlock is designed for audio-visual data carriers being transferred to and retrieved from the media depot. They are slowly acclimatised in the media airlock before they are then placed in a mobile shelving unit. The hanging mobile shelving is ball bearing-mounted and facilitates optimal use of the space. To preclude all risks to videotapes, the stove-enamelled shelves were examined for residual magnetisation prior to being mounted. The grounding of the shelves prevents static charging.

All the air-conditioning technology is designed redundantly, so that climate fluctuations can practically be ruled out, even in the case of technical failure or maintenance tasks. The monitoring of climatic values takes place with the help of two independently operating data logger systems, which can be read via remote access. If there are significant deviations in climate, alarms are sent to the technical centre as well as to restoration. Because dust and airborne pollutants represent a serious danger for media artworks, the air is filtered several times before and after being conditioned. Smoke and water detectors as well as multilevel alarm control and video surveillance simultaneously ensure comprehensive protection against hazards and theft.

DIGITAL DEPOT

Uncompressed video files require a huge amount of memory space. Storing this amount of data economically, securely, and long-term will remain an on-going challenge. It was possible to rule out simple external hard drives after brief examination. In addition to unresolved compatibility issues, which would very likely have led to problems in just a few years, the lifespan of hard drives was also called into question.[13] Therefore, only managed, redundantly operating storage solutions were taken into consideration.

The video data are therefore saved in parallel on two independent NAS drives, which are serviced and maintained by the collection's IT department. They are located in different parts of the building and are operated with RAID level 6. Additional versioning over a period of sixty days serves as a backup. All media acquired (hence also USB sticks, SD cards, or mobile hard drives) are stored in the media depot described above.

In addition, external storage of data was occasionally organised. This form of additional protection had some advantages, since higher redundancy resulted in greater security. At the same time, the works could also be accessed as preview videos in a 'private cloud'. The service was, however, discontinued due to economic constraints. Until alternatives of equal quality are found, external storage is not currently used.

CONCLUSION

The 'three-column model' for long-term preservation of the media artworks of the **JULIA STOSCHEK COLLECTION** was developed based on the two guiding principles 'one copy is no copy' and 'keep it simple'. With this strategy, it is possible to store and preserve the heterogeneous collection of video and film art in the long term. The basic principles are, on the one hand, the media depot, which – specially air-conditioned and secured – houses all the physical data carriers. There is then also the digital depot, which stores all the files found in the collection holdings redundantly. This digital archive is operated in-house and provides a backup for the digital collection.

To deal successfully with the generation change from a tape-based to an ephemeral collection, it is essential to record as well as document all the technical components along with their requirements and parameters in an exact and detailed way. In the digital era, maintaining and managing metadata as well as obsolescence monitoring are becoming more and more important – but also more extensive, since the complexity of works continues to increase, since codecs and formats are subject to on-going further development. Incompatibilities are therefore pre-programmed. It is therefore the duty of archives, collections, and museums to review their holdings in detail so as to prevent generation loss.
Since it was inadequate previously to place a video art tape on a shelf and then 'forget' it, equally in the digital era, simply 'saving' a copy on a hard drive will also not suffice. At issue in future is, therefore, not so much preserving individual data carriers; it is instead our responsibility to retain the ability to access files and also be able to read them and play them back.

In the digital era, only constant monitoring, refreshing, migration, and maintenance can help prevent generation loss. This applies to data carriers, the integrity of files, the soft- and hardware as well as monitoring whether data formats are becoming obsolete.

1   A. Weisser, 'Die Restaurierung und Konservierung von audiovisuellen Datenträgern aus restaurierungsethischer Sicht', in: ed. J. Polzer, **Weltwunder der Kinematographie. Beiträge zu einer Kulturgeschichte der Filmtechnik: Zur Geschichte des Filmkopierwerks,** Potsdam 2006, pp. 324–335.
2   Normalising = Concentration on a few defined formats.
3   Memoriav Recommendations, **Digitale Archivierung von Film und Video,** Version 1.0 (April 2016), at: <http://memoriav.ch/wp-content/ uploads/2016/04/Empfehlungen_Digitale_-Archivierung_EN_Version1.0_Web.pdf>, accessed April 2015, p. 48.
4   Ibid.
5   Open Archival Information System.
6   Reference model for an Open Archival Information System, see, e.g. <http://www. dpconline.org/docman/technology-watch-reports/1359-dpctw14-02/file> and <https://www.iso.org/standard/57284.html as well as http://www.dcc.ac.uk/digital-curation/glossary>, accessed 10 April 2017.
7   Ibid.
8   See <http://mediainfo.sourceforge.net/>, accessed 10 April 2017.
9   Memoriav Recommendations (see note 3).
10 See <https://www.guggenheim.org/conservation/time-based-media>, accessed April 10, 2017.
11 D. Schüller, **IASA TC-05 – A Preview: Prepared for TELDAP,** Taipei, 23 February 2012; <http://slideplayer.com/slide/10252044/>, accessed 10 April 2017.
12 Ibid.
13 This is suggested by the results of Google as well as of Carnegie Mellon University; see E. Pinheiro/W.-D. Weber/L. A. Barroso, **'Failure Trends in a Large Disk Drive Population,'** 5th USENIX Conference on File and Storage Technologies – Paper, 12–13 February 2007, pp. 1–13 San Jose, California, accessed 10 April 2017; Bianca Schroeder and Garth A. Gibson (Carnegie Mellon University), **'Disk Failures in the Real World: What does an MTTF of 1,000,000 Hours Mean to You?',** 5th USENIX Conference on File and Storage Technologies – Paper, 12 -13 February 2007, San Jose, California, accessed 10 April 2017. The itemisation of error rates for different hard drive models by the storage provider Backblaze also substantiate these results; <https://www.backblaze.com/blog/hard-drive-benchmark-stats-2016/>, accessed 10 April 2017.

GLOSSARY

ASPECT RATIO
Refers to the width-to-height ratio of an image. In Standard Definition, the aspect ratios are 4:3 or 16:9; in HD formats only 16:9 (widescreen) is possible.

BLU-RAY
Digital, optical data carrier, blue-violet laser; since c. 2007. Dimensions like those of a DVD. Facilitates storage of up to 50 GB of data and hence also permits use in HD formats. 'Successor' of the DVD. Current.

CODEC
Word invented from 'coder' and 'decoder'. Describes the software necessary for coding and decoding data. Codecs are used in processing audio and video content.

CRT MONITOR
In a cathode ray tube (CRT) one or more electron guns are used to display a image in a vacuum tube that contains a phosphorescent screen. Electromagnetic principles are used to modulate, accelerate, and deflect the electron beams to the screen. Obsolete.

DIGITAL BETACAM
Digital SD cassette format; since 1993 (Sony). Records a digital component signal (4:2:2) with 10-bit quantisation. Data reduction rate of c. 2:1. High prevalence in the field of television. Endangered long-term.

DVD
Optical, writable data carrier consisting of polycarbonate and a reflective coating. The abbreviation stands for Digital Versatile Disc. A DVD is often understood colloquially as a DVD video, although there is a wide range of DVD formats. The memory capacity amounts to 4.7 GB (single layer) or 8.5 GB (double layer). Endangered long-term.

HALF-INCH VIDEO/OPEN REEL
Analogue video format on open reels; from the middle/end of the 1960s various video standards. The most 'prominent' device: Sony Portapak; a portable video system frequently used by video artists. Obsolete.

HDCAM
Digital HD video cassette format; since 1997 (Sony). Records a digital component signal (3:1:1) with 8-bit quantisation. Data reduction rate of c. 4.4:1. Variants: HDCamSR (since 2003) has a considerably higher quality/data rate (data reduction of 1.75:1). High degree of prevalence in the field of professional cinema and television. Endangered long-term.

HIGH DEFINITION
High-resolution television. There are different resolution variants (Full HD 1920x1080 or HD 1280x720 lines; progressive or interlaced) and norms. HDTV is always available at an aspect ratio of 16:9 and is digital. Current.

SOLID STATE DRIVE
Data carrier (SSD) based on semiconductors (SDRAM). Alternative name: Flash. No movable parts. Current.

STANDARD DEFINITION
Standard resolution. May be available in both analogue and digital, at 4:3 as well as 16:9. It operates with a resolution of 720x576 lines. Was superseded by HD. Obsolete.

TRANSCODING
Transcoding refers to the transformation of one file format into another. The data available are first read and then transcoded into another file format. Computational errors and undesired changes may occur.

U-MATIC
Analogue, semi-professional SD video cassettes; since 1971 (Sony). The de facto standard in the field of broadcasting for two decades. Obsolete.

VHS
Analogue SD cassette format; since 1976 (JVC). Very widespread use. Still continues to be used in the private domain. Hardly any high-quality devices still available. Endangered.

LITERATURE
Biebeler, R. **Codecfibel.** Berlin 2007.

Rubin, N. 'Preserving Digital Public Television: is there a life after broadcasting?' In: **International Preservation News,** No. 47 (May 2009), pp. 26–31.

Vogel, A. / Effenberg, P. (eds.). **Handbuch HD-Produktion.** Berlin 2009.

Zielinski, S. **Zur Geschichte des Videorecorders.** Berlin 1986.

Glossary version: 2017

GENERATION LOSS

ANMERKUNGEN ZU DEN WERKEN

NOTES ON THE WORKS

Ed Atkins

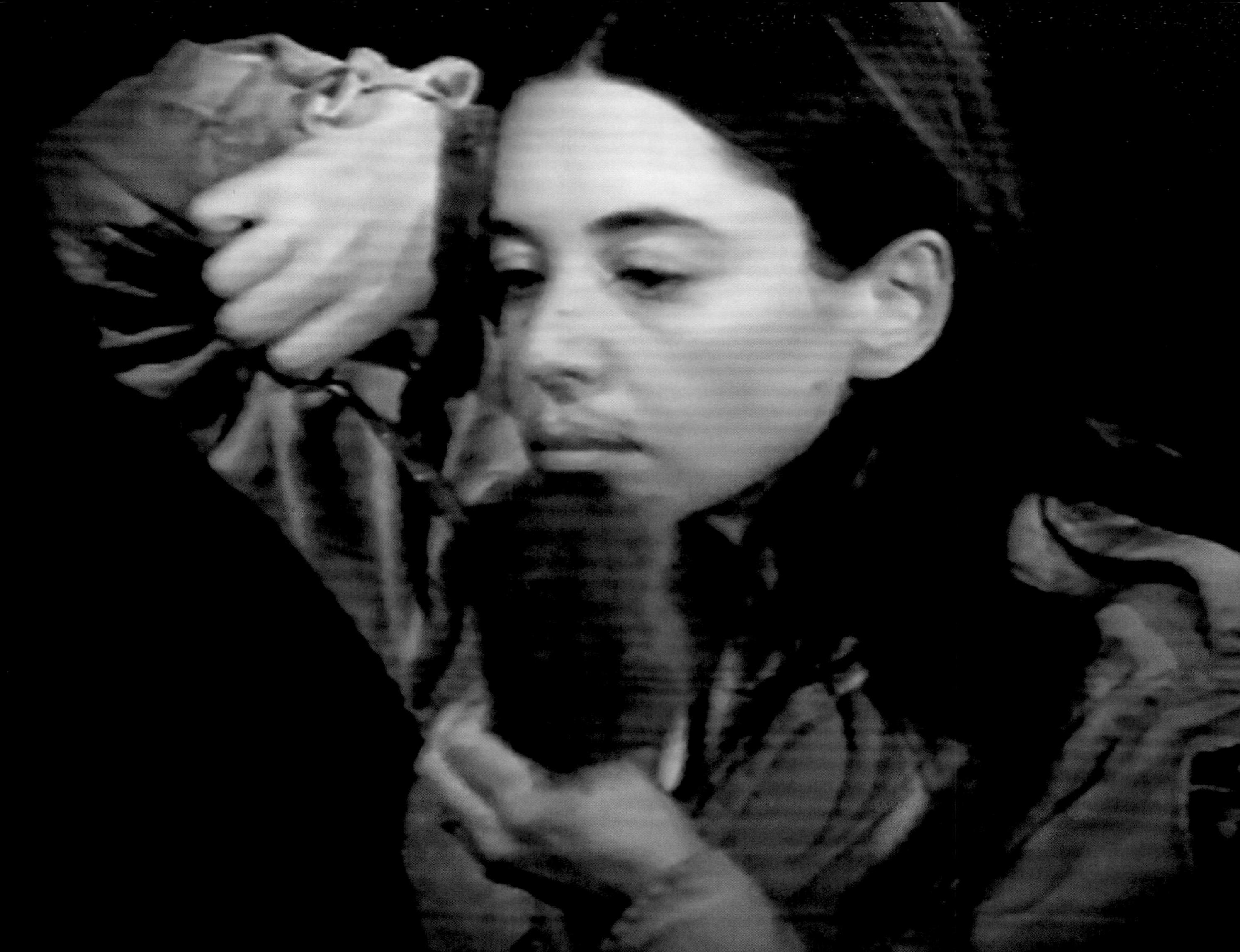

Eleanor Antin, **THE KING,** 1972, Videostill / Video still
Courtesy of the artist and Electronic Arts Intermix (EAI), New York

**ELEANOR ANTIN
THE KING, 1972
Video, 52', S/W, kein Ton
Video, 52', b/w, no sound**

"**P**erhaps, though, the real significance of Antin's *KING* is not the persona she created – in fact, he is a somewhat indistinct character – but that Antin chose to conceive her art in terms of personae, or other selves, in the first place. Note, that to become a man, she had not needed to change her sex but only her gender – that culturally codified matrix of behavioral traits and norms that define one as 'male' or 'female' – by adapting imaginatively to the behavior that suggested a man. The very concept that one could assume a different gender derives from a postulate based on what was then called 'women's liberation': the claim that because gender is a cultural construct and not a biological fact, the individual can be liberated, ideologically and personally, from the tyranny of prescribed sexual roles that define and delimit nearly every aspect of behavior. This liberation was a corollary of the democratic idealism inherent in American culture and a practical result of the period's radicalized political climate, which so profoundly influenced Antin and hundreds of thousands of other members of her generation and the next. Far from merely pretending to be a man by donning a costume, the gesture itself has deep political, ideological, and psychological significance. It presumes that human desire to understand what one doesn't already know, and wonderment at the range of imaginative possibilities are liberators from the supposedly ironclad facts of life."

H. N. Fox, 'Waiting in the Wings. Desire and Destiny in the Art of Eleanor Antin', in: ed. H. N. Fox, **Eleanor Antin**, exh. cat. Los Angeles County Museum of Art, Los Angeles 1999, p. 62.

Im Kontext von **GENERATION LOSS** wird **THE KING** (1972) zum gütigen Herrscher, entthront in Homogenität mit seinen Untertanen, vereint in Pluralität. Oder er ist vielmehr in seiner Konstitution gefangen, im Prozess der Identitätsausübung von einem unter vielen. Indem er einen Überblick über die wachsende Vorstellung von der Bedeutung von Performance bietet und zugleich Verständnis dafür weckt, wofür Künstler das Bewegtbild einsetzen, steht **THE KING** als Apotheose sowohl des stillschweigenden Wunsches des Mediums (bar jeglicher professionellen, industriellen Beschränkungen, also grundsätzlicher Erschwinglichkeit), zu überwachen und Identitäten zu bilden, sowie eines wesentlich breiter gefassten Verständnisses davon, was Performance tatsächlich sein könnte. Wie Identität konstruiert, angenommen, festgelegt – besetzt – wird. **The King of Solana Beach** fühlt sich sowohl inexistent als auch in gewisser Weise unentbehrlich. Unentbehrlich inexistent – inexistent gemäß seiner festgelegten Spezifizierung. In Eleanor Antins Video ist der König voll von Versprechungen. Die ruhige, gespielte Naivität von Antins buchstäblicher Identitätskonstruktion – das Anbringen von Haaren als Gegenentwurf zur Rasur; die Verschleierung anstelle der Enthüllung scheinbarer „Authentizität" – spricht auf anschauliche Weise eine Litanei von Arbeiten in **GENERATION LOSS** an, die sich mit der Fähigkeit zur Ermächtigung selbstbestimmter Identitäten befassen, ungeachtet ihrer Kunstgriffe, oder vielleicht genau deswegen. Souveränität liegt in der Willenskraft begründet und nicht im Erbgut.

In the context of **GENERATION LOSS, THE KING** (1972) becomes beneficent, sovereign, dethroned in his homogeneity with his subjects, one in a plurality. Or rather, he is absorbed in his constitution, his process of identity performance among many. Overseeing an ever-growing apprehension of the importance of performance to an understanding of what artists might use the moving image to précis, **THE KING** stands as apotheosis of both the medium's tacit desires (as divested of professional, industrial constraints – afforded, fundamentally) to surveil, for identity construction – and of a far broader understanding of what performance might really be. How identity is constructed, presumed, determined – taken. **The King of Solana Beach** feels both defunct and somehow essential. Essentially defunct – defunct according to his determined specification. In Eleanor Antin's video, **THE KING** is full of promise. The calm faux-naivety of Antin's literal construction of an identity – the application of hair as the inversion of shaving; the obscuring rather than revealing of seeming 'authenticity' – speaks vividly to a litany of works in **GENERATION LOSS** that concern themselves with just how empowering self-determined identities can be, regardless or, perhaps, precisely because of their artifice. Sovereignty lies in volition and not in patrimony.

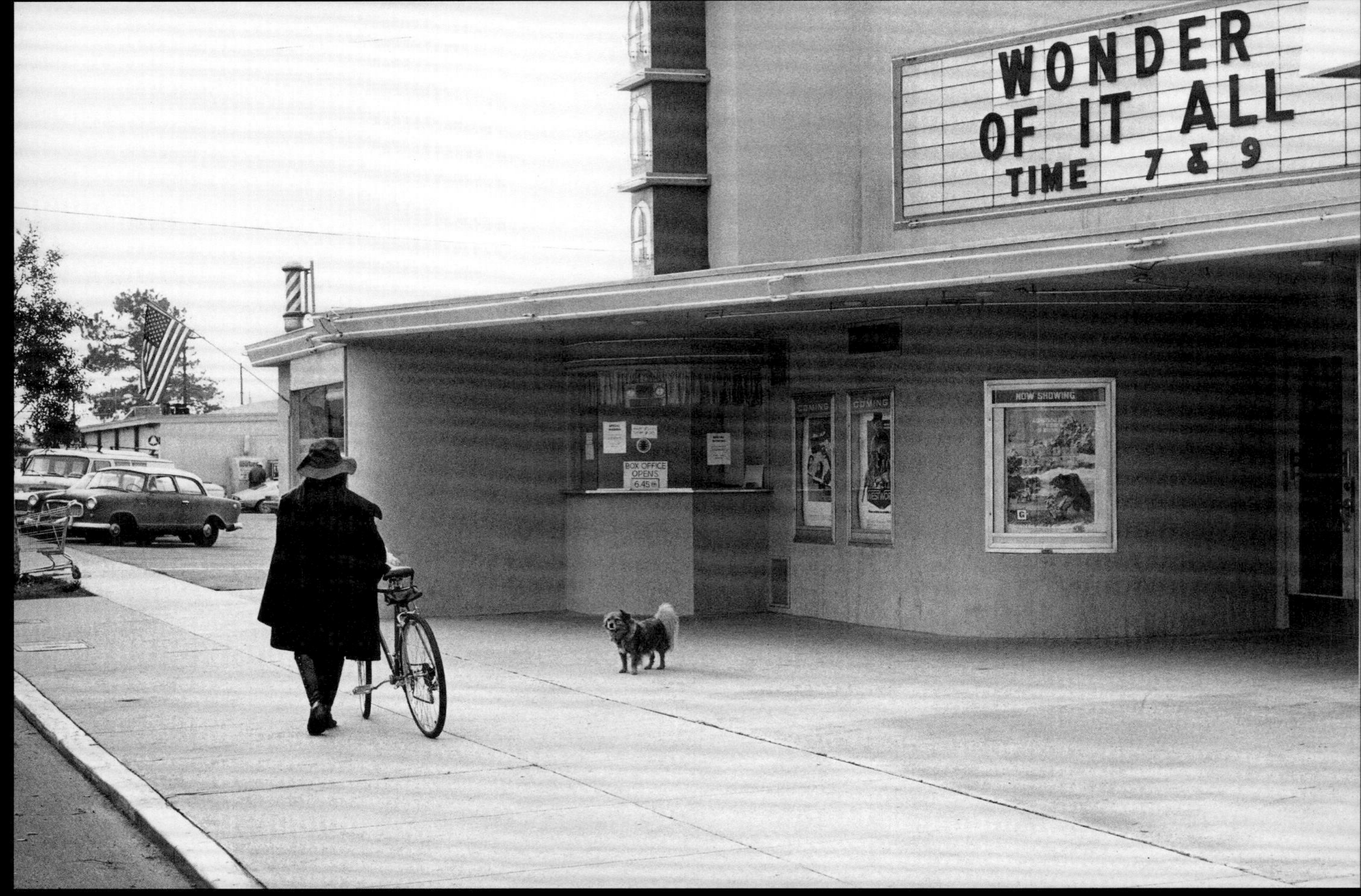

01

01 Eleanor Antin, S/W-Fotografie auf Fotokarton / B/w photograph mounted on board, **The Wonder of it all**, aus / from **The King of Solana Beach,** 1974/75. Courtesy of the artist and Ronald Feldman Fine Arts, New York

02 Eleanor Antin, S/W-Fotografie einer „Life"-Performance / B/w photograph of life performance, **My Kingdom is the Right Size,** aus / from **The King of Solana Beach,** 1974/75. Courtesy of the artist and Ronald Feldman Fine Arts, New York

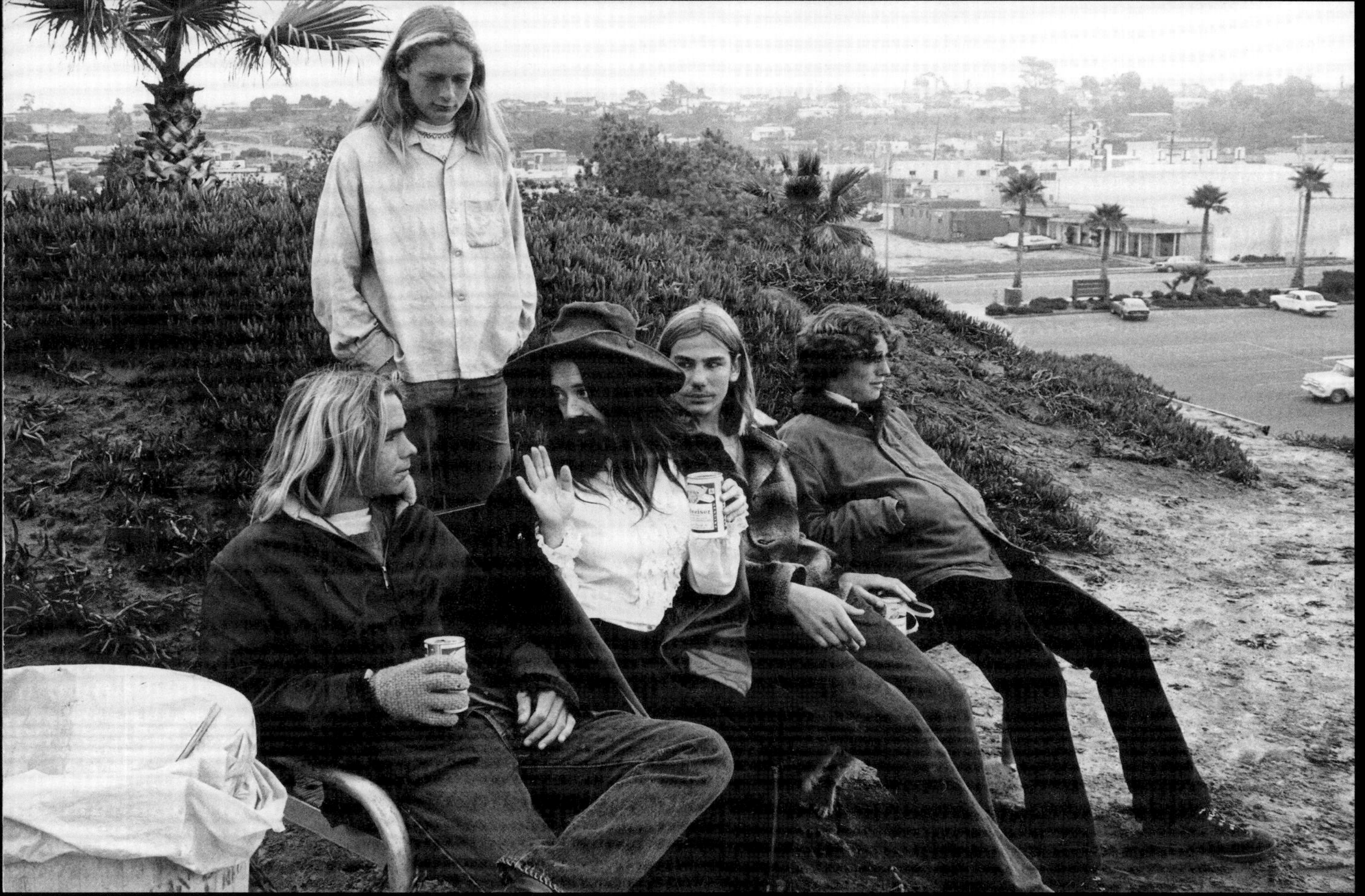

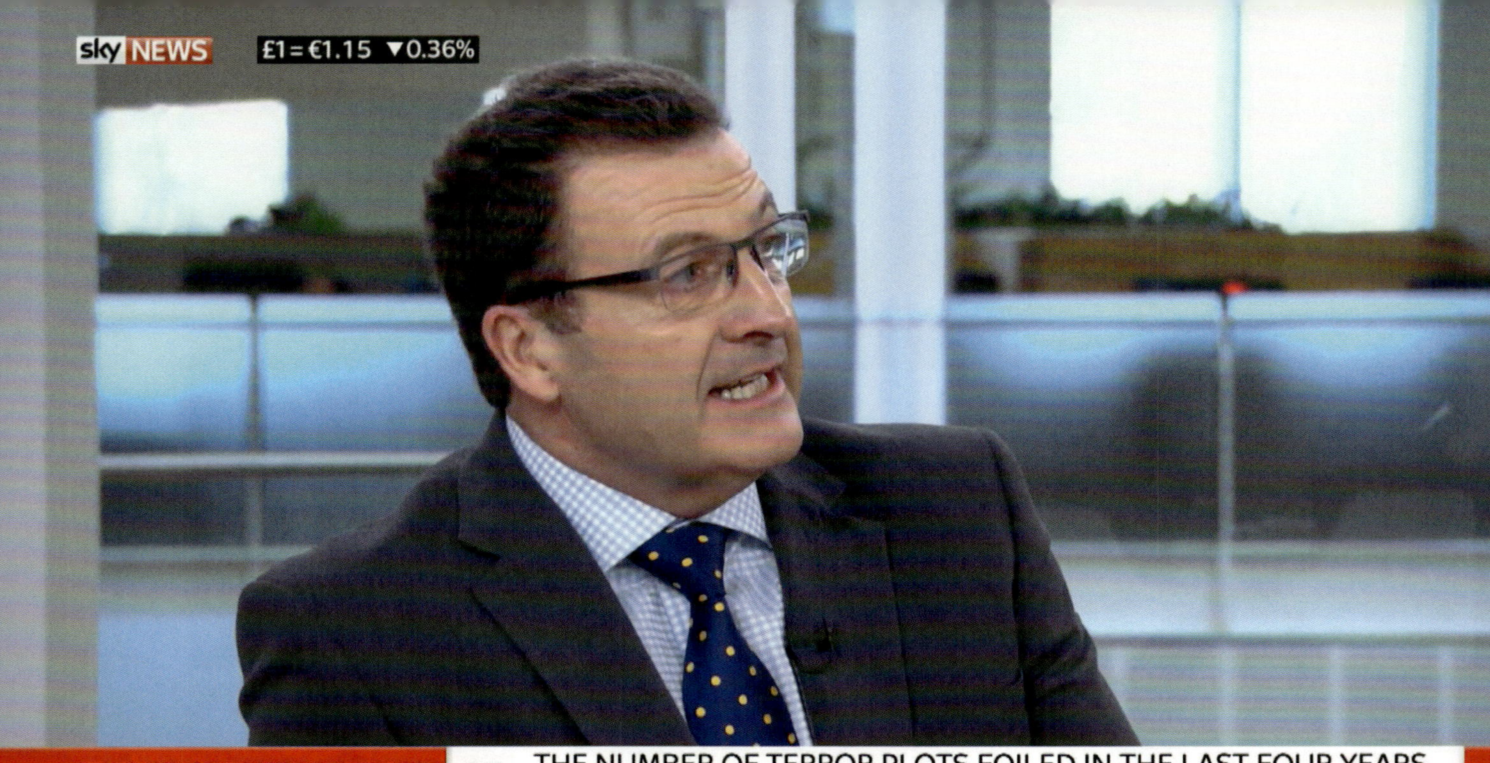

Ed Atkins & Simon Thompson, **SKY NEWS LIVE,** 2016, Still / Still
Courtesy of the artists and Cabinet Gallery, London

ED ATKINS & SIMON THOMPSON
SKY NEWS LIVE, 2016

TV-Liveübertragung, Farbe, kein Ton

TV live stream, colour, no sound

SKY NEWS LIVE (2016) weist seine offenkundige Erhöhung zur Kunst permanent zurück, obwohl doch seine Einbeziehung in die Ausstellung es als Kunst ausweist. Dies führt zu einer Art von Stillstand. Sky plc. erheben Anspruch auf die Wiedergabe von Realität, die zeitgleich mit ihrer Produktion ausgestrahlt wird, sodass zwischen Absicht und Ausführung nichts Weiteres stattfinden kann.

SKY NEWS LIVE findet zeitgleich mit sich selbst statt. Ein Newsfeed-Ouroboros, der sich selbst **mit sich selbst** „füttert" – ein viszerales, körperliches Äquivalent zum aktuellen politischen Echoraum; ein Objekt, das sich selbst mit seinem eigenen Inhalt aufrechterhält, seine eigene Realität, ohne ein Äußeres. **SKY NEWS LIVE** ist ein sich selbst verzehrendes Monster. **SKY NEWS LIVE** ist keine Aufzeichnung. **SKY NEWS LIVE** wird die zu vernachlässigende Lücke zwischen damals (Nostalgie) und *dann* (Mutmaßung) anstreben – Verhältnisse, die das bedingte LIVE einer Realität beherrschen, die von den Nachrichten aufgehoben wird. In **SKY NEWS LIVE** wird das *jetzt* als eine interpretative, parasitäre Interferenz präsentiert, die in der Gestik der Stummschaltung begründet ist, sowie als bewegende Neuerungen von Ausmaß und Ort. **SKY NEWS LIVE** ist stumm geschaltet. Es wird „gefunden", dann zum Schweigen gebracht. Die banale Salienz, den Feed stumm zu schalten, ist eine Geste, die **SKY NEWS LIVE** *enthüllt* und dessen phantasmagorische Transformationen ermöglicht: Die Realität, die es vorführt, ist in seiner Präsentation für die **Art Unlimited** gedacht. **SKY NEWS LIVE** ist eine Projektion. **SKY NEWS LIVE** ist keine Aufzeichnung.

SKY NEWS LIVE (2016) is in the process of constantly rejecting its apparent elevation as art, even as its selection consigns it as such. This is a kind of stasis. Sky plc. claim Reality and represent it live, simultaneous to its production, so that nothing can pass between intention and embodiment. **SKY NEWS LIVE** is simultaneous to itself. A newsfeed ouroboros, 'feeding' itself **with itself** – a visceral, corporal equivalent to the contemporary political echo-chamber; an object that sustains itself with its own content, its own reality, without an outside. **SKY NEWS LIVE** is an autophagic monster. **SKY NEWS LIVE** is not a recording. **SKY NEWS LIVE** will seek the negligible gap between then (nostalgia) and *then* (speculation) – conditions that predominate the conditional LIVE of a reality mediated by the news. **SKY NEWS LIVE** will present *now* as an interpretative, parasitic interference instituted in the gesture of muting, and the affecting alterations of scale and place. **SKY NEWS LIVE** is on mute. It is 'found', then silenced. The banal salience of muting the feed is a gesture that *reveals* **SKY NEWS LIVE** and affords its phantasmagorical transformation: the reality it performs is figured in its presentation for **Art Unlimited. SKY NEWS LIVE** is a projection. **SKY NEWS LIVE** is not a recording.

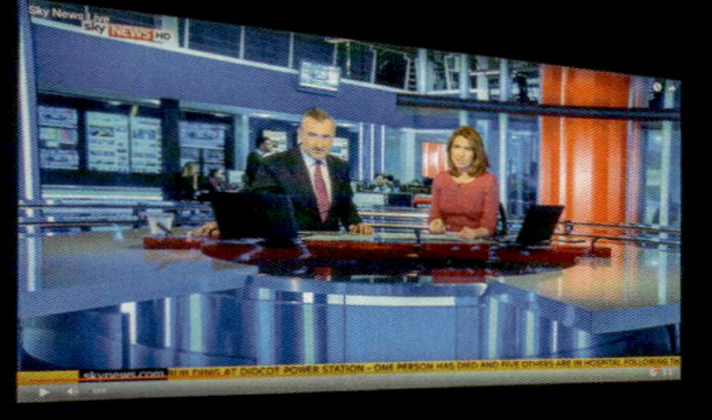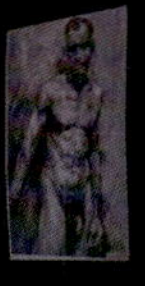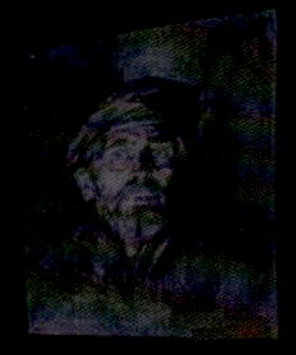

02

01–02 Ed Atkins & Simon Thompson, **SKY NEWS LIVE,** Installationsansichten / installation views, **Photo Waste,** Cabinet Gallery, London, 2016. Courtesy of the artists and Cabinet Gallery, London

03–08 Ed Atkins and Simon Thompson, **SKY NEWS LIVE,** Screenshots / screen shots. Courtesy of Ed Atkins and Simon Thompson

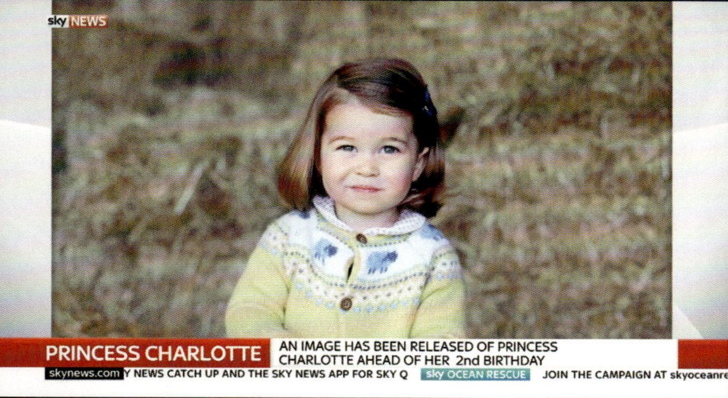

sky NEWS
PRINCESS CHARLOTTE
AN IMAGE HAS BEEN RELEASED OF PRINCESS CHARLOTTE AHEAD OF HER 2nd BIRTHDAY
skynews.com Y NEWS CATCH UP AND THE SKY NEWS APP FOR SKY Q
sky OCEAN RESCUE JOIN THE CAMPAIGN AT skyoceanre

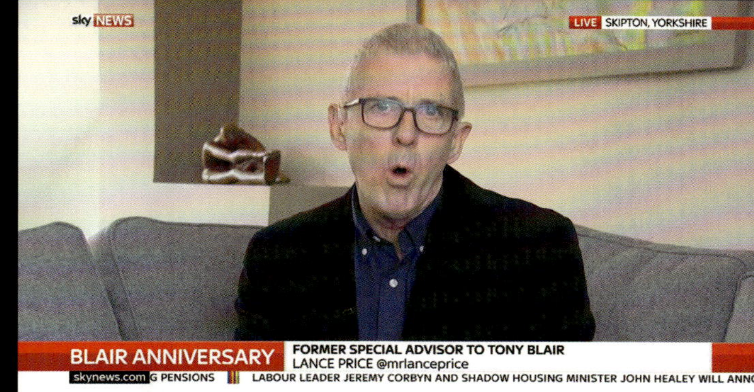

sky NEWS
LIVE SKIPTON, YORKSHIRE
BLAIR ANNIVERSARY
FORMER SPECIAL ADVISOR TO TONY BLAIR
LANCE PRICE @mrlanceprice
skynews.com G PENSIONS LABOUR LEADER JEREMY CORBYN AND SHADOW HOUSING MINISTER JOHN HEALEY WILL ANNOU

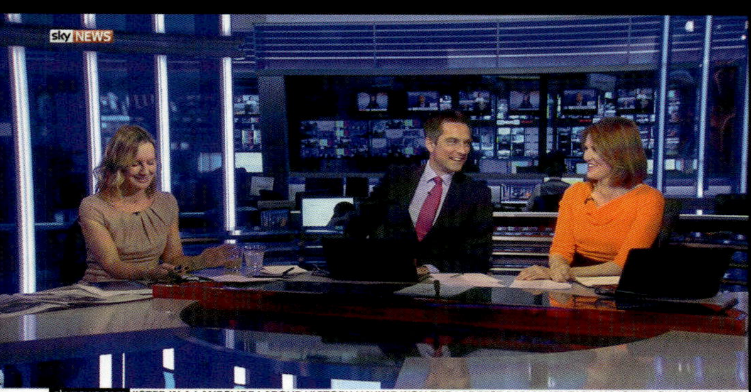

sky NEWS
skynews.com NISTER IN A LANDSLIDE LABOUR VICTORY HAVING WON THE LARGEST PARLIAMENTARY MAJORITY SINCE THE SECOI

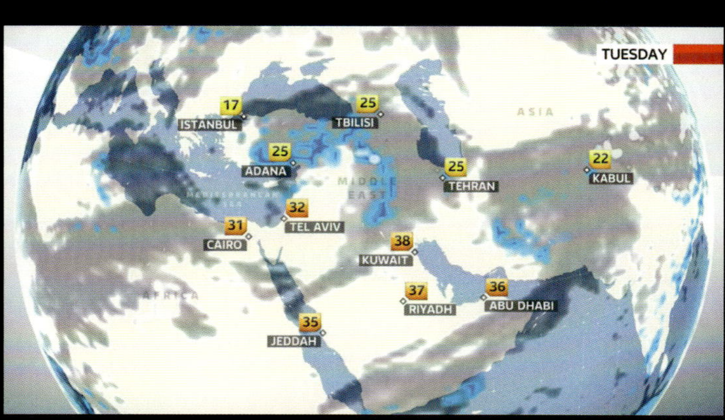

TUESDAY
ASIA
ISTANBUL 17
TBILISI 25
ADANA 25
MIDDLE EAST
TEHRAN 25
KABUL 22
TEL AVIV 32
CAIRO 31
KUWAIT 38
AFRICA
RIYADH 37
ABU DHABI 36
JEDDAH 35
MEDITERRANEAN

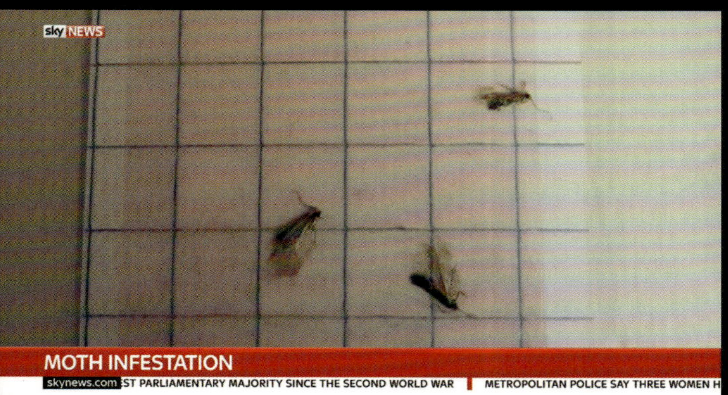

sky NEWS
MOTH INFESTATION
skynews.com ST PARLIAMENTARY MAJORITY SINCE THE SECOND WORLD WAR METROPOLITAN POLICE SAY THREE WOMEN H

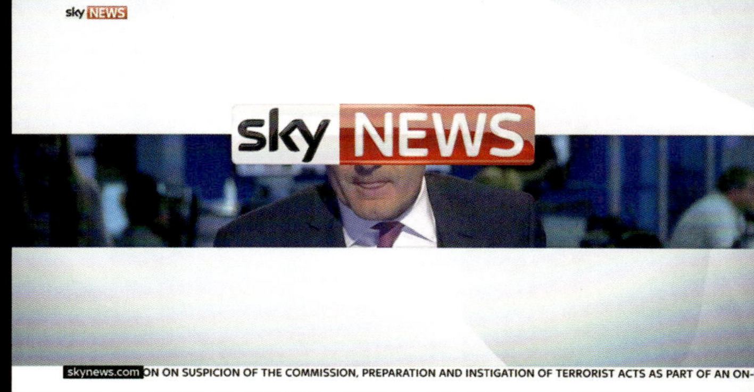

sky NEWS
skynews.com ON ON SUSPICION OF THE COMMISSION, PREPARATION AND INSTIGATION OF TERRORIST ACTS AS PART OF AN ON-

03-08

Not very far from where I live is Windsor castle, where the Queen lives. Quite often we go there for a visit. One day it was fine and we had a visitor from Zurich we decided to go there. Of course the sun was very hot. Then when we got there we saw a guard in his sentry- box guarding the castle. Then we went past the Round Tower and through the gate, where we saw another sentry marching up and down and dressed in his red tunic and black busby and afterwards went to the castle's garden, which was a very beautiful garden. Every month in June the massed bands formed in front of the balcony. They played three tunes, and the queen was supposed to have come out and mum said " take your hat off when she comes", but she didn't, so the band continued. One tune they played was "Scipio" and "Pomp and Circumstance" then the conductor turned round and saluted the audience and how they clapped. After the concert we all saluted and marched back to the guardroom. When we had finished we saw four soldiers arriving for "Changing of the Guard". They did this in the parade ground, the band formed outside the guard room and played four tunes in time with the marching, then they were all dismissed to the guard room. One day a sentry took us into the guard room and wanted me to try his bearskin on. Sometimes we all went down to Smith's lawn, Windsor Great Park, to see the polo. When the Queen comes to Windsor she often takes Prince Philip down to the field with Prince Charles and Princess Anne and Prince William. And on that day my mother came to watch. The Duke of Edinburgh rode over her once and she was in a wild temper; and in the game the Duke broke four Polo sticks and we all heard him say something. We all had a marvellous day, that was when my father took me. A man named Robert Millar took us both to see the Polo another time. He got a programme for us, and how we enjoyed it. The Duke scored top marks and the Queen awarded her husband with a trophy and how he smiled. We saw the Queen sitting on the left of the royal box with the Queen mother. After the half time I darted to the royal box, but the presentation prize-giving didn't start till after the polo had finished. Then we both were called into the trophy presentation. I was the first to arrive at half time, but after the polo was finished the crowds got there first. "Of all the dirtiest tricks", I said, "I wish they were all at home". After we finished at Smith's Lawn we all went to the Air Force Memorial at Runnymede. It is very near Windsor Castle. It is the heart of Great Britain for whom all the soldiers in the Air Force died for their lives.It is here that Magna Carta signs the order of the whole entire Britain, and on Cooper's Hill is the Memorial to President J.F Kennedy when he was assassinated at the hands of Lee Oswald who is dead. There are two soldiers at his memorial side; the Queen and the royal family came down to lay a wreath on his memorial. In the Air Force Memorial it is most fascinating the glory of the Peace and the silence that remembers its soldiers who died in the War. It is beautiful indeed and upstairs I read a whole poem to a friend, and I advise you to go and see it. In the programme there is a picture of President Kennedy and how he died at Dallas, Texas. I was most sorry when I read this. Next to it is also a picture of Winston Churchill and a story of how he died. The doctor came to see him, still in bed, he had his Hombre hat on.

After Sir Winston's death, his coffin went in state procession to St. Paul's and past Fleet Street and Tower Hill, and then across the bridge of Tower Bridge. The programme says that Sir Winston said he would like to travel down the Thames and at the water's edge a boat came to pick up the coffin and take him downstream to Waterloo station.
Then when it got to Waterloo station it went on the train to Blaydon, Oxfordshire; when it got to Blaydon churchyard he was buried near his ancestors and brothers. Then came the service with the Priest at the head of his grave. The programme gets the picture just right.
 After his death he was lying in State in Westminster Hall in London. It stayed there until the day he was taken in state round the streets of London. Crowds paid him a last tribute to him.
Even millions came in hundreds and thousands to pay him a last tribute before he went out in state, and on television the people saw his coffin draped with the most colourful flowers.
  There were at least four tributes by many parties they were from THE PRIME MINISTER, Mr Wilson, Sir Alec Douglas Home, Mr Harold MacMillan.
  After you have finished looking at the Air Force Memorial I would like you to go to Stoke Poges where the programme says that Thomas Grey the poet was buried. First on the left side is his wife Mrs Grey and on the right himself, Thomas Grey, and in the fields is where he kept a field for him to walk in.
  Sorry I cannot tell you more of Stoke Poges. And now to Denham which is a very old fashioned village where the Buddha's elegy is written on the village green. It was a most wonderful day I had in my life and round the back of the road is a house with a lovely fountain with a stream running through it.

JULIA STOSCHEK COLLECTION

Schanzenstrasse 54   T. +49.211.585.884.0
D 40549 Düsseldorf   F. +49.211.585.884.19
info@julia-stoschek-collection.net
julia-stoschek-collection.net

Loan Agreement Video Work

Between Julia Stoschek Collection, Ms Julia Stoschek, Schanzenstraße 54, 40549 Düsseldorf, Germany ("**Julia Stoschek Collection**") and

Name: Charles Asprey

Address:

("Lender")

The Borrower wishes to borrow from the Lender one or several works of video art for the purpose of an art exhibition. About the terms of the loan, Julia Stoschek Collection and the Lender reach the following agreement ("**Agreement**"):

1. **Loan Object**

   Julia Stoschek Collection borrows from the Lender the following work or works of video art ("**Works**"):

   ED ATKINS & SIMON THOMPSON
   SKY NEWS LIVE, 2016
   TV live stream, colour, no sound

2. **Period and Purpose of Loan**

   The loan period is from **JUNE 10, 2017** until **JUNE 10, 2018** ("**Loan Period**"). During the loan period, the Borrower may exhibit the Works as part of the art exhibition **GENERATION LOSS - 10 YEARS JULIA STOSCHEK COLLECTION** at **JULIA STOSCHEK COLLECTION, DÜSSELDORF**. Any further exhibition of the Works requires The Lender's explicit prior consent. In exhibiting the Works, the Borrower must follow any specific installation instructions provided by The Lender.

3. **Photography and Reproduction**

   Julia Stoschek Collection will provide The Lender with digital high-resolution copies of photographs of the installed Works made by or on behalf of Julia Stoschek Collection. The Lender grants Julia Stoschek Collection an irrevocable and sub-licensable non-exclusive license, world-wide and unlimited in time, to use such photographs for Julia Stoschek Collection's promotional purposes in any known and unknown media, including, but not limited to, website and social media use, digital and print catalogues, booklets, guides, posters, art books, press and public relations use.

---

4. **Miscellaneous**

   This Agreement shall be exclusively governed by and construed in accordance with the laws of Germany. The German rules on conflicts of laws shall not apply. Berlin-Mitte, Germany, shall be the sole venue for all claims relating to this Agreement. Julia Stoschek Collection may unilaterally opt to start court proceedings before any other court that would be competent without this legal venue clause instead.

   The invalidity of any provision of this Agreement shall not affect the remaining provisions. Any invalid provision shall be replaced by a provision that, from its economic effect, approximates the invalid provision as closely as possible.

   This Agreement may be executed via facsimile or electronic mail and facsimile or electronic mail copies of signatures to this Agreement shall have the same force and effect as original signatures.

For Julia Stoschek Collection   For the Lender

Name: Name:

Date: Date:

Signature: Signature:

09–10 Ed Atkins, Textdokumente zu / text documents for **SKY NEWS LIVE,** 2016. Courtesy of Ed Atkins and Simon Thompson

11–12 Leihvertrag / Loan contract für / for **SKY NEWS LIVE.** Courtesy of the Julia Stoschek Collection, Düsseldorf and the Collection Charles Asprey, London

13 Simon Thompson, **SODA,** 2010. Courtesy of the artist and Cabinet Gallery, London

Bluestone.

Soft drinks can be classified into three categories: Cola flavored, fruit flavored, or
citrus flavored. The colas, like Coke or Pepsi, are the favorite among real connoisseurs.
Ther is nothing like a cola to pick one up or refresh one on a hot day.
The fruit flavored drinks are for those with a sweet tooth because they are almost too
sweet. the strawberry or grape flavor is frequently overwhelmed by sugar, and to many
people these drinks seem syrupy. The citrus flavored colas, like Sprite or Seven up
are for people who like a tangy drink as these seem to be a paradoxical mixture of sweet
and tart. Also, these drinks are good for mixing with other, stronger beverages.
These types of soft drinks offer satisfaction for every type of taste buds.

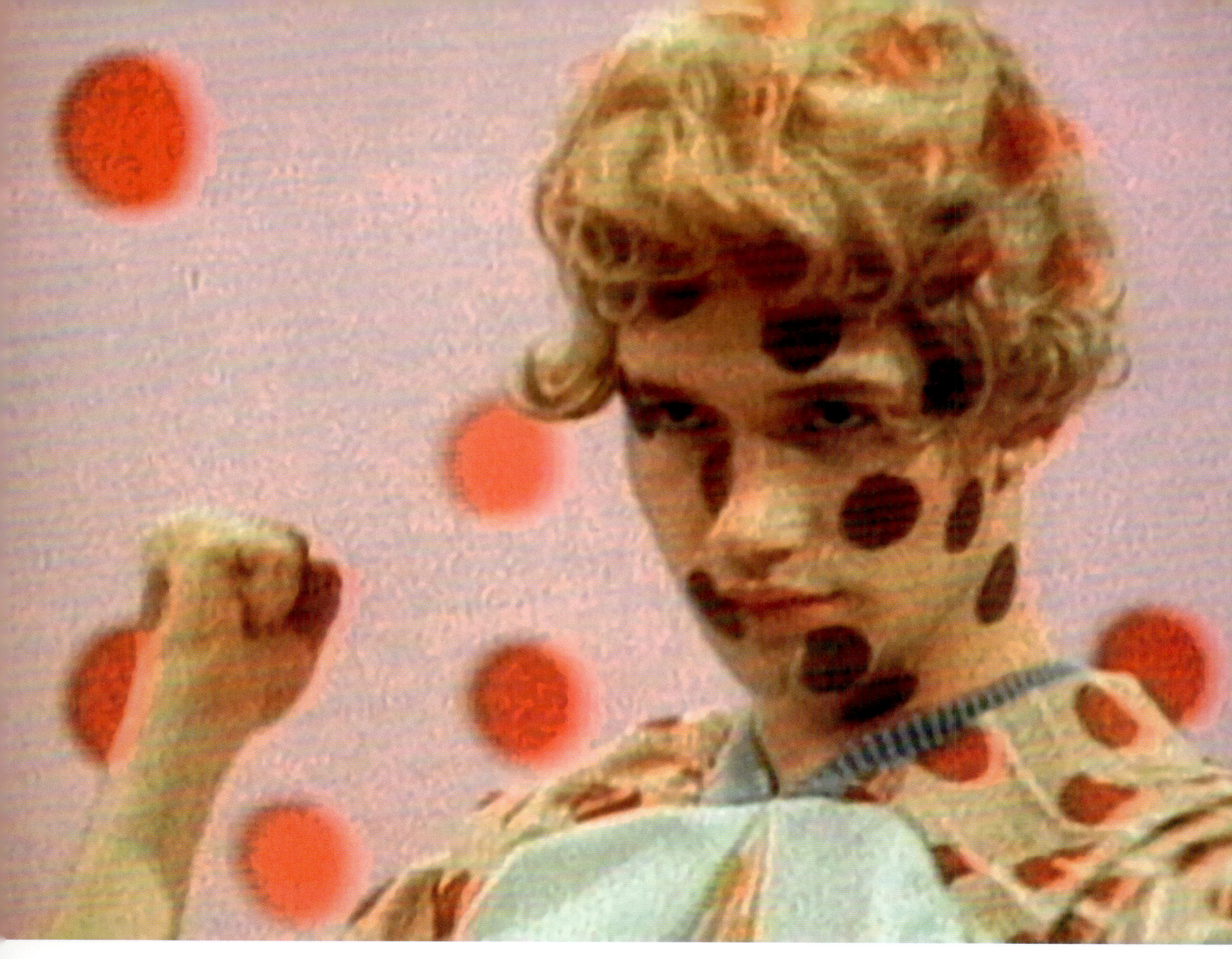

Charles Atlas, **HAIL THE NEW PURITAN,** 1985/86, Videostill / Video still
Courtesy of the artist and Electronic Arts Intermix (EAI), New York

CHARLES ATLAS
HAIL THE NEW PURITAN, 1985/86

16-mm-Film, transferiert auf Video, 84'47", Farbe, Ton

16 mm film, transferred to video, 84'47", colour, sound

"**S**TUART COMER (SC): HOW DID YOU DEVELOP YOUR APPROACH TO *HAIL THE NEW PURITAN?*

Charles Atlas (CA): I was just taking Michael's work and making what I could with it. My model was *A Hard Day's Night* (1964) – I wanted to do the dancing version. In fact, the scene in which they're running around a grassy field with the stick, that's taken directly out of *A Hard Day's Night*. Once I left Merce, I could more directly use my influences from Hollywood musicals, and working with Michael was perfect because I could go haywire with irony. It was a beautiful combination. […]

SC: TO WHAT EXTENT WAS LEIGH PART OF YOUR COLLABORATION WITH MICHAEL?

CA: Watching *HAIL THE NEW PURITAN* now, I realize that if I'd made the scene in Leigh's apartment shorter, the narrative would flow better. But it's like going to a party and the most interesting person there is the one you spend the most time with. The cast took the idea of playing themselves to the hilt, and that was the essence of the film. They played outsize versions of themselves and knew just how to do it, pre-reality TV.

SC: A LOT OF YOUR WORK HAS FOCUSED ON IDEAS ABOUT TRANSGENDER AND IN BETWEEN STATES OF IDENTITY. DO YOU THINK THAT WAS TRIGGERED BY LEIGH IN PARTICULAR?

CA: I'm gay, so it was triggered by my life. At that time, drag seemed relevant in a special way. It was trashy, funny, homemade and non-professional. I was also taking my camera out to clubs […]."

S. Comer, 'Life Stages – Charles Atlas in Conversation with Stuart Comer', in: **Frieze**, May 2011, p. 90.

Die radikale Haltung von **HAIL THE NEW PURITAN** (1985/86) gegenüber vorherigen Vorstellungen von Dokumentation, Schnitt, Thema – die Art und Weise, wie innerhalb des Schnitts Michael Clarks Choreografie performt und unterlaufen wird, wie Form und Thema verbunden werden, um ein möglichst vollständiges Ganzes daraus zu bilden – erscheint mir wie ein Instrument, das etwas auf eine Ebene spektakulärer Präsenz hebt, sowohl kulturell betrachtet als auch im angemessenen Verhältnis: ein Mittel, um in den Konsens einzudringen oder an einen besonderen Augenblick zu erinnern, der natürlich längst vergangen ist. Ich meine dies in Bezug auf die Historizität: **HAIL THE NEW PURITAN** legitimiert seine besondere Geschichte mittels seines Dokuments, auch wenn es meiner Ansicht nach re-visionär ist, wenn man bedenkt, wie Geschichte selbst erzählt wird. Der Zweck mag der gleiche sein – eine Methode, um sich zu erinnern und in eine bestimme Zeit, in bestimmte Menschen und eine bestimmte Kultur zurückversetzt zu werden –, doch die Mittel dazu sind abenteuerlich verschoben und vereinnahmt. Die Geschichtstreue hier ist ungewiss, was die Performance und was das Verlangen betrifft – und ganz sicherlich, was die Zurückweisung der Begrifflichkeiten angeht, durch die eine solche Darstellung verständlicher werden könnte. Wenn die Beziehung von Post-Punk zu seinen namensgebenden Vorläufern dazu angetan ist, die Tatkraft aufrecht zu erhalten, doch das Erbgut komplett zu verwerfen, dann bezieht **HAIL THE NEW PURITAN** den Eindruck echten Lebens aus dem Prozess des Dokumentationsfilmens selbst, lehnt sich jedoch gegen die Regeln des Genres der Dokumentation auf. Fiktion beugt, wie auch im wahren Leben, die Wahrheit; Verlangen manifestiert sich und geht vom Figurativen zum Buchstäblichen über – ehe es sich in den Wechselfällen der Geschichte verliert. Die Mode träufelt dem Jetzt seine Bestimmung ein; die Spannung liegt in den Muskeln, die es zur Besetzung seiner eigenen Zeit benötigt – wie viel Bewegung genau, wie viel **Erscheinung** braucht es, um zu halten, zu beugen, zu tanzen –, und stets sehe ich es. Verlust ist ein Zustand vibrierender Zeitgenossenschaft.

HAIL THE NEW PURITAN's (1985–86) radical attitude towards precedent ideas of documentation, editing, subject – the way it performs and subtends Michael Clark's choreography within its edit; how form and subject compound to evoke as wholly as possible – feels to me a means of elevating something to a level of sensational presence, both culturally and in proper relation: a means of irrupting consensuses or reminding of a particular moment, now gone, of course. I mean this as regards historicity: **HAIL THE NEW PURITAN** authenticates its particular history via its document – even as it feels to me revisionary regarding how history itself is told. The purpose might be the same – a way to remember and feel a particular time, people, culture – but the means are fantastically shifted, co-opted. Fidelity to history is contingent, here, upon performance and upon desire – and surely upon a rejection of the terms by which representation might be more commonly understood. If post-punk's relation to its eponymous antecedent is to maintain the push but reject the patrimony entirely, **HAIL THE NEW PURITAN** takes the sensation of real life from the project of documentary film-making, but pushes back against the rules of the apparent genre of the documentary. Fiction, as in life, inflects truth; desire manifests and segues from figurative to literal – before being lost to history's vicissitudes. Fashion instils the now with its clause; its tension is in the muscles it takes to occupy its own time – just how much movement, how much **appearance** is required to hold, to flex, to dance – and every time I see it. Loss is a condition of vibrant contemporaneity.

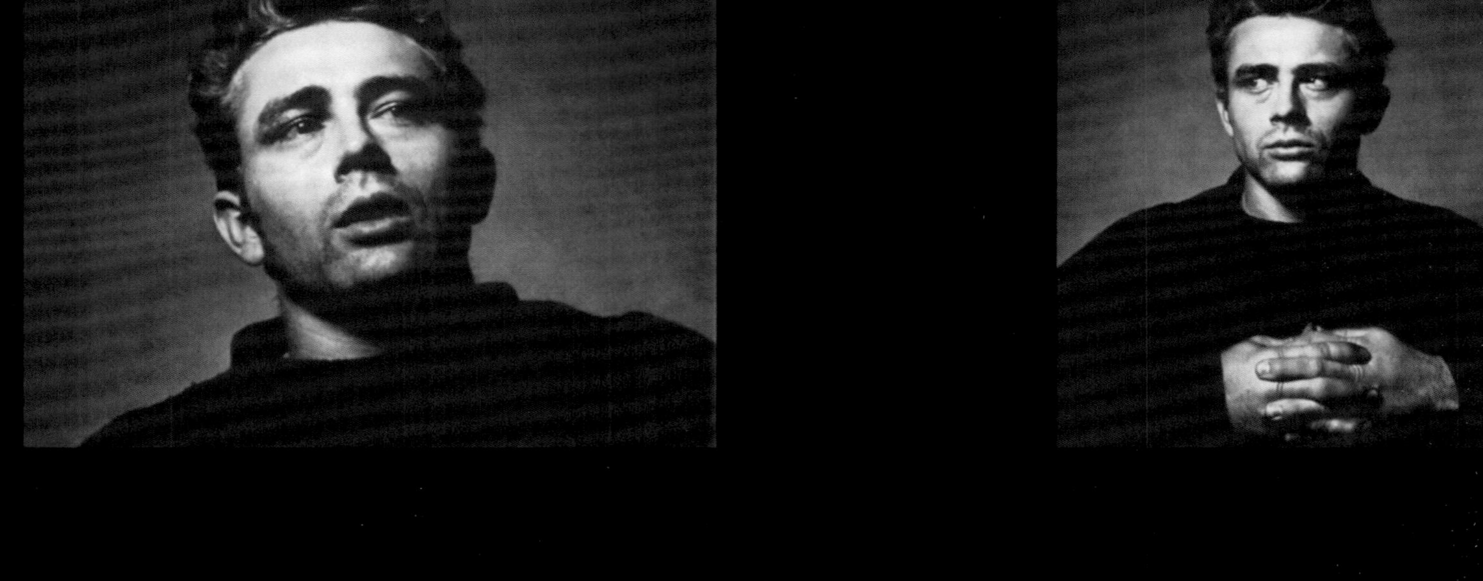

Lutz Bacher, **JAMES DEAN,** 1986/2014, Videostill / Video still
Courtesy of the artist and Galerie Buchholz, Berlin / Cologne / New York

LUTZ BACHER
JAMES DEAN, 1986/2014

HD-Videoinstallation
(16 Paare von Videostills
auf 2 Monitoren), S/W,
ohne Ton

HD video installation
(16 pairs of video stills
on 2 monitors), b/w,
no sound

Dimensionen variabel /
Dimensions variable

"JAMES DEAN, a video slideshow from 1986, the same year as *Sex with Strangers*, shows a sequence of images from the iconic 'torn sweater' photo shoot of the actor by photographer Roy Schatt in 1954. The slideshow cycles through pairs of images presented on a pair of monitors, and these looping still photographs show the Hollywood icon self-consciously posing, reflecting, brooding, and generating a model for the construction of identity through images. Central to Lutz Bacher's work over the past 40 years, and striking in the bodies of work on view, is the particular way that meaning in each image or object expands from its original context into something simultaneously personal and monumental."

Galerie Buchholz, 'Lutz Bacher', 2014; <http://www.galeriebuchholz.de/exhibitions/lutz-bacher-2-elisen-2014/>, accessed 27 March 2017.

Das künstlerische Bewegtbild ist ein auf einzigartige Weise reaktives und abhängiges Medium, dessen Vertrautheit mit dem Wandel von Mainstreamtechnologien eine Art automatische Mitwisserschaft mit der Kultur im Allgemeinen erzeugt, die ein Alleinstellungsmerkmal derselben darstellt. Überflüssig zu erwähnen, dass Lutz Bachers **JAMES DEAN** (1986/2014) diese Kultur auf eine Weise überträgt, die vorgefertigte Lösungen unterlaufen soll. Als ob diese einem solchen Vergleich standhalten könnten. Sei es nun mit der Tollheit der Prominenz oder aber der Ergebenheit der Ikonografie. James Dean ist hier nirgends, was so etwas wie einen logischen Tiefpunkt der Vergötterung darstellt – die ganze Strecke durch den Mythos und in die Wüste der Sättigung, der Überbeanspruchung, der Wertlosigkeit. Der Übergang in eine bizarre Art von pseudoreligiöser Askese eines Heiligen. Oder die Leere von etwas, das schlicht dazu gedacht ist, wieder und wieder mit irgendeiner Art von Verlangen nach irgendeiner Art von Markenartikel befüllt zu werden. Narzissmus, Sehnsucht und die Kultur des Kinos sind ganz wesentliche Elemente des künstlerischen Bewegtbildes. Persönlich sind es die Verwirrungen des Blickes, die in **JAMES DEAN** vorherrschen und die dessen entscheidende Möglichkeiten aktivieren. In Bezug auf die anderen Arbeiten in **GENERATION LOSS** bildet **JAMES DEAN** ein ruhiges, onanistisches Zentrum der Vorgänge.

Artists' moving image is a uniquely reactive and dependent medium whose intimacy with the vicissitudes of mainstream technology confer a kind of automatic collusion with the culture at large that's pretty much unique to it. Needless to say, Lutz Bacher's **JAMES DEAN** (1986/2014) conjures this culture in a way to queer the ready-made. – As if the ready-made could withstand such comparison to either the rabidity of celebrity or the devotion of iconography. James Dean is nowhere here, this being something like the logical nadir of idolising – all the way through myth and into the desert of saturation, overuse, valuelessness and passing into some weird kind of pseudo-religious asceticism of a saint. Or the vacuity of something simply primed to be filled again and again with whatever brand-affiliated desire. Narcissism, desire and the culture of cinema are fundamental to artists' moving image. Personally speaking, it's the specific confusions of gaze that abound in **JAMES DEAN** that activate its critical possibilities. In relation to the other works in **GENERATION LOSS, JAMES DEAN** provides a still, onanistic centre to proceedings.

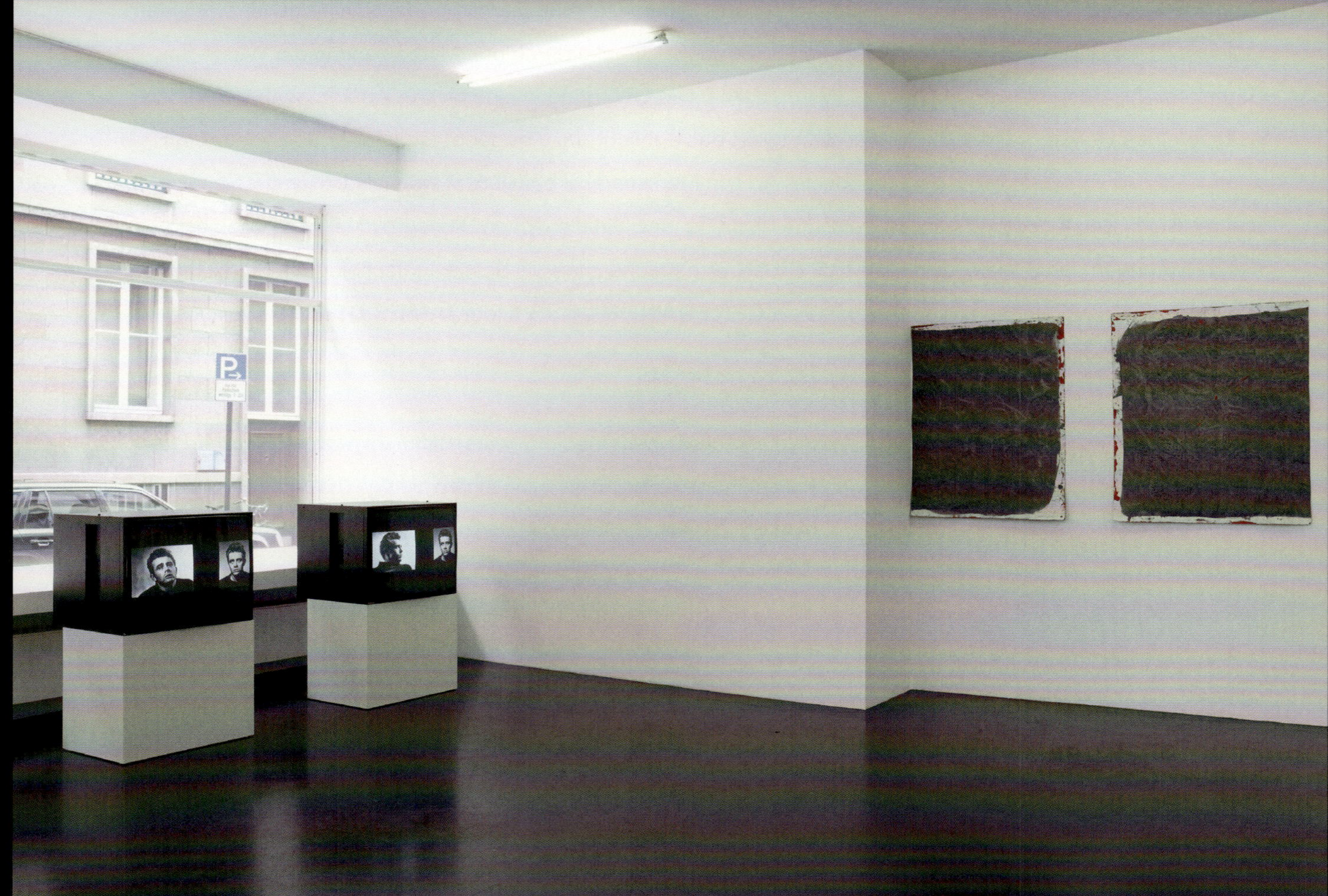

01–02

01–02 Lutz Bacher, **JAMES DEAN,** Installations-
ansichten / Installation views, **Lutz Bacher,** Galerie
Buchholz, Köln / Cologne, 2014. Foto / Photo: Lothar
Schnepf. Courtesy of the artist and Galerie Buchholz,
Berlin / Cologne / New York

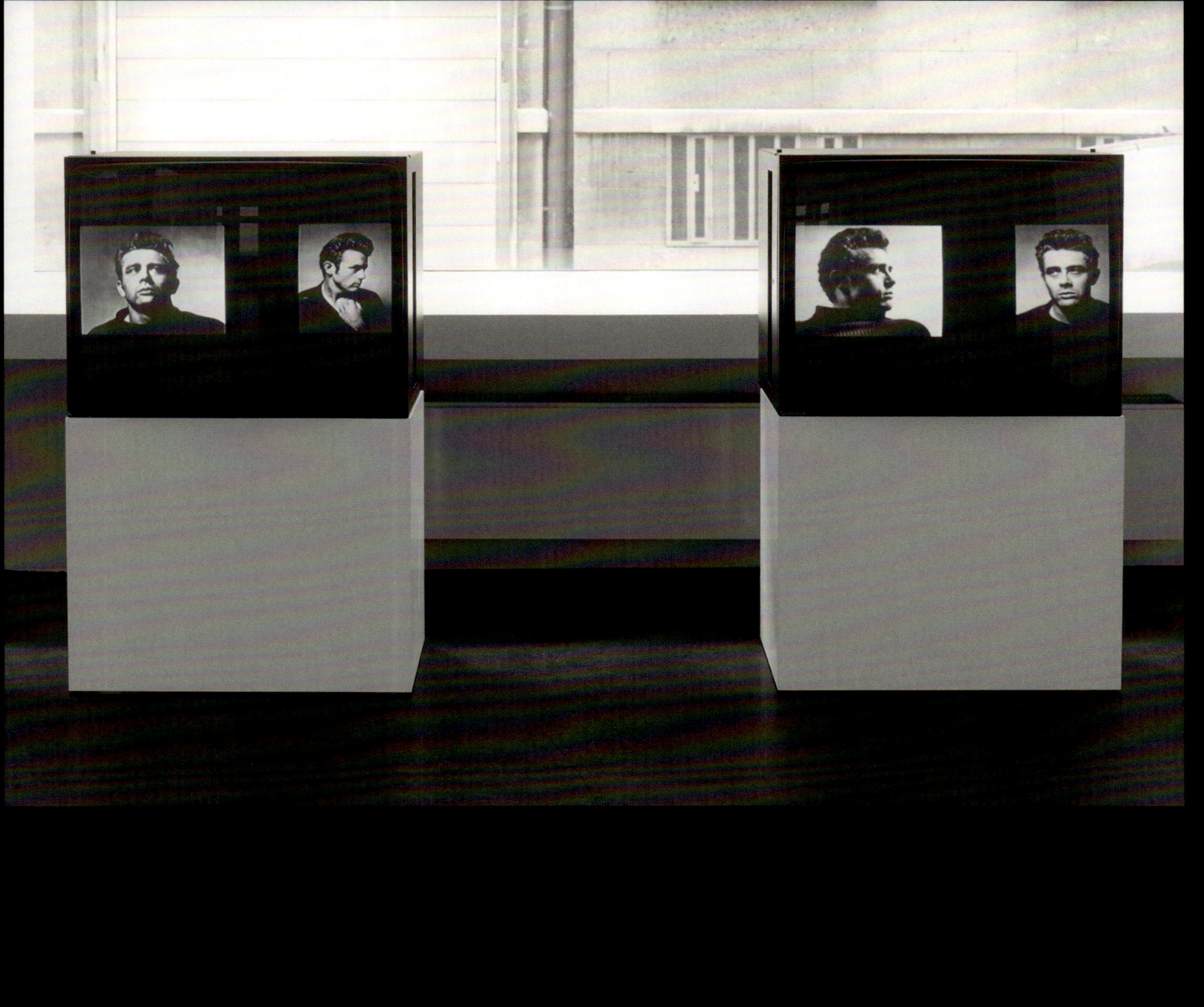

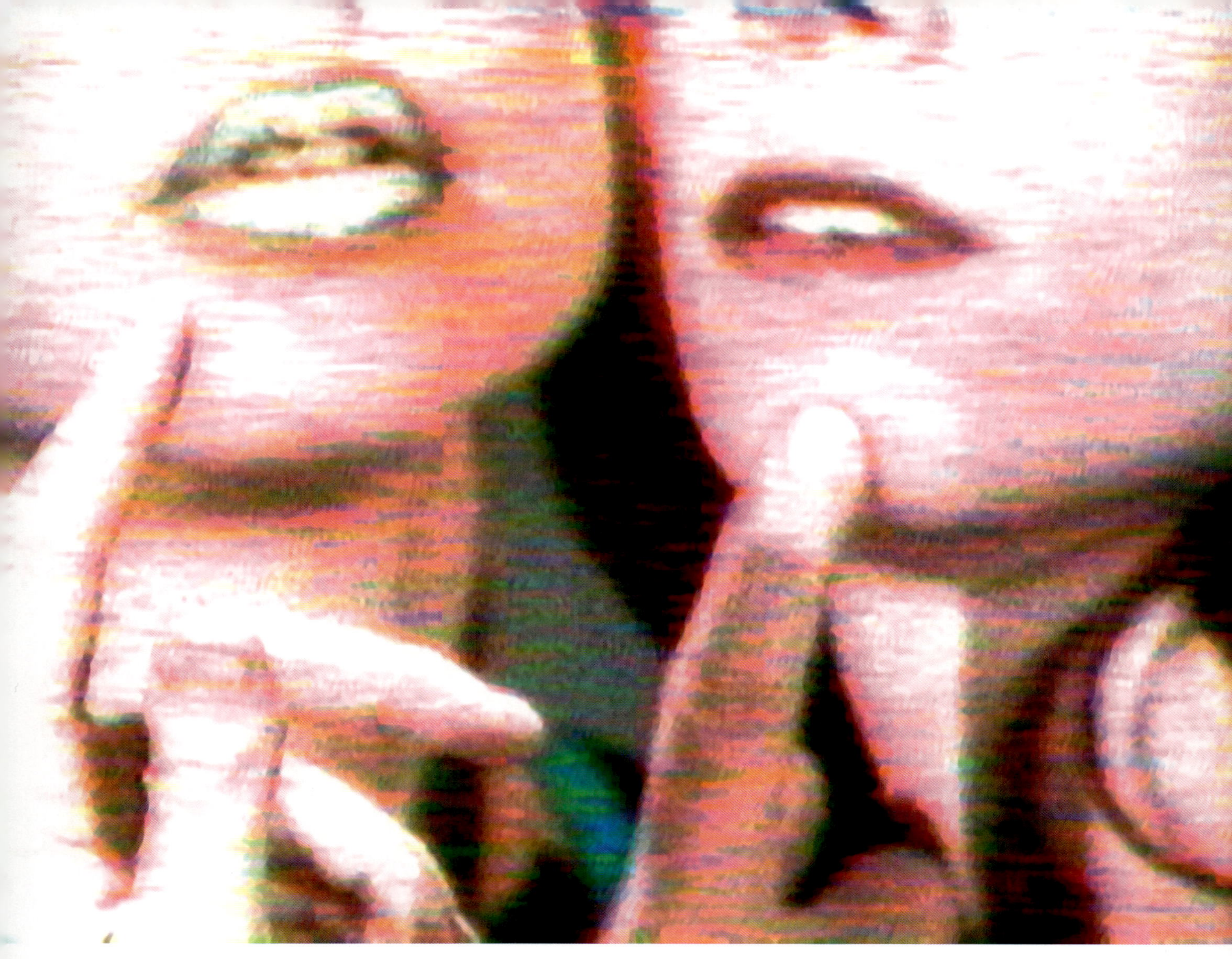

Lynda Benglis, **FEMALE SENSIBILITY,** 1973, Videostill / Video still
© VG Bild-Kunst, Bonn 2017. Courtesy of the artist and Electronic Arts Intermix (EAI), New York

LYNDA BENGLIS

FEMALE SENSIBILITY, 1973

Video, 14', Farbe, Ton

Video, 14', colour, sound

"In crafting her video [...] Benglis drew on a visual discourse that first emerged in relation to object-based practices, namely, painting and sculpture. The artists Judy Chicago and Miriam Schapiro are generally credited with coining the term female imagery.

Integral to Chicago and Schapiro's advocacy of female imagery was the attendant concept of a distinct and universal *female sensibility*. Though the term does not appear in their essay, it is inferred through the authors' suggestion that women's bodily experiences elicit common perceptions or sensibilities. Consequently, many women surmised that female imagery was a direct and inevitable expression of a female sensibility and thus of female difference, and that it was a feminist imperative to utilize such imagery to consciously articulate female difference in their artistic practices. To state it in slightly different terms, recourse to female imagery implied a concomitant valorization of sexual difference and of feminist political consciousness. In choosing to title her video *FEMALE SENSIBILITY*, Benglis recognized how it would frame the work's reception in very specific terms. Her decision was in part a consequence of her own exposure to the divisive debates occurring in women's artistic communities around the imagery/sensibility question."

S. Richmond, 'The Ins and Outs of Female Sensibility', in: **Camera Obscura**, 2008, 23, 3, pp. 92–94.

FEMALE SENSIBILITY (1973) stellt etwas Geschlossenes dar, etwas Dichtes, das sich aufgrund seiner Schärfe der Spekulation öffnet. Einer der Kernaspekte des künstlerischen Bewegtbildes liegt wohl in den Möglichkeiten von Selbstdarstellung, in Bezug auf und als Folge der expliziten Bindungen des Mediums an eine Mainstreamkultur. Das Medium ähnelt sich selbst, regt einen interpretativen Affekt der Spiegelung dessen an, was in TV, Kino, Pornografie zu finden ist –, was in Benglis' Video alles explizit vorkommt. Teil der Selbstreflexivität von Kunst als einem möglichen Präfix zum Bewegtbild – wie es strukturelles Begreifen des Mediums katalysiert und die Bedingungen für Satire bereitstellt – ist selten eindeutig als (politischer oder anders gearteter) Anhang irgendeiner Arbeit. Ich möchte damit ausdrücken, dass die Beziehung, die Reaktion auf die Form, eine Quelle für Ironie ist. **FEMALE SENSIBILITY** macht diese Ironie einsatzbereit, karikiert einerseits ganz offen normative Darstellungen von Geschlecht und verschließt sich andererseits vor jeglicher einfacher Entschuldigung für die Mitschuld der Kunst selbst. Oft thematisiert Benglis' Arbeit die Kunstwelt, einen Ort, der in seinem Selbstbild als liberal, fortschrittlich, experimentell allzu oft scheinheilig ist. Die Geschichte lässt sich nicht so einfach umschiffen, und so schafft Benglis eine Situation immanenter Klarheit, die keine Antworten auf ihre unausgesprochenen Fragen bietet: Wie kann eine Künstlerin sich in ihrer eigenen Arbeit darstellen? Besonders wenn diese Arbeit sowohl von der Kultur insgesamt als auch dem spezialisierten beglückwünschenden Onanismus von Kunst im Besonderen reguliert wird. Die beiden Frauen streicheln Zwiespältigkeit in die jeweils andere, schaffen eine Art von Stillstand, der zwischen sexuellem Verlangen und vermasselter Darstellung eines männlichen Idealbildes solchen Verlangens ungeklärt bleibt. Die Männer, die in irgendeiner Radioeinspielung männlichen Schwachsinn plappern, werden standhaft völlig ignoriert, beide wohl durch eigensinnige und unwissende Ignoranz: Beide Frauen bestätigen die Eitelkeit und gefährden ihre Stabilität durch ihre eigene Wirkung. Es ist eine Wirkung, die von Benglis' Urheberschaft bekräftigt wird, jedoch den Weg, der noch vor ihr liegt, auch versinnbildlicht – um die Möglichkeiten dieser Wirkung zu betonen. Gewiss stellt die Kamera den männlichen Blick dar, für den die Frauen bisweilen zu agieren scheinen, obwohl ihre Ernsthaftigkeit und ihre Verbundenheit miteinander ihre Solidarität, sowie die eigene Vernachlässigung der auf der Tonspur präsenten Männer hervorheben. Die Grenzen und Formen der Technologie – Trennung von Sicht- und Hörbarem, buchstäbliche Bildeinstellung und kommerzielle Ästhetik – sind exzessiv genug gestaltet, um die Aufmerksamkeit darauf zu ziehen, die Technologie selbst zum Rekruten repressiver verifizierter Formen zu machen. Die von der Technologie bestimmte praktische Grenze hält die Ambivalenz dessen aufrecht, was sie ausgrenzt – eine Ambivalenz, die sich in einer Erfahrung öffnet, die die Darstellung völlig umgeht.

FEMALE SENSIBILITY (1973) is shut tight, and its tightness is an acuity to open presumptions. One of the core aspects of artists' moving image might be understood to be the possibilities of self-representation, in relation and as a consequence of a medium's explicit attachments to a mainstream of culture. The medium resembles itself, encouraging an interpretative affect to mirror what's on TV, cinema, in pornography – all of which are explicit in Benglis's video. Part of the self-reflexivity of art as a contingent prefix to the moving image – how it catalyses a structural apprehension of the medium – makes for the conditions of satire, though it's seldom clear the attachments, political or otherwise, of whatever work. I mean to say that the relation, the response to the form, is a wellspring for irony. **Female Sensibility** makes this irony operational, both overtly caricaturing normative representations of gender, and sealing off any easy exculpation of art's own complicity. Benglis's work often addresses the art-world, a place too easily sanctimonious in its self-image as liberal, progressive, experimental. History is not so easily circumnavigated, and so Benglis creates a situation of immanent clarity that provides no answer to its tacit questions: how might an artist represent herself in her own work? Particularly when that work is implicitly regulated by both the culture at large, and the specialised congratulatory onanism of art specifically. The two women caress ambivalence in one another, creating a kind of stasis that remains unresolved between sexual desire and corpsing performance of a male ideal of that desire. The men who burble male bollocks on some radio call-in entirely remain steadfastly unfazed, both, presumably, through wilful and benighted ignorance: the two women both confirm presumption and threaten its stability by means of their own agency. It's an agency affirmed by Benglis's authorship, but also allegorised for the sake of emphasising such agency's contingency – its distance left to run. The camera figures the male gaze, certainly, for which the women sometimes seem to perform – though their sincerity and attachment to one another avers their solidarity and their own disregard for the men present on the soundtrack. The technology's limitations and forms – visual and audio separation; literal framing and commercial aesthetic – are made excessive enough to draw attention to them, make the technology itself a con-script of oppressive, reified norms. This practical limit, determined by the technology, sustains the ambivalence of what it locks off – an ambivalence that opens into experience that entirely eludes representation.

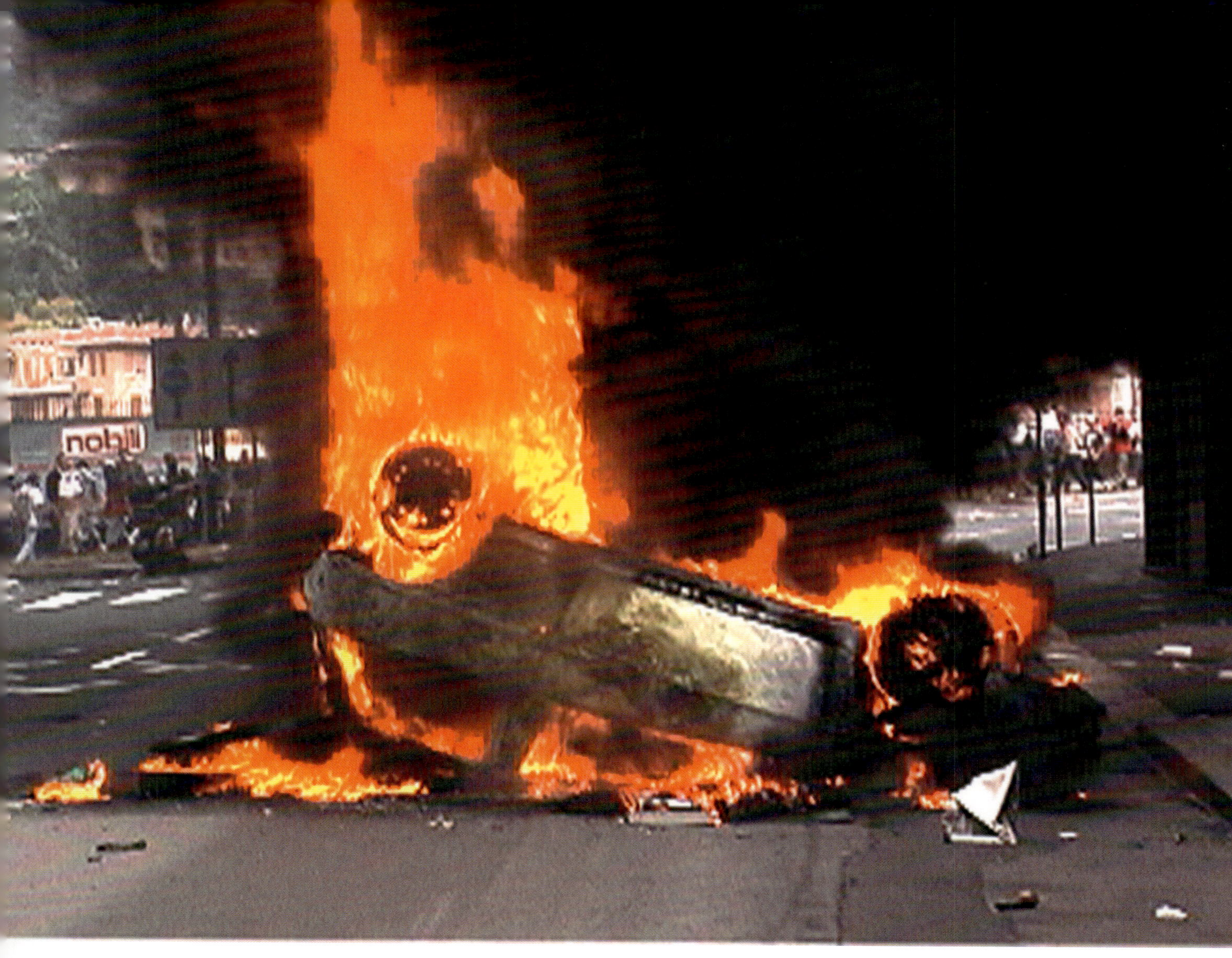

Bernadette Corporation, **GET RID OF YOURSELF,** 2003, Videostill / Video still
Courtesy of the artists and Electronic Arts Intermix (EAI), New York

BERNADETTE CORPORATION

GET RID OF YOURSELF, 2003

Video, 61', Farbe, Ton

Video, 61', colour, sound

"**I**t's not only rage that drives children to break their favorite toys. Sometimes it's the urge to release the productive potentials trapped inside a product, sometimes it's simply the joy of wasting them. A history of dismantled and vandalised cinemas would include, among many others: Lettrist and Situationist attempts to liberate cinematic materials from their spectacular function by scratching the print, blacking the screen and disjoining sound from image; Warhol's nonstop screen tests and his multi-projector film happenings; Joan Jonas's opening up of cinematic time and space to live performance; Tony Conrad's preparation of cooked celluloid, meat, and vegetables to 'project' onto – or hurl at – a blank movie screen; etc.

[…] Bernadette Corporation's film *GET RID OF YOURSELF* elaborated a politics of subjectivity linked to the emergence of anonymous and antagonistic life-forms within the anti-globalisation movement. The film borrowed techniques from its subject – the so-called anarchist "black bloc" – in order not to simply document the street violence, property damage and rioting that took place in Genoa, but precisely to make itself riot-like and to put its own processes in contact with the chaotic rhythms and de-subjectivising encounters of the event. In other words, not to present an image of resistance but to produce an image problem; to make moving images move away from themselves; and to arrive at the cinematic equivalent of a burning bank, a looted supermarket, a line of flight opening up a provisional free zone in the midst of an intensely controlled and programmed confrontation."

J. Kelsey, 'Moving Images Moving Images', in: ed. T. Leighton, **Art and the Moving Image,** London 2008, pp. 401–402.

Im Kontext von **GENERATION LOSS** ist es vielleicht **GET RID OF YOURSELF** (2003) von Bernadette Corporation, das die Gesamtprämisse am besten untergräbt und am besten aufspürt, welche wie auch immer gearteten wahrheitsgetreuen Aspekte hier – in Düsseldorf, in der **JULIA STOSCHEK COLLECTION** – dargestellt werden. Einige Werke in der Ausstellung beschäftigen sich nicht nur mit Technologie und ihren sonstigen industriellen, kapitalistischen Verfassern – nicht nur die breiten Striche schuldhafter Scham, die mit dem schlichten Konsum von Technologie in Verbindung stehen. Einige Arbeiten proben einen Protest von Wiederaneignung, von Identitäten, Geschlechtern, Machtstrukturen. Wenn Technologie irgendein wortwörtlicher Apparat von staatlich geduldeter, industrieller, militaristischer, unternehmerisch-ideologischer Markteinführung ist, dann kann der kapitalistische Ausgleich, den sie fortsetzt, durch ausreichend satirische oder persönliche oder vertrauliche oder gewalttätige identitäre Wiederholung respektive Durchführung wiederhergestellt werden.

GET RID OF YOURSELF – ganz abgesehen davon, dass es sich um eine Art von Dokumentation **über** Black-Bloc-Proteste handelt, besonders die G8-Proteste des Jahres 2001; über Tiqqun, Anarchie, Revolte, Immanenz – tritt jeder offensichtlichen Auffälligkeit in der Art und Weise von Protesten an anderer Stelle in der Ausstellung als fundamental und schlussendlich vorsätzlich machtlos gegenüber. Wenn es einen roten Faden gibt, der sich durch die **JULIA STOSCHEK COLLECTION** zieht, dann ist es ein Schwerpunkt auf Identität – ihrer Inszenierung, ihrer Affekte. Die meisten Arbeiten stammen von Individuen. Die meisten Arbeiten beschäftigen sich mit dem Ausgleich von Subjektivität, die immer bereits zurückgewonnen oder unterdrückt oder entschieden ist. Und das angesichts jeder wie auch immer gearteten objektiven empirischen Gesichtslosigkeit. Affekt wird zu einem politischen Konter; Amateurästhetik symbolisiert Ausgliederung, kapitalistisch betrachtet; Eingliederung – Verkörperung – symbolisiert eine Art von Enträumlichung; Vertrautheit durchdringt Objektivität, Desinteresse – die Maschine. Wörtlichkeit fördert etwas zutage, authentifiziert. Gestaltung verbirgt, löst auf, lügt. **GET RID OF YOURSELF** begreift das Selbst als das Problem. Individuelle Identität – Selbstbestimmtheit – beharrt auf einer Sub-Rand'schen Besonderheit. Kunst und Künstler und kategorische Abgrenzung – wenn auch in einer Art reaktiver Mediumsspiegelung formuliert – sind individuierend, begreifen Künstler als irgendwie besonders. Bernadette Corporation haben die Pseudoanonymität und die Überlagerung ihrer Marke stets als etwas instrumentalisiert, das ihrer Arbeit, ihrem Status Möglichkeit zuerkannt hat – trotz (oder vielleicht aufgrund) des ihr innewohnenden Paradoxons. Auf gewisse Art und Weise nahmen sie eine Position fragwürdiger Beschleunigung ein, insofern als ihre Scheinheiligkeit jene der Kunstwelt per se übertraf und folglich auf diese zurückblicken konnte. Diese Methode erreicht mit **GET RID OR YOURSELF** – dessen Aufrichtigkeit und Betriebsamkeit, was Bernadette Corporation betrifft, sowohl narzisstisch als auch masochistisch wirkt – ihren Höhepunkt. Man kommt zum Beispiel nicht umhin, das Echo der Revolte derjenigen zu spüren, die das Video im Modus von Bernadette Corporation kommentieren – ersatzweise, vielleicht, in der Form von Chloë Sevigny, wobei einige der expliziteren, von den gehaltenen Vorträgen der im Video teilnehmenden Personen zwar wiederholt, jedoch niemals rekonstruiert werden. Und obwohl das Video belehrend wirkt – wie eine Art Anleitung –, ruft die Ambivalenz des Ortes von Bernadette Corporation durchweg entweder Feigheit oder Verachtung aus. Was auch immer: eine Reaktion, und zwar jenseits des Werkes, ist erforderlich. In dem Video tauchen Effekte auf, oftmals scheinbar halbherzig – oder zögernd. Als ob jede Art von Postproduktion, mit Ausnahme der ganz offensichtlich

bedeutungsvollen (dem Thema des Videos zufolge der lesbarsten), schädlich oder eine andere Art unnötiger Heuchelei wäre. Handlungsfähigkeit – wie sie durch die gesamte Ausstellung **GENERATION LOSS** postuliert zu sein scheint – ist in **GET RID OF YOURSELF** knapp bemessen, und die vorherrschende Angleichung an die Kunstwelt und ihre sorgfältigen politischen Allianzen von Bernadette Corporation, obwohl ironisiert oder karikiert, sind kaum hilfreich. Wir befinden uns hier schließlich in einer Privatsammlung von Videokunstarbeiten, und ich habe hier gewissermaßen eine Ausstellung kuratiert, die einiges an kommunikatorischem Anreiz bieten soll – oder utopischem Was-auch-immer. Ein politischer Versuch **vielleicht**, der in erster Linie dazu dient, einer Farce von kaputtem Individualismus zu gratulieren, und der schlicht in seinem Status quo verblieben ist. Filmmaterial von 9/11 wurde in **GET RID OF YOURSELF** beinahe hineingeschoben. Es erscheint wie eine schreckliche Fantasie – inkohärent, totemistisch, fast wie ein Siegel – fast wie ein Gott – und final.

I n the context of **GENERATION LOSS**, it's perhaps Bernadette Corporation's **GET RID OF YOURSELF** (2003) that best undermines the entire premise, best roots out whatever seeming faithful aspect gets performed here, in Düsseldorf, at the **JULIA STOSCHEK COLLECTION**. Several pieces in this show reflect not just upon technology and its othered industrial, capitalist authors – not just the broad strokes of culpable shame attached to the simple consumption of tech. Several works rehearse a protest of re-appropriation – of identities, genders, power structures. If technology is some literal apparatus of state-condoned industrial, militaristic, corporate ideological roll-out, then the capitalist recoup it presumes might be retrieved through sufficient satirical or personal or intimate or violent identitarian iteration and performance. **GET RID OF YOURSELF** – quite apart from being a kind of documentary **about** black bloc protests, specifically the G8 protests in 2001; about Tiqqun, anarchy, revolt, immanence – confronts any apparent salience in the kinds of protest elsewhere in the show, as fundamentally, and ultimately knowingly, impotent. If there is perhaps one thread that runs through the **JULIA STOSCHEK COLLECTION**, it is an emphasis on identity: its performance, its affections. Most works are by individuals. Most works are concerned with the recouping of subjectivity always-already recuperated or oppressed or determined. And in the face of whatever objective empirical facelessness. Affect becomes a political counter; amateur aesthetics signify disincorporation, capitalistically; incorporation – embodiment – signifies a kind of reterritorialisation; intimacy irrupts objectivity, disinterest – the machine. Literality unearths, authenticates; figuration dissimulates, dissipates, lies. **GET RID OF YOURSELF** understands the self as the problem. Individual identity – self-determination – cleaves to some sub-Randian specialness. Art and artists and categorical delineation – however couched in some reactive medium reflexion – is individuating – understands artists as in some way special. Bernadette Corporation have always instrumentalised the pseudo-anonymity and super-positioning of their brand as something that conferred possibility to their work, their status – albeit, or perhaps because of, its inherent paradox. In a way, theirs was a position of dubious accelerationism, insofar as their hypocrisy outstripped – and could therefore look back on – that of the art-world per se. This mode reaches its acme with **GET RID OF YOURSELF** – whose sincerity and stir feels both narcissistic and masochistic as regards Bernadette Corporation. As in, one can't help but feel the echo of the revolt of those narrating the video in Bernadette Corporation's method – surrogated, perhaps, in the form of Chloë Sevigny, rehearsing but never reconstructing some of the more explicit declamations made by the video's subjects. And although the video feels instructive – like a How To – the ambivalence of Bernadette Corporation's place throughout calls out either a cowardice or a condemnation. Whatever: a response is required, and outside of the work. Effects appear in the video, often seemingly half-heartedly – or tentatively. As if applying any sort of post-production save the most overtly **meaningful** – the most readable according to the subject of the video – would be deleterious or else unnecessary affectation. Agency – as it seems like it is posited throughout **GENERATION LOSS** – holds scant water with **GET RID OF YOURSELF**, and Bernadette Corporation's predominant alignment with the art-world and its careful political dalliances, albeit ironised or caricatured, hardly helps. We're here, after all, in a private collection of video works, and I've sort of curated a show that professes some communitarian shill – or some utopian whatever – a political attempt, **perhaps,** – that serves, predominantly, to congratulate a pappyshow of shagged individualism that simply maintains the status quo. Footage of 9/11 is almost **shuffled** into **GET RID OF YOURSELF**. It appears like a terrible fantasy – incoherent, totemic, almost a sigil – almost a god – and final.

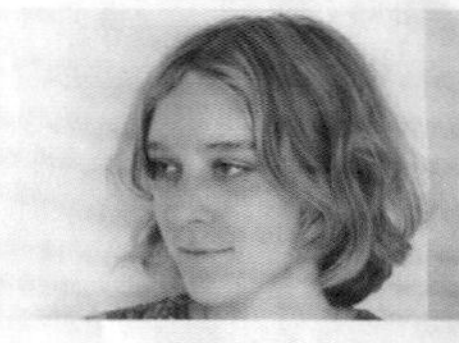

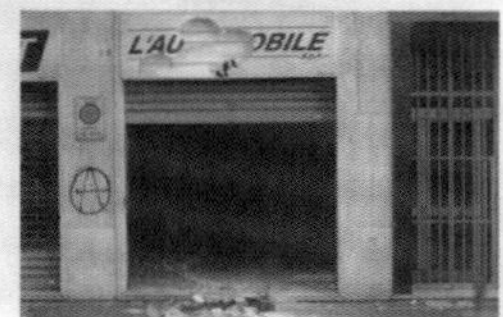

01

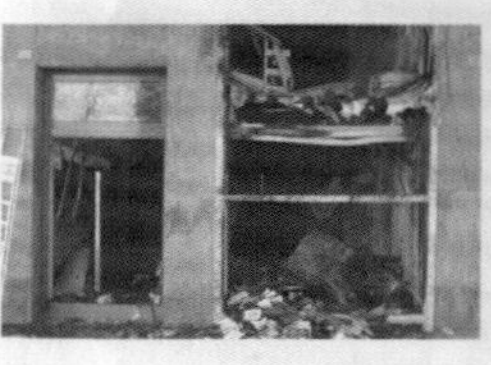

02

01–02 Einladungsflyer und Essay / Invitation flyer and essay, **Bernadette Corporation – Get Rid of Yourself,** pointligneplan, Paris, 2003. Courtesy of the artists and Greene Naftali, New York

03 Einladungskarte / Invitation card, **Bernadette Corporation – what the fuck is communism,** École Supérieure d'Art, Perpignan, 2003. Courtesy of the artists and Greene Naftali, New York

04–05 Einladungskarte (Gruppenausstellung) / Invitation card (group show), **Get Rid of Yourself,** ACC Galerie, Weimar / Stiftung Federkiel-Halle 14, Leipzig, 2003. Courtesy of the artists and Greene Naftali, New York

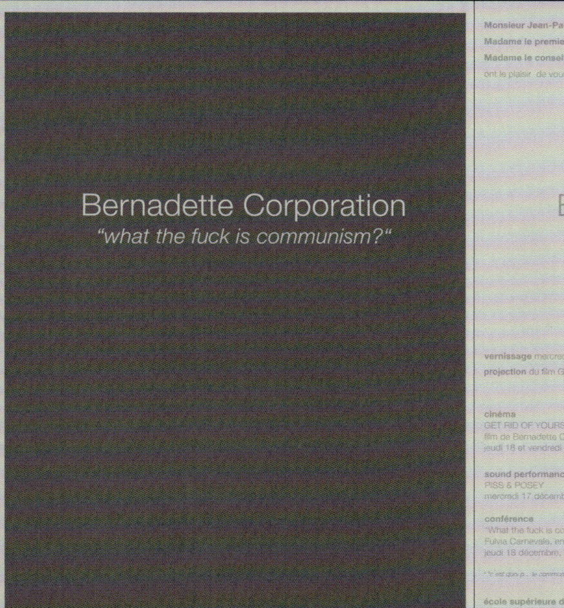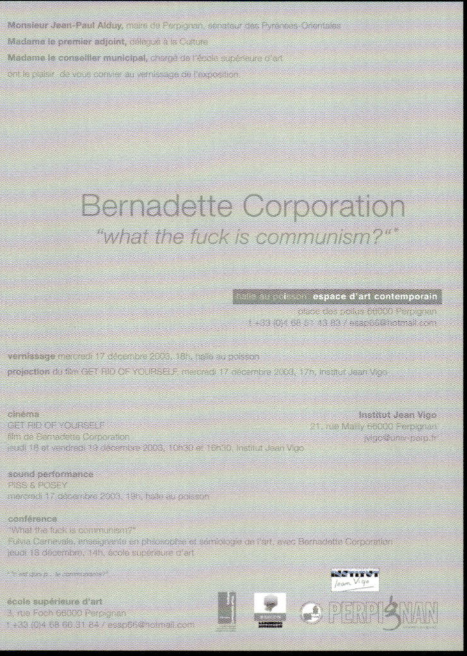

Bernadette Corporation
"what the fuck is communism?"*

Monsieur Jean-Paul Alduy, maire de Perpignan, sénateur des Pyrénées-Orientales
Madame le premier adjoint, délégué à la Culture
Madame le conseiller municipal, chargé de l'école supérieure d'art
ont le plaisir de vous convier au vernissage de l'exposition.

halle au poisson espace d'art contemporain
place des pollus 66000 Perpignan
1 +33 (0)4 68 51 43 83 / esap66@hotmail.com

vernissage mercredi 17 décembre 2003, 18h, halle au poisson
projection du film GET RID OF YOURSELF, mercredi 17 décembre 2003, 17h, Institut Jean Vigo

cinéma
GET RID OF YOURSELF
film de Bernadette Corporation
jeudi 18 et vendredi 19 décembre 2003, 10h30 et 16h30, Institut Jean Vigo

Institut Jean Vigo
21, rue Mailly 66000 Perpignan
jvigo@univ-perp.fr

sound performance
PISS & POSEY
mercredi 17 décembre 2003, 19h, halle au poisson

conférence
"What the fuck is communism?"
Fulvia Carnevale, enseignante en philosophie et sémiologie de l'art, avec Bernadette Corporation
jeudi 18 décembre, 14h, école supérieure d'art

école supérieure d'art
3, rue Foch 66000 Perpignan
1 +33 (0)4 68 66 31 84 / esap66@hotmail.com

03

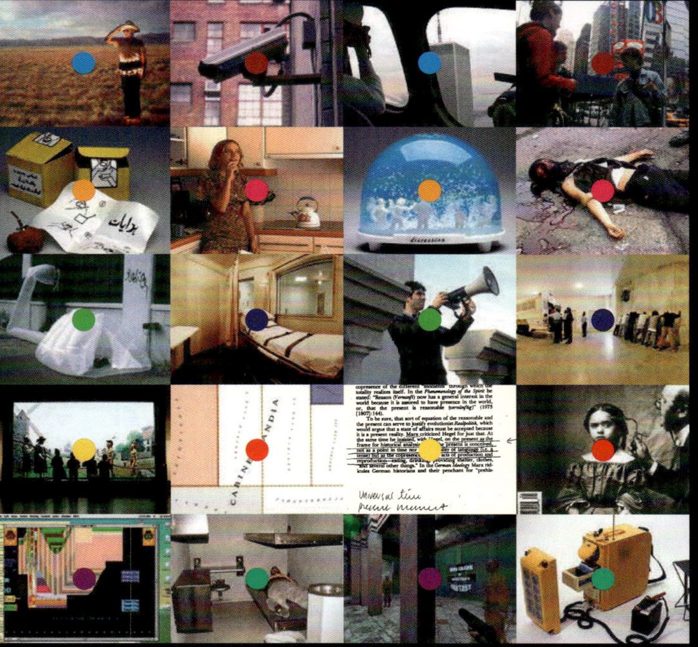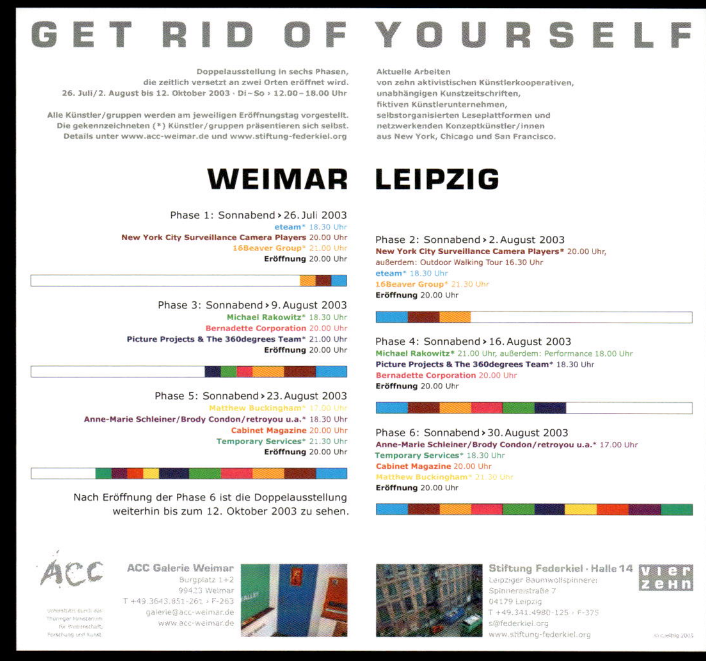

GET RID OF YOURSELF

Doppelausstellung in sechs Phasen,
die zeitlich versetzt an zwei Orten eröffnet wird.
26. Juli / 2. August bis 12. Oktober 2003 · Di – So > 12.00 – 18.00 Uhr

Alle Künstler/gruppen werden am jeweiligen Eröffnungstag vorgestellt.
Die gekennzeichneten (*) Künstler/gruppen präsentieren sich selbst.
Details unter www.acc-weimar.de und www.stiftung-federkiel.org

Aktuelle Arbeiten
von zehn aktivistischen Künstlerkooperativen,
unabhängigen Kunstzeitschriften,
fiktiven Künstlerunternehmen,
selbstorganisierten Leseplattformen und
netzwerkenden Konzeptkünstler/innen
aus New York, Chicago und San Francisco.

WEIMAR

Phase 1: Sonnabend > 26. Juli 2003
eteam* 18.30 Uhr
New York City Surveillance Camera Players 20.00 Uhr
16Beaver Group* 21.00 Uhr
Eröffnung 20.00 Uhr

Phase 3: Sonnabend > 9. August 2003
Michael Rakowitz* 18.30 Uhr
Bernadette Corporation 20.00 Uhr
Picture Projects & The 360degrees Team* 21.00 Uhr
Eröffnung 20.00 Uhr

Phase 5: Sonnabend > 23. August 2003
Matthew Buckingham* 17.00 Uhr
Anne-Marie Schleiner/Brody Condon/retroyou u.a.* 18.30 Uhr
Cabinet Magazine 20.00 Uhr
Temporary Services* 21.30 Uhr
Eröffnung 20.00 Uhr

Nach Eröffnung der Phase 6 ist die Doppelausstellung
weiterhin bis zum 12. Oktober 2003 zu sehen.

LEIPZIG

Phase 2: Sonnabend > 2. August 2003
New York City Surveillance Camera Players* 20.00 Uhr,
außerdem: Outdoor Walking Tour 16.30 Uhr
eteam* 18.30 Uhr
16Beaver Group* 21.30 Uhr
Eröffnung 20.00 Uhr

Phase 4: Sonnabend > 16. August 2003
Michael Rakowitz* 21.00 Uhr, außerdem: Performance 18.00 Uhr
Picture Projects & The 360degrees Team* 18.30 Uhr
Bernadette Corporation 20.00 Uhr
Eröffnung 20.00 Uhr

Phase 6: Sonnabend > 30. August 2003
Anne-Marie Schleiner/Brody Condon/retroyou u.a.* 17.00 Uhr
Temporary Services* 18.30 Uhr
Cabinet Magazine 20.00 Uhr
Matthew Buckingham* 21.30 Uhr
Eröffnung 20.00 Uhr

ACC Galerie Weimar
Burgplatz 1+2
99423 Weimar
T +49.3643.851-261 · F-263
galerie@acc-weimar.de
www.acc-weimar.de

Stiftung Federkiel · Halle 14
Leipziger Baumwollspinnerei
Spinnereistraße 7
04179 Leipzig
T +49.341.4980-125 · F-375
s@federkiel.org
www.stiftung-federkiel.org

vierzehn

04—05

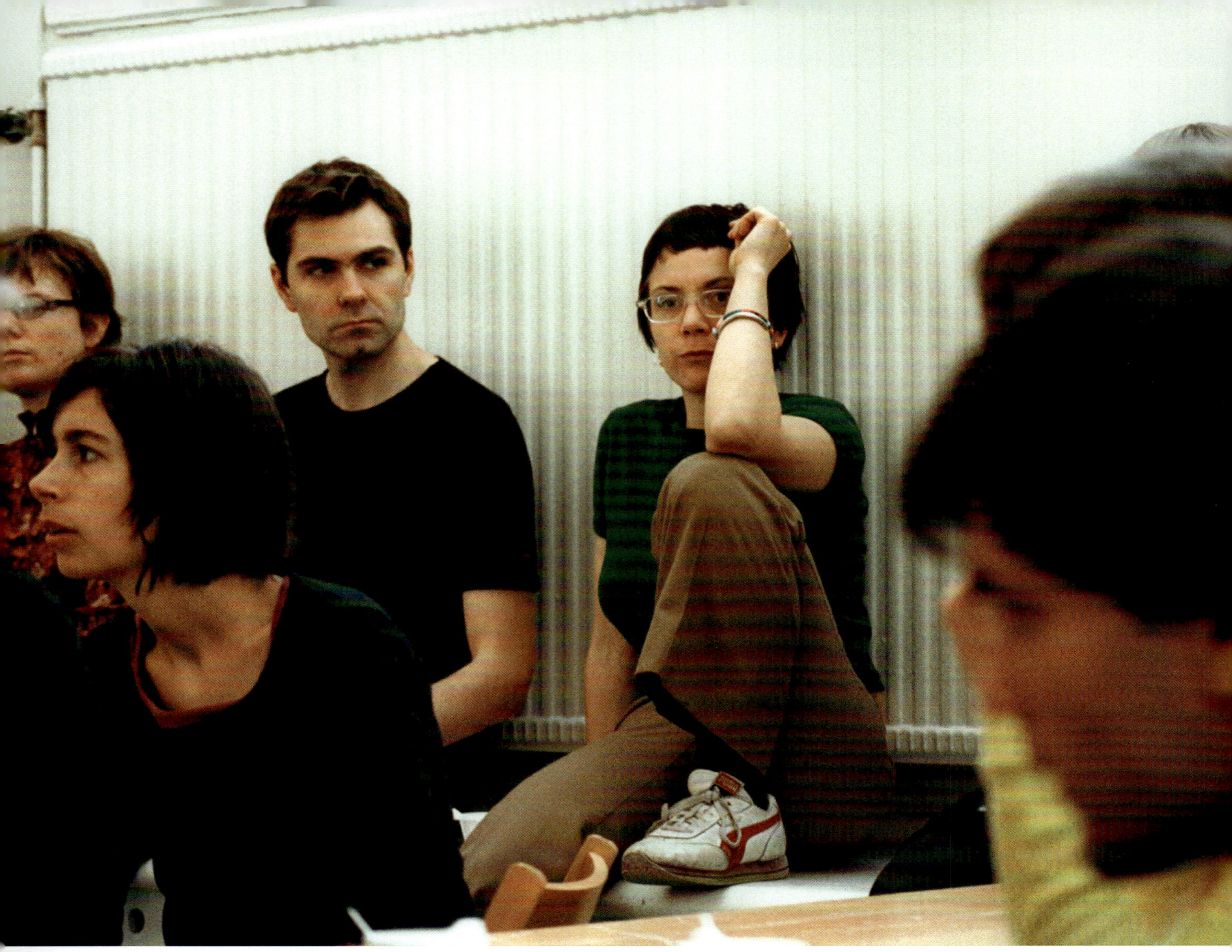

Johanna Billing, **PROJECT FOR A REVOLUTION,** 2000, Produktionsfoto / Production photo: Johanna Löwenhamn
© VG Bild-Kunst, Bonn 2017. Courtesy of the artist

JOHANNA BILLING

**PROJECT FOR
A REVOLUTION, 2000**

Video, 3'14", Farbe, Ton

Video, 3'14", colour, sound

"In all of Billing's work, the process of transformation is continuously shown to be transparent, non-hierarchical, and non-spectacular. Billing's world operates on an even, horizontal plane implying continuous movement between the individual and the group. Here, making things happen provides both a dramatic tension, and the ethical code dramatised in the production of all her work. One of the defining features of Billing's practice is her willingness to encourage and support others in collaborative endeavours. Billing alternately behaves as artist, director, and producer. This is evidenced in the elucidation of subtle performances of friends and associates who are involved in the production of all her films […]

What this collaborative action means long term – its Billing's name featured here in this context remember – is a moot point. I would argue, however, that Billing's work consistently both pictures the politics of participation as content and embodies the contradictions of collaborative, entrepreneurial enterprise through her distinct methods of production. It is precisely the arising political and symbolic tensions of both content and process which point to a wider, complex social and economic dynamic currently being played out between the individual and the collective, market and state, freedom of choice and control, competition and collaboration – all the buzzwords of Western democratic politics can be conjured here – and it is what gives Billing's work its contemporary significance."

P. Staple, 'Making Things Happen', in: ed. P. Kaiser, **Johanna Billing: Look Behind Us, A Blue Sky,** exh. cat. Kunstmuseum Basel – Museum für Gegenwartskunst, Basel; Dundee Contemporary Arts, Dundee, Ostfildern 2007, pp. 32–34.

PROJECT FOR A REVOLUTION (2000) versteht Genre als etwas, dessen Entschlossenheit Befreiung an anderer Stelle gewährt. Der Stillstand von Genre erscheint positiv geladen: Selten noch fühlte sich der Videoloop so gelassen an. Beinahe utopisch. Und sogar wenn die Untätigkeit mir höchst verwandt mit Robert Bressons unzufriedenen Post-68ern von **Le diable probablement** erscheint. Das Video begreift die Methoden, mit denen wir gelernt haben, Bewegtbilder durch Mainstream-Genreproduktion zu lesen – aber auch wie diese Geläufigkeit und Vermessenheit zu einer Ermüdung führen, die formell wörtlich ausgelegt und in der Folge einem neuen Zweck zugeführt werden könnte. Mich erinnert es stark an Okkupation – an Occupy. Wie Slavoj Žižek vor einigen Jahren aufwarf, war der vielleicht erfolgreichste, eindrucksvollste Aspekt von Occupy die Weigerung, eine Alternative zu bieten – dem Überbau eines Systems grundlegend zu widersprechen, das jegliche Bedingungen einer Alternative, welcher Art auch immer, abgrenzte. Stattdessen behaupten sich Occupy und Billings Videoloop und halten ihren Widerstandsraum aufrecht. Sie okkupieren ihr Medium, um es zu definieren. Im Videoloop wird die Zeit geschluckt, und Raum und Zeit werden gegen jede eindringende Gewalt verteidigt – sei sie nun narrativer Höhepunkt, Erläuterung oder schlicht maßlose Endlichkeit.

PROJECT FOR A REVOLUTION (2000) understands genre as something whose very determination affords liberation elsewhere. Genre's stasis feels positively charged: seldom has the video loop felt so poised. Almost utopian. And even if the inaction feels to me most akin to Bresson's disaffected post-'68ers of **Le diable probablement.** The video understands the ways in which we have learned to read moving image through mainstream genre production — but also how that fluency and presumption might lead to a fatigue that could be formally literalised, and subsequently repurposed. To me it's redolent of occupation – of Occupy. As mooted by Žižek a few years ago, perhaps the most fruitful, powerful aspect of Occupy was a refusal to pose an alternative – of fundamentally disagreeing with the superstructure of a system that delimited any conditions of an alternative, whatever it might be. Rather, Occupy, and Billing's video loop hold their ground and maintain their space of resistance, they occupy their medium in order to define it. In the video loop, time is swallowed and space and time are defended against whatever encroaching violence – be it narrative climax, explication or simply durational finitude.

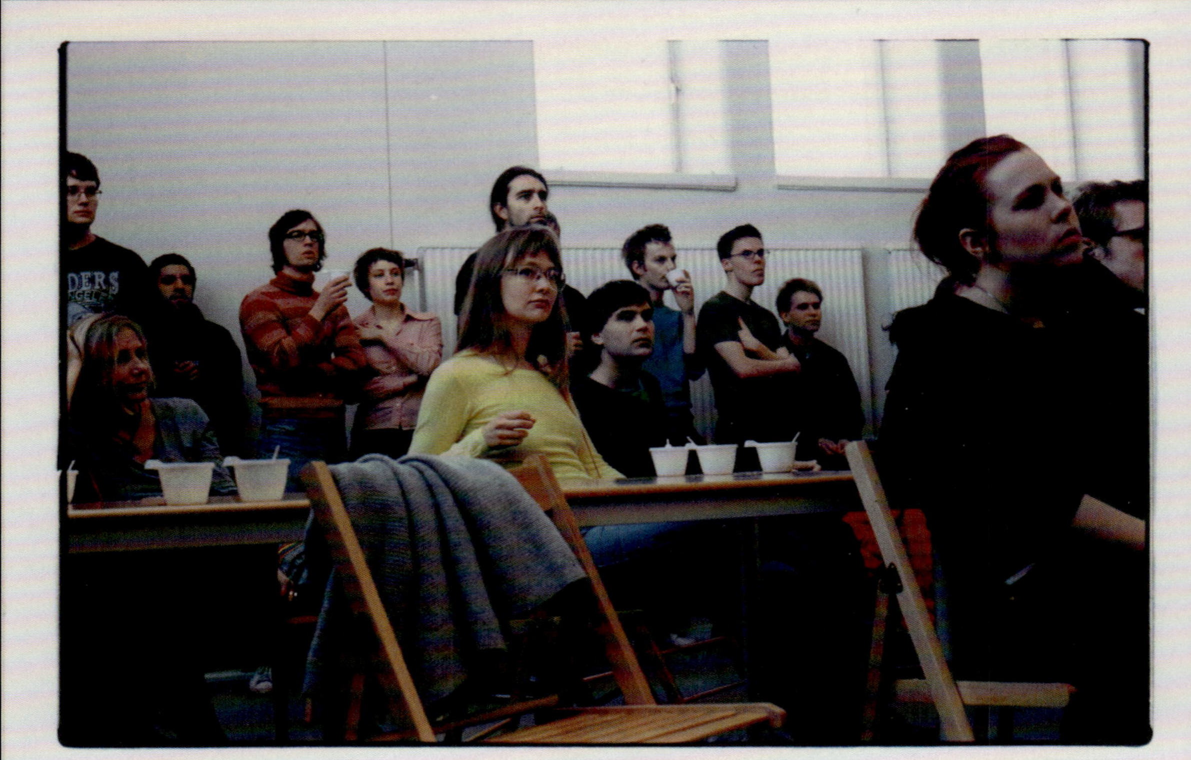

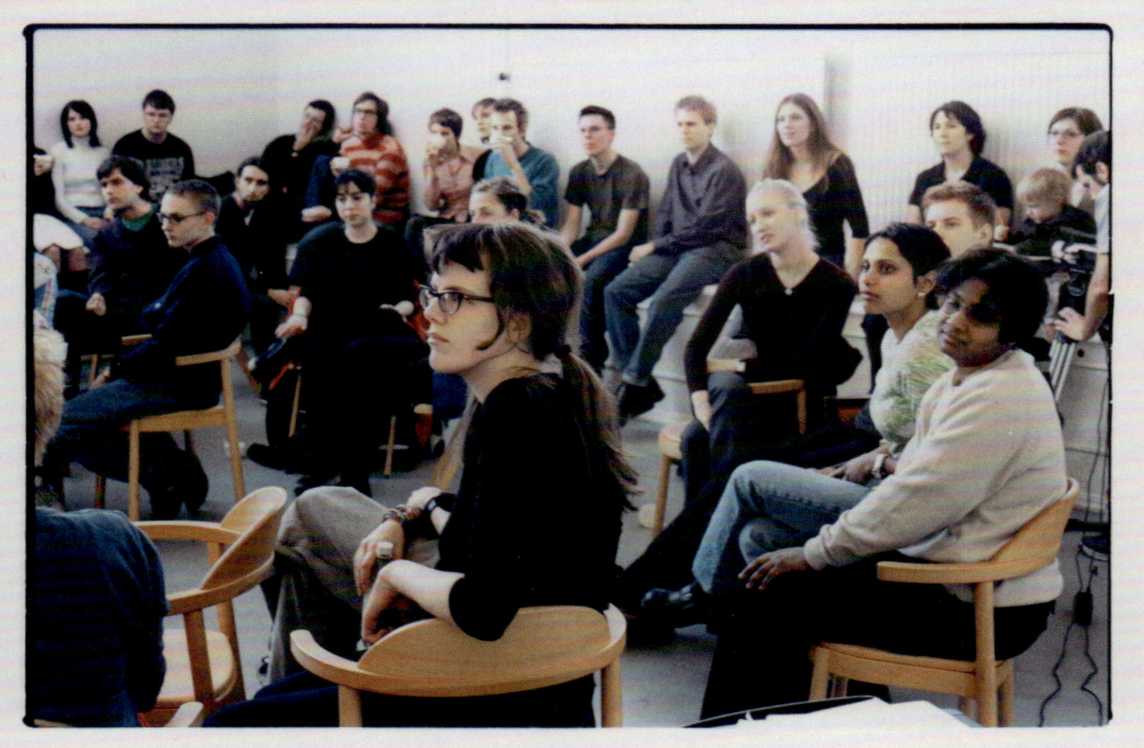

01–04

01–04 Johanna Billing, **PROJECT FOR A REVOLUTION,**
unveröffentlichte Produktionsfotos / Unpublished production
photos, 2000. Foto / Photo: Johanna Löwenhamn.
© VG Bild-Kunst, Bonn 2017. Courtesy of the artist

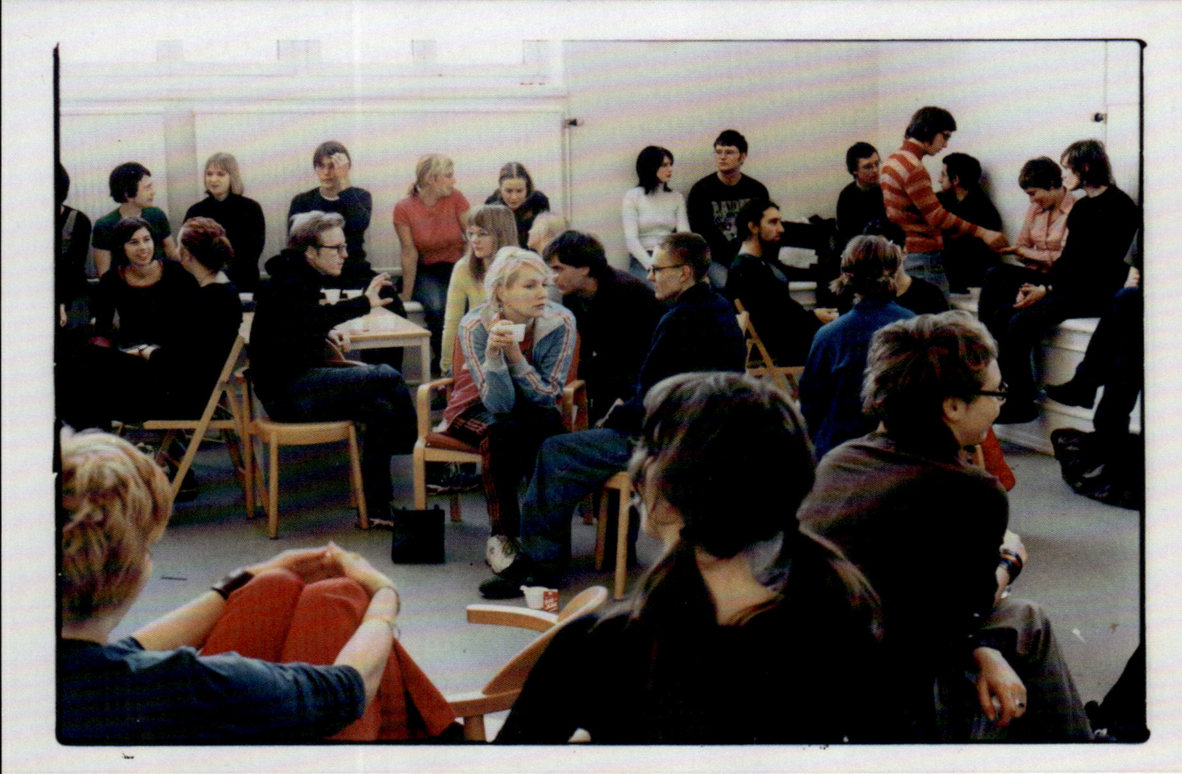

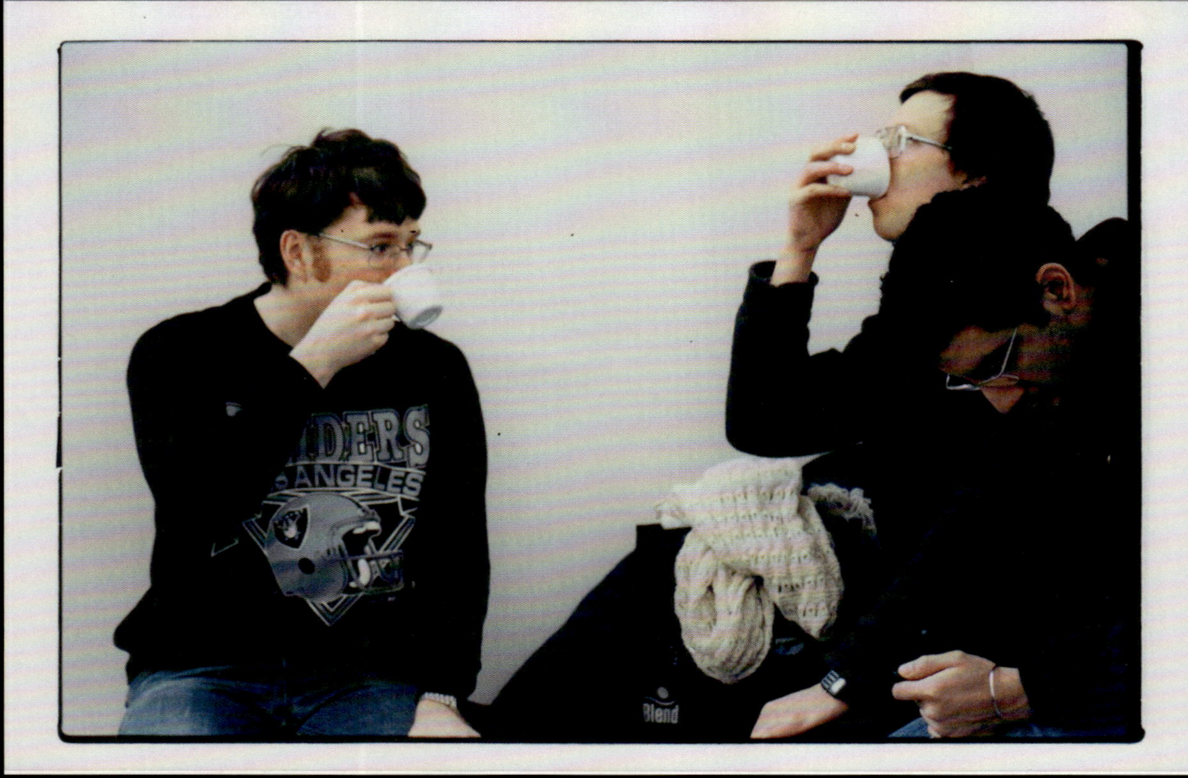

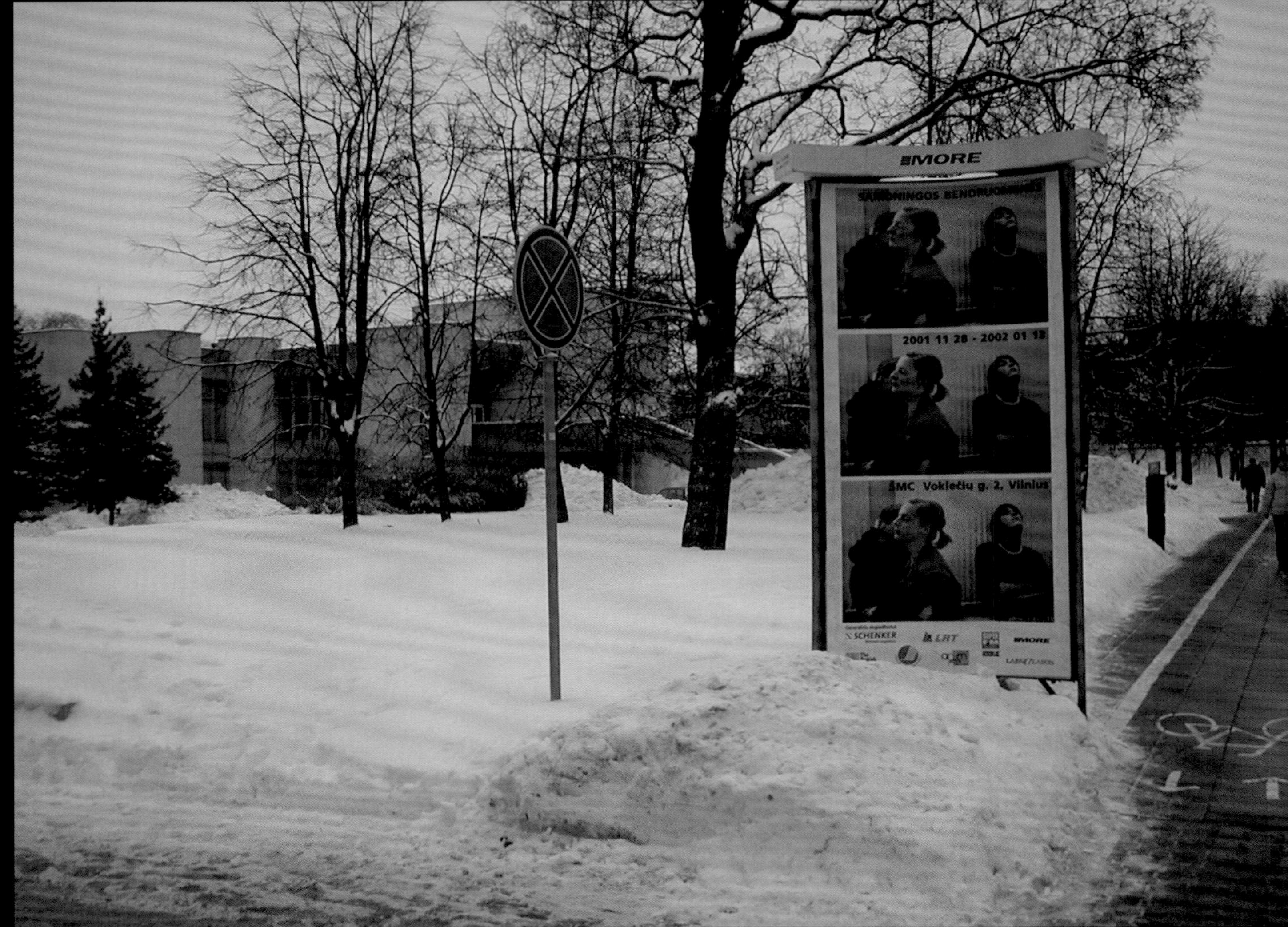

05

05 Johanna Billing, **PROJECT FOR A REVOLUTION,** Ausstellungsposter (Außenansicht) / Exhibition poster (exterior view), **Intentional Communities,** CAC Vilnius, 2001. © VG Bild-Kunst, Bonn 2017. Courtesy of the artist

06 Johanna Billing, **PROJECT FOR A REVOLUTION,** Installationsansicht / Installation view, **Dialectics of Hope,** 1st Moscow Biennale of Contemporary Art, 2005. Foto / Photo: Sinziana Ravini. © VG Bild-Kunst, Bonn 2017. Courtesy of the artist

07 Johanna Billing, **PROJECT FOR A REVOLUTION,** Installationsansicht / Installation view, **Setting the Scene,** Accademia di Belle Arti di Roma, 2006. Foto / Photo: Johanna Billing. © VG Bild-Kunst, Bonn 2017. Courtesy of the artist

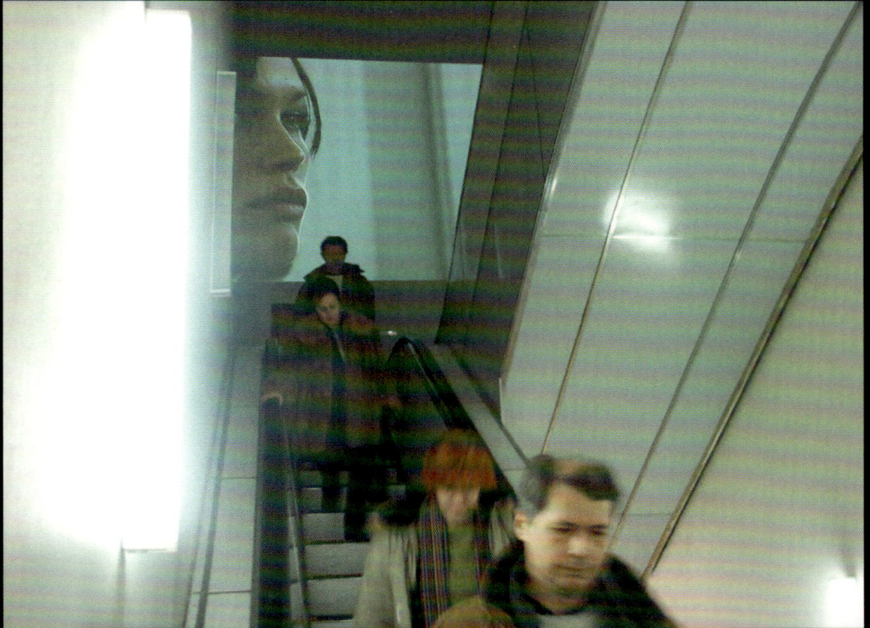

06

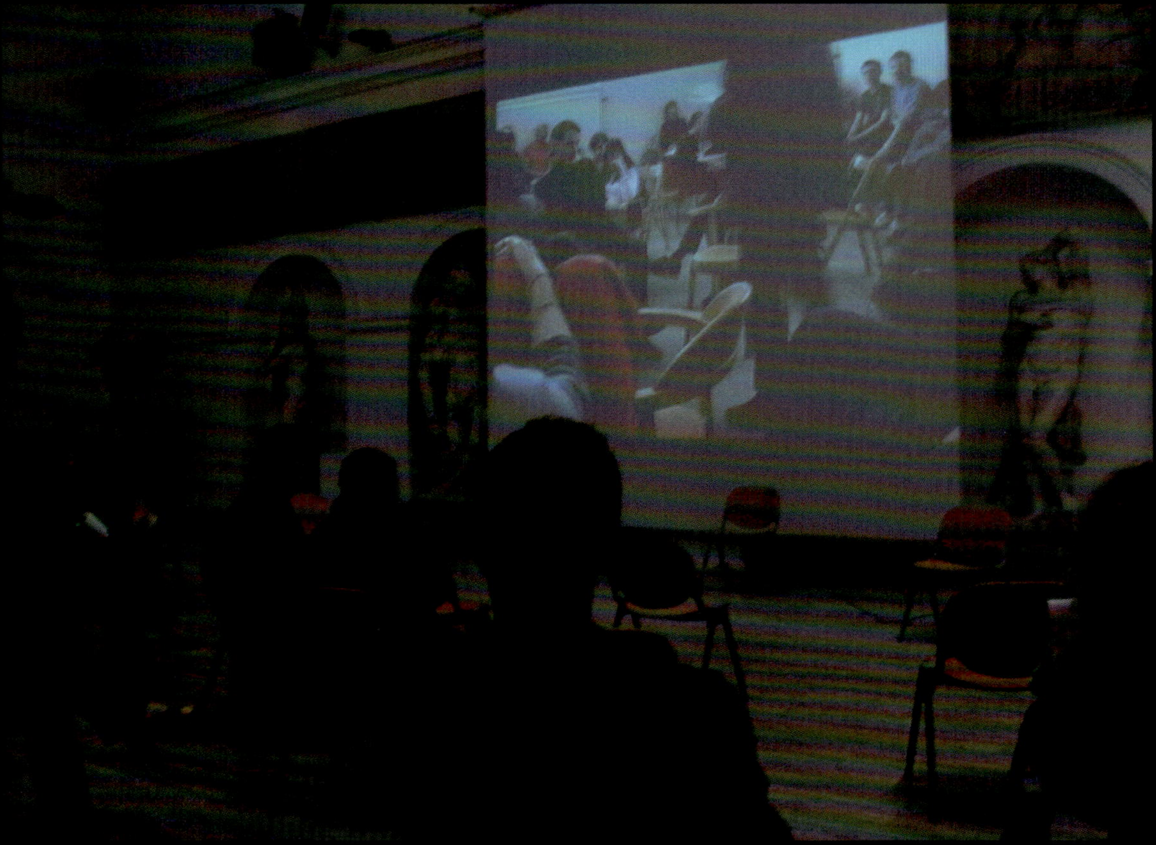

07

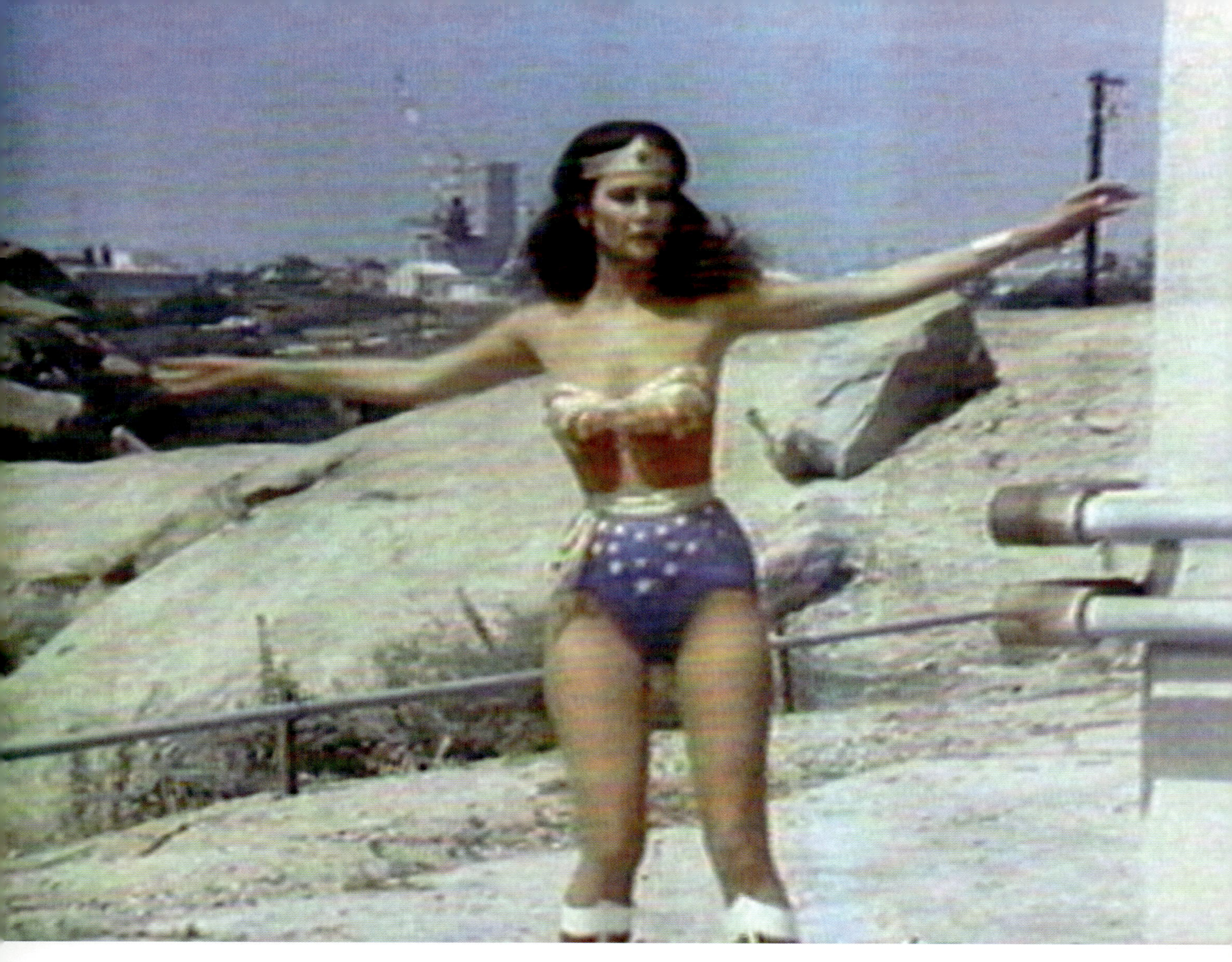

Dara Birnbaum, **TECHNOLOGY / TRANSFORMATION: WONDER WOMAN,** 1978/79, Videostill / Video still
Courtesy of the artist and Electronic Arts Intermix (EAI), New York

DARA BIRNBAUM

TECHNOLOGY / TRANSFORMATION: WONDER WOMAN, 1978/79

Video, 5'50", Farbe, Ton

Video, 5'50", colour, sound

" I-I-III
I-I-I-AHH
I-I-III

I am Wonder
Wonder Woman
(repeat)
Yeah
Ouhh
I am Wonder
Wonder Woman
(repeat)

*sound special effect
approx. 9 seconds*

Get us out from under
Wonder Woman
(repeat 4 times)

*sound special effects
approx. 7 seconds*

This is your Wonder Woman
Talking to you
Said I want to take you down
Show you all the powers
That I possess
And oo-ou-u-uu-uuu-uuuu
Shake thy wonder maker
Make sweet music to you baby
Shake thy wonder maker
Ou-u-uu-uuu-ah-h
I just wanna
Shake thy wonder maker for you
Shake thy wonder maker

(yes indeed)"

Excerpt from the video script, 'Technology/Transformation: Wonder Woman/Special Effects', in: ed. B. Buchloh, **Dara Birnbaum. Rough Edits. Popular Image Video, Works 1977–1980**, Halifax 1987, p. 34.

Soweit eine kritische Reflexivität gegenüber den Produktionsapparaten dem losen Zusammenhang von **GENERATION LOSS** entspricht – und ein sozialer, kultureller Utopismus vielleicht als größte formale, stillschweigende Übereinkunft einer vereinheitlichenden Präsentation fungiert –, stellt Birnbaums **TECHNO-LOGY / TRANSFORMATION: WONDER WOMAN** (1978/79) einen der herausragenden Akte umgewandelter Vorstellungen dar – eine Art von kolloquialem utopischem Realismus. Die wieder angeeignete Parabelform von **TECHNOLOGY / TRANSFORMATION: WONDER WOMAN** scheint die Umgestaltung einer erstaunlichen Frau zu einer Art Doppelagentin zu untermauern, die für die Rückgewinnung ihrer eigenen Handlungsfähigkeit und Möglichkeiten tätig wird; Möglichkeiten zur Revolte und zum Erstaunen – über sich selbst. Der televisuelle Effekt verwandelt sich in das plötzlich hereinbrechende, krampfhafte Mantra eines Affekts – eine Superkraft, die dazu dient, die vereinnahmte Frau wieder zu vereinnahmen –, was die eigene Grundlage sowohl umzuformen als auch immer wieder ekstatisch aufzureißen scheint. Das ist die entscheidende Behauptung, eine, die Magie gegen Illusion stellt. **TECHNOLOGY / TRANSFORMATION: WONDER WOMAN** setzt eine Art von euphorischem Modus in direkten Kontrast zu dysphorischen, selbstbestrafenden Modi, in denen ein Enttarnen der Illusion für Schuld, Scham und Resignation sorgt. Für mich stellt **TECHNOLOGY / TRANSFORMATION: WONDER WOMAN** Hochgenuss vereint mit Handlungsmacht dar. Gerade aufgrund des Fehlgebrauchs der durch Technologie verstellten Formen von Erfahrung erfasst Birnbaum das Gegenwartsnahe, das Rhythmische – den Körper und seine Fähigkeit zu radikalem Rausch. Er bebt und löst sich.

Insofar as a critical reflexivity towards the apparatuses of production is **GENERATION LOSS**'s contingency – and a social, cultural utopianism is perhaps its greatest formal, tacit ambition as a unified presentation – Birnbaum's **TECHNOLOGY / TRANSFORMATION: WONDER WOMAN** (1978–79) provides one of the most salient acts of recast imaginary, of a kind of colloquial utopian realism. The re-appropriated parabolic of **TECHNOLOGY / TRANSFORMATION: WONDER WOMAN** seems to undergird a recasting of a wonderful woman as a kind of double agent working for the recuperation of her own agency, her possibility. Her possibility for revolt, for her wonder – for her wonder towards herself. Transforming televisual effect into a genuinely irruptive, spasming mantra of **affect** – a superpower to re-appropriate the appropriated woman – that seems to both reform its own ground and rend it open over and over and in reiterative ecstasy. It's a vital proposition, and one that presents magic against illusion. **TECHNOLOGY / TRANSFORMATION: WONDER WOMAN** posits a kind of euphoric mode in direct contrast with more dysphoric, auto-punitive modes elsewhere, where understanding the illusion makes for guilt, shame, resignation. For me, **TECHNOLOGY / TRANSFORMATION: WONDER WOMAN** finds pleasure banded with agency. Through the misuse of technology's dissimulation of experience, Birnbaum retrieves the imminent, the rhythmic – the body and its capacity for radical rapture. It shakes and loosens.

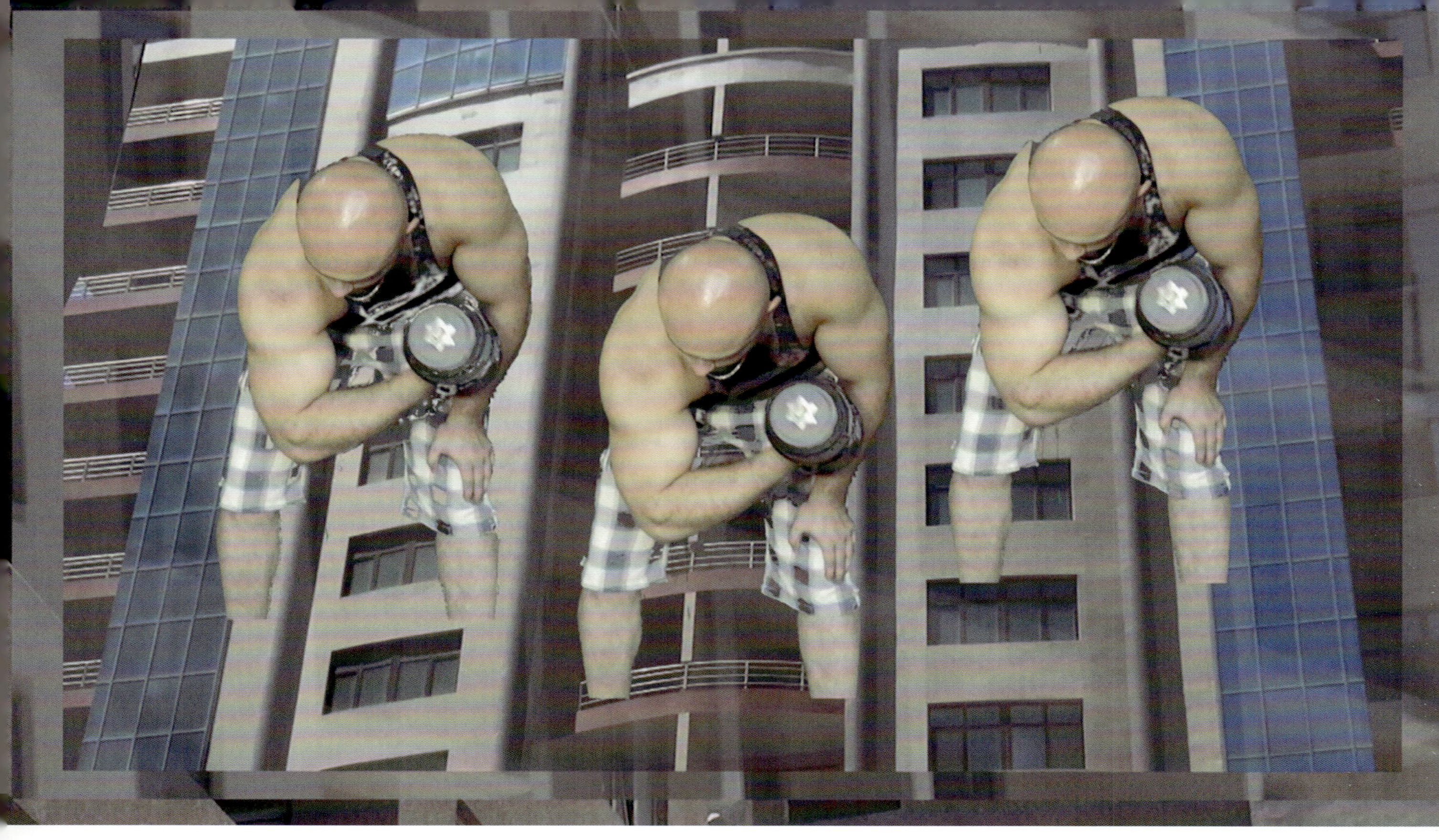

Hannah Black, **BODYBUILDING,** 2015, Videostill / Video still
Courtesy of the artist and Gallery Diet, Miami

HANNAH BLACK
BODYBUILDING, 2015

HD-Video, 8'10", Farbe, Ton

HD video, 8'10", colour, sound

"**I**t is perhaps a coincidence, and perhaps not, that many directly political-organizational uses of social media (the Cairo uprisings that deposed Mubarak and post-Ferguson resistance to anti-black state violence in the US, to give two important examples) have appeared at roughly the same time as the effective disappearance of the Singularity-yearning, anonymized, avatar-led, and self-consciously libertarian Web that was once the dream of US tech. It is the corrupted and corporate Internet we have now, and not the fantasy-free Internet that never was, that has brought about startling and moving uses of the form. Now the Internet has come to look more like the non-Internet world: structured by the demands of profit, violent, strange, funny, awful, beautiful, full of desire and the alienation of desire … everything that the world is. There is no technology, that does anything more than mirror, reproduce and at most concentrate and itensify the social relations in which it was produced."

H. Black, 'Hannah Black. Social Life', in: **Texte zur Kunst**, 98, June 2015, p. 166.

Einer der Schwerpunkte der **JULIA STOSCHEK COLLECTION**, und damit auch der Ausstellung, ist Performance. Performance in all ihren Ausprägungen: von Technik, von Körpern (erduldenden, sich verändernden, schwerfälligen Körpern), von Wiedergabe, von (un)genügender Darbietung; in Hannah Blacks Video ist die körperliche Leistung an Überzeugung gebunden und damit auch an Handlungsmacht. Heimtückische biopolitische Ideologie verschmilzt gewaltsam, setzt das Anschein-Erwecken ein, das figurativ/wortwörtlich überbrückt, und das Eine zwingt, als das Andere ausgelegt zu werden. Eine Art von Metaperformance von Schauspielern: Geld für Körper; Wirtschaft für Muskel; Dysmorphie für Armut. Die Ironie liegt womöglich darin, dass in **BODY-BUILDING** (2015), die Augenscheinlichkeit von Effekt – Filmmischung, Pitch-Shifting, animierte Grafiken – dazu dient, die formelle Lesbarkeit jener ideologischen Gaunereien zu ersetzen, die innerhalb der Kultur verschwinden. Etwas wird vom Figurativen zum Wortwörtlichen bewegt. Die unvermeidlichen Erscheinungsbilder, die Form begründen. Wie ein Körper, der geformt ist, um Sein zu verbarrikadieren. Der Körper gleicht einem Schutz. Oder der Muskel gleicht einer Rüstung, stimmt's? **Dieses** gleicht diesem. **Dieses** ist diesem formell gleichgestellt. Speziell aufgegliederte Bewegung schafft diese besonderen, prachtvollen Muskeln. Und ob Bewegung nun von Geld oder einem Arm ausgeführt wird, sie ist indiziert. Die körperliche Arbeit wird wie die Ironie bildlich als unvollständig und unaufgelöst dargestellt. Als „Bodybuilding", und zwar nicht von Grund auf, sondern ausgehend von irgendeinem mutmaßlichen Mangel. Körper oder Psychen auf einen Konsens hin zu formen, das bildet korrekte Form/Einsatz als Bestätigung ab, und Unterschied als Geringschätzung, Ersteres als konstruktiv und gewissermaßen agentiv – Letzteres als unterentwickelt, abnormal, nutzlos. Ein Scheitern in der Ausführung dessen, was auch immer Natürlichkeit begrenzt wie ein Jump Cut.

One of the marked emphases of the **JULIA STOSCHEK COLLECTION**, and therefore the show, is performance. Performance fully figured: of tech, of bodies (bodies enduring, changing, dragging), of rendering, of (in)sufficient representation. In Hannah Black's video, a body's performance is attached to conviction, and so to agency. Insidious biopolitical ideology violently conflates, utilises semblances that straddle figurative/literal, and force one to read for the other. A kind of meta-performance of actors: money for bodies; economy for muscle; dysmorphia for poverty. The irony, perhaps, is that in **BODYBUILDING** (2015), the obviousness of effect – compositing, pitch-shifting, motion graphics – serves to surrogate formal legibility for those ideological grifts that disappear within the culture. Something is moved from the figurative to the literal. The unavoidable semblances that institute form. Like a body built to barricade being. The body is like a protection. Or muscle is like armour, right? **This** is like this. **This** is formally equivalent to **this.** Particular subdivided movement builds those particular, gorgeous muscles. And whether movement is that of money or your arms, its indexed. Labour tropes like irony, not complete or resolved. **BODYBUILDING**, and not from scratch, but from some presumed lack. Building bodies or psyches to consensus, it figures correct form/use as approbation and difference as pejorative; the former as constructive and somehow agentive – the other underdeveloped, abnormal, useless. A failure to obey whatever naturalness delimits like a jumpcut.

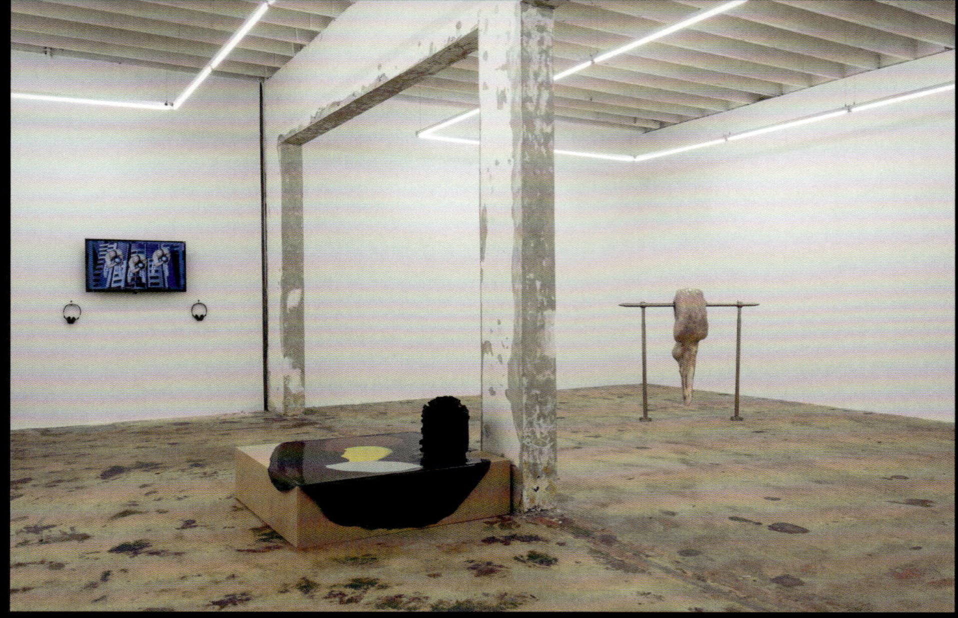

01

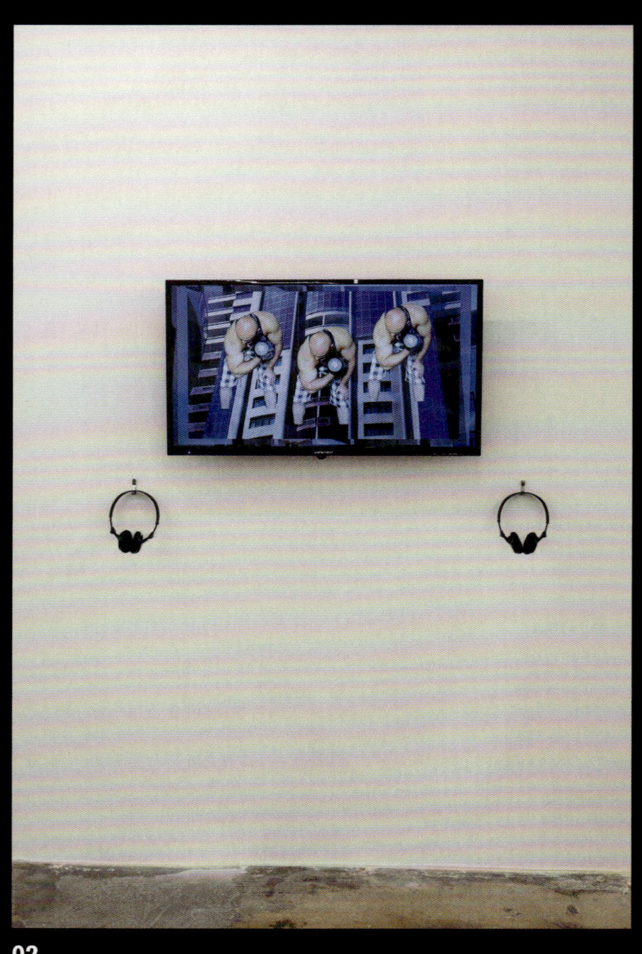

02

01–02 Hannah Black, **BODYBUILDING,** Installations-ansichten / Installation views, **In the Flesh Part 2,** Gallery Diet, Miami, 2016. Courtesy of the artist and Arcadia Missa Gallery, London

03 Hannah Black, **BODYBUILDING,** Installationsansicht / Installation view, **No! I Am No Singular Instrument,** Various Small Fires, Los Angeles, 2016. Courtesy of the artist and Arcadia Missa Gallery, London

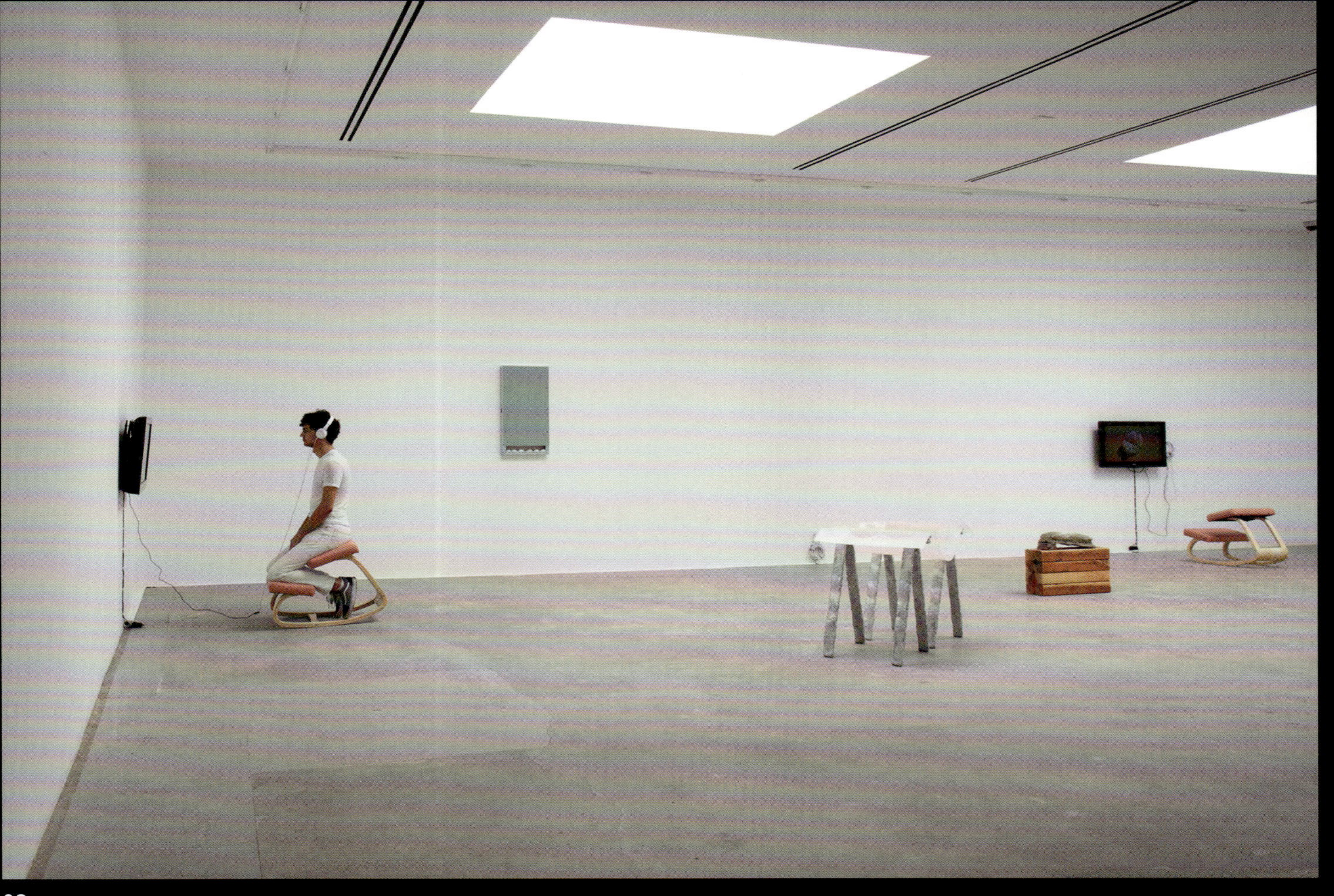

HANNA BLƏK
D. 1981, BIRLƏŞMIŞ KRALLIQ

www.vimeo.com/hannahblack

Bodibildinq 2015
Videofilm, 8'09"
Sənətkarın və YARAT Müasir İncəsənət Mərkəzinin razılığı ilə

"*Bodibildinq*" adlı videofilmi ilə Blək bodibildinq aləminə dərinləşmək istəyirdi – bədən heykəltəraşlığı ilə böyük sosial hadisələrin arasındakı əlaqəni araşdırmaq niyyətinə düşmüşdü. YARAT-ın dəvəti ilə o, Bakıya gələrək burada videofilm çəkmək qərarına gəldi. Səfər müddəti ərzində o, Azərbaycan Bodibildinq və Fitnes Fedetasiyasının həvəskar və peşəkar bodibilderləri ilə çalışmışdı. Müəyyən görkəm almaq və qeyri-adi fiziki gücə nail olmaq istəyənlər öz bədənini formalaşdırmaq məqsədilə bodibildinqə üz tutub, inanılmaz dərəcədə qüvvə və pul vəsaiti sərf edirlər. Şəkil vasitəsilə ünsiyyət mədəniyyətinin olduqca geniş yayılması ilə əlaqədar olaraq, bu idman növü xüsusi önəm qazanmışdır, çünki rəqəmsal manipulyasiyaların qarşısında adamın görkəmini gerçəkdən dəyişməyə imkan verir. Blək, insan bədəninə kapitalist dəyərlər sistemindəki əsaslı sərmayə olduğu kimi yanaşır və onu pul sərvəti ilə əlaqələndirir. O, idmançıların bədənlərini şəhərin ətrafında sürətlə böyüyən, zənginliyin təcəssümü sayılan və çətin Sovet keçmişinin gerdə qalmasını gözə çarpdıran yeni binaların təsviri ilə müqayisə edir. Bununla belə, sənətkarın gözündə bu dəyərlər saxta qüdrətə çevrilir, kapitalizmin məzmunsuz ideallarına hamılıqla meyl göstərməyin gərəkliyi isə sual altında qalır.

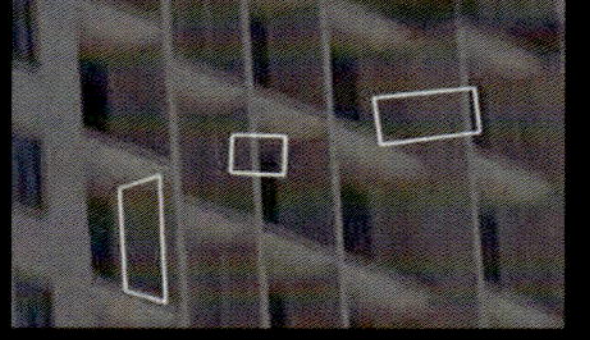

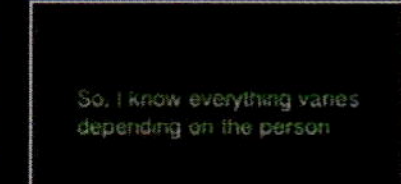

Bodibildinq 2015
Videofilm, 8'09"
Sənətkarın və YARAT Müasir İncəsənət Mərkəzinin razılığı ilə

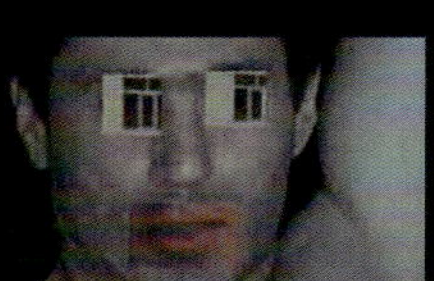

Bodibildinq 2015
Videofilm, 8'09"
Sənətkarın və YARAT Müasir İncəsənət Mərkəzinin razılığı ilə

Bodibildinq 2015
Videofilm, 8'09"
Sənətkarın və YARAT Müasir İncəsənət Mərkəzinin razılığı ilə

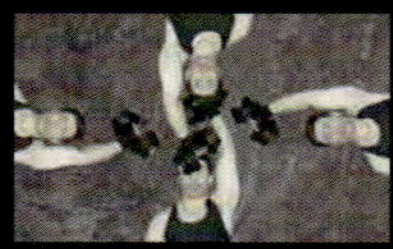

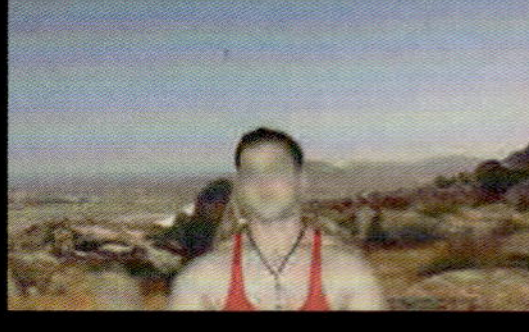

Bodibildinq 2015
Videofilm, 8'09"
Sənətkarın və YARAT Müasir İncəsənət Mərkəzinin razılığı ilə

Bodibildinq 2015
Videofilm, 8'09"
Sənətkarın və YARAT Müasir İncəsənət Mərkəzinin razılığı ilə

04–05 Hannah Black, **BODYBUILDING,** Installationsansichten / Installation views, **The Heart is a Lonely Hunter,** Yarat Contemporary Art Centre, Baku, 2015. Courtesy of the artist and Arcadia Missa Gallery, London

06 Hannah Black, **BODYBUILDING,** Ausstellungsbroschüre / Exhibition brochure, **The Heart is a Lonely Hunter,** Yarat Contemporary Art Centre, Baku, 2015 Courtesy of the artist and Arcadia Missa Gallery, London

07 Aria Dean, **No! I Am No Singular Instrument,** in: **Artforum,** 16.6.2016 / 16 June 2016. Courtesy of the artist and Arcadia Missa Gallery, London

ARTFORUM

06 / 16 / 2016
Critic's Pick: "No! I am No Singular Instrument"
by Aria Dean

"No! I am No Singular Instrument"
VARIOUS SMALL FIRES
812 North Highland Avenue
June 4–July 9

An eerily manipulated loop of Ariana Grande's "One Last Time" emanates from a room just off the main gallery, where Hannah Quinlan and Rosie Hastings's video, *If These Fossils Could Talk They Would Tell You Who Got Fucked and Who Didn't*, 2015, is projected into a corner. Grande's track eventually emerges as an organizing force of this exhibition as its echoes pervade the gallery, haunting the rest of the works. Curated by Samuel Kenswil, the show is fashioned as an afterimage of late-twentieth-century body politics, asking what the jargon—all this talk of *the body* that was intended to untether us from Western dualism—has left us with. Has it reduced or expanded our ability to speak of ourselves, of others?

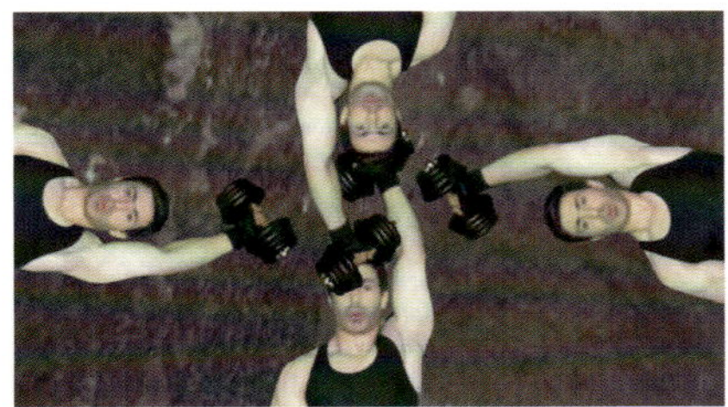

Hannah Black, *Bodybuilding*, **2015**, digital video, color, sound, 8 minutes 10 seconds.

The works here examine this question loosely, each differently entangled in the problem. Brian Khek's series of wall-based works "Gypsum Battery with Clearance," 2016, creates a taxonomy of bird eggs in incubator-like sculptures made of the barest of architectural elements—drywall and studs. Hans-Jacob Schmidt's small sand-and-resin sculptures, titled *20, A Lesser Sovereign* and *21 or 24, A Lesser Sovereign*, both 2016, display peacefully eroding bodies. Athletes huff and grunt in Hannah Black's video Bodybuilding, 2015, which fixates on physiques stretched to their maximum capacities as the artist's voice-over betrays a desire to expand and become big herself.

Indeterminacy seems to be on everyone's mind. Here, such distinctions as body/architecture or subject/object are treated as junctions, joints, and permeable boundaries. This exhibition refuses aseptic isolation, acknowledges the fragility and instability of the present, and asks what, if anything, could come next.

-Aria Dean

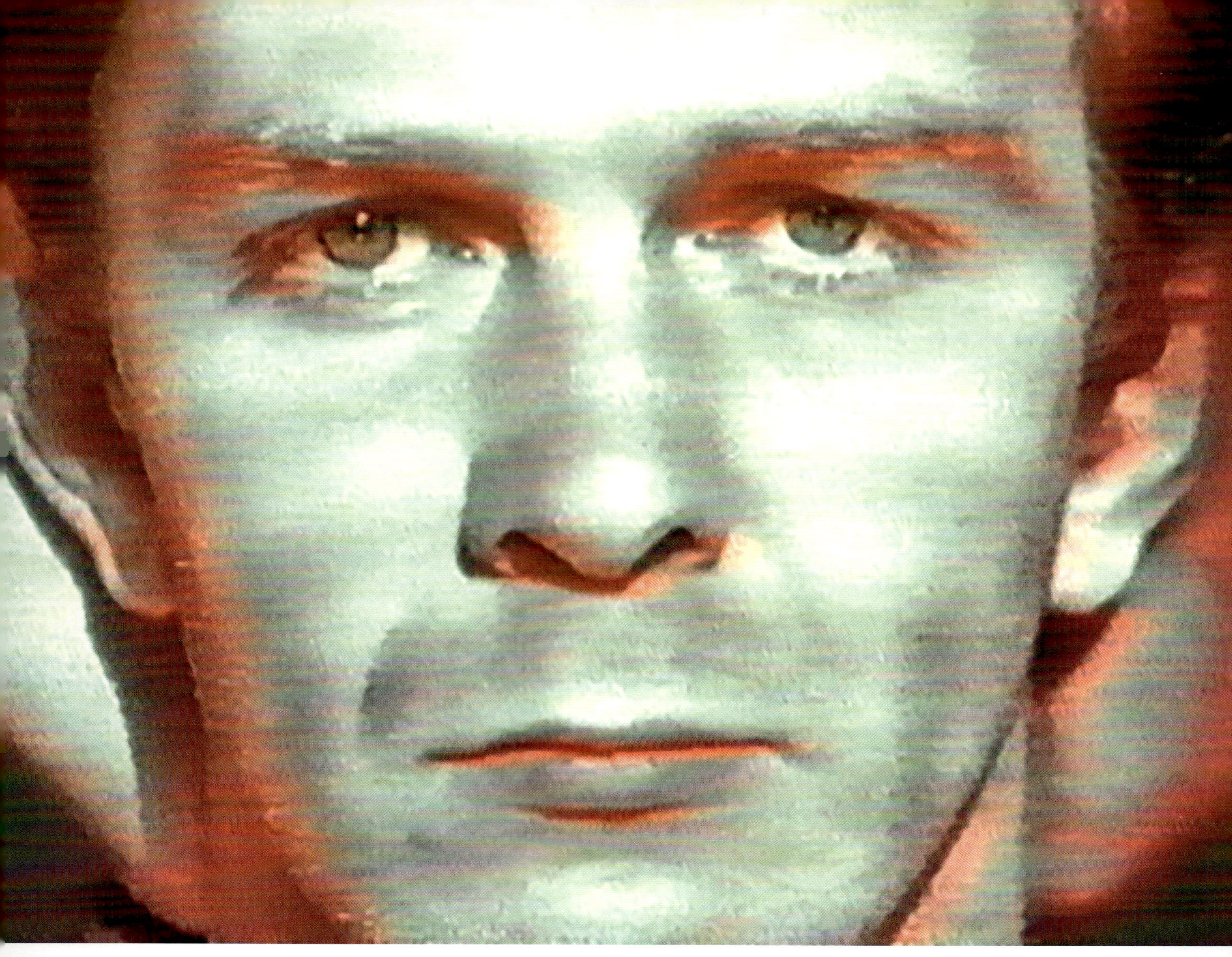

Klaus vom Bruch, **DAS ALLIIERTENBAND (ALLIES TAPE),** 1982, Videostill / Video still
© VG Bild-Kunst, Bonn, 2017. Courtesy of the artist and Electronic Arts Intermix (EAI), New York

KLAUS VOM BRUCH
DAS ALLIIERTENBAND
(ALLIES TAPE), 1982

Video, 10'29", Farbe, Ton

Video, 10'29", colour, sound

„**Es geht [vom Bruch] nicht um die Darstellung einer bestimmten geschichtlichen Wahrheit. Wenn er im *ALLIIERTENBAND* Karl Marx zitiert, dann zitiert er den Moralisten Marx, nicht den historischen Materialisten. Vom Bruch geht es um die Aufdeckung bestimmter Wiedersprüche mit den avancierten Mitteln der Kunst, nicht um ewige Wahrheiten. Als Künstler interpretiert er das Gewalttätige über formale Mittel. Dabei bedient er sich aus den Arsenalen der Geschichte und der Alltagswelt wie ein Bildhauer aus den Steinbrüchen von Carrara.“**

Michael Stoeber, „Zurück in die Zukunft. Zu den Videobändern von Klaus vom Bruch", in: **Klaus vom Bruch. Video-Installationen**, hrsg. von Carl Haenlein, Ausst.-Kat. Kestner-Gesellschaft Hannover, Hannover 1990, S. 16.

Klaus vom Bruch kommt in einer Art „Matinee-Look" daher, aber weniger wie ein Idol denn als gutaussehender Schurke. Er ist übrigens Deutscher. Wie einige andere Arbeiten in **GENERATION LOSS** baut **DAS ALLIIERTENBAND (ALLIES TAPE)** (1982) auf den Loop, die Repetition, die ständige Wiederholung: Militärtrommeln repetieren mehr oder weniger ihre exekutierende Rolle, während Bilder der Zerstörung aus dem Zweiten Weltkrieg immer wieder von vom Bruchs festen, die vierte Wand durchbrechenden Blick abgetastet werden. Anders als üblich dient Repetition hier als typisches Merkmal einer furchtbaren Struktur der Geschichte, und obwohl vom Bruch sie nicht als unvermeidlich postuliert, ist die gegen Ende mittels eines Zitats von Marx explizit formulierte Warnung schonungslos. So dient **DAS ALLIIERTENBAND (ALLIES TAPE)** als eine Art notwendiger Gegenentwurf zur Rekapitulation, die ständig Geschichte von innen heraus bedroht: Insofern ist für vom Bruch Repetition eine Methode, sich zu erinnern und zugleich eine Warnung vor dem Verlust der Erfahrung und des Gefühls im Laufe der Generationen: So verweist er auf eine verspürte historische Nähe zum Krieg. Als vom Bruchs **DAS ALLIIERTENBAND (ALLIES TAPE)** Anfang der 1980er-Jahre entstand, war die Arbeit an der kulturellen Wiederbelebung bereits in vollem Gange – Aufbesserung mittels fiktionaler Inszenierung, das Durchsickern von Historizität, von Erfahrung und Zeugenschaft hin zu spektakulärem, opernhaftem Kino, TV und Musik. Die Intimitäten des Krieges – in einem Tick oder einer Geste enthüllt oder in einem hereinbrechenden Lichtblitz in Erinnerung gerufen – werden durch die viszerale Hartnäckigkeit fehlerhafter Abläufe exemplarischer Filmmetaphorik erfahrbar gemacht. Nicht gerade optimistisch, und mit Sicherheit mitschuldig. Die Frage ist: Wie kann man sich, abgesehen von Darstellung, erinnern? Welche Methode ist passend, um sich an etwas zu erinnern, das so unermesslich und so grauenvoll ist wie der Zweite Weltkrieg? Ich bin mir nicht sicher, ob vom Bruch darauf eine Antwort hat. Jedenfalls erkennt er die Verantwortung und Wiederholung einer Art von Unmöglichkeit an – mit Sicherheit eine Zurückweisung der ideologischen Kapazitäten der Kultur und jeglicher möglichen technischen Wahrhaftigkeit, die den Verlust ausgleichen könnte. Es reicht wohl zu erwähnen, dass Trauern Verständnis wiederholt, zurückgibt – und verlangt: Trauern betont den Verlust. Sofern die entschlüsselte Theorie zu Beginn dieses Buches einem Verständnis von Verlust mittels Darstellungen von Trauer sowohl als materiell wie auch psychologisch einleuchtend standhält, dann sind Videos wie **DAS ALLIIERTENBAND (ALLIES TAPE)** in all ihrer vorherrschenden, ausgebleichten, verlustbehafteten Art Teil dieses Prozesses. Sich immer und immer wieder daran zu erinnern, was verloren gegangen ist, ist wesentlicher Teil einer ethischen Vorstellung von Fortschritt.

Klaus vom Bruch has a kind of matinee look. Not idol – more the handsome baddie. He's German, after all. As with other works in **GENERATION LOSS, DAS ALLIIERTENBAND (ALLIES TAPE) (1982)** leans hard on the loop, on repetition, on reiteration: military snare ominously repeats a more or less executional roll, while images of destruction from WW2 strobe vom Bruch's fourth-wall breaking gaze, over and over. Unlike elsewhere, repetition is figured as a terrible structure of history, and although it's not posited as inevitable by vom Bruch, the warning – delivered explicitly via a Marx quote at the end – is stark. In a way, **DAS ALLIIERTENBAND (ALLIES TAPE)** becomes a necessary counter to the recapitulation threatened as innate to history: repetition for vom Bruch is a way to remember. The caution is of the loss of experience and sensation with passing generations: a historical proximity of war insists on its felt presence, but even when vom Bruch's **DAS ALLIIERTENBAND**

(ALLIES TAPE) was made, in the early eighties, the work of cultural recuperation was well underway. Amelioration via fictional dramatisation – the seep of historicity from that of experience and witnessing, into spectacular, operatic cinema, TV, music. The intimacies of war, perhaps revealed in a tic, or a gesture – or remembered in some irruptive flash – are attempted shared, somehow, through the visceral insistence of a corrupted flow of generic movie tropes. It's not exactly optimistic, and it's certainly complicit. How can one remember apart from representation? What is a sufficient way to recollect something as vast and horrific as WW2? I'm not sure vom Bruch proposes an answer, just an acknowledgement of the responsibility and the iteration of a kind of impossibility – most definitely a rejection of the culture's ideological capacity, and any possible technical verisimilitude compensating for loss. Suffice to say mourning repeats, returns, demands understanding: it emphasises loss. If the unravelled thesis at the start of this book holds true to an understanding of loss as both materially and psychologically intelligible via figurations of mourning, then videos like **DAS ALLIIERTENBAND (ALLIES TAPE),** in all their incumbent, bleached, lossy way, are part of that process. Remembering what was lost, over and over, is essential, and part of an ethical idea of progression.

01 Klaus vom Bruch, handschriftliches Kompositionsblatt für Schnitt und Ablauf von / Handwritten composition sheet for cut and timing of **DAS ALLIIERTENBAND (ALLIES TAPE).** © VG Bild-Kunst, Bonn 2017. Courtesy of the artist

Alliierten band

Ton "Grey" o. Bild

Ass.

Panzer / Ton "la Danza" Bombe / Flieger

Titel   Start → Partn. K. v. B.
                                 Basil take

Ton: "Silent Running" – Loop sound

monтом Auchen / Düren / Küchen / Essen

Krupp–Fabriken
Ton soft over   Material check

grüne Jackentake
Karl Marx Zitat   2x   Pullover
(Subtitel)   Jacke   etc.
B. Gigli cont. tre part!
                    "collagieren!"
            "Leitmotive"

          "Bett" / "Overrige" / "Hemd aus /
          "Hemd + Hose"   Jacke"
Repeat → Pullover
Jacke / Ami. Schiff   Titel   Videoweb.
Hemd / + Flag
Ton: Gigli: "Notte"   cont. Absp. → Gigli Ende
ganz

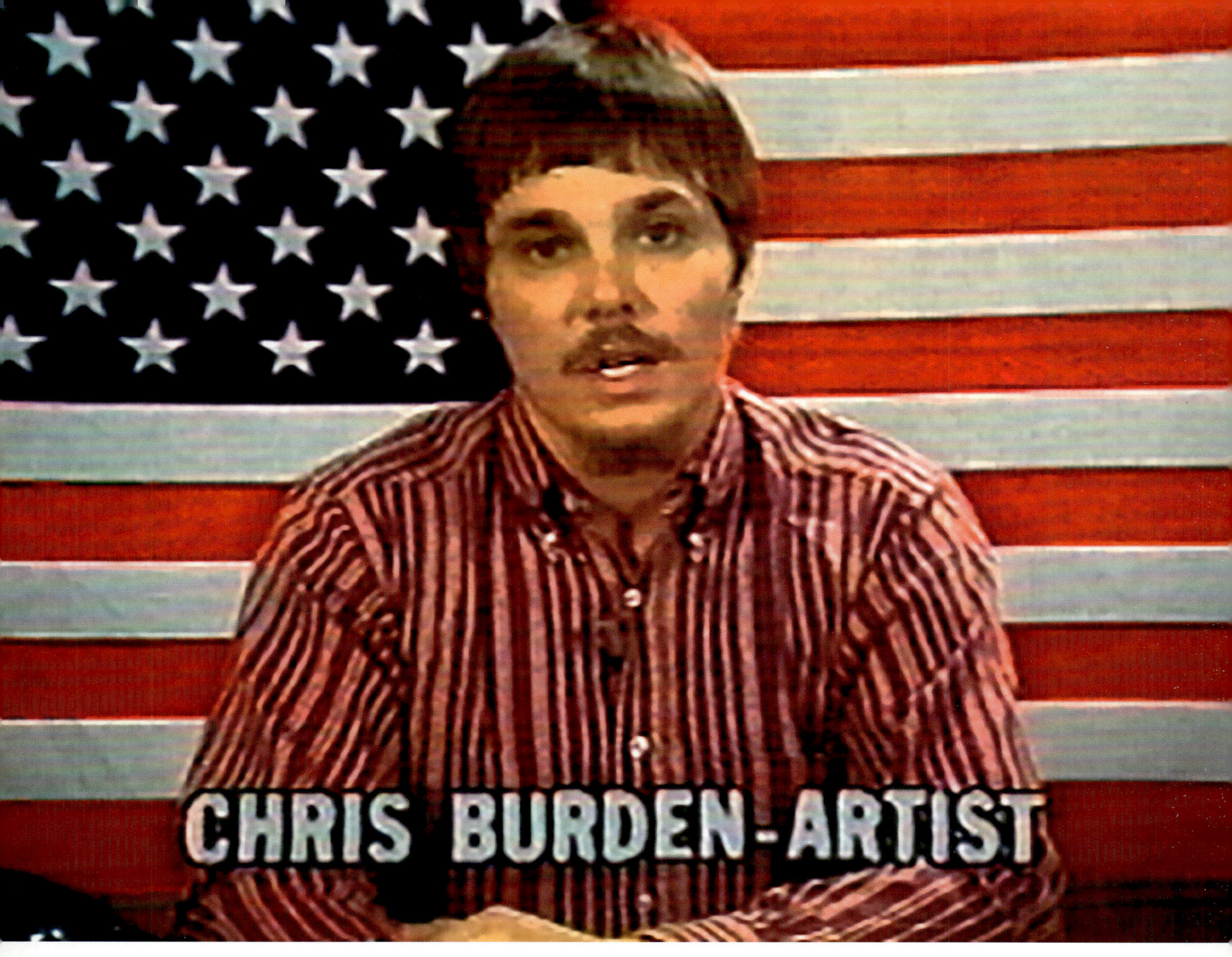

Chris Burden, **THE T.V. COMMERCIALS,** 1973–1977, Videostill / Video still
Courtesy of the artist and Electronic Arts Intermix (EAI), New York

CHRIS BURDEN
THE T.V. COMMERCIALS, 1973–1977

Video, 3'46", Farbe, Ton

Video, 3'46", colour, sound

"**W**hat made Burden's seconds-long advert art was the interruption it created, using the nature of the commercial as punctuation in the narrative structure of television. The startling intrusion of his semi-nude body was made all the more bracing by the content that bookended the moving images. The artwork (note: not commercial) played to 250,000 viewers. This is not radical in and of itself; what makes it so subversive is that he used the television to terrify people with an interruption in narrative structure.

Without a product or service to sell, TV Ad creates a vacuum and the viewer is left without resolution. […] Burden's TV Ad was this strange voice coming from the face that we have trusted like a parent, a lover, a friend, or perhaps even our children; the face of television."

M. D. Jackson, 'TV AD', in: eds M. Gioni and L. Philipps, **Chris Burden. Extreme Measures,** exh. cat. New Museum, New York 2013–14, p. 172.

Das künstlerische Bewegtbild entwickelt sich in der Resonanz, und zwar nicht nur hinsichtlich des Inhalts, des Konzeptuellen, sondern auch formell, als Medium, das gebrochen und reflektiert wird. In faszinierender Konkurrenz sowohl zum wirtschaftlichen Wandel als auch zu ideologischer Verwurzelung. Es ist recht schwierig, sich Künstler vorzustellen, die Vorstöße in das Medium unternehmen, ohne entsprechende Verbrauchertechnologien für die Produktion von Bewegtbildern, sowie die totalisierende Allgegenwart von Kapitalismus/Konsumkultur. Chris Burdens **THE T.V. COMMERCIALS** (1973–1977) funktionieren als außerordentlich vorausschauende Akte kultureller Aneignung und Infiltration. Sie setzen sich unnachgiebig und in einem Ausmaß mit ihrer Szenerie auseinander, dass ihr Effekt erstaunlich aufrichtig wirkt, eher ernsthaft und politisch engagiert, denn als ironischer Akt. Einerseits brechen sie über den Fluss des Sendemainstreams herein – andererseits sind sie auch fantastisch bodenständig. Um Fernsehen und Werbung zu thematisieren, wurden hier bewusst Mittel gewählt, die nicht zu simpler Ablehnung, sondern zu Aneignung führen. Hier geht es eindeutig um die Zugänglichkeit für Bewegtbildtechnologien, nicht nur was ihre Erschwinglichkeit betrifft. Da technologiebasierte Zugänglichkeit sich immer weiter ins alltägliche Leben einschleicht, fördert ihre bloße Banalität und Allgegenwart eine Anmaßung, die einen solchen Bruch wie bei Burden erzeugt. Die Professionalität dieser Art des Werbens reicht an sich aus. Einerseits, um ihren Bezugspunkt zu verstehen, und andererseits, um auch ihren Punk zu erkennen. Sein Haarschnitt, seine Konkretisierung der Sprache, seine Grafiken, die gesamte Zäsur von Werbeanzeigen. Sie kontern die Art und Weise, wie Normalität und Kommerz sich zu funktionieren anmaßen: geheim gehalten im Inneren, in der Kultur. Betrachtet man sie heute – angesichts eines US-Präsidenten, dessen Bekanntheitsgrad auf seinem Promistatus, auf TV-Kultur, Geschäftssinn, großem Reichtum und einer ganz eigenen amerikanischen Art von Obszönität und Karikatur basiert –, dann erscheinen Burdens TV-Werbesendungen (insbesondere das Bild des Künstlers als Staatsdiener und Steuerzahler) noch immer als äußerst dringlich.

Artists' moving image work emerges in response. And not just with regard to content, to the conceptual, but formally, as medium refracted and reflected. In fascinating concurrence with both economic change and ideological entrenchment. It's very hard to imagine artists making forays into the medium without both the emergence of consumer grade technologies of moving image production, and also capitalism / consumerism's totalising moves. Chris Burden's **THE T.V. COMMERCIALS** (1973–1977) emerge as extraordinarily prescient acts of cultural appropriation and infiltration. They engage, unflinchingly, with their scene – to the extent that their effect comes across as staggeringly sincere, as more serious and politically committed than as acts of irony. They are both violently irruptive to the fluidity of the broadcasting mainstream – and also fantastically native. They are the work of someone whose chosen means of addressing the apparatus of TV and advertising is not simply rejection but appropriation. The accessibility of moving image technologies is clearly important here, and not just regarding their affordability. Like accessibility concerning the technology further insinuating itself into everyday life; its very banality and omnipresence makes for a presumptuousness that affords such a rupture as Burden's. These advertisements' professionalism is just enough. Enough to understand their referent, and enough to recognise their punk, too. His haircut, his concretising of the language, his graphics, the advertisements' entire caesura.

They are a counter to the ways in which normality and commerce presume to function: secreted in there, right inside the culture. Watching today, enthralled by an American president whose popularity stems from celebrity, TV culture, apparent business acumen, vast wealth and a uniquely American kind of obscenity and caricature, Burden's TV advertisements (particularly his artist-as-public servant tax declaration) feel as utterly urgent now as they did when they were first produced.

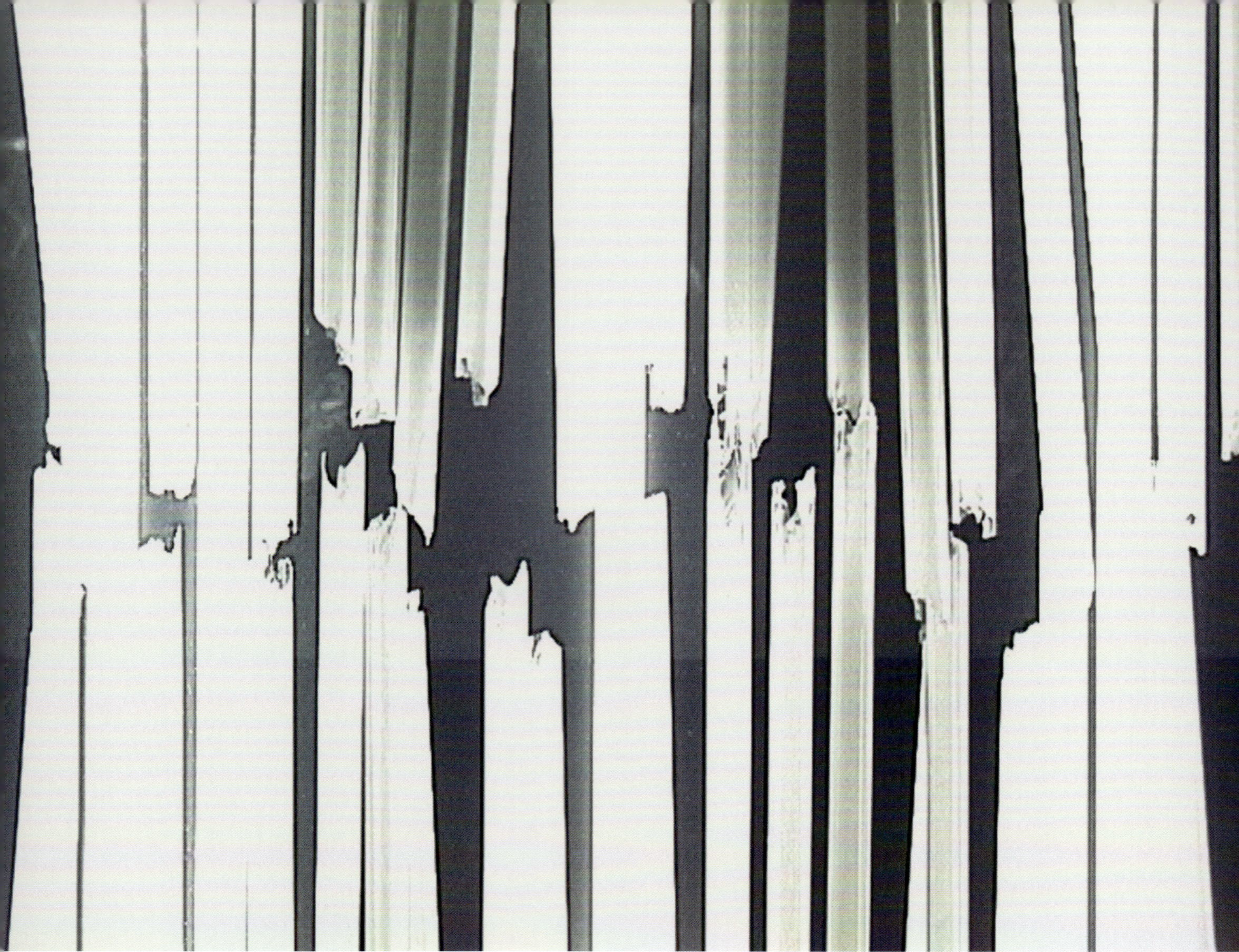

Matt Calderwood, **STRIPS (VERTICAL),** 2005, Videostill / Video still
Courtesy of the artist and David Risley Gallery, London

MATT CALDERWOOD
STRIPS (VERTICAL), 2005

Video, 2'43", Farbe, Ton

Video, 2'43", colour, sound

"I developed systems that were very strong; geometries that were difficult to argue with. But now that I have this system in place it is really nice to tease it apart to add other objects or push them in ways that I had not designed them to perform."

M. Calderwood, quoted in K. Wright, 'In the Studio: Matt Calderwood', in: **Independent Online**, 12 April 2013, <http://www.independent.co.uk/arts-entertainment/art/features/in-the-studio-matt-calderwood-artist-8568629.html>, accessed 31 March 2017.

"S*TRIPS (VERTICAL)* is from a body of work in which Calderwood quite literally addresses the quality of light and the physicality of projected light. Here a wall of fluorescent tubes is shot out by the artist firing a catapult from behind the camera. At first the whiteout light of the projection illuminates the room that contains the work and as the tubes are violently extinguished, so the room shifts from light to dark effectively uniting the experience of the work with the process of its making."

Anthony Reynolds Gallery, Press Release, 2011, <http://www.anthonyreynolds.com/past/documents/PressRelease.pdf>, accessed 31 March 2017.

STRIPS (VERTICAL) (2015) ist ein Übergang. Es ist tatsächlich der Übergang von **AN** zu **AUS**, von Licht zu Dunkelheit, und dies auf die denkbar gewalttätigste Art und Weise. Die Film- und Bearbeitungstermi- nologie strotzt nur so vor Gewalt: schneiden, verbinden, schießen, einfangen. Brennen. Es ist eine Welt verzögerter analoger Grausamkeit ihrem Motiv und ausdrücklich auch ihrer eigenen Gestalt gegenüber, die – im Prozess seines notwendigen Verschwindens, um des Erscheinens des Bewegtbildes willen – scheinbar völlig zersplittert. Als wäre die gesamte Kontingenz auf Gewalt und deren Geheimhaltung ausgerichtet. Überreste werden in der Ausdrucksweise abgeschieden. Calderwoods Video rematerialisiert einiges an Gewalt. Leuchtstoffröhren werden zerschlagen, um Dunkelheit, nein nicht Dunkelheit, sondern ein Bild zu erzeugen. Das Licht blendet stark genug, um den Zweifel außer Kraft zu setzen. Zerschlag ihn, töte ihn, und plötzlich ist er da: ein anzüglich grinsender Schlund mit eingeschlagenen Zähnen.

STRIPS (VERTICAL) (2005) is a transition. Is **the** transition, really. **ON** to **OFF,** light to dark, and in the most violent mode. Filming and editing terminology brims with violence: cutting, splicing, shooting, capturing. Burning. It's a world of deferred analogue savagery towards its subject and, explicitly, its own body which, seemingly – in the process of its necessary disappearance for the sake of the moving image's appearance – gets totally shattered. As if the very contingency was violence and its dissimulation. Vestiges are secreted in the parlance. Calderwood's video re-materialises some of the violence, smashing fluorescent tubes in order to get to darkness. – Not darkness, but in order to get to an image. The light blinds enough to suspend the disbelief. Smash it up, kill it, and suddenly it's there: a leering maw of shattered teeth.

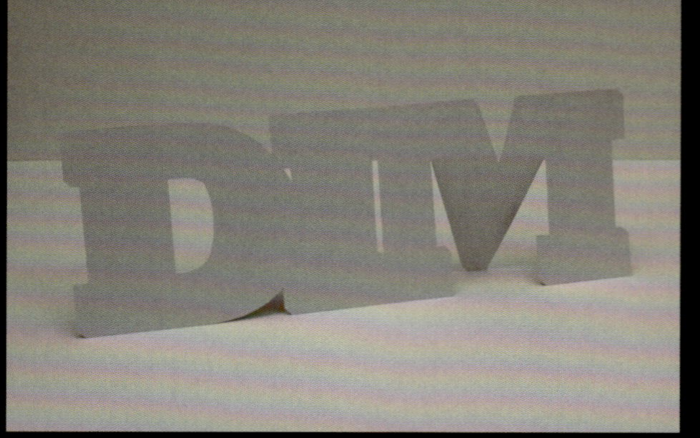
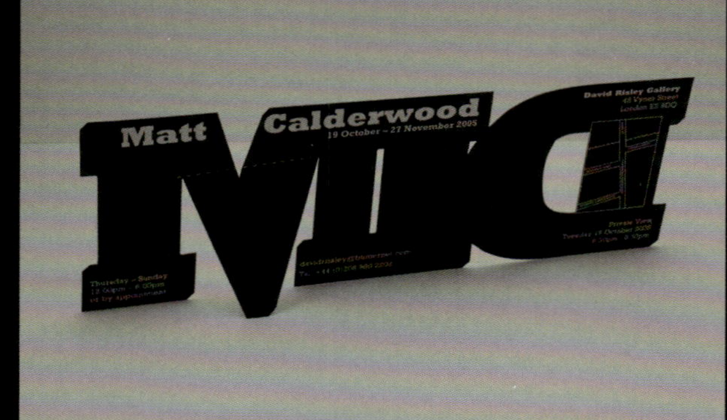

01–02

HAUBROKWORKS

SOUNDS OF SILENCE

MATT CALDERWOOD

MARTIN CREED

DOUGLAS GORDON

MARKUS SIXAY

HAGUE YANG

18. FEB – 4. MÄR

HAUBROKWORKS
SOUNDS OF SILENCE

18. FEBRUAR BIS 4. MÄRZ 2006
ERÖFFNUNG
FREITAG, 17. FEBRUAR 19–21

GALERIE GISELA CAPITAIN
AACHENER STR. 5 50674 KÖLN
TEL 0221-25 6676 FAX 25 65 93
DI–FR 10–18 SA 11–18

info@galeriecapitain.de
www.galeriecapitain.de

03–04

Matt Calderwood

★★★★★☆☆

David Risley East End

A light switching on and off was enough to win Martin Creed the 2001 Turner Prize. Adopting a similar premise in his minimal video works, Matt Calderwood adds humour plus an awareness of electrical power and its possible dangers. The show's title 'DIM' refers to the gallery, which is partitioned into three spaces, the only light coming from the screens located in each section. In 'Gloss' and 'Tape' a bare bulb switches on only to have its light extinguished by the artist; in the first video, a tin of black gloss paint is gradually raised until it coats the bulb, in the second, the light source is wrapped in black gaffer tap[e]. 'Strips' is more elegantly abstract. A[s] a smoky haze, jagged grey shapes rese[m]bling shards of glass begin to appear o[n] bright white screen, accompanied by t[he] regular sound of what could be gunsh[ots] takes a while for the image to be reveal[ed] as a bank of white neon tubes graduall[y] being shattered. In fact, the artist was [cata]pulting steel balls at the tubes – the cir[cular] indentations in the gallery wall are stil[l vis]ible. In the looped film 'Lightning', foot[age] of an electrical storm has been edited s[o] that only the lightning flashes remain. [A] monitor faces the wall so that the errat[ic] strobe-like image that illuminates the screen also simulates a lightning stor[m in] the gallery. *Helen Sumpter*

05

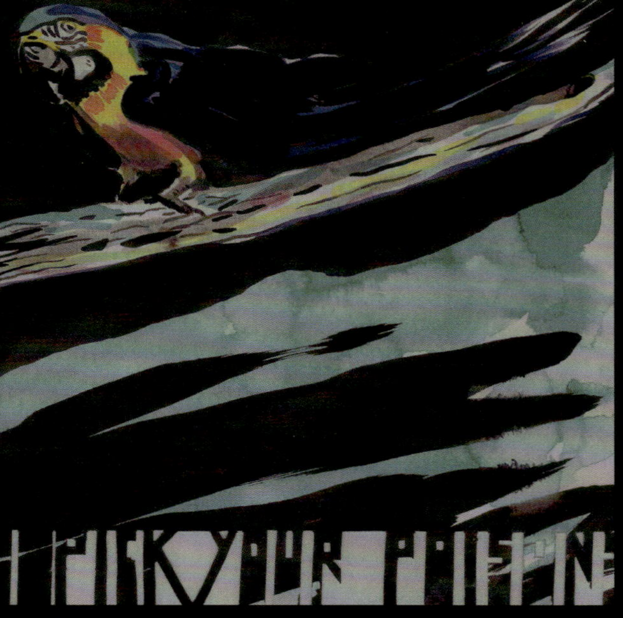

06–07

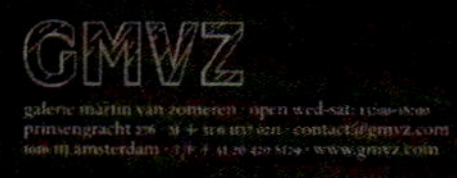

Programm-Kino im Museum Ludwig
Samstag den 16. September 2006, 19h

Geladen: Videokunst

Einlass 19h
Block 1 – 19:30h
Block 2 – 21:00h
Block 3 – 22:30h

Eintritt 3 € für das gesamte Programm.
Die Blöcke sind ca. eine Stunde lang.

Anschließend: DJ/ LIVEACT KINDERERSTAUSSTATTUNG-
(aka verena maas & tom ashforth), Zeit für Bier und Gespräche bis ca. 2 Uhr!

(Bildrechte: Christine Woditschka - „abseilen")

Im Foyer werden Arbeiten von TEAM-MEDIA-DEFKT - CONSULTING gezeigt.

Organisiert durch: Mit freundlicher Unterstützung von:
jungekunstfreunde – Köln **Museum Ludwig Köln**
Filmforum NRW

Kuratiert durch:
Oliver Kunkel und Timothy Shearer, sowie Alexandra Ventura Corceiro (freie Kuratorin)

Das Programm:

Block 1

Der Flieger	Andreas Lorenschat	4:00	Deutschland	2006
no place like home	Eli Cortinas Hidalgo	2:12	Deutschland	2006
Miss Popularity	Wayne Yung	6:20	Deutschland	2006
Drag and Drop	Tamara Lorenz	3:20	Deutschland	2005
sculpture no 03-08	Otto Dietrich	9:22	Deutschland	2006
Every Breath	Glenda Leon	2:00	Cuba	2003
2004	Sonja Engelhardt	1:56	Deutschland	2005
sing fado fado	Tessa Knapp & Daniel Burkhardt	2:40	Deutschland	2005
Schnee	Maria Frycz	6:00	Deutschland	2005
TiefenEis	Agnes Meyer-Brandis	3:00	Deutschland	2006
I think you've got to go there	Verena Maas	13:14	Deutschland	2006

Block 2

Wittgensteins Klinke	Robert Vater & Michael Spahn	22:00	Deutschland	2004
nummer twee, just because I'm standing here doesn't mean I want to	Guido Van der Werve	3:08	Niederlande	2003
De FRESHON	Chris Kasper & Ulrik Heltoft	1:17	USA/ Dänemark	2006
Wellen	Daniel Burkhardt	2:42	Deutschland	2006
Sirene	Freya Hattenberger	3:33	Deutschland	2006
Libido	Glenda Leon	0:08	Cuba	2001
Loneliness	Jovan Arsenic	2:34	Deutschland	2006
iSee	Georg Schütz	3:09	Ägypten	2006
Strips (vertical)	Matt Calderwood	2:36		2005
Wohnhaus Neukölln Berlin 2005 (abseilen)	Christine Woditschka	2:10	Deutschland	2005
Unruhe	Angelique Duebois	8:27	Deutschland	2005
Lichtdifferenz	Alec Crichton	4:08	Spanien	2005

08

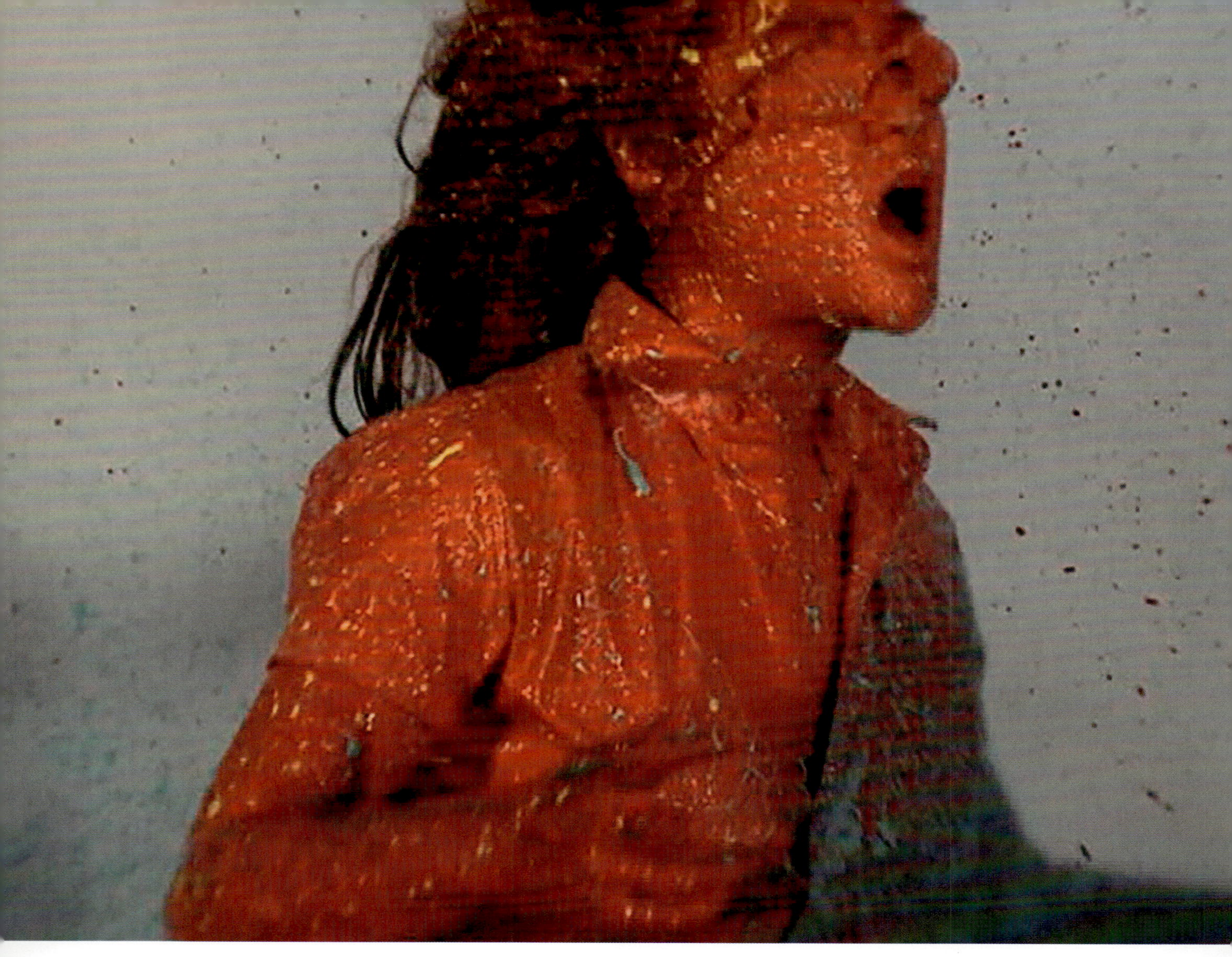

Patty Chang, **FAN DANCE,** 2003, Videostill / Video still
Courtesy of the artist and Galerie Arratia Beer, Berlin

**PATTY CHANG
FAN DANCE, 2003**

Video, 28'47", Farbe, Ton

**Video, 28'47", colour,
sound**

"**P**atty Chang performs exaltations of the extreme, crossing the realm of comedic absurdity or hysterical torture. She drools with sticky abandon – mouth cramped with candy. She slurps water off the surface of a mirror placed on a public toilet floor. Blindfolded, she aggressively shaved off her pubic area. She tries to sit still as live eels wiggle under her tight-fitting blouse. She stumbles over a sod-covered waterbed. And she shares stinging bites of a raw onion with her parents. [...]

Chang often appears in her acts achingly youthful and vulnerable – even petulant, further dramatizing the inexplicable disturbance she exercises on herself. Many of her works are unforgettable for their vehemently corporeal impact. As acts of 'auto-violence' not only on her own flesh but primordially on the psychological threshold, they yield utterly convincing effects and communicate to the viewer the externalized physicality that results from immediate psychological blows."

H. Iwasaki, 'Patty Chang: Ferocious', in: **NY Arts Magazine**, February 2002, p. 40.

FAN DANCE (2003) stellt eine ausgelassene, flüchtige Performance dar, die sich zu affektiertem Ruhm, immerwährender Erwartung und einem permanenten Höhepunkt ausdehnt. Die Zeitlupe spreizt diese unmittelbar enthüllende Art und Weise einerseits mehr als üblich aus und andererseits weniger, als sie die dokumentarischen Möglichkeiten von Video hervorhebt. Patty Changs Tanz, der eine Art zögerlichen Fächertanz ins Gedächtnis ruft, ist ein in Zeitlupe gefasster Anfall von Aktionismus oder Abstraktem Expressionismus – beides stereotype Männerdomänen. Gestisch betrachtet stört natürlich eine derartige Überschwänglichkeit ein **Gendering**, das traditionelleren Kunstformen eher zu eigen ist, besonders der Malerei, die der Geschichte auf eine Weise hörig ist, wie das bei Videokunst nicht der Fall ist. Als Performance wirkt **FAN DANCE** teils als Satire, teils als „Scheiß drauf" – auf diese Weise wird jede Verbindlichkeit, jede Beschränkung abgeschüttelt. Die totale Verlangsamung von allem erlaubt eine Art von Aufmerksamkeit, die statischen Arbeiten angemessen ist. Als eine Art Parodie der „Würdigung eines Gemäldes" dreht sich damit das gesamte Werk um eine Reihe von Ausrutschern: ein problembehafteter Blick – objektivierend, um die Motive mit dem angemessenen Desinteresse zu behandeln, das Kunst verlangt –, herrlich fortgeschleudert und mit Bändern bunter Farbe, Geplätscher von Musik versehen. Es ist wahrlich eine ernsthafte Art von Hoch, trotz der Verlangsamung, durch purpurfarbenen Sirup, ein Codein, das betäubt, verlangsamt und schlürft – umso besser ist es, das Werk zu **fühlen** und in seinem umgehenden, ausrangierten Gepäck zu begreifen.

FAN DANCE (2003) takes an exuberant, fleeting performance, and stretches it into affected glory, a perpetual anticipation or a constant climax. Slow motion splays the instant, both revealing way more than normally possible – and also less, affirming, as it does, the contingency of the video as a document. Calling to mind a very different kind demurring dance with fans, Patty Chang's dance is a slow motion fit of Actionism, or Abstract Expressionism – both of which are stereotypically the sole preserve of men. Certainly, gesturally, this kind of exuberance disturbs a gendering more common to more traditional art forms such as painting, in particular, which feels in thrall to history in a way that artist moving image does not. As a performance, **FAN DANCE** feels part satire, part 'fuck it' – a way to entirely shake off any debt, any restriction. Slowing it all down allows a kind of attention that nods to static works, and this kind of parody of 'appreciating a painting' turns the whole work around a series of slips: a problematic gaze – objectifying, treating subjects with the requisite disinterest demanded by art – gorgeously flung off and with ribbons of coloured paint, washes of music. **FAN DANCE** and its reverie are serious kinds of high, really, albeit slowing, through purple syrup – a codeine that numbs and slows and slurps – but all the better to **feel** it, to understand the work freed from its shirked, discarded baggage.

FAN DANCE

FAN DANCE is a performance by Patty Chang. It consists of the artist herself performing a dance while being splattered in paint by an industrial fan until her body is transformed into a colorful canvas. Patty Chang became widely known by her visually arresting and, at times disturbing performances and videos that frequently tested the limits of the artist's own body. In her recent projects the artist has shifted the focus by gradually withdrawing her physical presence, while casting other people as protagonists of her performances.

In May 2003, The Moore Space in Miami commissioned and premiered FAN DANCE.
Founded by collectors Rosa de la Cruz and Craig Robins The Moore Space was dedicated to presenting international experimental program of cross-disciplinary exhibitions, performances, artists and curators residencies and public programs.

In March 2006, for the inauguration of its first space, ARRATIA BEER featured FAN DANCE; Patty Chang's first solo exhibition in Berlin. For this reenactment in front of a live audience Chang presented FAN DANCE, as a performance where the artist enrolled other individuals to dance. The spectacle, a test of the performer's endurance and a witty take on action painting is both violent and mesmerizing. A video of the performance along with an installation was presented as part of the exhibition after the opening night.

01

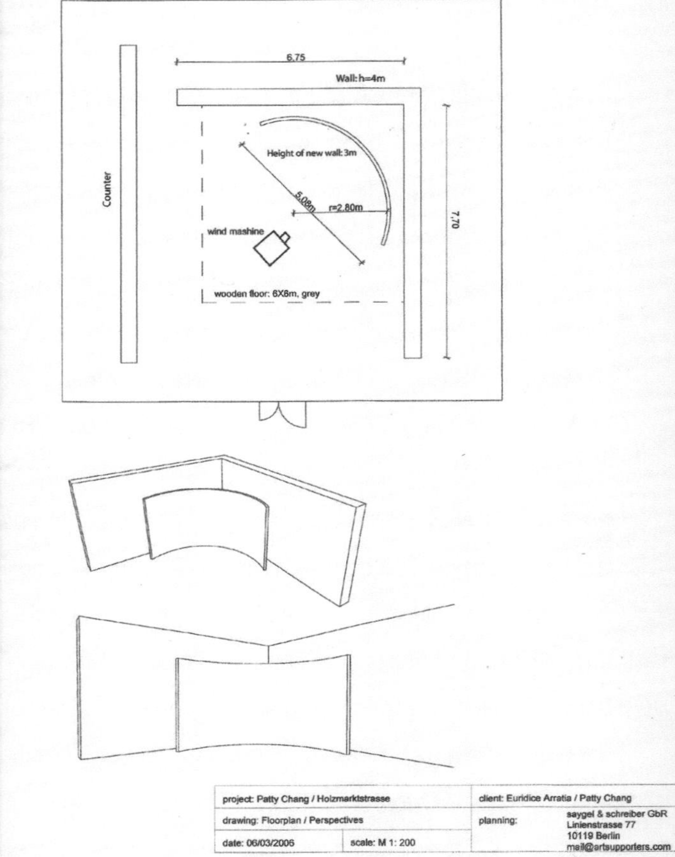

02

01 Presseinformation / Press release, **Patty Chang – Fan Dance,** Galerie Arratia Beer, Berlin, 2006. Courtesy of Galerie Arratia Beer, Berlin

02 Entwurf des Bauplans / Sketch floor plan, **Patty Chang – Fan Dance,** Galerie Arratia Beer, Berlin, 2006. Courtesy of Galerie Arratia Beer, Berlin

03 Einladungskarte / Invitation card, **Patty Chang – Fan Dance,** Galerie Arratia Beer, Berlin, 2006. Courtesy of Galerie Arratia Beer, Berlin

Patty Chang

Fan Dance

25. März – 6. Mai 2006

Eröffnung: Samstag, 25. März 2006 um 19 Uhr

Die Performance beginnt um 19:30 Uhr

Öffnungszeiten: Dienstag – Samstag 11-18 Uhr

A +B ARRATIABEER
Holzmarktstrasse 15-18
S-Bahnbogen 47
10179 Berlin
Tel. +49 30. 23 63 08 05
info@arratiabeer.com
www.arratiabeer.com

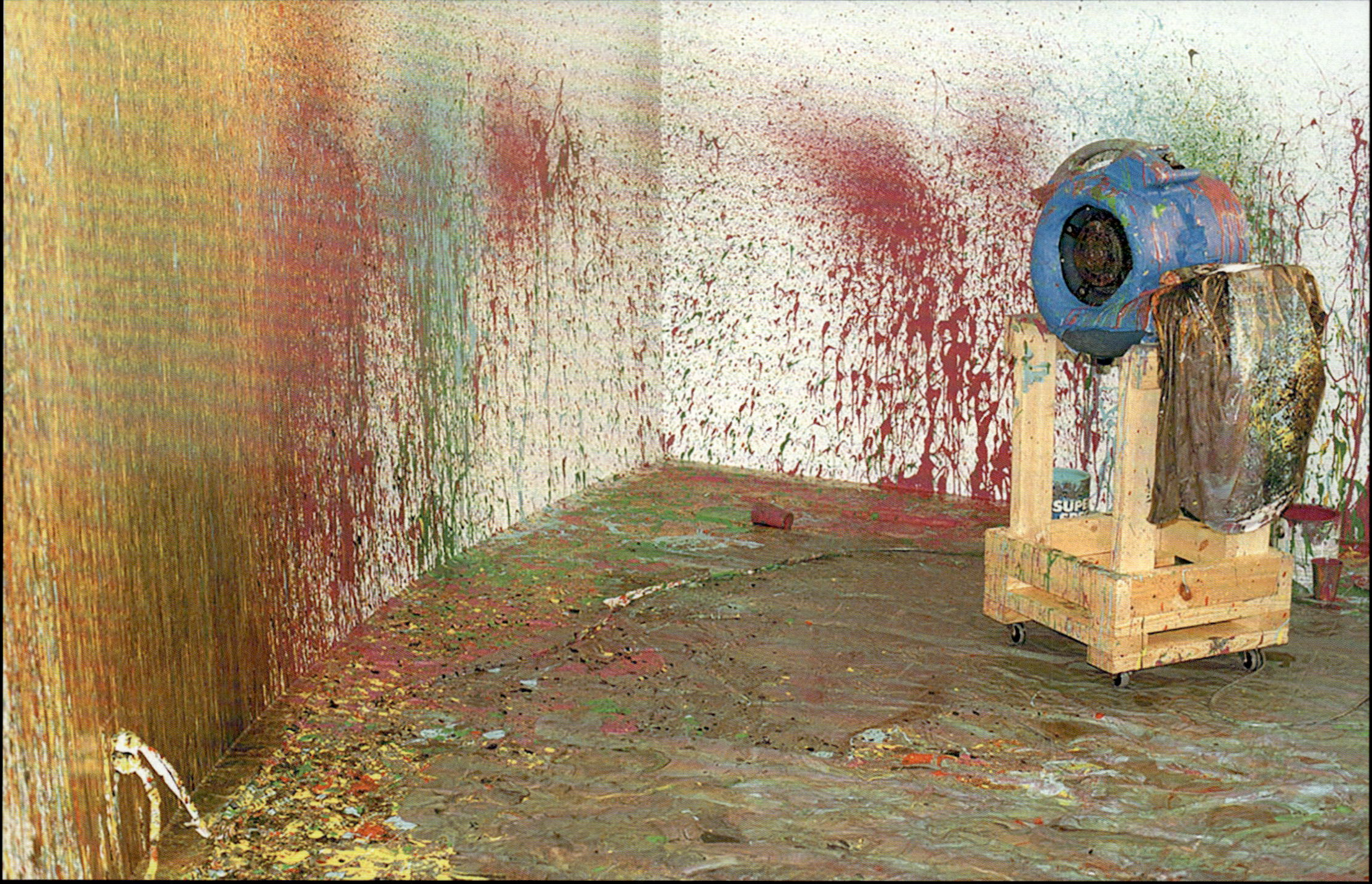

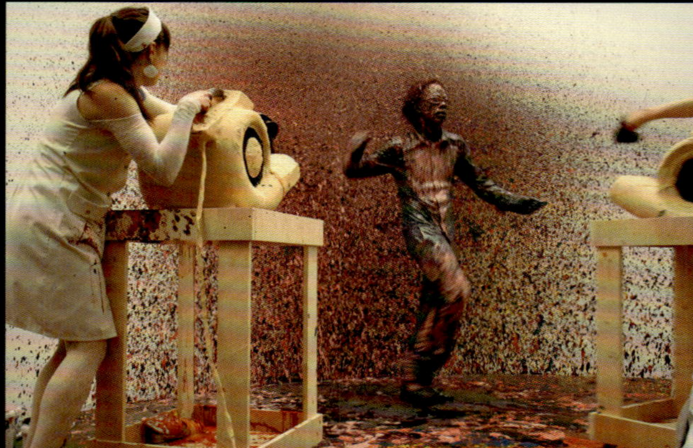

04

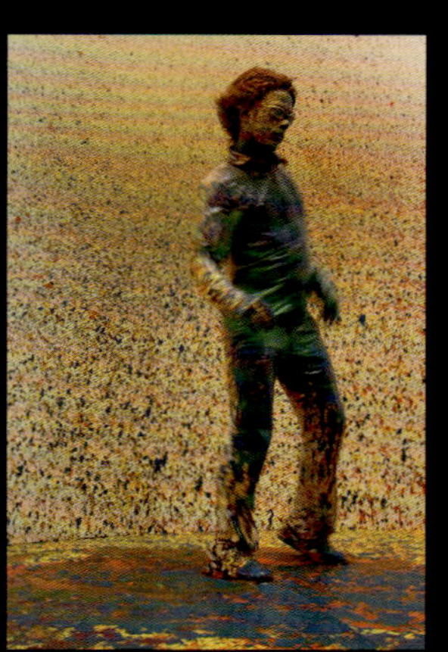

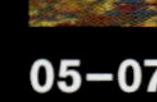

05–07

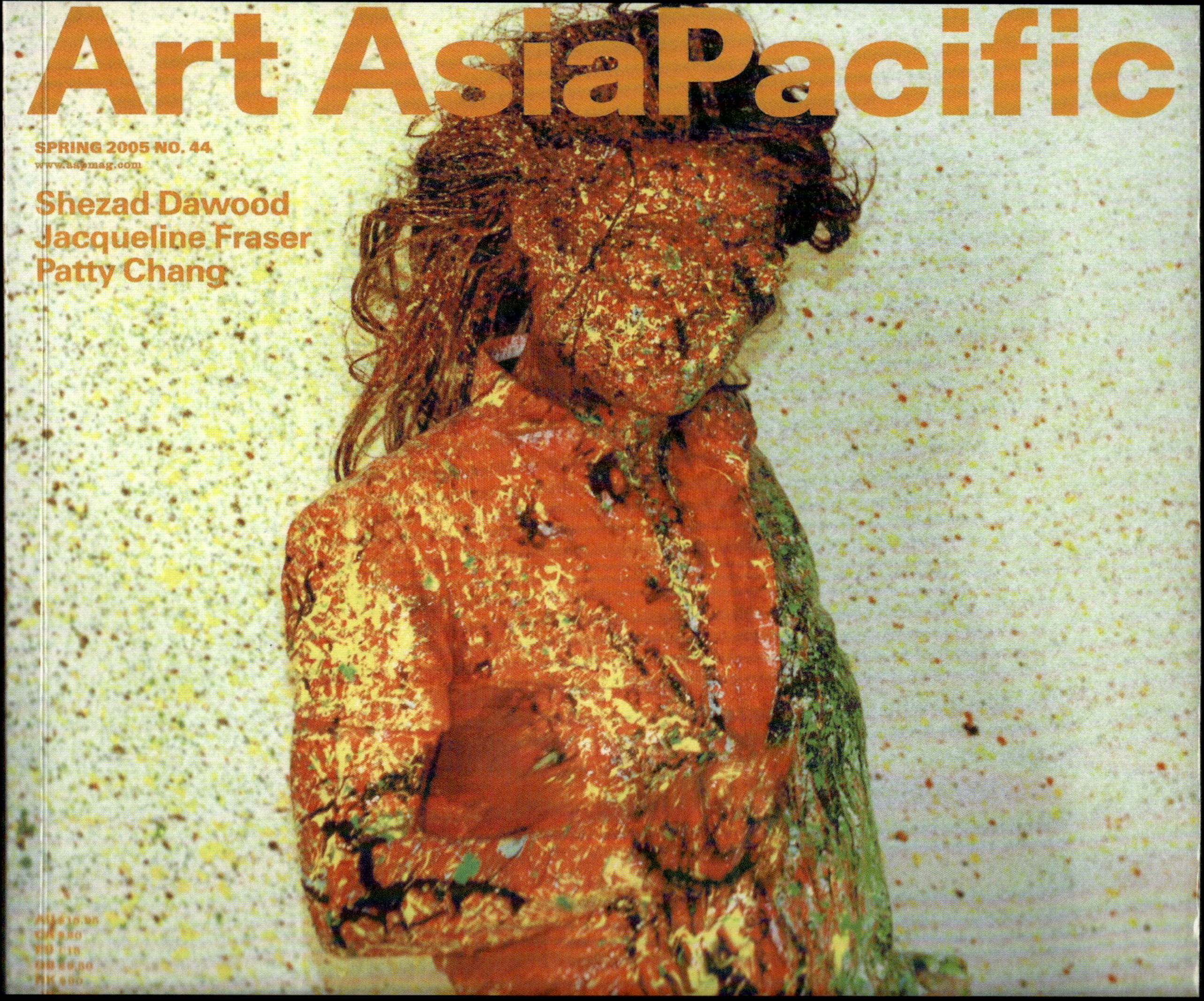

Art AsiaPacific

SPRING 2005 NO. 44
www.aapmag.com

Shezad Dawood
Jacqueline Fraser
Patty Chang

08

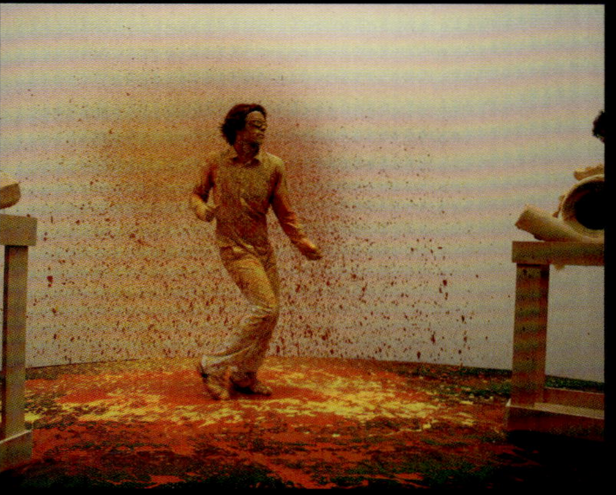

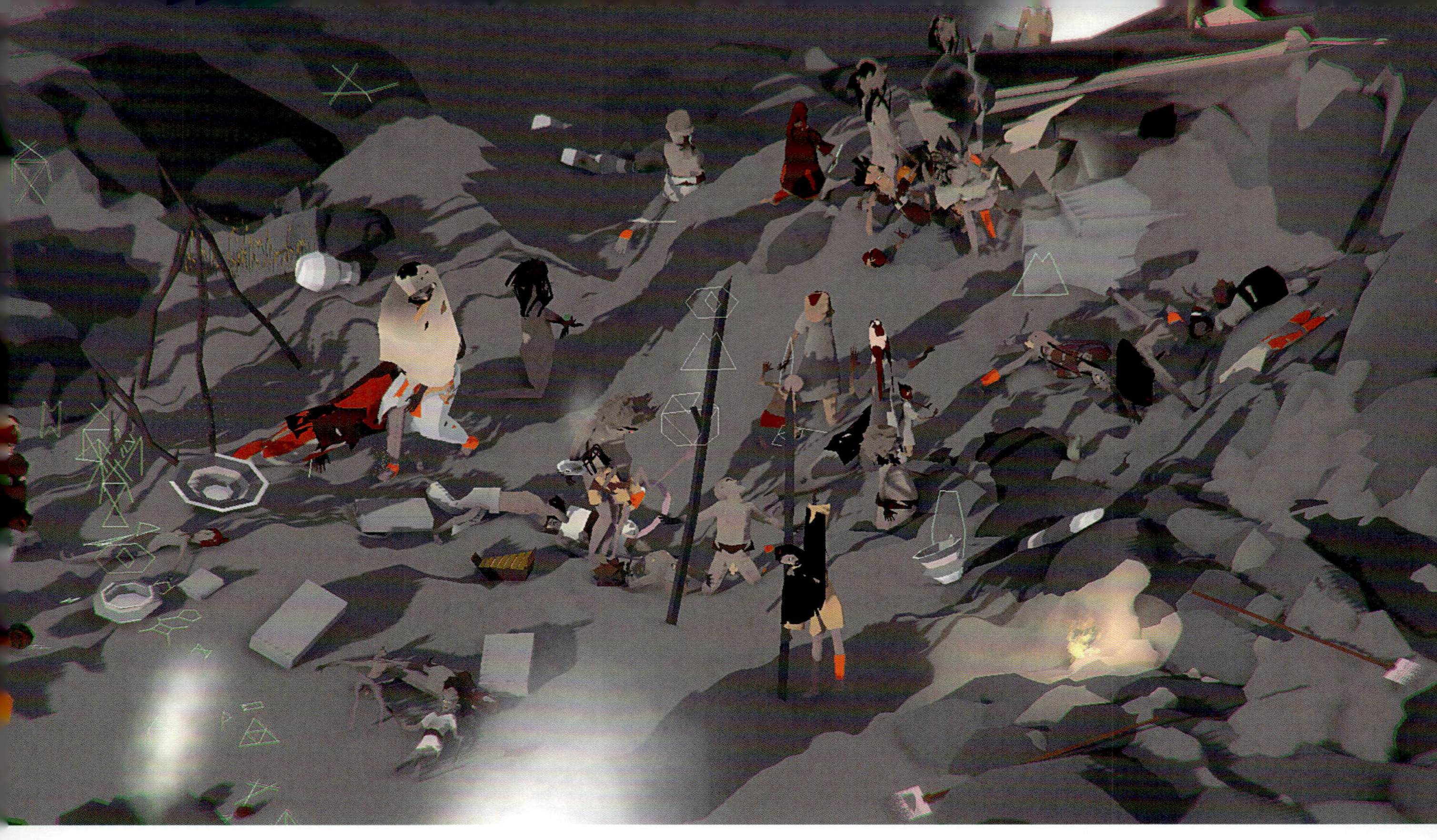

Ian Cheng, **EMISSARY IN THE SQUAT OF GODS,** 2015, Still / Still
Courtesy of the artist, Pilar Corrias, London and Standard (Oslo), Oslo

IAN CHENG
EMISSARY IN THE SQUAT OF GODS, 2015

Echtzeitsimulation und Erzählung, unbegrenzte Dauer, Farbe, Ton

Live simulation and story, infinite duration, colour, sound

"ORIGIN
One of the most controversial figures within [the field of cognitive sciences] is the psychologist Julian Jaynes (1920-1997), whose study *The Origin of Consciousness in the Breakdown of the Bicameral Mind* (1976) formulates the thesis that human consciousness, as we know it, is a relatively recent cultural achievement and not – as is generally assumed – the result of the evolutionary development of the brain in the Darwinian sense. [...] Although Jaynes's theory continues to be controversial, there is an increasing amount of evidence to support it, particularly in the field of neuroplasticity. It is an increasingly accepted fact that the brain is an organ that is able to continuously adapt. It is no longer regarded as a fixed, rigidly wired organ, but as a system that changes its anatomy and function for the sake of optimizing running processes. [...]

Cheng's latest works are imbued with his interest in the history of cognitive evolution. In *EMISSARY IN THE SQUAT OF GODS* (2015) [...], the first [...] work [...] of a planned trilogy, he deals directly with the theory of the bicameral mind. The work *EMISSARY IN THE SQUAT OF GODS* is comprised of two elements: the simulation of an old society facing the prospect of an environmental catastrophe, and the self-contained story of an emissary who 'attains consciousness'. Both forms threaten to destabilize and mutate each other in the live simulation – classic narration is dissolved. [...]"

Ian Cheng: Forking at Perfection, eds R. Gygax and H. Munder, exh. cat. Migros Museum für Gegenwartskunst Zürich, Zurich 2016, pp. 17–19.

EMISSARY IN THE SQUAT OF GODS (2015) bildet den Anfang und das Ende von **GENERATION LOSS.** Es handelt sich bei der Ausstellung um eine Art wörtliche Auslegung figurativer Stilmittel des Bewegtbildes an einem Punkt im gegenwärtigen Wandel. Insofern ist **GENERATION LOSS** eine recht „ehrliche" wörtliche Auslegung dessen, was in Ian Chengs Software-basiertem Werk vor sich zu gehen scheint. In **EMISSARY IN THE SQUAT OF GODS** wird der Zufall bewusst ins Spiel gebracht, um eine Allegorie hervorzubringen, so vermute ich, sofern hier alte Kräfte der Gemeinschaft simuliert werden – doch auch einer okkulten Bedeutung zuliebe, die in ihrer Beschaffenheit vielleicht zu unmenschlich ist, um erfassbar zu sein. **EMISSARY IN THE SQUAT OF GODS** kreiert einen Raum, der glücklichen Zufall **toleriert,** gewaltige Zwietracht, digitale Übersteuerung, Entdeckungen. Die Echtzeitsimulation belebt diese Dinge künstlich. Ewigkeit. Verlustlosigkeit. **GENERATION LOSS** könnte auch die Erzeugung von Stellvertretern zum Thema haben, Chiffren in Form von diskreten Bewegtbildarbeiten zu etwas choreografiert, das erkennbar einer (Not-)Lage entspricht, auf deren Einklang mit unseren Begierden wir hoffen können. Analogisiert und zwangsläufig paraphrasiert, ist die illustrative Struktur der Ausstellung in ihrer sozialen Formgebung auf optimistische Weise einfach, vielleicht aber auch törichterweise optimistisch. Wie dem auch sei, sie fühlt sich an wie eine Geste, die Unzerstörbarkeit ermöglicht. Etwas … Natürlich vermeidet Chengs Arbeit eine begrenzte Dauer/Laufzeit und kann, da sie konstant bleibt, nicht choreografiert werden. Sie ist immer **an**. Neben dem Eingang zur Ausstellung positioniert, operiert sie wie eine Zukunft abseits des kontinuierlichen Jetztzeit-Streams von **SKY NEWS LIVE** (2016). Sie offeriert ihre eigene sich entfaltende Konstanz, beginnt von Neuem, mit allen übertrieben optimistischen Schattierungen, die sich hieraus erschließen. **EMISSARY IN THE SQUAT OF GODS** und **SKY NEWS LIVE,** diese unaufhörlichen, verschwisterten Kräfte, fungieren innerhalb ihrer Form, innerhalb ihres das Jetzt betreffenden Zufalls als Wegweiser in die Zukunft. Und wenn überhaupt, dann ist es die reale Welt, mediatisiert, die als die gekrönte Mannschaft [squat] der Götter auftritt: Der Emissär erforscht das Jetzt – die News – und postuliert seine eigene Version ewiger Weisheit; seinen eigenen fortwährenden Sinn für Neuerfindung. Das Gewimmel eines neuen digitalen Primitivismus. Und in seiner Technologie – seinem Versprechen, wenn nicht gar seiner materiellen Grundlage – bietet **EMISSARY IN THE SQUAT OF GODS** Unsterblichkeit. Ein Gott kraft Gegenwärtigkeit. **GENERATION LOSS** praktiziert einen eigentümlichen Theismus: selten transzendent, vielmehr immanent, in einem Jetzt, das zu häufig gewaltsam wiedergegeben wurde – in der einen Richtung: als Spekulation, und in der anderen: als Nostalgie.

EMISSARY IN THE SQUAT OF GODS (2015) bookends **GENERATION LOSS.** The show, as noted elsewhere, is a kind of literalising of the moving image's figurative tropes at a point of contemporary flux. Specifically, **GENERATION LOSS** is a somewhat 'honest' literalising of what feels to be happening in Ian Cheng's software piece. It affords a coincidence to bear allegory, I suppose, in as much as there are ancient forces of communion simulated in **EMISSARY IN THE SQUAT OF GODS,** and for the sake of an occult meaning, it is perhaps too inhuman in its constitution to comprehend. **EMISSARY IN THE SQUAT OF GODS** creates a space that **tolerates** serendipity, sublime discord, digital clipping, discovery. It artificially vitalises these things: eternity, losslessness. **GENERATION LOSS** could be similarly concerned with setting up surrogate performers – ciphers in the shape of discrete moving image works – choreographed into something recognisably analogous to a plight we might hope is in accord with our desires. Analogised and necessarily paraphrased, the show's illustrative structure is optimistically straightforward in its social modelling. – Or perhaps stupidly optimistic. Nevertheless, it feels like a gesture that offers an indelibility. Something… Of course, Cheng's piece evades duration and cannot be choreographed because it is constant. It is constantly **on.** Near the entrance to the show, it operates as a future apart from the constant stream of now mediated by **SKY NEWS LIVE** (2016). It proposes its own evolving constancy, starting afresh, with all the Panglossian shading that might infer. These twin unceasing movements, **EMISSARY IN THE SQUAT OF GODS** and **SKY NEWS LIVE,** signpost the future inside their form, inside their chance concerning the present. And, if anything, it is the real world, mediated, that figures as the titular squat of the gods: the emissary explores the now – the news – positing its own version of immortal wisdom; its own abiding sense of reinvention. The jostle of a new digital primitivism. And in its technology – in its promise if not its material base – **EMISSARY IN THE SQUAT OF GODS** proffers immortality. It is a god by dint of an eternal contemporary. **GENERATION LOSS** practises a peculiar theism: seldom transcendental but rather immanent, in a 'now' too often forcibly rendered, in one direction, as speculation – and in the other, nostalgia.

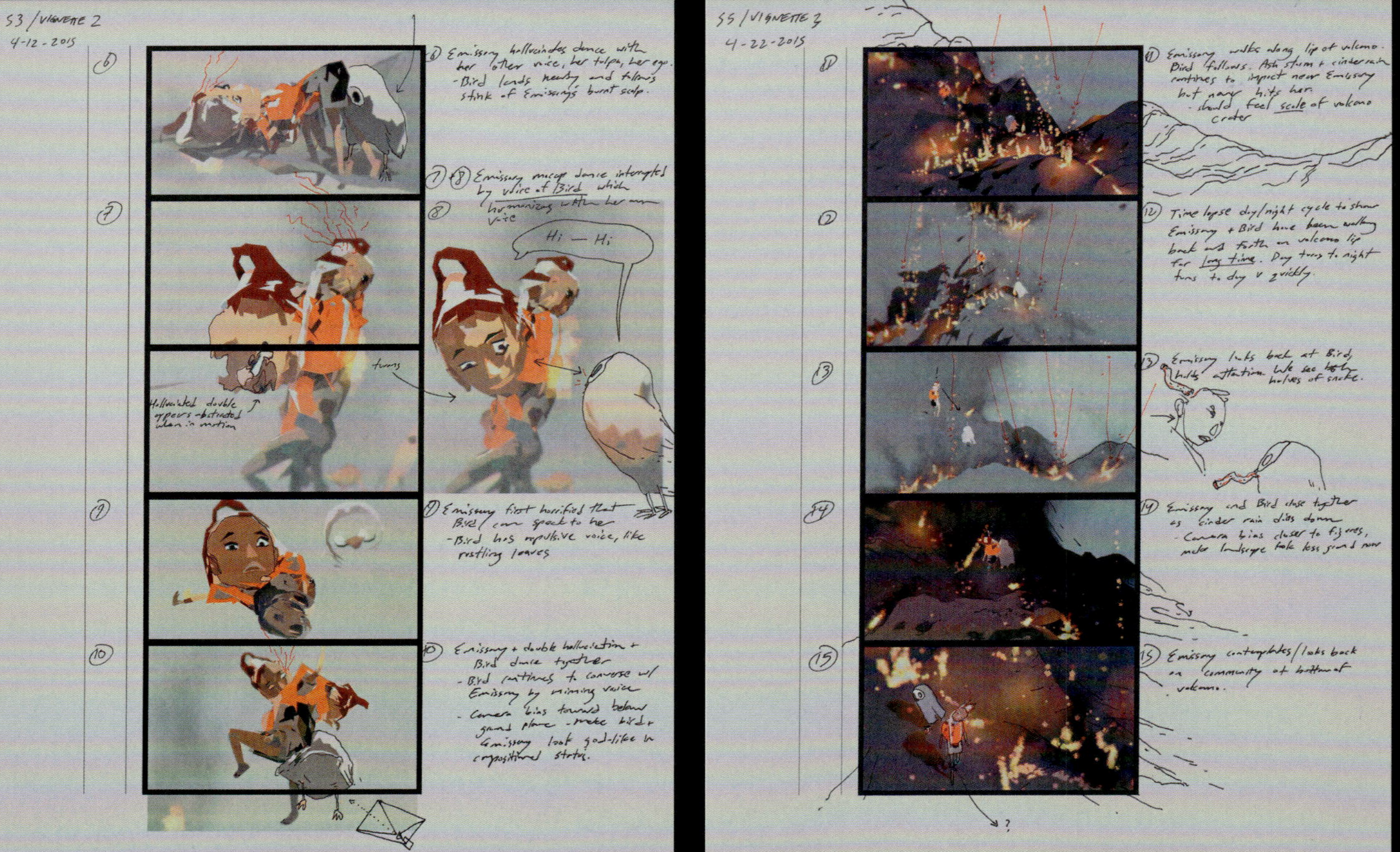

01—04 Ian Cheng, **EMISSARY IN THE SQUAT OF GODS,** Storyboard, 2015. © Ian Cheng. Courtesy of the artist, Pilar Corrias, London and Standard (Oslo), Oslo

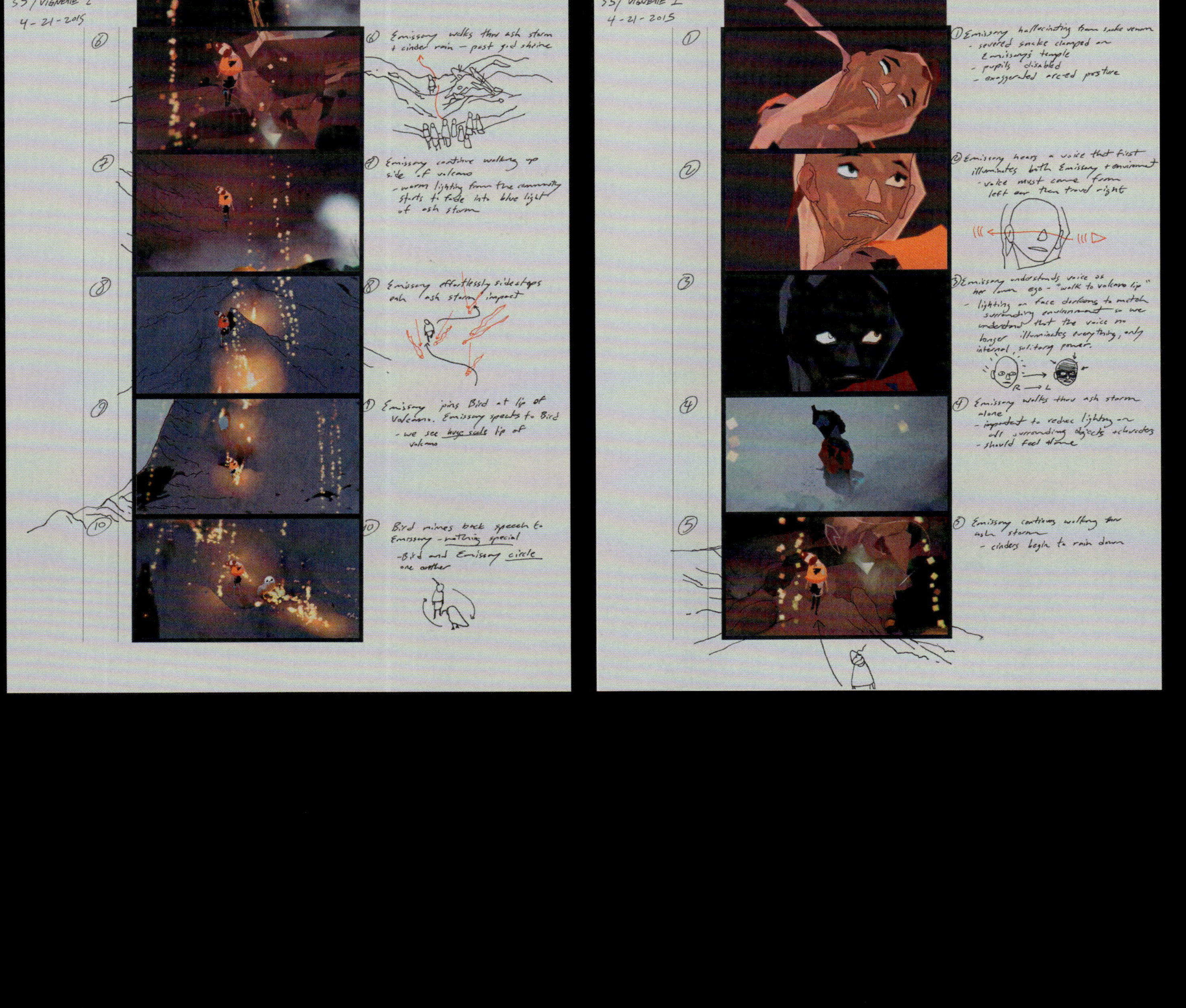

S5 / VIGNETTE 2
4-21-2015
6 Emissary walks thru ash storm + cinder rain - post god shrine
7 Emissary continue walking up side of volcano - warm lighting from the community starts to fade into blue light of ash storm
8 Emissary effortlessly sidesteps each ash storm impact
9 Emissary joins Bird at lip of Volcano. Emissary speaks to Bird - we see huge scale lip of volcano
10 Bird mimes back speech to Emissary - nothing special - Bird and Emissary circle one another

S5 / VIGNETTE 1
4-21-2015
1 Emissary hallucinating from snake venom - severed snake clamped on Emissary's temple - pupils disabled - exaggerated arced posture
2 Emissary hears a voice that first illuminates both Emissary + environment - voice must come from left ear then travel right
3 Emissary understands voice as her inner ego - "walk to volcano lip" - lighting on face darkens to match surrounding environment so we understand that the voice no longer illuminates everything, only internal, solitary power.
4 Emissary walks thru ash storm alone - important to reduce lighting on all surrounding objects schissdes - should feel alone
5 Emissary continues walking thru ash storm - cinders begin to rain down

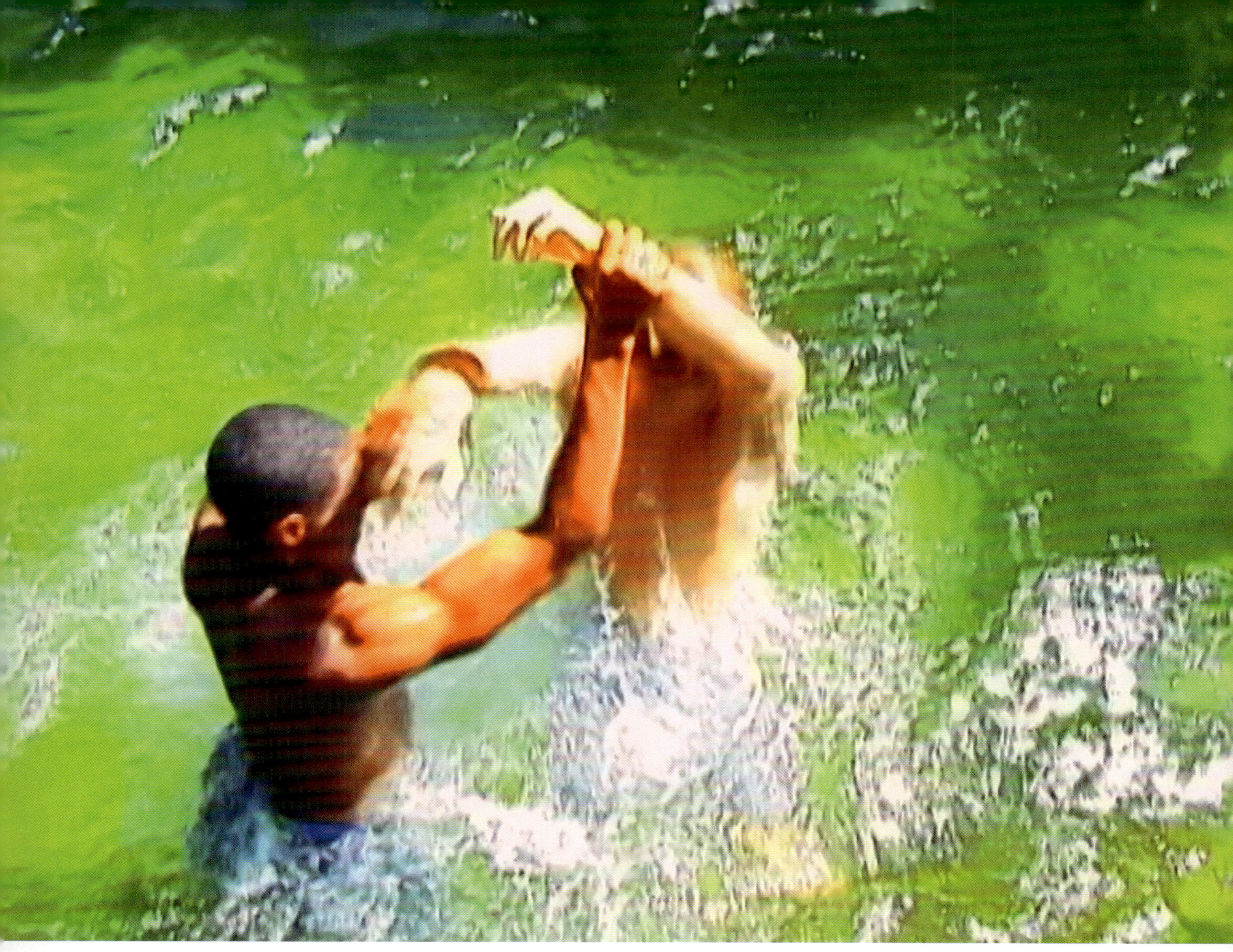

Jen DeNike, **DUNKING,** 2004, Videostill / Video still
Courtesy of the artist and Anat Ebgi Gallery, Los Angeles

JEN DENIKE
DUNKING, 2004
Video, 3'30", Farbe, Ton
Video, 3'30", colour, sound

"**J**en DeNike makes photography- and video-based work in which she places individuals (specifically young men) in artificially staged social situations as a means of investigating the myriad ways in which stereotypes of bodily perception are socially conditioned. In her recent video works, DeNike instructs her adolescent subjects to partake in physical activities that often also traditionally serve as male bonding rituals. [...] *DUNKING* (2004) depicts two boys forcibly submerging each other in a swimming pool. DeNike's portrayal of the boys' physical exertion assumes a libidinous quality, revealing society's attraction to potentially violent behavior. [...]

DeNike does not work with professional actors, instead discovering her subjects in such everyday locations as diners, bus stops, and street corners. As a result, her portraits often exude a certain freshness or naïveté."

A. Smith-Stewart, 'Jen DeNike', in: ed. K. Biesenbach **Greater New York 2005**, exh. cat. MoMA P.S.1; The Museum of Modern Art New York, New York 2005, p. 132.

DUNKING (2004) bedient sich einer Einfachheit, die seinem sinnlichen Eindruck zuwiderläuft. Wie eine Maschine, die Sehnsucht generiert, um deren Unstillbarkeit zu unterstreichen. Es gibt nichts Aufreizenderes als halbnackte Körper, die miteinander in triefendem, gesättigtem Technicolor ringen – und im Grunde nichts Frustrierenderes als die Abriegelung durch Distanz, das Framing und die mediale Vermittlung, die Grenzen setzt. In seiner Dynamik ist **DUNKING** wie ein Tagtraum: eine Erinnerung, die so vollkommen in der Bedeutungslosigkeit von Erfahrung verhaftet ist, dass sie praktisch ihr eigenes Unvermögen zur Repräsentation beklagt. Es ist eines der simpelsten Werke in der Ausstellung, zugleich jedoch äußerst ergreifend in seiner Betonung der Unfähigkeit – der wunderbaren Unfähigkeit – von Kultur, das Scheitern von Erfahrung zu kompensieren. Was immer diese Jungs heute auch tun, sie tunken sich nicht mehr gegenseitig unter Wasser. Ihr performter Flirt erscheint emblematisch für eine der Form innewohnende Vorenthaltung.

DUNKING (2004) operates with a simplicity that belies its sensation. It's like a machine to generate desire in order to underscore the impossibility of its sating. There's nothing sexier than half-naked bodies wrestling in sopping, saturated Technicolor – and there's nothing really more frustrating than the locking off of distance, the framing and mediation that delimits. In its vibrancy, **DUNKING** is like a reverie: a memory so totally attached to the meaninglessness of experience, that it virtually yelps its own insufficiency as representation. It's one of the simplest works in the show, but also one that most affectingly emphasises the inability – the wonderful inability – of culture to compensate for failure or experience. Whatever else they're doing, these boys are no longer dunking one another. The flirtation they perform feels emblematic of a restraint innate to the form.

Jen DeNike
1st + 2nd floor

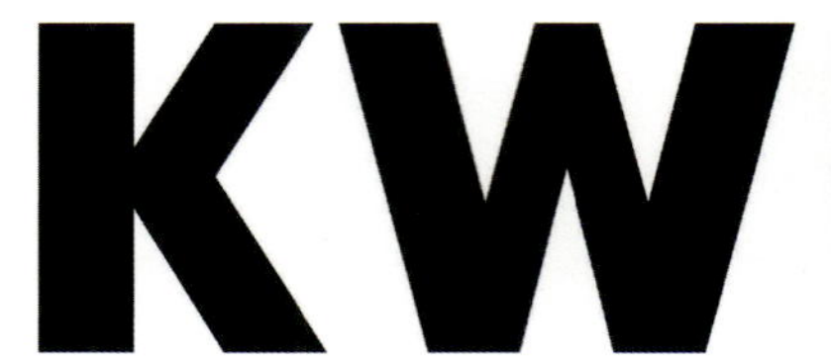

Photographic and video-based works by the young American artist Jen DeNike will be presented from September 3 to November 12, 2006 at KW Institute for Contemporary Art. This is her first solo exhibition in Germany.

Jen DeNike's photos and videos are both portraits and stereotypes, addressing essential themes like individual and society, role models and social control, cult and obsession as well as their physical, sexual, and sometimes also aggressive forms of expression. In her most recent work the artist looks at stereotyped behaviours among American adolescents – at the typical and familiar rituals, and power play, at the elements of theatricality, rivalry and aggression implicit in them and also at what lies behind, namely, the aesthetics, eroticism and occasional ruthlessness and cruelty of adolescent fantasy worlds.

The latent aggression, competition and erotic physicality of the ritualized, sometimes laughable rivalry between adolescents is revealed in *Wrestling* (2003), a work which impressively illustrates the playful dialectic of dependence and self-determination, the struggles involved in growing up and dealing with social expectations, vulnerability and a role model that requires belligerent behaviours.

In the seven-channel video installation *Seasons in the Sun* (2005), Jen DeNike has various male adolescents give an amateurish rendering of the well-known *Seasons in the Sun* by Terry Jacks. Every singer interprets the wistful tune and the memories evoked by the lyrics in his own idiosyncratic way; they all seem to project their own experiences onto the song. Formally, however, the installation subverts its own caricature of male sentimentality, since the various video sequences are of different length, but seemingly in the same backdrop.

A selection of the photographic series *Vampire Victims* (2003-2005) that will be seen at KW, shows female teenagers apparently killed by a vampire. The fresh bite-marks are clearly visible on the victims lying in anonymous private or public locations. They do not so much resemble the extras in a film as frozen dream images that at once convey a sense of passion and desire, but also of pain and the sensuality of evil.

In both video and photography Jen DeNike always works with non-actors. Her strategies include brief instructions to the participants, little or no camera movements with the end result culminating in un-edited one-takes.

Jen DeNike's personal experiences are closely woven into her works, which deal with her daydreams, observations and obsessions. By letting the audience witness personal, at times intimate situations without unduly exposing the protagonists, her works unfold meanings that go far beyond the individual, subjective, or personal.

We would like to thank the Julia Stoschek Collection, Düsseldorf, for their generous support.

Opening: September 2, 2006, 5 – 9 pm
Dates: September 3 – November 12, 2006

Further information:
Markus Müller I Maike Cruse   T 030 24 34 59 41/42   press@kw-berlin.de   www.kw-berlin.de

01

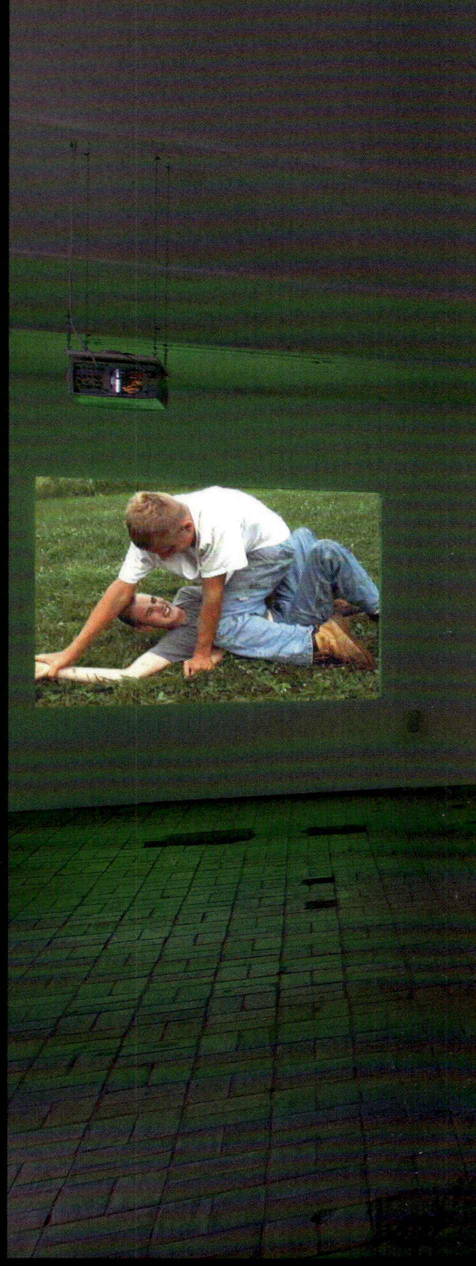

02

01 Pressemittteilung / Press release, **Jen DeNike,** KW Institute for Contemporary Art, Berlin, 2006. Courtesy of the artist, Anat Ebgi Gallery, Los Angeles and KW Institute for Contemporary Art, Berlin

02 Jen DeNike, **DUNKING,** Installationsansicht / Installation view, **Jen DeNike,** KW Institute for Contemporary Art, Berlin, 2006. Foto / Photo: Uwe Walter. Courtesy of the artist, Anat Ebgi Gallery, Los Angeles and KW Institute for Contemporary Art, Berlin

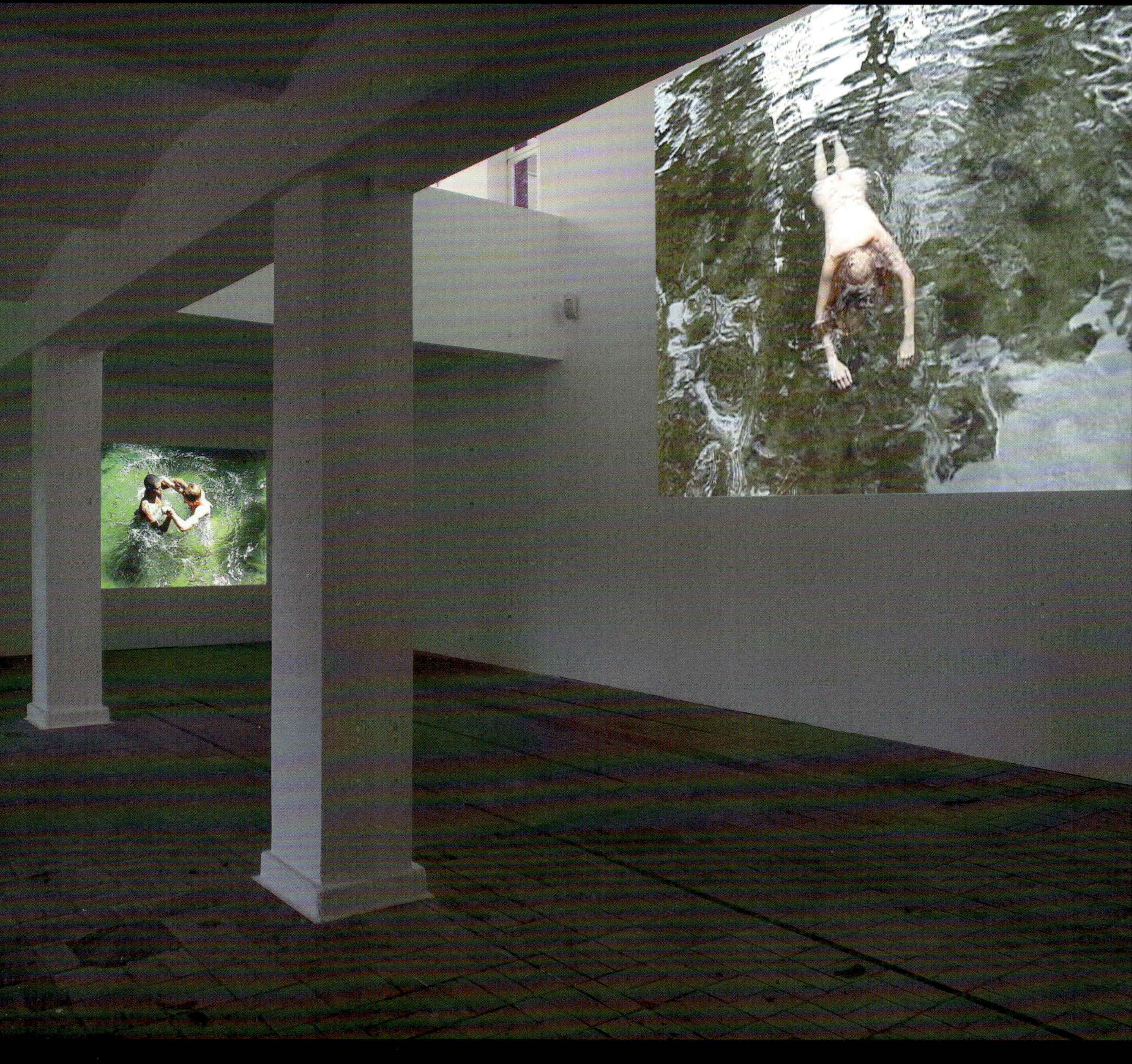

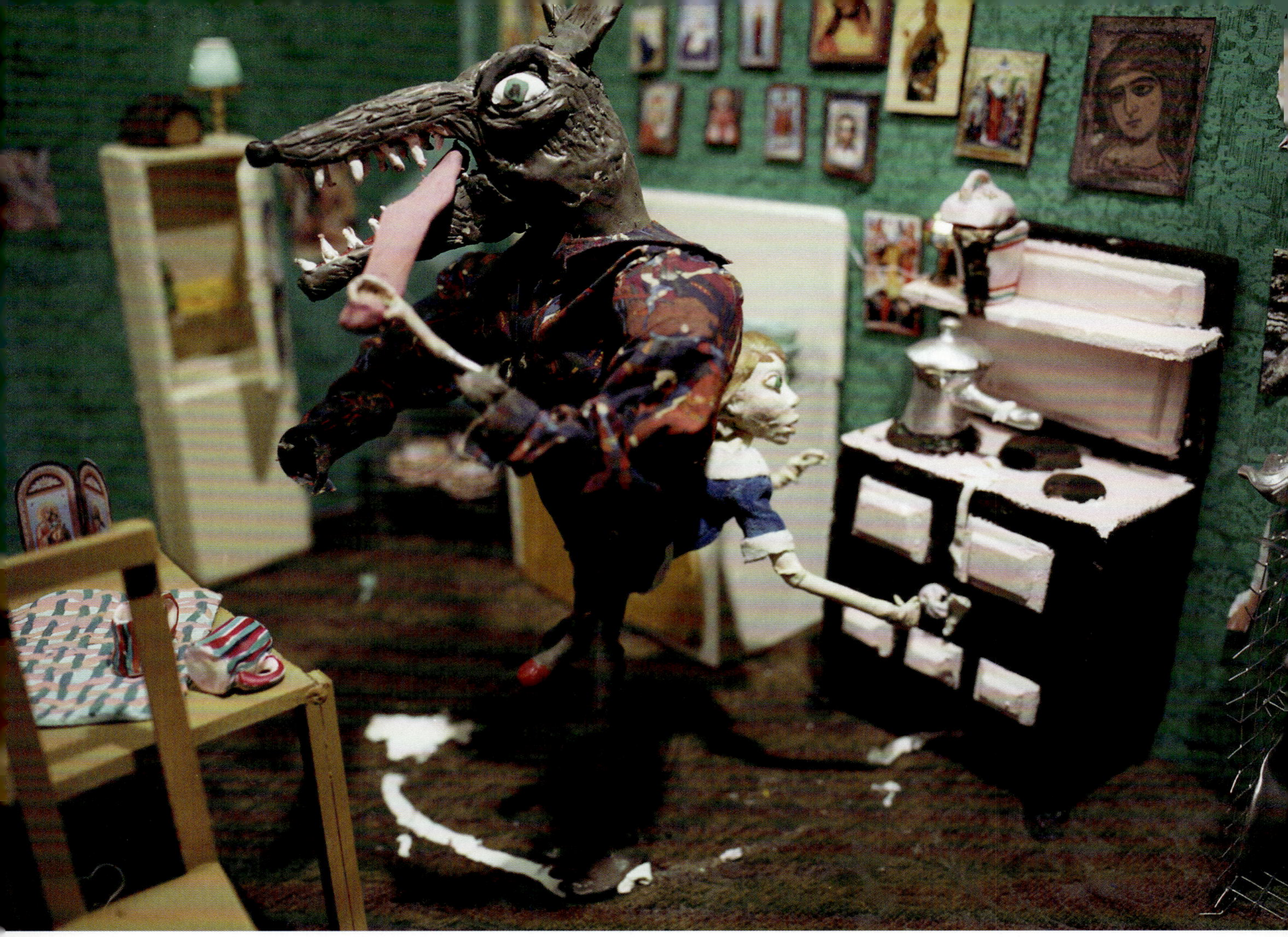

Nathalie Djurberg & Hans Berg, **WE ARE NOT TWO, WE ARE ONE,** 2008, Videostill / Video still
© VG Bild-Kunst, Bonn 2017. Courtesy of the artists and Gió Marconi, Milan

NATHALIE DJURBERG &
HANS BERG
WE ARE NOT TWO,
WE ARE ONE, 2008

Video, 5'33", Farbe, Ton

Video, 5'33", colour, sound

"**WE ARE NOT TWO, WE ARE ONE** [is] a 2008 claymation piece with a wrenching sort of charm. Set in a kitchen hung with religious icons and porn pinups, the story features two fairy-tale characters – a wolf, big and bad, and an androgynous child, with gentle features and straw-colored hair. They happen to be joined at the waist, but facing opposite directions, so preparation of the morning meal is a disaster, not just because of physical logistics, but because the beast answers only to his own needs and the child caters to them both. The youth spreads slices of bread with what looks like peanut butter and jam, and the wolf licks off the sweet stuff with a tongue long and lively enough to qualify as a third character. They come to cross-purposes, and in the bittersweet end, both extrude gummy blue tears. Djurberg, born in Sweden and living in Berlin, revels in the conflation of innocence and darkness. Her work, whose narrative is propelled forward with slightly ominous urgency by Hans Berg's score, reads as a pointed allegory of the dualities within our own nature."

L. Ollman, 'Art review: Stop. Move. at Blum & Poe', in: **Los Angeles Times**, 9 December 2010, <http://latimesblogs.latimes.com/culturemonster/2010/12/art-review-stop-move-at-blum-poe.html>, accessed 29 March 2017.

WE ARE NOT TWO, WE ARE ONE (2008) scheint vielen Werken in **GENERATION LOSS** völlig zuwiderzulaufen. Näher betrachtet jedoch scheint zum Teil eine wohlvertraute belastete Beziehung zu Repräsentation und Inszenierung sowie eine Art technische Vereitelung von Inszenierung und Realität im Zentrum der Arbeit zu stehen – was sie in engen Zusammenhang mit einer ganzen Familie von Werken des künstlerischen Bewegtbildes rückt. Der Generationsverlust dieses Titels tritt hier in eine andere Form wortgetreuer und sagenhafter Beziehung ein. Der Art und Weise, in der ich die Werke dieser Ausstellung von Beginn an miteinander verflochten sehen wollte, hält den esoterischen Vergleich mit der Beziehung im Herzen von **WE ARE NOT TWO, WE ARE ONE** stand: eine Co-Abhängigkeit über Generationen und Ordnungen hinweg – Beeinflussung, Platz verschaffen, Ton angeben, Begründen von Diskursen. Die Beziehung postuliert so etwas wie ein positives Objekt zur a-kuratorischen Selbstgefälligkeit der Ausstellung. Und wie bei einer Fabel wünsche ich mir, dass die Bedeutung mittels Allegorie gefunden wird – einer solchen jedoch, die so ambivalent ist wie dieses Werk. Natürlich schreitet **WE ARE NOT TWO, WE ARE ONE** in einem stumpferen Winkel auch im Strukturellen mittels unverkennbarer Animation voran, die ihre Illusion durch die Andeutung einer anderen, bedenklicheren Illusion gewissermaßen zu verlieren sucht. Das Werk ist verzweifelt und einem Feedback zwischen dem Prozess und den Begierden entwachsen, die ihn erschöpfen.

WE ARE NOT TWO, WE ARE ONE (2008) seems like anathema to so much of the work in **GENERATION LOSS.** Closer, however, and I feel its core as, in part, a familiarly fraught relationship to representation, performance, and a kind of technical obviation of performance and reality, which deeply connects the piece to a whole family of artists' moving image works. The generation loss of the title, here, enters a different kind of literal and fabled relation. The way in which I always wanted the works to relate to one another in this show bears esoteric comparison with the relationship at the heart of **WE ARE NOT TWO, WE ARE ONE:** a co-dependency across generations and orders – influences, the clearing of space, setting tones, establishing discourses. The relation posits a kind of positive object to the show's a-curatorial conceit. And like a fable, I want the meaning to be found through a kind of allegory – albeit one as ambivalent as this work. Of course, **WE ARE NOT TWO, WE ARE ONE** also ushers in a more obtuse angle on the structural by way of undeniable animation, which seeks somehow to lose its illusion with the insinuation of another, more queasy one. The piece feels desperate – and somehow in the same way in which the domestic intimacies of Vito Acconci are desperate, born of some feedback between the process and the desires that sear it.

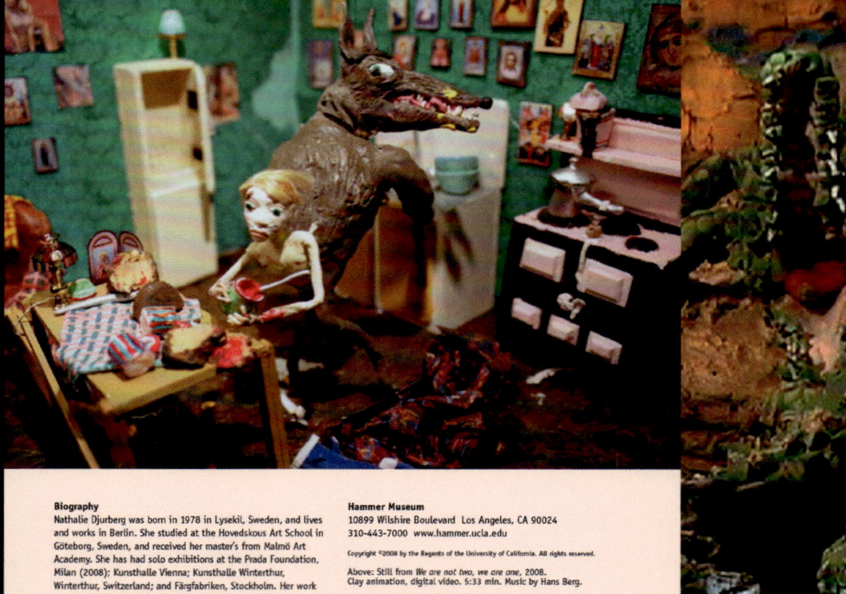

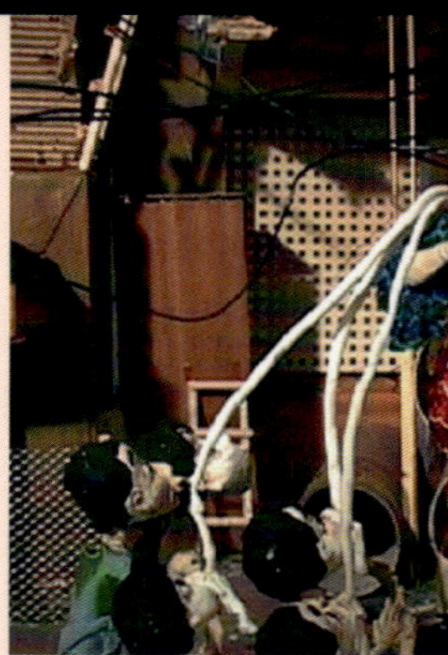

Biography

Nathalie Djurberg was born in 1978 in Lysekil, Sweden, and lives and works in Berlin. She studied at the Hovedskous Art School in Göteborg, Sweden, and received her master's from Malmö Art Academy. She has had solo exhibitions at the Prada Foundation, Milan (2008); Kunsthalle Vienna; Kunsthalle Winterthur, Winterthur, Switzerland; and Färgfabriken, Stockholm. Her work has been included in major international group exhibitions, including: *Art in a Dark Age* (Moderna Museet, Stockholm, 2008); *After Nature* (New Museum, New York, 2008); Performa 07, New York (2007); *Fractured Figure* (Deste Foundation, Athens, 2007); and *Of Mice and Men*, the 4th berlin biennial (2006). In 2008 she received the Carnegie Art Award, Scholarship for a Young Artist. This is her first solo exhibition in an American institution.

Hammer Museum
10899 Wilshire Boulevard Los Angeles, CA 90024
310-443-7000 www.hammer.ucla.edu

Above: Still from *We are not two, we are one*, 2008. Clay animation, digital video. 5:33 min. Music by Hans Berg.

Front cover: Still from *It's the Mother*, 2008. Clay animation, digital video. 6:00 min. Music by Hans Berg.

Back cover: Still from *Moving on to greener pastures*, 2008. Clay animation, digital video. Music by Hans Berg.

Inside, middle panel, top–bottom: Still from *Feed all the hungry little children*, 2007. Clay animation, digital video. 6:33 min. Music by Hans Berg; Still from *Once removed on my mother's side*, 2008. Clay animation, digital video. 5:20 min. Music by Hans Berg.

Inside, far right panel: Still from *Johnny*, 2008. Clay animation, digital video. 4:18 min. Music by Hans Berg.

HAMMER
PROJECTS

Nathalie Djurberg

September 28, 2008 – January 4, 2009

Ali Subotnick

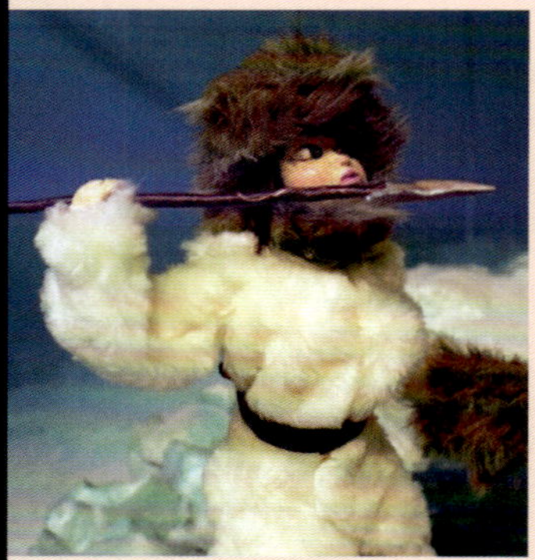

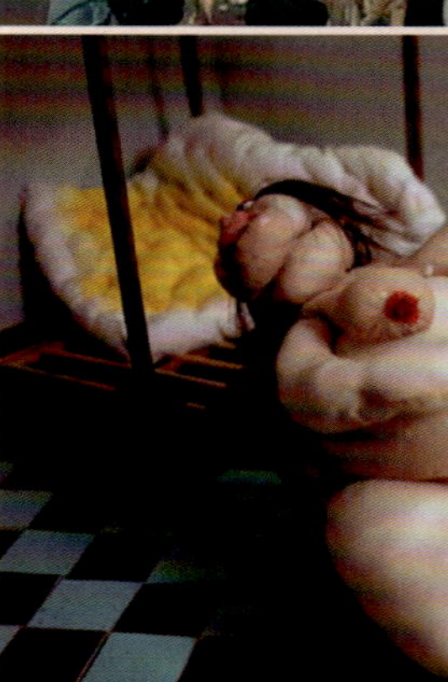

A candy-colored picture of darling little girls prancing around a black-and-white-checkered floor with a dapper daddy figure, who playfully throws them up in the air. He lifts one girl onto his shoulders, and she pulls her dress up over his face, causing him to stumble around blinded until they fall to the floor. He then turns to the other girl, who in the meantime has picked up a baseball bat, and he hoists her over his knees and begins to spank her on the behind and she yelps in pain. Then while the other girl gets a round of spankings, the one with the bat starts to swing at his knees. The two girls begin to jump up and down on top of him, using him as a trampoline and attacking with more and more intensity, bringing him to tears. All the while a sweet carousel-type melody provides a misleadingly joyful sound track (*Florentin*, 2004).

A young girl towels off after a bath, shaking her behind in the cloth, unaware of the tiger lurking behind her. He looks and watches hungrily, and unable to restrain his urges, he slurps and licks her butt. The slurp is loud and slobbering, like a Saint Bernard lapping up water after a long run up a mountain. She gives him a look of disapproval and then relents. She lets him lick her butt. She lets him do it again. He slurps, she "ooohs." A flash of text declares, "Why do I have this urge to do these things over and over again?" The tiger wags his tail confidently. She finally gives in to her desires and lets the tiger climb into bed with her (*Tiger licking girl's butt*, 2004).

A mother sprawls on a bed, unclothed, with her young children hanging all over her. Her eyes tell us that she is tired and overworked. The kids are energetic and can't sit still. One adventurously climbs over her and spreads her vaginal lips wide and crawls back from whence it came. The mother looks pained, but as all mothers do, she sucks it up and sacrifices her own well-being for that of her children. One by one, each of the kids squirrels around and dives back into the womb. Protrusions begin to emerge from the mother's belly, and the remaining kids help her squash them back in. When they've all gone back to the womb and the mother is left alone, she is unable to control the limbs and eyes that sprout from her back, belly, hips, and thighs. She has turned into a many-legged monster, unable to balance or maintain a normal gait. What a tough allegory of the martyrdom of motherhood (*It's the Mother*, 2008).

Hammer Projects is a series of exhibitions focusing primarily on the work of emerging artists.

Hammer Projects is made possible with support from The Horace W. Goldsmith Foundation, the Annenberg Foundation, Fox Entertainment Group's Arts Development Fee, the Los Angeles County Arts Commission, and the David Teiger Curatorial Travel Fund. Gallery brochures are underwritten in part by the Pasadena Art Alliance.

Organized by Ali Subotnick, curator.

Above: Still from *Putting down the prey*, 2008. Clay animation, digital video. 5:40 min. Music by Hans Berg.

All images Courtesy of Zach Feuer Gallery, New York and Gió Marconi, Milan.

01—02 Ausstellungsbroschüre / Exhibition brochure, **Nathalie Djurberg,** Hammer Museum, Los Angeles, 2008/09. © Regents of the University of California, 2008. © VG Bild-Kunst, Bonn 2017. Courtesy of the artist and Gió Marconi, Milan

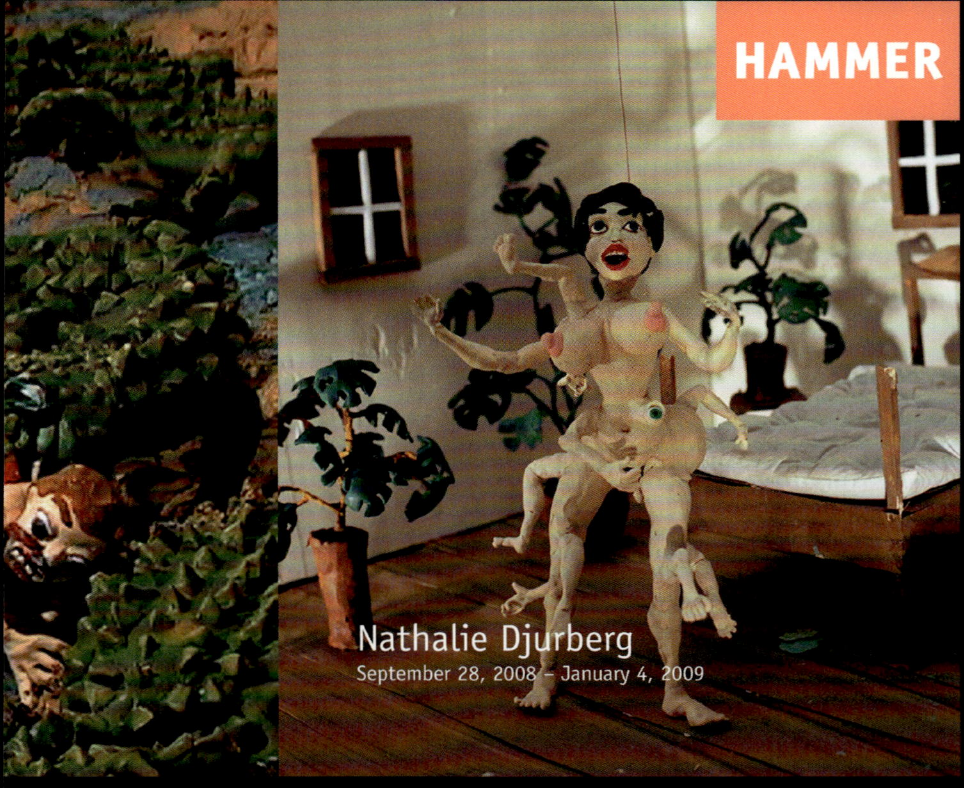

Nathalie Djurberg
September 28, 2008 – January 4, 2009

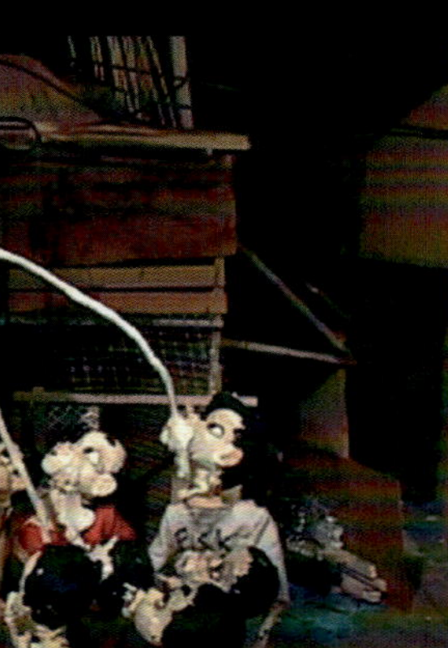

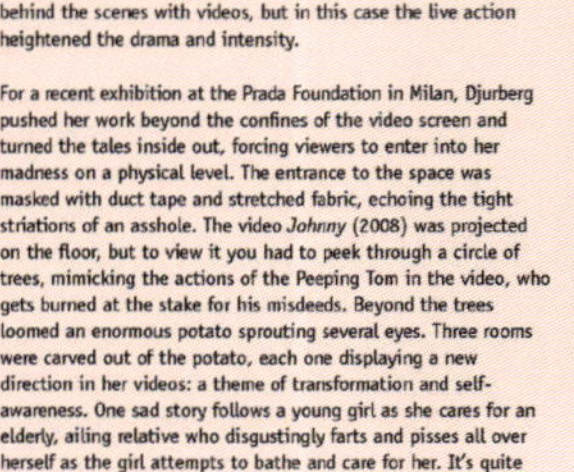

Nathalie Djurberg's stop-motion animations composed with handmade sets of clay and fabric start out sweet and innocent—aided by the candy colors, frilly costumes, fairy-tale tropes, and carefully composed musical arrangements and sound effects (by longtime collaborator Hans Berg)—and yet they take a sharp turn around a sinister corner, enacting fantasies of revenge, aggression, sex, lust, debauchery, and transcendence. Her fairy tales rarely end happily ever after; instead they turn sordid, twisted, and often darkly humorous. Each meticulously crafted little girl in her little dress in her sweetly decorated room or castle is sent on a raucous adventure that brings a blush and an awkward giggle to anyone who has the stomach to watch them all the way through. Djurberg unabashedly tells these tales without holding back or censoring the grotesque and vulgar incidents and behavior, using the familiar language of animation to disarm viewers and lead them to a place they've seen in dreams or nightmares but were too scared to confront on a conscious level.

Hans Berg's masterful musical compositions can be misleadingly jubilant at times and appropriately foreboding at others. For *Untitled (Kids & Dogs)* (2007), a performance piece commissioned by Performa 07, Djurberg, Berg, and Djurberg's brother Pascal Strauss illustrated the importance of the sound-track compositions by producing the sounds live on stage, as the videos were projected behind them. Djurberg pinched the air out of a balloon to make the squeal of the rats running in the trash heap, as her brother squeezed an accordion lightly to ape the wheezing of dogs rummaging through the trash, while Berg played drums with kitchen utensils. Djurberg supplemented the on-screen action (dogs waging war against starving children) with her own thespian gestures: she applied bandages to Berg and Strauss and force-fed them cake (to get the sound of the wounded being fed in their hospital beds). It's not always good to see what happens behind the scenes with videos, but in this case the live action heightened the drama and intensity.

For a recent exhibition at the Prada Foundation in Milan, Djurberg pushed her work beyond the confines of the video screen and turned the tales inside out, forcing viewers to enter into her madness on a physical level. The entrance to the space was masked with duct tape and stretched fabric, echoing the tight striations of an asshole. The video *Johnny* (2008) was projected on the floor, but to view it you had to peek through a circle of trees, mimicking the actions of the Peeping Tom in the video, who gets burned at the stake for his misdeeds. Beyond the trees loomed an enormous potato sprouting several eyes. Three rooms were carved out of the potato, each one displaying a new direction in her videos: a theme of transformation and self-awareness. One sad story follows a young girl as she cares for an elderly, ailing relative who disgustingly farts and pisses all over herself as the girl attempts to bathe and care for her. It's quite

painful to watch, as your mind inevitably turns to your own relatives and the inevitable fate of aging, sickness, and death (*Once removed on my mother's side*, 2008). Another room features a heartbreaking pair—a wolf and boy attached at the hip. Siamese twins straight out of a Grimm's fairy tale, the character(s) move about the kitchen attempting to make a meal, but the wolf's efforts continually thwart the young boy. Tears begin to flow, and we're left aching for the boy's helpless state (*We are not two, we are one*, 2008). The third room displays *It's the Mother*, the traumatic allegory of motherhood described above.

Also in this installation, Djurberg crafted a sculpture of a woman diving head-first into the earth, with only her torso, back, and rear end protruding at one end, and her calves and feet at the other. A video played inside her asshole, and in order to view it, you had to stick your head in, up close (*The Prostitute*, 2008). Djurberg continues to stretch her imagination with inventive storytelling and pushes her brutally honest portrayals of raw, real emotion further and further. For her Hammer Projects exhibition, she and Berg take advantage of the unfamiliar territory of Los Angeles and conjure up new adventures and suffering, drawing on the misleadingly bright and sunny atmosphere. In *Moving on to greener pastures* (2008) children try to get from one mountain ridge to another, but crocodiles in the swamp below intervene and make a meal out of them. Such is life in the Djurberg universe.

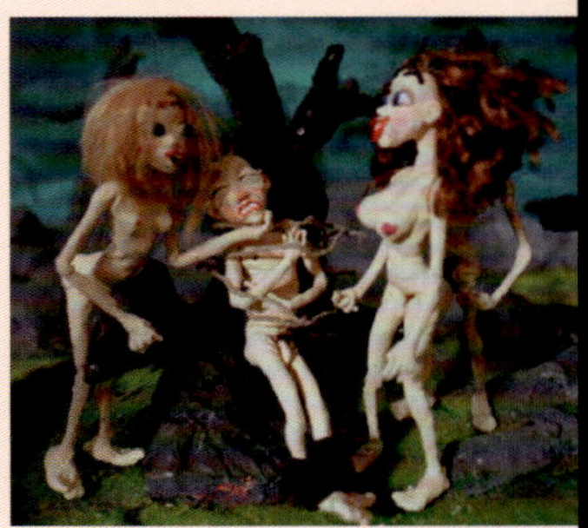

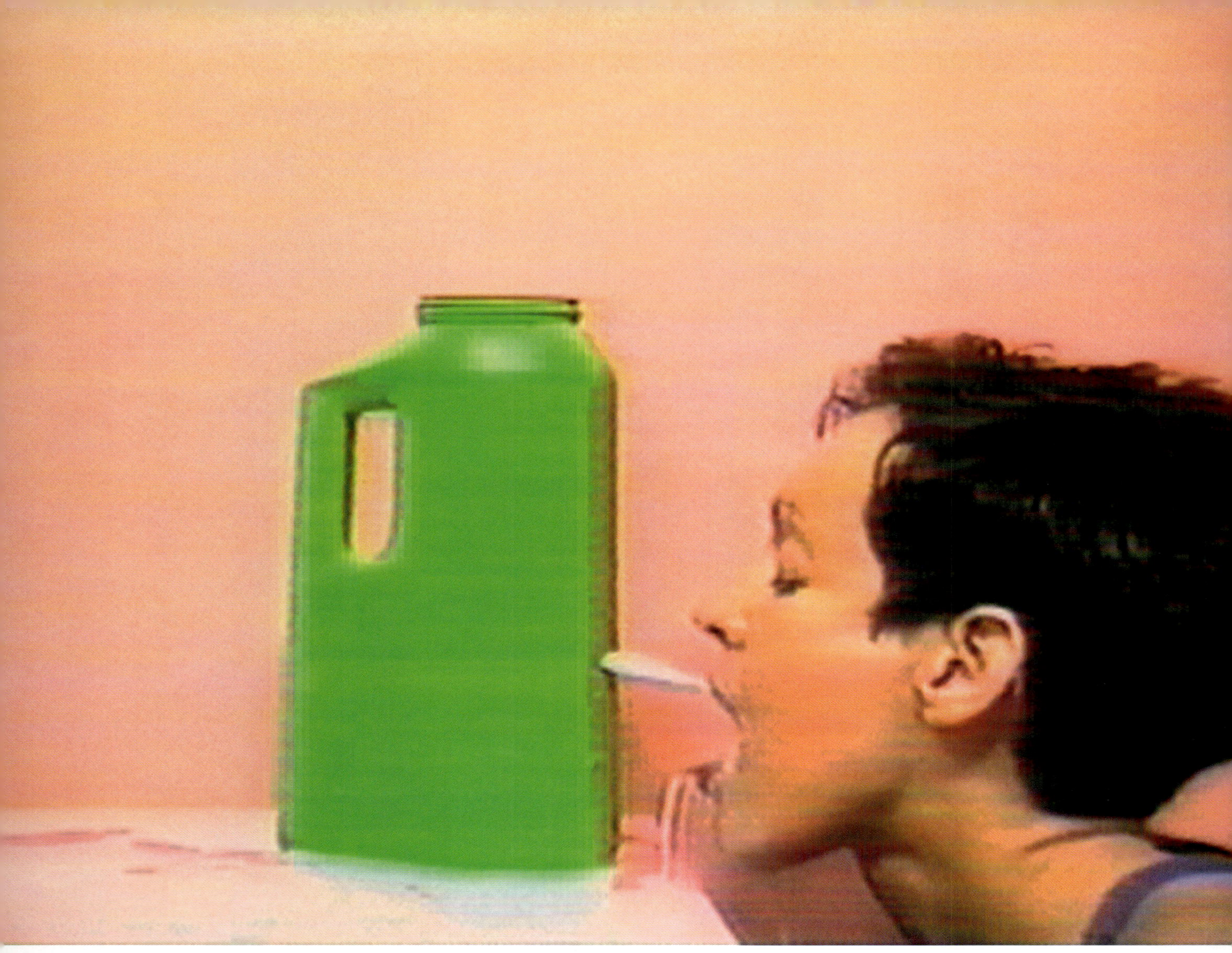

Cheryl Donegan, **HEAD,** 1993, Videostill / Video still
Courtesy of the artist and Electronic Arts Intermix (EAI), New York

CHERYL DONEGAN
HEAD, 1993

Video, 2'49", Farbe, Ton

Video, 2'49", colour, sound

"Her slick, seal-like head moves in a stretch, the woman in this tape, smooth as shrink-wrapped plastic. When I first saw HEAD I had only one thought: I thought this girl must be one hell of a ride. That was what the tape asked for, it seemed to instigate or invite this kind of bravado, these pumped-up visions of domination and sexual slavery. If Cheryl Donegan were in a cartoon the bubble might read, 'If I had a woman like that. …' And the response might be, 'You couldn't handle her.' As in the all-too-tasty movie *Basic Instinct,* a woman with that much appetite, with the ability to enjoy sex on a par with the fictive lust of men, is dangerous. How many times have men in books and movies said to one another, 'A woman like that would kill you'?

[…]

The character Cheryl Donegan invents could easily be accused of the same. In HEAD Donegan studies what pleasure looks like. The piece is incredibly direct. A woman – the artist – approaches a green plastic bottle with a plugged spout sticking out from one side. She pulls the plug free, and a white milkish fluid begins to stream through the hole. The frame is filled with her head and upper torso, pert breasts bound in a leotard. Her dainty gloss-dipped lips part as she catches the liquid in her mouth, vertically lapping it up. Sometimes she spits or drools the stuff back into the open top, sometimes she swallows. After a time the flow begins to ebb; just a thin trickle is left. So she starts to suck at the hole, lick around it. Lick the bottle up and down. Who or what the bottle is, is open to one's own particular fantasy."

C. Schorr, 'Cheryl Donegan', in: **Artforum International,** Summer 1993, <https://www.questia.com/read/1G1-14156130/cheryl-donegan>, accessed 18 April 2017.

Cheryl Donegans **HEAD** (1993) fördert eine patriarchale historische Ladung zutage und beschenkt den Betrachter mit Erotik, die überwältigend, lebendig daherkommt. Als erfülle es gewissermaßen einen pädagogischen Auftrag. Der Schwall erinnert stark an diesen patriarchalen Modus, der in jedem Symbol in **HEAD** versteckt ist – inklusive der arretierten Kamera und dem gleichzeitig zur Kamera hin gewendeten Gestus von Videoperformances der 1970er-Jahre, eingefasst in eine explizite Absprache mit einem ganzen Universum an priapeischer Bedeutung und gestohlener Macht. Der grelle Behälter blutet in die Nichtigkeit aus, und Donegan ist lebendig und selbstbezogen, wie ein Vampir an einer Arterie; die Milch strömt hervor und tröpfelt dann vor sich hin, wie eine ebensolche Menge an Blut. Die Lebenskraft erholt sich von Neuem und ein wie auch immer geartetes vorherrschendes Ideal von Unterwerfung – von lecken und lecken lassen – dominiert in hastiger Gier. Sugars Song **A good idea** listet detailliert eine Fantasie männlicher Machtausübung auf, die sich selbst mit Gewalt jedes Mal aufs Neue bestätigt. Insofern erkennt sich Donegans Rückforderung der Macht in der Möglichkeit der Vergeudung, des Am-Arsch-Vorbeigehens, des Spiels mit der Pseudotugend wieder – der Nährung mit der süßen Milch des Möglichen, der totalisierenden Tugend historischer Genauigkeit – und des Sich-Entfernens, wenn der Spaß dann mal vorbei ist. **A good idea** wird langsam ausgeblendet, zurückgelassen, für die Zwecke der Künstlerin eingesetzt, und das war's. Donegan eignet sich eine symbolischen Ordnung wieder an, die ihrer eigenen Ordnung schon immer zu eigen war, die ihre Wünsche entweder als unwichtig oder als Wünsche ihrer Unterdrücker ausgewiesen hatte, so lange, bis sie erschöpft oder blockiert waren. Donegan gibt frei, was immer auch gewaltsam unterdrückt war, und bezwingt dessen Inhalte, um ihre eigenen Sehnsüchte zu nähren und unsere zu quälen. Darin liegt nichts Strafendes, lediglich eine vorherrschende Kultur, wiedergegeben in schwülstigem Grün und Rosa, und eine Künstlerin, die sich holt, was ihr zusteht.

Cheryl Donegan's **HEAD** (1993) extracts its patriarchal historical load and gifts eroticism back as something overwhelming, vital. It's got the ring of the pedagogic, somehow. That slew of patriarchal mode stashed in every redolent symbol of **HEAD** – including the locked-off, to-camera presumptions of Seventies' video performance, forced into explicit collusion with a whole universe of priapic significance and stolen potency. The lurid carton bleeds out to inanity, and Donegan is as animated and self-involved as a vampire at an artery, the milk first jetting, then trickling out like so much blood. Vitality is re-recuperated, and whatever preeminent ideal of submission – of giving and taking head – is dominated in a rush of greed. While Sugar's **A Good Idea** details a fantasy of male power reasserting itself in violence, Donegan's reclamation re-figures her power in the capacity to waste, to not give a fuck, to play with seeming-goodness – the nourishment of the maybe-milk, the totalising goodness of historical fidelity – and to walk away from the mess when her fun's done. **A Good Idea** fades out, abandoned, used for the artist's own ends and no more. Donegan re-appropriates a symbolic order that forever appropriated hers, that treated her wants as either unimportant or surely affined to that of their oppressor, and until they're spent or clogged. Donegan unblocks whatever forcible repressed, and downs its contents to feed her own desires and to tease ours. There's nothing punitive here, just a pre-eminent culture rendered turgid in greens and pinks, and an artist recouping what's hers.

ART REVIEWS

Cheryl Donegan's Subversive 'Head'

By SUSAN KANDEL
SPECIAL TO THE TIMES

A woman with short, dark hair approaches a plastic bottle with a spout on its side. She pulls the plug and a milky liquid starts to pour out. The woman, moving in sync to a thumping rock score, catches the liquid in her mouth, swallows it, spits it back in the container, lets it dribble from her lips. When the fluid runs out, she licks around the spout. The piece is over.

In "Head," a three-minute video at Kim Light Gallery, artist **Cheryl Donegan** asks a question: What makes a scenario pornographic?

Clad in a cropped athletic top with her face stripped of makeup, Donegan stars in this particular screen test. She is, however, no typical fetish object. Her performance, first off, feels like a workout. Yet this piece isn't just about the labor accrued within the pornographic regime of faked ecstasy. 's more ambitious than that.

The pleasure Donegan interrogates—like that which comes at the end of any hard work-out—is autoerotic. Donegan is attractive, but she is emphatically unavailable. Unlike Jeff Koons, who played at pornography in his recent "Made in Heaven" series, she doesn't acknowledge her audience; she never even looks at the camera. She has other things on her mind. Perhaps, watching her enjoy herself, so do we.

The most interesting part of the video comes at the end, when the artist spits a prodigious amount of liquid against the pink backdrop and produces what looks suspiciously like an Action Painting—a dripping mess, recast as an aesthetic trace of the body's exertions. Donegan, however, has taken the language of this macho spectacle, read it through a familiar script of feminine submission, and produced a third thing, something distinctly feminist. "Head" is at once subversive and sexy; but it is, finally, not about sex—autoerotic or otherwise. It is about the viewer's head, and about how the artist can become mistress of it.

■ *Kim Light Gallery, 126 N. La Brea Ave., (213) 933-9816. Closed Sundays and Mondays. Through July 24.*

Colors of Dreams: In **Jan Groover's** still-life photographs at Fahey/Klein Gallery, tin funnels, milky decanters and clay figurines—along with the occasional pear—are arranged on vertiginously tilted tabletops that are suffused in what can only be described as a perfumed haze.

Photography is, in many ways, a prosaic art. Groover, however, is attracted to poetry. And indeed, her forms are deftly articulated; her colors are subtly realized. In the platinum prints, the full range of grays is exploited. In Groover's color images, the muted hues—ochres and umbers, or the particular shades of rose one finds in hand-tinted photographs—look like the colors of dreams.

Yet these images are so dreamy they are insubstantial, so still (even for still-lifes) they are lifeless. Groover holds an important place in photographic history; she once pushed the parameters of her medium. But the work has since been smothered in its own hyperaestheticism. These photographs, most dating from the last 10 years, are far from her best; they resemble nothing so much as backdrops for a swoony advertising campaign.

■ *Jan Groover at Fahey/Klein Gallery, 148 N. La Brea Ave., (213) 934-2250. Closed Sundays and Mondays. Through July 10.*

THEATER REVIEW

'Sang' Fails to Harmoniously Unite 5 Divas

By DON HECKMAN
SPECIAL TO THE TIMES

Imagine Sartre's "No Exit" with a cast that includes five legendary divas of blues, jazz and gospel, and you've got a pretty good idea of what "Sang, Sista, Sang" is all about.

The new musical play by Wil- ery's Jackson errs in the other direction, concocting an image so upright and virtuous that it defies belief. And Stefani Spruill's Baker, accurate as her visual portrayal appears to be, fails to capture the expatriate singer's inherently dualistic complexities.

Patricia Hodges' Smith and Sweet Baby J'ai's Holiday have a expectedly appends one of the show's better moments via a brief set of Washington songs, sung with some authenticity by B'anca. Curiously, none of the other characters—except for Montgomery's brief and attractive gospel medley—is afforded a comparable musical exposition.

That may be just as well, since

---

history.
● John Beresford Tipton on "The Millionaire" (1955-1960). In the opening of each episode, billionaire Tipton called his personal secretary, Michael Anthony (Marvin Miller), into his study and handed

waist down, especially her shapely legs, was visible. Mary Tyler Moore played Sam in 1959 and was later replaced by Roxanne Brooks.
● Alan Brady on "The Dick Van Dyke Show" (1961-1966). Rob Petrie (Dick Van Dyke) was the head

(Sharon
troubles to
the show'
husband—
The back
would occ
noncomm

COMMENTARY

Sinatra Reaches the December of H[...]

By WAYNE ROBINS
NEWSDAY

NEW YORK—It's a quarter to 3. I'm sitting at home with the stereo on, quietly so as not to wake the family. The floor is strewn with more than 20 Frank Sinatra albums, from the Dorsey sessions of 1940 to my '50s favorite, "One More for the Road."

On a chair is "Bang Bang (My Baby Shot Me Down)," in which Sinatra takes an absurd Sonny Bono song and makes it sound as meaningful as something by my fondly remembered late acquaintance, Mr. Sammy Cahn.

There's no one in the place except me . . . and two of the friends that Sinatra used to introduce at many of his concerts: "Mr. Chivas" and "Mr. Regal." Soon they too will be gone. We're drinking, my friend, to the end of a long episode. Sinatra is singing "one for my baby, one more for the road." But soon he must sing it no more, for the road is coming to an end.

It is difficult to imagine a world without Sinatra singing. But it is a subject we must confront. Over and over in my mind, I have been reliving the night of June 10, the first of three consecutive evenings of Sinatra performances at Westbury Music Fair on Long Island. He did not seem well.

It was agony to watch the greatest entertainer of our lifetimes stumble around the stage, unable to read the seven oversized video screens that coached him with the lyrics, unable to remember the words to songs he has sung thousands of times. "What the hell are the words?" he shouted in the middle of "I've Got a Crush on You."

Some viewers of this sad spectacle were satisfied just to be in the presence of a legend. "Sure he forgot words and his voice sometimes failed him but . . . we love him for it!" one woman wrote.

Love is a funny thing. Sometimes it makes us blind to the faults of those closest to us, which—considering our species' stunning absence of perfection—is a good thing. But sometimes that love also protects us from facing painful truths about those we cherish.

Of course, people with problems find it difficult to admit the truth to themselves. The word psychologists use is *denial.* Let us stop our denial and face the uncomfortable fact that for the sake of his health and the sake of his reputation, Frank Sinatra should be elevated to Chairman of the Board Emeritus. He should retire, with dignity.

It has been an extraordinary run. For more than 50 years—50 years!—Sinatra has been the standard by which every other popular singer is judged and found, in whatever way, wanting.

Others may have better pipes—you could make an argument that Tony Bennett has a voice technically superior to Sinatra's in terms of range and power. But as great as Bennett is, he knows who stands where in the firmament: He recorded an album of Sinatra songs last year called "Perfectly Frank." I haven't heard about Sinatra recording a Tony Bennett tribute.

But tha
about sing
those inta
dence an
possess.
Sinatra
entertaine
already o
If Sinatr
started th
would hav
the end of
So the
these day
doesn't b
him per
roughly
1974, wh
he return
Garden i
what loc
with a
watching
cal chan
with the
and Ali c
But S
ring too

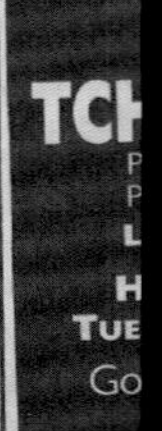

01

---

01 Susan Kandel, **Cheryl Donegan's Subversive 'Head'**, in: **Los Angeles Times,** 3.7.1993 / 3 July 1993. Courtesy of the artist

02 Screening-Broschüre / Screening brochure, **Cheryl Donegan – Video and Performance,** Film and Video Umbrella, London, 1994. Courtesy of the artist

03 Einladungskarte / Invitation card, **Cheryl Donegan,** Elizabeth Koury Gallery, New York, 1993. Courtesy of the artist

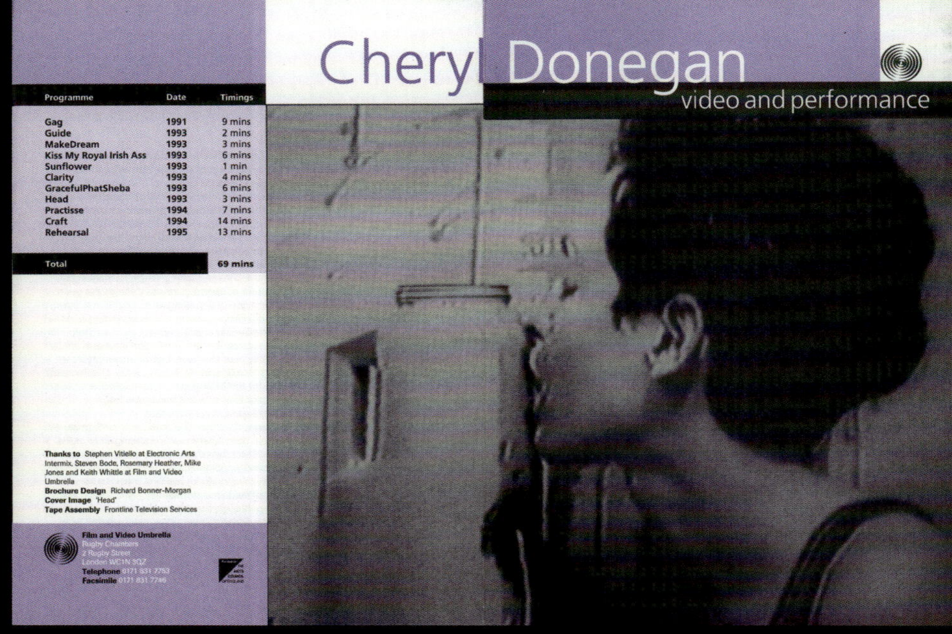

Programme	Date	Timings
Gag	1991	9 mins
Guide	1993	2 mins
MakeDream	1993	3 mins
Kiss My Royal Irish Ass	1993	6 mins
Sunflower	1993	1 min
Clarity	1993	4 mins
GracefulPhatSheba	1993	6 mins
Head	1993	3 mins
Practisse	1994	7 mins
Craft	1994	14 mins
Rehearsal	1995	13 mins
Total		69 mins

Thanks to Stephen Vitiello at Electronic Arts Intermix, Steven Bode, Rosemary Heather, Mike Jones and Keith Whittle at Film and Video Umbrella
Brochure Design Richard Bonner-Morgan
Cover Image 'Head'
Tape Assembly Frontline Television Services

Film and Video Umbrella
Rugby Chambers
2 Rugby Street
London WC1N 3QZ
Telephone 0171 831 7753
Facsimile 0171 831 7746

02

SEPTEMBER 11 TO OCTOBER 2 1993
OPENING RECEPTION: SATURDAY SEPTEMBER 11
FROM FIVE TO EIGHT

CHERYL DONEGAN

PROJECT ROOM
MICHELLE SEGRE

ELIZABETH
KOÚRY
89 GREENE STREET NEW YORK NY 10012
TEL: 212-334-5155
FAX: 212-334-5580

03

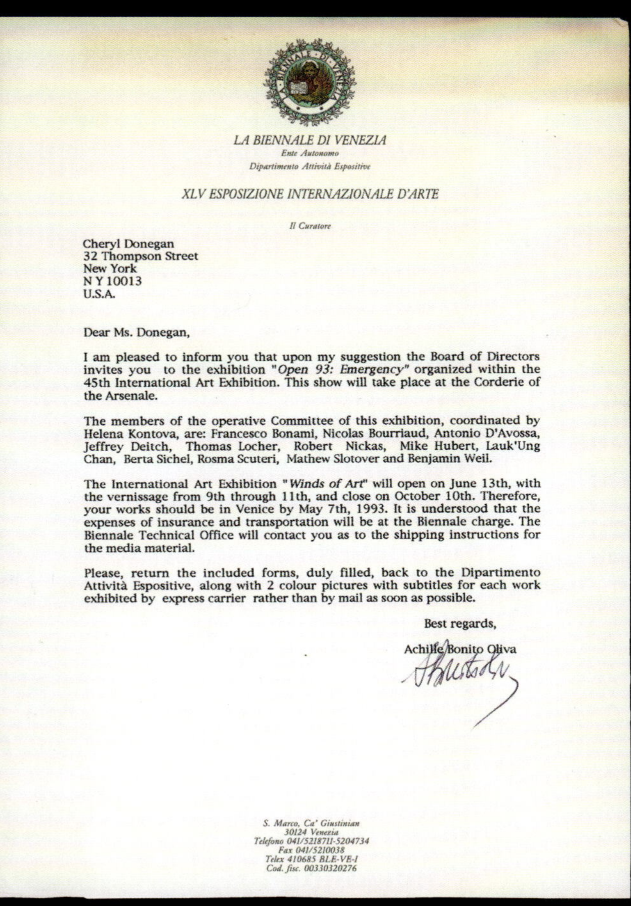

LA BIENNALE DI VENEZIA
Ente Autonomo
Dipartimento Attività Espositive

XLV ESPOSIZIONE INTERNAZIONALE D'ARTE

Il Curatore

Cheryl Donegan
32 Thompson Street
New York
N Y 10013
U.S.A.

Dear Ms. Donegan,

I am pleased to inform you that upon my suggestion the Board of Directors invites you to the exhibition *"Open 93: Emergency"* organized within the 45th International Art Exhibition. This show will take place at the Corderie of the Arsenale.

The members of the operative Committee of this exhibition, coordinated by Helena Kontova, are: Francesco Bonami, Nicolas Bourriaud, Antonio D'Avossa, Jeffrey Deitch, Thomas Locher, Robert Nickas, Mike Hubert, Lauk'Ung Chan, Berta Sichel, Rosma Scuteri, Mathew Slotover and Benjamin Weil.

The International Art Exhibition *"Winds of Art"* will open on June 13th, with the vernissage from 9th through 11th, and close on October 10th. Therefore, your works should be in Venice by May 7th, 1993. It is understood that the expenses of insurance and transportation will be at the Biennale charge. The Biennale Technical Office will contact you as to the shipping instructions for the media material.

Please, return the included forms, duly filled, back to the Dipartimento Attività Espositive, along with 2 colour pictures with subtitles for each work exhibited by express carrier rather than by mail as soon as possible.

Best regards,

Achille Bonito Oliva

S. Marco, Ca' Giustinian
30124 Venezia
Telefono 041/5218711-5204734
Fax 041/5210038
Telex 410685 BLE-VE-I
Cod. fisc. 00330320276

04

04 Offizielles Einladungsschreiben an / Official invitation letter to Cheryl Donegan, **Open 93: Emergency,** 45. Biennale, Venedig / Venice, 1993. Courtesy of the artist

**TRISHA DONNELLY
UNTITLED, 2008**

Video, 6', Farbe, kein Ton

Video, 6', colour, no sound

"Donnelly's oeuvre is uncharacterizable and polymorphous. It includes text, demonstrative activity, intermitted sound, fields of energy, gravitational forces, levers (and the drawings that are their portals), video, and photographic evidence of metaphoric phenomena, as well as musical compositions, written dialogues, and visionary projects as yet unrealized, […].

Although Donnelly's works often happen only once and leave behind no record, and the sound pieces are timed to go off at intervals, making them easy to miss entirely – to call her work ephemeral is to miss crucial elements of its existence. […]

Donnelly has a way with mediums, or rather, has her way with mediums in a manner that makes them useless as descriptive designation. She requires of them that they supersede their expected parameters, and requires of us that we understand them as multivalent."

L. Hotman, 'Electricity', in: **Parkett**, 77, Zurich 2006, pp. 67–68.

In Trisha Donnellys **UNTITLED** (2008) besteht die Störung aus rosaroter Farbe, und Lebendigkeit. „Lebendigkeit" im Sinne von mit Leben erfüllt: **UNTITLED** überführt seinen Zustand des Chaos in eine glückliche Fügung von Rhythmus, Metrik – Bedeutung. Wie in so vielen von Donnellys Arbeiten stimmt der Effekt eher darin ein, als dass er sich davon abgrenzt: Es wirkt, als würde sie sich ebenso weit etwas wie auch immer Geartetem, als fremdartig Wahrnehmbarem, entgegenbewegen, das seinerseits gefordert ist, sich auf sie zuzubewegen. Das synaptische Flattern zwischen dem Figurativen und dem Tatsächlichen wird in zwei Bewegungen geübt, als eine Art von Attacke der Abstraktion, die ihrer analogen Umklammerung niemals den Laufpass gibt (oder besser, sich weigert, zwischen den beiden zu wählen) – und ist etwas, das meiner Ansicht nach die Beziehung zwischen dem bewegten Bild und seinem materiellen Vorbehalt ziemlich gut beschreibt. Beide Pole sind eine Fantasievorstellung. Dazwischen liegt Erfahrung, und nur hier finden Dinge statt. **UNTITLED** beherrscht das Jetzt. Oder versucht es – versucht es immer und immer wieder, einen fehlbaren Augenblick zu wiederholen –, einen oder drei Augenblicke des Hereinbrechens, der Möglichkeiten. Und es wirkt irgendwie mikrokosmisch – wie eine mikrokosmische Welt überschwemmter Venen, kreisender Protonen, zögerlicher Quarks. Oder auch makroskopisch – Nebel, weiße Zwerge. Sie sind gleichwertig, und wir sind dazwischen gefangen. Ein Pascal'sches Raumäquivalent zu „jetzt". Es ist eine Arbeit, in der die Struktur gewissermaßen enthüllt wird, ohne dem zu schaden, was an der Oberfläche geschieht. Die Struktur zu enthüllen, bedeutet nicht, denke ich, etwas zu verstehen. Hier ist es ein Weg, um die Perspektive zu verlieren, von einem anthropozentrischen Weltbild – wenn auch nur minimal – abzuweichen, und etwas zutiefst Gleichwertiges, Produktives zu finden. Es ist wie ein Sehnsuchtsmotor, der im Zusammenspiel mit seiner Wirkung erzittert, widerstehliche Dichotomie. Errötend, ist diese auf wunderbare Art und Weise inhärent: Rein stofflich betrachtet sind wir winzig, und ich denke, das wissen wir. Wohingegen das Universum unvergleichbar ist und es nicht weiß.

Trisha Donnelly's **UNTITLED** (2008) glitches rose tint, and vitally. 'Vitally' as in, with life: **UNTITLED** steers serendipity from its chaotic condition into rhythm, meter – meaning. As with so much of Donnelly's work, her agency attunes rather than demarcates: it feels like she is just as much moving towards whatever alien sensible as it is asked to come towards her. The synaptic flutter between the figurative and literal is rehearsed in those two movements, as a kind of tilting at abstraction that never ditches its analogue clinch (or better, refuses to choose between the two) is something that rather well describes, for me, the relationship between the moving image and its material proviso. Both poles are a fantasy. In-between lies experience, and things only happen here. **UNTITLED** holds in the now. Or tries to – rehearsing, over and over, some fallible moment – a moment or three of irruptions, possibilities. And it looks somehow microcosmic – like a microscopic world of flooding veins, circling protons, hesitant quarks. Or otherwise macroscopic – nebula, white dwarfs. They're equivalent, and we're caught between them. A Pascalian spatial equivalent to 'now'. This is a work where structure is kind of revealed without detriment to whatever plays on the surface. Revealing structure is not to understand something, I suppose. Here it's a way to lose perspective, to shift, however slightly, from an anthropocentric world view, and find something deeply equivalent, productive. It's like a motor of desire thrilling in play with what it actually looks like, resistible dichotomy. Blushing, it inheres beautifully: in substance, we're minute, I guess – but we know it. Whereas the universe is incommensurable, and knows nothing.

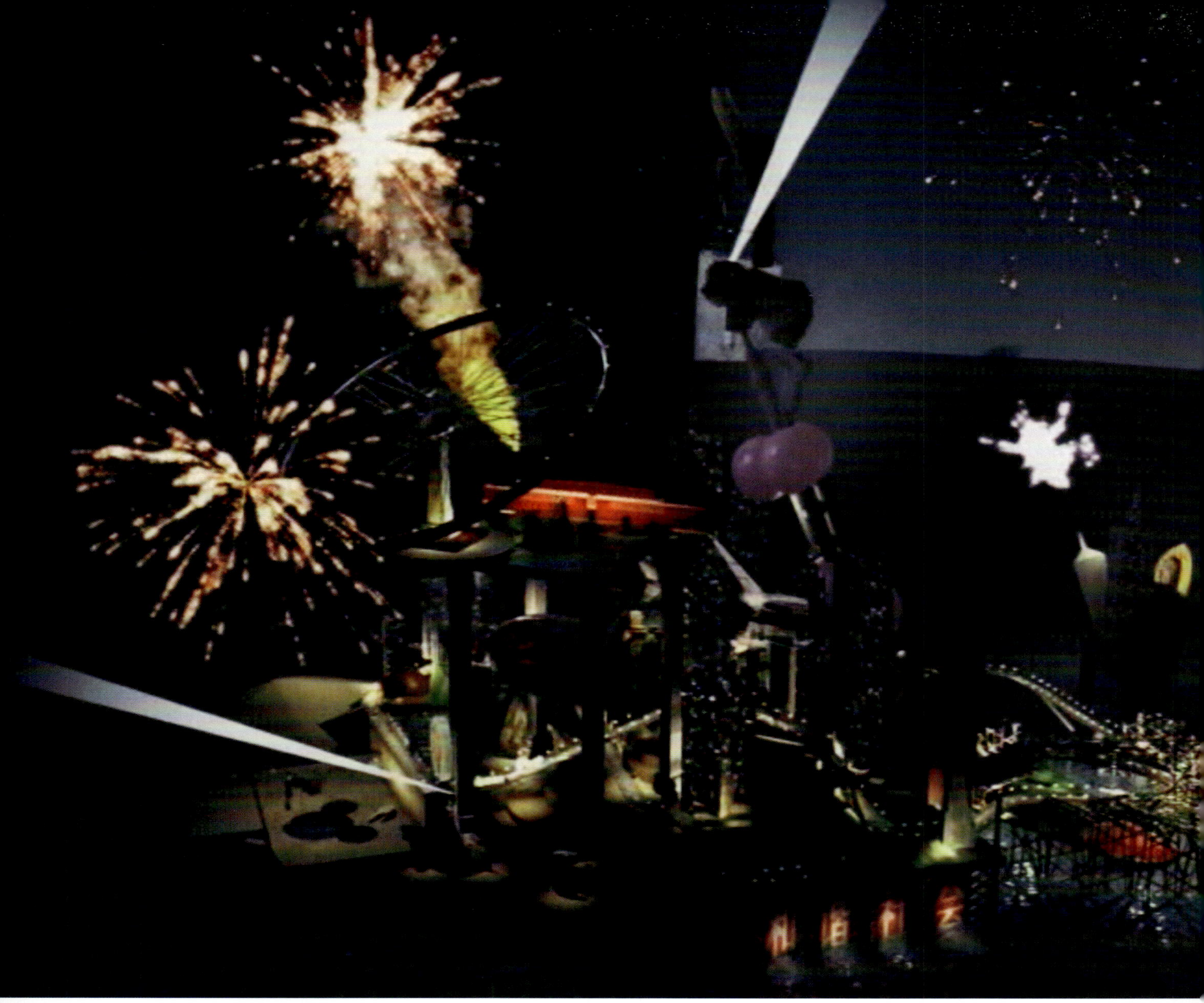

Cao Fei, **RMB CITY – A SECOND LIFE CITY PLANNING BY CHINA TRACY,** 2007, Videostill / Video still
Courtesy of the artist and Vitamin Creative Space, Guangzhou/Beijing

**CAO FEI
RMB CITY – A SECOND
LIFE CITY PLANNING
BY CHINA TRACY, 2007**

Video, 6', Farbe, Ton

Video, 6', colour, sound

"**I**n *RMB CITY – A SECOND LIFE CITY PLANNING* (2007), Cao Fei continues her experiments in Second Life, this time focusing on the virtual world's rampant consumerism. RMB City is located in the middle of an expanse of water and, according to the artist, represents a rough hybrid of communism, socialism, and capitalism constructed out of a condensed incarnation of the various characteristics and architectural icons of contemporary Chinese cities. It is not only the virtual consumerism that Cao Fei comments on so tersely, but also the actual obsession with real-estate development in Chinese cities. These larger issues are underlined by a series of cynical stabs buried in RMB City's design, such as the panda head that has replaced Mao's portrait on the Gate of Heavenly Peace, as well as the giant Mao sculpture floating off the shore, a clear allusion to New York's Statue of Liberty. To finance the costs of building this virtual city, the artist is selling its property in various locations that are set up to look like actual real-estate offices. The return of investment, after a period of two years, is a commemorative artwork by Cao Fei."

X. Piëch, 'Fantastic Realities and realistic Fantasies', in: eds C. Noe, X. Piëch and C. Steiner, **Young Chinese Artists**, Berlin, London, Munich, New York 2008, p. 49.

it seiner zynisch beschworenen Utopie, trotz ihrer Bedingtheit und vielleicht auch ihres Mangels an Glauben, wirkt **RMB CITY – A SECOND LIFE CITY PLANNING BY CHINA TRACY** (2007) als Gesamtprojekt positiv aufgeladen. Nichts veraltet rascher als Technologie, mit ihrer eingebauten potenziellen Obsoleszenz, als Beschaffer von Kapital. Ihr Ergreifen des Jetzt erfüllt sie, im Nachhinein betrachtet, mit dem Makel der Nostalgie oder vielleicht – auch aufgrund ihrer Endlichkeit – mit Verlust. **RMB CITY** haftet eine Traurigkeit an, die ebenso auf der Ästhetik der Technologie beruht wie auf ihrem unvergessenen Versprechen. „Second Life" verspricht genau das, mit all den anhängigen Vorstellungen des Himmlischen, schrankenlosen Möglichkeiten etc. In eine andere Welt einzutreten, weil diese durchgehend abgefuckt ist. Es ist tatsächlich ein Widerspruch. Vielleicht war es auch ihre Planlosigkeit, die jegliche tatsächliche alternative Möglichkeit zur Realität zunichtemachte – selbst wenn sie die ideologische Hegemonie der realen Welt mit ihrer eigenen Währung, Wirtschaft etc. imitierte. **RMB CITY** begriff die Unmöglichkeit der Maschine und hielt das Spiel am Laufen – auf eine Art und Weise, die sowohl satirisch als auch beschleunigt und sonderbar ernsthaft war. Dieser Trailer legt die Widersprüche an und akzeptiert sie auch – beharrt auf seinem **JETZT** (um 2008) mit einer Hingabe, die nach Unvermeidlichkeit schreit. Es wirkt wie eine Methode, eine alternative Realität über die bestehende zu stülpen – mit ihren materiellen Einschränkungen und den wirtschaftlichen Missverhältnissen –, um genau jene Beschränkungen sichtbar zu machen und um vielleicht auch andere Möglichkeiten des Lebens zu postulieren. Wie auch anderswo, und im Speziellen im Fall computergenerierter Arbeiten, ist die Aussage im Modell eingebettet, in seiner Realitätsnähe in Verbindung mit seiner Unmöglichkeit. Infrastrukturen, die andernfalls nicht greifbar sind – entweder im materiellen Umfang oder in der ideologischen Allgegenwart –, werden modelliert, um im Gegenzug die Interaktionen zu modellieren. **RMB CITY** ist ein Spielzeug, um Realitäten nachzuspielen, in denen wir drinstecken.

topia cynically conjured, yet, despite its conditionality and, perhaps finally, lack of faith – **RMB CITY – A SECOND LIFE CITY PLANNING BY CHINA TRACY** (2007), as an entire project, felt positively charged. Nothing dates faster than technology, with its contingency concerning built-in obsolescence as a generator of capital – its embracing of now instils it, in retrospect, with the taint of nostalgia or, perhaps because of its finitude, loss. There's a sadness lacing **RMB City** which stems from the tech's aesthetic and its remembered promise. Second Life promised just that, with all the attendant attachments of heaven, unbridled possibility, etc. Another world to enter as this one steadily fucked up. It's a contradiction, really. Perhaps it was its aimlessness, too, that put paid to any actual alternative possibility to reality – even if it did ape the real world's ideological hegemony with its own currency, economy, etc. **RMB City** understood the engine's impossibility, and maintained the game – in such a way as to be both satirical, accelerated, and oddly sincere. This trailer lays out the contradictions, and runs with them – cleaving to its **NOW** (circa 2008) with an abandon that yelps of necessity. It feels like a way of superimposing an alternative reality over the current one – with its material constraints and economic disparities – in order to make visible those very restrictions, and to posit, perhaps, other possibilities for living. As elsewhere, and particularly with computer-generated works, the proposition is embedded in the model, in its lifelikeness as combined with its impossibility. Infrastructures that are otherwise intangible – either in material scale or ideological ubiquity – get modelled in order to, in turn, model the interactions. **RMB City** is a toy to game realities that contain us.

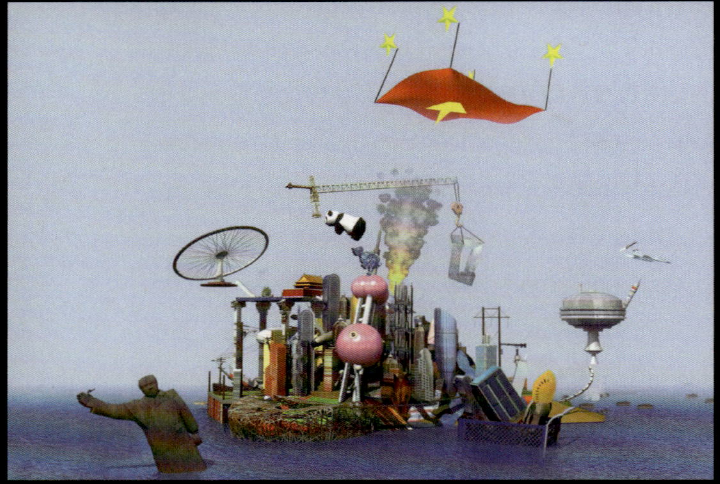

01–02

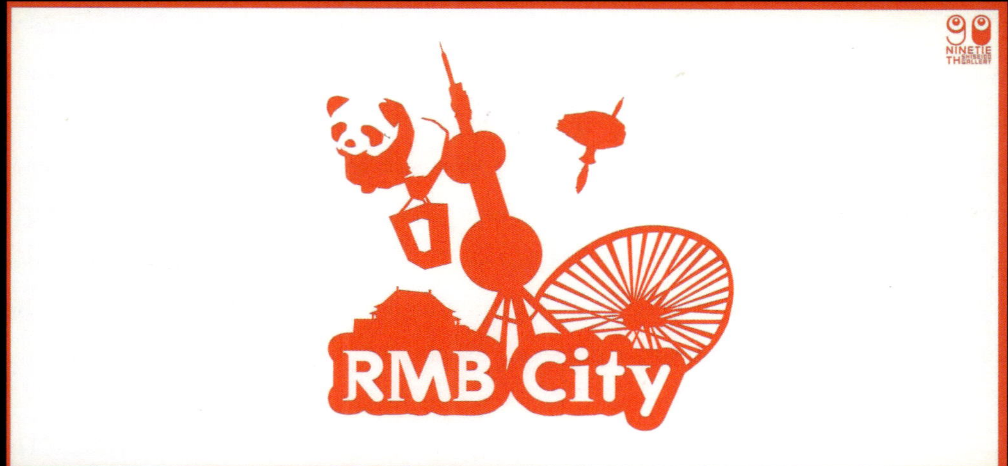

03–04

01–02 Einladungskarte / Invitation card, **Cao Fei: RMB City,** Serpentine Gallery, London, 2008. Courtesy of the artist

03–04 Veranstaltungsflyer / Event flyer, **RMB City – Life in RMB City,** Shiseido Gallery, Tokio / Tokyo, 2009. Courtesy of the artist

05 Ausstellungsbroschüre / Exhibition brochure, **Cao Fei,** Kunsthalle Nürnberg, Nürnberg / Nuremberg 2008. Courtesy of the artist

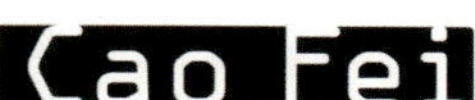
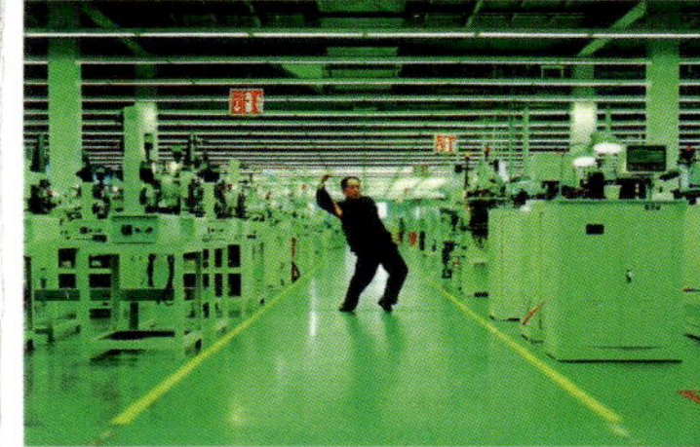

11.12.2008–15.2.2009

Die 1978 in Gouangzhou geborene Cao Fei gehört zu den wichtigsten chinesischen Künstlern ihrer Generation. Aufgewachsen in einer Welt, die von der in Hongkong und Taiwan entwickelten elektronischen Unterhaltungsindustrie und Werbung dominiert ist, verbindet sie in ihren Videofilmen und skulpturalen Installationen die Einflüsse einer globalen Post-Popkultur mit traditionellen Elementen der Oper, des Theaters oder des Tanzes. Souverän setzte sie seit der Jahrtausendwende die technischen Möglichkeiten des Films, der Animation und des Internets ein, um die rasanten gesellschaftlichen und kulturellen Umbrüche in China darzustellen. Cao Fei entwickelte in kürzester Zeit eine ganz eigenständige Bildsprache, in der sich Realität und Fiktion, Geschichte und Gegenwart überblenden. In ihren ‚Doku-Dramen' wie etwa *Nu River* (2007) oder *Cosplayers* (2004) nimmt sie bewusst eine zwischen Innensicht und Außenblick vermittelnde Perspektive ein, bei der Dokumentation und Fiktion ineinander greifen. Vorgestellt werden auch die neuesten Projekte *RMB City* und *i.Mirror*, die Cao Fei seit 2007 im Internet mit ihrem Avatar China Tracy auf ‚Second Live' als utopische Städte und zukünftige Lebensformen entwickelt.

Die Ausstellung in der Kunsthalle Nürnberg ist die erste umfassende Einzelausstellung der chinesischen Künstlerin in Deutschland, die in Zusammenarbeit mit Vitamin Creative Space, Peking/Gouangzhou und Le Plateau, Paris, organisiert wird. Zur Ausstellung ist das Künstlerbuch *Journey* (chinesisch/englisch) erschienen, das die Kunsthalle Nürnberg durch ein deutschsprachiges Begleitheft ergänzt.

Born in Gouangzhou in 1978, Cao Fei is one of the most important Chinese artists of her generation. She grew up in a world dominated by advertising and the electronic entertainment industry as developed in Hong Kong and Taiwan, and in her video films and sculptural installations she combines the influences of a global post-Pop culture with traditional elements of opera, the theatre or dance. Since the turn of the millennium, she has been employing the technical possibilities of film, animation and the Internet in order to depict the swift and radical social and cultural changes in China. Very quickly, Cao Fei developed a pictorial language entirely her own, in which she superimposes reality and fiction, and history and the present day. In 'docu-dramas' like *Nu River* (2007) or *Cosplayers* (2004) she consciously adopts a perspective that mediates between the inside and the outside viewpoints, interlocking documentation and fiction. The exhibition also presents the latest projects such as *RMB City* and *i.Mirror*. Since 2007 Cao Fei has been developing these utopian cities and future forms of living on the Net – on 'Second Life' – as her avatar China Tracy.

The exhibition in the Kunsthalle Nuremberg is the first comprehensive solo exhibition of the Chinese artist's work in Germany, organised in collaboration with Vitamin Creative Space, Peking/Gouangzhou and Le Plateau, Paris. The artist's book *Journey* (Chinese/English) will be published for the exhibition, supplemented by an accompanying German-language booklet produced by the Kunsthalle Nuremberg.

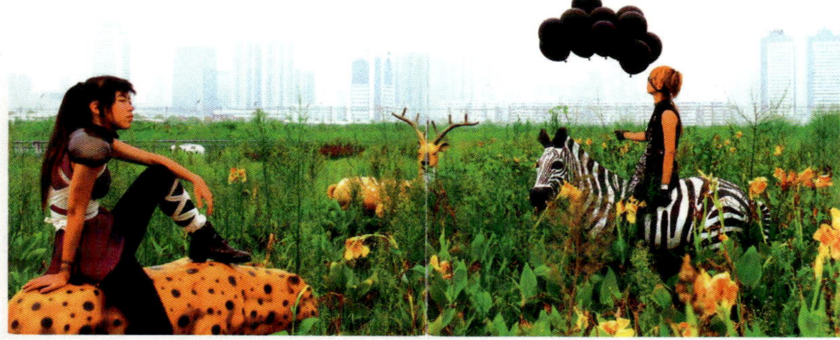

Links: *Cosplayers*, 2004, Fotografie und Videoinstallation, Courtesy: Künstlerin und Vitamin Creative Space
Oben: *Whose Utopia*, 2006, Videoinstallation, Courtesy: Künstlerin und Vitamin Creative Space
Titelseite: *RMB City*, 2007, Fotografie, Courtesy: Künstlerin und Lombard Freid

05

Play with your Triennale

Create Your Own Yokohama Triennale Project in RMB City !

RMBシティで自分の横浜トリエンナーレ・プロジェクトを創ってみよう！

Starting 13 September 2008
2008年9月13日開始

RMB City (www.rmbcity.com) is a virtual city and art community in the online world of Second Life, initiated by artist Cao Fei (SL: China Tracy) as a public platform for creativity. During the Yokohama Triennale, RMB City will be used to realize the dream projects of the general public.

Please send us your idea, and we might realize it in RMB City for the Yokohama Triennale.
▶ To enter, simply describe your ideas and email to : info@rmbcity.com (Subject: Yokohama Dream Proposal) before 10th, Oct. 2008. Selected entries will be realized in RMB City, Second Life.
▶ For more information, see : www.rmbcity.com www.youtube.com/user/RMBCityHall www.yokohamatriennale.jp
▶ Yokohama Triennale's Landmark in RMB City of Second Life: RMB City: People's Worksite, RMB City 1 (221, 196, 21)

RMBシティ（www.rmbcity.com）とは、インターネット上の世界 ‘セカンドライフ' に存在する仮想の街であり、芸術のコミュニティです。RMBシティは創造のための公共の舞台として、アーテイスト ツァオ・フェイ（チャイナ・トレーシー）によって始められました。横浜トリエンナーレ会期中は一般の方々の、夢のプロジェクトを実現するために使われます。

ぜひあなたのアイディアを送ってください。横浜トリエンナーレに併せて、RMBシティで実現するかもしれません。アイディアを描いて、2008年10月10日までにメールで info@rmbcity.com までお送りください。（ タイトル Yokohama Dream Proposal ）
選ばれたアイディアはセカンドライフのRMBシティで実現されます。
▶ 詳細は以下のホームページでもご覧いただけます。 www.rmbcity.com www.youtube.com/user/RMBCityHall www.yokohamatriennale.jp
▶ セカンドライフのRMBシティに現れる、横浜トリエンナーレの象徴とは RMB City: People's Worksite, RMB City 1 (221, 196, 21)

RMB City   横浜トリエンナーレ2008 YOKOHAMA TRIENNALE

06–07

06–07 Veranstaltungsflyer / Event flyer, **Play with your Triennale,** Yokohama Triennale, 2008. Courtesy of the artist

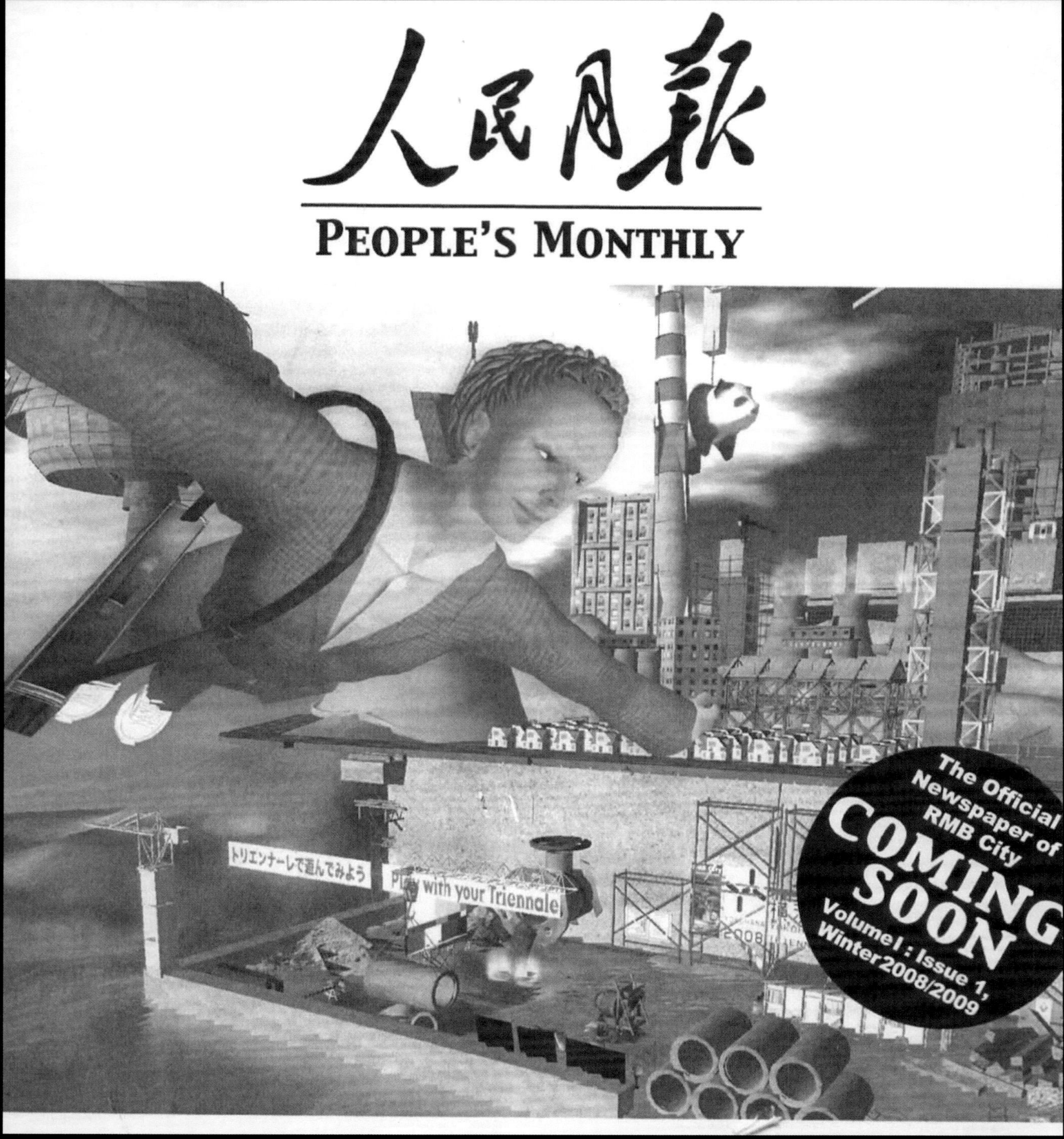

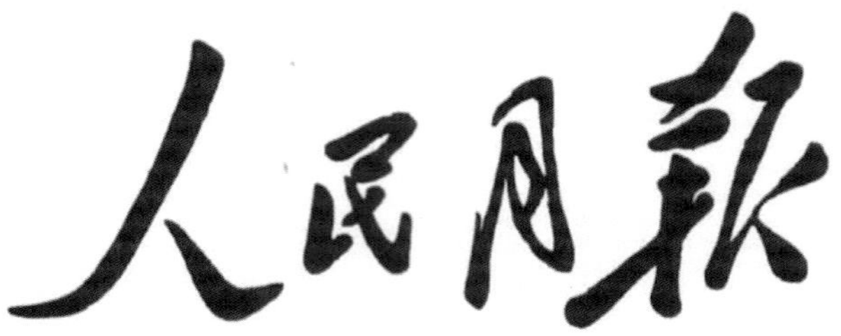

08–09

08–09 Magazin / Magazine, **People's Monthly – The Official Newspaper of RMB City,** 2009. Courtesy of the artist

RMB CITY
GRAND OPENING
JANUARY, 2009

Watch on www.rmbcity.com for the official announcement!
The gates of RMB City open to the public at last in three days of
auspicious celebration with a special *feng shui* art ceremony and
plenty of surprises...

For more information, please contact: info@rmbcity.com

www.rmbcity.com

www.rmbcity.com/blogs

www.youtube.com/user/RMBCityHall

Landmark in Second Life: RMB City 1 (130, 123, 140)

http://slurl.com/secondlife/RMB City 1/130/123/140/

Developer of RMB City: Cao Fei (SL: China Tracy) and Vitamin Creative Space

Facilitator: Uli Sigg   Public Presenter: Serpentine Gallery (London)

Chief Engineer: Avatrian

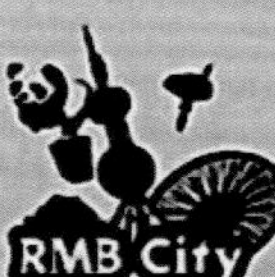

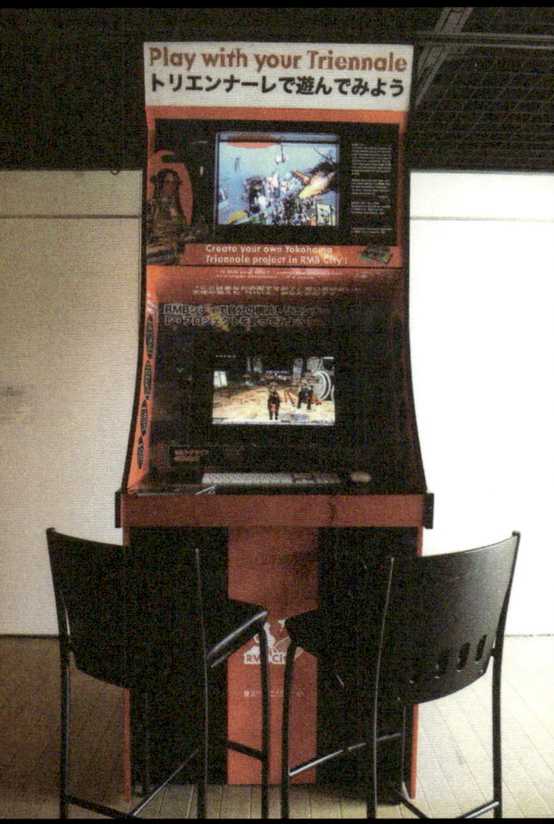

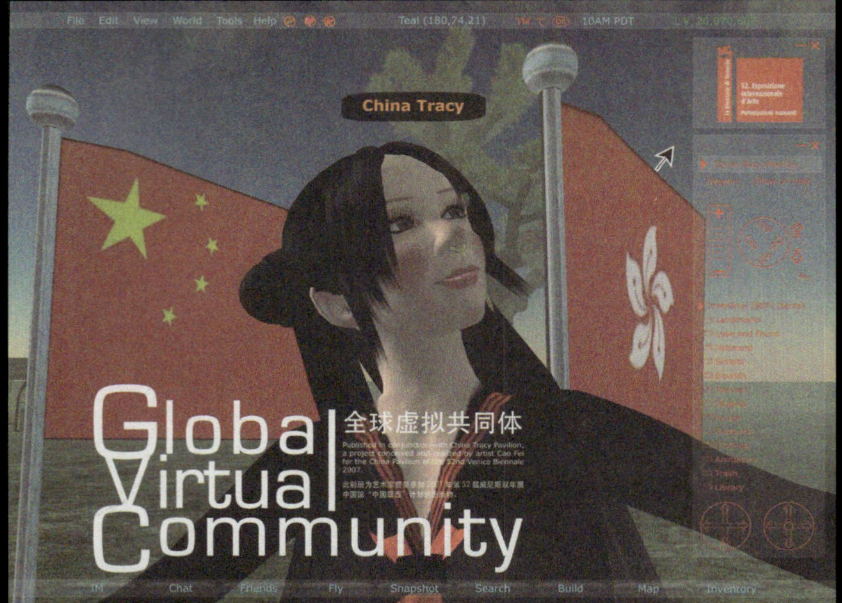

10

11–12

10 Postkarte / Post card, **Play with your Triennale,** Yokohama Triennale, 2008. Courtesy of the artist

11–12 Ausstellungsbroschüre / Exhibition brochure, **Global Virtual Community,** 52. Biennale, Venedig / Venice, Chinesischer Pavillon / Chinese Pavilion, 2007. Courtesy of the artist

13–14 Ausstellungsposter / Exhibition poster, **Cao Fei aka China Tracy – RMB City,** Lombard-Freid Projects, New York, 2008. Courtesy of the artist

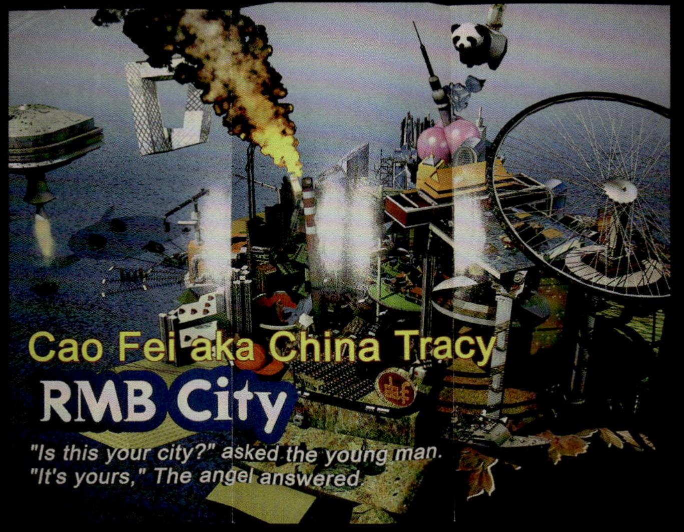

CAO FEI
RMB City

Feb 29 - April 05, 2008
opening reception Friday, Feb 29, 6-8 pm

13–14

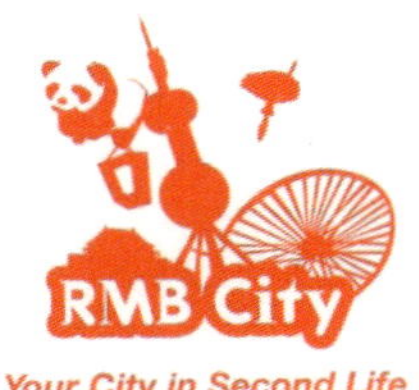

CD ☐   DVD ☐

To:
From:
Note:

info@rmbcity.com   www.rmbcity.com

15–16

15–16 CD-Umschlag / CD sleeve, **RMB CITY,**
2007–2012. Courtesy of the artist

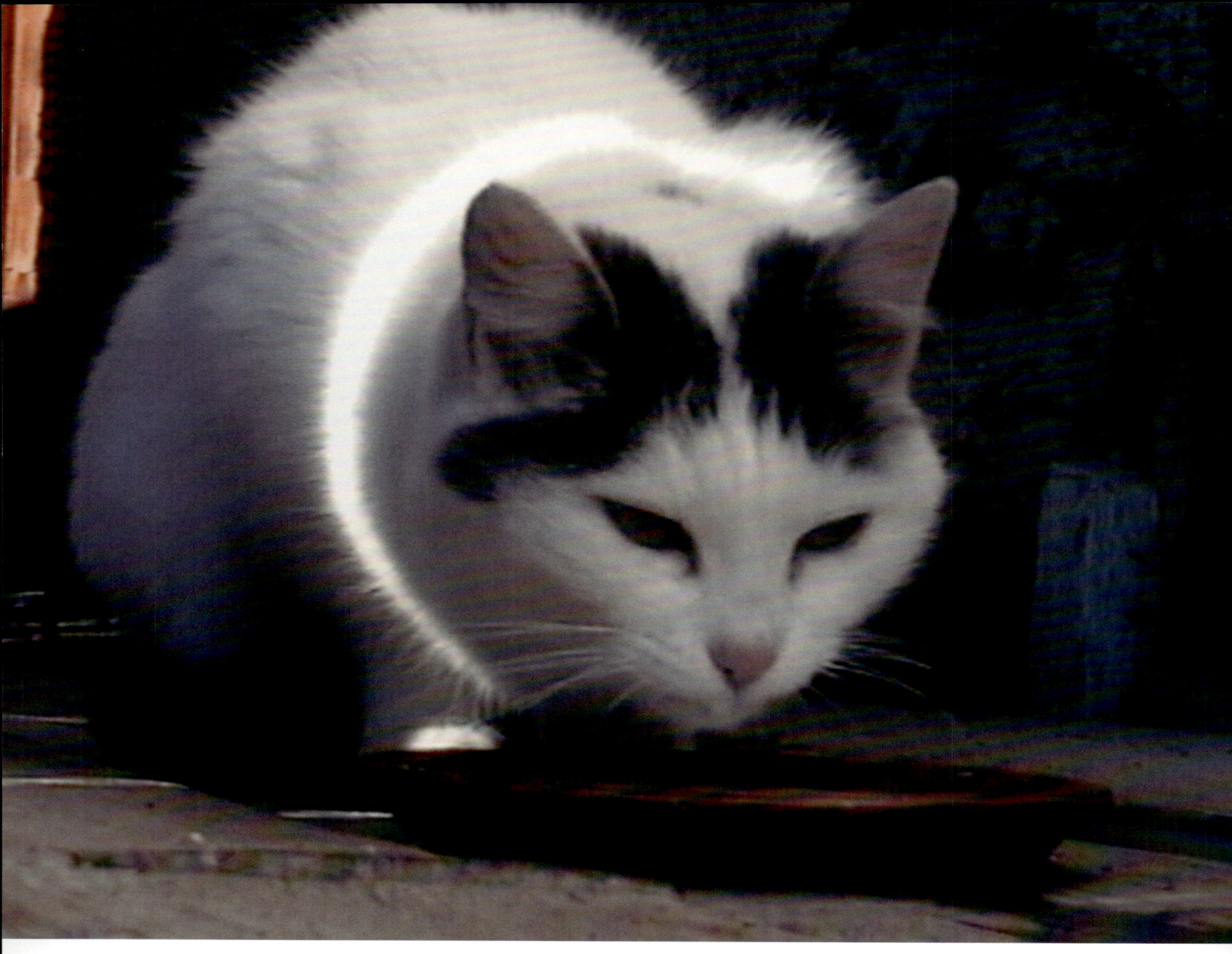

Peter Fischli & David Weiss, **BÜSI,** 2001, Videostill / Video still
Courtesy of the artists and Sprueth Magers, Berlin / London / Los Angeles

PETER FISCHLI &
DAVID WEISS
BÜSI, 2001

Video, 6'30", Farbe, kein Ton

Video, 6'30", colour, no sound

„,Am Ende realisierten wir', kommentiert Peter Fischli, ,daß wir mit ästhetisch angenehmen Dingen wie »Oh …, das Licht ist so schön« aufhörten. Wenn du so viel aufnimmst, dann kann sich ein schönes Licht einfach ereignen. Da ist ein Moment von Wunder darin, weil sie die andere Seite einer konzeptuellen Arbeit darstellt. Die konzeptuelle Arbeit wäre beispielsweise die, daß ein Künstler den ganzen Tag einer Katze folgt. Aber wenn Du ein schönes Bild einer Katze hast und die Katze wirklich schön ausschaut, dann ist es etwas Wunderbares. Ich mag diesen Moment, wenn man vergisst, daß ein Künstler daran dachte, ein Video über eine Katze zu machen, einfach weil es letztlich eine schöne Katze ist.'

Dieses Statement von Peter Fischli über den Glauben an die kleinen Wunder im Alltag ist auch auf die Videoarbeit *BÜSI* aus dem Jahr 2001 zu beziehen, das eine Katze beim Milchschlecken zeigt. Diese Arbeit ist *Ohne Titel (Venedig Arbeit)* entstanden und für ein Billboard am Times Square in New York konzipiert worden. […] Gezeigt wird das überdimensionale Katzenbild in der 59. Minute jeder Programmstunde zwischen dem 16. April und dem 20. Mai auf einem großen Bildschirm. Die Schönheit in den alltäglichen und banalen Dingen – was schön das *BÜSI* aus Ton ausdrückt – bewegt sich aber inmitten des Nichts, wie Peter Fischli es für die *BÜSI*-Projektion beschreibt: ,It's next to nothing.' […]"

Renate Goldmann, **Peter Fischli David Weiss. Ausflüge, Arbeiten, Ausstellungen. Ein offener Index,** Köln 2006, S. 386.

BÜSIS kauernde Stellung bietet das, was sie überall tut, wo ich sie angetroffen habe: eine Art Totem für einen freundlichen Avatar. Wie Bastet möglicherweise: eine Katzengöttin – nicht, dass sie davon wüsste –, **BÜSI** (2001) verströmt Besonnenheit. Wie ein Metronom, irgendwie mantrisch; die einfachste Sache der Welt, um die Aufmerksamkeit wachzuhalten – einfach und entzückend –, **BÜSI** ist auch eine Art von sonderbarer Bevorrechtigung für eine Milliarde Videos von Katzen, die Milch schlecken. Neuerdings sogar auf ein Keyboard einhämmern. Das mitochondriale Katzenvideo. Für **GENERATION LOSS** wurde **BÜSI** als solches gecastet. Ein Vorläufer, dessen einzige Bedingung tatsächlich Leben ist. Nahrung: In dieser Ausstellung gibt es wahrhaftig nichts, das eine Realität mit einer solch ungekünstelten Ernsthaftigkeit wiedergibt. Ich vermute, dass die Betrachtung von **BÜSI** bestimmte Gedanken darüber katalysiert, was die Aufmerksamkeit wachhält – was unsere Aufmerksamkeit erfordert – und welche Bedeutung sich daraus ableiten lässt. Es ist ein Wachrütteln, insofern jedenfalls, als Wissensproduktion oder Interpretation keine Voraussetzung für Kontakt darstellen sollten. Verstehen verwandelt sich so in etwas wie Vergnügen – etwas Ruhiges, Meditatives und grandios Unergründliches. Wie die Katze. Vergnügen liegt in einer Art tierischem Erkennen. Oder andernfalls einfühlend, mittels des eindeutigen Vergnügens der Katze. Als entferntes, ernsthaftes Gegenteil von Jack Goldsteins gehorsamem Deutschen Schäferhund Shane ist Büsi herrlich uninteressiert.

BÜSI (2001) crouches here as it does wherever I've encountered it: as a kind of totem to a benign avatar. Like Bastet, maybe: a cat goddess – not that she knows. Temperance flows from **BÜSI**. Like a metronome, somehow mantric; the simplest sort of thing to hold the attention – simple and lovely – **BÜSI** is also some weird pre-emption of a billion videos of cats lapping at milk. Latterly, hammering at a keyboard. The mitochondrial cat video. In **GENERATION LOSS**, **BÜSI** is cast as such. An antecedent whose sole condition, really, is life. Nourishment: there's not really anything else in this show that reports a reality with such unaffected sincerity. I suppose watching **BÜSI** catalyses certain thoughts around what holds the attention – what warrants our attention – and what meaning might be gleaned from this. It's a ruse, though, inasmuch as knowledge production or interpretation should not be a precondition of contact. Understanding transmutes into something like pleasure – something calm, meditative and fantastically inscrutable. Like the cat. Pleasure lies in some animal recognition. Or otherwise empathetically, via the cat's clear pleasure. A distant, earnest opposite to Jack Goldstein's obedient German shepherd dog, Shane, Büsi is gorgeously uninterested.

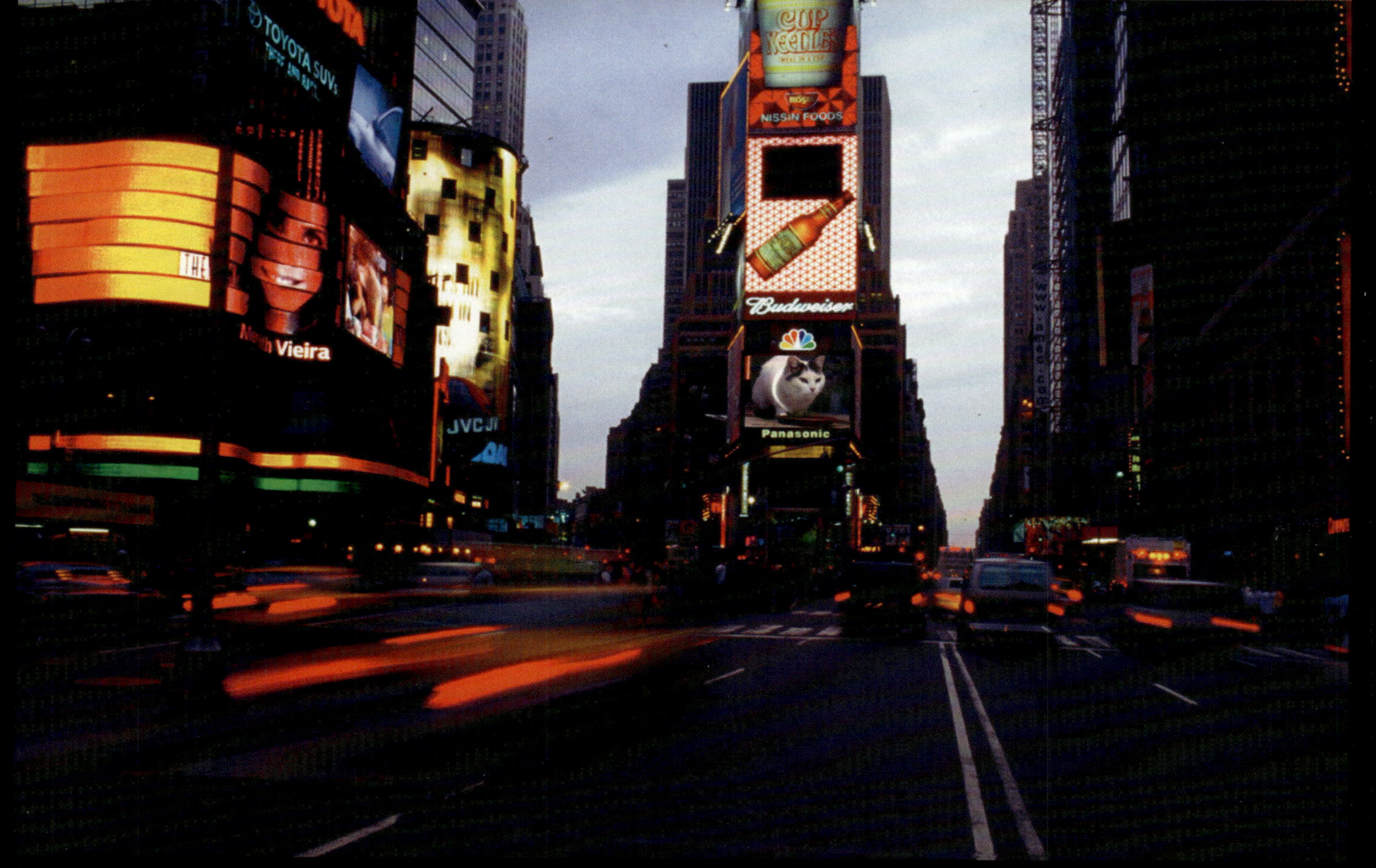

01

01 Peter Fischli & David Weiss, **BÜSI,** Installationsansicht / Installation view, Times Square, New York,
2001. Foto / Photo: Fischli Weiss Archive, Zürich.
© Peter Fischli David Weiss. Courtesy of Sprueth
Magers, Berlin / London / Los Angeles

02 Peter Fischli & David Weiss, **BÜSI,** Installationsansicht / Installation view, Times Square, New York,
2016. Foto / Photo: Fischli Weiss Archive, Zürich.
© Peter Fischli David Weiss. Courtesy of Sprueth
Magers, Berlin / London / Los Angeles

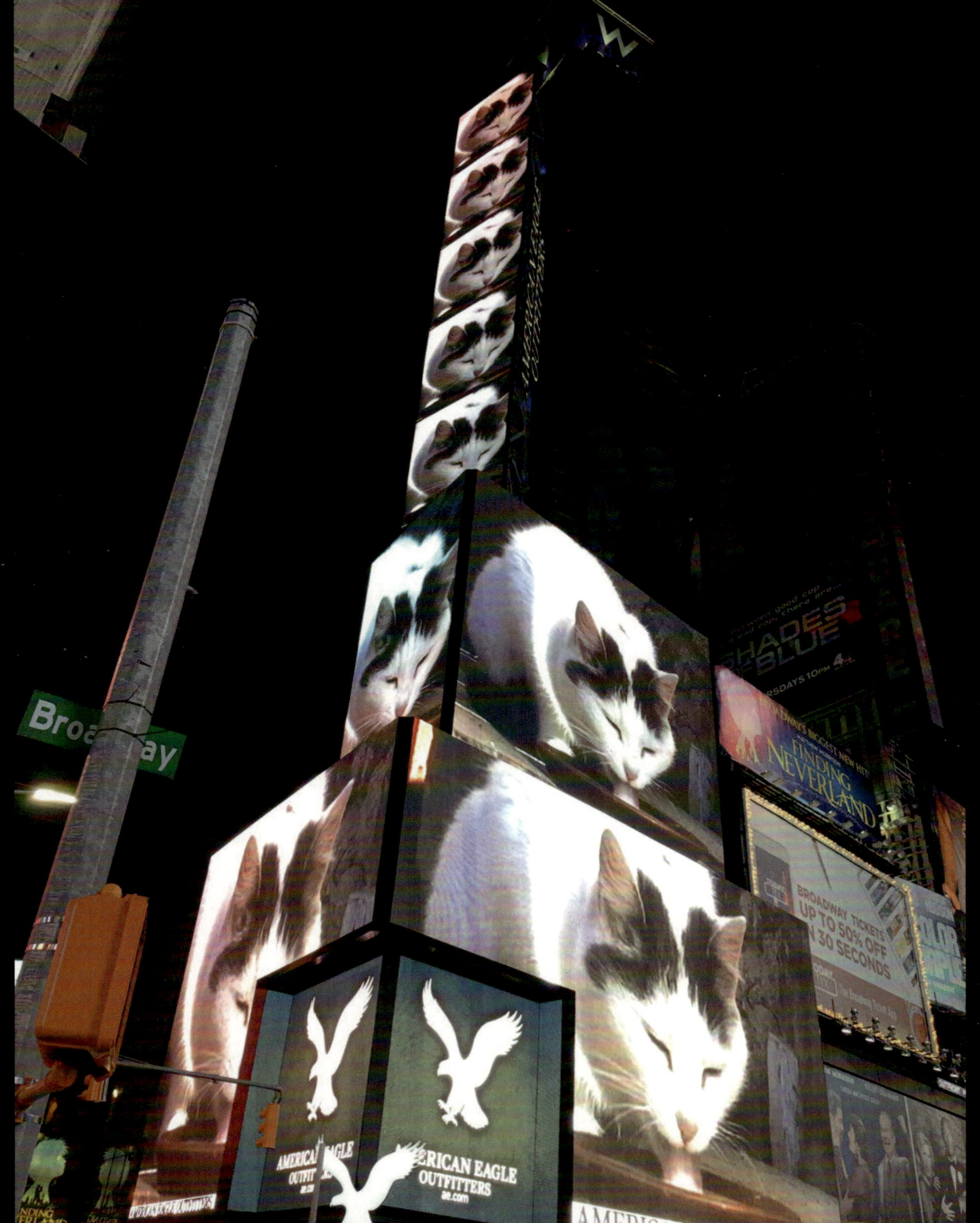

Broadway
SHADES OF BLUE
THURSDAYS 10PM 4
BROADWAY'S BIGGEST NEW HIT
FINDING NEVERLAND
BROADWAY TICKETS
UP TO 50% OFF
IN 30 SECONDS
AMERICAN EAGLE
OUTFITTERS
ae.com
AMERICAN EAGLE
OUTFITTERS
ae.com
AMERICAN
FINDING NEVERLAND

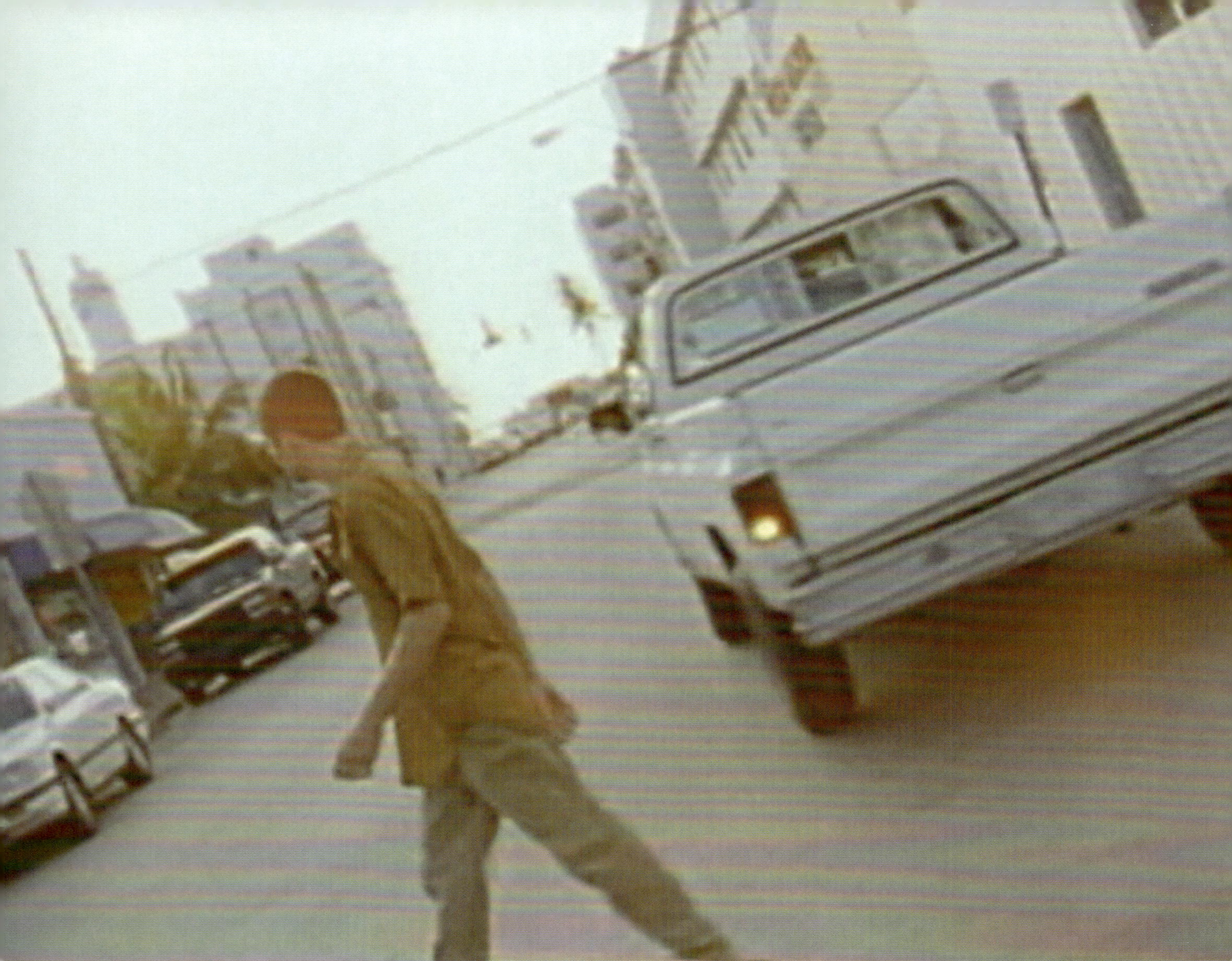

Dara Friedman, **REVOLUTION,** 2003, Videostill / Video still
Courtesy of the artist and Gavin Brown's enterprise, New York / Rome

**DARA FRIEDMAN
REVOLUTION, 2003**

**16-mm-Film, transferiert
auf Video, 9'20", Farbe,
kein Ton**

**16 mm film, transferred
to video, 9'20", colour,
no sound**

'"Grammar is the structure. It's the spine. It's the thing that lets ordinary words become magical incantations', Friedman insists. 'It's everything.' And yet her films are grounded in deeply human terms – a sentiment that comes across in her almost mystical way of speaking about connection and communication. 'When I first started making films, I was looking at Maya Deren and Jack Smith', she says, admiring the 'real looseness' of Smith's lush, improvisatory works. 'If you start with really pure intentions, everything else is secondary. So fuck continuity and fuck technical prowess, it's secondary to the aim of your arrow.'"

W. Vogel, **Killers: Performers manifest inner life** in: **Dara Friedman's films,** Gavin Brown's Enterprise, May 2014, <https://www.gavinbrown.biz/uploads/4100041/ 145279105645/DF_2014_May_ModernPainters.pdf>, accessed 11 April 2017.

Der Kurs, den **REVOLUTION** (2003) hält – sodass es gleitet, während der Boden buchstäblich tropiert –, befindet sich irgendwo zwischen unverhohlenem Effekt und, mit umgedrehtem Magen oder einer Verkehrung der Perspektive, befremdlich tiefgründigem Affekt. Wie bei vielen Arbeiten in **GENERATION LOSS** werden Sinneseindrücke nicht gemacht, um ihre Quellen preiszugeben. Sinneseindrücke entstehen ungeachtet ihrer Interpretation. Zumindest gehen sie dieser voraus: „Revolution" ist ein durchgängiges Ereignis: die Kamera – oder vielleicht die Welt oder beides – rotiert, während sie einen Mann begleitet, der zielstrebig eine nordamerikanische Straße hinuntergeht. Warum beides trennen? Selbst wenn wir uns darüber im Klaren sind, dass die Rotierbarkeit einer Kamera im Vergleich zur Rotation des gesamten Planeten oder einer Stadt die praktikablere Lösung ist, koexistieren beide in ihrer interpretativen Ergiebigkeit. Dieser Mann schreitet über die Erde, ein Koloss des Unscheinbaren – und doch, sowohl in Anbetracht der Tatsache, dass man allein ihm folgt, als auch angesichts der Zielstrebigkeit, mit der er sich bewegt, fühlt sich dieser Mann voller Potenzial. Für die Revolte, natürlich – auch wenn der abgeplattete Globus, der Lauf um die Sonne, der Wirbel der Galaxie, Neutronen und Nuklei diese radikale Bewegung längst einstudiert haben. Sämtliche Definitionen überlagern sich gegenseitig; Revolution ereignet sich in jedem Maßstab und auf jedem Level der Ernsthaftigkeit. Effekt wird als Bewegung figuriert, die winzig beginnt, stumme Füße stampfen auf der Straße; eine Kamera beschließt zu rotieren – und strömt wie eine Welle in jede Richtung, um alles zu berühren.

The ground that **REVOLUTION** (2003) holds – that it skates as the ground tropes, literally – is between overt effect and, with a stomach churn or an inversion of perspective, strangely deep affect. Like much of the work in **GENERATION LOSS,** sensations are not encouraged to divulge their sources. Sensations happen, quite apart from their interpretation. Or at least ahead of it: 'revolution' happens throughout: the camera – or perhaps the world or perhaps both – revolves while watching a man walk purposefully down a North American street. Why separate the two? Even as we understand the feasibility of revolving a camera in contrast to revolving the entire planet or a city, the two coexist in their interpretative fecundity. This man bestrides the earth, a colossus of the unremarkable – and yet, in both, the way alone in which he is followed, and the purpose with which he moves, causes this man to feel he is filled with potential. Potential for revolt, of course – even as this radical move is rehearsed by the oblate globe, the path around the sun, the churn of the galaxy – neutrons and nuclei. All definitions sit in superposition to one another; revolution occurs on every scale, and every level of earnestness. Effect is figured in a move that begins with tiny, dumb feet pounding the street; a camera deciding to rotate – and it swells, like a wave, in every direction, to touch everything.

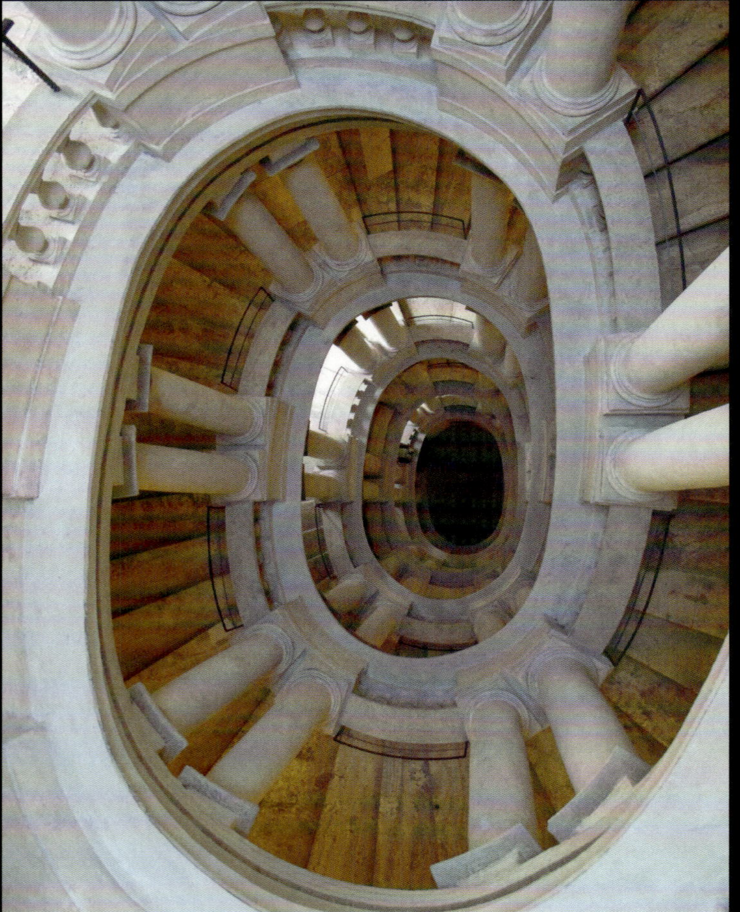

01–02

01–02 Einladungskarte / Invitation card, **Never Never Landscape,** Gerhardsen Gerner, Berlin, 2004. Courtesy of Gerhardsen Gerner, Berlin / Oslo

03–04 Dara Friedman, Skizze auf Karteikarte (Vorder- und Rückseite) zu / Sketch on an index card (front and back) for **REVOLUTION,** 2003. Courtesy of the artist

A struggling
guy

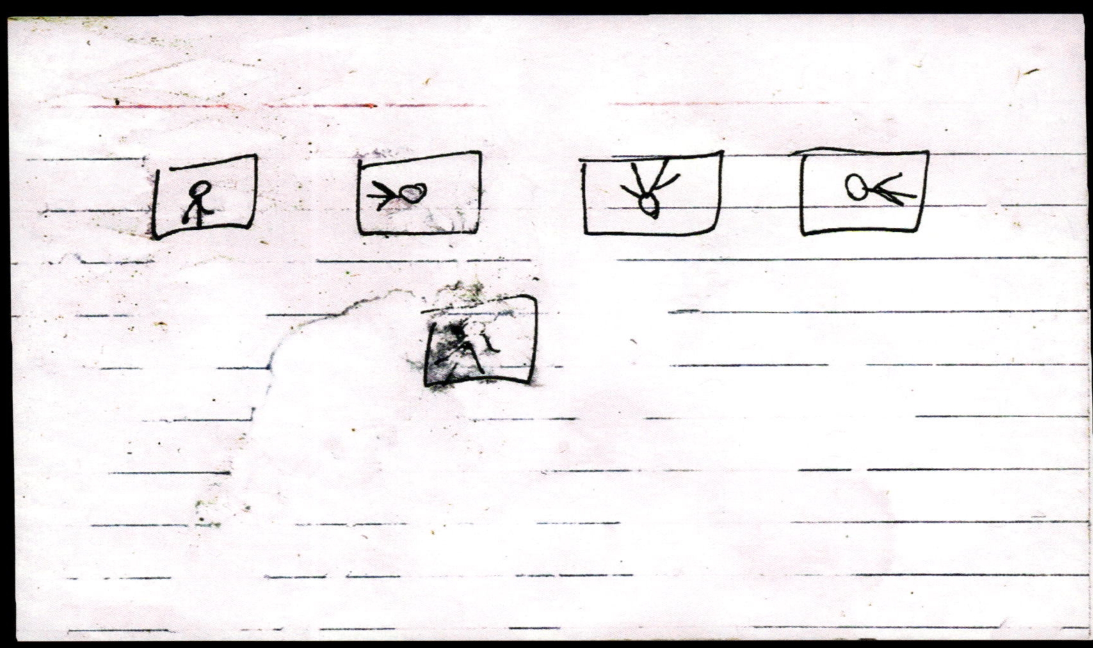

03-04

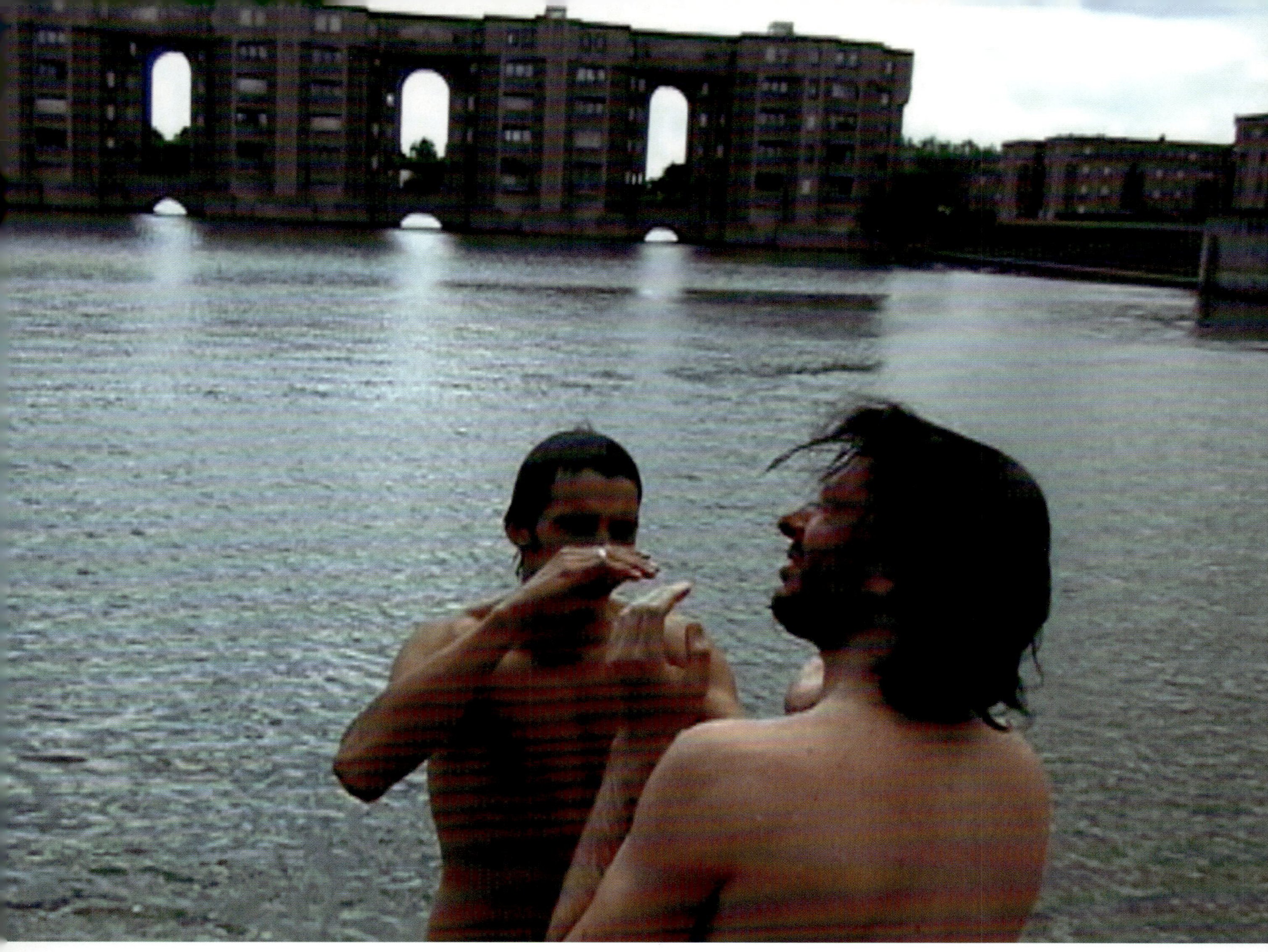

Cyprien Gaillard, **THE LAKE ARCHES,** 2007, Videostill / Video still
Courtesy of the artist and Sprueth Magers, Berlin / London / Los Angeles

CYPRIEN GAILLARD
THE LAKE ARCHES, 2007

Video, 1'39", Farbe, kein Ton

Video, 1'39", colour, no sound

"If his earliest projects began as amateurish pranks, *THE LAKE ARCHES*, shot in 2007, and which Gaillard describes as 'a field trip gone bad' was a defining moment. His plan was to film two friends swimming in an artificial lake at the grandiose Ricardo Bofill-designed housing project outside Paris. When one friend's impetuous dive into unexpectedly shallow water causes a head wound, Gaillard's camera doesn't flinch and neither does the bleeding friend. In that minute, Gaillard turned a vague desire to create visual poetry into a continuing confrontation with the landscape of human folly. Neglected architecture, urban decay, desecrated national symbols and civic disorder became the central themes in his art that reveals a universe where civilizations prosper and decline simultaneously."

L. Yablonsky, 'Beautiful Ruins', in: **The New York Times**, 10 April 2013, <http://tmagazine.blogs.nytimes.com/2013/04/10/beautiful-ruins/?_r=0>, accessed 29 March 2017.

THE LAKE ARCHES (2007) stellt sich, und das als ziemlich furchteinflößendes Es, für **GENERATION LOSS** in Pose. Natürlich ist es allegorisch – ein Unterricht in Moral –, was aber die Lehre ist: Das moralische **Korrektiv,** das es erbittet, bleibt passenderweise im Dunkeln. Sicher, von Blut verdunkelt, doch auch von der Düsterkeit eines zerbrochen zurückgekehrten, abgewiesenen Angebots. Begehren wird hier vereitelt, wobei es der Maßstab seiner Protagonisten ist, der dieses Werk so unverkennbar wie eine Fabel erscheinen lässt: Die gigantischen Bögen am Horizont stellten sicher einmal eine Anmaßung dar – nun sind sie Ruinen, auch wenn einst dazu gedacht, dem Meer zu entsteigen. Das von Ricardo Bofill entworfene Anwesen ist von einem Utopismus durchflutet, der sich heute ganz klar als Irrglaube entschlüsselt. Betonierte Realität lauert direkt unter der Oberfläche des künstlichen Sees – was das sorgenfreie Gesicht des jungen Mannes zu spüren bekommt. Strukturell gesehen ist hier alles äußerst lebendig: Das Blut zeigt den Eindruck des Offenbar-Gewordenen. Auch hier eine Form der Abjektion: die Art und Weise, wie das Video zu unterstreichen scheint, dass tatsächliche Körper und tatsächliche Traumata angesichts jeglichem, wonach man strebt, nicht vergessen werden sollten. Die schiere Ökonomie des Gaillard'schen Videos ist ein Haiku des Zynismus, vermittelt jedoch mit einer merkwürdigen, an Science-Fiction gemahnenden Extravaganz. Jedes Mal, wenn ich es mir anschaue, denke ich an Charlton Heston in **Planet der Affen,** als er am Strand die halb vergrabene Freiheitsstatue entdeckt und letztlich alles begreift.

THE LAKE ARCHES (2007) poses as a pretty frightening id for **GENERATION LOSS.** It is allegorical, of course – a moral lesson – though what the lesson is, what the moral **corrective** is, that it is trying to solicit, feels suitably obscured. Obscured with blood, certainly, but also by the murk of a proposition returned broken, rejected. Desire is thwarted here, and it's the scale of the protagonists in the piece that makes it feel so obviously like a fable: the giant arches on the horizon were surely once hubristic – now ruins, even if they were intended to mount the sea. The Ricardo Bofill-designed estate is flooded with a utopianism so obviously erroneous nowadays. Concretised reality lurks just beneath the surface of the artificial lake – discovered by the carefree face of the young man. Structurally, it's all so vivid: the blood shows the impact of the revelation. There is a kind of abjection here, too: the way the video seems to underscore how actual bodies and actual traumas shouldn't be forgotten in the face of nameless harboured aspirations. The sheer economy of Gaillard's video is a haiku of cynicism, but delivered with a weird flamboyance redolent of science fiction. Every time I see it, I think of Charlton Heston on the beach in **Planet of the Apes,** noticing a half-buried Statue of Liberty, finally understanding everything.

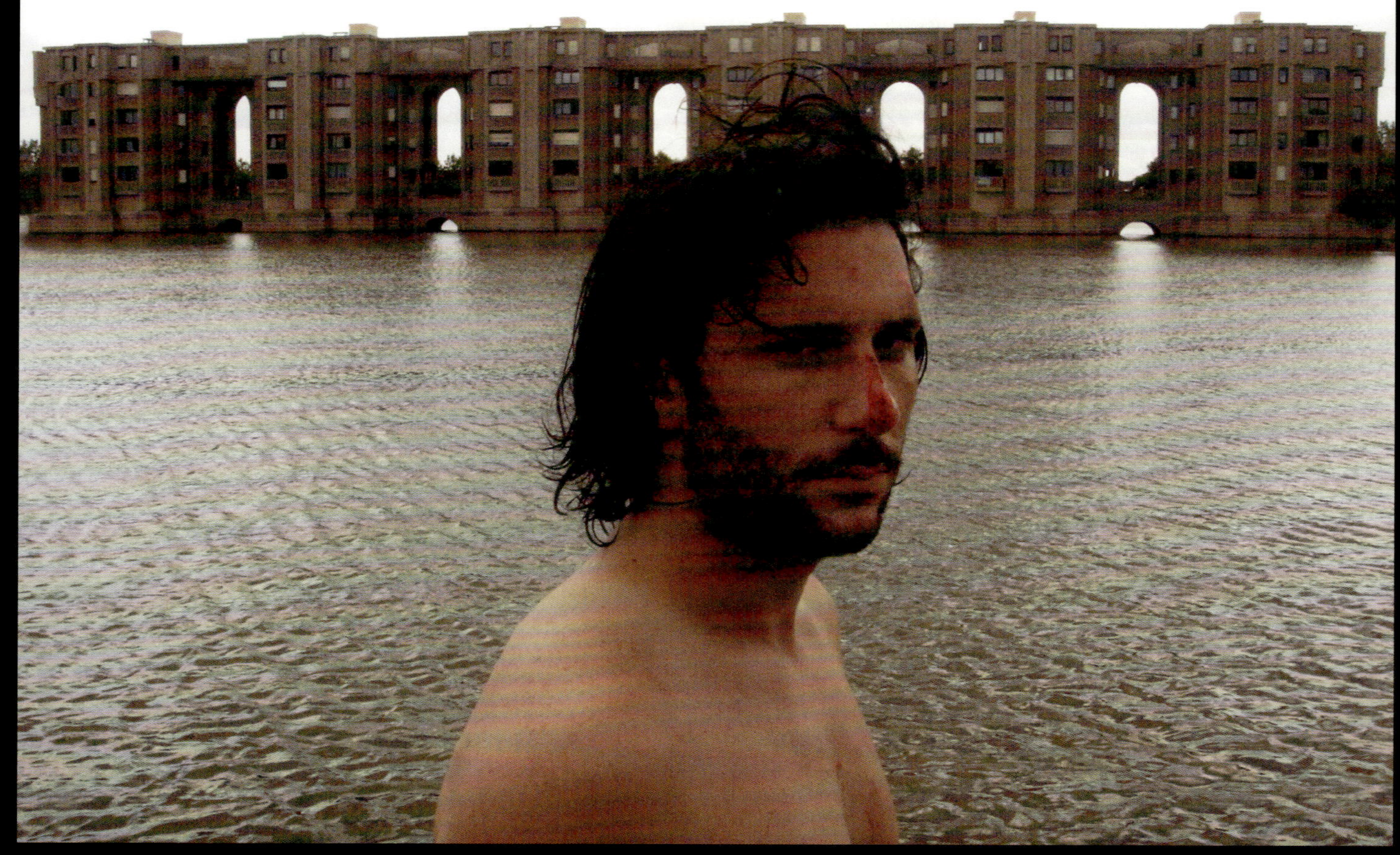

01

01 Cyprien Gaillard, Produktionsstill / Production still for
THE LAKE ARCHES, 2007. © Cyprien Gaillard.
Courtesy of Sprueth Magers, Berlin / London /
Los Angeles, Bugada & Cargnel, Paris and Laura Bartlett
Gallery, London

02 Charles Jencks, **Architecture Today,** New York,
1982. Courtesy of Sprueth Magers, Berlin / London /
Los Angeles, Bugada & Cargnel, Paris and Laura
Bartlett Gallery, London

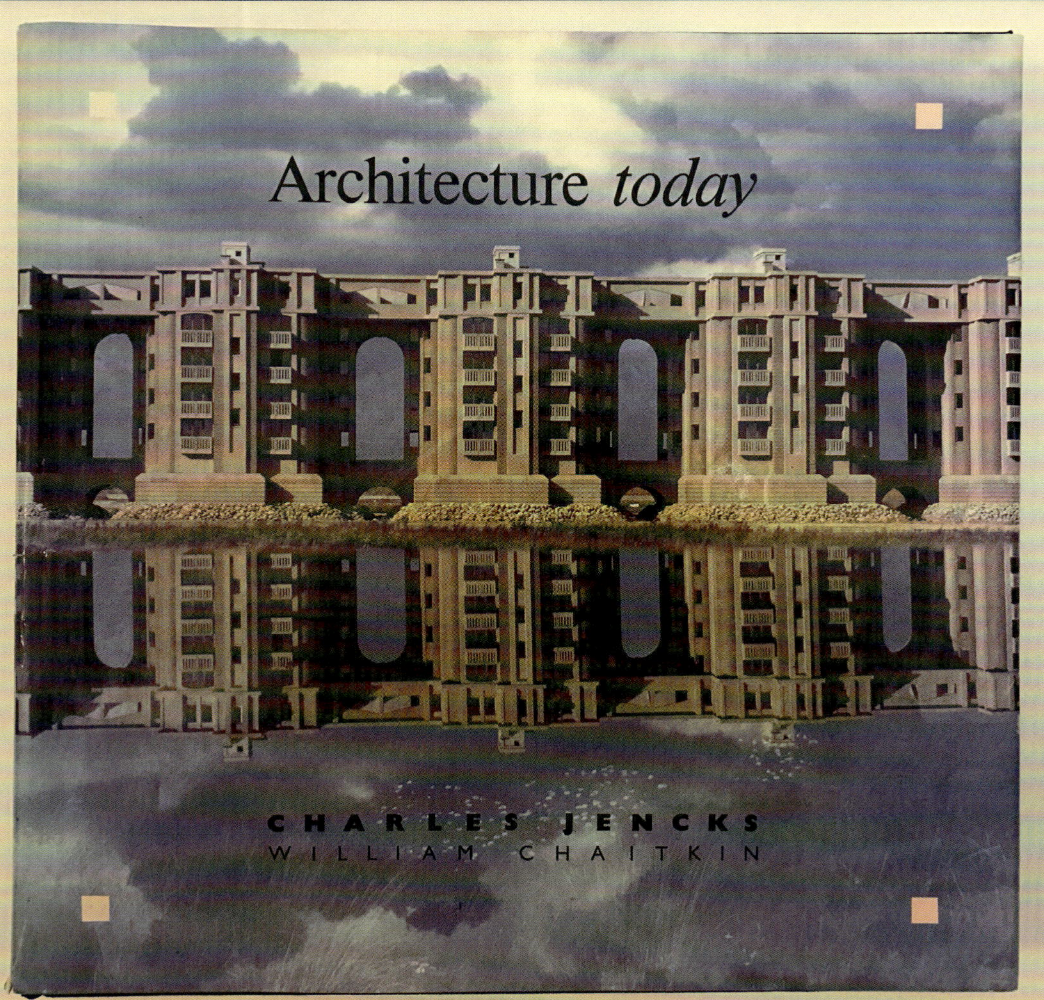

Architecture today
CHARLES JENCKS
WILLIAM CHAITKIN

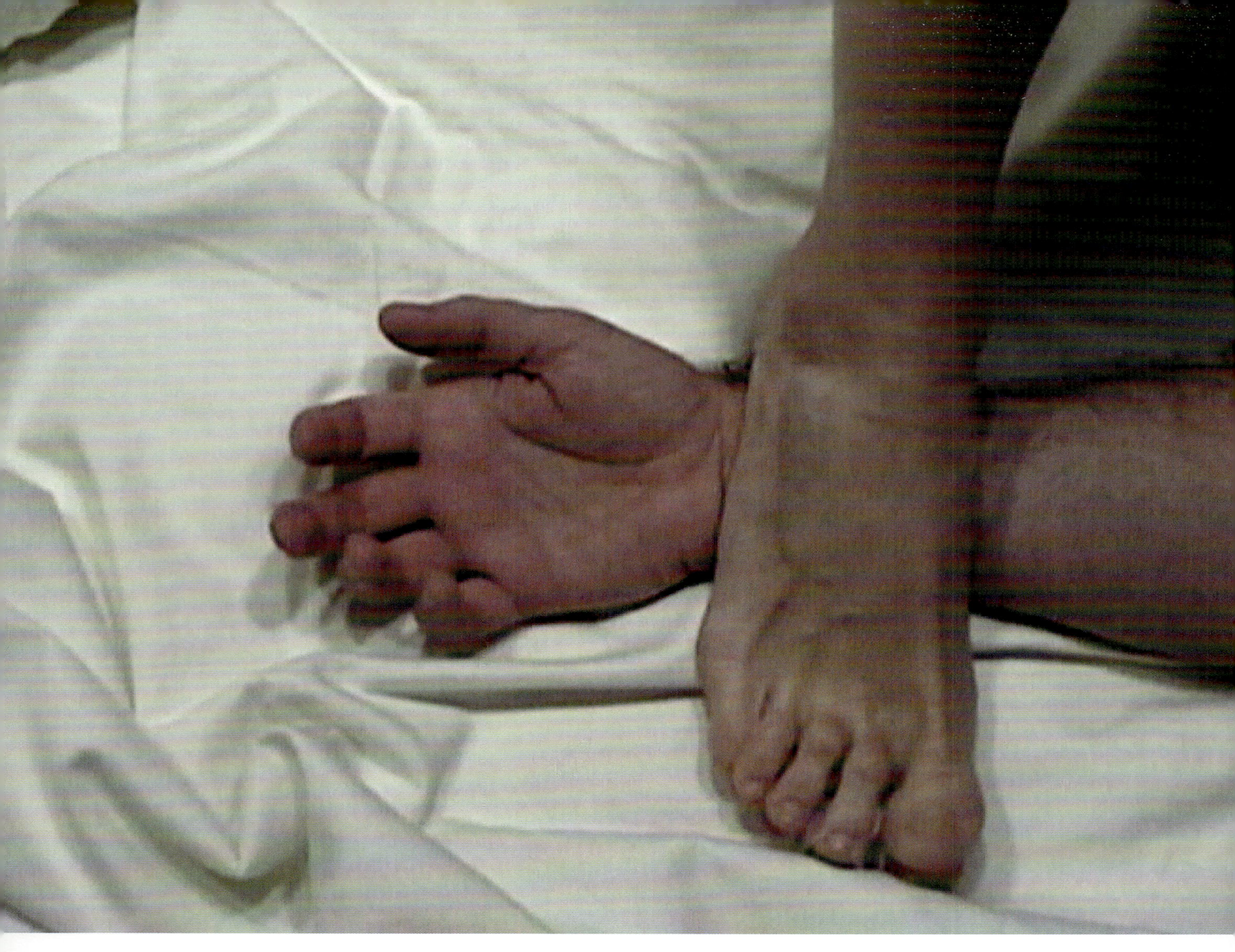

Douglas Gordon, **OVER MY SHOULDER,** 2003, Videostill / Video still
© Studio lost but found / VG Bild-Kunst, Bonn 2017. Courtesy of Studio lost but found, Berlin

DOUGLAS GORDON
OVER MY SHOULDER, 2003

Video, 13'48", Farbe, Ton

Video, 13'48", colour, sound

"The films constituting *OVER MY SHOULDER* show hands and feet carrying out various actions and gestures – there is never a face to be seen. The 'fight' between two different arms initially seems to be a struggle between two people who alternately gain the upper hand. In the course of the film, however, it becomes clear that it is really only one person (Douglas Gordon), who has shaved the hair off one of his arms. The division of the personality […], in that it no longer shows itself or take place in a face, but in and on a (faceless) body.

The deferral of the process of reflective self recognition to the body – or, better, the body's involvement in that process – appears to me to be of significance for the form of self-portrait encountered in the work of Douglas Gordon. For ultimately it is not just the face that conveys and depicts the inner and outer within the context of their history, but the whole body. 'The body and everything that touches it […] – is the domain of the *Herkunft,*' Michel Foucault writes. 'The body manifests the stigmata of past experiences and also gives rise to desire, failings, and errors. These elements may join in a body where they achieve a sudden expression, but, as often, their encounter in an engagement in which they efface each other, where the body becomes the pretext of their insurmountable conflict.'"

K. Görner, 'Divison - Unity - Fragmentation on Douglas Gordon's "Self-Portrait"', in: ed S. Gaensheimer, **Douglas Gordon,** exh. cat. MMK Museum für Moderne Kunst, Frankfurt am Main, Bielefeld/Leipzig/Berlin 2011, p. 56.

Douglas Gordon setzt Intimität in einer Art und Weise voraus, die einprägsam wirken soll; oder vielleicht bezichtigend, und das mittels Besessenheit. Die leichte Verschiebung der subjektiven Kameraeinstellung, hin zu der titelgebenden Annäherung rückt Gordon selbst in eine verletzliche Position: Wir sind diejenigen, die in die Rolle des Kontrollorgans gedrängt werden, eine für den Künstler seltsam unsichtbare, wenn auch stets vermutete Rolle. Hier Zeuge zu sein, ist voyeuristisch genug, um einen Anflug von Verantwortung wachzurufen, selbst wenn es Gordons Entscheidung war, uns diese … Handlungen … sehen zu lassen. Indem die Kamera technologisch geleugnet wird, wird sie als eine perverse Annahme einer Art moralischer Distanz in der Leer-stelle hinter der Kamera vermenschlicht. Wenn die Kamera transparent ist, wenn sie bloß aufzeichnet, kann zugleich niemand, der Hand an sie legt, unschuldig bleiben. Gordons eigene Hand lenkt alles, obwohl sie wohl am ehesten als von unseren eigenen Sehnsüchten geleitet begriffen wird, sowie von den Begierden des Genres, die diese Arbeit durchziehen: Horrormetaphorik im Überfluss, mit Gordons Händen, die – wie so oft in seinen Arbeiten – von einem wie auch immer gearteten Dämon besessen sind. Doch wie Science-Fiction ist auch Gordons Genre-Horror satirisch: Der Dämon, der von ihm Besitz ergriffen hat, sind zum Teil wir, die Zuschauer. Wem gehören diese Füße, die seine Hände gefangen halten? Wem gehören diese zusätzlichen Hände? Mir fällt auf, dass das Verbrechen, das er nie begeht, an jemand anderem stattfindet; dass er selbst das Opfer ist. Aus seiner Perspektive ist es also masochistisch, aber über seine Schulter betrachtet ist es dagegen sadistisch. Wir werden weiter zusehen. Der Soundtrack reißt jede Unterstellung von Naivität nieder, wobei sich die Handlungen ganz nah am Mikro befinden, auch wenn er auf grauenhafte Muzak-Versionen beliebter Klassiker zurückgreift – dies soll eine Welt jenseits des Bildschirms die Intimitäten vergessen lassen, die diese Hände gewaltsam vollbringen. Es mündet in Tod: Hyde beendet Jekyll.

Douglas Gordon presumes intimacy in a manner to inculcate. Or maybe incriminate, and by possession. The slight shift of **POV** to the titular proximity renders Gordon's own position the vulnerable one: we're the ones forced into the role of control, a character weirdly invisible to the artist, if always-already presumed. Witnessing, here, is voyeuristic enough to summon some ghost of responsibility, even if it was Gordon's choice to have us see these…actions. A camera's technological disregard is humanised as a perversion of the presumption of some sort of moral distance in the gap behind the camera. And if the camera is transparent, if it simply records, then no hand that touches it can remain untainted. Gordon's own hand steers everything, though perhaps its best understood as wielded by our desires and by the desires of genre that steep the work: horror tropes abound, with Gordon's hands – as so often in his works – possessed by whatever demon. Though like sci-fi, Gordon's genre horror is satirical: the demon that possesses him is at least partially us, the viewership. Whose are those feet that trap his hands? Whose are those extra hands? It strikes me that the crime he never commits is to another; that the immedi-ate victim is himself. So it's masochistic from his perspective but, over his shoulder, it's sadistic. We'll keep watching. The soundtrack collapses in on any assumption of naivety, with the actions closely miked but picking up ghastly muzak versions of popular classics – making for an off-screen world oblivious to the intimacies violently rehearsed by these hands. It ends in death: Hyde ends Jekyll.

01 Douglas Gordon, **OVER MY SHOULDER,** Installationsansicht / Installation view, **Douglas Gordon,** MMK Frankfurt am Main, 2011. Foto / Photo: Studio lost but found / Katharina Kiebacher. © Studio lost but found, Berlin / VG Bild-Kunst, Bonn 2017. Courtesy of Studio lost but found, Berlin

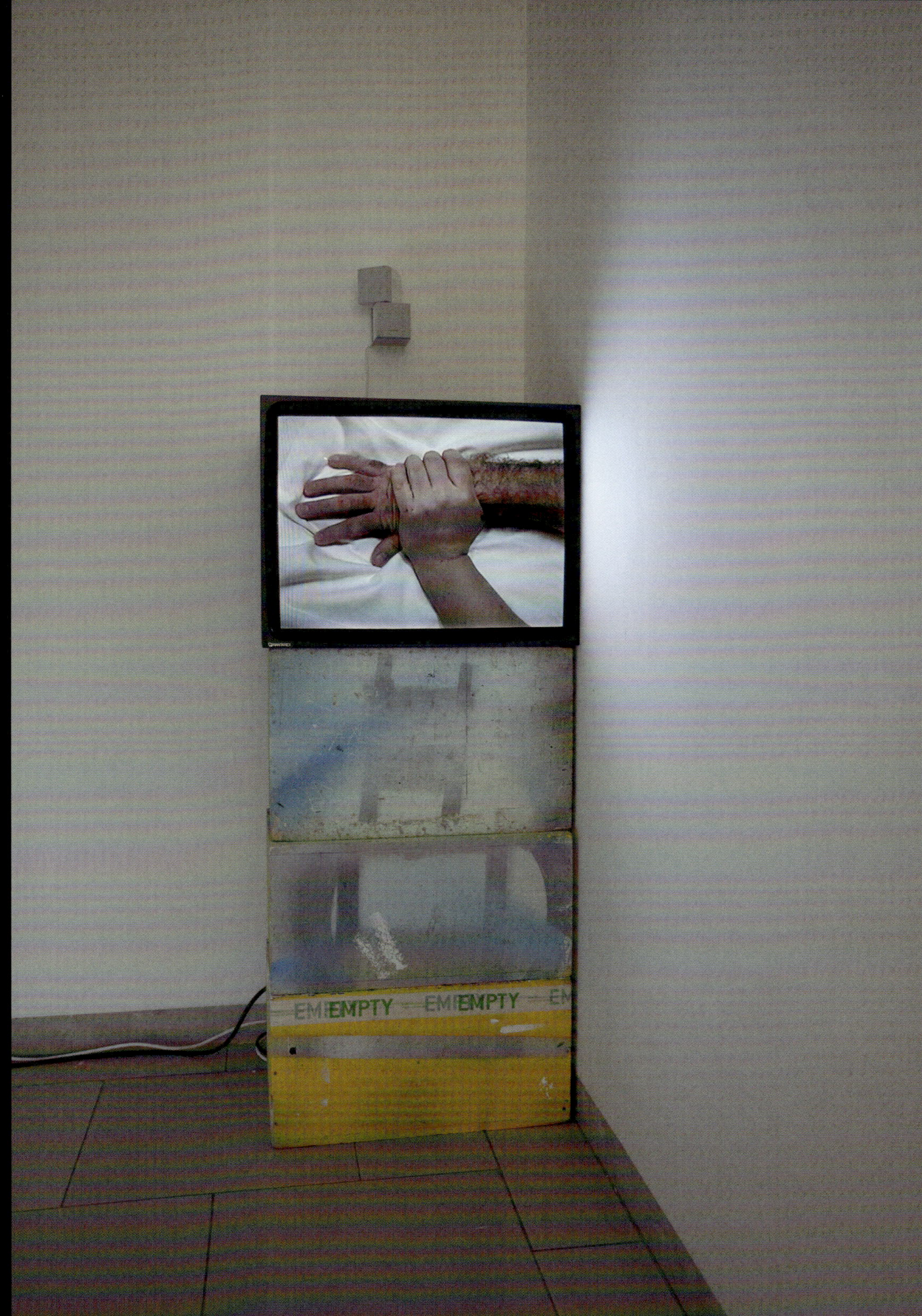

EMIEMPTY — EMIEMPTY — EM

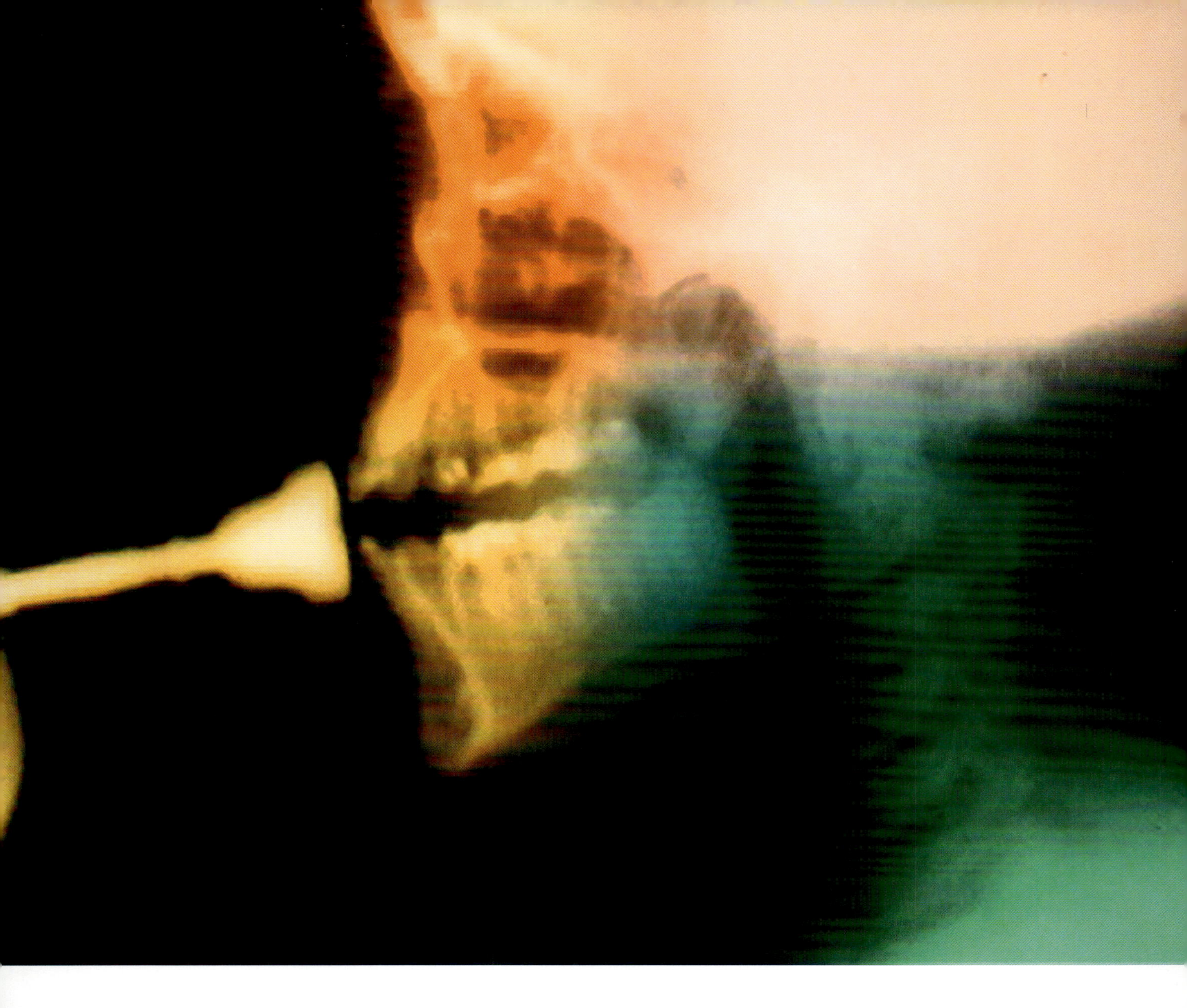

Barbara Hammer, **SANCTUS,** 1990, Videostill / Video still
Courtesy of the artist and KOW, Berlin

BARBARA HAMMER
SANCTUS, 1990

16-mm-Film, transferiert auf Video, 18'18", Farbe, S/W, Ton

16 mm film, transferred to video, 18'18", colour, b/w, sound

Musik von / Sound by Neil B. Rolnick

"**M**ortality has always played a big part in my practice. Perhaps the impetus in making work is to avoid death, with the thought of living forever through the works one leaves behind. That seems naive in a nuclear age. *SANCTUS* (1990) is as much about that fragility of life, light, and film itself as the age into which it was born. As the skeletal structure reveals an interior of watery fluids and soft voluminous areas, the surface of the film is pocked with acid holes. Nothing is safe. Least of all the subjects who were exposed to radiation in order for Dr. James Sibley Watson and his colleagues to make the moving images of X-rays of the human body.

As the millennium came and went, I accepted myself growing older. Yes, age is beautiful. Wrinkles are signs of lived experience. Wisdom comes from living and the more of it the wiser we will be. But that was easy optimism. With age came for me the challenges of illness. In 2006, I was diagnosed with ovarian cancer. The rigorous intraperitoneal chemotherapy tested me to the very core of my being."

SANCTUS (1990) akzentuiert die Dinge buchstäblich auf die sinnlichste, lebhafteste Weise; manches sollte nicht an einem metaphorischen Nicht-Ort zurückgehalten werden – allein schon deshalb, weil Körper, Intimität, Sterblichkeit solch prächtige, fruchtende Freuden sind. In Barbara Hammers **SANCTUS** findet Leben seinen heiligen Charakter in den Profanierungen des Körpers, dem Zelluloid, der gesampelten und reanimierten Ruhe durch Medikalisierung. Uns sind die Leidenschaften des Spirituellen lieber als eine kühle medizinische Abgeklärtheit. Diese Röntgenbilder bringen ein Anderssein zurück, eine andere Absicht – unzweckmäßige und feierliche Schönheit. Natürlich handelt es sich um eine Art Strukturalismus – tatsächlich sogar um dessen buchstäblichste Form: Skelette unbekannter Toter erheben sich und bewegen sich auf Film umher, auf Materialität, doch zugleich auch auf einer übersinnlichen, gespensterhaften Animation insistierend. Es wirkt, besser gesagt, wie eine euphorische Abjektion – so fantastisch fehlbare Körper, auf brodelndem Zelluloid abermals wiedergegeben. Und es ist wichtig, in einer Ausstellung wie dieser – einer Ausstellung, die auf so elementare und emotionale Weise über Technologie reflektiert – Werke zu haben, welche die Macht, die Technologie über Zeit zu besitzen scheint, entschieden zurückweisen. Wie sie Sterblichkeit als gesteuerte Obsoleszenz neu markieren. Wie sie auf Sichtbarkeit als Gewalttätiges beharren. Mithilfe unserer Körper macht **SANCTUS** verlorenen Boden wieder gut. Es hat mich immer an Gillian Roses **Love's Work** erinnert. Die Fruchtbarkeit unserer Körper, sich in prachtvollem Einklang mit der Erde entwirrend. Der Imperativ „Sei der Hölle gewahr und verzweifle nicht" scheint in diesem Fall ganz besonders zwingend.

SANCTUS (1990) is the most luscious, vivid italicising of things in a literal sense; certain things should not be held in some figurative non-space – if only because bodies, intimacy, mortality are such glorious, fruiting pleasures. Life, in Barbara Hammer's **SANCTUS,** finds its sacredness in the profanations of the body, the celluloid, the sampled and reanimated calm of medicalisation. We would rather have the passions of the spiritual than the cool detachment of medicine. These X-rays retrieve some alterity, another purpose – a beauty impractical and cele- bratory. It's a kind of structuralism, of course, and the most literal kind, really. Skeletons rise from something indeterminate dead and move about on film, insisting on both a materiality and some supernatural uncanny animation. Better, it feels like a kind of euphoric abjection – bodies so fantastically fallible, re-rendered in bubbling celluloid. And it feels important in a show like this – a show that reflects upon technology in such primary and affected ways – that we have works that genuinely reject the power that technology seems to hold over time, how it reinscribes mortality as controlled obsolescence, how it insists on visibility as a violence. **SANCTUS** reclaims the ground by means of our bodies. It's always reminded me of Gillian Rose's **Love's Work.** The fecundity of the body, unravelling in gorgeous accord with the earth. The imperative 'to house your mind in hell and despair not' feels par- ticularly imperative here.

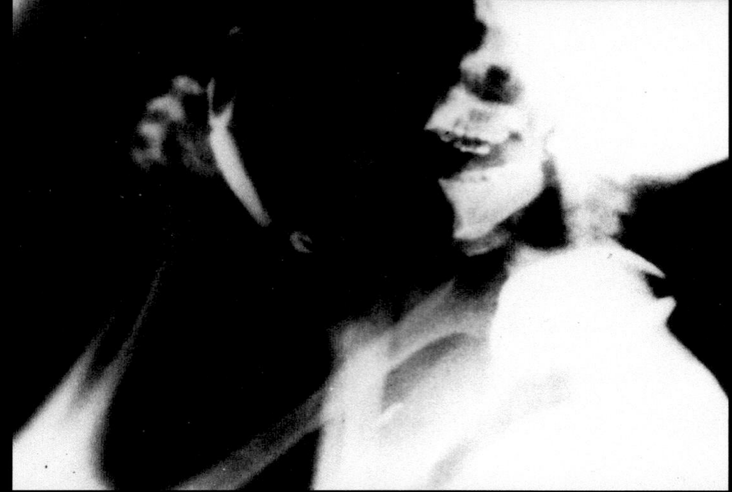

01–02

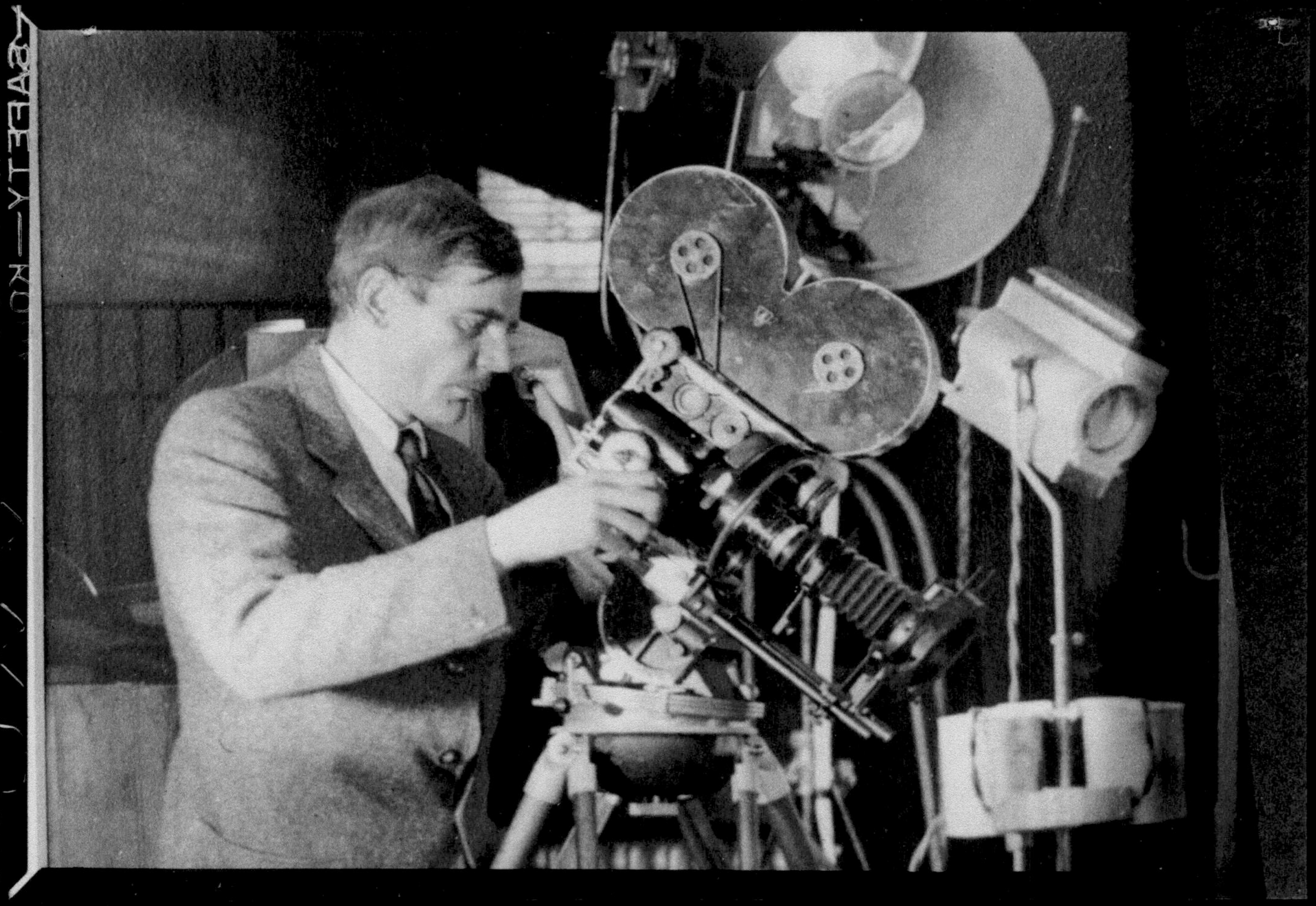

03

01–02 Einladung zur Filmpräsentation / Invitation to film screening, **SANCTUS – A film by Barbara Hammer,** Collective for Living Cinema, New York, 1990. Courtesy of the artist

03 Porträt von Dr. James Selby, dessen originale Röntgenfilme aus den 1950er-Jahren Barbara Hammer in **SANCTUS** verwendet / Portrait of Dr James Sibley Watson whose original x-rays from the 1950s were used by Barbara Hammer in **SANCTUS.**

Courtesy of the artist / George Eastman Museum, Rochester, NY

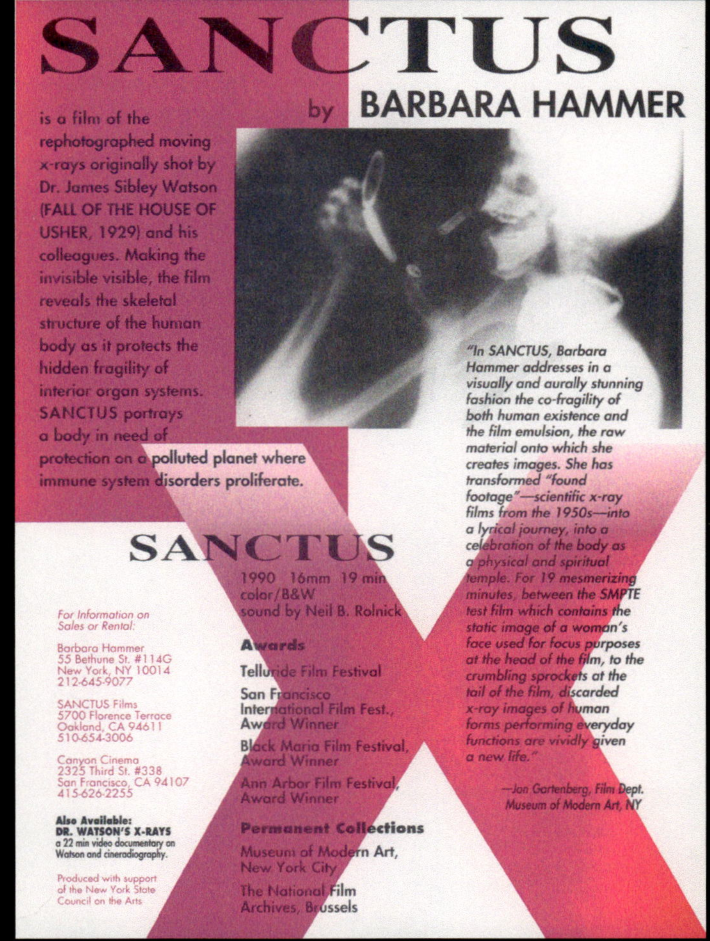

04

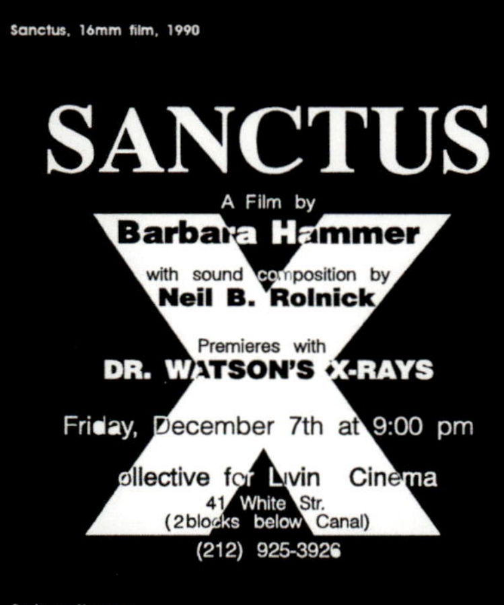

05–06

Sanctus, 16mm film, 1990

SANCTUS

A Film by
Barbara Hammer

with sound composition by
Neil B. Rolnick

Premieres with
DR. WATSON'S X-RAYS

Friday, December 7th at 9:00 pm
at the
Collective for Living Cinema
41 White Str.
(2 blocks below Canal)

(212) 925-3926

NON-PROFIT ORG.
US POSTAGE
P A I D
NY, NY
PERMIT NO. 3546

Barbara Hammer
55 Bethune STr. #114G
NY, NY, 10014

04 Filmplakat / Film poster, **SANCTUS by Barbara Hammer,** 1990. Courtesy of the artist

05–06 Einladung zur Filmpremiere / Invitation to premiere screening **SANCTUS & other recent films,** Barbara Hammer & SANCTUS Films, 1990. Courtesy of the artist

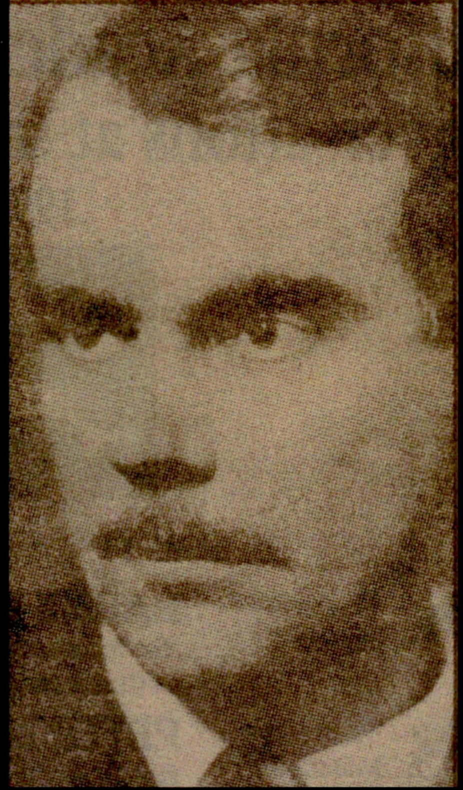

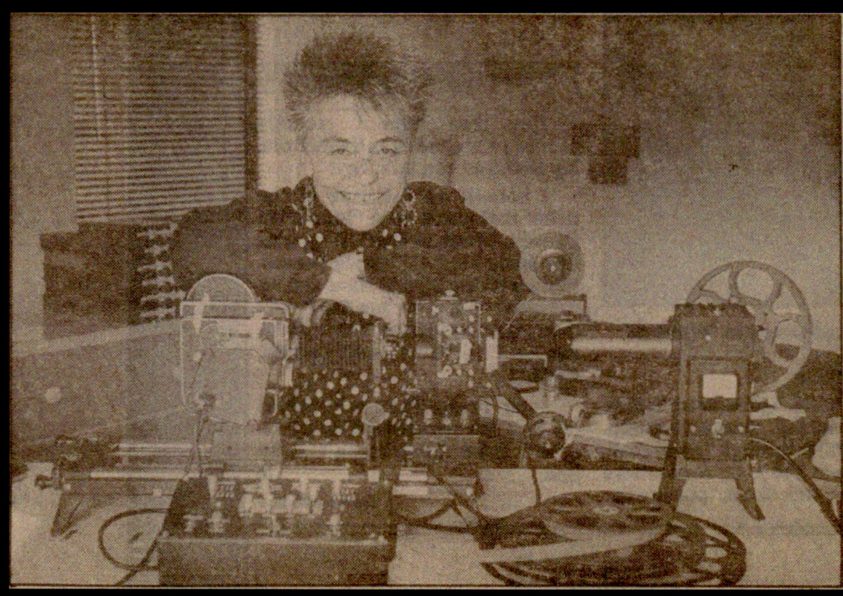

Made at the University of Rochester in New York, where Watson was a radiologist at Strong Memorial Hospital, "Lot in Sodom" depicts the Old Testament story of the prophet Lot and his flight from the decadent village of Sodom. Shot in a converted barn, with a nonprofessional cast that Watson recruited from his family, friends and the Rochester community, "Lot" is startling in its use of abstract and erotic imagery.

Heedlessly wed to a life of pleasure, the men of Sodom dance about half-naked — wearing thick eye makeup and what appear to be terry cloth towels — frolicking, leaping and spinning in a frenzy of extended bliss. Watson shoots them with chiaroscuro lighting, an affect that recalls both the German Expressionist films of Fritz Lang and F.W. Murnau, and the early Hollywood glamour photography of George Hurrell.

By contrast, Lot, his family and the village elders are dressed in sackcloths, smothered in fake beards, and portrayed as dreary, frowning killjoys — clearly indicating Watson's own preference for free expression over piety and denial.

According to Hammer, a lesbian, "Lot in the sky to destroy a model of Sodom; dancing men are seen in double and triple exposure — an effect that Watson created through multiple printing.

Curiously, Hammer says, despite its homoerotic, Bacchanalian imagery, and its use of partial nudity, "Lot in Sodom" was never targeted by censorship advocates. "It was shown in New York City [in 1933] at the Times Theater," she says. "No scandal, no censorship."

"NOBODY noticed it," says Watson's second wife, Nancy Watson Dean, who still lives in Rochester, in the 22-room mansion that Watson called home for 60 years. "Isn't that strange? I don't know why. Maybe because he didn't push it or copyright it. He just let it float."

According to Dean, 75, who was married to Watson from 1977 to his death in 1982, her husband rarely looked at "Lot in Sodom" or "Fall of the House of Usher" in his later years. "He called them his 'entertainment films.' He did so many things: He made commercial films for Eastman Kodak and Bausch and Lomb, which are still shown. They're works of art; he couldn't do anything without making it a work of art."

Dean remembers Watson as a man of contradictions — a shy recluse who preferred working alone in his attic, but who nonetheless exuded a potent personal charm. "I've never known such a magnetic person," she says. "Very sensual, very handsome, even when he was in his 80s. A very mysterious man. Very subterranean and psychic, as if he got messages constantly that were neither spoken or written."

For Hammer, 51, who's made more than 50 experimental films and videos of her own since 1967, the interest in Watson began in 1989, when she attended the National Alliance of Media Arts Conference in Rochester, N.Y., and saw Watson's films for the first time.

"I was astounded to find an American avant-garde film maker of the '20s who was so little known to me. His use of prisms, filters, sets, optical design without reliance on a narrative background, all furthered my interest in learning more about Watson and his work."

The day after she saw the films, Hammer and a group of film makers requested a tour of the archives at the George Eastman House in Rochester, one of the largest film archives in the country. Passing through a roomful of aging film reels, Hammer stopped to examine several cans that were labeled "Watson's X-Rays."

"I lifted the lid off one of the cans and tus" to evoke a spirit of wonder and mystery that's inside of us yet outside our understanding. "The title gives you a sense of the fragility of the body and the sanctity of life," she explains.

Hammer, who won the recent James D. Phelan award for her work in video, said she spent six months shooting "Sanctus" and two months marrying the footage to Rolnick's score. In addition to presenting her film and "Lot in Sodom" at the Art Institute, Hammer will also show "Dr. Watson's X-Rays," a 22-minute video documentary she compiled from interviews with Watson's surviving family and colleagues.

HAMMER'S passion for Watson didn't fade after the making of "Sanctus," however. "I'm writing a grant proposal to raise money for another film," she says. "I want to use the outtakes from 'Lot in Sodom' to make a sensual gay man's film. I'm not sure what I'll call it: either 'Lots of Sodom' or 'Sodom's Lot.'"

Why isn't Watson remembered today? According to Dean, it may have been by design. Instead of aspiring to immortality, as so many artists do, her reclusive husband longed for obscurity — in life and in death. "As his friend Kenneth Burke said to him, 'Well Sibley, you always wanted nobody to know you were there and now you got your wish.'"

Barbara Hammer's "Sanctus" will be shown with James Sibley Watson Jr.'s "Lot in Sodom" at 8 p.m. Thursday at the San Francisco Art Institute, 800 Chestnut Street.

07—09

Holy Hammer!

by Kate Bornstein

A woman — is it a woman? — looks into the mirror of the compact s/he is holding, while s/he applies lipstick. A man — is it a man? — shaves with an electric razor. Someone else — man, woman? — touches his/her own face.

Common enough images, even for our own gender-blurred community. But there is a difference — we see these people in motion literally *through their skins.* We see through to their muscles, their bones, their tendons. This is not a cartoon, not claymation, not a cinematic trick.

Veteran, award-winning lesbian film-maker Barbara Hammer has once again made the ordinary extraordinary. Once again, she breaks new cinematic ground — by letting us see yet another heretofore unknown part of ourselves — the body within.

In her most recent film, *Sanctus,* Hammer utilizes found footage of pioneer film-maker, Dr. James Sibley Watson. Watson shot reels of subjects doing quite ordinary motions, while they were

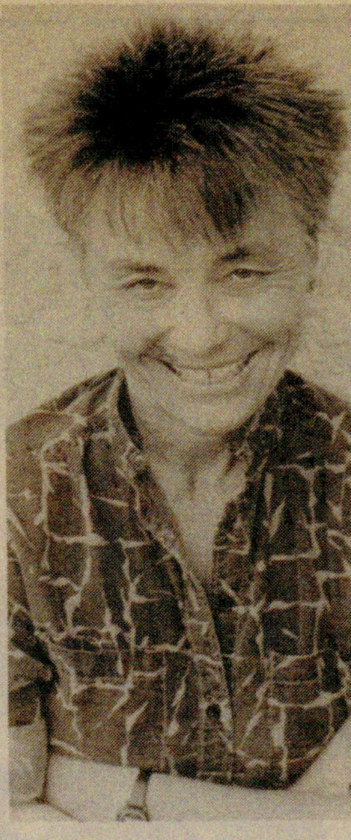

Veteran award-winning lesbian filmmaker Barbara Hammer has once again made the ordinary extraordinary.

standing behind a fluoroscope. (A fluoroscope is a sort of x-ray device that allows a person to view the internal workings of the body in motion. The process of filming this internal motion is called cinefluoroscopy.)

Barbara Hammer is the first person to have discov-

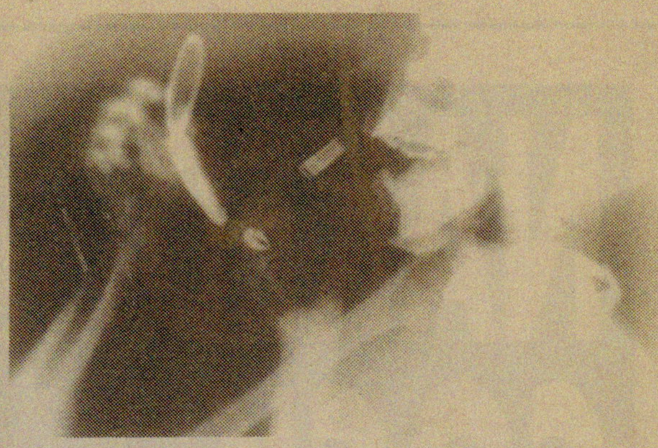

Barbara Hammer, left, and X-ray frame from *Sanctus.*

ered and played this footage since Watson's death.

"No one saw that footage before me," Hammer told the *Bay Area Reporter* last week. "I felt like Nancy Drew!"

What she does with the source reels would have made the good doctor proud. Hammer colorizes the footage, which she throws onscreen with her characteristic rapid-cut technique, utilizing repetitive images, and split-screen edits. Neil Rolnick's delicately digitized, sampled and re-scored soundtrack is taken from the "Sanctus" section of the various Masses of Bach, Beethoven, Byrd, and Mechant. The result is an ethereal journey to the land within.

Sense of Fragile Body

"I want people to get the sense of the fragile body," says Hammer, "the delicacy of it. In this day and age of immune disease, and now the war — it's so important that we know this aspect of ourselves."

Hammer says that she expects the viewer will always have present the knowledge that the persons being filmed were in fact being exposed to disease by radiation. It adds a double edge, she says. In fact, Watson himself died of cancer.

Dr. James Sibley Watson, Hammer points out, is the filmmaker who made the first ever gay film in America — *Lot and Sodom,* shot in 1933. *Lot and Sodom* will show with Hammer's film.

The 19-minute *Sanctus* is a brilliant piece of work. Hammer does transform the ordinary body into the combination of vessel and spirit. Little things like gender, politics, and ideology mean very little in the world of the spirit, and Hammer fulfills her role as artist by guiding us into that world.

Sanctus will be screened at this year's San Francisco International Film Festival. But you can catch it, and Barbara Hammer in person, at a Cinematheque screening, Thursday, Feb. 28, 8 p.m., at the SF Art Institute, 800 Chestnut St. (558-8129). The showing will be sign language interpreted — the first time this has ever been done at Cinematheque. ▼

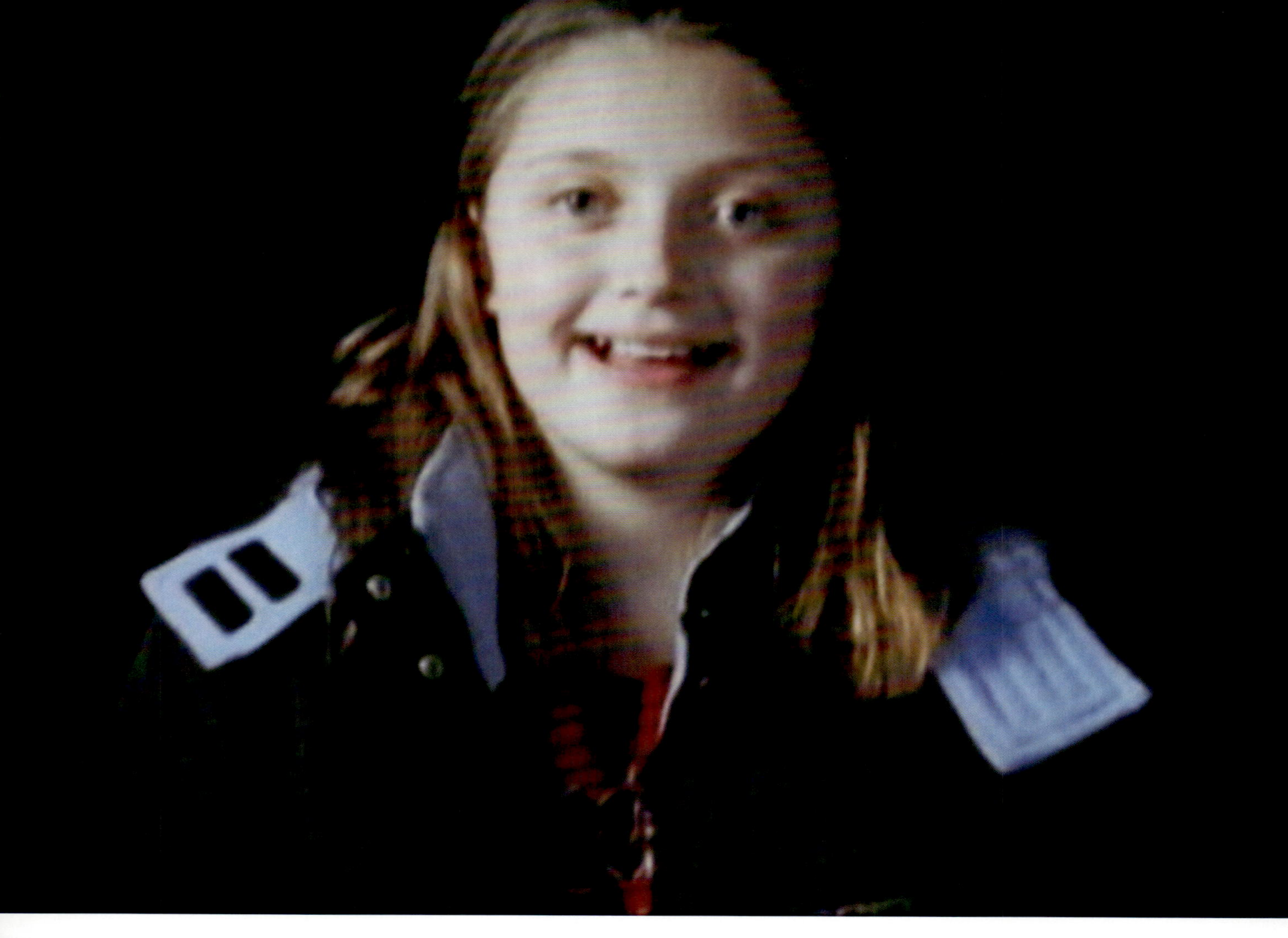

Christian Jankowski, **WHAT REMAINS,** 2004, Videostill / Video still
Courtesy of the artist and Grieder contemporary, Zurich

**CHRISTIAN JANKOWSKI
WHAT REMAINS, 2004**

**16-mm-Film, transferiert
auf Video, 11'33", Farbe,
Ton**

**16 mm film, transferred
to video, 11'33", colour,
sound**

"A strategy which Jankowski employs to slow down the pace of modern technology is collaboration. The physical act of filming generally requires collaboration with actors, set designers, editors, and numerous others. But Jankowski takes it further by inviting individuals to participate in his work very conceptualization [...]. This process is vital. Jankowski shares (or does he defer?) responsibility for the creative act, which in turn questions the role of the artist and the serendipitous participators roped in by Jankowski. Such a populist action invites an exploration of varied perspectives on life and different social structures within which belief systems are embedded. (Fortune telling, talk show hosting, aspiring to cinematic glory). This not only erases the boundary between high and low art; the moment at which the everyman going about his everyday business steps into the process of creating an artwork blurs any seperation between art and the everyday. [...]

WHAT REMAINS (2004) [...] serve[s] as [a] prime examples of Jankowski's collaborative process. In the winter of 2004, the artist invited moviegoers exiting New York theaters to give their immediate responses to and opinions of the film they just saw, with the proviso that they not mention the film's name. In the resulting work, the participants critiqued various aspects of the movie, thus betraying their adept analysis / slavish adoration / total confusion immediately mundane responses. This work again calls into question the role and power of film in contemporary visual and popular culture, and even literalizes the 'wow' experience."

J. Fleming, 'Christian Jankowski: The Big Wow', in: **Christian Jankowski. Everything Fell Together,** ed. The Des Moines, Iowa 2005, pp. 11–12.

Christian Jankowskis **WHAT REMAINS** (2004) positioniert sich inmitten von Referenzen und Gesichtspunkten, die das künstlerische Bewegtbild in seinen Relationen entscheidend definieren. Das teils blockierte, doch explizite Verhältnis zum Kino eröffnet in dieser Arbeit die Möglichkeit von Kritik – so als sorge das künstlerische Bewegtbild ohne Kino für eine Zäsur, die es der Kunst erst ermöglicht, sich mit einer Fantasie über die Möglichkeiten des Kinos aufzuladen. Das schafft Begehrlichkeiten. Diese Perspektive hat es buchstäblich und konzeptuell auf die trunkene Umklammerung des Kinos und, weiter, die Mainstreammedien generell abgesehen. Sie ist in **WHAT REMAINS** in einer Weise produktiv tätig, gegen die immanente Illusion einer bloßen ideologischen Täuschung und stattdessen dafür, als ein sowohl aus Erinnerung als auch aus Repräsentation bestehender Tagtraum verstanden zu werden. Wie bereits an anderer Stelle betont, wünsche ich mir, dass **GENERATION LOSS** ein Konzept bejaht, nach dem Kultur keine Entschuldigung für das Scheitern von Erfahrung sein kann. In der Art und Weise, in der **WHAT REMAINS** die Aufmerksamkeit auf die Erfahrung sowohl der Interviewpartner als auch der Rezipienten durchweg fördert – durch welche Erinnerungsarbeit auch immer, die ein Publikum da draußen auf sich nehmen wird –, steht **WHAT REMAINS** essenziell für jede These, die hier verdeutlicht werden soll.

Christian Jankowski's **WHAT REMAINS** (2004) sits within deeply important references and aspects that define artists' moving image in relation. In the piece, the partially occluded but explicit relationship to cinema inaugurates the possibility of critique. As if artists' moving image without cinema makes for a caesura that art might fill with its fantasy of what cinema could be. It's desirous. And it is this perspective that is so fruitfully engaged in **WHAT REMAINS,** and is so literally and conceptually after the clinch of cinema, and after mainstream media in general. And it is seen against the inherent illusion as mere ideological feint – and instead precisely for it as a reverie of both recollection and representation. As reiterated elsewhere, I want **GENERATION LOSS** to affirm an idea that culture cannot be an apology for the failure of experience. In the way that it entirely supports an attention to both the experience of the interviewees and of the audience who attend to the work, and on, through whatever recollective work an audience might undertake out there, **WHAT REMAINS** feels essential to any thesis that might be attempted to be elucidated here.

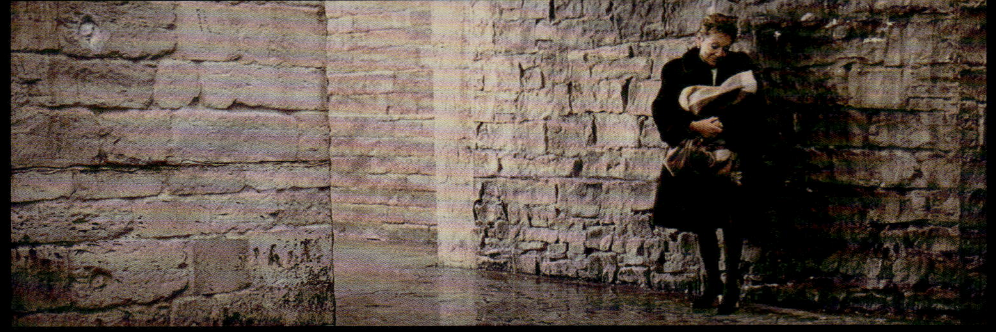

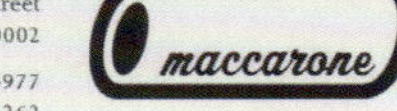
45 Canal Street
New York, NY 10002
PHONE: 212·431·4977
FAX: 212·965·5262
kitchen@maccarone.net
www.maccarone.net
maccarone

Christian Jankowski
Now Playing

March 7 through April 30, 2004

Opening Reception: Sunday, March 7 from 6 to 9pm
Gallery hours: Wednesday through Sunday noon to 6pm

01–02

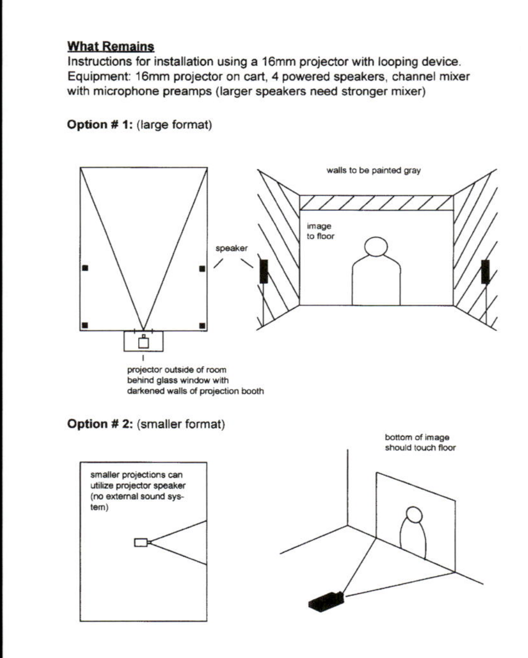
What Remains
Instructions for installation using a 16mm projector with looping device.
Equipment: 16mm projector on cart, 4 powered speakers, channel mixer
with microphone preamps (larger speakers need stronger mixer)

Option # 1: (large format)

walls to be painted gray

image
to floor

speaker

projector outside of room
behind glass window with
darkened walls of projection booth

Option # 2: (smaller format)

smaller projections can
utilize projector speaker
(no external sound sys-
tem)

bottom of image
should touch floor

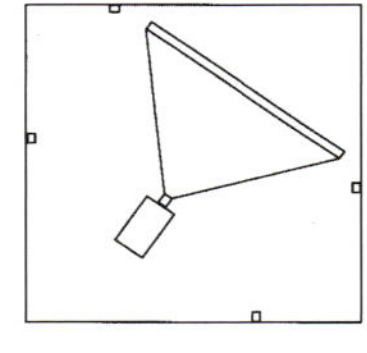
What Remains
Instructions for installation using a 16mm projector with looping device.

Option # 3: (projected onto screen [in oddly shaped or narrow room]
so that angle of image can be shifted)

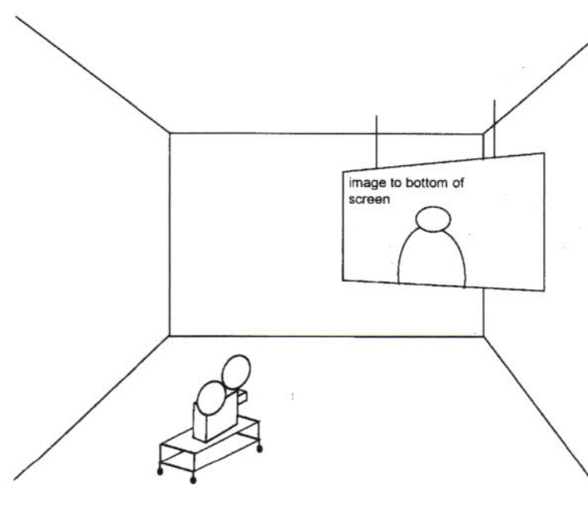
image to bottom of
screen

03–04

The unpredictable happens when an artist blurs the distinction between the staged and the truth

REALITY SHOW

BY KIM LEVIN

German-born artist Christian Jankowski, who now divides his time between Berlin and New York, is among the best of the new species of cine-conceptualists. His film and video projects are hard to explain but easy to watch. They're convoluted, self-referential, touching, awkward, and sometimes hilarious. You could say he creates a behavioral art of social interaction and cinematic process, or that he stages collisions of incompatible media systems and belief systems. You could claim his work has a kind of site-specificity that is more about situation, context, and conventions than place. You could even call it a symbiotic head trip involving mutual exploitation. To put it really simply, Jankowski manipulates reality.

See it and you catch on instantly. *Telemistica* in 1999, which had subtitles, recorded his on-air telephone session with a fortune teller on a call-in TV show in Italy. For *Singing Customs Officers* the same year, he convinced border guards from Austria, France, Italy, and Germany, all at Swiss borders, to sing their national anthems. *The Matrix Effect*, which he did for the Wadsworth Atheneum in 2000, involved that museum's Matrix program of exhibitions. He interviewed artists who had participated, then filmed children speaking their answers. In *The Holy Artwork*, which Jankowski describes as having "a parallel life in the art context and the context of religion," he collaborated with a television minister (he's "a total fan of it") and his congregation in San Antonio, Texas. Switching between his own shaky subjective camera and the church's smooth camerawork, it's sublimely funny and comically spiritual, especially when the artist falls to the floor at the altar. "Personally, I'm a great fan of imperfection," he has said.

When I speak with Jankowski by phone (while he watches over potatoes cooking on his stove), he tells me that *Rosa*, which was made for the 2001 Berlin Biennale and will be shown in his upcoming exhibition (opening at Maccarone on March 7) was "somehow a bridge for me into the film work. Before, I was a cineaste standing outside the cinema." The project came about when a German film director, making a feature film about a hipster kid who steals his girlfriend's far-out art projects and turns them into advertising campaigns, used a couple of Jankowski's early pieces in the film as stand-ins for the fictional Rosa's art: *The Hunt*

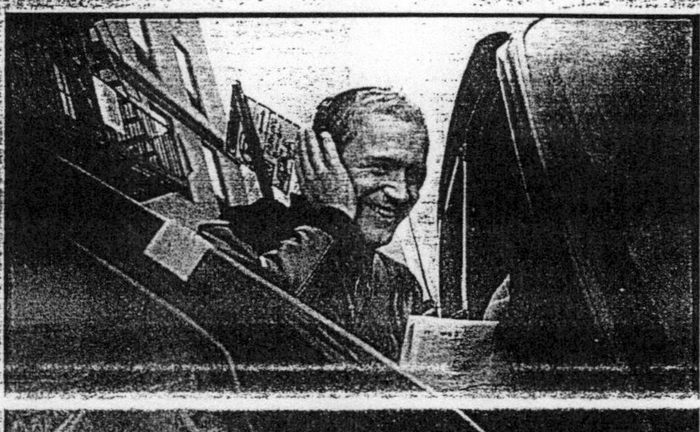

Photograph by Sylvia Plachy

(1992), in which the artist hunts for his food with a bow and arrow in a supermarket, and *My Life as a Dove* (1996), in which he hired a magician to turn him into a dove (the bird lived in the gallery for the duration of that show, while the artist kept out of sight). Instead of payment, he asked to make a film within the film. Each time his own work appeared, he stopped the action and made the actors confront the camera to answer banal questions about art and media. He then transferred these 35mm film outtakes, shot by the professional film crew, to video, and as one critic remarked, swapped two old artworks for a new one.

This I Play Tomorrow, which he made at the famous Cinecittà film studio in Rome a year ago, is also in his next show. The work has two parts; the first is documentary video: He interviews (with a camcorder) people who happen to be standing in front of Cinecittà, asking each of them what their ideal role and costume would be. In the second—using Cinecittà's equipment, sets, and costumes—

Christian Jankowski in action

he films them (in 35mm, which he has transferred to video) interacting in the roles of their dreams. As we go to press, he is probably in the midst of shooting the third work he'll show here, titled *What Remains*. A 16mm film remake, in English, of a video he did in Germany, it will star people exiting five different multiplexes. He'll ask them to give their impressions of whatever film they just saw, requesting that they speak in the present tense. We won't know what movie they're talking about. And he hopes to transfer their 16mm soundbite replies into 35mm in order to put these spectator-participants onto the big screen. Coming soon, if the artist can convince the multiplex manager: Someone he has interviewed will have his or her 15 seconds of glory—between the commercials and the movie—on each multiplex screen.

March 7–May 2, Maccarone, 45 Canal Street, 212.431.4977

'2004 BIENNIAL EXHIBITION'

Among this European innovator's art materials were chocolate and cheese, and he's been cited as a

JON ROUTSON

---

brand-ne
personal
25 new n
program

'WORLD
April 13–
Grey Art
100 Wash
Who? Th
Europe, r
game tha
his canva
mass-pro
icons—g
to comme
move Pop
Danto ha
pastiche?

ELIZABE
Dates TB
GBE (Mo
Our own
knack for
and celeb
time, is b
paintings
well as in

RODNEY
April 24–
303 Galle
This Cana
always cy
new film,
white pov
it would b
which a c
on the he

'MAJOR
April 27–

Over 30 y
better kno
trendines
cause of p
for this be
campaign
Scott Hug
coincide v

DO-HO S
April 30–
Lehmann
Last time,
the indivic
group—st
whole Nev
and stairs
uprooted,
home. In f
carries the
and peopl
came to hi
been stitc
tiny paratr

TONY FE
May 8–Jur
D'Amelio
Doing nea
caps or pat
with colore
for work th
impeccabl
that's exac
improvise
containers

CARSTEN
May 14–Ju
Casey Kap

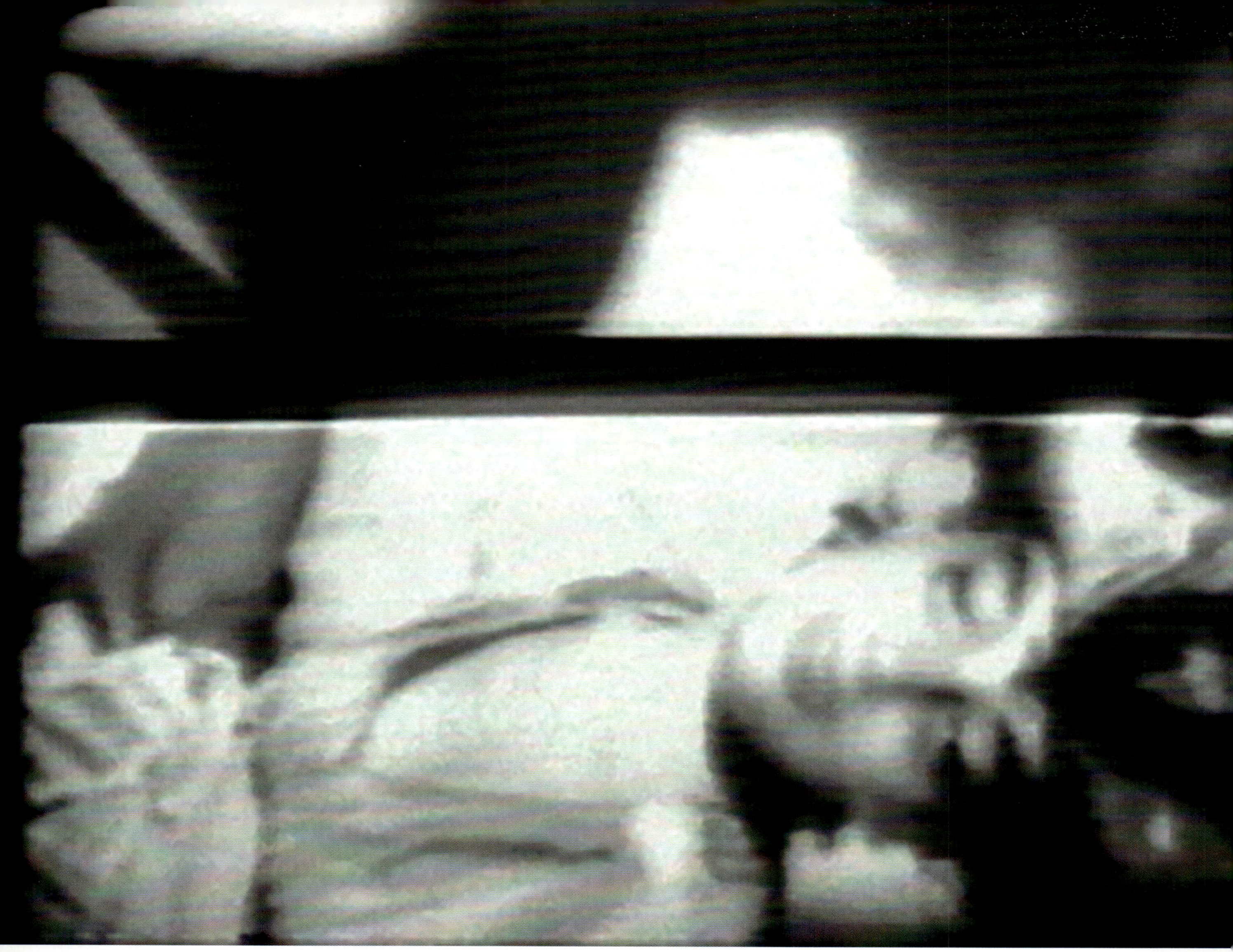

Joan Jonas, **VERTICAL ROLL,** 1972, Videostill / Video still
Courtesy of the artist and Electronic Arts Intermix (EAI), New York

JOAN JONAS
VERTICAL ROLL, 1972
Video, 19'38", S/W, Ton
Video, 19'38", b/w, sound

"In Jonas's important video performances *Organic Honey's Visual Telepathy* (1972) and *ORGANIC HONEY'S VERTICAL ROLL* (1972), the 'spacing out' of bodies is only one component of a thoroughgoing unraveling of the television apparatus. These works disentangle and reshuffle three closely interconnected video systems [...] feedback, scan lines, and character.

[...]

Indeed, fundamental to Jonas's unraveling of television is a pluralization of her represented identity. As Constance De Jong beautifully expressed it in a 1973 essay on *ORGANIC HONEY'S VERTICAL ROLL:* 'As a means of constituting, the monitor supplied an opposite: oneself given back. An intrinsic quality of the media-feedback-was taken metaphorically. It suggested one who could become a multiple identity.' Feedback's multiplication of identity establishes a theater of the 'wrong name'- Joan Jonas is temporarily eclipsed by *Organic Honey,* only to shine through as 'herself' again later on. Although *Organic Honey* is an intentionally vulgar interpretation of a feminine stereotype-a kind of showgirl or stripper-she is not placed in opposition to Joan Jonas as an artist, but rather in dynamic equilibrium with her in an instance of what Ranciere called 'in-betweenness.'
And such 'in-betweenness,' as De Jong understood, results from feedback. The encounters between persons and images staged by Nauman, Campus, Acconci, and Jonas represent identity as a process, not a televisual presence. By calling forth animate images, these artists produced avatars whose purpose is to navigate media ecologies as 'wrong names,' storing potential power in the fissures of commercial character."

D. Joselit, **Feedback. Television against Democracy,** Cambridge 2007, pp. 162–163.

VERTICAL ROLL (1972) macht eine Bildstörung opak – als ein kostenloses Geschenk, das sich immer wieder aufs Neue bekräftigt. Jonas verkehrt den TV-Defekt in sein Gegenteil, er ist nicht nur hinnehmbar, sondern auf hinreißende, verdrehte Weise **beabsichtigt.** Handlungsfähigkeit wird somit zurückerobert und das verschwundene Material der Technologie als künstlerisches Mittel neu gefasst. Inwiefern hier improvisiert wird, verdeutlichen Erläuterungen an anderer Stelle; in vielerlei Hinsicht ist Jonas' Aktion erholsam und buchstäblich zu nehmen. Das Buchstäbliche wird hier als Genesungsprozess gehandhabt: Es wirkt heilsam und ist nicht zuletzt von wesentlicher Bedeutung, wenn Erfahrung politische Relevanz zurückgewinnen soll, nachdem Technologien der Repräsentation sich auf einen Fluchtpunkt zubewegen. Vertikalität könnte hier auch maskulin ausgelegt werden, sofern eine formale Hegemonie tätig ist; die Durchführung von Reparaturen sickert durch die Technologie zurück und gelangt an den Überbau, der sie unsichtbar steuert. Der Eindruck ist in etwa so, als springe das Leben mit dem Vertikalen zum Einvernehmen des Horizontalen Trampolin – und obwohl im Rhythmus etwas latent Gewalttätiges schlummert, wirkt er positiv aufgeladen, angenehm und repetitiv. Wie ein gegen den Uhrzeigersinn rotierender Bohrer, der mit vollkommener Hartnäckigkeit so viel wie möglich rückgängig macht, so als handele es sich um den **wirklichen** Ton, der vom TV-Defekt ausgelöst wird. Es ist ein Fehler, eine Störung der Technik – mittels Interpretation als Affirmation repariert –, als Einbruch in die glatt laufende und stillschweigende Übereinkunft über eine materielle Verschiebung. **VERTICAL ROLL** ist eine transformierte Beschwörung, die die scheinbare Transzendenz technologischen Erscheinens und Verschwindens verschmäht – zugunsten eines Hier, eines Jetzt, in diesem Körper.

VERTICAL ROLL (1972) renders an error of video opaque – as a gratuitous present, reasserting itself over and over. Jonas inverts the TV problem, recasting it as not just acceptable but gloriously, perversely **deliberate.** In so doing, agency is wrested back, and the disappeared material of the technology is reformed as a tool of the artist. It's improvisational inasmuch as regards thoughts elucidated elsewhere, Jonas's move is recuperative and literalising, in so many ways. The literal, here, is wielded as a process of recovery: it's reparative and, importantly, essential if experience is to have political significance again, after technologies of representation approach a vanishing point. Verticality, here, might also be understood as masculine, insofar as a formal hegemony functions; the performance of reparations seeps back through the technology to reach the superstructures that invisibly steer them. The sensation is something like life trampolining the vertical to the unanimity of the horizontal – and though the rhythm has some latent violence lurking there, it feels positively charged, pleasurable and reiterative. Like a drill counter-clockwise – undoing as much as possible and with total insistence. As if this were the **actual** sound that the TV malfunction makes. It's a mistake, an error of the technology – mended by interpretation as affirmation – as an irruption in the slick and tacit agreement concerning a deferral of materiality. **VERTICAL ROLL** is a transposed incantation that spurns the seeming transcendence of technological (dis)appearance in favour of a here, a now, in this body.

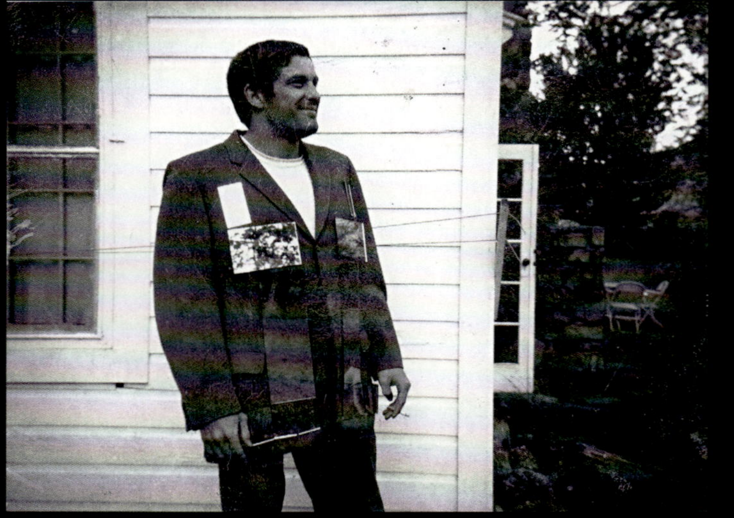

01

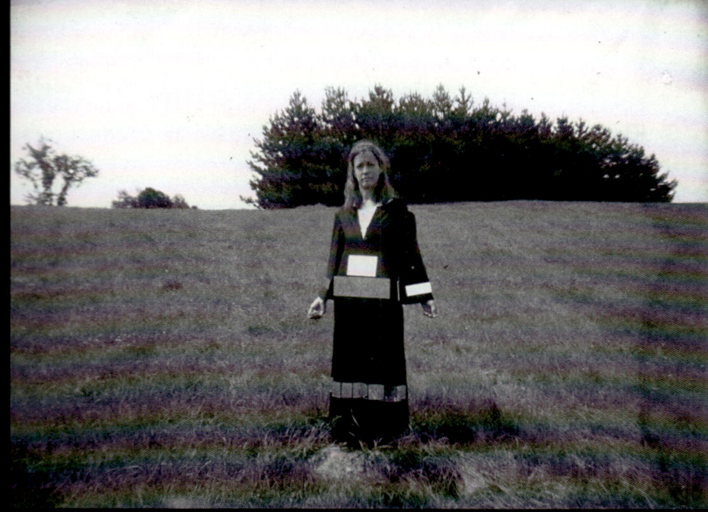

02

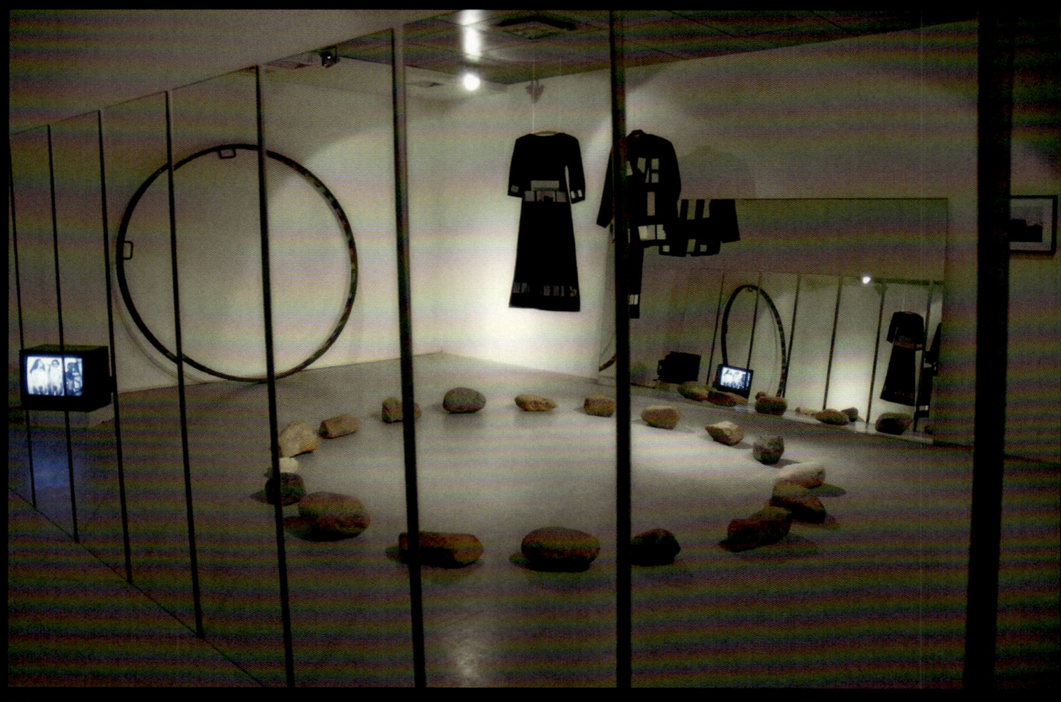

03

01–02 Joan Jonas, **MIRROR COSTUMES,** fotografische Dokumentation (Performance) / Photographic documentation (performance), 1968. Fotos / Photos: Peter Campus. Courtesy of the artist and Gavin Brown's enterprise, New York/Rome

03 Joan Jonas, **VERTICAL ROLL,** Installationsansicht / Installation view, **Joan Jonas – My Theater,** Galleria Civica d'Arte Contemporanea, Trento, 2007. Foto / Photo: Moira Ricci. Courtesy of the artist and Gavin Brown's enterprise, New York/Rome

04 Joan Jonas, **OAD LAU,** Werkbeschreibung / Work description, 1968, **WIND,** Filmstill / Film still, 1968. Courtesy of the artist and Gavin Brown's enterprise, New York/Rome

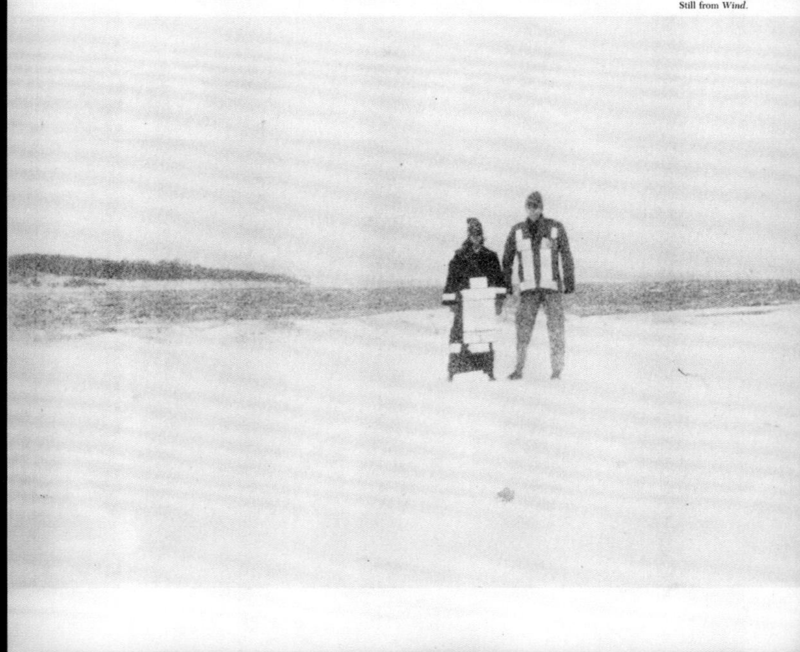

OAD LAU   1968

Two figures, a man and a woman, wear costumes to which small mirrors are glued. They walk stiffly, shoulder to shoulder, swaying back and forth in straight lines parallel and perpendicular to the spectators. Large electric fans appear to blow them, and five other performers, to and fro as their costumes reflect the surroundings. The other performers meanwhile build a structure of string, strung at the spectators' eye level, on which sheets of plastic are laid, creating a waterlike surface. This structure also sways to the breeze from the fans. Finally it is pulled down, and the performance ends.

Still from *Wind*.

04

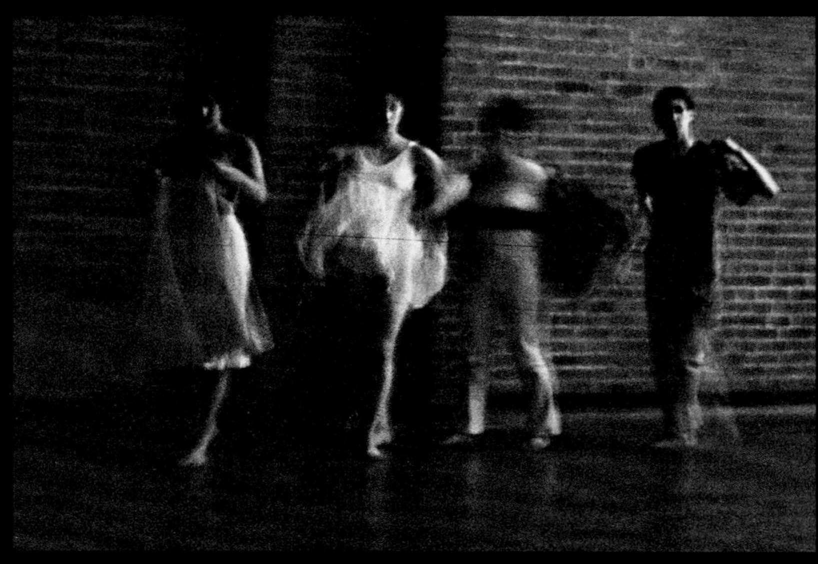

05

05 Joan Jonas, **OAD LAU,** Fotografische Dokumentation (Performance) / Photographic documentation (performance), St. Peter's Gymnasium, New York, 1968. Foto / Photo: Peter Campus. Courtesy of the artist and Gavin Brown's enterprise, New York/Rome

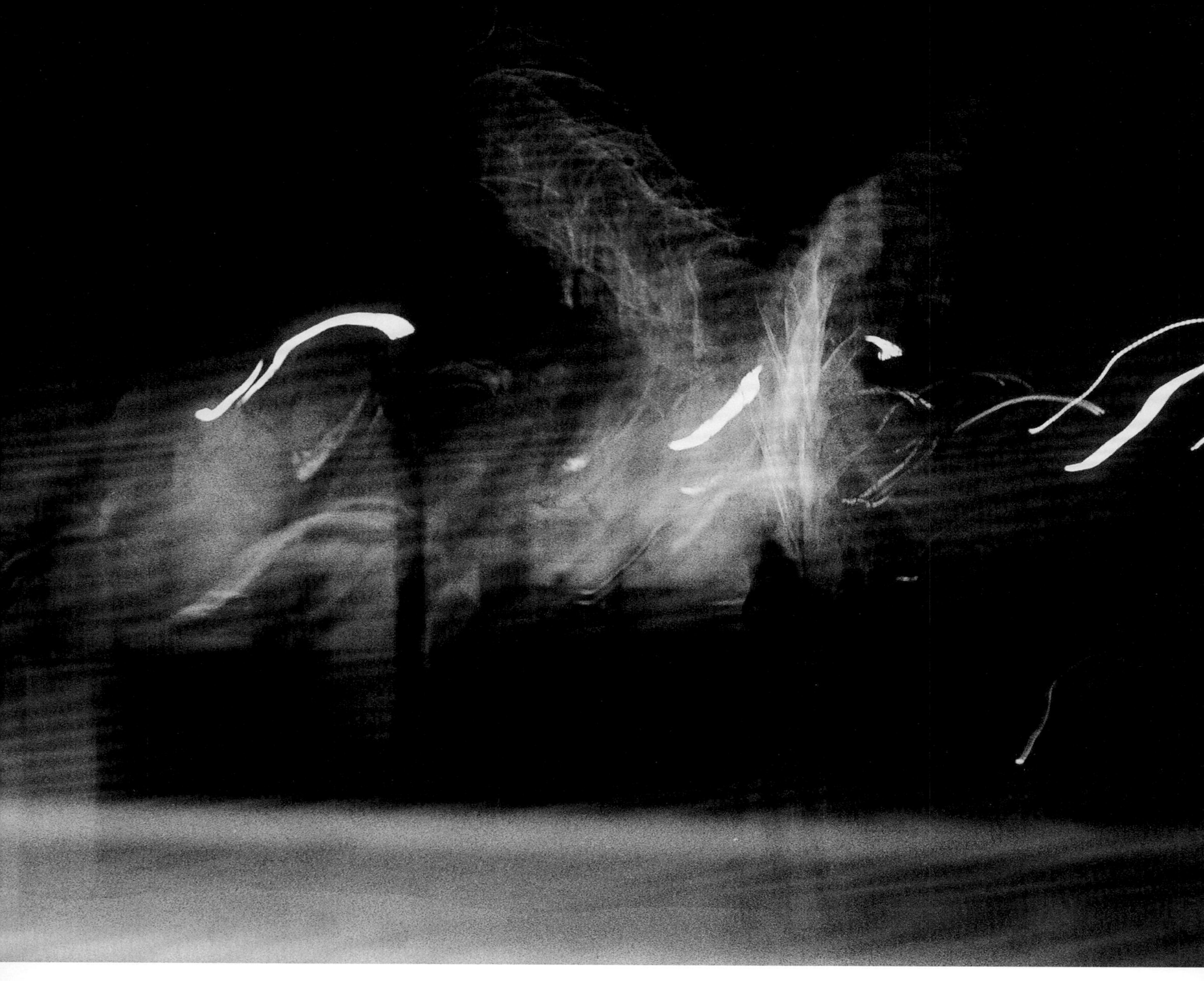

Imi Knoebel, **PROJEKTION X,** 1972, Fotografie / Photograph
© VG Bild-Kunst, Bonn 2017. Courtesy of the artist

IMI KNOEBEL
PROJEKTION X, 1972

Video, 40', S/W, kein Ton

Video, 40', b/w, no sound

"**I**n *PROJEKTION X*, the eschewal of the canvas [in Knoebel's paintings of a radical, minimalist reduction] is transferred of all things to medium of the cinema, which has a 'big screen', the screen, as its essential foundation. Yet Knoebel's work on the limits of action art and filmic documentation shows that the cinema does not require a stationary canvas or screen, but that anything can become a surface of projection. Equally so, the moving image does not result from a celluloid strip creating movement by way of pictures changing 25 times a second, but that a rigid mask with a fixed frame becomes a moving image by literally moving."

C. Heuwinkel, 'Imi Knoebel – Projektion X. 1972', in: ed. J. Holten, **Auf Zeit,** exh. cat. Staatliche Kunsthalle Baden-Baden; Kunsthalle Bielefeld 2013, pp. 258–259.

"**W**hile driving through Darmstadt at night, Gerry Schum and [Imi] Knoebel projected an enormous 'X' onto the passing facades of the sleeping city. The 'X' emitted by a high-intensity projector was captured on film with a video camera that was likewise affixed to the roof of the car.

[...] The world no longer functions here like the backdrop of a painting, but is a constitutive component of the painting itself."

H. Broeker ed. **Imi Knoebel – Works 1966–2014,** exh. cat. Kunstmuseum Wolfsburg, Bielefeld 2014, p. 60.

PROJEKTION X (1972) stellt gewaltige Behauptungen auf und grenzt unmögliche Gebiete ab; oder besser: es behauptet nichts, sondern prangert an, erstickt im Keim. Alles, worüber dieses riesige projizierte „X" hinwegfegt, ist ganz sicher verflucht. „X" ist eine Abwesenheit, eine Auslöschung und ein Zielobjekt. „X" ist wohl kaum als Sprache zu bezeichnen, sondern vielmehr als eine Art grundlegende semiotische Geste, die sowohl ursprünglich ist als auch allem anderen nachfolgt. „X" markiert den leeren Fleck – in Abwesenheit von Inhalt: „X". In Imi Knoebels **PROJEKTION X** ist die Welt eingeschlossen: Die Gleichzeitigkeit von Projektion und Aufnahme erzeugt Verwirrung, was die Trennung zwischen Zeugenschaft und Konsequenz angeht. Die Interferenz von Zeugenschaft selbst; der Beobachtereffekt ganz groß geschrieben. Indem es sich nach hinten durch den Projektor erstreckt, hin zum Betrachter, führt das Stück zu einer ganz furchtbaren Symmetrie. Projektion und Sehen an jedem Ende. Wir begreifen, dass bloßes Zuschauen nie unschuldig ist, dass es stets und zwingend auf einem geheimen Einverständnis beruht. Auch wir werden von dem X hinweggefegt, wenn das Licht der Projektion zurückgeworfen wird, als wäre es nun ein Schatten, der unseren Blick auf ähnliche Art und Weise umfasst und ihm die Stirn bietet. Was den Effekt anbelangt, so ist es eine unglaublich nihilistische Arbeit, insofern als sie ihr Motiv ebenso wie ihre Absicht abwertet – und da es heute aus dem Projektor heraussickert, ist es nicht bloß auf das Historische beschränkt, sondern erstreckt seinen verneinenden Bann auch in die Zukunft. Falls unsere Einschärfung aber irgendeine Art von Effekt erzeugen sollte – wie krank auch immer –, dann reicht das Erkennen vielleicht aus, um darin etwas Wiedergutmachendes zu finden. Was, wenn das Urteil des „X" gefällt ist? Mit Sicherheit Trauer, aber auch Neuland, übel riechend und fruchtbar.

PROJEKTION X (1972) makes vast claims, demarcates impossible tracts. Or not claiming but condemning, blighting. Everything swept across by that huge, projected 'X' is cursed, surely. 'X' is an absence, a cancellation, and a target. It scarcely registers as language but rather as some root semiotic gesture. Both primary, and after everything else. X marks the vacant spot – in the absence of content: 'X'. In Imi Knoebel's **PROJEKTION X,** the world is implicated: the synchronicity of projection with recording confuses a separation between witnessing and consequence. The interference of witnessing itself; the observer effect writ large. Extending backwards through the projector, to the viewer, the piece makes for a terrible symmetry. Projection and sight at either end. We understand that viewership is not innocent. That it is, in fact, collusive, and unavoidably so. We too are swept by the X, as the light of the projection is cast backwards, too, as if now a shadow to contain and affront our gaze similarly. It's an incredibly nihilistic work in effect, insofar as it seems to write off its subject and object both – and as it seeps out of the projector today it's not restricted to the historic, but extends into the future to excommunicate all that, too. If, however, our inculcation makes for any kind of agency – however sick – then perhaps the recognition is enough to find something reparative here. In the wake of the 'X' passing judgment, what then? Mourning, certainly, but also new ground, fetid and fecund.

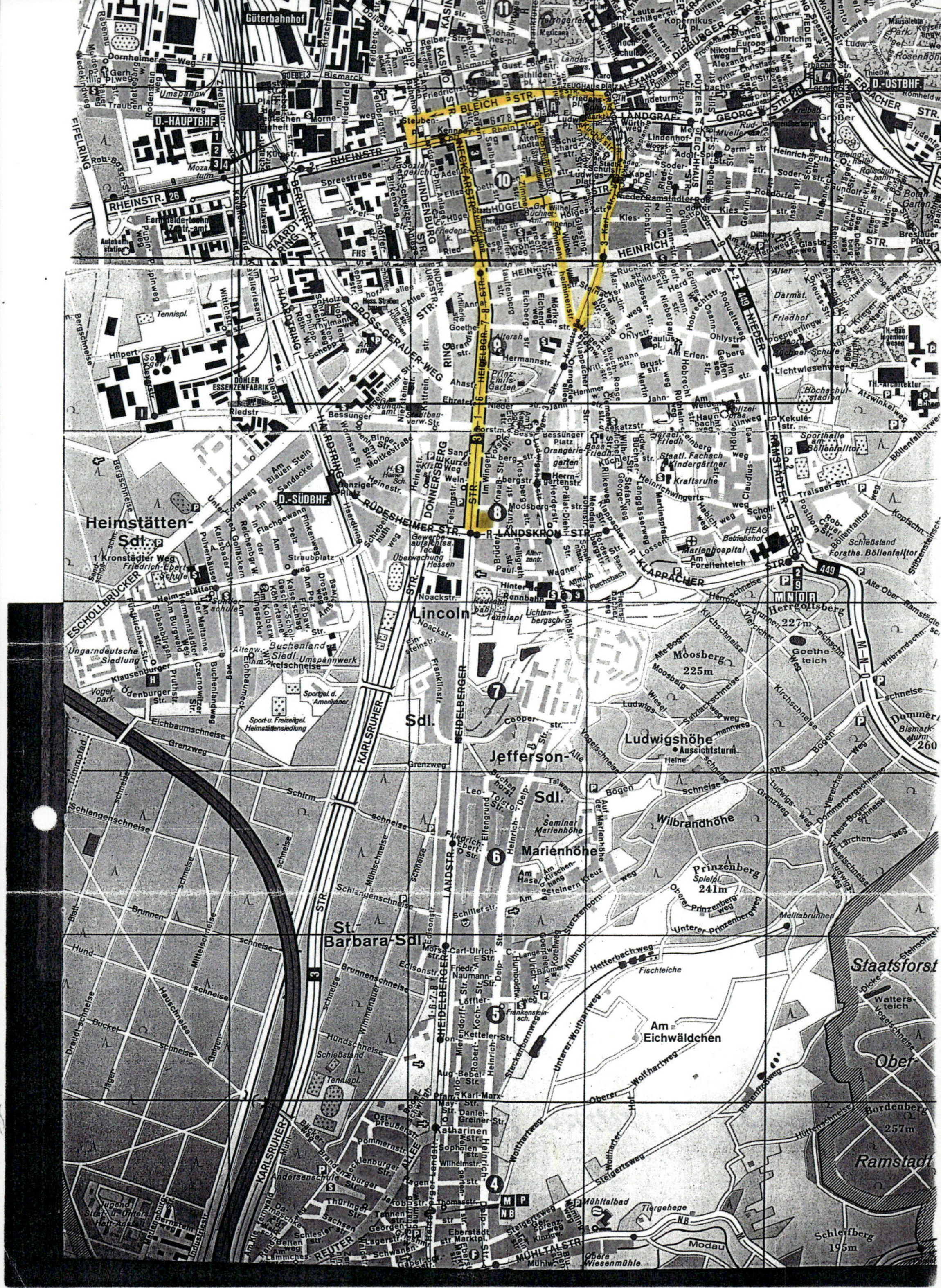

01

01 Imi Knoebel, Stadtplan von Darmstadt mit eingezeichneter Route von / Darmstadt city map with marked route of **PROJEKTION X.** Courtesy of the artist

02 Einladungskarte / Invitation card **VIDEOTAPE, W KNOEBEL, PROJEKTION X,** Video-Galerie Gerry Schum, Düsseldorf, 1972. Courtesy of the artist / © VG Bild-Kunst, Bonn 2017

VIDEOTAPE

W KNOEBEL

PROJEKTION X

1972

02

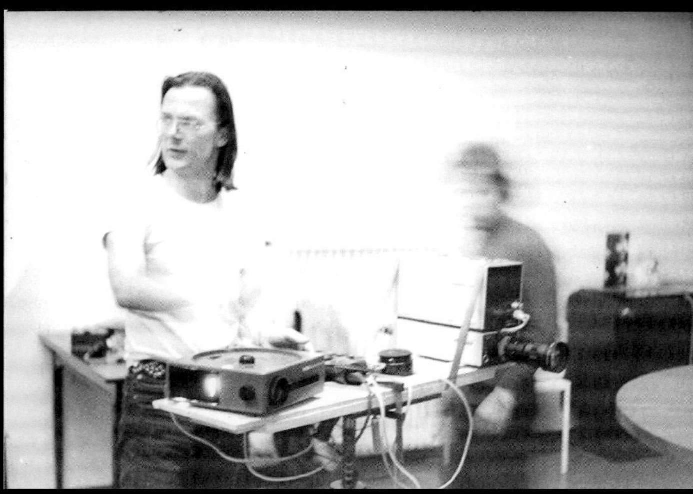

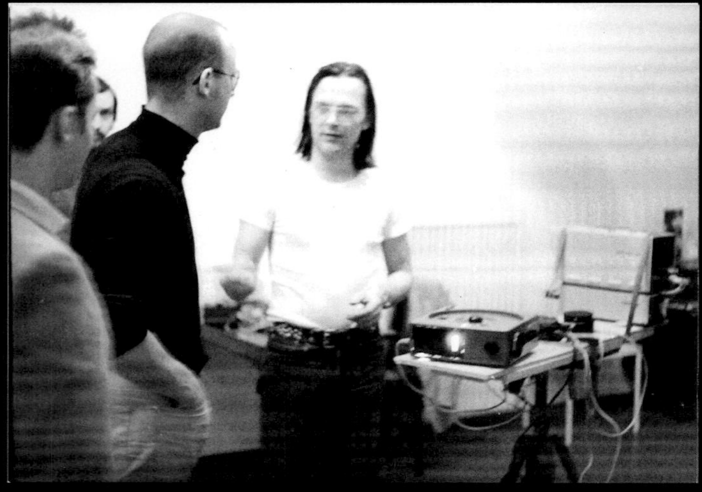

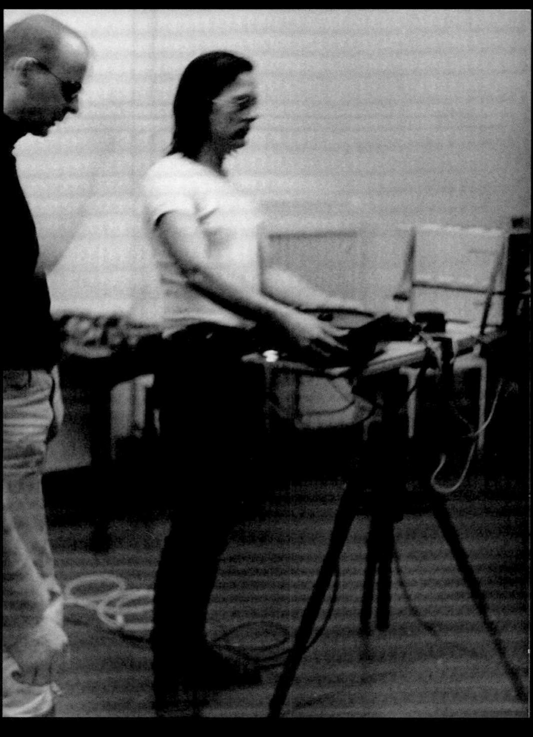

03–05 Imi Knoebel und Gerry Schum (im Rollkragenpullover) in der Wohnung des Kunstvermittlers Franz Dahlem in Darmstadt bei der Konzeptbesprechung von / Imi Knoebel and Gerry Schum (in polo neck sweater) in the home of the art dealer Franz Dahlem in Darmstadt discussing the design of **PROJEKTION X,** 1972. Foto / Photo: Carmen Knoebel. Courtesy of the artist

06–07 Imi Knoebel im Kabinett für Aktuelle Kunst Bremerhaven bei der Präsentation von / Imi Knoebel at Kabinett für Aktuelle Kunst Bremerhaven presenting **Projektionsbildgrössen,** 1970. Foto / Photo: Jürgen Wesseler. Courtesy of the artist

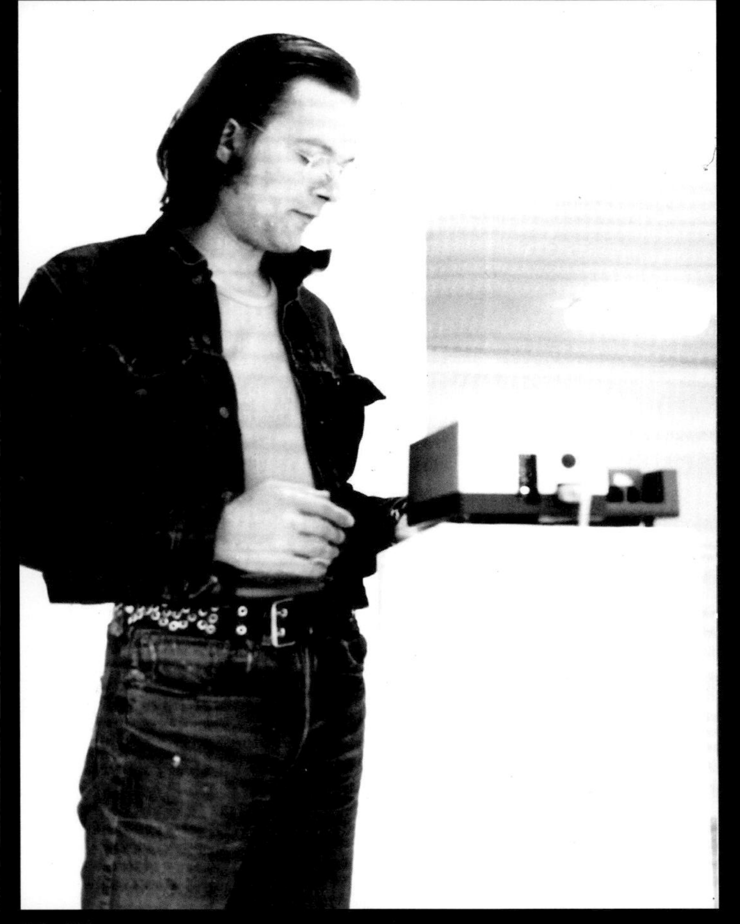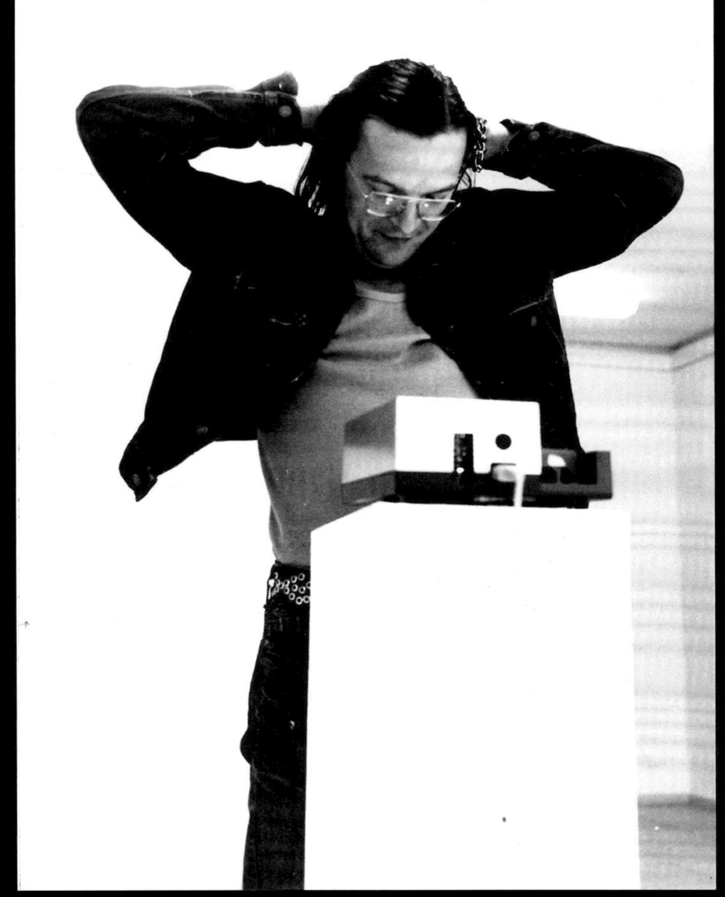

06—07

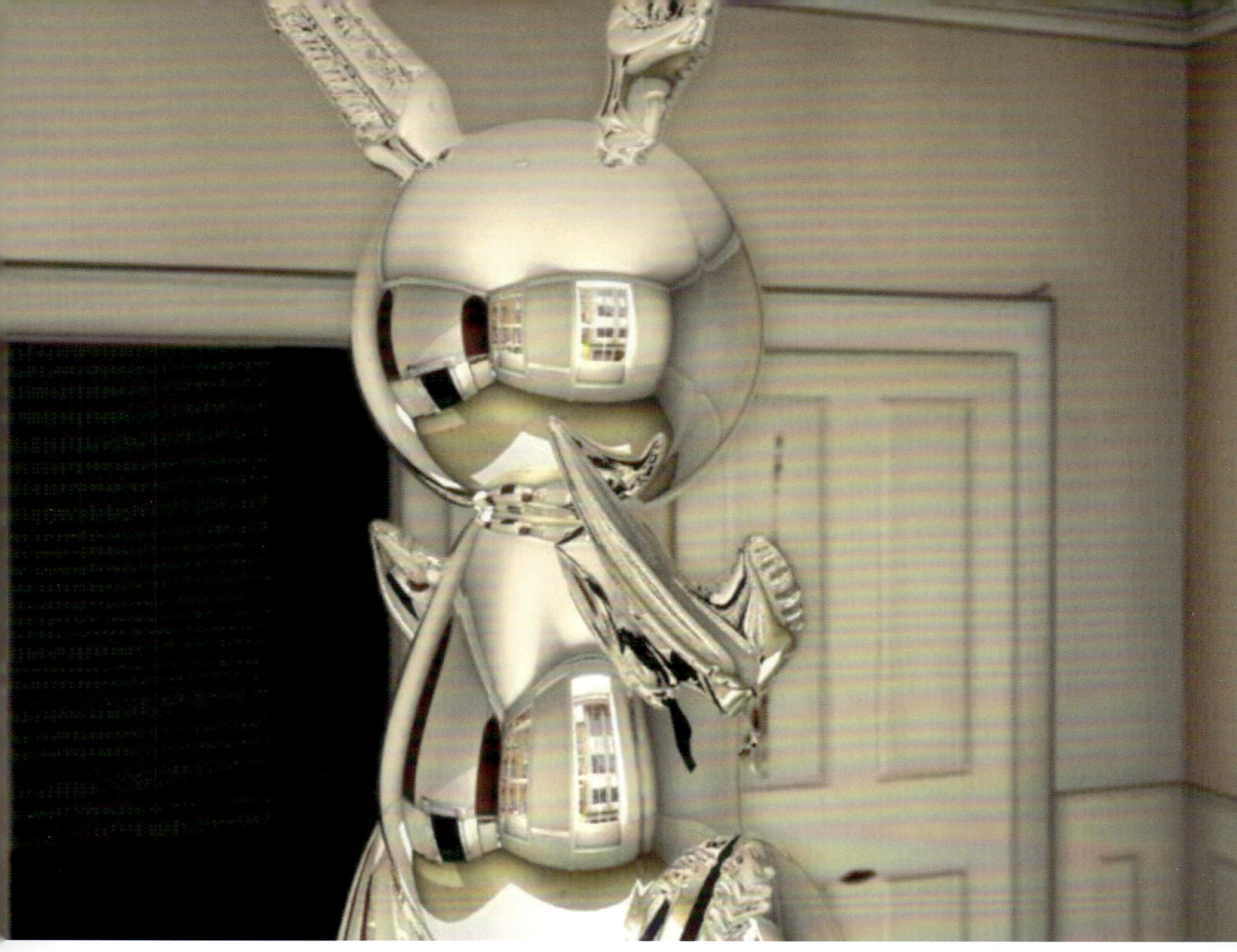

Mark Leckey, **MADE IN 'EAVEN,** 2004, Videostill / Video still
Courtesy of the artist and Galerie Buchholz, Berlin / Cologne / New York and Gavin Brown's enterprise, New York / Rome

**MARK LECKEY
MADE IN 'EAVEN, 2004**

**16-mm-Film, transferiert
auf Video, 2', Farbe,
kein Ton**

**16 mm film, transferred
to video, 2', colour,
no sound**

"**Instead of becoming visible in this reflective surface – in the way that mirrors have traditionally been used to expand the realm of the viewer and to introduce 'external' figures – the camera and the artist (and hence the human eye) are entirely absent in _MADE IN 'EAVEN_. In Leckey's hands, _Rabbit_ becomes a specter of sorts, a simulacrum of itself, and dissolves into its own surroundings, Leckey's studio. This interplay of illusion and ghostliness is closely connected with the characteristics of the medium used for _MADE IN 'EAVEN_ and not least underlined by the transfer of a digitally constructed animation to 16 mm film. The camera's absence from the field of vision in Leckey's film points at its virtual making. Moreover it exposes the film footage's supposed indexicality as mere illusion. […] The proximity-distance-control that Leckey is demonstrating here can be read as an indication of the 'essential distance', that is to say the fetish character of Koons's _Rabbit_; a fetish that Leckey does not merely replicate but materializes by embedding in his own sphere of operation – in the privacy of the studio, where he lived and worked at that time. And in so doing he replaces a unilateral 'possessive' relationship with a new reciprocity and puts what is desired on a par with the one who desires. For Leckey, _Rabbit_ is the ultimate capitalistic object […] in its absolute flawless perfection. […]**

It is in this guise that _Rabbit_ features in Leckey's work, and in that sense art, as an observed phenomenon – like music, popular culture, cinema and so on – in effect nourishes Leckey's work."

P. Dander, 'A Desire for Things', in: eds P. Dander and E. Filipovic, **Mark Leckey. On Pleasure Bent,** exh. cat. Haus der Kunst, Munich et al., Cologne 2014, pp. 73–75.

MADE IN 'EAVEN (2004) wirkt wie ein zweifelhafter Nachfahre dieser frühen Portapak-zu-Kamera-Performances – sicherlich insofern, als es einen narzisstischen Ort wiederzuerfinden scheint, obgleich es immer schon post- ist, in einem CGI (Computer Generated Imagery)-Himmel, beladen mit dem Potenzial all dessen, was auch nur irgendwie fähig ist, auf fantastische Weise wahr zu werden. Persönlich sollte ich nicht unerwähnt lassen, dass diese Arbeit Leckeys ein ziemlich entscheidender Auslöser für mich war, meine eigenen Videos in Richtung computergenerierter Animation und unmöglicher Trugbilder digital erzeugter Darstellung zu bewegen. Insbesondere wie dieser undenkbare Nicht-Ort so merkwürdig strukturell und buchstäblich zugleich ist, sind seine figurativen Stilmittel in ihrer Funktionsweise so gordisch hinsichtlich ihrer Bekräftigung des Aufschubs konkreten Verstehens. Die Dinge **sind** einfach dort, im Himmel, und das auf eine Art, der es frei steht, in reineren Formen zu **fühlen**, als es der Begriff „Medium" im Wortsinne zu umfassen scheint. Diese persönliche Verbundenheit, ihre anerkannte Transformation einer vorangehenden Setzung vorausgehender Künstler ebenso wie die Erbverhältnisse innerhalb von **GENERATION LOSS** scheint das Werk ganz offen zu adressieren. Auch wenn sein Titel es in die Ewigkeit verschiebt. Und da ist zudem die Furcht vor einem hier unerreichbaren Einfluss – eine Art Reproduzierbarkeit des Digitalen, die das Konzept von Verlust annulliert und dieses spezielle goldene Kalb darbringt: Koons' **Bunny** (dt. Häschen) – ein unantastbarer, gleichgültiger Gott. Und doch, dieser verkürzte 'eaven ['immel] holt etwas von der Unberührbarkeit zurück zu dem Punkt, wo sowohl die Götter als auch das Digitale von Leckeys allzu menschlichem Kontakt prachtvoll befleckt werden.

MADE IN 'EAVEN (2004) feels like a bastard descendent of those early Portapak to-camera performances, certainly in as much as it seems to reinvent some site of narcissism, even if it's always-already post-, in a CGI heaven, loaded with the potential of anything whatsoever able to fantastically come true. Personally, I should say that this piece of Leckey's was a pretty huge catalyst to edging my own videos towards computer-generated animation and the impossible fancy of digitally-rendered representation. Specifically, how that unthinkable no-space is both weirdly structural and literal; its tropes of figuration being so Gordian in their workings as to reassert the deferral of tangible understanding. Things just are in there, in heaven, and in a way that is free to **feel** in ways purer than the term 'medium' seems to be able to literally contain. This personal attachment, its acknowledged transformation of precedents set out by antecedent artists, as well as the inheritance within **GENERATION LOSS** feels like something the work overtly addresses - even if the work's title shifts it into eternity. And there is the anxiety of an influence unapproachable here, too – a kind of reproducibility of the digital that annuls the idea of loss, rendering this particular golden calf – Koons' **bunny** – an untouchable, uncaring kind of god. Still, that abbreviated "'eaven" retrieves something of the intangible to a point where both gods and the digital are tarnished gorgeously by Leckey's all-too-human contact.

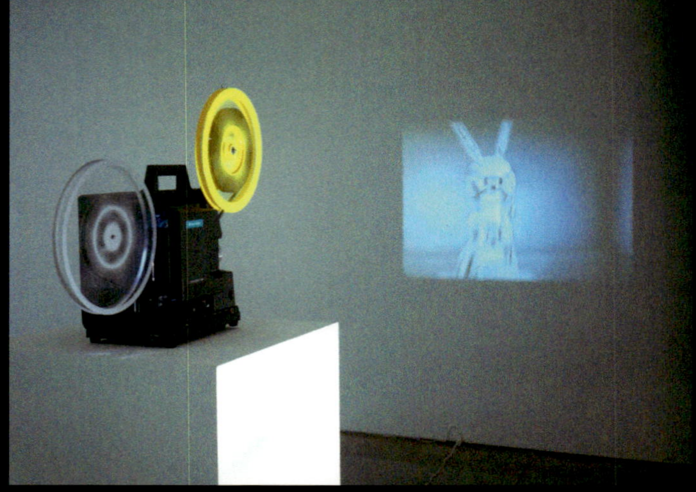

01

Matthew Higgs

Roger Ballen (Berkeley Art Museum, Berkeley, CA) Prior to seeing this eye-opening survey (organized by the Museum of Contemporary Art, San Diego), I'd given almost no thought to Ballen's creepy, surreal-ish photographs. Since seeing it I've thought of little else. There's a lot to be wary of (and possibly even dislike) in Ballen's work: e.g., the apparent "manipulation" of his seemingly disenfranchised South African subjects (collaborators?) or the way he makes poverty appear somehow theatrical, poetic even. Yet Ballen is such a profoundly strange artist that I'm willing to forgive him (almost) anything.

"Andy Warhol's Time Capsules" (Andy Warhol Museum, Pittsburgh) Surveying the contents of a mere eighteen of Warhol's some six hundred "time capsules" was, frankly, overwhelming. Among the hundreds of gems Warhol squirreled away in these boxes (on view through January 2) were Clark Gable's shoes, the drafts of Warhol's 1964 "resignation" letter to his then-dealer Eleanor Ward, and the detritus of his mother's sad, byzantine Catholic existence. Simultaneously a portrait of the artist and of the times he lived through—and created—Warhol's time capsules may well be the greatest nonartworks of the twentieth century.

Bruce Nauman, *Raw Materials* (Tate Modern, London) *Raw Materials* saw Nauman plundering his own extensive back catalogue of text(ual) works to create an anxious "greatest hits" sound installation throughout Tate Modern's forbidding Turbine Hall (where it remains on view until March 28). From *Work Work* through *100 Live and Die* to *No No No No—New Museum/Walter* and *Get Out of My Mind, Get Out of This Room*, Nauman's orderly cacophony came across as a paranoid riposte to the trippy spectacle of Olafur Eliasson's previous Turbine Hall crowd-pleaser, *The Weather Project*, 2003.

"Power, Corruption and Lies" (Roth Horowitz, New York) Preempting the summer's rash of overliteral-minded anti-Bush exhibitions, Adam McEwen and Neville Wakefield's modest—and slyly political—group show was a curatorial gem. Thirty-six artists, including Lutz Bacher, Wallace Berman, Jeremy Deller, Öyvind Fahlström, Scott King, Nate Lowman, Aleksandra Mir, and Cady Noland, wrestled with what the curators charmingly described as "the smell of putrefaction that tends to curl around the shoulders of power."

"Lee Lozano, Drawn from Life: 1961–1971" (P.S. 1 Contemporary Art Center, New York) P.S. 1 was, hands down, my space of the year: Everything I saw there looked great. None more so than director Alanna Heiss and curatorial advisor Bob Nickas's revealing survey of the eclectic (and eccentric) work of Lee Lozano (1930–1999). The epithet "maverick" was custom-made for Lozano, whose sometimes bad-tempered and often caustically funny art left this viewer wishing he'd had the opportunity to meet her.

"Indigestible Correctness I & II" (Participant Inc. and Kenny Schachter/ROVE, New York) Lutz Bacher, Brian Degraw, Jimmy DeSana, Isa Genzken, Richard Kern, Kemba Pfahler, Francis Picabia, Richard Prince, and Christopher Wool headed up the very savvy cast of Rita Ackermann and Lizzi Bougatsos's angular and angsty two-part group show that made me wonder, "Why can't museums organize shows like this?"

"Thrown: Influences and Intentions of West Coast Ceramics" (Morris and Helen Belkin Art Gallery, University of British Columbia, Vancouver) The influence of the visionary British studio potter Bernard Leach on a generation of West Coast Canadian potters in the '60s and '70s might not sound like a recipe for one of the most compelling exhibitions of the year; but in the hands of curators Lee Plested, Scott Watson, and Charmian Johnson this exquisite (and beautifully installed) material positively sang. Watson's inspired programming at the Belkin has always taken unexpected (and unprecedented) turns, and "Thrown" gently amplified his idiosyncratic vision.

"The Thought That Counts" (Sister, Los Angeles) LA-based sculptor Jason Meadows blurred the lines between curation and collaboration in this wonderfully odd project in which he created pedestals, plinths, bases, props, or supports for existing and newly commissioned sculptures by friends and peers like Liz Larner, Evan Holloway, Sean Landers, and Liz Craft. Seen together, the resultant "hybrids" (for want of a better term) displayed a joyous harmony born of confused and multiple authorship.

"Beyond Geometry: Experiments in Form, 1940s–70s" (Los Angeles County Museum of Art) LACMA curator Lynn Zelevansky's "Beyond Geometry" was an often subjective (global) romp through all things process, serially, and geometrically inclined: a (very) capacious church that found room for, among many others, Josef Albers, Blinky Palermo, Mel Bochner, and Karen Carson's (unknown-to-me) kinky cotton-duck-and-zipper "painting." Claustrophobically installed—in a good way—and full of illuminating diversions (Franz Eberhard Walther finally getting some kind of dues), "Beyond Geometry" was, despite its boring title, Tinseltown's summer sleeper.

Mark Leckey, "Septic Tank" (Gavin Brown's Enterprise, New York) Leckey's one-room apartment in London's West End—the cramped laboratory from which he works his increasingly weird cultural alchemy—has taken center stage in much of his recent production. "Septic Tank" free-associated among a peculiar cast of characters, including the late Patrick Procktor, Jacob Epstein, Graham Greene, actor Phil Daniels, Little Richard (a "religious icon," according to Leckey), and Jeff Koons. Simultaneously melancholic and celebratory, Leckey's recent brand of bed-sit conceptualism perfectly mirrors our increasingly unsettled times. □

03

04

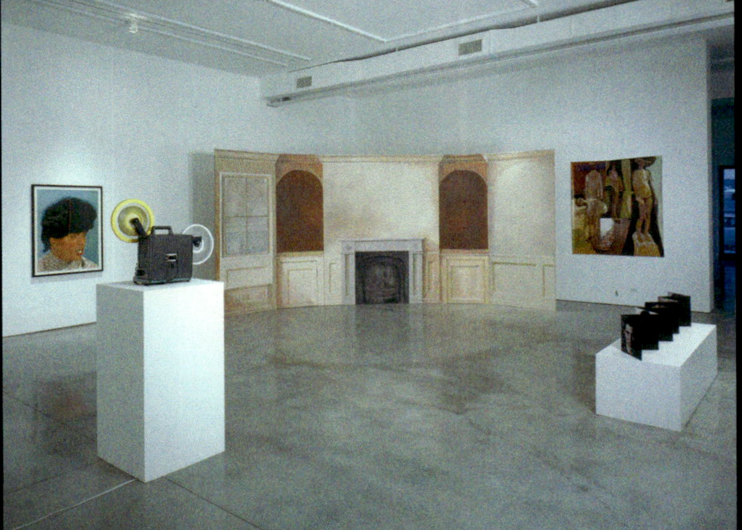

02

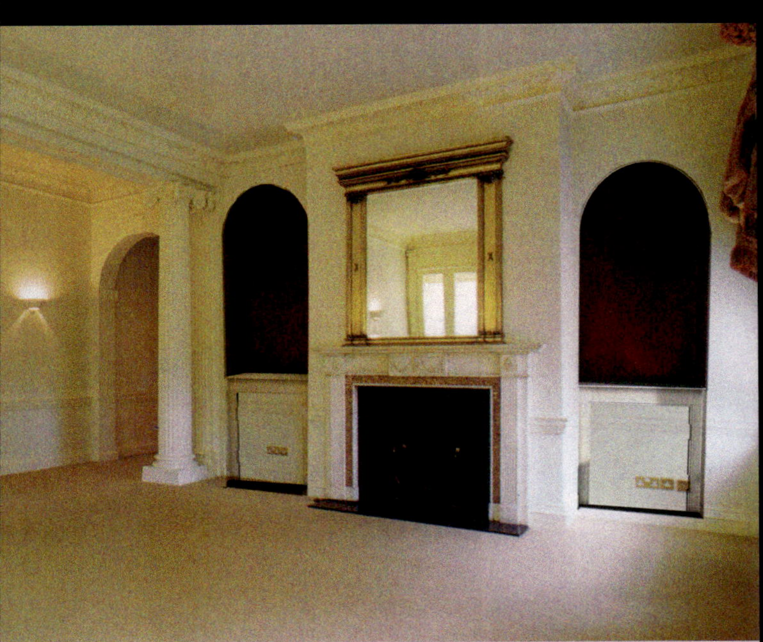

the second floor of this Georgian block in the heart of Fitzrovia conveniently
ps and restuarants of Charlotte Street and Goodge Street Underground Station.
an ideal pied-a-terre.

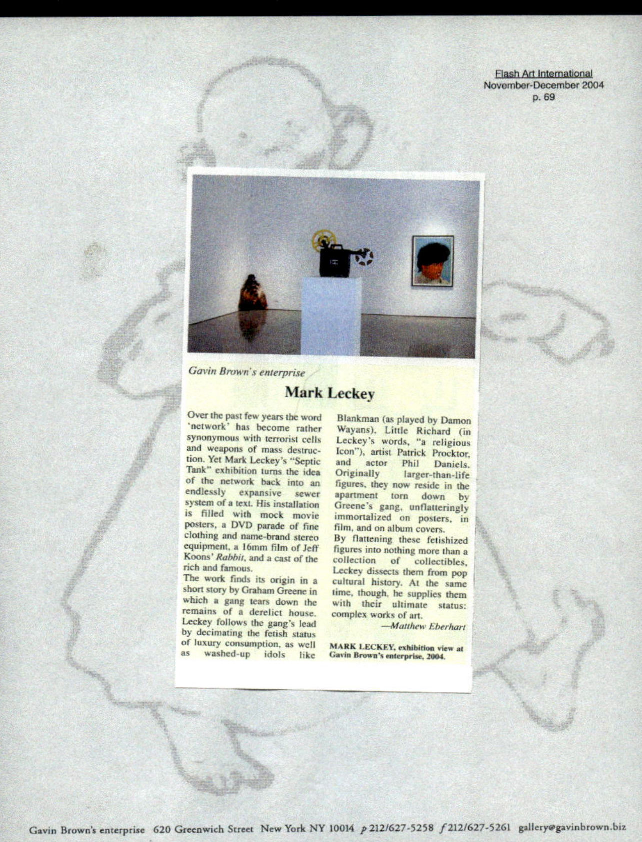

Flash Art International
November-December 2004
p. 69

Gavin Brown's enterprise

Mark Leckey

Over the past few years the word 'network' has become rather synonymous with terrorist cells and weapons of mass destruction. Yet Mark Leckey's "Septic Tank" exhibition turns the idea of the network back into an endlessly expansive sewer system of a text. His installation is filled with mock movie posters, a DVD parade of fine clothing and name-brand stereo equipment, a 16mm film of Jeff Koons' *Rabbit*, and a cast of the rich and famous.

The work finds its origin in a short story by Graham Greene in which a gang tears down the remains of a derelict house. Leckey follows the gang's lead by decimating the fetish status of luxury consumption, as well as washed-up idols like Blankman (as played by Damon Wayans), Little Richard (in Leckey's words, "a religious Icon"), artist Patrick Procktor, and actor Phil Daniels. Originally larger-than-life figures, they now reside in the apartment torn down by Greene's gang, unflatteringly immortalized on posters, in film, and on album covers.

By flattening these fetishized figures into nothing more than a collection of collectibles, Leckey dissects them from pop cultural history. At the same time, though, he supplies them with their ultimate status: complex works of art.

—*Matthew Eberhart*

MARK LECKEY, exhibition view at Gavin Brown's enterprise, 2004.

Gavin Brown's enterprise 620 Greenwich Street New York NY 10014 *p* 212/627-5258 *f* 212/627-5261 gallery@gavinbrown.biz

05

05 Matthew Eberhart, **Mark Leckey at Gavin Brown's enterprise,** in: **Flash Art International**, November–
Dezember / December 2004, S. / p. 69. Courtesy of
Gavin Brown's enterprise, New York / Rome

New Dynasties

If reproduction refers to sex, patriarchy, fascism and coercion are not far off. In art and in media it's the other way around: reproduction holds the promise great freedom. The more images proliferate and spread the better, ad infinitum. The more technologically advanced a society or culture, the more images of images of images circulate within it. By Maximilian Geymüller

06

06 Maximilian Geymüller, **Neue Dynastien,** in: **Spike,** 50, 2017, S. / p. 2. Courtesy of the artist and Galerie Buchholz, Berlin/Cologne/New York

07 Ausstellungsbroschüre / Exhibition brochure, **Mark Leckey – As If,** Haus der Kunst, München / Munich, 2015. Courtesy of the artist and Galerie Buchholz, Cologne/Berlin/New York

Room 3.2
ZooVidTek

EN This part of the exhibition, titled "ZooVidTek", gathers moving image works in which sculptural objects—in the shape of a cat, a rabbit, a duck and a dog—are animated, or rather, brought to life. In doing so Leckey illustrates groundbreaking episodes of media history of the 20th century in a casual manner.

Felix Gets Broadcasted, 2007

This video explores the history of the moving image. Based on photographs, which document the television experiments conducted by America's National Broadcasting Company (NBC) in the late 1920s, the artist attempts to trace the course of the first television transmissions. In the experiments of the 1920s, Otto Messmer's cartoon character Felix the Cat served as a test object; in *Felix Gets Broadcasted* Leckey reconstructs these experiments by placing a sculpture of the comic figure against a black enclosure, in the middle of which is a mirror surrounded by four spotlights. The figure stands in the center of the arrangement on a rotating gramophone turntable. Situated across from this is a mechanical scanner with two wooden discs. A ray of light exits from the point at which the photocell would be. The apparatus seems to scan Felix the Cat. The video repeatedly shows closeup images of Felix's head—fragmented and cut up into bar patterns—underlaid by an electrical crackle. This is what the image in the interior of the machine must have looked like when it was sent to the airwaves the first time. The flashing light from the system intermittently makes the cartoon cat look monstrous and frightening—it was not for nothing that the cinema world feared the invention of television.

What is crucial to Leckey here is the transformation of an object into an image of the object. Our perception of objects is influenced by visual media, such as film or television; these types of images consist of a steady flow of signals that have nothing in common with the object in the real sense. Therefore, with *Felix Gets Broadcasted*, Leckey also exposes the nature of television as well as digital images, whose main feature is the fragmentation of reality and its reconstruction.

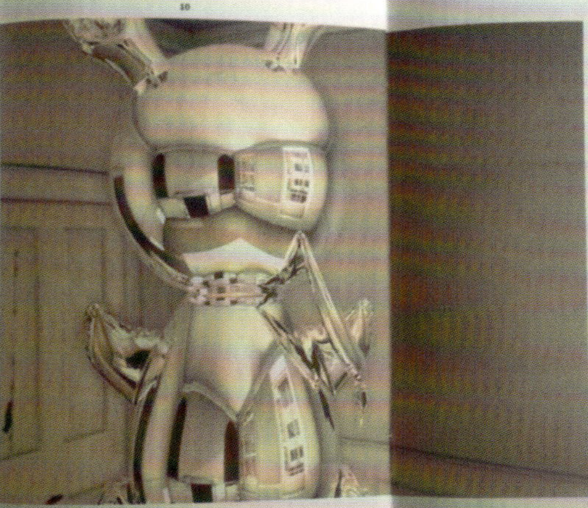

Made in 'Eaven, 2004

The film Made in 'Eaven (2004) is one of the core works of this exhibition. The focus of the two-minute loop is the stainless steel sculpture Rabbit (1986)—for many the ultimate sculpture of the present, a shiny fetish and a symbol of the art market. Koons re-created the inflatable toy rabbit in polished stainless steel. Leckey places it on a plinth like an art totem in London.

Leckey plays with the viewer's position: The observer should actually be reflected in the smooth polished surface of the rabbit, or—at the very least—the camera that took the movie. Yet, the only thing that can be seen is Leckey's apartment. He, in fact, employs computer-generated animation. The room and figure were modeled hyperrealistically in CGI (Computer-Generated Imagery) and the environment completely simulated. Then the final video was transferred to 16mm film and looped. Thus, the shiny rabbit in Leckey's studio is a mere illusion. The film projected in the exhibition space elevated on a pedestal—like a ritual sculpture. Because of the deliberate disclosure of the projection apparatus, the viewer is encouraged to reflect on the dispositive of film projection. What is actually real? And how was the film made? While digitally generated images are per se associated with the idea of manipulation, a certain degree of truthfulness was previously inherent to analog films. Leckey does not fulfill the medium's promise. What is presented in his film is not the result of a real object but, rather, of a digital image synthesis.

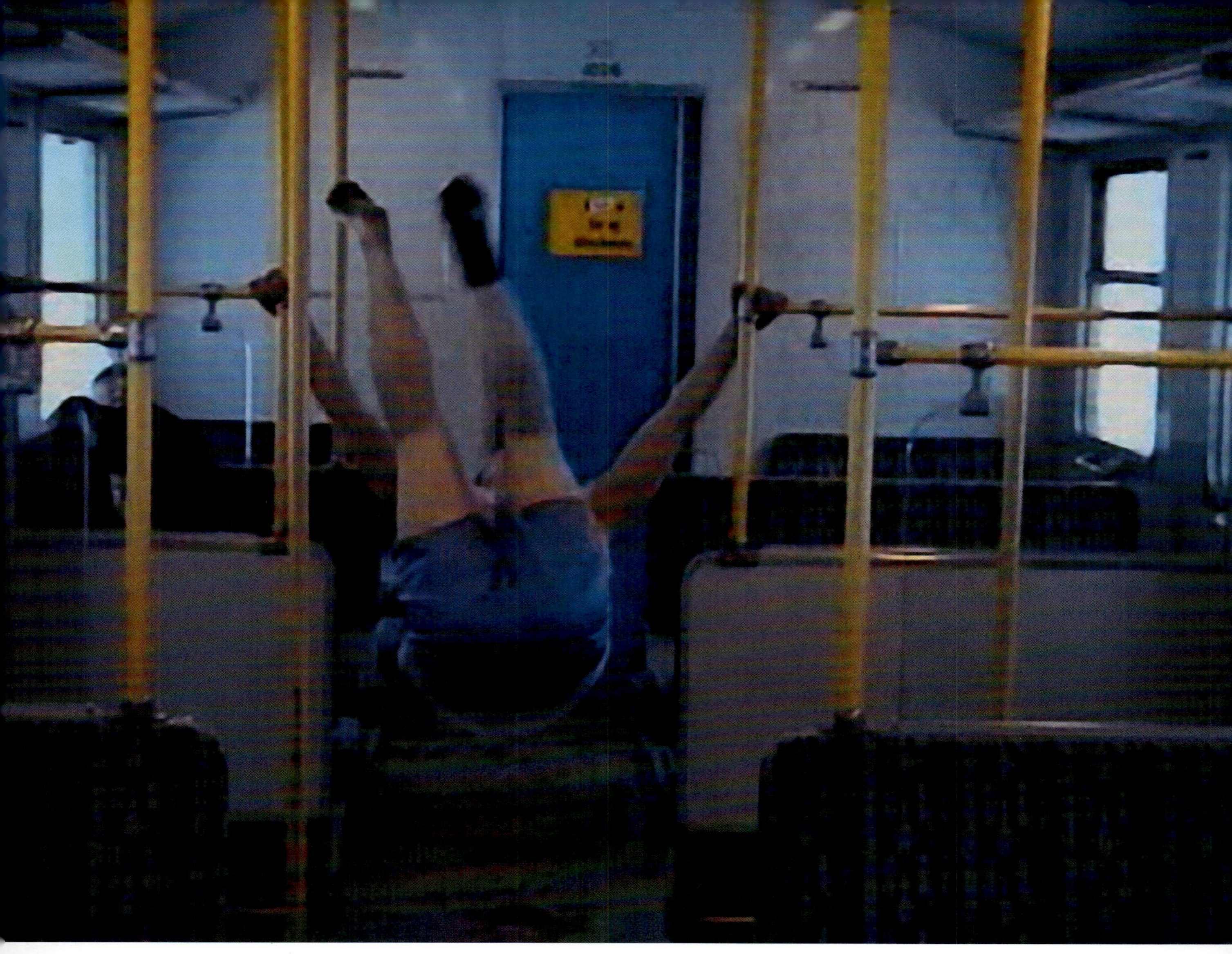

Klara Lidén, **PARALYZED,** 2003, Videostill / Video still
Courtesy of the artist, Galerie Neu, Berlin and Reena Spaulings Fine Art, New York/Los Angeles

KLARA LIDÉN
PARALYZED, 2003
Video, 3', Farbe, Ton
Video, 3', colour, sound

"**T**ransforming herself from a regular, self-contained passenger on a commuter train into an anarchic and wild dancer, Lidén disregards social conventions about appropriate behaviour in public space. Stunned (or paralysed) by the artist's frenetic movements, her fellow passengers steadfastly ignore her or attempt to contain their surprise at the sudden eruption of energy. Lidén strips off her coat, shoes, trousers, and a sock with abandon, fearlessly ignoring the rules of decorum. The performance consists of a peculiar mix of movements, recalling ballet, yoga and a clumsy kind of mock striptease. This unexpected, exuberant routine is initially comedic, a private improvisation played out in public. Yet the expressionless face of the artist, making no eye contact with her fellow travellers, echoes the shared condition of being alone. Lidén does not play a role (such as dancer or entertainer); rather, she is enacting a series of movements to test her own limits and the cultural constraints that surround her. PARALYZED is an intuitive exercise in what might be possible in the given circumstance of a city train. Lidén took dance classes in preparation for the making of this work, and submitted the film as her contribution to a seminar on city planning and public space in Stockholm. The title of the work is borrowed from the soundtrack used in the film, a 1968 song by American punk rockabilly musician, the Legendary Stardust Cowboy, who had originally conceived of 'writing a wild song that would captivate everybody.'"

S. O'Brien, T. Hahr and M. Larner, eds. **Klara Lidén,** exh. cat. Serpentine Gallery, London 2010, p. 28.

Da das künstlerische Bewegtbild so gut wie immer auf Zugänglichkeit der Technologie beruht – wirtschaftlich und was die Portabilität betrifft –, war es stets, zumindest in Teilen, mit einer Monumentalisierung des Vertrauten beschäftigt; oder eher damit, eine vertraute, persönliche Erfahrung in etwas Exemplarisches zu verwandeln. Die tragbare Videokamera als Verstärker dient dazu, die Fantasievorstellung einer breiten, aufmerksamen Zuschauerschaft zu ermöglichen, selbst wenn ihr Gegenstück das der Vertraulichkeit unterworfene Tagebuch ist. Klara Lidén ist ein Paradebeispiel. Und eine erstaunliche Quintessenz von Staub. **PARALYZED** (2003) treibt, auf ironische Art und Weise, was den Titel betrifft, ein unglaubliches Übermaß an Bewegung, ein Übermaß an Ausdruck an. Als hätte ein Ausklang von Tourette-artiger Hemmung die passende Bühne gefunden: ein Ort von anonymer Bedeutung, an dem die Einzigartigkeiten des Selbst dramatisiert werden können – auch wenn sie durch die Realität nur wieder neu zusammengefasst werden, zurück in die Menge. Die Kamera besteht auf Fantasie vor Realität; sie besteht auch auf der Paralyse von Realität, während sie mit ihrer Verschlüsselung, ihrem Einfangen beschäftigt ist – mit teilnahmsloser Genauigkeit Zeugnis ablegt. Und dennoch ist sie immer noch Zeugin, und das ist gewissermaßen genug. Vielleicht mehr als genug – besser als eine Person. Die Teilnahmslosigkeit der Kamera gestattet Ausschweifung – ein Zustand, den die Kamera nicht erkennen kann, abgesehen von der Technik, durch die sie unbegrenzt unterhalten, unterstützen kann. Diese Beziehung – bei Lidén so tadellos – untermauert so viel Videoperformancekunst. Es ist Teil dieser Unzulänglichkeit der Kamera, den inhärenten, materiellen Mangel an Erfahrung wettzumachen, der sich durch **GENERATION LOSS** zieht. Paralyse beschreibt die Verzögerung von Erfahrung durch Technologie und ihre postulierte Wahrhaftigkeit sowie ihre Erschließung in einem solch geleugneten Zustand. Oft ist es auch das Einzige, was vorhanden ist, um Ausdruck zu katalysieren, um Einzigartigkeit zu schenken.

As artists' moving image has pretty much always been predicated on the accessibility of the technology, economically and portably, it's always been at least partially concerned with a monumentalising of the intimate. Or rather, turning intimate, personal experience into something exemplary. The portable video camera, as an amplifier, serves to afford the fantasy of a vast, attentive viewership, even as its other analogue is the diary, sub rosa sensation. Klara Lidén is a paragon. And some amazing quintessence of dust. **PARALYZED** (2003) pushes, ironically as regards its title, to an incredible excess of movement, an excess of expression. As if a finale of Tourrettic repression has found sufficient theatre: a place of anonymous significance, where the singularities of self might be dramatised – if only to be re-subsumed by reality, back into the crowd. The camera insists on the fantasy over the reality; it insists on the paralysis of reality while it does its encoding thing, its capturing – witnessing with indifferent fidelity. Still it's a witness, and in a way it's enough. Perhaps better than enough – better than a person. The indifference of the camera affords excess – a condition the camera cannot recognise apart from the technical, and can therefore entertain indefinitely, can sustain. This relation – so irreproachable with Lidén – undergirds so much video performance art. It's part of this insufficiency of the camera to compensate for the inherent, material failure of experience that runs through **GENERATION LOSS**. Paralysis describes the retardation of experience by technology and its posited veracity, as well as its indexing in such an abnegated state. It's also often all there is to catalyse expression, to gift exceptionality.

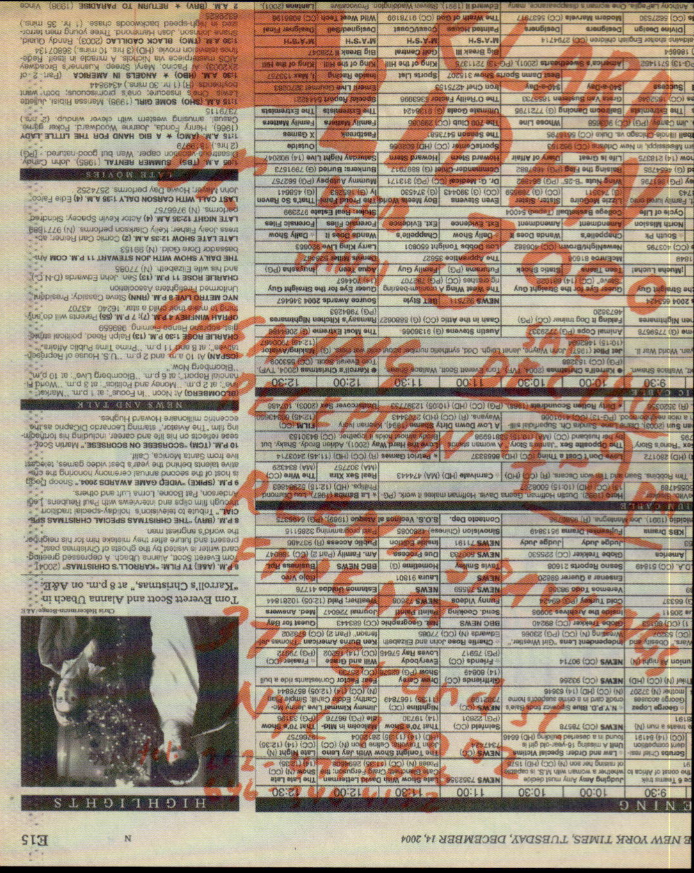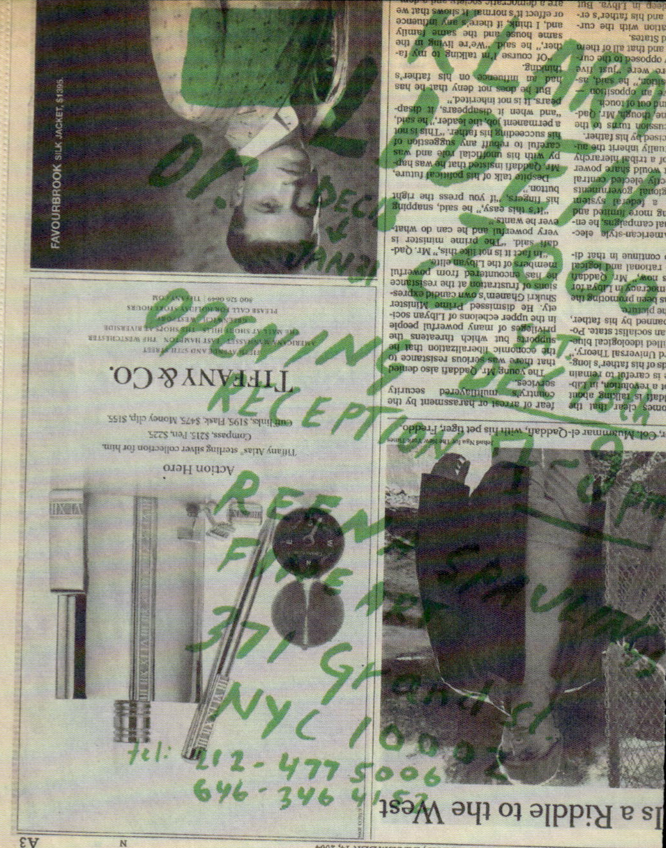

01–03

01–03 Einladungskarten / Invitation cards, **Klara
Lidén Dr. 3000,** Reena Spaulings Fine Art, New York,
2004/05. Foto / Photo: Taka Imamura. Courtesy of the
artist and Reena Spaulings Fine Art, New York / Los
Angeles

Chopard Bou...
KLARA LIDEN 3000
OP. DEC 13 → JAN 31
OPENING RECEPTION
SAT. DEC 18th 7-9 pm
REENA SPAULINGS FINE ART
371 Grand St.
NYC 10002
tel: 212-477 5006
646-346 4152

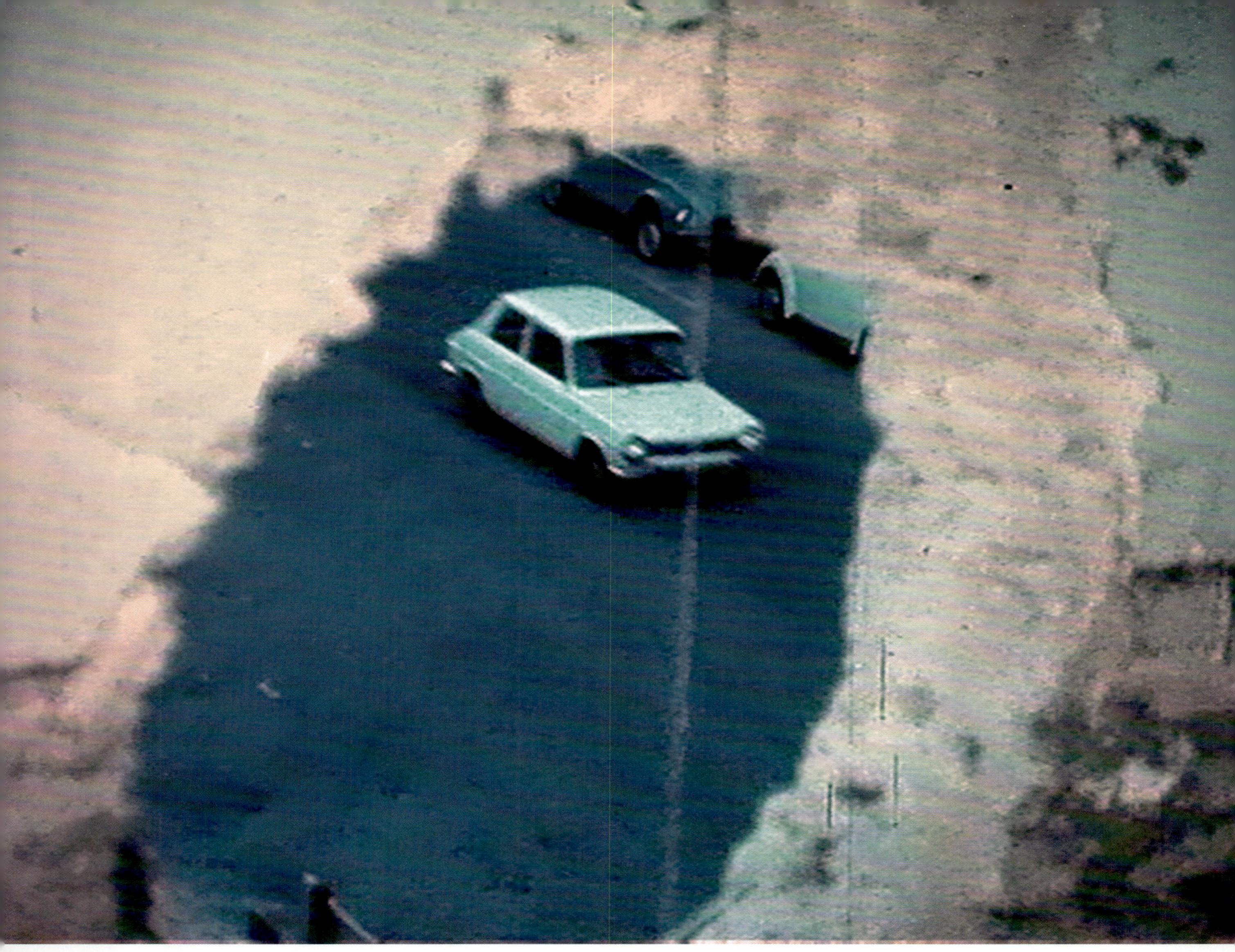

Gordon Matta-Clark, **CONICAL INTERSECT,** 1975, Videostill / Video still
© Gordon Matta-Clark Estate. © VG Bild-Kunst, Bonn 2017. Courtesy of Electronic Arts Intermix (EAI), New York

**GORDON MATTA-CLARK
CONICAL INTERSECT,
1975**

**16-mm-Film, transferiert
auf Video, 18'40", Farbe,
kein Ton, aus *Program
Seven, 1974–2005***

**16 mm film, transferred
to video, 18'40", colour,
no sound, from *Program
Seven, 1974–2005***

"**B**y making his removals something like the spectacle of demolition for casual pedestrians, the work could function as a kind of urban 'agit prop', something like the acts of the Paris Situationist, in 1968, who had seen their acts as public intrusions or 'cuts' in the seamless urban fabric. The idea was to have their gestures interrupt the induced habits of the urban masses, which might then unrepress certain concealed realities. Matta-Clark saw his 'cuts' as probes, liberating 'areas – from being hidden', opening up socially hidden, information beneath the surface and 'breaking through the surface (to create) repercussions in terms of what else is imposed upon a cut … it was kind of the thin edge of what was being seen that interested me as much, if not more than, the views that were being created-…the layering, the strata, the different things that are being served. Revealing how a uniform surface is established. The simplest was to create complexity, without having to make or build anything."

G. Matta-Clark in Interview with L. Bear (1974), reprinted in: D. Graham, 'Gordon Matta-Clark' (1984), in: IVAM ed, **Matta-Clark,** exh. cat., Valencia 1993, p. 378.

Gordon Matta-Clarks Filmdokumentation über seine architektonischen Einschnitte liefert eine wunderbare, mikrokosmische Reflexivität zum Makro der eigentlichen Aktion: Das Medium Film stellt sein eigenes Lexikon des Schnitts, der Montage und des Framings vor. Diese Gesten zeigen eine bemerkenswerte Entsprechung zu der Art von „Schnitten", die Matta-Clark an der Stadt vornahm. Im Kontext von **GENERATION LOSS** exponieren und materialisieren sie Negation auf zutiefst affektive Weise. Da alle Werke dieser Ausstellung direkt oder indirekt manifestieren, was an anderer Stelle aus dem Blick verschwinden könnte (Technologien, sowohl konkret als auch ideologisch), steht Matta-Clarks Beitrag für das ultimativ strukturalistische Werk und ist unmissverständlich in seinen buchstäblichen Bekundungen zum Zwecke der Manifestierung unsichtbarer Figuration. Ähnlich wichtig in **GENERATION LOSS** sind die Bedeutung der Überlieferung für das künstlerische Schaffen sowie die Formen, in denen Gemeinschaften ihre Diskurse gegenseitig beeinflussen und übernehmen. Matta-Clarks Rolle in seiner eigenen Gemeinschaft und als Vorbild kollaborativer Gemeinschaftlichkeit – die sich vom Künstler ausgehend in die Gesellschaft ausdehnt –, ist beispielhaft.

Matta-Clark's film documentation of his architectural incisions offer wonderful, microcosmic reflexivity towards the macro of the actions themselves: the medium of film introduces its own lexicon of editing, montage, and framing. These gestures bear striking equivalence to the kind of 'edits' Matta-Clark made upon the city. In the context of **GENERATION LOSS**, his excisions pertain to expose as well as materialise negation in deeply affecting ways. Since all of the works in this show directly or indirectly manifest what might elsewhere disappear from view (technologies, both material and ideological), Matta-Clark's work stands as the ultimate kind of structuralist work and is most overt in its rehearsal of literal reveal in order to manifest an invisible figuration. Similarly important to **GENERATION LOSS** is the role of heredity within artist practice, and the ways in which communities influence and inherit discourses from one another. Matta-Clark's place within his own community, and as a paragon of collaborative communality, extending outwards from artists and into society at large, is exemplary.

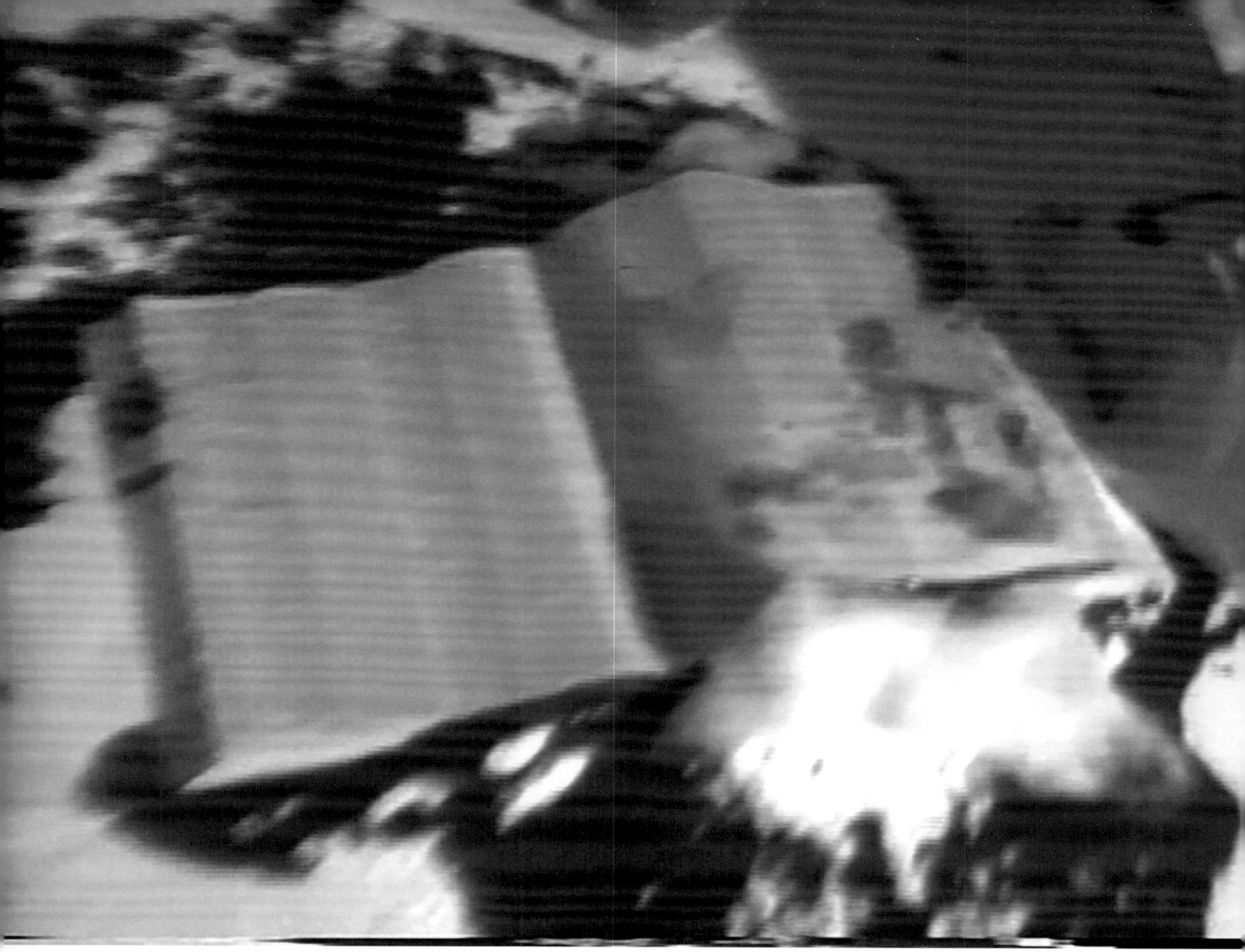

Paul McCarthy, **MA BELL,** 1971, Videostill / Video still
Courtesy of the artist and Electronic Arts Intermix (EAI), New York

**PAUL MCCARTHY
MA BELL, 1971**

**Video, 7'06", S/W, Ton,
aus *Black and White
Tapes*, 1970–1975**

**Video, 7'06", b/w, sound,
from *Black and White
Tapes*, 1970–1975**

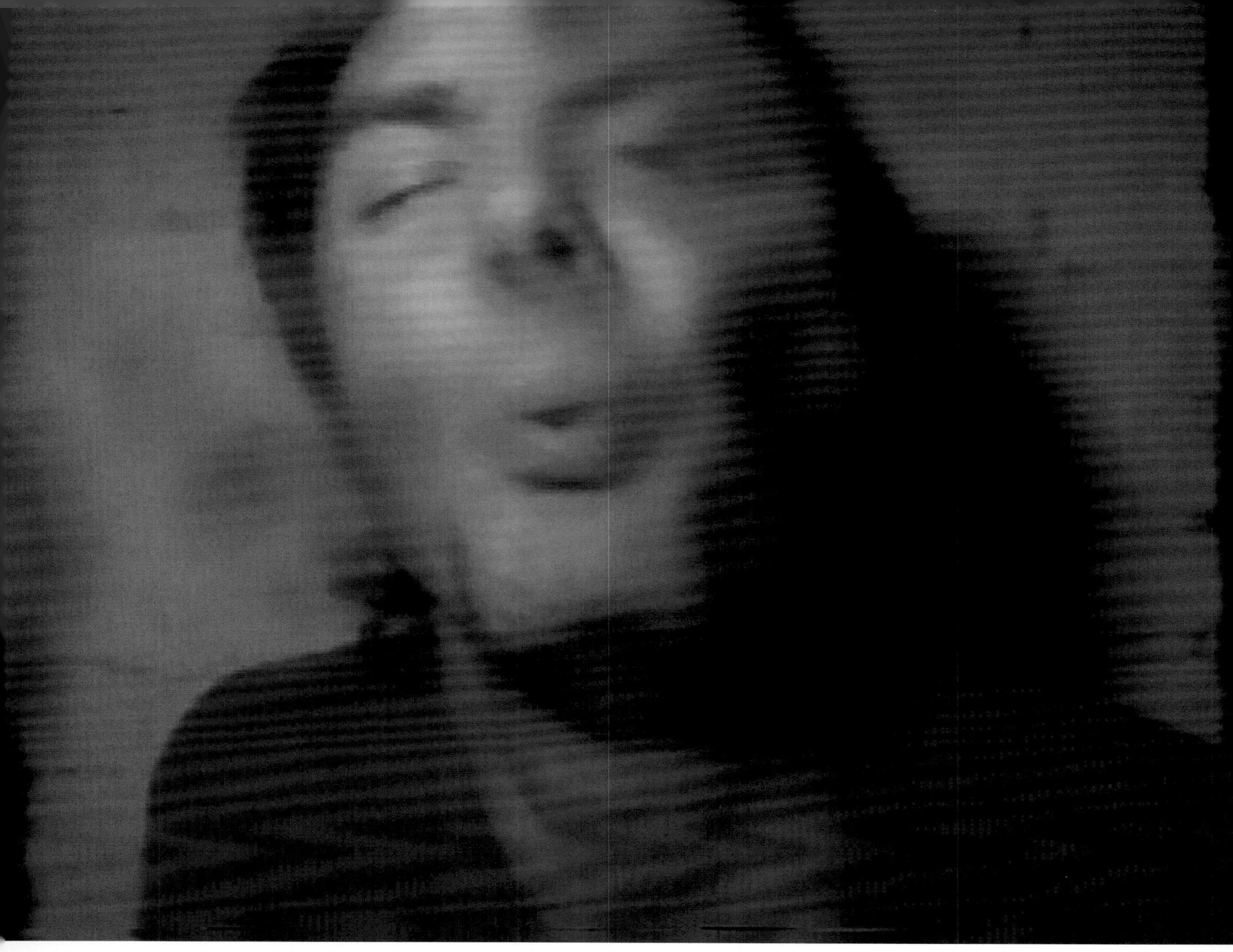

Paul McCarthy, **SPITTING ON THE CAMERA LENS,** 1974, Videostill / Video still
Courtesy of the artist and Electronic Arts Intermix (EAI), New York

PAUL MCCARTHY SPITTING ON THE CAMERA LENS, 1974

Video, 1', S/W, Ton, aus *Black and White Tapes, 1970–1975*

Video, 1', b/w, sound, from *Black and White Tapes, 1970–1975*

"**W**hen I made *MA BELL* (1971), there were a bunch of telephone books being stored in the building. I'd done these paintings where I'd covered the floor in paper and then poured puddles of used motor oil on the paper; so I had all this motor oil, and there were these telephone books, and I had the cotton from the doors. I told a friend to tape me without showing my head. I wasn't sure what I would do. I put a telephone book on the floor. I opened up the book, poured motor oil on it, and put cotton and flour on the pages. I began to make a hysterical laugh as I pour oil on the book. The book turns into this gooey, oil-soaked object, which I tie up and later throw out the window. I thought of it as a bird. It was a real change in my work. It signified another direction. Prior to that, all of these pieces were about a task or repetition, and then I make this one – a persona created from this laugh. It wasn't something I had planned. It was spontaneous and it involved these materials – oil, telephone books, cotton, flour, and a video camera."

P. McCarthy, 'Paul McCarthy', in: ed. G. Phillips, **California Video: Artists and Histories,** exh. cat. J. Paul Getty Museum, Los Angeles 2008, pp. 171–172.

Paul McCarthys Schwarz-Weiß-Videoperformances sind auf eine Art und Weise durchgeknallt, die psychologisch wie eine Folgeerscheinung von Minimalismus wirkt. Wie zum Beispiel die Ökonomie von Minimalismus als eine Art von Unterdrückung: McCarthys Performances – und seine nachfolgenden Werke im Allgemeinen – zeigen die Eruption dessen, was durch wahnwitzige, okkultartige, psychotische Anfälle verdrängt wurde. McCarthys Tourette präsentiert sich als nahezu vollständig intuitiv, körperlich: Das hysterische Kreischen und Stöhnen und Gemurmel platzt nahezu unvermittelt heraus. So werden verschiedene Ausscheidungsstoffe über der Reinheit und Zweckmäßigkeit eines Telefonbuches ausgeschüttet; es wird direkt in die verfluchte Kameralinse gespuckt. Kamera und Telefonbuch, Ikonen der Information, möglicherweise. Und er spuckt nicht nur einmal: Immer und immer wieder rotzt McCarthy uns an, oder die Kamera oder beides. Durch die Zeugenschaft der Kamera werden wir ebenbürtig, denke ich – auch wenn ihre Genauigkeit mit Ausscheidungen seines eigenen Körpers korrigiert wird. Der Speichel ist ein sehr spezifischer Filter, um den Schauplatz – McCarthys Gesicht – als undurchsichtig, zusammenhanglos, unerkennbar zu gestalten. Das einzige Mitgefühl, das McCarthy möchte, ist physisch, und auch das kaum. Die Welt ist hier zurückgesetzt, wird aus lebendigen Knochen zu Leim und Teer und primitivem Reaktionismus eingeschmolzen. Was McCarthys Endspiel sein könnte, ist eine Art Verunglimpfung einer einvernehmlichen Gesellschaft und ihrer Normen von Performance, von Beziehung und Gehorsam. Im Übrigen ist er besessen, und das höchstwahrscheinlich von irgendeinem Dämon aus angehäuften Verdrängungen; einem Dämon, der symptomatisch beschworen wurde. Nicht, dass die Kamera (erkennbar und passenderweise von einer Hochschule für Zahnmedizin geliehen) notwendigerweise zu dieser Behauptung beitragen würde, aber ganz sicher leistet sie ihr Vorschub, duldet sie: Es scheint, als katalysiere die minimale Anwesenheit einer Kamera die Eile. Als stifte die Kamera, in ihrer dürftigen Darbietung als Zeugin – oder Darbietung als zurückhaltende, mutmaßende Zeugin – die Darbietung an. Ich nehme an, dass es sich dabei um eine Art im Anfangsstadium befindliche Krauss'sche Interpretation des Agierens zur Kamera handelt. Wenn dies jedoch als Verstärker für das Interesse am Ich dient (das scheint – aus meiner Sicht – gewissermaßen unumstößlich), dann ist es eindeutig die besondere Natur dieses Interesses und die Natur dessen, was hier erkannt wird, was zwingend ist. Bei McCarthy ist es ein dysmorphologischer Hyde, der ihm im schwarzen Spiegel erscheint: abstoßend, freudig erregt, verspielt, skatologisch. Uns in der Niedertracht, mit der McCarthys Avatar seine wie auch immer gearteten triebhaften Impulse lenkt, zu erkennen, ist deshalb mehr oder weniger unvermeidlich. Sein Spiegel ist mit an Sicherheit grenzender Wahrscheinlichkeit zweiseitig; er belehrt entweder uns oder unsere Kultur eines Besseren, auf unsere Kosten.

Paul McCarthy's black-and-white video performances are crazed in a way that feels psychologically as a consequence to minimalism. As in, minimalism's economy as a kind of repression: McCarthy's performances – and his subsequent work in general – perform the eruption of that repressed through lunatic, occult-like, psychotic fits. McCarthy's Tourette's presents as almost entirely visceral, bodily: the hysterical squeals and moans and murmurs blurt barely mediated, to smear various excremental stuff over the clarity and practicability of a phone book; to spit right at the fucking camera lens. Camera and phone book icons of information, perhaps. And he doesn't spit just once: McCarthy hawks up over and over at us, or the camera or both. We're the same, I guess, through the camera's witnessing – even as he corrects its fidelity with stuff from his own body. The spit is a very specific filter, to cast the scene – McCarthy's face – as opaque, incoherent, unknowable. The only empathy McCarthy wants is corporeal, and barely that. The world is reset, here, rendered down from animate bones to glue and tar and primitive reactionism. – Which is perhaps McCarthy's endgame, a kind of railing against consensual society and its norms of performance, of relation and obedience. Otherwise he's possessed, and most likely by some demon of agglomerated repressions; a demon summoned symptomatically. And not that the camera (notably and appositely borrowed from a college of dentistry) necessarily contributes to this thesis, but it surely affords it, stands for it: the minimum presence of a camera catalyses the rush, it seems. As if, in its meagre performance of witnessing – or performance of witness deferred, promised – the camera solicits the performance. I suppose this is some germinal, Kraussian reading of an inherent narcissism in to-camera performance. Though if it's an amplifier for interest in self (this seems kind of incontrovertible, I suppose), it's clearly the particular nature of that interest, and the nature of what's recognised there, that's imperative. With McCarthy it's some dysmorphic Hyde that appears to him in the black mirror: repulsive, thrilled, playful, scatological. Our recognition is therefore more or less undeniable in the very baseness with which McCarthy's avatar channels whatever libidinal impulses. His mirror is almost certainly two-way; his disabuse is either our own, or otherwise our culture's at our expense.

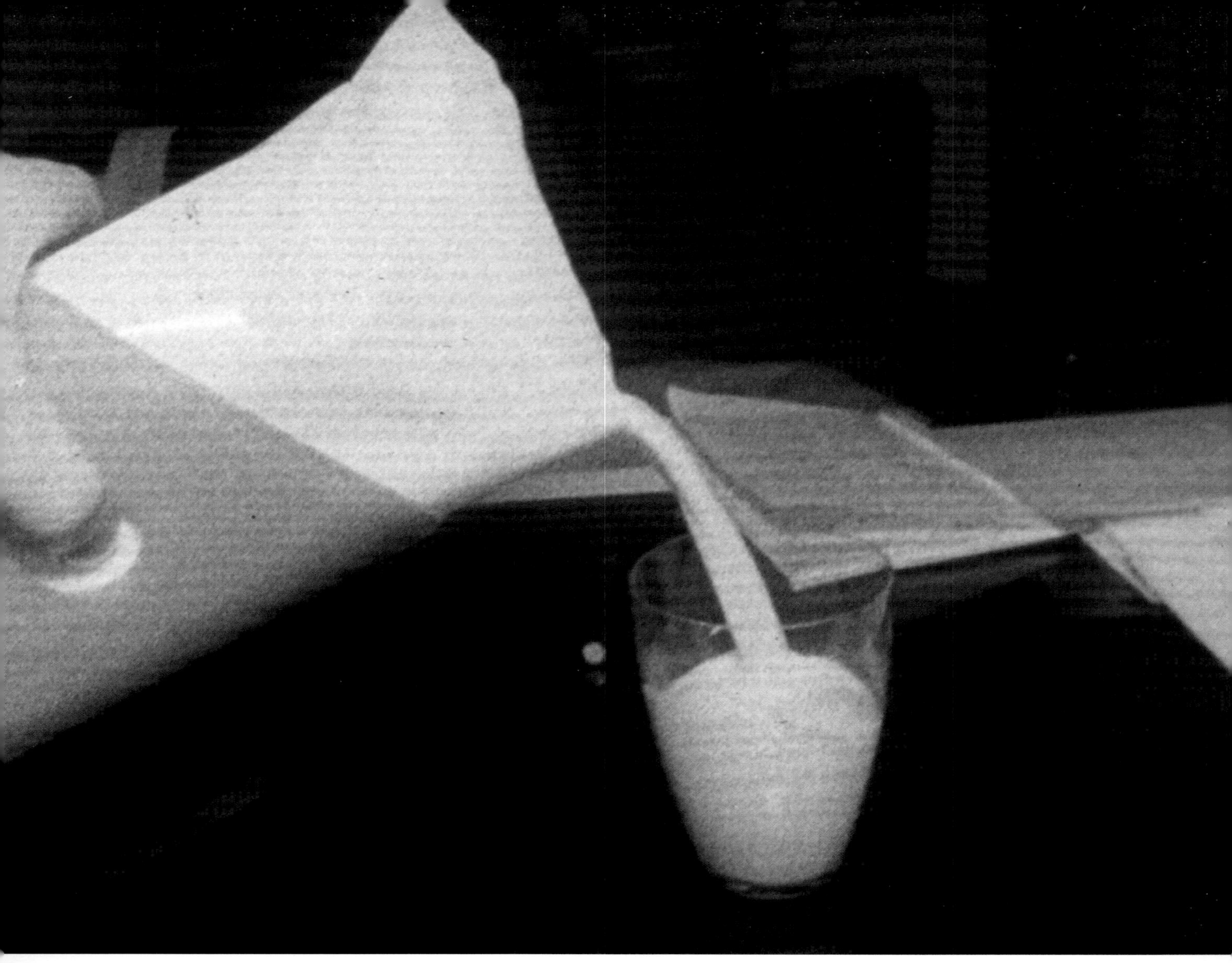

Lutz Mommartz, **DIE TREPPE,** 1967, Videostill / Video still
Courtesy of the artist

LUTZ MOMMARTZ
DIE TREPPE, 1967

**16-mm-Film, transferiert
auf Video, 6'31", S/W, Ton**

**16 mm film, transferred
to video, 6'31", b/w, sound**

„**W**ie stehen sie zum jungen deutschen Film? Die sind altjung, die haben nix kapiert.

[...] Haben sie noch mehr auf 8 mm gedreht?
Ja, mit Freunden und Bekannten als Bewusstseinsspiel zur Verhaltenskontrolle – ohne Filmambitionen. Außerdem dachte ich an die Möglichkeit, einen Film durch Aneinanderreihung von herausgegriffenen Situationen aus der sichtbaren Wirklichkeit in der Kamera entstehen zu lassen, ohne nachträglichen Schnitt. Dieser Vorgang erforderte, dass jede einzelne Sequenz sich dem Gedächtnis einverleibte. Die Auswahl der einzelnen Bilder richtete sich nach meinen persönlichen Vorstellungen von Plausibilität. Je mehr Bilder im Kasten waren, desto mehr spitzte sich der Film zu. Nach einem verhältnismäßig beliebigen Beginn werden immer weniger Möglichkeiten plausibel. Das setzte ungeheure Konzentration voraus. [...]
Die Kamera verführte mich auszuprobieren, was man mit ihr machen kann. Da ich kein Einzelgänger sein wollte, und mich über meinen Bekanntenkreis als gesellschaftliches Wesen betrachtete, entschloss ich mich, meine Vorstellung von der Welt an die Öffentlichkeit zu bringen. Ich kaufte 1967 eine 16-mm-Kamera und drehte die ersten Filme für das Internationale Experimentalfestival in Knokke Ende 1967.“

Lutz Mommartz, in: **Mommartzfilm,** „Lutz Mommartz. Erste Interviews", http://mommartzfilm.de/FilmeLutzMommartz/ersteinterviews_d.htm (letzter Abruf: 6.4.2017).

DIE TREPPE (1967) ist ein irrwitziger Film von pseudokybernetischer Tollpatschigkeit. Die gegenwärtige technologische Zweckmäßigkeit und die Domestizierung des Bewegtbildes werden hier prognostiziert und zugleich auf verrückte Weise persifliert, als gäbe es diese bereits. Hierbei ist die kaum handhabbare 16-mm-Kamera fortwährend auf der Schulter des Künstlers befestigt – die eine Hand stabilisierend und filmend, die andere frei und bereit, die komplexeren Funktionen des Apartments wie blind abzutasten. Das übermäßige Teilen von Banalitäten über die sozialen Medien ist in seiner Leere transzendent; in **DIE TREPPE** wird jeder Tiefsinn oder Ernst, den die Anwesenheit der Kamera verleiht, sowohl durch die Geistlosigkeit des von ihr zu Dokumentierenden als auch dadurch zunichtegemacht, dass sie durch ihre kaum verborgene Anwesenheit die Dokumentation kontaminiert. Für die Geschichte dokumentiert, vermutlich. Dass diese Handlungen auf Film festgehalten sind – statt wie heute im unendlichen Digitalen –, schreibt wiederum Mommartz' Körper ein, ein Körper, der es so irrsinnig wert ist, mit unserer Aufmerksamkeit bedacht zu werden. Und er ist: ein Analogon, in Schach gehalten, bis wir ihn im Spiegel erhaschen, aufgemotzt mit seiner spastischen Kamera; ein pinkelnder Körper, den Schwanz wegen der Kamera ungeschickt im Griff. Vielleicht existiert ein Bedürfnis nach einem transparenten Blickwinkel – doch statt der Perspektive des Künstlers bietet man uns einen Blick in das Cartoon gewordene Gesurre eines hybriden Hirns. Die technischen Ticks der Kamera – Jump Cuts, Overdubs, Blow-outs bei der Belichtungsmessung – befallen die subjektive Kameraführung, auch wenn die ausgeführten Handlungen perverserweise zutiefst körperlich sind; eine Travestie des Körperalltags kraft behindernder Technik, die wiederum durch Mommartz verrücktspielt. Irgendwie soziopathisch und schauderhaft empathisch zugleich.

DIE TREPPE (1967) is a lunatic film of cod-cybernetic clumsiness. Contemporary technological expedience and the domestication of the moving image are both predicted and weirdly pastiched as if in readiness, with the barely handleable 16 mm camera permanently affixed to the artist's shoulder – one hand steadying and operating, the other just about free to grope, as if sightless, the apartment's more intricate functions. Oversharing banalities via social media is transcendent in its vacuity; in **DIE TREPPE,** any presumed profundity or seriousness imparted by the camera's presence is nullified by both the vapidity of what it is asked to document, and its overt presence as the contaminant in the documentation. Documented for history, I suppose. That these actions are indexed on film – rather than, today, the infinite digital – inscribes Mommartz's body in turn, a body fantastically **worthy** of our attention. And it is: an analogue held at bay until we glimpse him in the mirror, tricked out with his spastic camera; a body that pisses, dick held ineptly because of the camera. There's a desire, perhaps, for some kind of transparent point of view – but rather than the artist's perspective, we are offered a glimpse into the cartoonified whir of a hybrid brain. The camera's technical tics – jump cuts, overdubs, blow-outs of light metering – infest the POV, even as the actions performed are perversely deeply corporeal; a travesty of the body's quotidian aspect by the encumbering tech that is, in turn, demented by Mommartz. It's somehow both sociopathic and eerily empathetic.

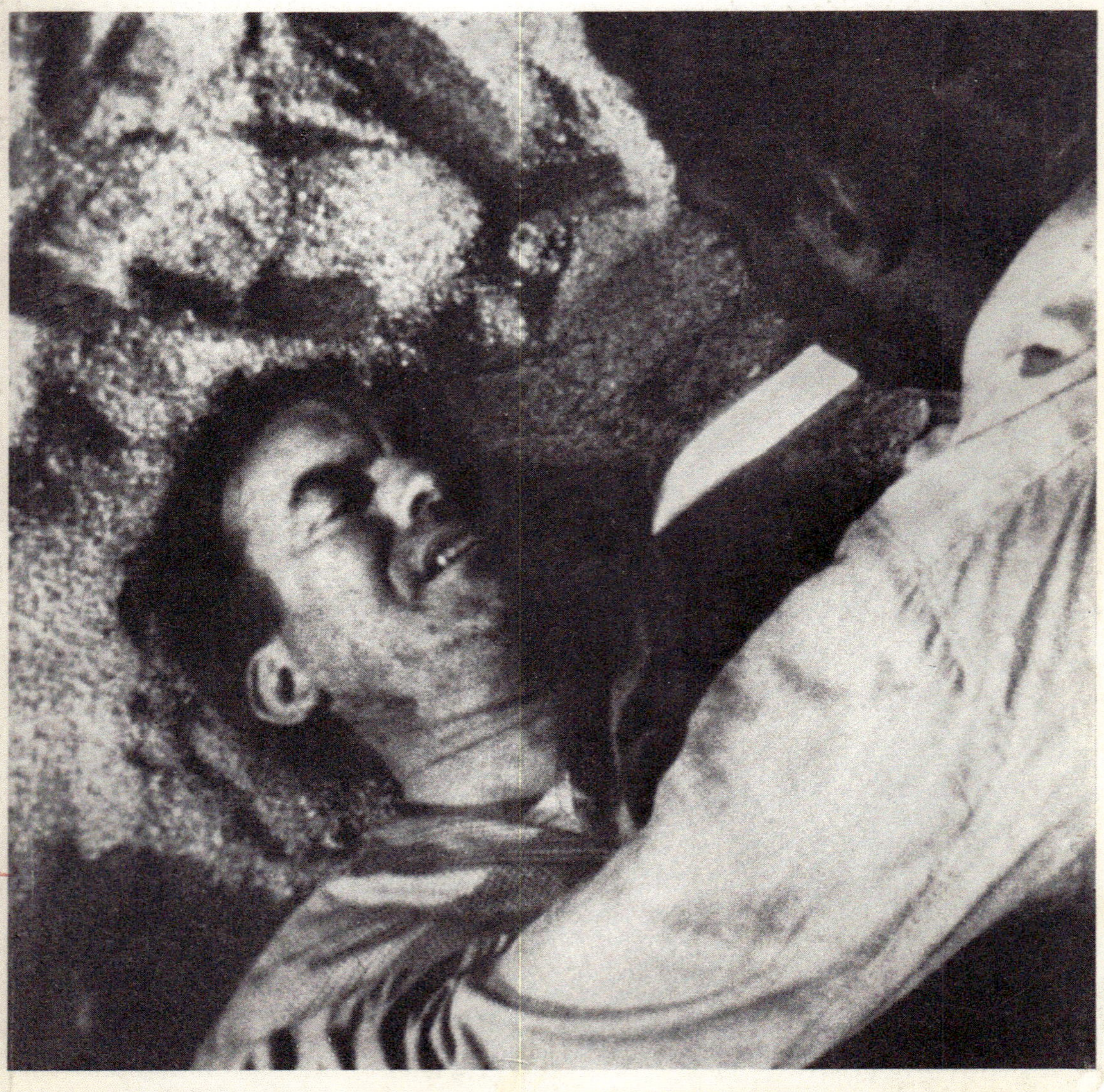

01

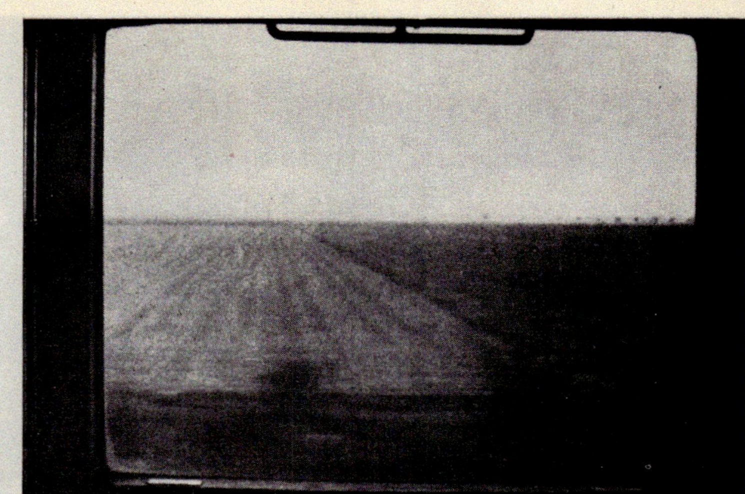

Lutz Mommartz
Eisenbahn

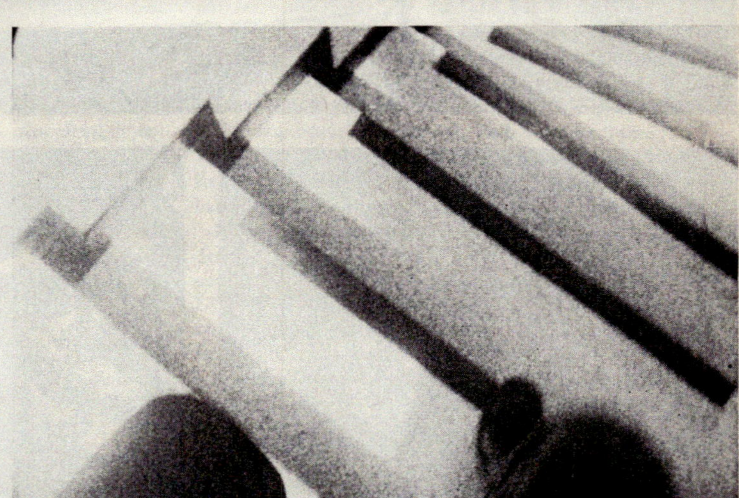

Die Treppe

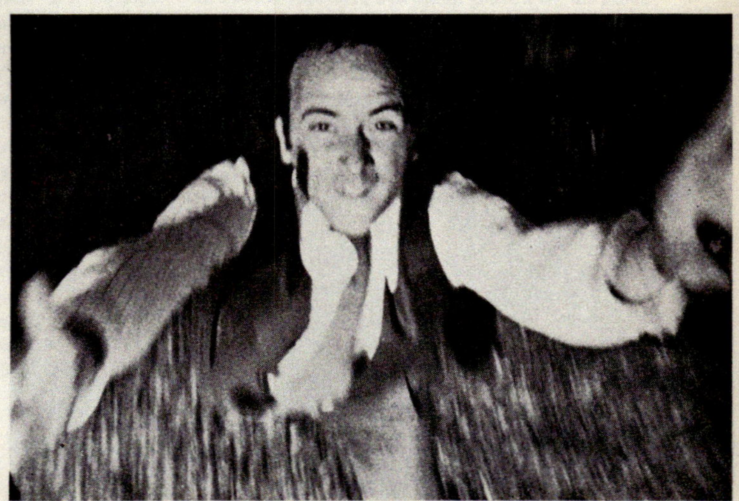

Lutz Mommartz in
Selbstschüsse

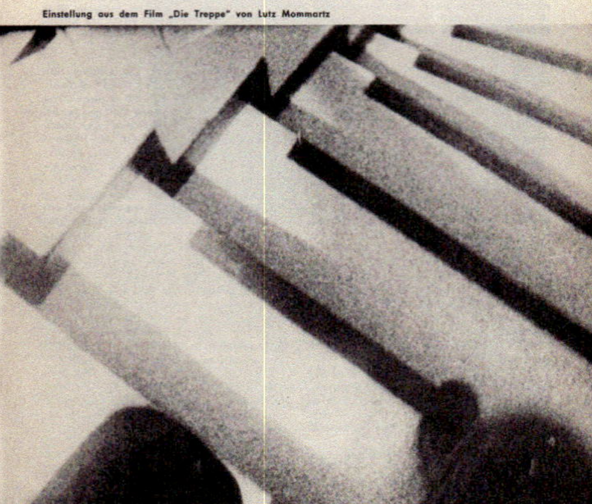

03

04

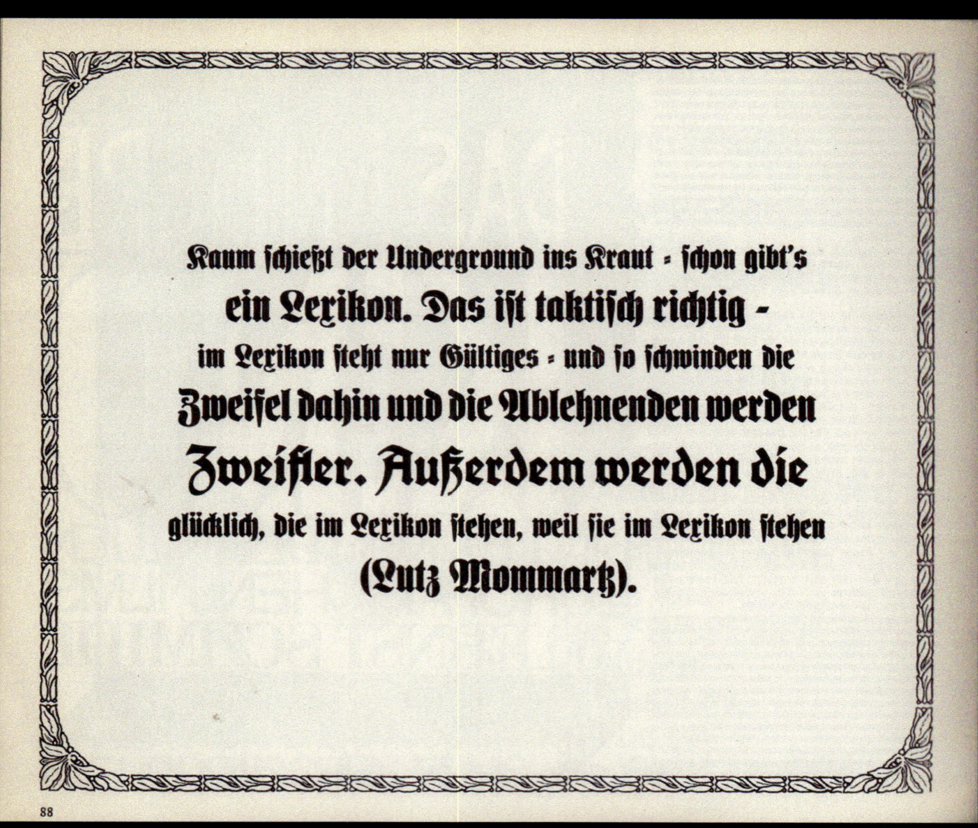

05

03 K. U. Reinke über / about Lutz Mommartz, **Düsseldorfer Hefte,** 17.9.1968 / 17 September 1968, S. / p. 10–11. Courtesy of the artist

04 Lutz Mommartz, Vita / CV, **Film 1968 – Chronik und Bilanz des Internationalen Films.** Courtesy of the artist

05 Lutz Mommartz, Zitat / Quote, **Film 1968 – Chronik und Bilanz des Internationalen Films.** Courtesy of the artist

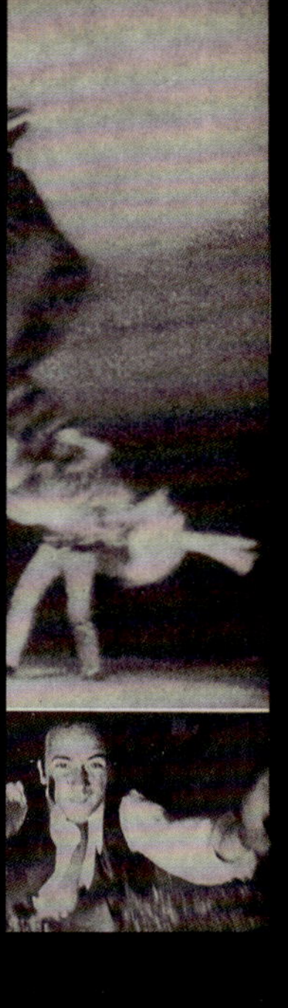

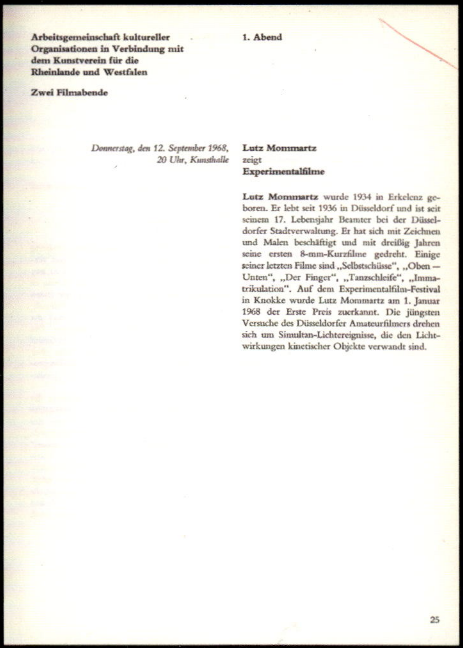

Arbeitsgemeinschaft kultureller
Organisationen in Verbindung mit
dem Kunstverein für die
Rheinlande und Westfalen

Zwei Filmabende

1. Abend

Donnerstag, den 12. September 1968,
20 Uhr, Kunsthalle

Lutz Mommartz
zeigt
Experimentalfilme

Lutz Mommartz wurde 1934 in Erkelenz geboren. Er lebt seit 1936 in Düsseldorf und ist seit seinem 17. Lebensjahr Beamter bei der Düsseldorfer Stadtverwaltung. Er hat sich mit Zeichnen und Malen beschäftigt und mit dreißig Jahren seine ersten 8-mm-Kurzfilme gedreht. Einige seiner letzten Filme sind „Selbstschüsse", „Oben — Unten", „Der Finger", „Tanzschleife", „Immatrikulation". Auf dem Experimentalfilm-Festival in Knokke wurde Lutz Mommartz am 1. Januar 1968 der Erste Preis zuerkannt. Die jüngsten Versuche des Düsseldorfer Amateurfilmers drehen sich um Simultan-Lichtereignisse, die den Lichtwirkungen kinetischer Objekte verwandt sind.

25

06

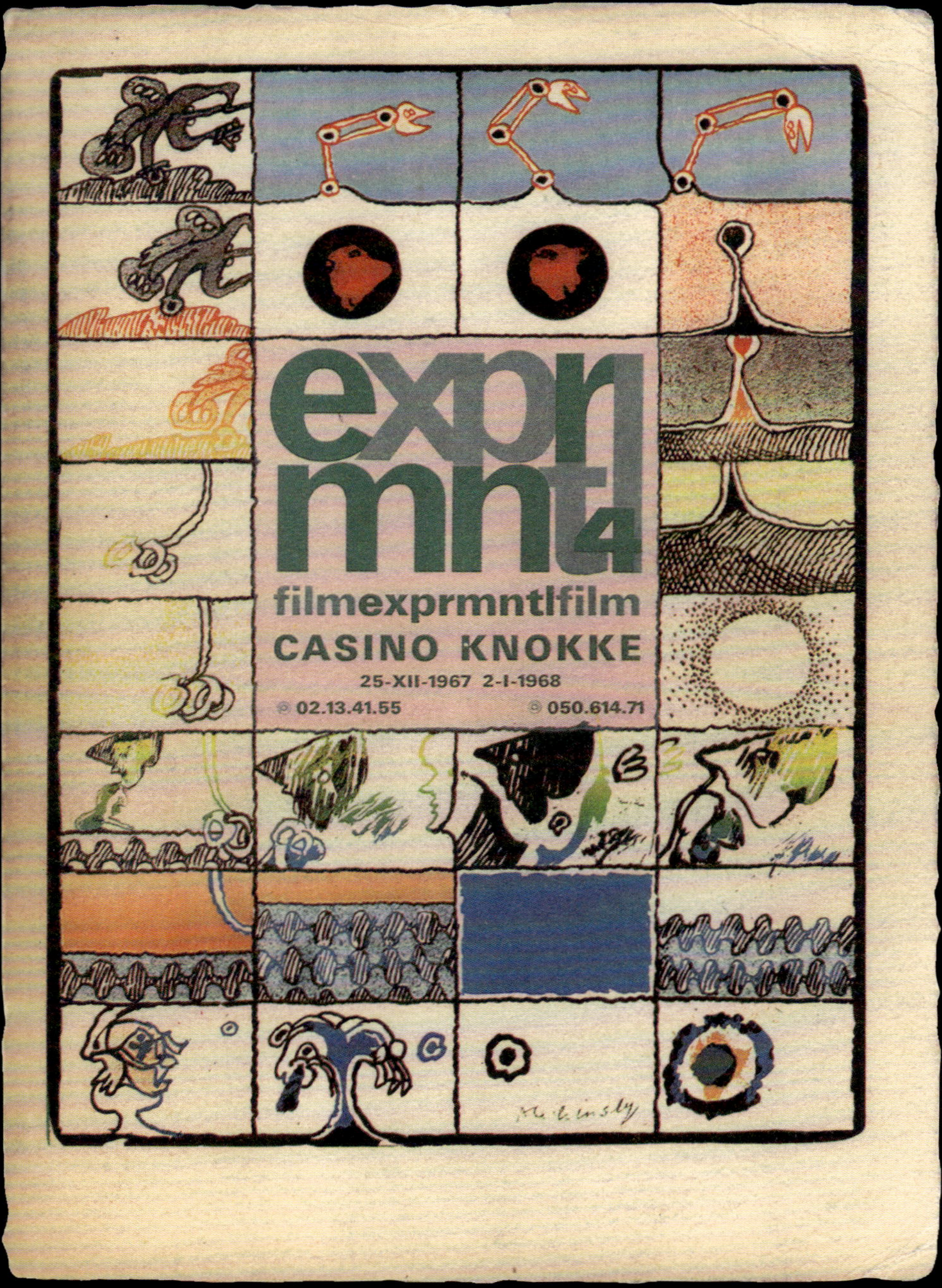

07

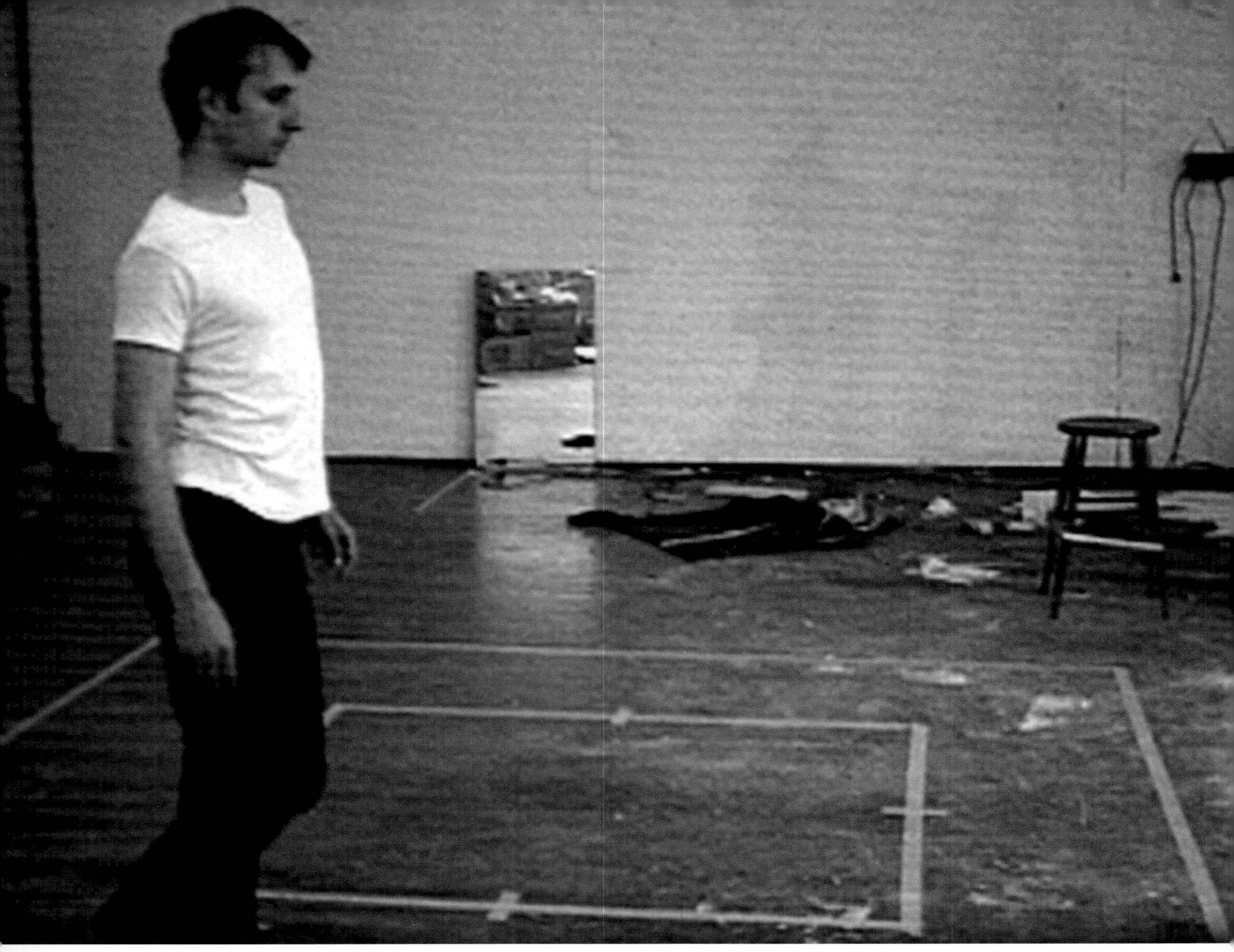

Bruce Nauman, **WALKING IN AN EXAGGERATED MANNER AROUND THE PERIMETER OF A SQUARE,** 1967/68, Videostill / Video still
© VG Bild-Kunst, Bonn 2017. Courtesy of the artist and Electronic Arts Intermix (EAI), New York

BRUCE NAUMAN WALKING IN AN EXAGGERATED MANNER AROUND THE PERIMETER OF A SQUARE, 1967/68

16-mm-Film, transferiert auf Video, 10', S/W, Ton

16 mm film, transferred to video, 10', b/w, sound

Bruce Nauman (BN): [The] earliest performance things had to do with manipulating objects in some formal way – like standing up, lying down, bending over, and the first performances without any objects had to do with using those same kinds of things, but just with the body […].

Lorraine Sciarra (LS): Body as object?

BN: Yeah, except that what occurs… I don't think you can avoid it. Sometimes it functions as that, but other times there seems to be much more…. oh, what's the word I want. Some of the connotations with some positions of the body that you can't avoid. Some you'd expect, and some are surprising, so that's all of interest. It's sort of like if you take some number of elements and manipulate them in a number of arbitrary ways, you get a bunch of boring things as well as a bunch of interesting ones. But when you take a thing like the figure, it's really hard to keep it anonymous and not …

LS: In other words, people directly relate to it as far as personal experience.

BN: Yeah, right and I think that's what's interesting about it. You just make these rules which are arbitrary and follow them and get the effect of an emotional impact.

LS: Were you trying to make the body anonymous?

BN: It has more to do with just following those rules and finding out what would occur - if there would be an emotional impact.

LS: Well, then did you watch people viewing your pieces?

BN: No, because most of the time I was performing them and it would be pretty difficult. I would then talk to some people about them, and find what happened.

LS: Was this feedback very important?

BN: Yeah, I guess so, at that time. But then later I had a bunch of things that I wanted to do and I wanted to do them in public; I went to some museums and nobody wanted to do them. So I filmed them. […] And after they were filmed in the studio I never felt it very important to get the films out. Somehow having made a recording of them it wasn't so important to get the films out. Somehow having made a recording of them it wasn't so important to display them."

Interview between L. Sciarra and B. Nauman, 'Bruce Nauman, January, 1972', in: ed. J. Kraynak, **Please Pay Attention. Please: Bruce Nauman's Words. Writings and Interviews Bruce Nauman,** Cambridge/London 2005, pp. 161–162.

Es ist bereits alles da, im Titel und im allerersten Einzelbild: eine Leere von solch willkürlicher Esoterik, als sollte das Feld für eine poststrukturalistische Fehlstelle, ein Gedankengebäude, frei gemacht werden. Idealerweise würde Nauman, denke ich, diese quadratische Umrandung ewig abschreiten, dabei den Augenblick und unsere Wahrnehmung markierend, unsere Erfahrung von seiner Erfahrung von der Vernunftlosigkeit des Strukturellen. Man konnte es ja buchstäblich ahnen – eine Art von Patrouille, zur Verteidigung, nehme ich an –, doch warum der Gang? Genau die groteske Manieriertheit des Ganges trägt doch hier dazu bei, jegliches Missverstehen der Rolle strukturalistischer Behauptung von Außenwelt aufzuheben. Naumans Körper ist ein Roboter, fröhlich, aber im Arsch. Mittels verwirrender Direktiven findet hier eine Reduzierung von Handlungsfähigkeit um der Macht der Handlungsfähigkeit willen statt: Bedeutungslosigkeit verleiht Bedeutung, begreift, wie diese Bedeutung möglicherweise zustande gekommen ist. Vielleicht dem Vorgang vergleichbar, wie die Ermöglichung von Zusammenhanglosigkeit – innerlich und äußerlich – eine Art ethischer Möglichkeit in Relation bietet. Doch das liegt möglicherweise für uns, die Betrachter, am anderen Ende. Die Kamera scheint fast absichtlich schlecht platziert worden zu sein. Oder nicht schlecht, sondern unbedacht; hinlänglich platziert. Wie der Spiegel im hinteren Bereich seines Ateliers, der flüchtig den Blick aus einem alternativen Blickwinkel ermöglicht, um die Idee beliebiger, alternativer Blickwinkel auf Naumans Körper zu beschwören, wie ich annehme. Naumans Praxis ist mir stets als eine der wenigen erschienen, die diese Bezeichnung völlig zu Recht tragen: eine „Praxis". Er praktiziert seinen eigenen Körper, den Raum, als von sich selbst abgesonderter Handlungsmacht. Im Gegensatz zur Beugung des Körpers durch die moderne Technologie – hinterhältig, zweckmäßig, sachlich zurückhaltend – setzt Nauman die seinem eigenen Körper innewohnende technologische Ähnlichkeit ein: Sein Körper ist eine Maschine, die fantastischerweise keinen Zweck erfüllt. Die Auslotung ihrer Grenzen, die Vorführung ihres Materials und ihrer aussagekräftigen Beschränkungen, ihre Fähigkeiten, was auch immer zu kommunizieren –, ist möglicherweise Zweck genug. Genug jedenfalls, um im Augenblick der selbsterklärenden Bewegung Handlungsmacht zu eröffnen: Kreise, Schlingen, Masturbation, narzisstische Vorahnung etc. Diese sind inhärent und bieten keine wie auch immer geartete Sicherheit. Naumans Körpermaschine, zwecklos, fehlbar, wunderlich, ist ein Fest. Sie bildet das Herzstück dessen, was ich mir für **GENERATION LOSS** erhoffe: eine Verortung von Verlust im Zentrum, in unserem eigenen technologischen Verständnis – wenn auch affektiv abgestimmt, wie das Natürliche der Überzeichnung in Naumans Gang: alles prächtig und zwecklos und intuitiv erahnt. Ein Körper so gehorsam und eigensinnig, wie er eben ist.

It's all there, in the title and in the very first frame: a vacuity of such arbitrary esoterica as to clear the field for a post-structuralist flaw, house of meaning. Ideally, I suppose, Nauman would pace that squared circumference for ever, delimiting the moment and our possible sighting of it, our experience of his experience of unreasoning the structural. It's intuited literally – a patrol of sorts, in defence, I guess – but why the walk? The ludicrous mannerism of the walk is precisely what undoes any mistaking the role of structuralist assertion of externality, here. Nauman's body is an automaton, merrily screwed. Directives bewildered, it's a reduction of agency for the sake of agency's power: meaninglessness confers meaning, understands how that meaning might be made. Similar, perhaps, to how the affording of incoherence, inwardly and outwardly, confers a kind of ethical possibility in relation.

Though that's probably for us, the viewers, at the other end. The camera feels almost deliberately poorly placed. Or not poorly placed, but incautiously placed; sufficiently placed. Like the mirror at the back of his studio, in which we can glimpse an alternative angle to summon the idea of any number of alternative angles on Nauman's body, I suppose. I've always thought of Nauman's practice to be one of the only ones that feels entirely appositely named: a 'practice'. Practising his own body, the space, its agency apart from itself. In contrast to contemporary technology's inflection of the body – insidious, convenient, materially unobtrusive – Nauman institutes his own body's inherent technological semblance: his body is a machine missing a purpose, fantastically. Though maybe testing its limits – performing its material and meaningful limits, its capacities to communicate anything – is purpose enough. Enough to inaugurate agency in the moment of self-declarative movement: circles, loops, masturbation, narcissistic apprehension, etc. These are inherent and provide no kind of certainty. Nauman's body machine, purposeless, fallible, queered, is a celebration. It lies at the heart of what I hope for **GENERATION LOSS:** this siting of loss in the centre, in our own technological apprehension – albeit affectively pitched, like with the nature of the exaggeration in Nauman's walk: all gorgeous and pointless and intuited. A body as obedient and intractable as it is.

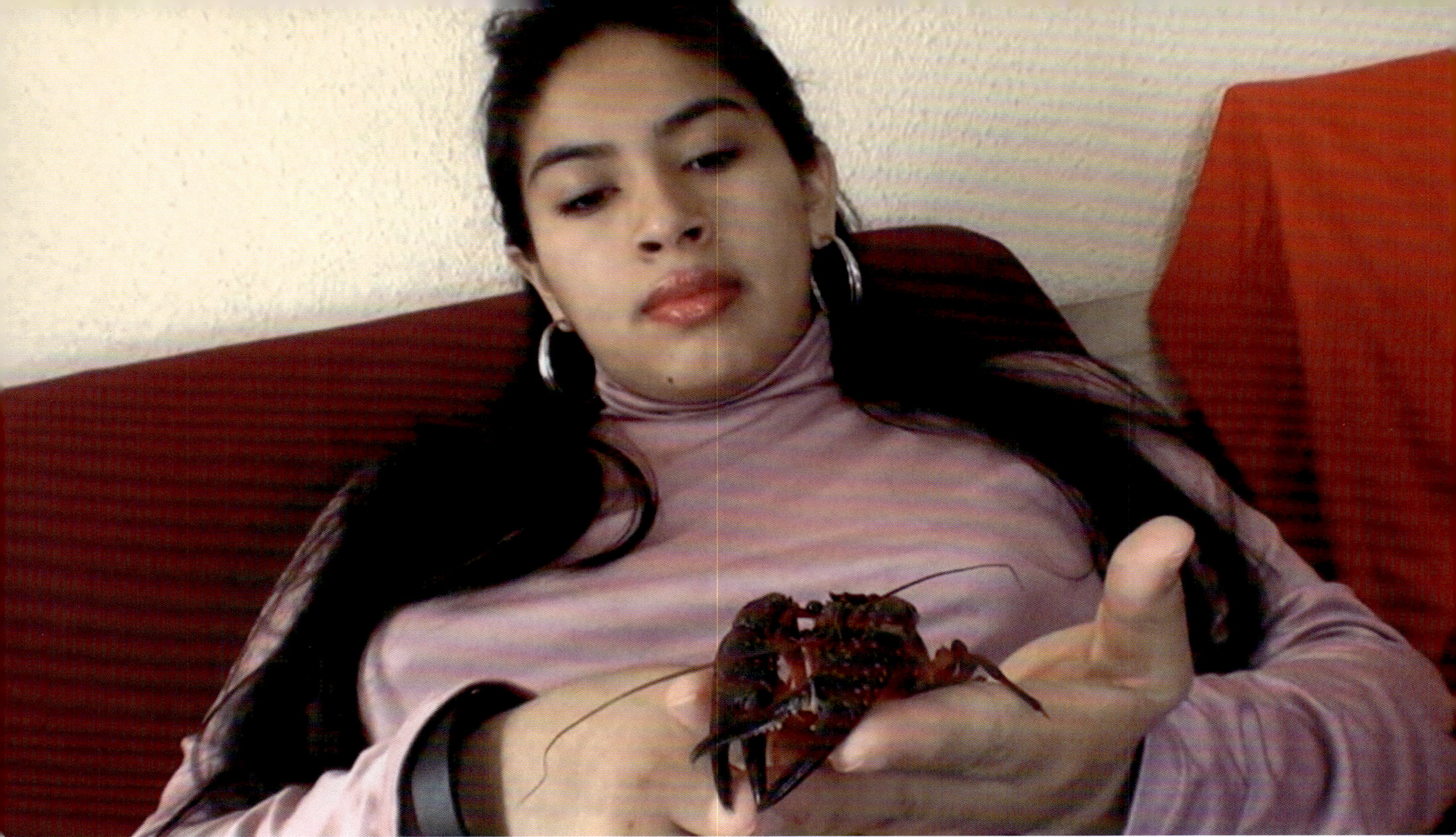

Jon Rafman, **MAINSQUEEZE,** 2014, Videostill / Video still
Courtesy of the artist, Sprueth Magers, Berlin/London/Los Angeles and Future Gallery, Berlin

JON RAFMAN
MAINSQUEEZE, 2014

HD-Video, 7'23", Farbe,
Ton, Teil 2 von 3 aus
*Betamale Trilogy
(Glass Cabin)*, 2015

HD video, 7'23", colour,
sound, part 2 of 3 from
*Betamale Trilogy
(Glass Cabin)*, 2015

"This feels like a genuine sentiment to me, balancing his zeal for appropriating the poetics of found subcultures with the understanding that, while the art world may regard him as an expert on such things, and in fact in one way or another all his work exists online, where he treads he is often an unwanted nobody. Not even an exploiter, just irrelevant. Someone who might feel that way about Rafman is the faceless figure from *MAINSQUEEZE* (2014), who, hogtied, gyrates inside a full-body furry frag costume; or the obese man from *Still Life (Betamale)* (2013), whose face is muzzled in little girls' underwear as he presses two handguns into his temples. Together with *Erysichthon* they form what he has called a trilogy about the deep internet, dreams full of miserable symbols and characters who nonetheless demonstrate the beauty, power, or other burnishes of fringe communities given virtual spaces to cultivate."

J. Rafman, in: ed. M. Maheshwari, **Jon Rafman,** exh. cat. Zabludowicz Collection, London 2015, pp. 19–20.

MAINSQUEEZE (2014) operiert memetisch, sowohl durch die Aneignung von Bildmaterial und Musik aus Online-Meme-Likes oder, breiter gefasst, durch den Wiedereintritt von uralten Machtsymbolen in aktuellen Tendenzen der Online-Unterhaltung. Dem vorherrschenden Eindruck latenter Moral liegt etwas Ambivalentes zugrunde. Als ob die Gemeinschaft, der dieses Werk entsprungen ist (eine Fantasievorstellung), zunächst ihren eigenen Schöpfungsmythos begründen muss, ihre eigenen Glaubensgrundsätze. Die Verschlüsselung von Natur erinnert hier am ehesten an einen uralten Polytheismus – eher Shinto als altes Ägypten – eher **Anima** als ausdrücklich animalisch. Eher Lukians satirischer Gott Glykon als Jörmungandr. Auch wenn es Letztere ist, die das Werk umschließt und die onanistische Vorlage für **MAINSQUEEZE** bietet: Den eigenen Schwanz zu verspeisen, ist doch sehr nahe an Masturbation, oder? Die Figur „Betamale", Titel der Trilogie, der auch **MAINSQUEEZE** angehört, zeichnet ein Verständnis der Welt mittels Forumsbewertungen, Page-Rankings und ihrem eigenen libidinösen Durst. Beta ist explizit memetisch gemeint, wie ich annehme, anders als das Alpha, das eher sät als verschüttet? Hierarchien und Hegemonien und Mythen und strukturelle Gewalt werden, erstaunlicherweise, reproduziert. Trotz jeglicher Gelegenheit zur Wiedergutmachung oder Verbesserung werden alte Verletzungen von Neuem zugefügt. Irgendwo in diesem Titel steckt eine schematische Darstellung der Erde im Querschnitt, die geologische Schichten und vergrabene Knochen, Fossilien, Öl, zeigt. Geschichte verdichtet mit einer Wahrhaftigkeit, die alles auf Treibstoff, auf Wert, reduziert.

MAINSQUEEZE (2014) operates memetically, both through its appropriation of footage and music from online meme-likes – and more broadly, re-rendering symbols of ancient potency into entertainments of contemporary online drift. There's something ambivalent about the feel of latent morality here. As if whatever burgeoning community this piece is born of (a fantasy) must firstly establish their own creation mythos, their own tenets of faith. The ciphering of nature here feels closest to an ancient polytheism – more Shinto than ancient Egyptian – more **anima** than explicit animal. More Lucian's satirical god Glychon than Jörmungand. Even if it's the latter that encircles the work and provides the onanistic template to **MAINSQUEEZE:** eating your own tail is close to masturbation, right? The 'Betamale' figure that titles the trilogy from which **MAINSQUEEZE** is taken, draws an understanding of the world through forum ratings, page-rankings, and their own libidinal thirst. Beta, I suppose, as explicitly memetic. Rather than the alpha that would, what, seed rather than spill? Hierarchies and hegemonies and myths and structural violence are, kind of amazingly, reproduced. Despite whatever opportunity to redress or revise, ancient damages are re-committed. Somewhere in that title is a diagrammatic image of cross-sectioned earth, showing geologic strata and buried bones, fossils, oil. History compresses with a veracity to render everything down to fuel, to value.

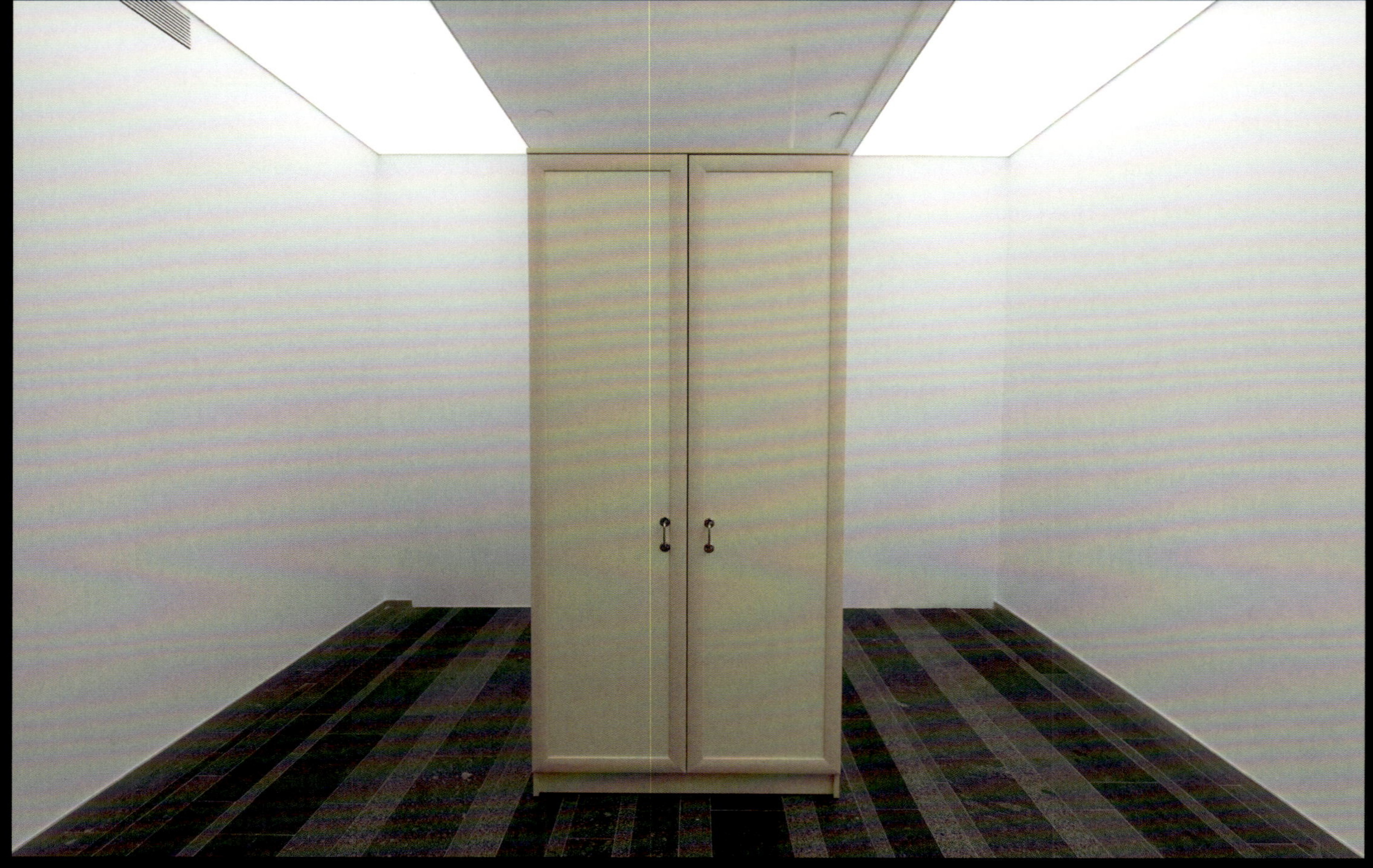

01

01–03 Jon Rafman, **MAINSQUEEZE,** Installationsansichten / Installation views, Ausstellung von 21 für den
Future Generation Art Prize 2014 nominierten Künstlern
im PinchukArtCentre, Kiew, 2014/Exhibition of 21 short-
listed artists for the Future Generation Art Prize 2014
at the PinchukArtCentre, Kiev, 2014. Foto / Photo: The
Pinchuk Foundation. Courtesy of the artist and Sprueth
Magers Berlin/London/Los Angeles

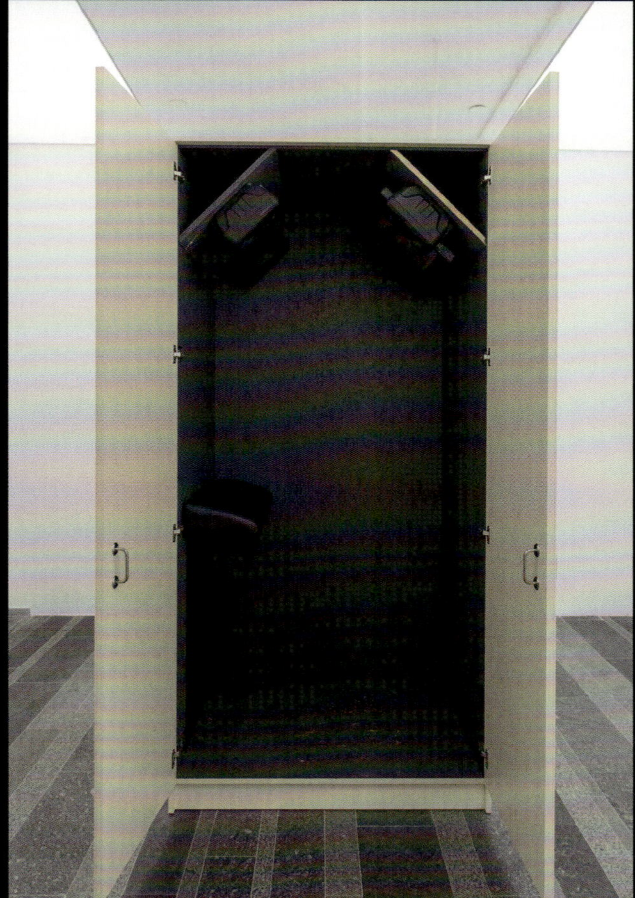

02

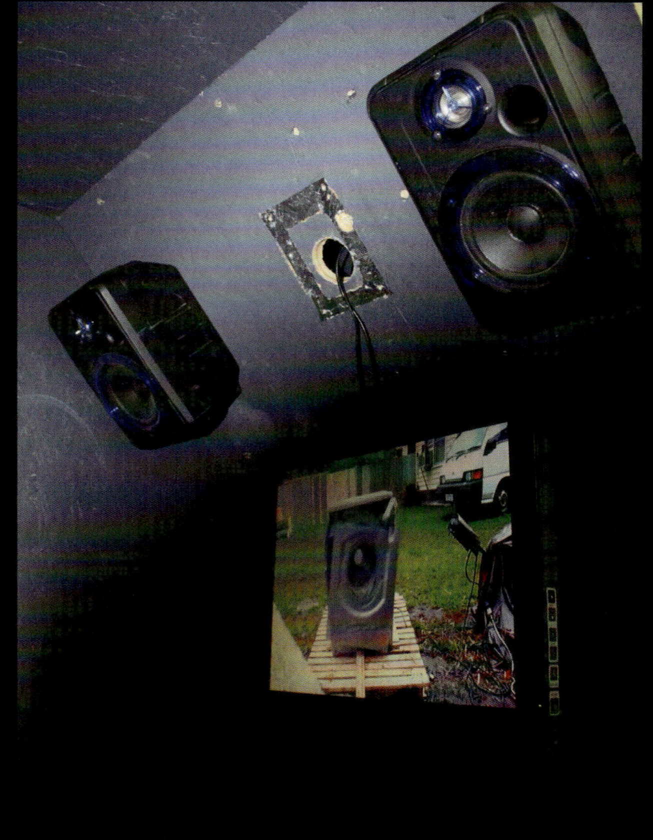

03

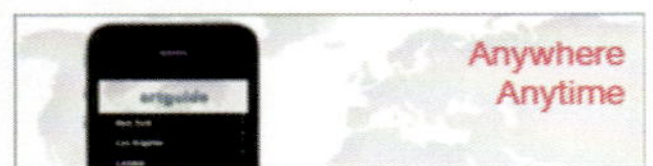

ARTFORUM

500 WORDS

RECENT | ARCHIVE

Jon Rafman discusses his show at the Contemporary Art Museum St. Louis

Judith Bernstein talks about her exhibition at Studio Voltaire in London

Marianne Brouwer talks about "Hans van Dijk: 5000 Names"

Joanna Hogg discusses her latest film

Gabriel Kuri speaks about his exhibitions in Los Angeles

Christina Mackie on her latest work in Chicago and Basel

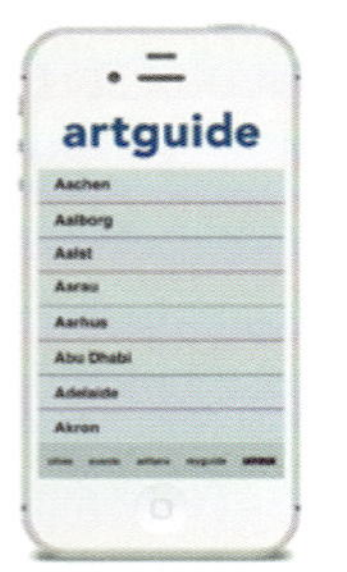

NEWS   DIARY   PICKS   SLANT

Newest Reviews

Eva Rothschild
Nathan Hylden
Hermann J. Painitz
Keith Vaughan
"Supports/Surfaces"
"Confidence-Building Measures"
"A. R. Hopwood: False Memory Archive"
"A. R. Hopwood: False Memory Archive"
Peter Wilde
Siggi Hofer
"Secretly, Greatly"
"Ten Million Rooms of Yearning. Sex in Hong Kong"
Nadav Assor
Mithu Sen
Scott King

Jon Rafman
07.03.14

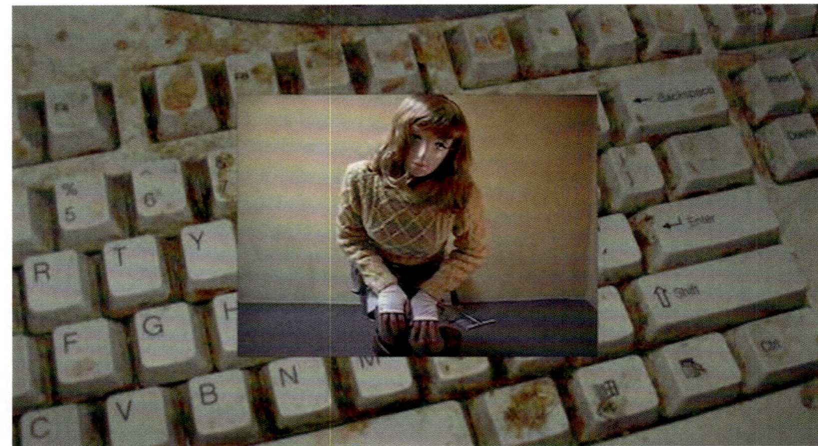

Jon Rafman, *Still Life (Betamale)*, **2013,** HD video, color, sound, 4 minutes 54 seconds.

Jon Rafman is a Canadian artist whose work explores shifting boundaries between the virtual and the real while acknowledging fading distinctions between the two. Here, he discusses his recent work and debut solo exhibition in an American museum. "Jon Rafman: The end of the end of the end" is on view at the Contemporary Art Museum St. Louis from June 27 to August 10, 2014.

I BEGAN TO KNOW the fighting game community of New York while I was doing interviews for my 2011 film *Codes of Honor*, which is about a lone gamer recounting his past experiences in professional gaming. That work generally deals with a loss of history and the struggle to preserve tradition in a culture where the new sweeps away the old at a faster and faster pace. I saw the pro gamer as a contemporary tragic hero who strives for classic virtues in a hyperaccelerated age. The very thing the gamer attempts to master is constantly slipping away and becoming obsolete, which acutely reflects our contemporary condition.

When I held the pro gaming tournament at Zach Feuer in honor of the original Chinatown Fair arcade, which was the last great East Coast video arcade, it was as if the whole project had been leading up to that night. This was also true for the release on 4chan of my 2013 film *Still Life (Betamale)*, a work that brings to light the darker fetishes of Internet subcultures—including furry fandom, kigurumi, and 8-bit anime. The community and the artist came face to face, and the reaction to the work was rich and varied. For instance, a 4chan user wrote:

*this shit would have been cool in 2005 but you're on goddamn 4chan in 2013, one of the biggest sites for "SUCH A LOSER ;_;" people to ever browse the internet
someone didn't found out your dirty secret life and reveal it to everyone else
we've been doing it since the early/mid 2000's
it isn't special
get over it*

Here the commenter is mocking my fetishization of these subcultures in classic 4chan style, while also revealing that sense that the moment you "discover" said culture it has already moved on. It also indirectly hints at the sublime feeling I every now and again experience when I'm surfing the Web and I suddenly discover a new community or fully formed subculture that has its own complex vocabulary and history. It's this overwhelming sensation that there are subcultures within subcultures, worlds upon worlds upon worlds ad infinitum.

My earlier work is more romantic: There's a flaneur-like gaze that crystallizes in the Google Street Views of *Nine Eyes* and the virtual safaris seen in the *Kool-Aid Man in Second Life* projects, for instance. As the Internet became a ubiquitous part of daily existence, I shared in the excitement of these new communities

links

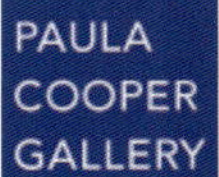

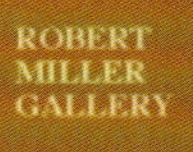

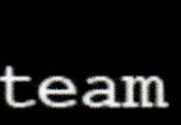

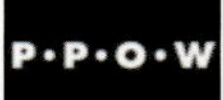

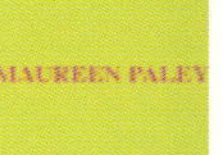

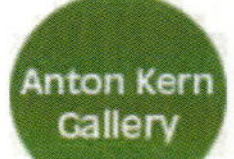

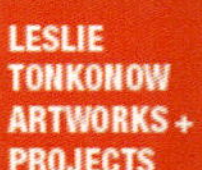

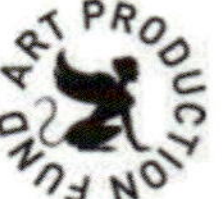

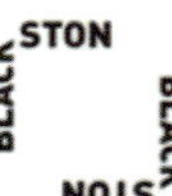

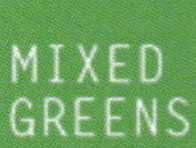

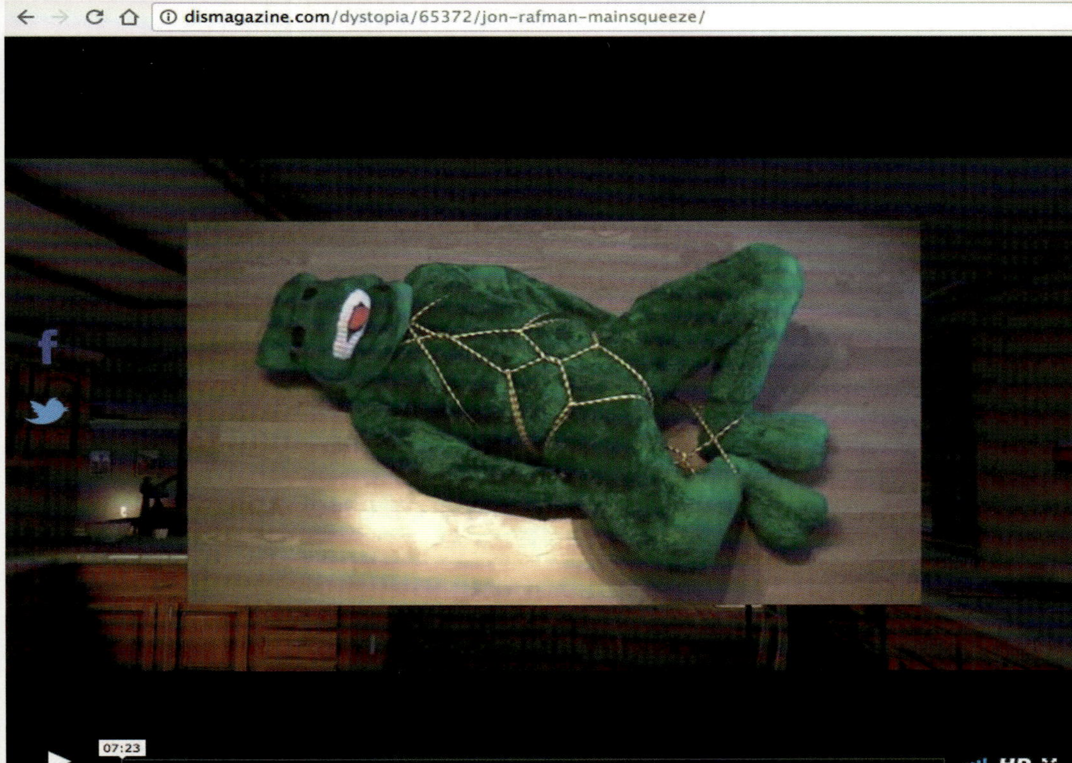

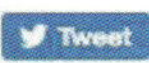

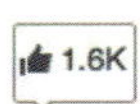

Hundreds of people stuck in a giant swimming pool passively floating to the rhythm of artificial waves. The poor resolution of the found footage muddles them into a contextless and faceless crowd. Nobody tries to escape the crowd, or go against the current. They are trapped but happy enough. It's like Dante's *Inferno* but without the drama. Just the people floating in the mud.

The final scene of *Mainsqueeze* captures "a contemporary atmosphere or mood" which sets the present as a time out of joint, encapsulated by the washing machine that tears itself apart over the course of the film. Rafman poses the present escape from the real towards the simulated as the result of a general feeling of turmoil that leads to flight rather than revolt. In the video, the first readable line of text is written on the forehead of a sleeping drunk man at the beginning of the film: "LOSER". He smiles, and we are led to wonder who the loser really is.

Yet Rafman is not making a particular ethical statement: "*Mainsqueeze* expresses a moral condition or atmosphere without making a moral judgment. I gravitate towards communities like 4chan because I see in them a compelling mix of attraction and repulsion. This ambivalence is reflected in the current cultural moment."

Surfing the deep web, Rafman collects, orders, observes, and makes his source material visible to us: "*Mainsqueeze* is entirely composed of footage found through my online explorations. The voice over text is a combination of modified quotes from literature, Tumblr, and comments on various message boards. I feel less of a need to create original material from scratch due to the sheer abundance of material out in the world to work with. The craft is found in the searching, selecting or curating, and editing together of the materials pulled from far-flung corners of the web." Yet, he insists "it is not about fetish tourism or shocking people about what exists in the dark corners of the net, rather, I am giving the sourced material a poetic treatment."

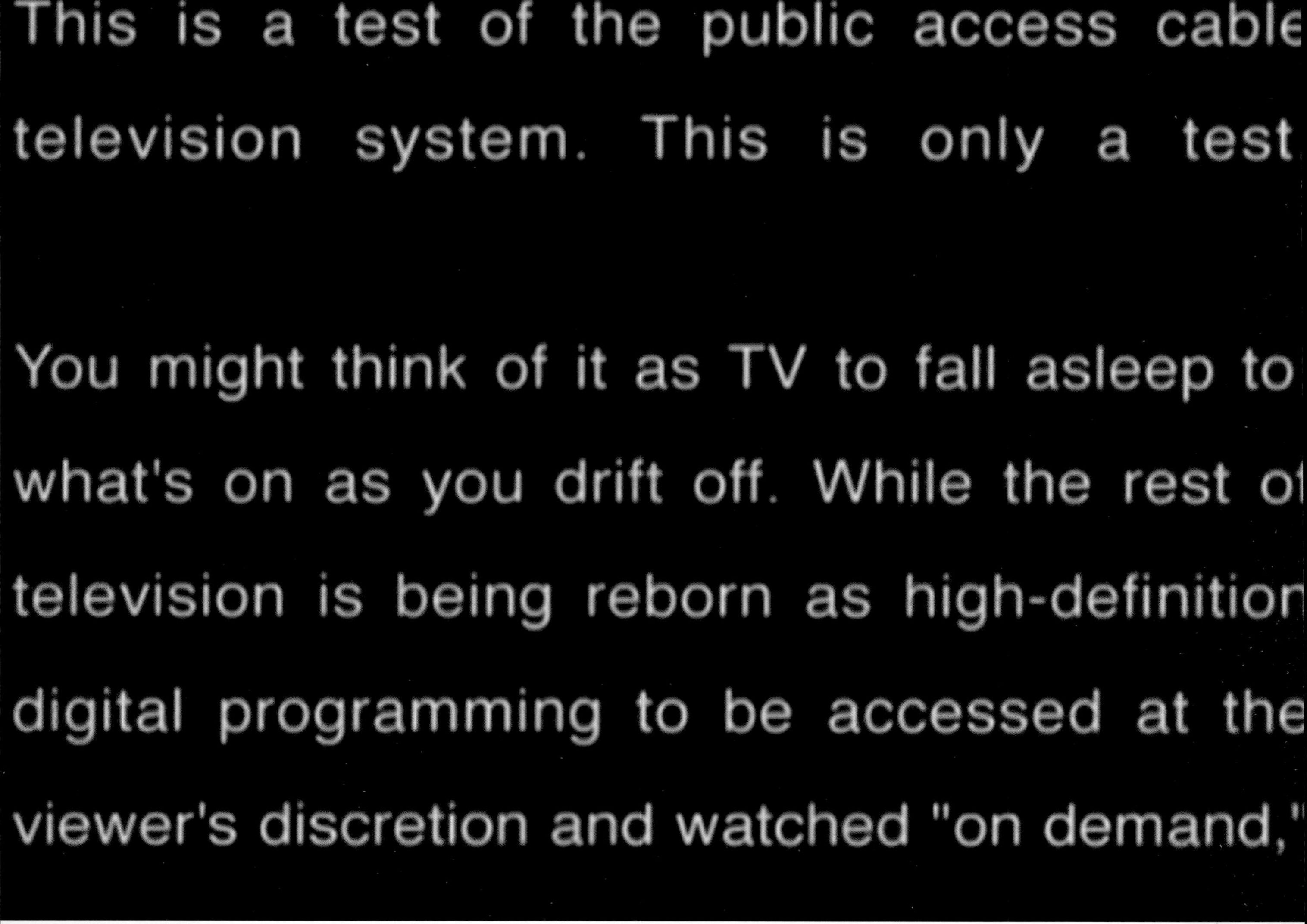

This is a test of the public access cable
television system. This is only a test

You might think of it as TV to fall asleep to
what's on as you drift off. While the rest of
television is being reborn as high-definition
digital programming to be accessed at the
viewer's discretion and watched "on demand,"

Lucy Raven, **4:3,** 2008, Videostill / Video still
Courtesy of the artist and Pilar Corrias, London

LUCY RAVEN
4:3, 2008

Video; öffentliche Mitteilung im Kabelfernsehen, 10', S/W, kein Ton

Video; cable television public service announcement, 10', b/w, no sound

"In many of my works, I try to slow down the process of looking. I want to loosen up time so it's not so beholden to production, and unhinge production from its slavery to time. I'm not sure where this places my work in relation to that of other artists, but the work of other artists is important to me. I think a lot about images of work, but also about how images work, and how they're circulated. When an image becomes exhausted, how can it stop working, take a break, reorganize its position, or go on strike? While I mostly work with animation, the form of my works varies, and is specific to the ideas and questions in each project. I studied sculpture, and in many ways, I think of my moving image work – groupings of still frames – as Philip Guston once described the objects in one of his still life paintings as chunks of matter floating in uncertain space."

L. Raven, in: F. Ramos, 'Time as a Material', in **Mousse,** 47, February 2015, <http://www.pilarcorrias.com/wp-content/uploads/2016/09/Mousse-article.pdf>, accessed 11 April 2015.

Lucy Ravens Definition erübrigt sich von selbst, da sie ihre bereits gegenwärtige Zukunft vorhersagt und diese Obsoleszenz im vertikalen Lauftext eines Abspanns abbildet. Fußnoten. Die Wirtschaftlichkeit von **4:3** ist ein perverser Nervenkitzel: Man könnte sagen, dies ist Fernsehen, das zum Einschlafen anregt – obwohl die Träume auf fantastische Art und Weise lebendig sind. Gegen Ende wird klar, dass das Modell rückläufig zirkuliert wie ein Muster, wie ein Test. Und der Test streift gewissermaßen die Utopie oder eine alternative Zukunft, breitet sich konstant aus, in einer Metrik, die uns von den Aussichten radikaler Veränderung erzählen soll. Eine aufrechterhaltene Gleichmäßigkeit scheint an die Geschwindigkeit gebunden zu sein; wie das Auge und der Geist durch das Scrollen verlangsamt werden, wie siruppartig sich das anfühlt, wie dick und merkwürdig. Nahe an Echtzeit, was auch immer „Echtzeit" in diesem Kontext bedeuten mag. Langsamer als Echtzeit? Auflösung und Geschwindigkeit scheinen in gegenseitiger Beziehung zu verminderter Aufmerksamkeit anzuschwellen – obwohl diese Beziehung in ihrer folgerichtigen Ordnung in keinster Weise eindeutig ist. Die Geschichte, die in **4:3** (2003) im Format 4:3 erzählt wird, ist gleichbedeutend mit dem Metanarrativen dessen, was **GENERATION LOSS** meiner Ansicht nach als den wiederherstellenden Augenblick des Verstehens davon betrachtet, was wortwörtlich und was symbolisch ist bzw. gemacht werden soll: **4:3** beschwört seinen offenkundig materiellen Blick – die unterirdische Welt der Verkabelung; lokal greifbares Publikum; Seitenverhältnisse, die immer noch als solche erkennbar sind – nur um sie wieder zurückweichen, verschwinden zu lassen, ins Schwarze, in die Leere und Ignoranz und Einbildung umschlagen zu lassen, schlafend.

Lucy Raven's definition obsoletes itself by predicting its own already present future and figuring that obsolescence into vertically scrolling end credits. Footnotes. Its economy is a perverse thrill: like it says, this is TV to fall asleep to – though the dreams are fantastically vivid. By the end it's clear that the model circles back around like a pattern, like a test. And the test somehow grazes the Utopian, or an alternative future, unfurling steady, at a metre that should tell you about the prospects of radical shift. A maintained evenness feels attached to speed; how the eye and the mind are slowed by the scrolling – how treacly it feels – how thick and odd. Close to real-time, whatever 'real-time' might mean in this context. Slower than real-time? Resolution and speed seem to swell in obverse relation to attenuating attention – though the relation is by no means clear in its consequential ordering. The story told in 4:3, in **4:3** (2008), bears equivalence to the meta-narrative of how **GENERATION LOSS,** I think, wants to think of a retrieving movement of understanding what is and what should be made literal, and what should be rendered figurative: **4:3** conjures its overt material eye – subterranean worlds of cabling; locally tangible publics; aspect ratios still visible as such – only to make it recede again, to disappear, to fade to black, emptiness and ignorance and fantasy, asleep.

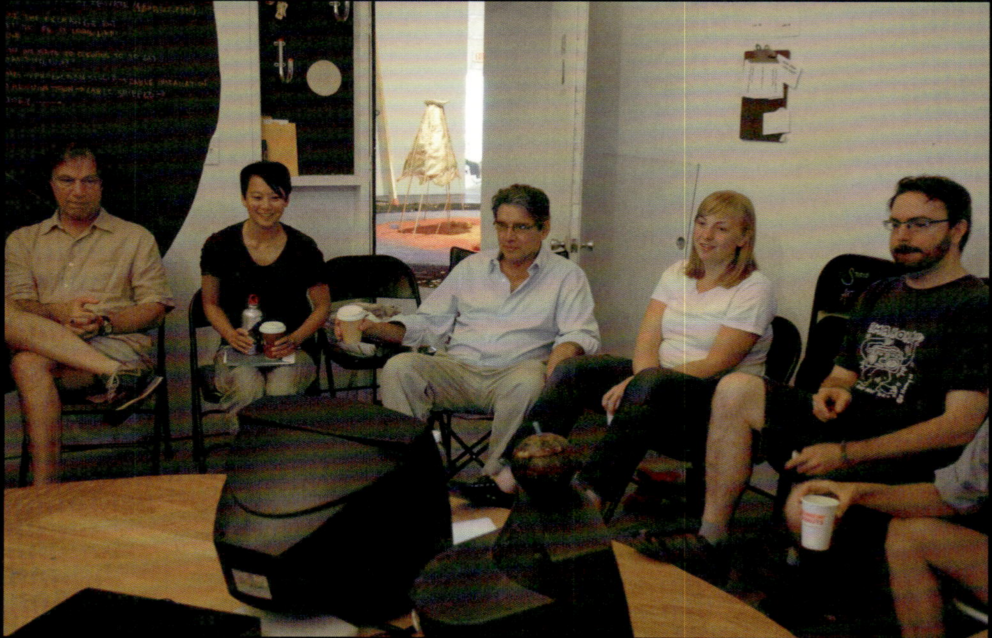
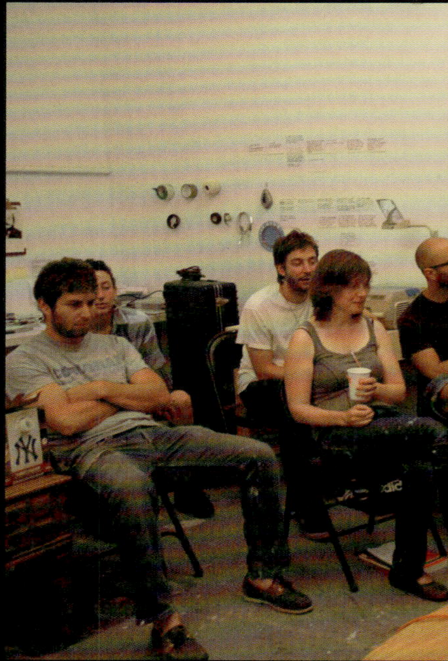
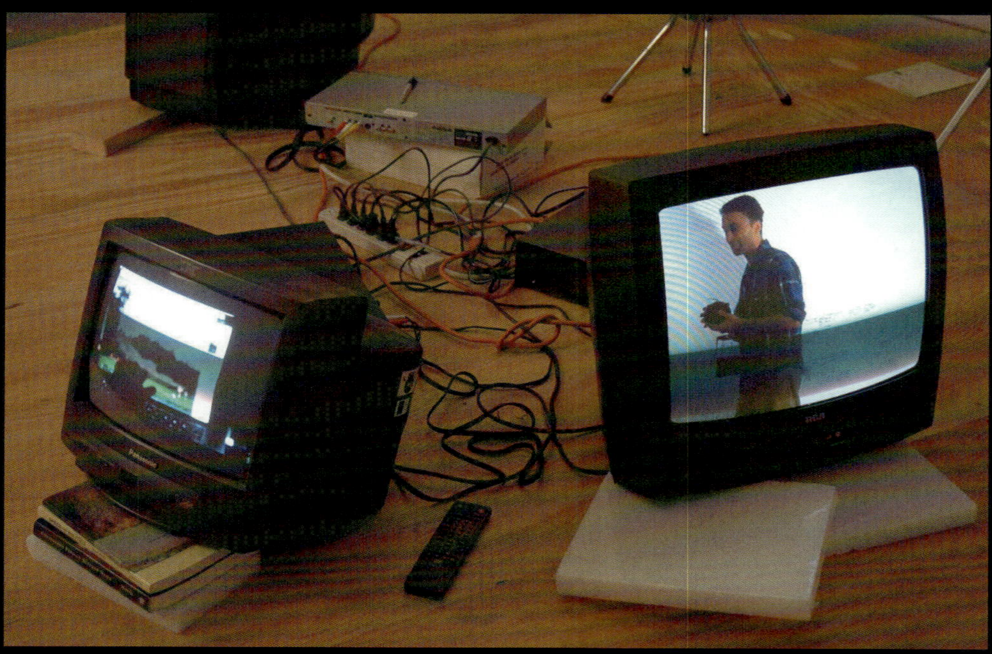

01—06

01—06 Lucy Raven, Installationsansichten / Installation
views, Präsentation von / Presentation of **4:3,** Bard
College, New York, 2008. Foto / Photo: Lucy Raven
Courtesy of the artist and Pilar Corrias, London

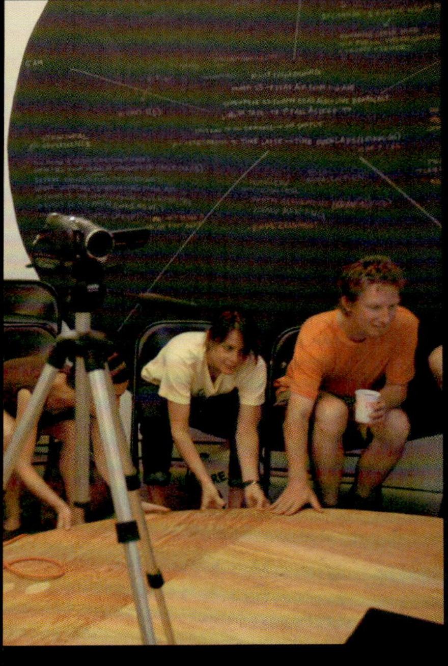

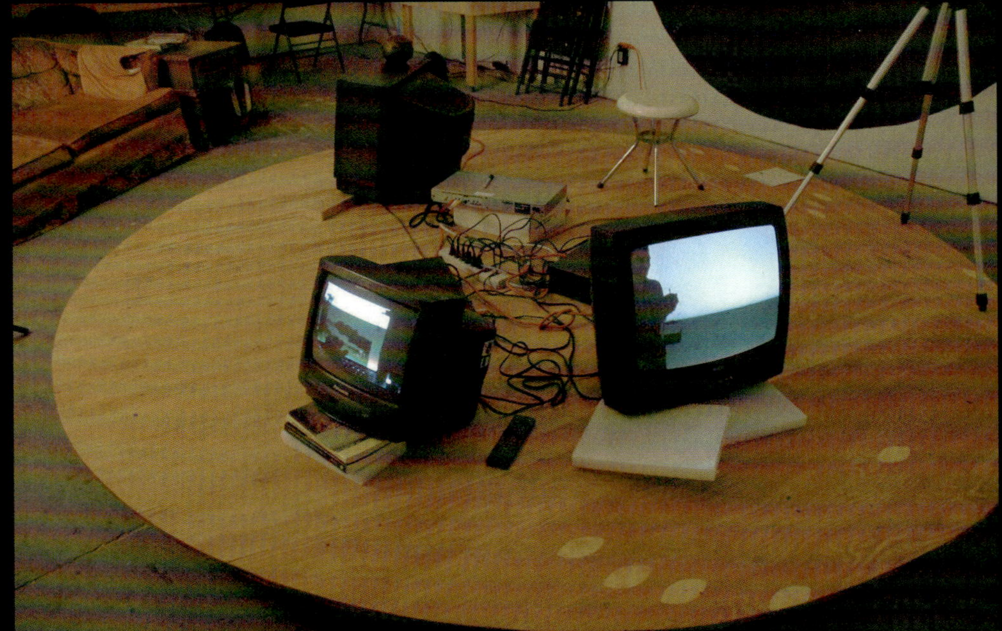

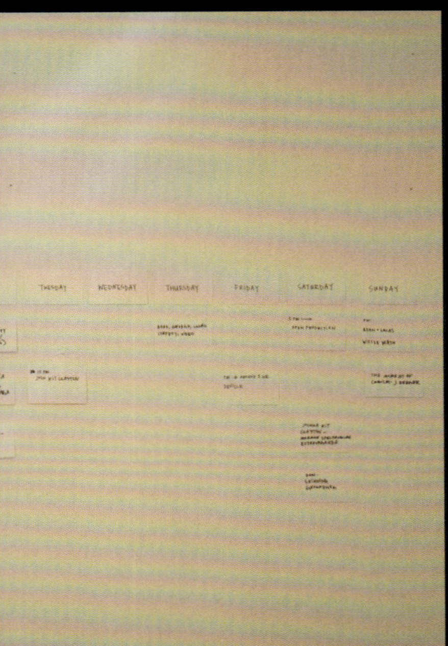

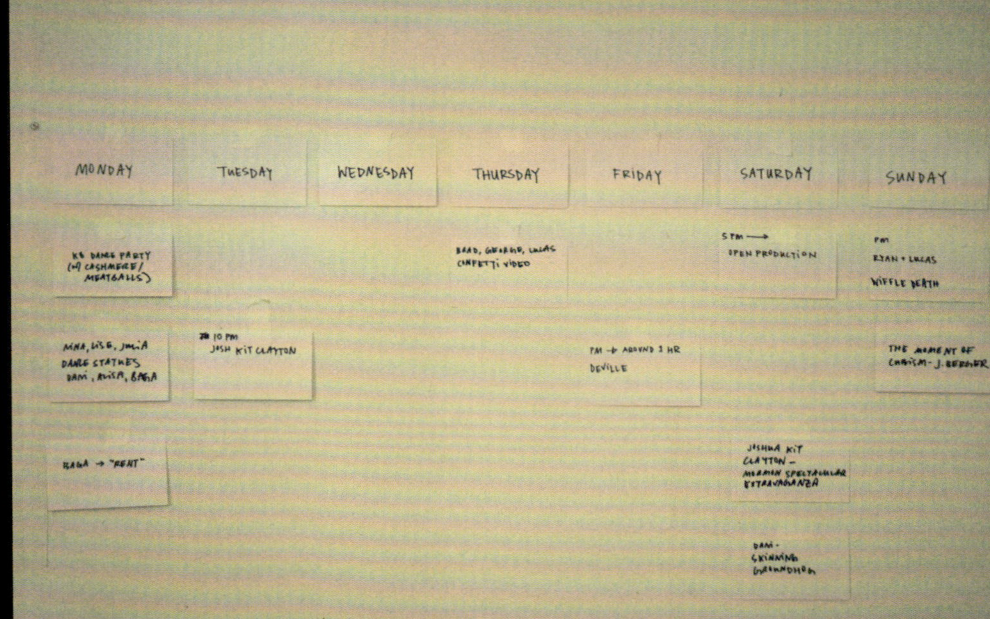

MONDAY   TUESDAY   WEDNESDAY   THURSDAY   FRIDAY   SATURDAY   SUNDAY
KB DANCE PARTY (W CASHMERE/ MEATBALLS)
BRAD, GEORGE, LUCAS CONFETTI VIDEO
5 PM → OPEN PRODUCTION
PM RYAN + LUCAS WIFFLE DEATH
MINA, LISE, JULIA DANCE STATUES DAM, ALISA, GAGA
7-10 PM JOSH KIT CLAYTON
PM → AROUND 1 HR DEVILLE
THE MOMENT OF CHARISM - J. BERGER
RAGA → "RENT"
JOSHUA KIT CLAYTON - MORMON SPECTACULAR EXTRAVAGANZA
DAM - SKINNING GROUNDHOG

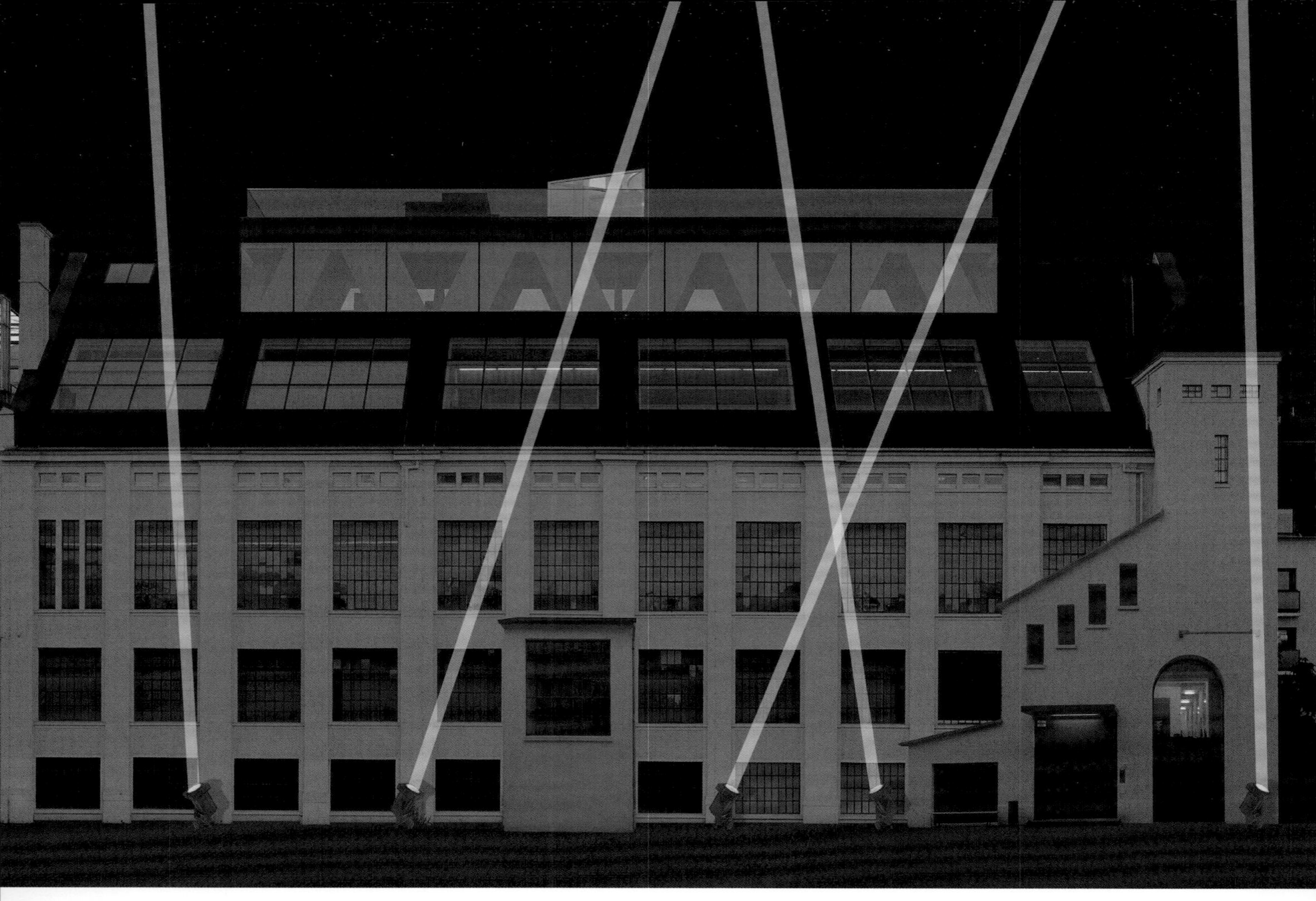

Lucy Raven, **20TH CENTURY LIGHTS,** 2017
Rendering für Außenraum-Lichtinstallation / Rendering for outdoor light installation. Courtesy of the artist and Pilar Corrias, London

LUCY RAVEN
20TH CENTURY LIGHTS, 2017

Außenraum-Lichtinstalla-tion; 5 programmierte Suchscheinwerfer

Outdoor light installation; 5 programmed search lights

Auftragsarbeit für die Ausstellung / Commissioned for the exhibition **GENERATION LOSS,**
JULIA STOSCHEK COLLECTION, Düsseldorf

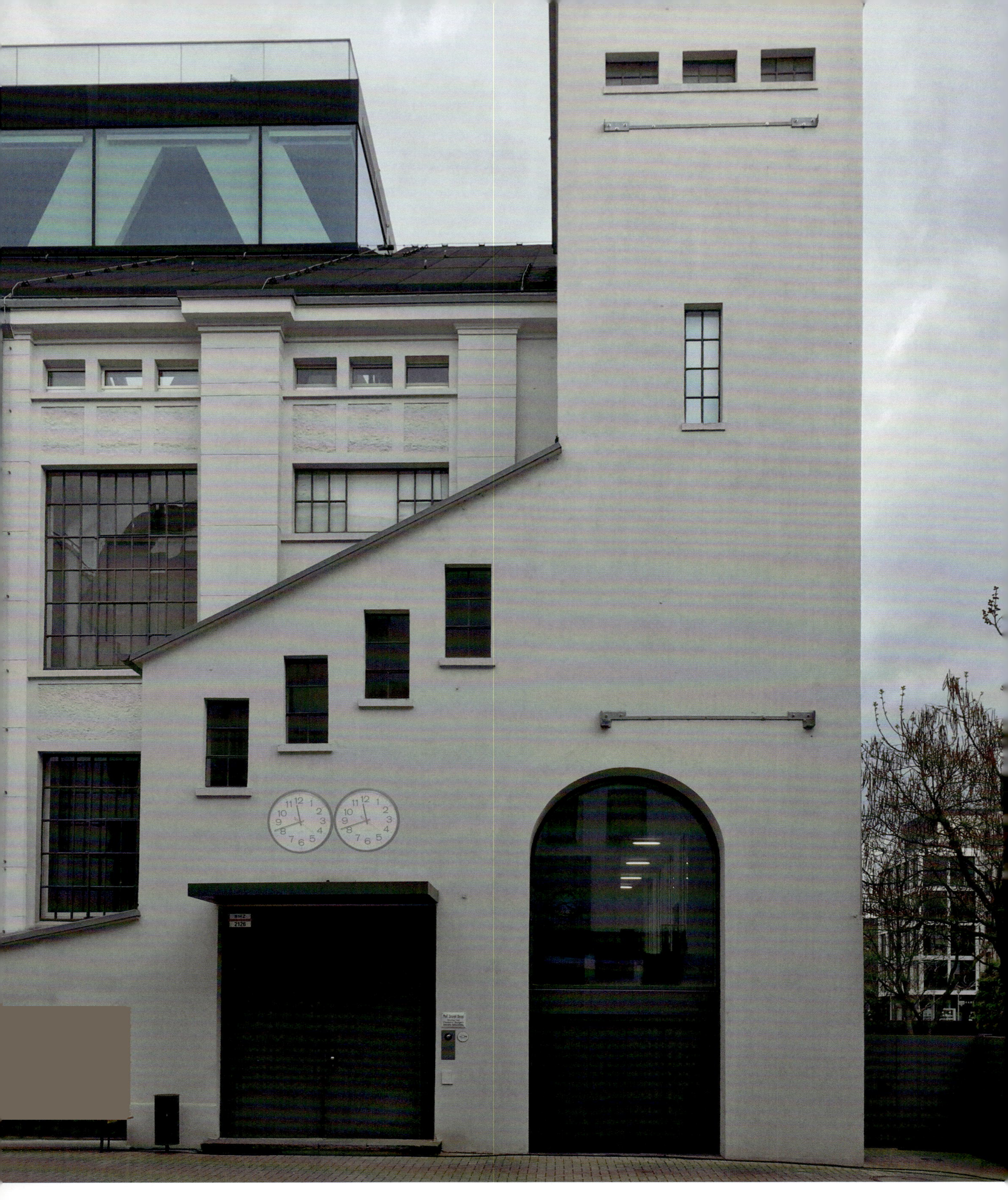

Lucy Raven, **GENERATION LOSS (FOR FELIX GONZALEZ-TORRES),** 2017, Rendering für Live-Feed-Videoprojektion / Rendering for live feed video projection
Courtesy of the artist and Pilar Corrias, London

LUCY RAVEN
GENERATION LOSS
(FOR FELIX
GONZALEZ-TORRES),
2017

Live-Feed-Videoprojektion für Außenfassade; unbegrenzte Dauer, Farbe, kein Ton

Live feed video projection for exterior facade; infinite duration, colour, no sound

Auftragsarbeit für die Ausstellung / Commissioned for the exhibition **GENERATION LOSS, JULIA STOSCHEK COLLECTION,** Düsseldorf

Lucy Ravens Werke **20TH CENTURY LIGHTS** (2017) und **GENERATION LOSS (FOR FELIX GONZA-LEZ-TORRES)** (2017) rahmen das 10-jährige Jubiläum der **JULIA STOSCHEK COLLECTION**. Beide Werke spüren auf tiefgründige Art und Weise der Geschichte nach. Beide erproben die Historizität der Technologie von Bewegtbildern und deren Gestaltung – von Obsoleszenz, die mit Sterblichkeit verschmilzt, von Spektakel, das vom Verlust ablenken soll. Und insofern diese Arbeiten, janusgleich, zwischen Beschwörung und Vermutung schwanken, allegorisieren sie die zentrale Illusion von Bewegung innerhalb des Bewegtbildes, die immer wieder unbemerkt von aufeinanderfolgenden Augenblicken erzeugt wird. Die Beharrlichkeit des Sehens als affektbetonte Erwiderung auf die schrittweise Messung von Zeit. **20TH CENTURY LIGHTS** verkündet das Anbrechen einer Zukunft, die sich mit ihrer Geschichte arrangieren muss, nicht bloß einer Geschichte gesteuerter Wahrnehmungen, sondern einer Geschichte, die von struktureller Bedeutung und hartnäckigem Materialverlust sowie dessen Darstellung erfüllt ist. Die Lichtprojektionen, die von der **JULIA STOSCHEK COLLECTION** ausstrahlen, verwandeln den Himmel in eine Art blindes, suchendes Kino. Einen Augenblick lang trifft Kino auf sein Abbild – ein Wendepunkt von einem Ausmaß, das durch die Flüchtigkeit der Situation widergespiegelt wird: Eine solche Reflexivität kann nur in Bruchstücken, in Zeichen, hingenommen werden.

GENERATION LOSS (FOR FELIX GONZALEZ-TORRES) wahrt eine ähnlich ungeschützte Beziehung gegenüber seiner eigenen Existenz. Als projizierte Videohommage an Félix González-Torres' skulpturales Werk verbreitet sie eine materielle Dimension, indem sie dessen Kontingenz als Dokument, aber auch als Wiedergänger begreift. Das Werk ist sowohl wortwörtliche als auch figurative Projektion seines Motivs; es ist ein Phantom. Zudem zeigt es die Zeit an; es stattet das Gebäude der **JULIA STOSCHEK COLLECTION** mit einer Geisteruhr aus; einer Ergänzung, welche die frühere Zweckmäßigkeit des Gebäudes heraufbeschwört – als Werkstätte und Fabrik für Schlosserprodukte, Sättel, Korsetts, für Theaterausstattung und Sockelleisten. **GENERATION LOSS (FOR FELIX GONZALEZ-TORRES)** erinnert an diese Arbeiten und die entsprechende Zeitökonomie. Es erinnert auch an Félix González-Torres und seinen Liebhaber Ross Laycock. Und insofern Zeit auf persönlichste und beständigste Weise als geradezu widerspenstig empfunden wird, bildet **GENERATION LOSS (FOR FELIX GONZALEZ-TORRES)** den wohl ergreifendsten Teil der gleichnamigen Ausstellung innerhalb dieses Gebäudes.

Als komplexe Betrachtungen zu den Bedingungen des künstlerischen Bewegtbildes und seiner jeweiligen Geschichte – aber auch zur Frage, wie das Medium auch weiterhin die Unwägbarkeiten von Darstellung begreift – bilden Lucy Ravens Arbeiten ein außerordentlich nuancenreiches Aushängeschild für dieses Jubiläum.

Lucy Raven's works, **20TH CENTURY LIGHTS** (2017) and **GENERATION LOSS (FOR FELIX GONZALEZ-TORRES) (2017),** frame the tenth anniversary of the **JULIA STOSCHEK COLLECTION.** Both works trace history in profound ways. Both rehearse the historicity of moving image technology and its figuration – of obsolescence confused with mortality, of spectacle to distract from loss. And insofar as these works vacillate, Janus-like, between evocation and speculation, they allegorise the moving image's central illusion of movement constituted, unseen, by ongoing moments. Persistence of vision as the affective rejoinder to the incremental measurement of time. **20TH CENTURY LIGHTS** announces the arrival of a future that must come to terms with its history.

Not just a history of controlled sensation, but one redolent with structural meaning and intractable material loss and its representation. The projections of light that radiate from the **JULIA STOSCHEK COLLECTION,** magic the skies into a kind of sightless, searching cinema. For a moment, cinema encounters its reflection, a crisis of a magnitude reflected by the situation's fleetingness: such reflexivity can only be tolerated in fragment, in sign.

GENERATION LOSS (FOR FELIX GONZALEZ-TORRES) maintains a similarly vulnerable relation to its existence. As a projected video homage to Félix González-Torres' sculptural work, it conspicuously sheds a material dimension in a manner that both understands its contingency as document, but also as revenant. The work is a literal and a figurative projection of its subject; it is a phantom. It also tells the time; it furnishes the **JULIA STOSCHEK COLLECTION** building with a ghostly clock, an addition that summons the building's prior, practical past – as workshops and factory for locksmithing, saddlery, corsets, theatrical armour, skirting boards.

GENERATION LOSS (FOR FELIX GONZALEZ-TORRES) remembers this labour and its fundamental economy of time. It also remembers Félix González-Torres and his lover, Ross Laycock. And insofar as time must be felt in the most personal and permanent ways, intractable, **GENERATION LOSS (FOR FELIX GONZALEZ-TORRES)** rehearses the most poignant part of the eponymous exhibition inside the building.

As complex meditations on the conditions of artists' moving image and its particular history – as well as how the medium continues to understand the contingencies of representation – Lucy Raven's works provide an extraordinarily nuanced marquee for this anniversary.

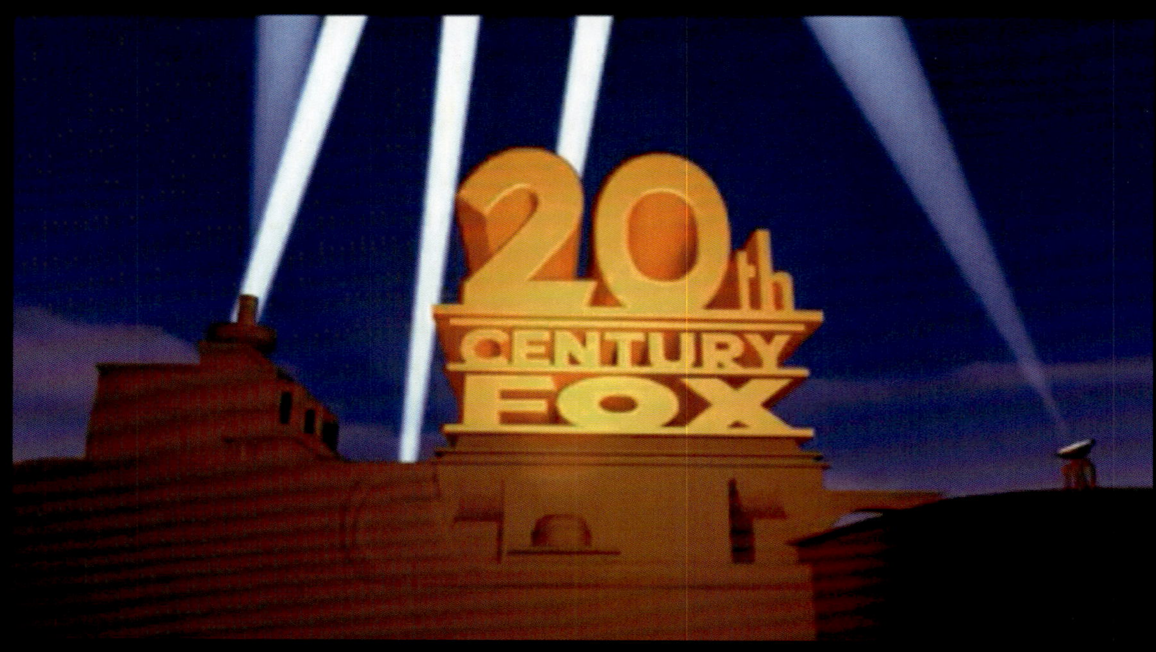

01

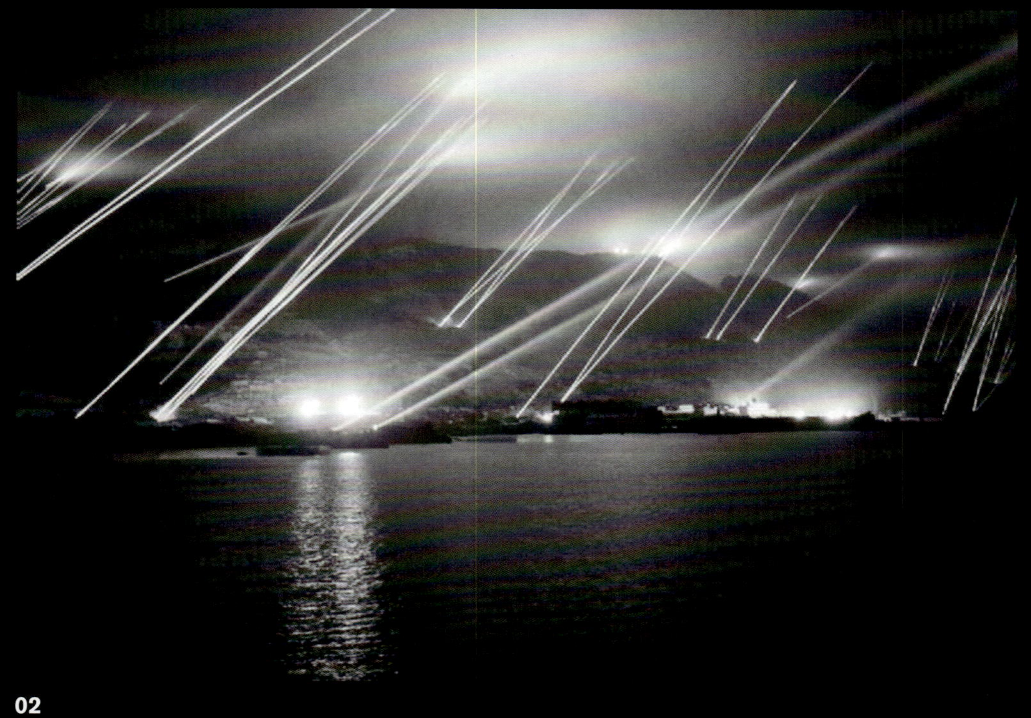

02

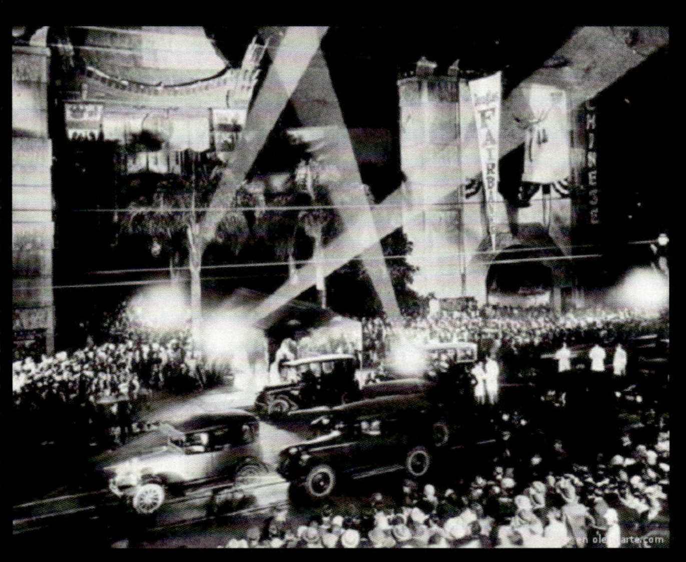

03

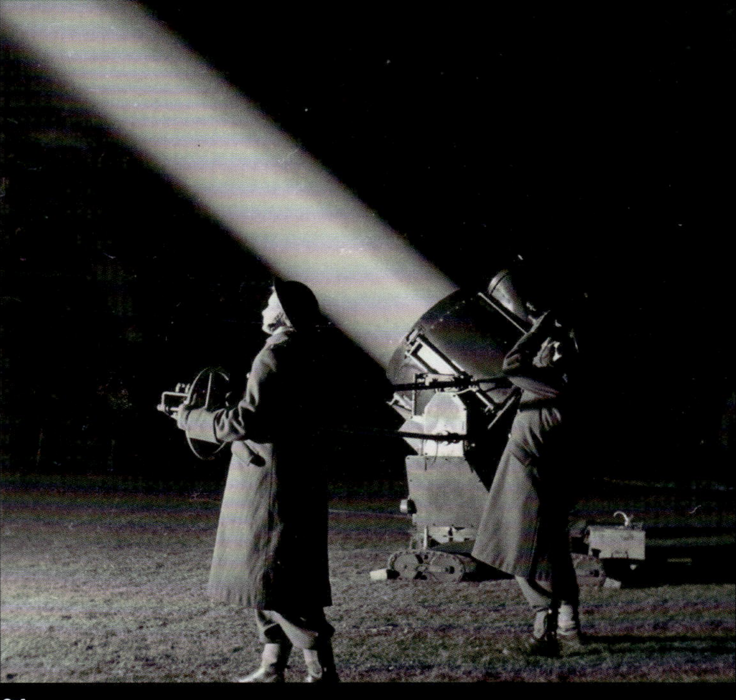

04

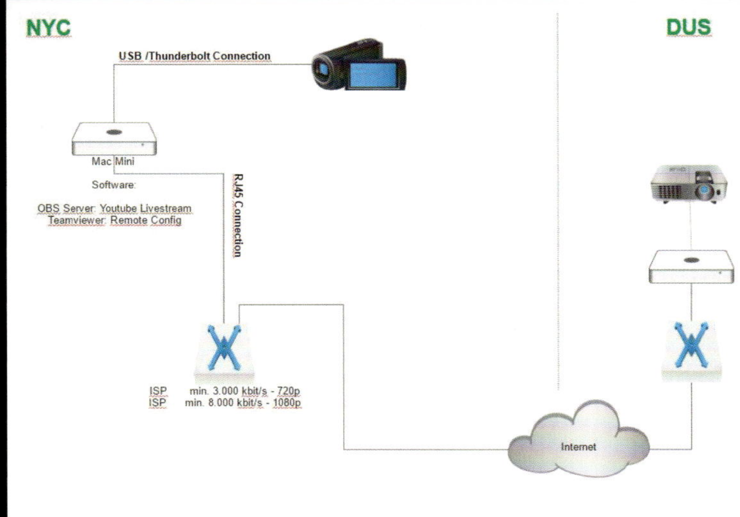

05

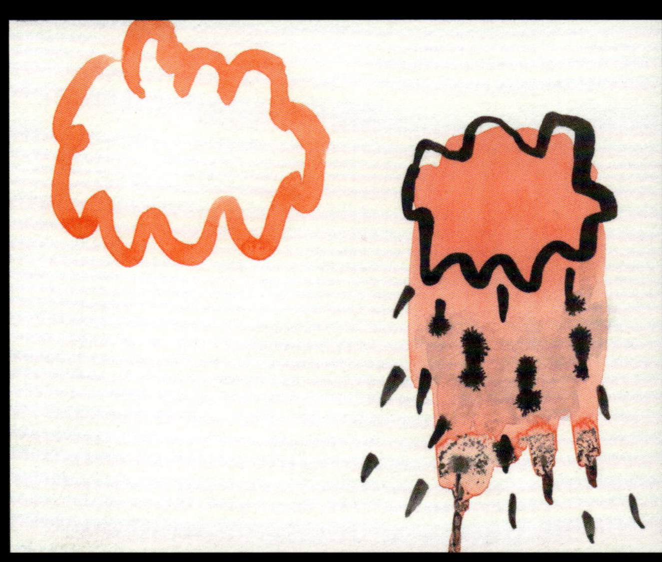

06

04 Der Auxiliary Territorial Service – die Frauenabteilung des britischen Heeres – in Großbritannien, 1939–1945 / The auxiliary territorial service in the United Kingdom 1939–1945. © Imperial War Museum, London (H 36315)

05 Technische Skizze für die Realisierung von / Technical drawing for the realisation of Lucy Raven, **GENERATION LOSS (FOR FELIX GONZALEZ-TORRES),** 2017. Courtesy of the **JULIA STOSCHEK COLLECTION,** Düsseldorf

06 Lucy Raven, Aquarellskizze für / Watercolour sketch for **GENERATION LOSS (FOR FELIX GONZALEZ-TORRES),** 2017. Courtesy of the artist

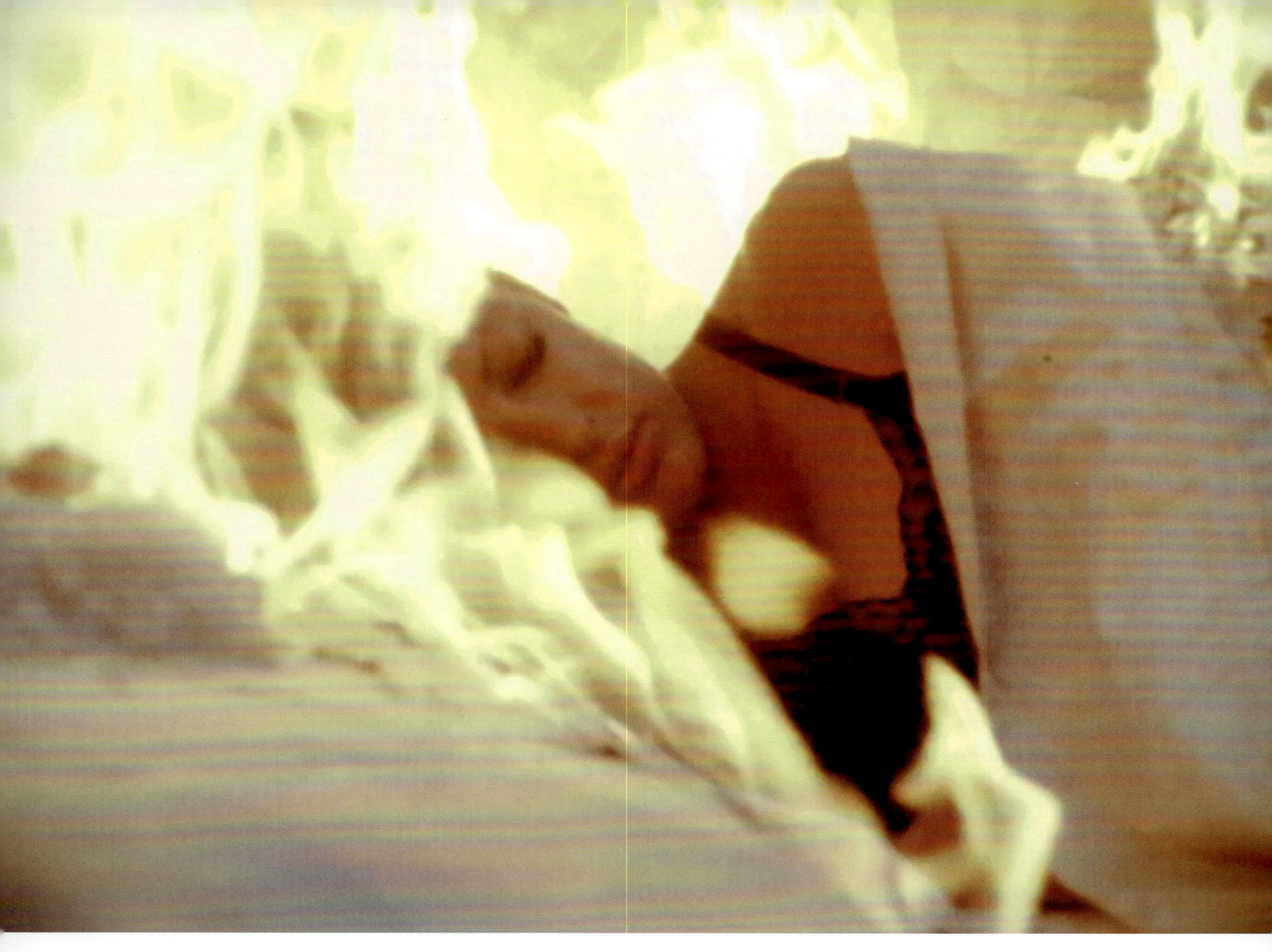

Reynold Reynolds & Patrick Jolley, **BURN,** 2001, Videostill / Video still
Courtesy of the artists

**REYNOLD REYNOLDS &
PATRICK JOLLEY
BURN, 2001**

**16-mm-Film, transferiert
auf Video, 10', Farbe, Ton**

**16 mm film, transferred
to video, 10', colour,
sound**

"The looped film is structured in three episodes, each of which plays out in a different room of the same house. Its occupants are engaged in banal activities – one man dozes in an easy chair, another brushes his teeth, a couple has a heated discussion in a bedroom. While this is going on, flames begin to flicker around the entire house, eventually threatening to engulf it and its habitants. But no one seems to notice the fire. Completely unwary, as if paralyzed, the actors carry on with their absurd activities, incapable of resisting their fate. Meanwhile, the inferno spreads with nail-biting slowness. The more the inhabitants' actions drift into obvious ambiguity, the harder it becomes to discern which of the two realities is 'real', whereupon an unsettling feeling of schizophrenia sets in. *BURN* is rich in symbolism and offers up a chain of associations from domestic drama to the apocalypse. The absurd, helpless isolation and denial of the protagonists, imprisoned in their own world, nevertheless soon becomes more unsettling than the towering inferno that rages around them."

E. Scharrer, 'Reynold Reynolds mit Patrick Jolley', in: **Von Menschen und Mäusen. 4. berlin biennale für zeitgenössische kunst,** KW Institute for Contemporary Art, Berlin 2006, p. 154.

Vieles in der kurzen Historie des künstlerischen Bewegtbildes irrlichtert zwischen dem Kino und dessen Konventionen in einer Art Amateurhaftigkeit, die ihre Wurzeln im häuslichen Zusammenhang hat. Etwas Häusliches, das autobiografisch spricht, strukturell gesehen und selbstreflexiv, indem die Kamera auf den Künstler ausgerichtet wird, um die Kamera auf sich selbst zu richten. Was wiederum für die Kamera bedeutet, sich mit ihrer eigenen Biografie zu befassen. **BURN** (2001) ist in dieser Ausstellung – wie auch in der gesamten Sammlung – außergewöhnlich, aufgrund seiner banalen Authentizität im Angesicht eines monumentalen, eindeutig allegorischen Vorzeichens. Im Sinne von: Die Lesart ist klar, denn es brennt ja. Die überbordende Symbolik des Titels wird durch eine Art realistischer Wiedergabe pyrotechnischer Illusionen buchstäblich. Alles wird in gleichem Maße vom Feuer verschlungen. In unerschütterlicher Gleichgültigkeit trifft es auf Mensch wie Mobiliar. Feuer macht jegliche Materie gleich. Das Unglück sucht eine nach innen gekehrte Welt heim, sowie eine Familie, die jegliche Katastrophen, die unter ihnen wüten, völlig ignoriert. Die Reflexivität des Mediums erkennt dies an und operiert entsprechend: hungrig nach Genre, nach Illusion und Effekt; es scheint, als treffe sie in einer verblendeten Selbstbeobachtung auf ihren eigenen Schatten. Wie beim Blick von innen auf die eigenen, verschlossenen Augenlider. **BURN** wirkt wie eine schlüssige moralische Lektion, die in letzter Minute evakuiert wird.

So much of the brief history of artists' moving image work seems to flit between cinema and its conventions, and a kind of amateurism rooted in the domestic. A domestic that speaks autobiographically – and, structurally speaking, self-reflexively – training the camera on the artist as a way of training the camera on itself, demanding the camera engage in its own autobiography by association. **BURN** (2001) is unique in this show, and in the collection, for its banal authentic in the face of a monolithic, legible allegorical portent. Meaning, we should know how to read this, as it burns. The rich figurative world of the title is rendered literal through a kind of realist rehearsal of pyrotechnic illusion. The fire consumes everything similarly, and is met with an unflinching indifference by man and furniture alike. Fire renders matter without variance. So here, disaster visits a world turned inward, and a family ignores whatever the internal cataclysm is that is raging among them. The reflexivity of the medium operates in recognition, hungry for genre, illusion, effect; it feels like it meets its shadow in a kind of introspection that blinds. Like looking at your own eyelids, and always from the inside, closed. **BURN** feels like a conclusively moral lesson that's been evacuated at the last minute.

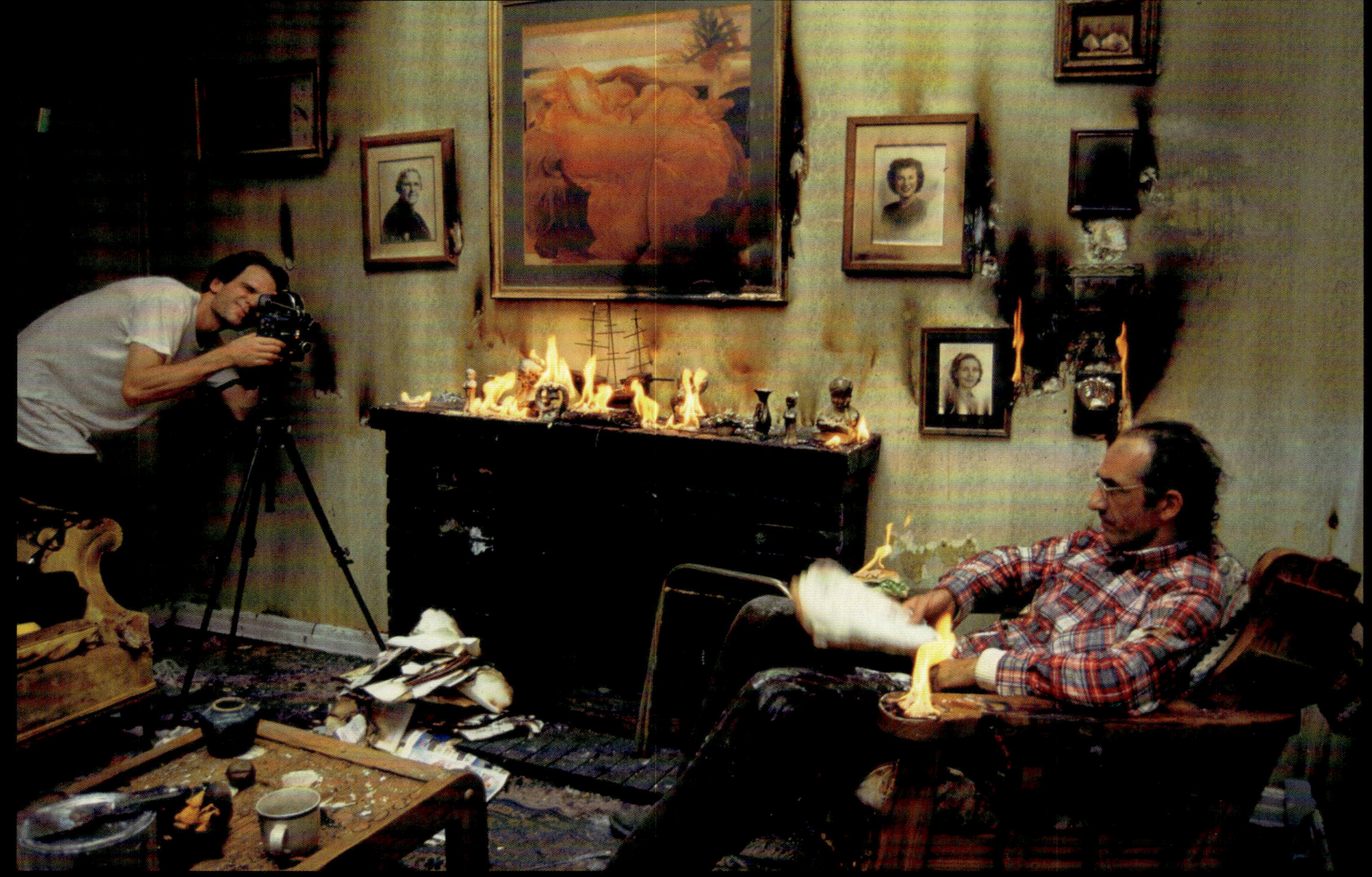

01 Reynold Reynolds & Patrick Jolley, Produktionsfoto / Production photo, **BURN,** 2001. Courtesy of Reynold Reynolds and Patrick Jolley Estate

02–03 Essay über / Essay on Reynold Reynolds & Patrick Jolley, **BURN,** Annie Fletcher, Art House, Dublin, 2001. Courtesy of Reynold Reynolds and Patrick Jolley Estate

BURN

Curated by Sarah Pierce, Art House, Dublin

By Annie Fletcher

Can there be trauma without consequence? Or is it just that here the consequence is rendered somehow intangible? Patrick Jolley and Reynold Reynolds set their work in environments where nobody could survive. These startling contexts appear to have little connection with mortality. They have created a silent underwater drama in *The Drowning Room*. In *Seven Days 'til Sunday* they film a body in freefall from the skies, a body which literally bounces and slaps against the built world as it falls down in slow motion. With the perfect cinematic conceit however, the shattered body never hits the ground. There's something remarkably contemplative and even beautiful about these impossible and violent cinematic renderings. Is this what trauma is then – utterly detached, disconnected, unfathomable? Doesn't trauma catapault one out of the world of normative human relations and social space – where does one go – what alienated space does one enter? This sense of dissonance and alienation infuses the work of Jolley and Reynolds.

These radical circumstances seem to act as a kind of dislocated space through which to explore the shaping of representation. One expects the cinematic screen to create a distance from lived experience and real time. In a similar manner to the photograph, film allows one to enter the symbolic where meaning is made and interpretation is inscribed on what is seen. But Jolley and Reynolds in their short films and installation projects seem to push their audience one step further.

In their latest collaboration *Burn*, Jolley and Reynolds have chosen a burning room as their film set. Flames lick the curtains, climb the walls and devour the room yet the event seems devoid of consequence, untouched and untouchable. The protagonists treat the fire as a mild backdrop, which does not stop their silent activity. They try instead to be at home, simply present in the domestic interior, used to each other in a world weary kind of way. In the burning interior; some survive and others are consumed and the camera captures it all. Each flame, each physical movement is romanced on celluloid. The filmmakers are relentlessly democratic (or resolutely detached) refusing to focus on human frailty or motive alone. The characters appear important as physical matter in space, just as capable of disintegrating as the carpet or the curtains. Of what

purpose are strict definitions between people and objects and the territory they occupy? What symbolic properties do these non-communicative bodies own in a social space that is

disintegrating and transforming before our eyes. Perhaps there is no language for such experience. Jolley and Reynolds engagement with the history and possibilities of cinema is both knowing and playful. There is a kind of space between cinematic know-how and low tech special effects with which they seem to endlessly toy (no soft diffused light could ever imitate the water filled scene in *The Drowning Room* with fish bits floating around). One is never allowed to lose oneself in the story. In *Burn* the viewer is denied gratuitously violent cinematic expectations. There may be fire but it's a quiet disaster, there is no blood, no screaming - no notional trauma. Their work is instead supremely visual. Everything captivates the eye: the dripping melting fridge, the burnt body slumped on the table, and the filmic sweep from above as the snow miraculously quells the flames at the end. Even the fire-starter (the evildoer perhaps?) is represented through the mirror found in his sleeping lover's bedroom – classic cinema. It's a screen within the screen. Each careful mediation and each pleasurable visual device distances one further – emphasizing the disjunctive nature of Jolley's and Reynold's project.

The iconography offered is at once utterly strange and utterly familiar. The artists conduct things in slow motion, in fabulously clichéd dream sequence mode. Strange hooded characters are introduced evoking thoughts of mysticism – breaking a sense of narrative and projecting one further into a dreamlike stasis. The artists give us no verbal narrative hooks to pull the viewer through. A familiar feeling pervades – there is an unknown set of rules and language just waiting to be decoded but ultimately the viewer is outside of the loop – unable to confirm or deny the instinctive associations they make. One is left to make each scene intelligible. This is true spectacle. In *Mythologies* Barthes argues more than once when discussing the notion of spectacle that the audience must be complicit. He believed that there is a kind of direct synthesis between this jaded knowing and enjoyment experienced. This is precisely where one is positioned with *Burn*: implicated as emotionally abstracted but visually seduced participants. All the while trying to make sense of a narrative that refuses to unfold and to empathise with characters who are autistic to us. To paraphrase Barthes contemplating the enjoyment of a 'fixed' wrestling match as distinct to the unfolding suspense of boxing – we too become overwhelmed by the obviousness of our role.

Annie Fletcher, December 2001

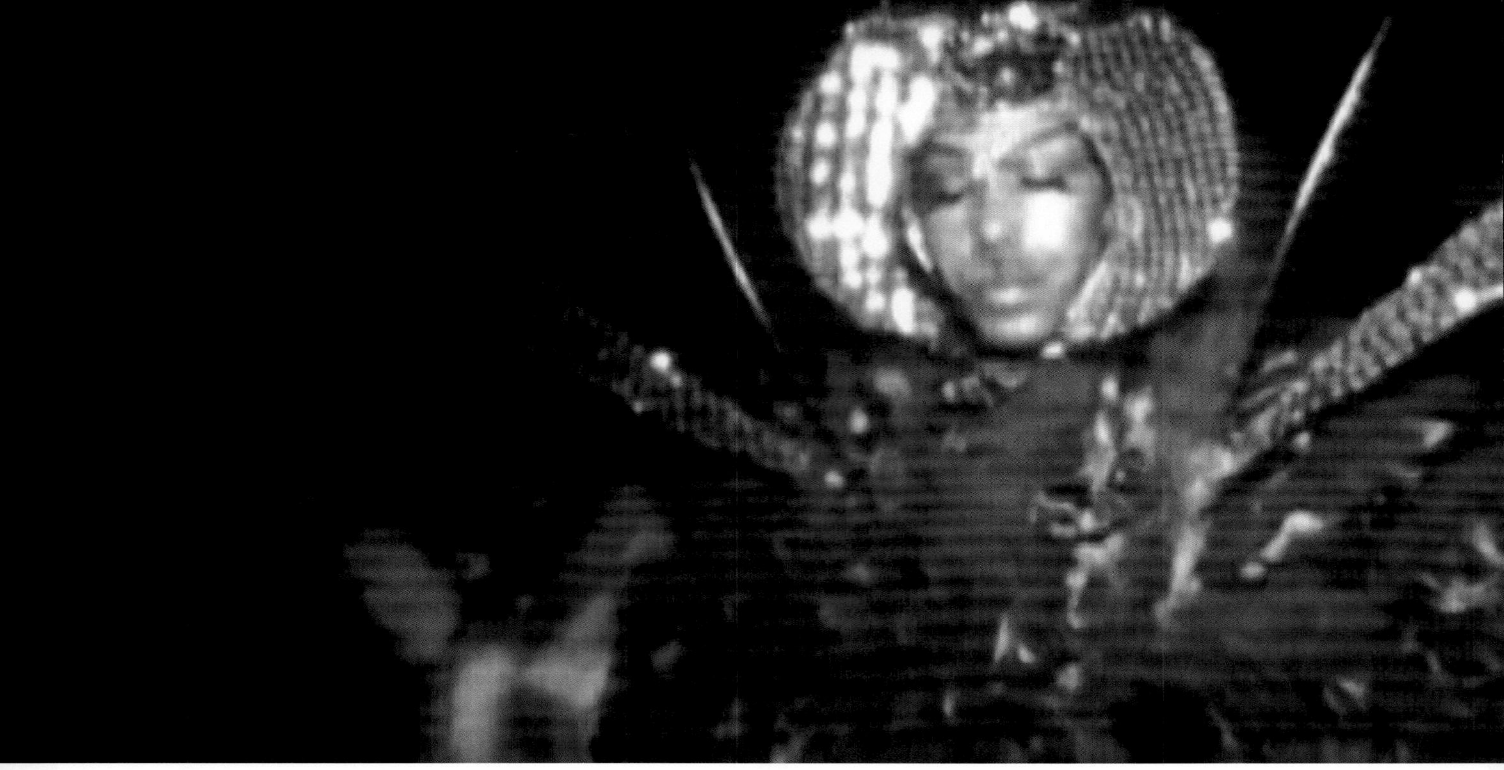

James Richards, **RADIO AT NIGHT,** 2015, Videostill / Video still
Courtesy of the artist and Cabinet Gallery, London

JAMES RICHARDS
RADIO AT NIGHT, 2015

HD-Video, 8'10", Farbe, Ton

HD video, 8'10", colour, sound

"**A**rtist James Richards frequently cites Jarman as an inspiration for his own work, and *Radio at Night* is an explicit expression of the late filmmaker's influence. Echoing Jarman's collage techniques and inverted color palettes, as well as revealing Richards' own embrace of sound as a complex force that might govern the behavior of an image, the contemporary artists' new 8-minute video is a spectral meditation on the human figure as a space of sensual integration.

Radio at Night is a work suffused with openings, holes and voids: eyes, mouths, viewfinders, geysers (as well as violent openings: surgical incisions and bullet holes). Whether literal or metaphorical, bodily apertures are both the subject of the work and the tools for its reception. Here, sound and image relentlessly commune to remind the viewer of their materiality. These are substances that are, in essence, physical; they flow into our aural and retinal cavities *prior to* recognition, sense and interpretation.

'I wanted to create a sense of the material as something channeled,' says Richards of *Radio at Night,* 'rather than something taken.' Channeling – perhaps more usefully reinscribed as 'flow' – is central to the artists' work, and especially to Radio at Night. 'Flow' not only articulates the artist's continuous circulation of sound and image throughout this work and others […], but also describes the absorption, integration and transmission of material."

M. Leaver-Yap, 'Flow: James Richards' Radio at Night', in: **Walker Art Center blogs,** 1 June 2015, <http://blogs.walkerart.org/filmvideo/2015/06/01/flow-james-richards-radio-at-night>, accessed 2 April 2017

RADIO AT NIGHT (2015) schmerzt aufgrund einer Art von generationenübergreifender Zuneigung. Sein Trauern besteht in affektbetonter Zeugenschaft und Übereinkunft. Liebe. Nostalgie gibt es hier keine, vielmehr die Anerkennung gespiegelter Erfahrungen und eine Dankbarkeit für – sowohl kulturell als auch formal experimentell – gewonnenen Boden. Richards' Videos wirken immer haptisch, doch weniger mittels intuitiver Nachbildung als vielmehr in ihrer Art, die Intimität ihrer appropriierten Bestandteile wiederzugeben und sie, entgegen jeglicher gesampelten Fragmentierung, intakt erscheinen zu lassen. Die Art und Weise, wie Technologie in der Nähe zum Körper funktioniert – Berührung, Übertragung, eine spezielle dilettantische Amateurhaftigkeit –, definiert geschichtliche Aspekte des Mediums in Formen, die Kontakt indexieren. **RADIO AT NIGHT** kennt diese Art des Dokumentierens vielleicht besser als jedes andere Werk in **GENERATION LOSS:** Vorgänger schrieben die Unmöglichkeit der Berührung für Nachfolger wie Richards in das Medium affektiv ein. Es ist eine Affektivität, die mittels Zärtlichkeit, Aufmerksamkeit und einer unerschütterlichen Sensibilität gegenüber den Möglichkeiten gewonnen wird, auf welche Art eine Gemeinschaft sich untereinander verständlich macht, wie es sich anfühlte, einfach da zu sein, in und mit den eigenen Erfahrungen. Erfahrungen, die ihre Aufzeichnung transzendieren, um angemessen mit einem Publikum zu plaudern. Das Medium ist ein Gefährt, und wenngleich sich der materielle Index in die Dunkelheit des Digitalen zerstreut, bleiben die Relikte des Begehrens seiner Insassen als tief empfundene Sehnsucht, in Harmonie und orakelhaftem Kontakt zu spüren.

RADIO AT NIGHT (2015) aches with a kind of intergenerational affection. Its mourning is an affective witnessing and accord. Love. There is no nostalgia here, but rather a recognition of mirrored experiences and a gratitude for ground claimed, both culturally and in formal experiment. Richards' videos always feel haptic, but less by visceral analogue and more by the ways in which they rehearse intimacy of constituent appropriated elements and the ways in which these elements seem entire, despite whatever sampling fragmentation. How technology functions in proximity to the body – the touch, transmission, a particular kind of dilettante amateurism – defines aspects of the medium's history in ways that index contact. **RADIO AT NIGHT** knows this kind of documenting better than perhaps any other work in **GENERATION LOSS:** ancestors affectively inscribe the medium for the impossible touch of descendants like Richards. It's an affectivity won through tenderness, attention, and an unwavering sensitivity to the ways in which any community might convey just how it felt to be there, inside their experiences; experiences that transcend their record in order to properly visit with an audience. The medium is a vessel and, even if material index dissipates into digital obscurity, the residue of its occupant's desires remains as a heartfelt yearning to be felt in harmony and on Delphic contact.

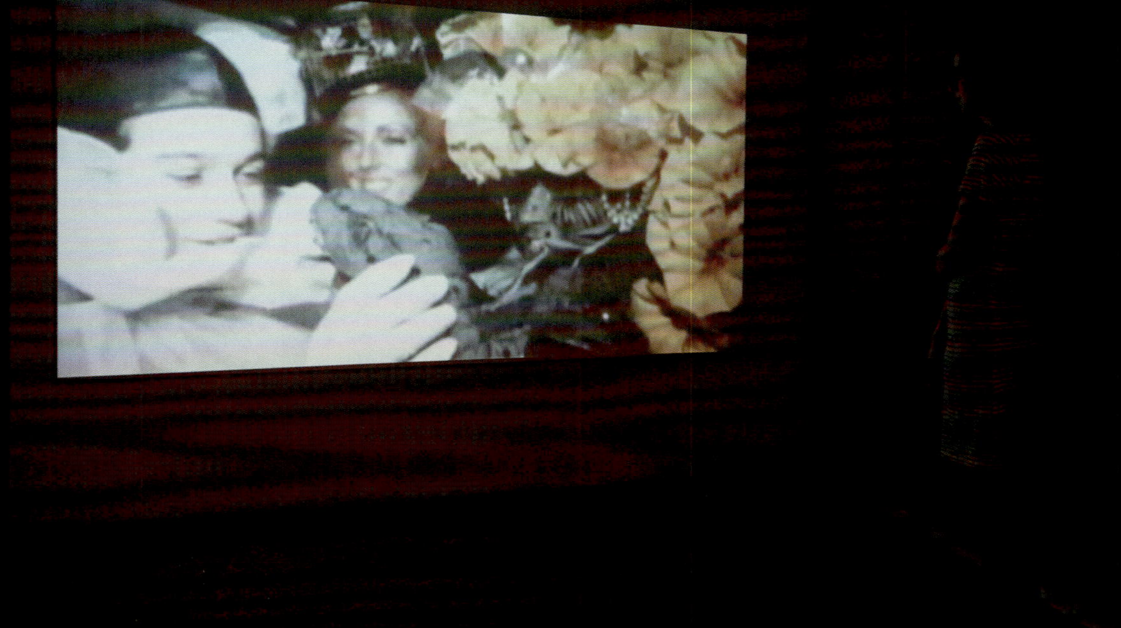

01

01 James Richards, **RADIO AT NIGHT,** Installations-
ansicht / Installation view, **Less Than One,** Walker Art
Center, Minneapolis, 2016. Foto / Photo: Gene Pittman
Courtesy of the artist and Walker Art Center, Minneapolis

02–03 James Richards, **RADIO AT NIGHT, Less Than
One,** Walker Art Center, Minneapolis, 2016, in:
<http://www.walkerart.org/calendar/2016/less-one>,
letzter Abruf: 27.4.2017 / accessed 27 April 2017.
Courtesy of the artist and Walker Art Center, Minneapolis

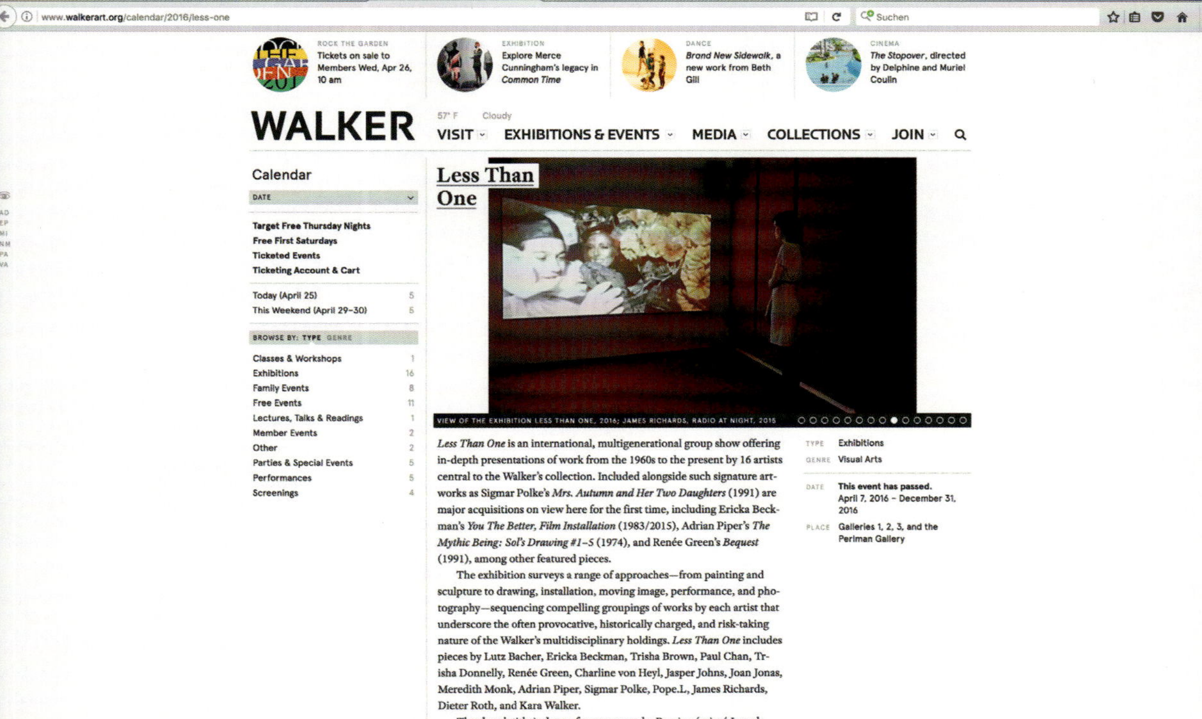

02

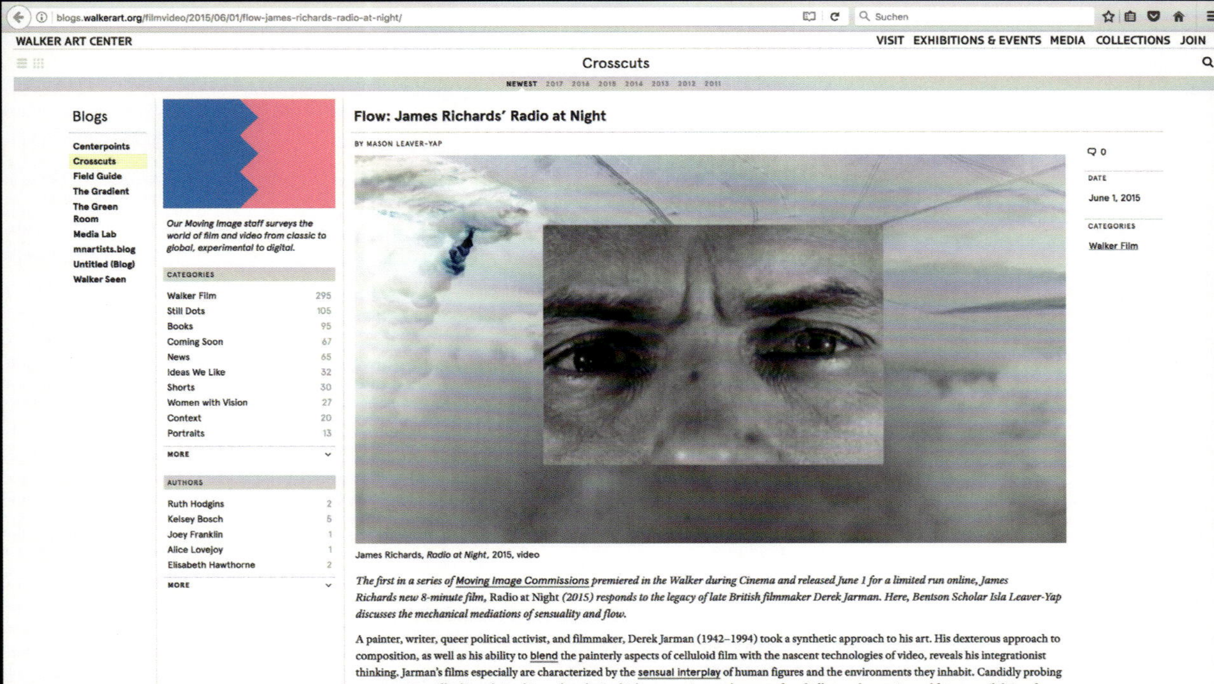

James Richards, *Radio at Night*, 2015, video

03

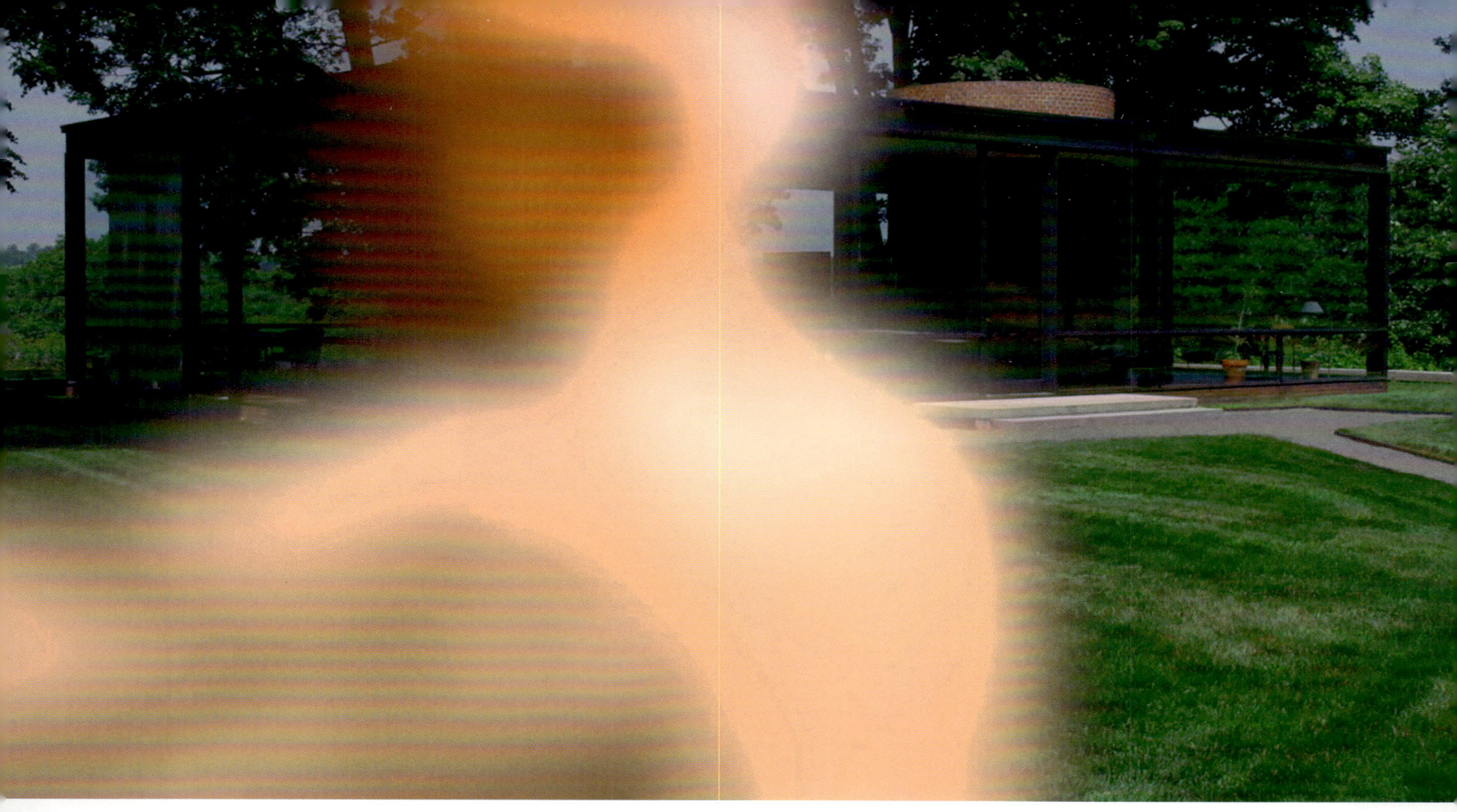

Rachel Rose, **A MINUTE AGO,** 2014, Videostill / Video still
Courtesy of the artist and Pilar Corrias, London

RACHEL ROSE
A MINUTE AGO, 2014

**Einkanal-HD-Videoinstal-
lation, 8'43", Farbe, Ton**

**Single-channel HD video
installation, 8'43", colour,
sound**

"**R**achel Rose: [In *A MINUTE AGO*], I was trying to make a connection between catastrophe and collage. That catastrophe can feel like collage. The experience of cutting and pasting – within a house, within an edit, within a frame – is akin how we feel raw catastrophe. It's as though it's been cut and pasted into our experience."

R. Rose, in: L. Cornell, 'We Have Always Been in the End Times. A Conversation Between Lauren Cornell, Rachel Rose and Ben Russell', in: **Mousse #49,** Milan, Summer 2015, p.239.

A MINUTE AGO (2014) erscheint wie die Erwiderung auf ein Konzept struktureller Reflexivität, demgemäß Letztere der Berauschung eines Publikums zwangsläufig strafend gegenübersteht. Man könnte meinen, dass die näheren Umstände bei der Produktion von Videokunstwerken grundsätzlich zu einer Form der Selbstkritik neigen, was den Künstler respektive die Künstlerin als Teilnehmer(in) an der Kultur im Allgemeinen betrifft. Anti-illusionistische Werke, die die „Lüge" des Bewegtbildes entlarven, setzen ein pejoratives oder paranoides Verständnis von Illusion und ihrem Gebrauch voraus; es besteht die Annahme, dass sie stets von Gefahr zerrissen ist. Vielleicht ist es das im Wandel begriffene Verständnis von Wahrheit und Authentizität, das die Rückkehr des Effekts ermöglicht hat. Effekt mit Affekt geschnitten: In Rachel Roses Videos verwandelt sich die missbräuchliche Verwendung des einen zugunsten des anderen in einen intensiven Eindruck. Als ein Fundament des Mediums erlaubt eine Reflexivität um den entfesselten Effekt eine spirituelle Komponente, die nur selten ernsthaft verfolgt wurde. **A MINUTE AGO** weiß, dass Zauber fesselt. Doch sein Ziel ist Verstehen, nicht Unwissen, obgleich jenseits des Lehrplans einer Intimität, die Wissensproduktion erfordert wird. Und so sind hier intensiv empfundene **Schnitte** möglich, emotionale **Störgeräusche** – an Dingen, die sowohl wörtlich als auch im übertragenen Sinne explodieren, zersplittern, sich neu formen. Es existiert hier eine hinreißende Verschwisterung zwischen Physik und Ontologie, und vielleicht ist **A MINUTE AGO** eine Simulation, die ins Reale übergeht, vorgetäuscht, bis es klappt, ihre technische Beschaffenheit abschüttelnd, um – durchaus willkommen – in den Zuschauer einzutreten.

A MINUTE AGO (2014) feels like a rejoinder to an idea of structural reflexivity as necessarily punitive as regards the intoxication of whoever the audience may be. The particulars of making artists' moving image work might be seen to tend fundamentally to a kind of auto-criticality in relation to the artist as participant in the culture in general. Anti-illusion works that expose the 'lie' of moving image have a kind of presumed pejorative or paranoiac understanding of illusion and its uses; there's a presumption that it's always riven with danger. Perhaps it's the shifting understanding of truth or authenticity that seems to have opened up a space for effect's return. Effect cut with affect: in Rachel Rose's videos the misuse of either for the other transmutes into a profundity of sensation. As a fundament of the medium, a reflexivity around effect unfettered affords a spiritual aspect seldom earnestly pursued. **A MINUTE AGO** understands that a spell binds, but its purpose is understanding, rather than ignorance, albeit extra-curricular to an intimacy that demands knowledge production. So there's the possibility of deeply felt **cuts,** of emotional **artefacting** – of things both literally and figuratively exploding, shattering, reforming. There's a gorgeous twinning here of physics and ontology, and maybe **A MINUTE AGO** is a simulation that segues into the real thing, faked to make, shaking of its technical constitution in order to enter, wholly bidden, the viewer.

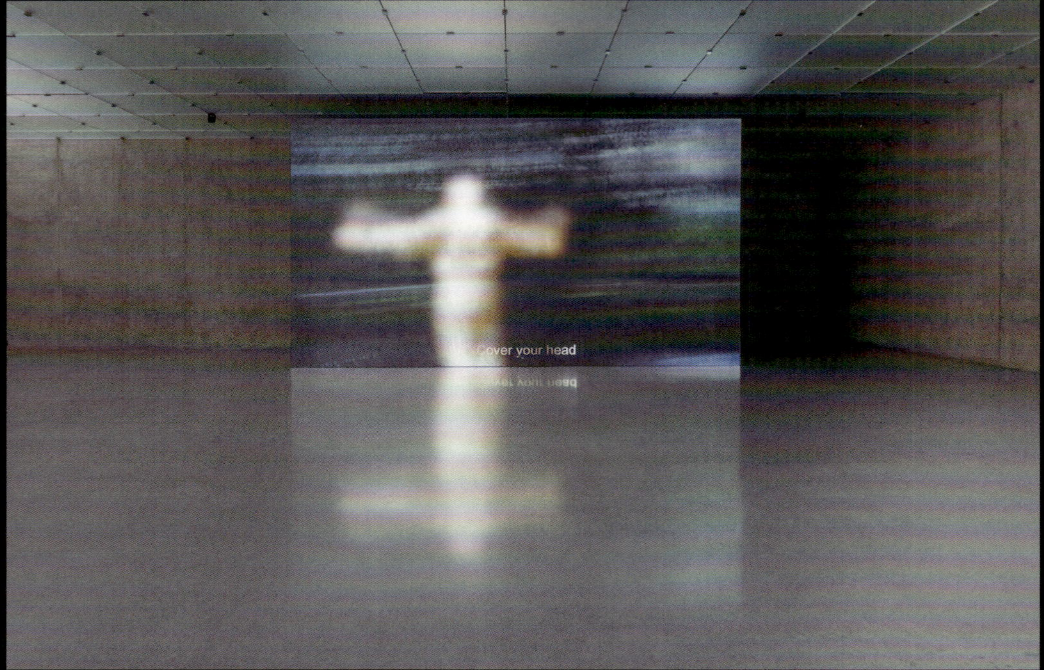

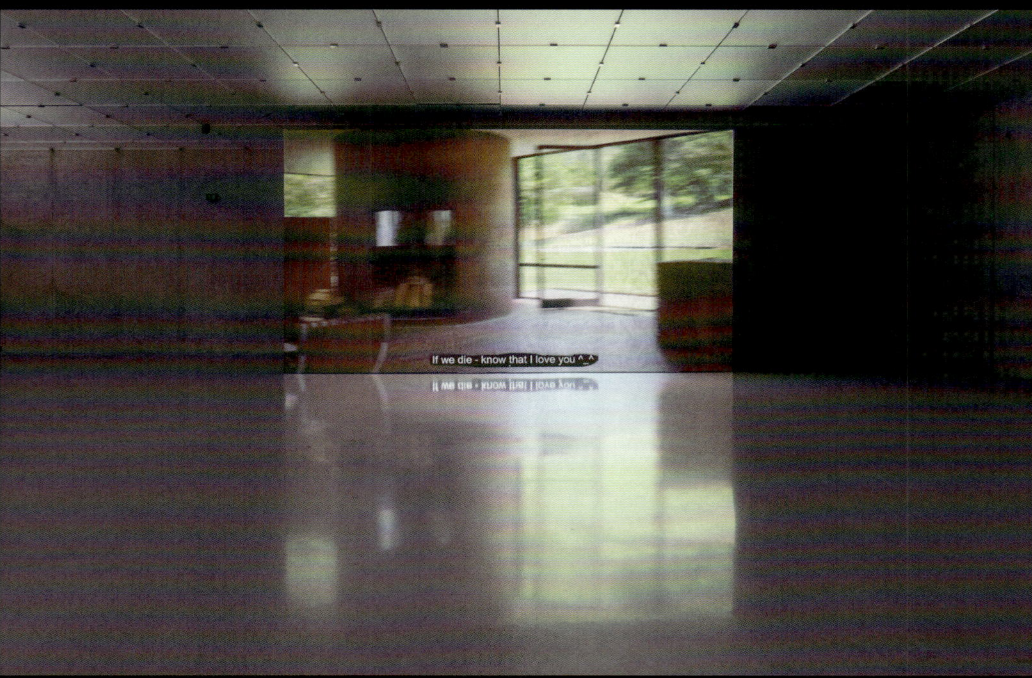

01–02

Brown's enterprise, New York/Rome and Pilar Corrias,
London

01–02 Rachel Rose, **A MINUTE AGO,** Installations-
ansicht / Installation view, **Rachel Rose,** Kunsthaus
Bregenz, 2017. Foto / Photo: Markus Tretter, © Rachel
Rose, Kunsthaus Bregenz. Courtesy of the artist, Gavin

03 Rachel Rose, **A MINUTE AGO,** Installationsansicht /
Installation view, **Rachel Rose: Palisades,** Serpentine
Sackler Gallery, London, 2015. Foto / Photo: © reads-
reads.info. Courtesy of the artist, Gavin Brown's enterprise, New York/Rome and Pilar Corrias, London

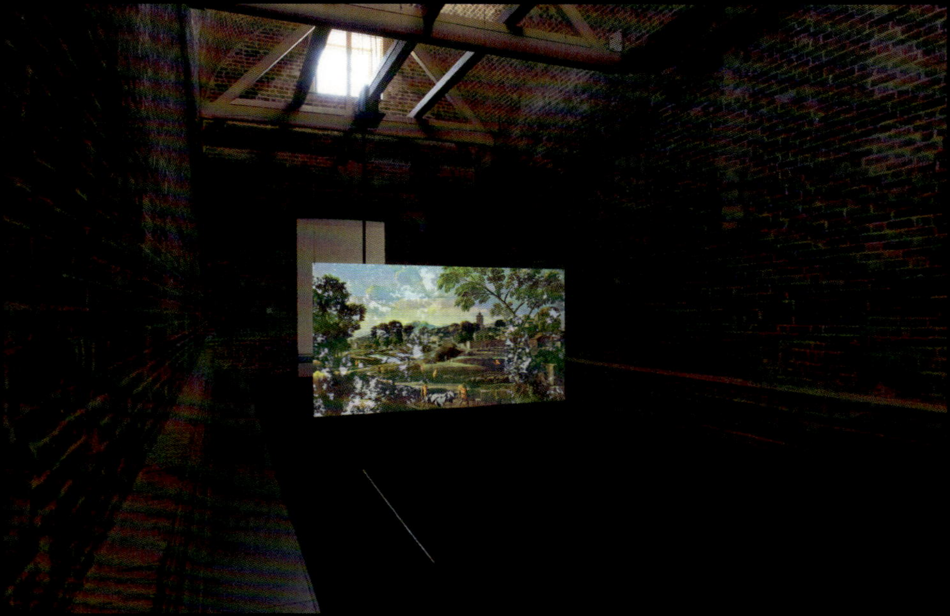

03

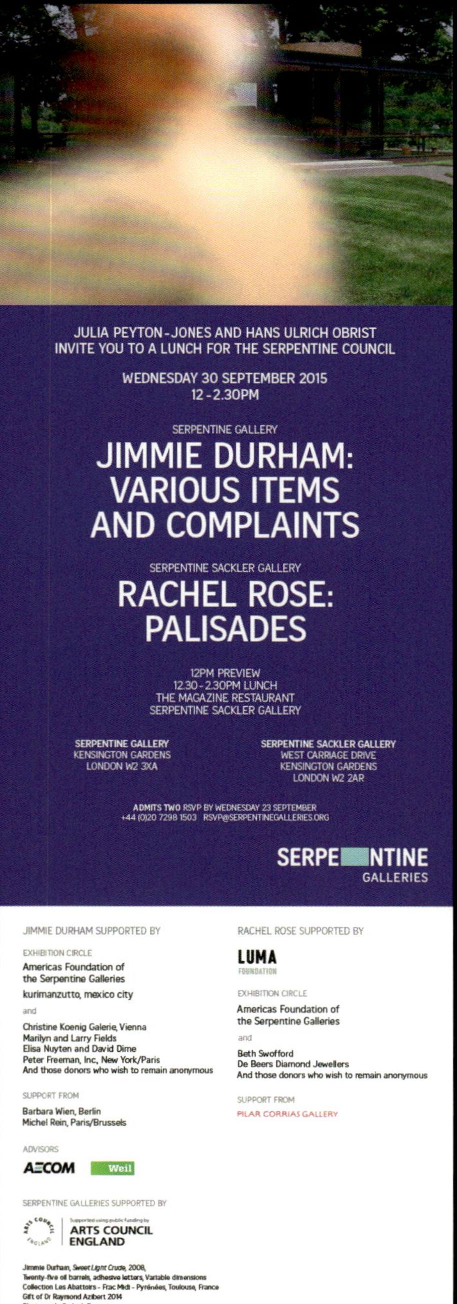

04

04 Einladungskarte / Invitation card, **Rachel Rose: Palisades,** Serpentine Sackler Gallery, London, 2015. Foto / Photo: Cedrick Eymenie. Courtesy of the artist, Gavin Brown's enterprise, New York/Rome and Pilar Corrias, London

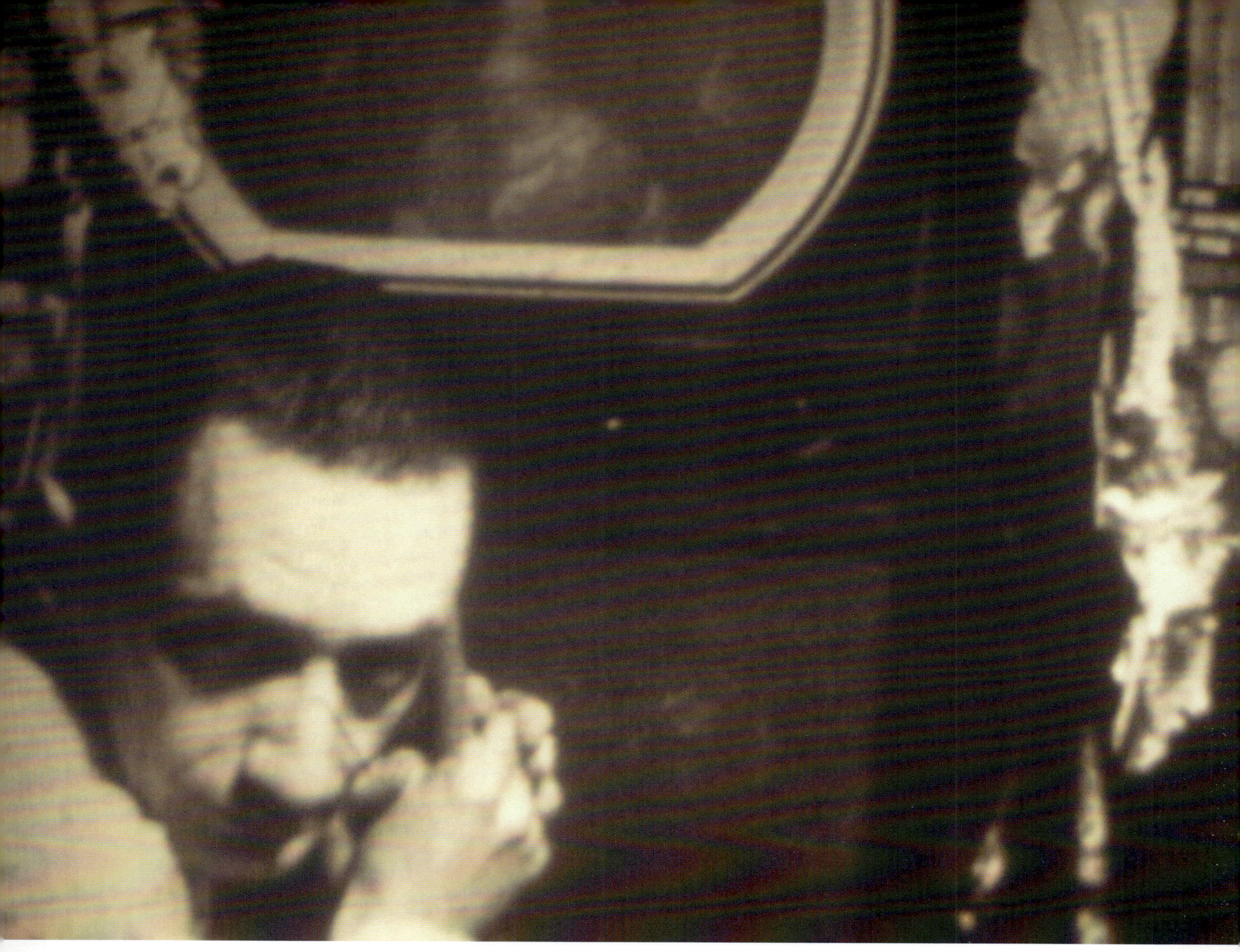

Jack Smith, **OVERSTIMULATED,** 1959–1963, Filmstill / Film still.
© Jack Smith Archive. Courtesy of Barbara Gladstone Gallery, New York/Brussels

JACK SMITH OVERSTIMULATED, 1959–1963

16-mm-Film, 5', S/W, kein Ton

16 mm film, 5', b/w, no sound

"The world as seen in [Jack Smith's] films is a comic collage of fake history and fake culture, reduced to pathetic backdrops before which his 'creatures'-vaguely gendered Frankenstein assemblages of makeup and rags heroically writhe. Much of his work is about the importance of style and, specifically, the pose; he practically rubs our noses in the idea that logic and progress and movement are always secondary to experience and stasis and the tableau, as long as it's beautiful. His films are at once coy and brazen. Their much-vaunted orgies and nudity (which some courts called 'hardcore' with nothing in the films to support that) appear sometimes in flashes, where you have to squint to see it; or there may be a dick or a breast wagging quietly in the corner of a frame chiefly occupied by a muscular drag queen dressed as an ungainly mermaid. As serious as he was about his own work, Smith did not view it as inviolate. His view of an ideal world of constant change and pleasure no doubt accounted for his peculiar, perhaps unique, habit of re-editing some of his work while it was being projected. According to archivist/restorationist Jerry Tartaglia, Smith developed a lightning-fast technique of removing a take-up reel during projection and resplicing whole sections before they were sucked back onto the other reel and onto the theater screen."

G. Morris, 'Raging and Flaming. Jack Smith in Retrospect', in: **Bright Lights**, 1 July 2000, <http://brightlightsfilm.com/raging-flaming-jack-smith-retrospect/#.WN1e_enADSg>, accessed 3 April 2017.

Sich hinreißend windend am analogen Antipoden von **GENERATION LOSS,** schreibt Jack Smith außergewöhnliche Musterbeispiele der Intimität, Performance, Identität, Risikoökonomie, fantastischen Möglichkeit – und des Verlusts – in das Medium ein. Falls ein „Generationsverlust" im Wortsinne lauert, dann ist Jack Smiths Leben und Nachleben in beides verwickelt: Sein Vermächtnis dient als außergewöhnliches Beispiel für ein Wiedergewinnen und Zelebrieren im Angesicht einer Folge von vermeintlich unwiederbringlichen Verlusten. Als Stätte des Begehrens dient das Kino in Jack Smiths Filmen wieder dem Anliegen der Zuschauer, wobei sie das Monologische des Industrie- und Studiofilms in eine plurale, gemeinschaftliche Performance von Rausch und Verführung verwandeln. In ihrer demonstrativen Verqueerung von Medium und Kultur nehmen sie sowie Jack Smiths gesamtes Œuvre soziokulturelle Veränderungen um Jahrzehnte vorweg. Wie alle Filme von Smith wirkt **OVERSTIMULATED** (1959–1963) als Material wie auch als Dokument lebendig: Aufbau und Effekt stimmen hier überein, vielleicht mehr als in jedem anderen Werk dieser Ausstellung. Das flatternde Zelluloid korrespondiert so fundamental mit seinem Gegenstand, seinem Titel und seiner Form, dass der Ausdruck „Bewegtbild" im Vergleich außerordentlich mager wirkt – vielmehr eine eigene unaussprechliche, züngelnde Bezeichnung verlangt.

Writhing gorgeous at the analogue antipode of **GENERATION LOSS,** Jack Smith inscribes the medium with extraordinary precedents of intimacy, performance, identity, fraught economy, fantastical possibility – and loss. If **GENERATION LOSS** lurks as literal, then the life and afterlife of Jack Smith stands embroiled in both: his legacy serves as extraordinary example of retrieval and celebration in the face of a succession of apparently irrecuperable losses. As a site of desire, Jack Smith's films re-purpose cinema to its audience's ends, turning the monologue of industrial, studio cinema into a plural, communitarian performance of intoxication and seduction. In its demonstrative queering of a medium and a culture, it and Jack Smith's oeuvre entire predate sociocultural shifts by decades. Like all of Smith's films, **OVERSTIMULATED** (1959–1963) feels alive both as material and document: perhaps more than any other work in the show, this is a film unanimous in its construction and its effect. Fluttering celluloid agrees so fundamentally with its subject, its title and its form, that the idiom of 'moving image' feels so conspicuously undernourished by comparison, it demands its own unpronounceable, tongued appellation.

01 Jack Smith, Handschriftliche Skript-Notiz zu / Script note for **OVERSTIMULATED,** 1963. © Jack Smith Archive. Courtesy Jack Smith Papers, Fales Library and Special Collections, New York University and Gladstone Gallery, New York/Brussels

... — Pasty lurks — she sees flower & wades out.

11. Mummy untangles himself from snake woman &
the snake around his neck — kills snake and
LURCHES OFF, CRAZED

12. Black creatures emerge from cake — RENE — she does
Egyptian Ella — begins with Theda Bara pose — ~~turns~~
~~back into Rene & runs~~ MUMMY LURKS BE-
HIND CAKE! Rene turns back into himself.

13. Pasty jumps Marian — chases her across a feild to
top of cake — black creatures hold her down
when yellow lady takes her in her arms &
Mongo mows pasty down with a chopper. — Pasty
bleed profusely — yellow lady presses kisses on
marian screaming — mummy rushes out & grabs
René — Mongo mows them ~~down~~ all down & from
top of CAKE mows down the Chorus cuties

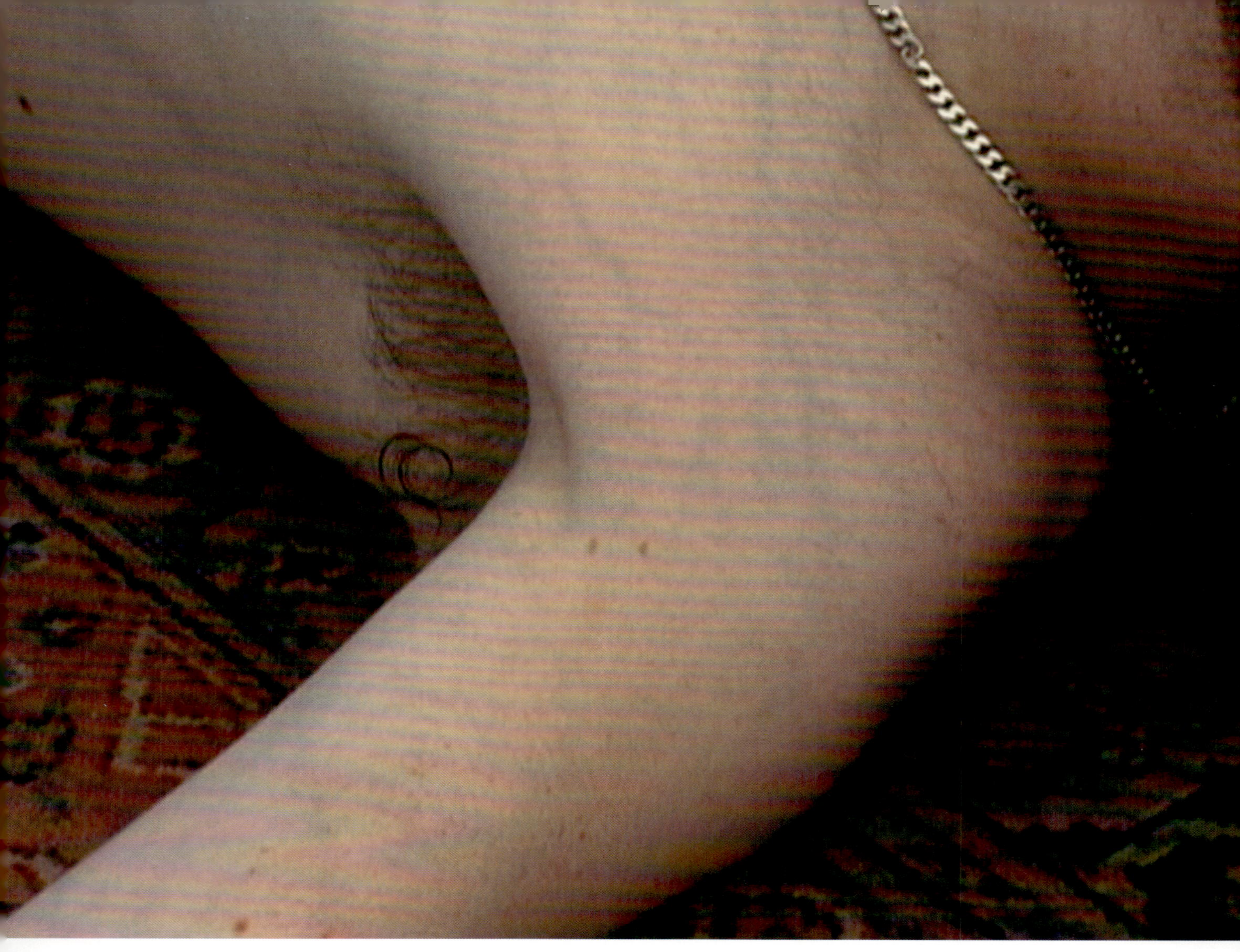

Wolfgang Tillmans, **HEARTBEAT/ARMPIT,** 2003, Videostill / Video still
Courtesy of the artist and Maureen Paley, London

WOLFGANG TILLMANS
HEARTBEAT / ARMPIT, 2003

Video, 2'27", Farbe,
kein Ton

Video, 2'27", colour,
no sound

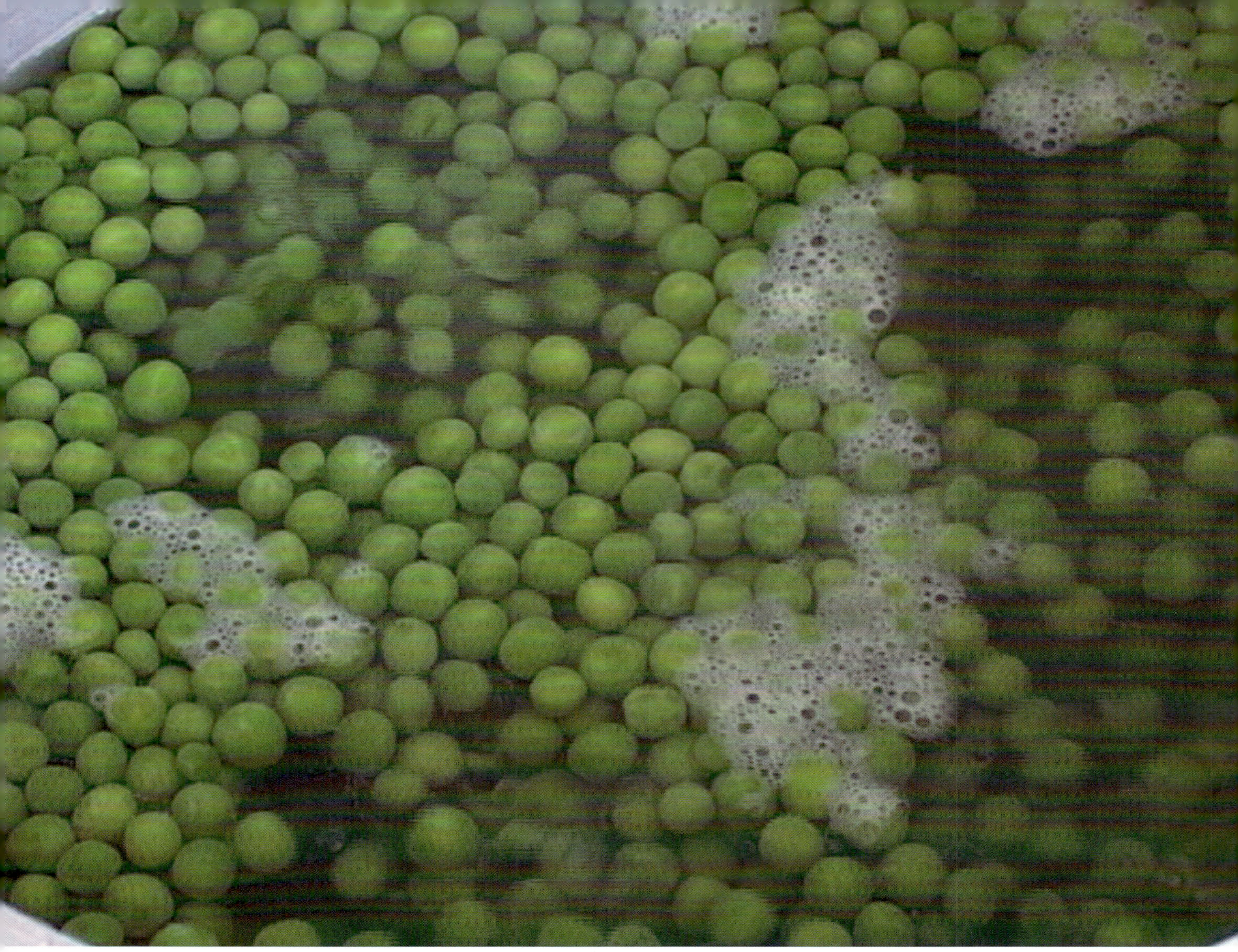

Wolfgang Tillmans, **PEAS,** 2003, Videostill / Video still
Courtesy of the artist and Maureen Paley, London

**WOLFGANG TILLMANS
PEAS, 2003
Video, 2'42", Farbe, Ton
Video, 2'42", colour, sound**

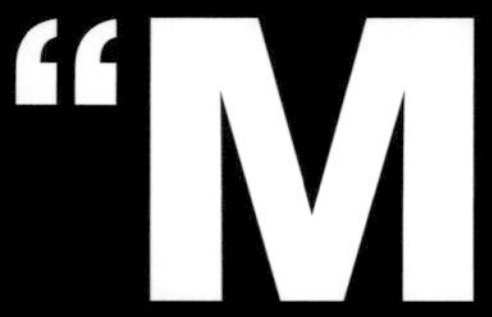

iki Kanai: You have showed video works too. What position do the video pieces play in your artistic practice?

Wolfgang Tillmans: I have only a few video works, which are very specific in terms of what they show. In many ways they have the ability to show something, a movement, a mechanics, a process that I cannot make as such in the pictures. While I actually started to consider video in the early '90s, it wasn't until 2000 that I started filming. I was unclear about using a time-based medium and the inherent role of narration. I was concerned with the narrative trajectory that forces a viewer to follow a particular track. I've always thought one of the great things about looking at art is a sense of freedom to move about with your eyes and your thoughts. And I try to keep that in my video works by focusing on a simple movement or gesture that has nothing to do with narrative. I was also hesitant because of the simplicity behind such an idea, but that is also what I really appreciate in both static and non-static images, that there's incredible potential in the simple."

M. Kanai, 'New Interview with Wolfgang Tillmans in his studio in Berlin', in: **Wolfgang Tillmans,** Tokyo 2014, p. 44–58 (unpublished, translated from Japanese)

Beide Videos von Wolfgang Tillmans in **GENERATION LOSS** stellen eine stille Rückforderung dar: die eines ergiebigen Verlusts und die eines entflohenen Augenblicks. **HEARTBEAT/ARMPIT** (2003) und **PEAS** (2003) bieten eine Unverfälschtheit, die angesichts ihrer Vertrautheit völlig überzeugt. Die Aufmerksamkeit, die Tillmans dem scheinbar Alltäglichen schenkt – eine Aufmerksamkeit, die, wie durch ein Wunder, an Schönheit glaubt –, verleiht den Arbeiten ihr eigenes, ganz besonderes, beruhigendes, vertrautes Wohlwollen. Sie bieten eine Vorstellung von Fürsorglichkeit. Diese Werke wie auch seine Fotografien scheinen ganz unverhohlen an die Überflüssigkeit von Spektakel als Mittel der Kommunikation zu glauben. Es gibt hier keine berauschende Illusion, sondern das Angebot einiger abweichender kommunitaristischer Einblicke. Etwas darüber, wie man den Raum miteinander teilt. Etwas über auf Gegenseitigkeit beruhende Sehnsüchte, Sorge um das Wohl des anderen. Wie man für andere und für sich selbst sorgt. Tillmans' gesamte Praxis spricht Bände darüber, was die Domestizierung von Technologien im Laufe der Zeit für Gemeinschaften, für Vorstellungen von Zärtlichkeit und Achtsamkeit bedeutet hat. Wie die Kamera, oft parallel zur Entwicklung von Videokunst, vom professionellen und professionell exklusiven Bereich zu einem häuslichen, amateurhaften und allgemein öffentlichen Bereich überleitet und sich auch der Gegenstand von einem monumentalen und monumental öffentlichen Spektakel zu etwas Kleinem, Unmittelbarem und Privatem verlagert – Dinge, deren Monumentalität in der Öffentlichkeit gründete, die diese in ihrem Umfang und ihren Wesensverwandtschaften rezipierte. Die Momente, die in diesen beiden Videos geteilt werden, sind beruhigend. Auf ganz stille Weise demonstrieren sie die Demokratisierung von Repräsentation und würdigem Inhalt. Hier wird die persönliche Politik mit liebender Straflosigkeit dargebracht.

Both of Tillmans' videos in **GENERATION LOSS** offer up a calm reclamation. Of fertile loss – of a moment fled. **HEARTBEAT/ARMPIT** (2003) and **PEAS** (2003) present an authentic that convinces wholly on the terms of its familiarity. The attention that Tillmans affords the apparently mundane – an attention that believes in, miraculously, beauty – instils the work with its own particular, comforting, intimate congeniality. They present a performance of care. These works, as well as his photographs, seem to overtly believe in the unnecessariness of spectacle in order to communicate. There's no intoxicating illusion here, but instead the offer of some variant communitarian insight. Something about shared space, here. Something about mutual desire, sustenance. How to look after others and yourself. Tillmans' practice entire speaks volumes about what the domesticating of technologies over time means for communities, for ideas of tenderness and attentiveness. How the camera segued, often in parallel to the development of artists' moving imagery, from the professional and professionally exclusive sphere, to the domestic, amateur and accessible one. And so subject matter shifted from monumental and monumentally public spectacle, to something small, proximate, private – things whose monumentality was in the public that received them, their number and affinity. The moments shared in these two videos are reassuring. They quietly demonstrate the democratisation of representation, and of worthy subject-matter. The personal politic is, here, demonstrated and gifted with loving impunity.

Wolfgang Tillmans *Lighter*
Hamburger Bahnhof—(Museum fur Gegenwart, Berlin)

TOP PICK IN BOTH ARTFORUM AND FRIEZE "BEST OF 2008"

As seen in Frieze, January 2009

Gigiotto Del Vicchio

Wolfgang Tillmans solo show at the Hamburger Bahnhof in Berlin was great. A long sequence of emotions and a great number of works of unflinching intensity, this was the total vision of a total artist - the last of the Romantics. The show confirmed almost definitively who it is, today, that uses and understands images in all their possible nuances, citing poetry, reality, imagination, knowledge and background. Tillmans is not just a photographer: he is a complete artist. 'Lighter' proved this, creating a unique and excellently constructed itinerary, confirming his status not only as a major artist but a cultural beacon. Other shows: Tris Vonna-Michell at Kunsthalle Zurich: Alexander Rodchenko at Martin-Gropius-Bau, Berlin: R. Buckminster Fuller at the Whitney Museum of American Art, New York; Marc Camille Chaimowicz (in collaboration with Alexis Vaillant) at de Appel, Amsterdam; Rivane Neuenschwander at the South London Gallery.

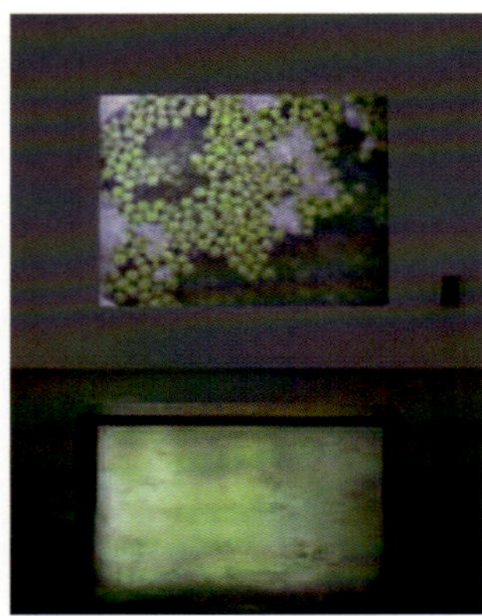

Lizzie Carey-Thomas

The year opened magnificently with Frances Stark at greengrassi, London. Wolfgang Tillmans' retrospective 'Lighter' at Hamburger Bahnhof, Berlin, reminded me why he has many imitators but no one else comes close. Also, Richard Wilson's mini survey at The Grey Gallery, Edinburgh, along with his spinning architectural intervention for the Liverpool Biennial International 08 Turning the Place Over (2007).

Beatrix Ruf

Wolfgang Tillmans' solo show, which made use of the Riek Hallen of Berlin's Hamburger Bahnhof, was an absolute highlight of 2008, as was the accompanying catalogue, which, like most of Tillmans' books, was designed by the artist himself. Tillmans is known for his outstanding ability to use space, and he managed to energize this endless sequence of rooms with a survey of works spanning his entire career, from wall pieces comprised of groups of multi-sized images to large-scale abstracts, from archives in vitrines to politically and sociologically activated sets of images.

> Wolfgang Tillmans' 'Lighter' at Hamburger Bahnhof was the total vision of a total artist - the last of the Romantics.
> *Gigiotto Del Vecchio*

As seen in Artforum, December 2008

Matthew Higgs

6 "Wolfgang Tillmans: Lighter" (Hamburger Bahnhof-Museum fur Gegenwart, Berlin) This sprawling solo exhibition was an exhaustive and exhilarating journey through more than two decades of Tillmans's images. Having worked in- as well as combinedvirtually every idiom of photography, including documentary, fashion, editorial, and fine art, Tillmans evidently has not lost his curiosity and genuine empathy for the world around him. Even the show's epic scale both mirrored and amplified the persistent inclusiveness of this most generous and self-consciously mercurial artist.

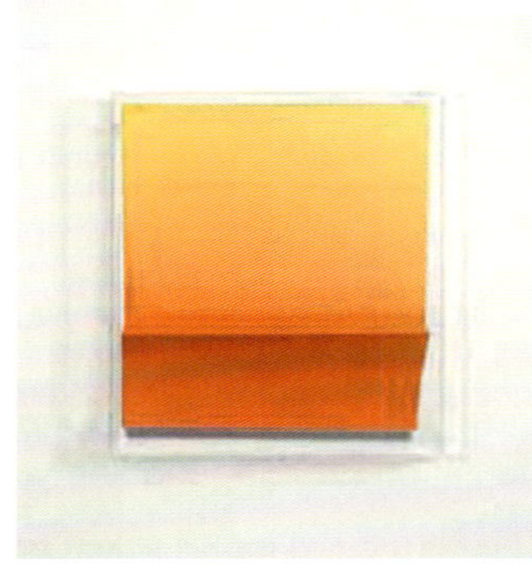

Bob Nickas

3 "Wolfgang Tillmans: Lighter" (Hamburger Bahnhof-Museum fur Gegenwart, Berlin) I was unlucky to arrive in Berlin a week before the opening of this show, but lucky to run into Tillmans as he finalized its installation. He's very much his own curator; his powers of visual thinking extend from the pictures to the rooms in which they're shown. When you've known an artist's work for a long time, you're bound to ask-especially in a major retrospective-if the artist is done; if you are; if you've seen enough. But with all Tillmans's openness to the beauty of life, and to human and political engagement, his show was a reminder that our interactions with one another continue not only to unfold but to surprise.

at left:
Wolfgang Tillmans
Peas
2003
Video with ambient sound
Duration: 2 minutes 42 seconds

above:
Wolfgang Tillmans
Lighter 44
2008
color photograph in Plexiglas box
24 3/16 x 21 1/4 x 5 1/8 "

01 Gigiotto Del Vicchio, Lizzie Carey-Thomas, Beatrix Ruf, Matthew Higgs, Bob Nickas, „Top Pick in both Artforum and Frieze, ‚Best of 2008‘, Wolfgang Tillmans – Lighter, Hamburger Bahnhof – Museum für Gegenwart, Berlin“, 2008, in: **Frieze,** Januar / January 2009. Courtesy of the artist, Maureen Paley, London and Galerie Buchholz, Berlin/Cologne/New York

02–03 Holly Myers, „The banal parts make up a deeper whole, Wolfgang Tillmans – half way, Regen Projects“, 2008, in: **Los Angeles Times,** 28.11.2008 / 28 November 2008. Courtesy of the artist,

ART

ART

AROUND THE GALLERIES

The banal parts make up a deeper whole

HOLLY MYERS

Wolfgang Tillmans is not an artist who operates from project to project, in distinct, consecutive series, but who proceeds, rather, along multiple interweaving paths at once -- some personal in nature, some sociological, some political, some highly formal. Though grounded in photography, his work assumes myriad forms and explores a near schizophrenic array of genres: snapshot, documentary, portrait, landscape, still life, even abstraction.

Given the casual air his work often assumes, such breadth might easily be mistaken for a dilettantish lack of focus. He seizes on the unexceptional: the side of an apartment building, an airline billboard, a pair of dogs asleep on the ground. Though more capable than most of making a beautiful picture, he increasingly downplays the photogenic.

All of which makes him rather awkwardly suited to the conditions of a commercial gallery exhibition, which tend to privilege discrete projects and themes compact enough to be comfortably contained in the few paragraphs of a news release.

"half page," his fifth solo show at Regen Projects, is a substantial but nonetheless partial and rather scattered selection of recent work, and as such, may not win him any converts. Indeed, for those not already sympathetic to his project, it would be easy to interpret the show in line with many of his perennial critics: as so many random bits and pieces.

This reading, however, misses the point. Central to Tillmans' career has been an extended flirtation with banality, pursued not merely for its own sake, in a spirit of slacker irony, but with the deep, philosophical conviction that no aspect of the social, physical or political world is devoid of meaning or unworthy of investigation. If individual images occa-

sionally fall flat out of context -- and I confess there are several in this show whose inclusion I find perplexing -- it needn't detract from virtue of the pursuit and the value of such a holistic perspective.

More important, however, the "bits and pieces" reading belies Tillmans' exceptional rigor as an artist. However banal many of his subjects, for instance, his methods of selection and organization are highly conscientious and complex.

This show, like much of his recent work, has a strong, if oblique, political undercurrent relating to issues of violence, war, globalism and consumerism, articulated most distinctly in the several collages composed across the surface of specially constructed tabletops. They function as visual essays, combining his own photographs with news clippings, advertisements, signs, stamps and other bits of ephemera. (One contains a sheet of paper that reads simply: "What's wrong with redistribution?")

Even more striking in recent years -- and in this show in particular -- is the complexity of his formal language. From his many experiments with scale and installation strategies to his investigation of related technologies like photocopying and video to his recent forays into darkroom-borne abstraction, few photographers in recent memory, or even in history, have undertaken such a far-ranging exploration of the photograph as an object.

There are three videos in this show, all depicting characteristically quotidian subjects: peas boiling in a pot of water; a rotating Mercedes emblem at the top of a high rise in West Berlin; and a man's armpit. Though lacking the distinctive sharpness and sensuality of his photographs, the works point in an intriguing direction with an air of tentative curiosity.

It is the abstraction that dominates, however: glossy sheets of vivid color -- blue, black, orange, green -- printed small and large, some crumpled or folded and encased like sculpture in clean Plexiglas boxes. They're dazzlingly seductive objects that seem to boil the entire discipline of photography down to its most poetic essence.

Regen Projects, 633 N. Almont Drive, Los Angeles, (310) 276-5424, through Dec. 6. Closed Sunday and Monday.

JOSHUA WHITE REGEN PROJECTS

QUOTIDIAN: A Video of peas boiling is included in Wolfgang Tillmans' solo show. Other videos show a man's armpit and a rotating Mercedes emblem atop a German high-rise.

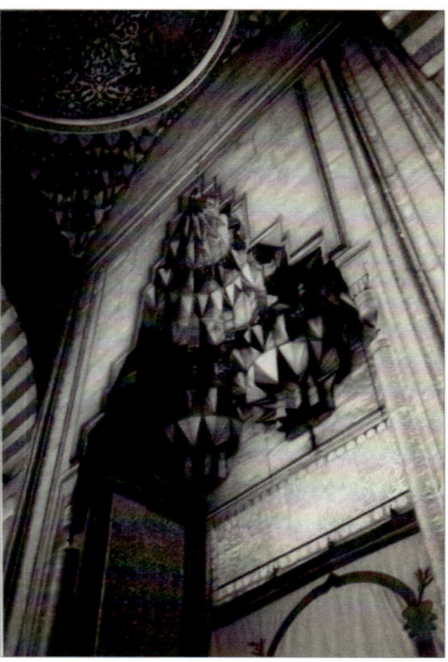

Ornate: Wolfgang Tillmans' show also contains photographs, including "Muqarnas" a framed C-print

02—03

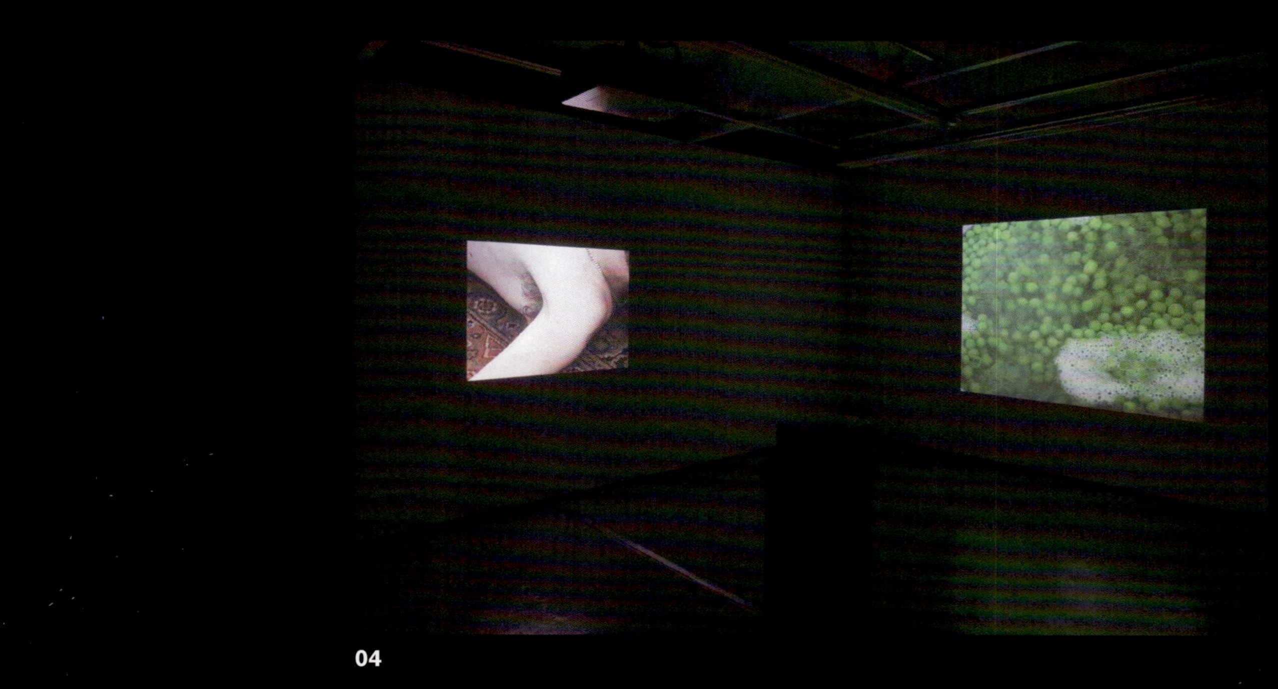

04

Maureen Paley, London and Galerie Buchholz, Berlin/Cologne/New York

04 Wolfgang Tillmans, **PEAS & HEARTBEAT/ARMPIT,** Installationsansicht / Installation view, **half page,** Maureen Paley, London, 2008. Courtesy of the artist and Maureen Paley, London

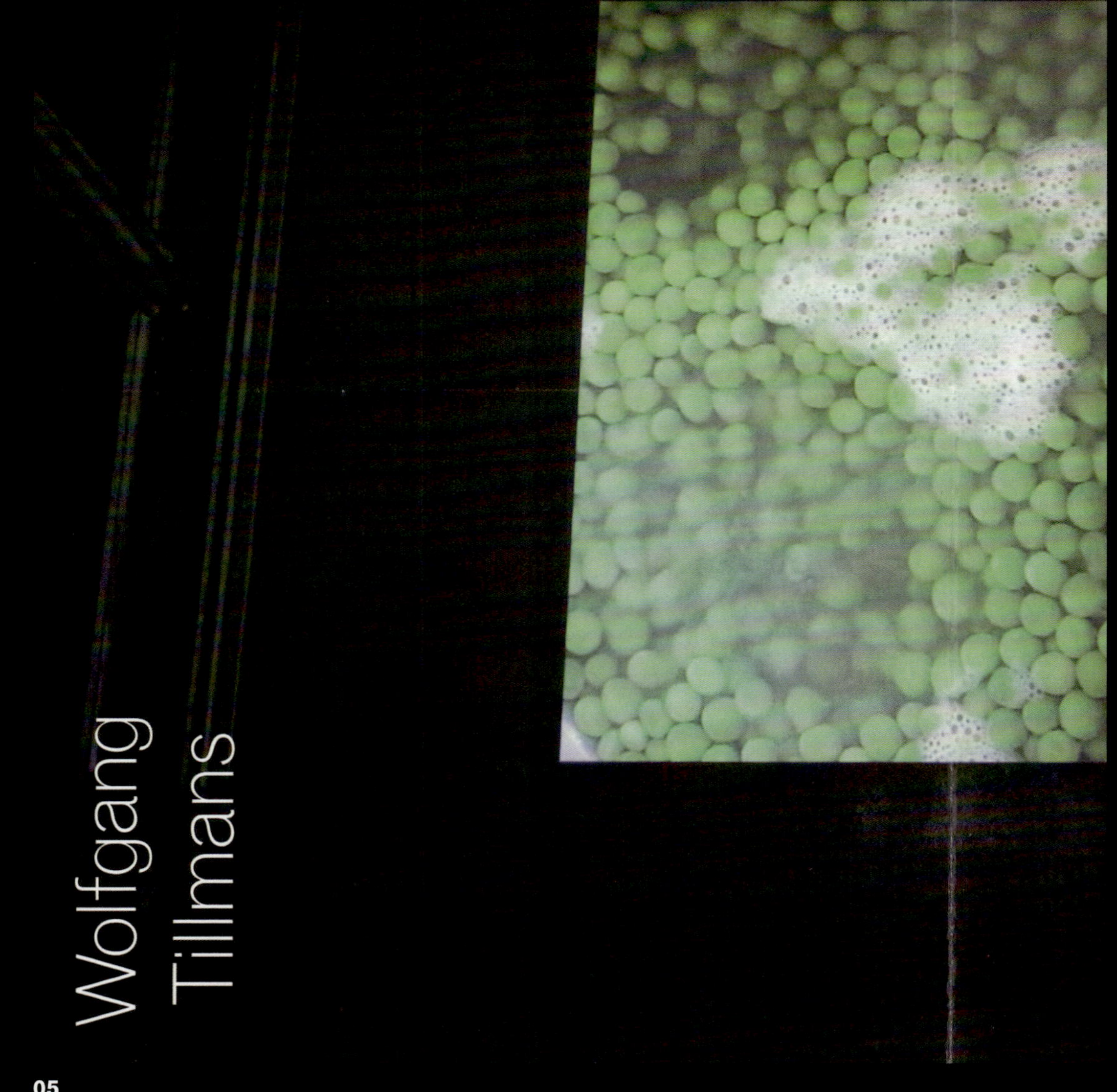

05

05–06 Einladungskarte / Invitation card, **Wolfgang Tillmans – half page,** Maureen Paley, London, 2008. Courtesy of the artist and Maureen Paley, London

07 Veranstaltungsbroschüre / Event brochure, **Wolfgang Tillmans: Sound on Camera,** The Kitchen, New York, 2015. Courtesy of the artist and Galerie Buchholz, Berlin/Cologne/New York

Wolfgang Tillmans

REGEN PROJECTS
633 North Almont Drive
Los Angeles, CA 90069
t/310 276 5424 f/310 276 7430
www.regenprojects.com

half page

October 23–December 6, 2008

Opening Reception:
Thursday October 23, 6–8pm
Regen Projects
633 N. Almont Drive
and Regen Projects II
9016 Santa Monica Blvd. (at Almont Dr.)

06

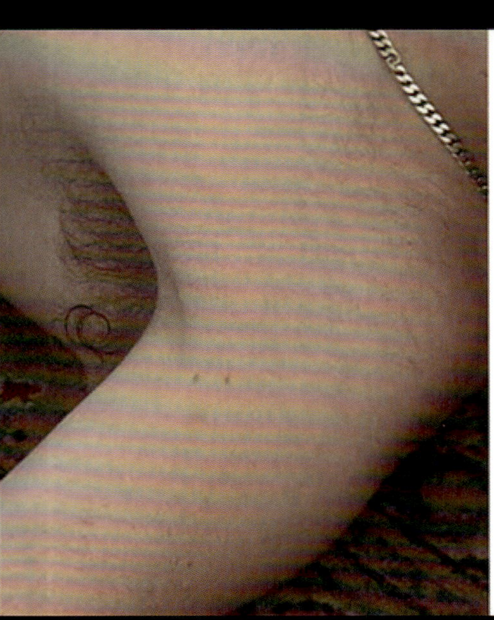

The Kitchen

presents

Wolfgang Tillmans:
Sound on Camera

September 14
2:30, 5 and 7:30 PM
$5

Wolfgang Tillmans will screen and discuss video works from 1987 to 2015,
many of which have never been seen before. The Kitchen presentation
coincides with the artist's exhibition *PCR* at David Zwirner, on view
September 16 – October 24 at 519 West 19th Street.

512 West 19th Street, New York, NY 10011   212 255 5793   www.thekitchen.org

07

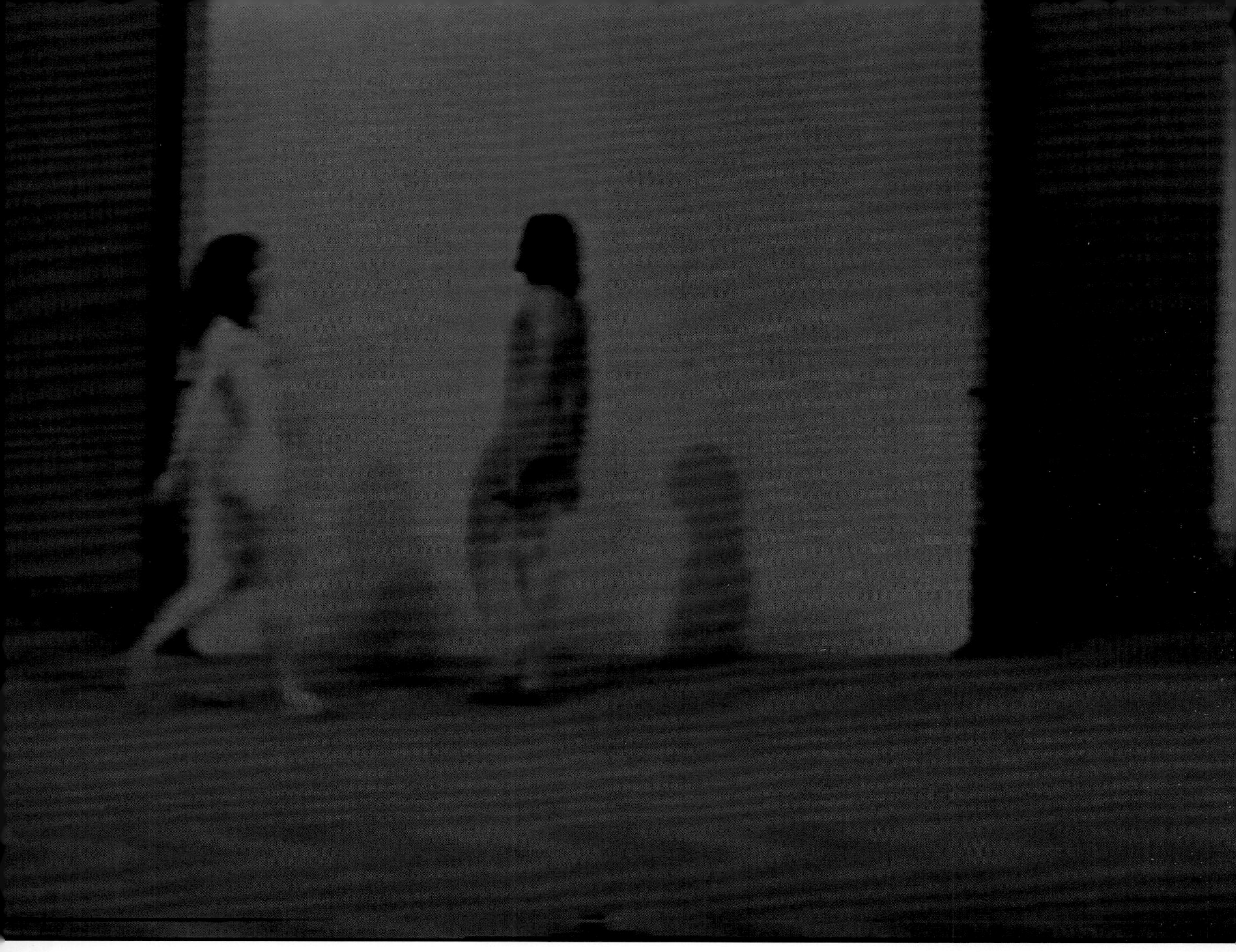

Ulay & Marina Abramović, **RELATION IN SPACE,** 1976, Videostill / Video still
© VG Bild-Kunst, Bonn 2017. Courtesy of the artists and Electronic Arts Intermix (EAI), New York

ULAY & MARINA ABRAMOVIĆ RELATION IN SPACE, 1976

Video, 59'28", S/W, Ton

Video, 59'28", b/w, sound

ART VITAL

no fixed living place
permanent movement
direct contact
local relation
self-selection
passing limitations
taking risks
mobile energy
no rehearsal
no predicted end
no repetition
extended vulnerability
exposure to chance
primary reactions

Manifest von / Manifesto by Ulay & Marina Abramović

RELATION IN SPACE

In a given space.
Performance
Two bodies repeatedly pass, touching each other.
After gaining a higher speed they collide.
Duration: 58 minutes
July, 1976
XXXVIII Biennale, Giudecca, Venice.
Visitors: 300

Performanceanweisungen für / Performance instructions for **RELATION IN SPACE,** 1976

Als Künstler, deren Pionierarbeit sich vehement damit auseinandersetzt, wie man sich als Performance-künstler zur Kamera – und einer damit einhergehenden Vorstellung der grundlegenden Falschheit einer Aufnahme als originalgetreuem Dokument – verhält, sind die Arbeiten von Ulay und Abramović einzigartig und zugleich auf einzigartige Weise instinktiv. Der im Titel **RELATIONS IN SPACE** (1976) angesprochene Raum erschließt präzise das, was zwischen den Körpern des Paares liegt: Der entsetzliche Schlag, wenn sie aufein-andertreffen, enttäuscht ihre Vertrautheit mit der extremen und zugleich logischen Schlussfolgerung, dem Grund-prinzip, dass wir – du und ich – uns nie nahe genug sein können. Doch die „Beziehung im Raum" ist auch der Raum der Kameraaufnahme. Die Bildeinstellung, die stets nur die „Aktion" einfängt, den Aufprall – den Höhe-punkt –, jedes Mal, wieder und wieder, unnachgiebig, verständnislos. Gerade diese Verständnislosigkeit betont die gegenständliche Unzulänglichkeit. Was jenseits der Bildfläche geschieht, wenn die Körper Mut schöpfen und all die Stärke aufbringen, die sie noch mobilisieren können, auch wenn diese von Mal zu Mal abnimmt, kommt zu den Erfordernissen der gleichgültigen Beobachtung der Kamera noch gewinnend hinzu. Die Kamera ist ein Spekulationen erschaffender Apparat, sowohl fordernd als auch das Trauma bewahrend, das die Körper der Performer durchleben. Und das mechanische Desinteresse ermöglicht und unterläuft den Blick des Betrachters; das Beharren der Künstler auf unserer Zeugenschaft der Gewalt, sowohl als Kitzel und – durch die Wieder-holung – auch als zunehmende Abstraktion, kritisiert diesen Blick. Insofern, als dass das Werk bis heute beliebig viele fundamentale Aspekte des künstlerischen Bewegtbildes überspannt – Performance, Narzissmus, technolo-gische Reflexivität –, zertrümmert und definiert **RELATION IN SPACE** eine Grenze von **GENERATION LOSS**.

As artists who forcibly pioneered how performance artists might address the camera – and a concomitant figur-ing of the essential duplicitousness of a recording as a faithful document – Ulay's and Abramović's work is singular, and singularly visceral. The space ascribed in the title, **RELATION IN SPACE** (1976) infers that which lies between the couple's bodies, certainly. The horrifying smash when they meet punishes intimacy with an extreme, logical conclusion to its frustrated core tenet: that we – you and I – can never be close enough. But the 'relation in space' is also the space of the camera shot. It is the framing that only ever captures the action – the climax – the collision, each and every time, over and over, unflinching, uncomprehending. In this incomprehension, representational insufficiency is powerful underscored. What happens off-screen, as bodies gather courage and muster whatever strength remains in diminishing returns – is deemed surplus to the requirements of the camera's cool observance. The camera is a spectacularising apparatus, both demanding and enshrining the trauma that the bodies of the performers endure. And the mechanical disinterest affords and subtends the viewer's gaze; the artists' insistence on our bearing witness to the violence as both titillation and, through repetition, increasing abstraction, critiques that gaze. Insofar as the work straddles any number of fundamental aspects of artists' mov-ing image to this day – performance, narcissism, technological reflexivity – **RELATION IN SPACE** pounds and defines a perimeter of **GENERATION LOSS.**

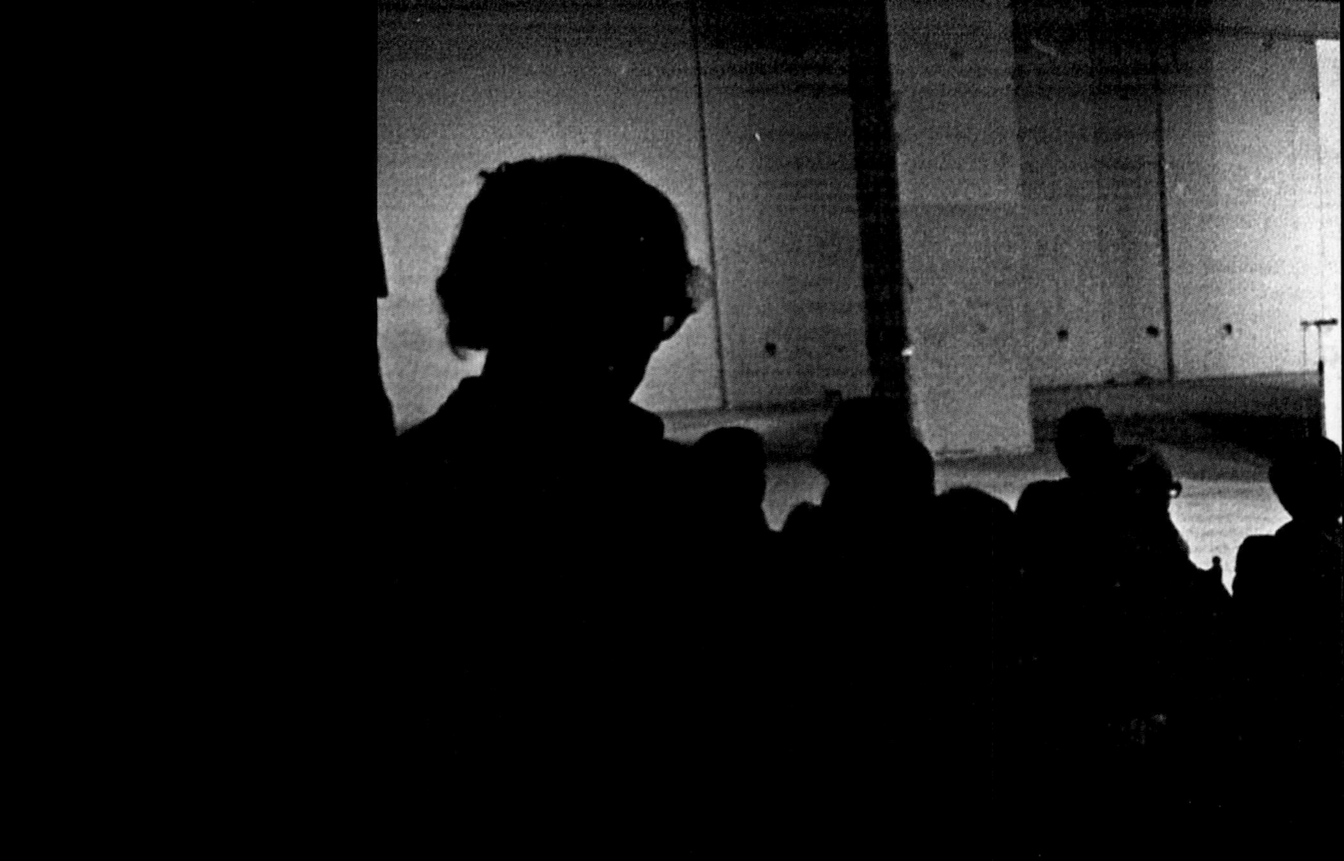

01–03 Ulay & Marina Abramović, **RELATION IN SPACE,**
Performance, 58'. 37. Biennale, Venedig / Venice, 1976.
Foto / Photo: Jaap de Graaf. © VG Bild-Kunst, Bonn
2017. Courtesy of the artists and Marina Abramović
Archives

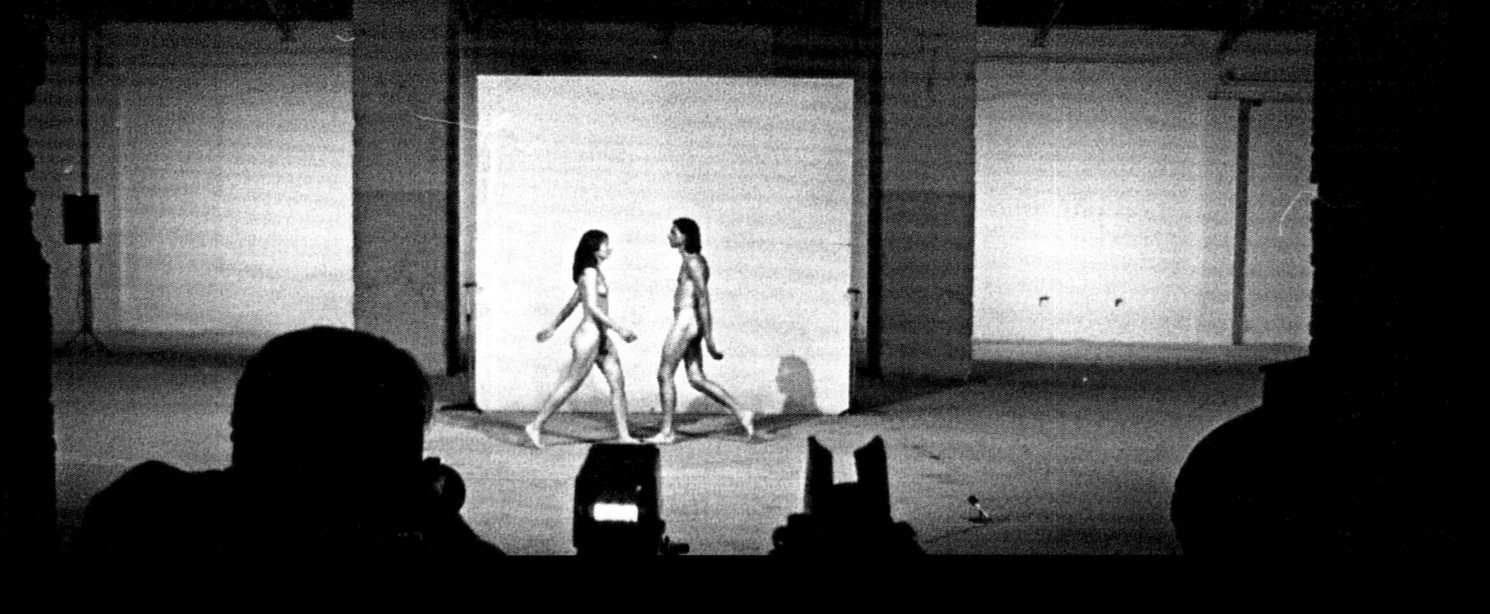

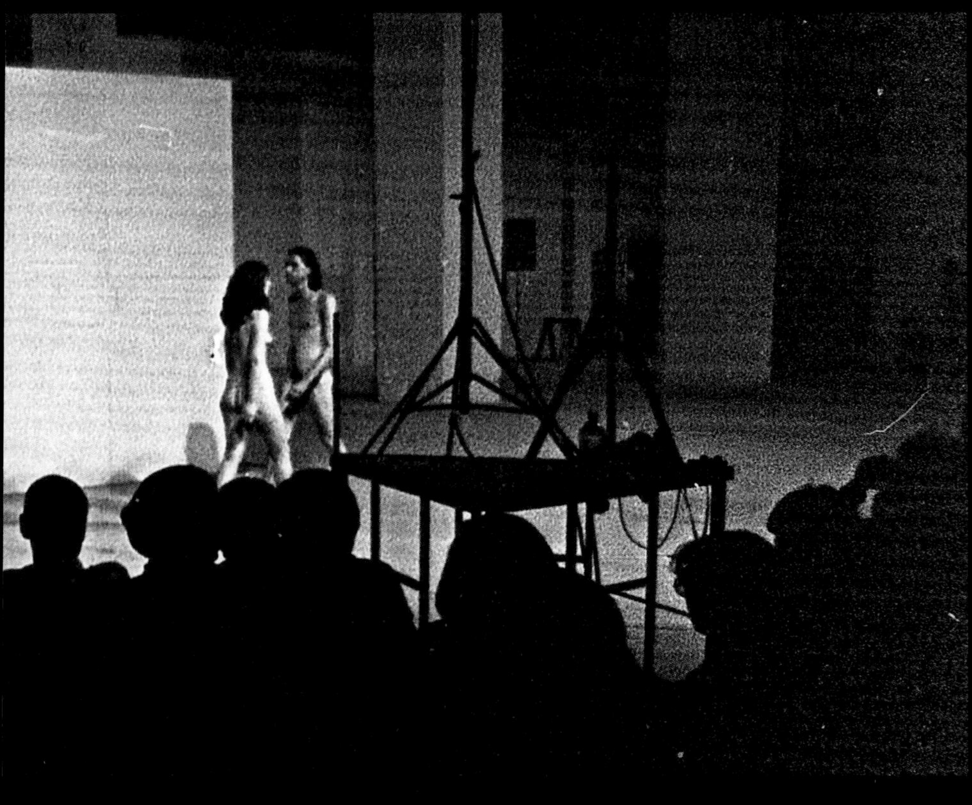

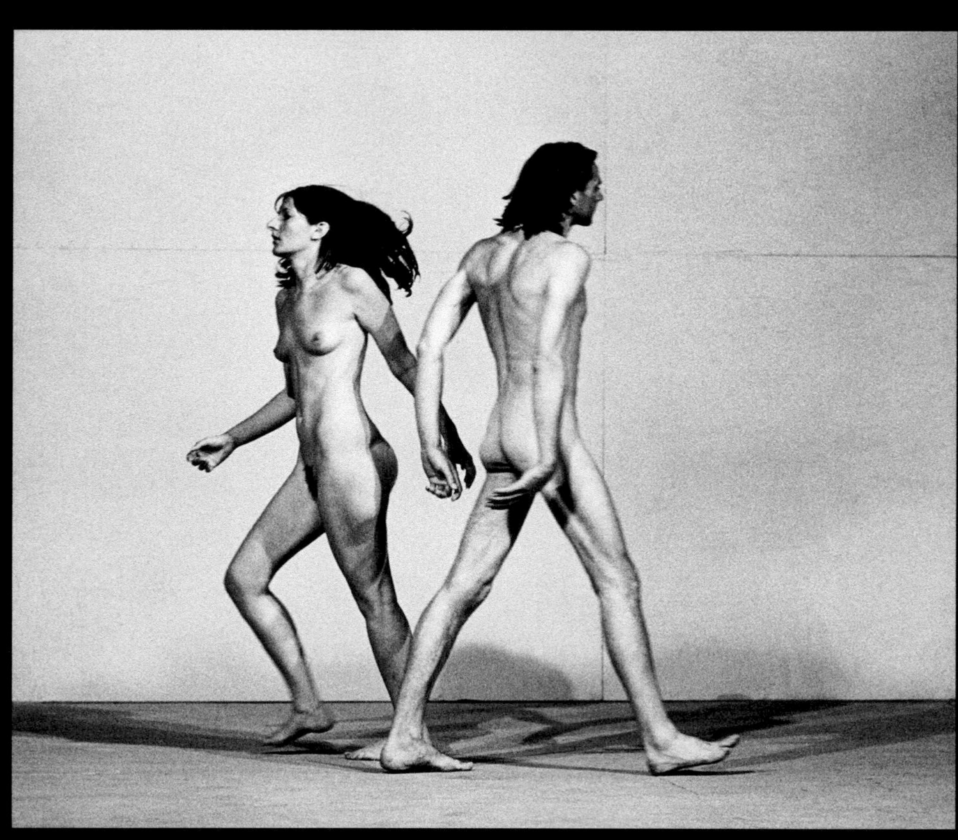

04

05

04 Ulay & Marina Abramović, **RELATION IN SPACE,** Instruction sheet edition, 1976. © VG Bild-Kunst, Bonn 2017. Courtesy of the artists and Marina Abramović Archives

05 Ulay & Marina Abramović, **RELATION IN SPACE,** Performance, 58'. 37. Biennale, Venedig / Venice, 1976. Foto / Photo: Jaap de Graaf. © VG Bild-Kunst, Bonn 2017. Courtesy of the artists and Marina Abramović Archives

06 Ulay & Marina Abramović, **RELATION IN SPACE,** Plakat / Poster, Stedelijk Museum Amsterdam, 1977. Foto / Photo: Jaap de Graaf. © VG Bild-Kunst, Bonn 2017. Courtesy of the artists and Marina Abramović Archives

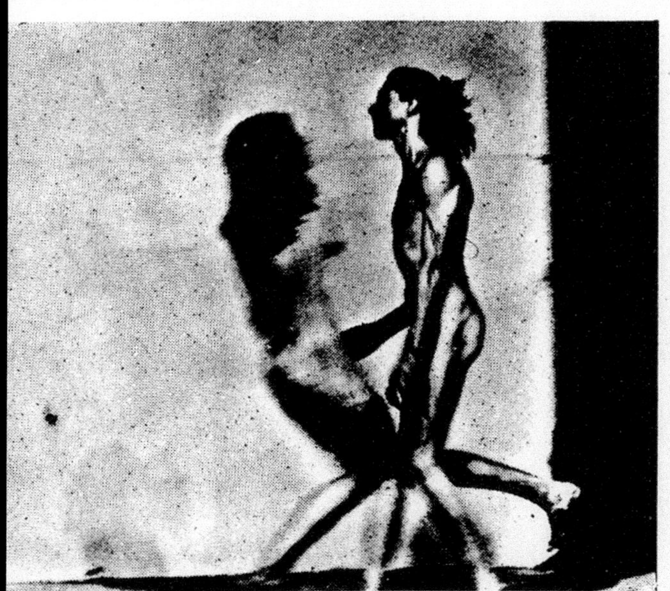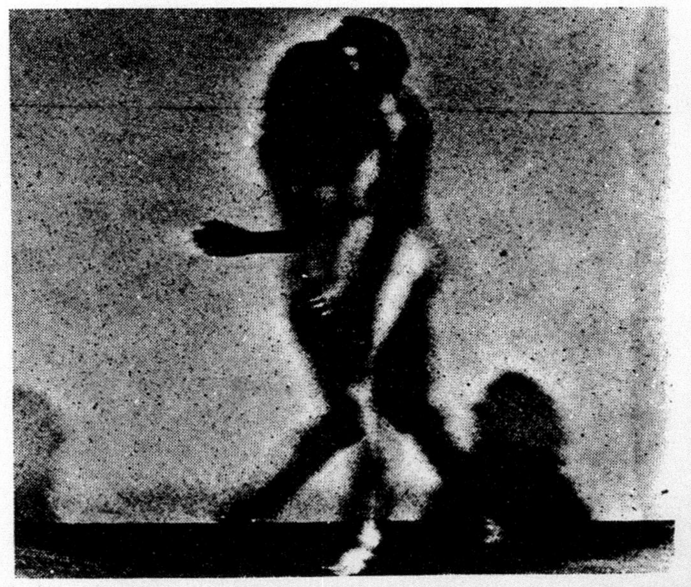

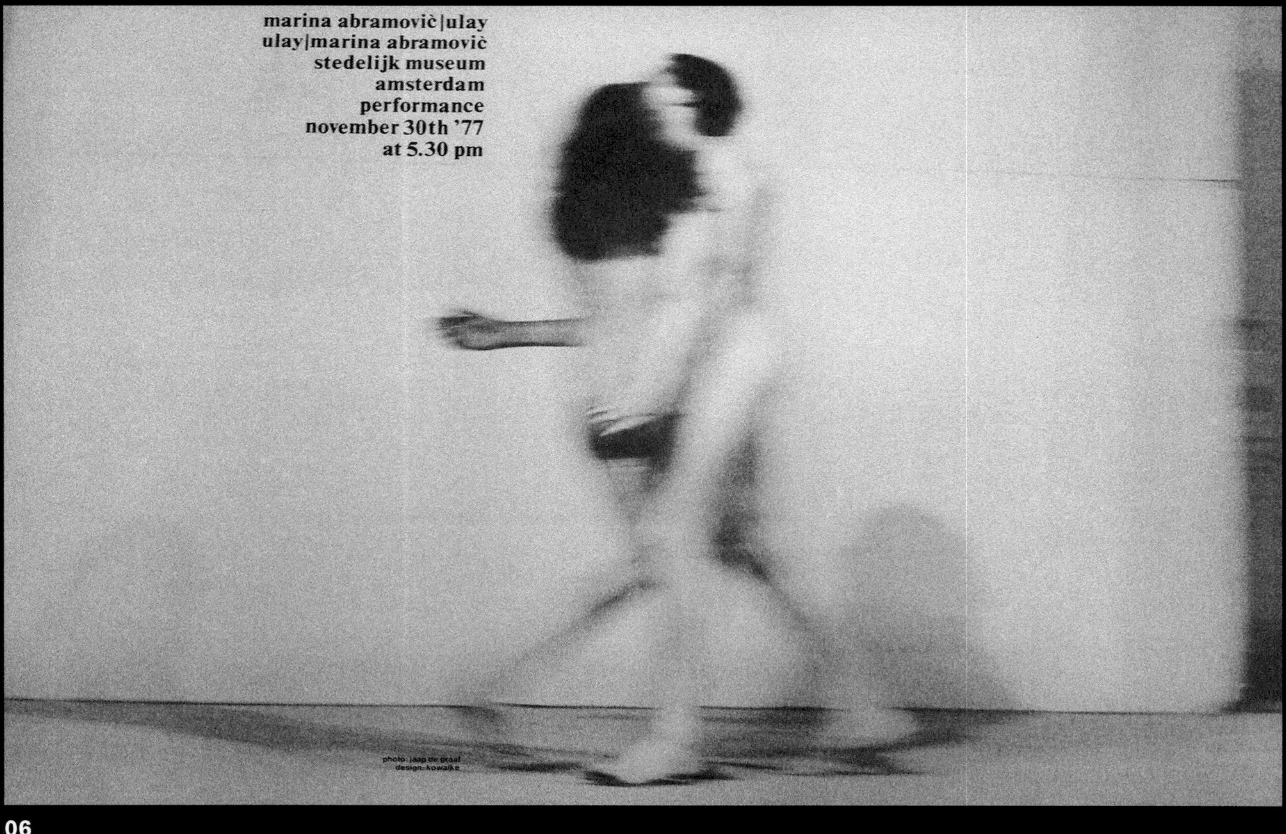

marina abramovič|ulay
ulay|marina abramovič
stedelijk museum
amsterdam
performance
november 30th '77
at 5.30 pm

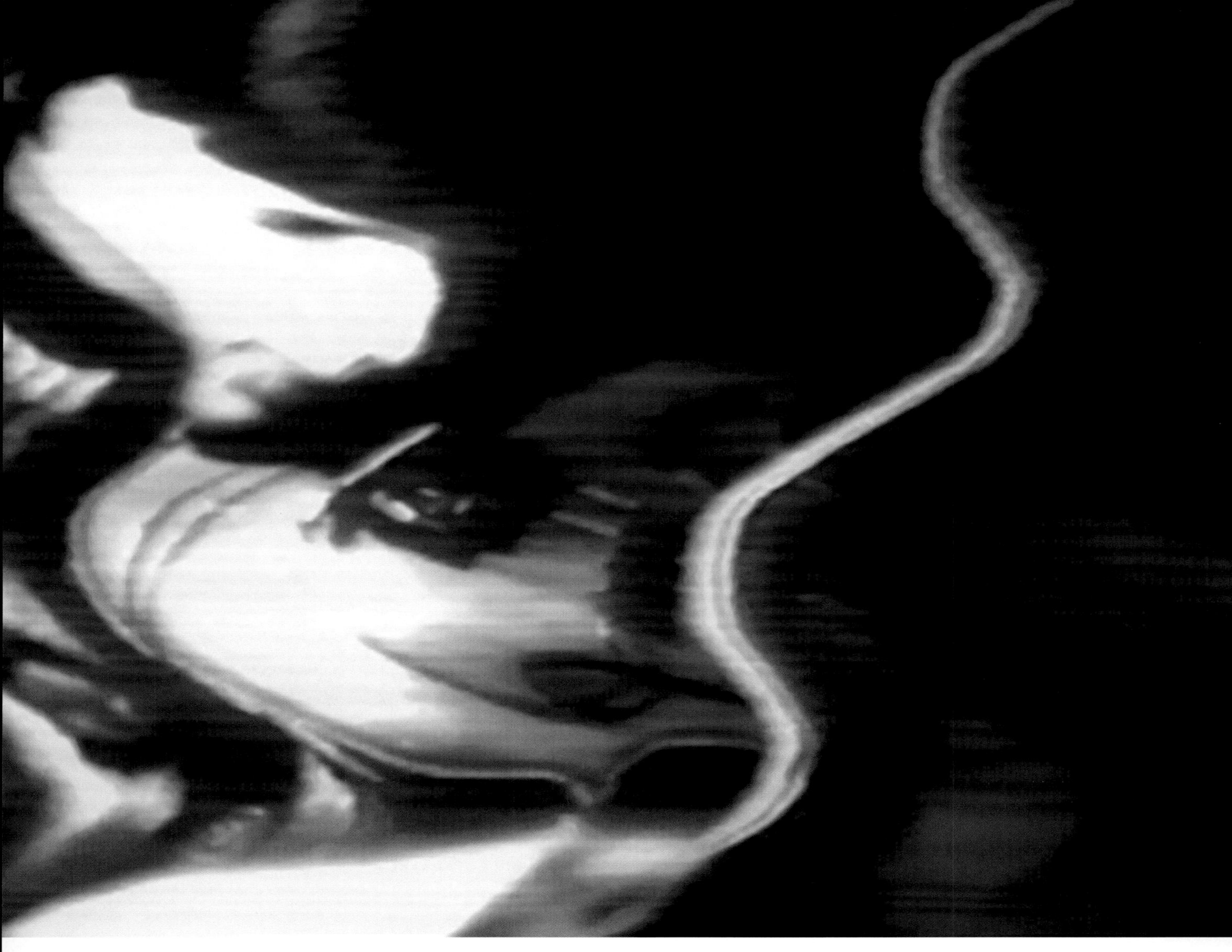

Steina Vasulka, **VIOLIN POWER,** 1970–1978, Videostill / Video still
Courtesy of the artist and Electronic Arts Intermix (EAI), New York

STEINA VASULKA
VIOLIN POWER,
1970–1978

Video, 10'04", S/W, Ton

Video, 10'04", b/w, sound

"**W**ith the aid of computers, the Vasulkas were able to employ Steina's violin to manipulate video images more precisely. Taking the role of both editor and vision mixer, Steina could use her bow to scroll forwards and backwards and repeat pre-recorded sequences at will. At times Steina performed retrospectively with dancers, musicians and actors, controlling their music, speech and movements from her instrument. Like a puppeteer with invisible strings, Steina directed her collaborators from the violin now rigged up in such a way that certain strings controlled the speed of the sequence whilst individual notes called up specific images. Vasulka had both people and machines dancing to her tune and was performing as much in the technology as with it. These works became a model for much subsequent computer-based music/video performance and the Vasulkas have made the transition into popular culture by designing software that is used by the current generation of VJs (video jockeys)."

Catherine Elwes, **Video Art: A Guided Tour,** London 2005, pp. 34–35.

VIOLIN POWER (1970–1978) zeigt die Verwandlung einer Dokumentation in eine Sache, die für sich selbst steht: Was als Videoaufzeichnung eines Geigenspiels beginnt, wird selbst zur Geige – entweder zur Geige oder zur Kamera. Oder die Sache wird als Ganzes zu einem Video, sodass es nicht mehr um irgendetwas geht, sondern um das Video als solches. So bezieht sich das Video während der Laufzeit permanent auf sich selbst, führt buchstäblich die Violinschnecke ins f-Loch ein – den Bogen auf die Spule –, die Violine in den Rekorder, die Kamera. Es ist auf eindringliche Art und Weise materiell. So wie ein Donut das gleiche ist wie ein Krug – morphologisch gesehen. Steina geht es um eine grundlegende Gleichwertigkeit, um die Fähigkeit jedes Gegenstands und Modus, zum jeweils anderen zu werden – als radikal neue Form oder fortdauernder Prozess des Werdens, ein Zwischending einzelner Möglichkeiten zusammenzukommen. Wäre es nicht so überschwänglich, könnte man es für Wissenschaft halten. Doch auch so ist **VIOLIN POWER** eine präzise Demonstration dessen, wie Technologie eine produktive Form der ausufernden Materialität ermöglichen könnte – anstatt eine fadenscheinige Treue dazu vorzugaukeln: Repräsentation oder Reproduktion ist eine weit entfernte Banalität in Steinas Video. Der angemessene Einsatz des Mediums, so behauptet sie, reflektiert stets präventiv seine Materialität, und das auf eine so anschauliche Art und Weise, dass sie sogar die Entsprechung zu einer alten Technologie wie einer Violine aushält. Die Saiten vibrieren wie der Nachlauf, wie die allem anhaftende Inhärenz von Physik: Steinas Körper, die Beatles, unsere Körper, die Beatles eingeschlossen. Es handelt sich um die außergewöhnliche Reorganisation einer Technologie, die sowohl ideologische als auch strukturelles Begehren überträgt. Sie sind vielmehr dazu da, wenn auch beschädigt, ausgestellt und verstanden zu werden oder mit ihnen zu improvisieren. Steina beherrscht ihr Video wie eine Violine: virtuos, gänzlich unbeeindruckt von der Tatsache, dass ein Video eben kein Instrument ist. Eine solch banale Logik hätte hier in Steinas Freudenfest auch keinen Platz.

VIOLIN POWER (1970–78) shows the morphing of a document into a thing in itself: what starts off as a video of a performance on a violin, becomes a violin itself. – Either a violin or a camera. Or maybe the whole thing becomes a video and holistically, so that it's not really **of** anything, but is itself, whole. Throughout the duration, the video steadily folds in on itself, feeding its violin scroll into the f-hole, perhaps – the bow on the spools – feeding the violin into the VCR, the camera. It's emphatically material. Like how a doughnut is the same as a mug, morphologically speaking. Steina insists on the equivalence, the tolerance of either object or mode to become the other – to come together as a radical new form or an ongoing process of becoming, an in-between of singular possibility. It would feel scientific, if it weren't so exuberant. Even so, **VIOLIN POWER** is a succinct demonstration of how technology could perform a productive kind of weltering of materiality – rather than pretend transparent fidelity to it: representation or reproduction is a distant banality in Steina's video. The medium's proper use, she asserts, is pre-emptively reflexive of its materiality, and in such a vivid way as to bear equivalence to a piece of technology as antique as a violin. Strings vibrate like the tracking, like the inherence of physics to everything: including Steina's body, The Beatles, our bodies, The Beatles. It's an extraordinary reorganising of technology as something that transmits ideological, structural desires. Rather, they are there to be exposed and understood, to be improvised with, broken. Steina plays the video like a violin: virtuosically, unimpeded by the matter of video not being an instrument. Such banal logic has no place here, in Steina's celebration.

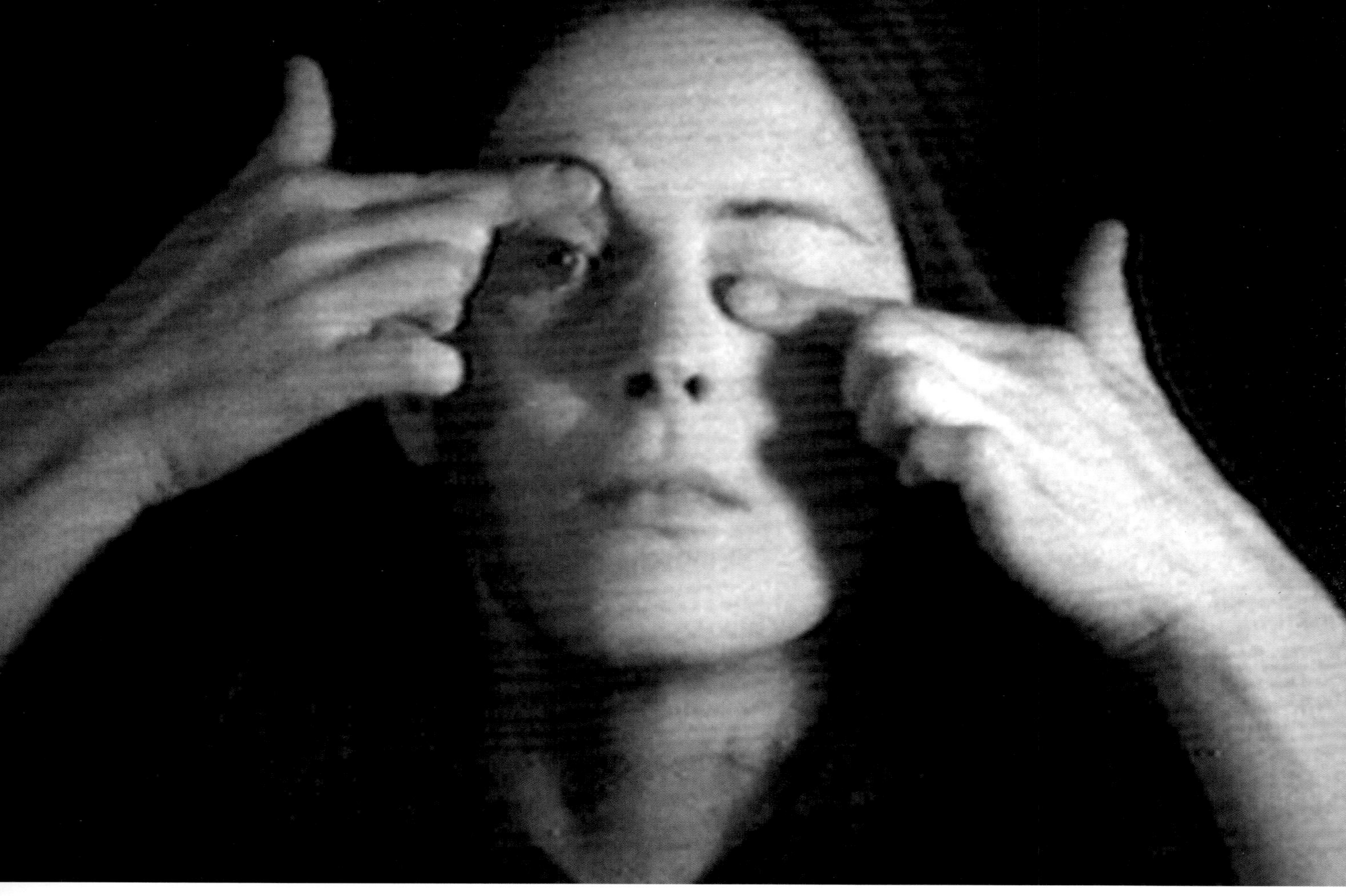

Hannah Wilke, **GESTURES,** 1974, Videostill / Video still
© Marsie, Emanuelle, Damon, and Andrew Scharlatt, Hannah Wilke Collection & Archive, Los Angeles/VG Bild-Kunst, Bonn 2017
Courtesy of Electronic Arts Intermix (EAI), New York

HANNAH WILKE
GESTURES, 1974
Video, 35'30", S/W, Ton
Video, 35'30", b/w, sound

"**S**ince 1960, I have been concerned with the creation of a formal imagery that is specifically female, a new language that fuses mind and body into erotic objects that are nameable and at the same time quite abstract. Its content has always related to my own body and feelings, reflecting pleasure as well as pain, the ambiguity and complexity of emotions. Human gestures, multi-layered metaphysical symbols below the gut level translated into an art close to laughter, making love, shaking hands ... Eating fortune cookies instead of signing them, chewing gum into androgynous objects ... Delicate definitions ...Rearranging the touch of sensuality with a residual magic made from laundry lint or latex loosely laid out like love vulnerably exposed ... continually exposing myself to whatever situation occurs ... gamboling as well as gambling."

'Intercourse with…' Text used in videotape performance and lecture at the London Art Gallery, London, Ontario, Canada, 17 February 1977; originally written for Guggenheim Memorial Foundation, 1976, in: ed. T. Kochheiser, **Hannah Wilke: A Retrospective,** exh. cat. Gallery 210, University of Missouri-St. Louis, Columbia 1989, p. 139. © Marsie, Emanuelle, Damon, and Andrew Scharlatt, Hannah Wilke Collection & Archive, Los Angeles/VG Bild-Kunst, Bonn 2017

Hannah Wilkes **GESTURES** (1974) scheint viel von dem Aufsehen, das später um das äußere Erscheinungsbild sowie um Gender und Performance gemacht wurde, vorauszuahnen. Ihres ist ein moderner „schwarzer Spiegel": etwas äußerlich Kritisches, intim und nahe gebracht. Narzissmus als die Absorption und anschließende Naturalisierung struktureller Formen der Gewalt. Die kraftvolle Wiedergewinnung des eigenen Körpers in Wilkes Werk verlangsamt und steuert ihre Bewegungen bis zu einem Punkt, der sowohl in der Künstlerin als auch in uns Unbehagen und Klarheit hervorruft. Verlangsamt fast bis zur Lähmung. Verlangsamt vom unwägbaren Gewicht einer Ewigkeit aus Händen und Gesichtern und Bedeutsamkeit und Zwang. Verlangsamt bis zur Gebremstheit, wo jede Fehlbarkeit klafft und jede Performance in konstituierende Kraft und einen permanenten, sirupartigen Fluss dekomprimiert ist. Und während die Hände, die ihr Gesicht verzerren, die eigenen sind, ist ihr Motor ein gesellschaftlicher, politischer – allegorisierte Biopolitik. Wilkes Gesten, ihr ruhiger, fast narkotisierter Rhythmus, deren wiederholte Bewegungen im Dienste der Verschönerung in ambivalente Zwecke, Gewalt, Manipulation übergehen, sind Gesten, die die Geschichte des Menschen, der sich des Werkzeugs bedient, verkörpern. Und sie zeigen, dass es der Körper selbst ist, der instrumentalisiert, ein Werkzeug ist. Der Körper ist beides: sowohl Werkzeug als auch der das Werkzeug Bedienende – unterdrückter ideologischer, neurotisch sprießender Imperativ –, sowohl Sklave als auch Vollstrecker, selten der Herr. Diese Jahrtausende währenden, fixierten Rollen der Unterwerfung. Wilkes Arbeit spricht zudem Bände hinsichtlich dessen, wozu sich die Kybernetik entwickelt hat: eine Verwirrung von Selbst und Apparatur. Ich dachte an die gegenwärtige gestische Sprache der Touchscreentechnologien und Virtual-Reality-Verfahren. Wie das Pinchen und Swipen physische Kommunikation digital verändern, das symbolische **Meta** dieser Bewegungen aber weiterhin tief vergraben liegt.

Hannah Wilke's **GESTURES** (1974) seems to auger so much subsequent sensation around appearance, gender, performance. Hers is a neoteric 'black mirror': something externally censorious brought close and intimate: narcissism as the absorption and subsequent naturalising of structural violences. Wilke's work's powerful repossession of her body is to slow and control her movements to a point of discomfort and clarity, both hers and ours. Slowed to an almost paralytic point; slowed with the inestimable weight of an eternity of hands and faces and meaning and enforcement; slowed to a point of retardation, where every fallibility yawns and every performance is unpacked into constituent force and constant, treacly flow. And while the hands contorting her face are her own, their motor is social, political – allegorised biopolitic. The calm, almost narcotised rhythm of Wilke's gestures, rehearsing movements of makeover segueing into ambivalent purpose, violence, manipulation, are gestures that embody human, tool-wielding history and demonstrate how, centrally, it's the body that is instrumentalised, is rendered as tool. The body is both the tool and wielder – repressed ideological imperative springing neurotic – is both the slave and the enforcer, seldom the master. These roles impressed by millennia of determined subjection. Wilke's piece also speaks volumes about what cybernetics has turned out to be: a confusion of self and apparatus. I thought about the contemporary gestural parlance of touchscreen tech and VR operation; how the pinch and swipe recast physical communication through the digital, but concluded that the symbolic **meta** of such motions remains, however deeply interred.

01

01 Einladung zu Wilkes erster Galerien-Einzelausstellung von / Invitation to Wilke's first solo gallery exhibition of **GESTURES,** 1974. Digital archival image © Marsie, Emanuelle, Damon, and Andrew Scharlatt, Hannah Wilke Collection & Archive, Los Angeles/VG Bild-Kunst, Bonn 2017

02 Anzeige für die Ausstellung / Advertisement for the exhibition **Floor Show,** in: **The New York Times,** 16.3.1974/16 March 1974. Digital archival image © Marsie, Emanuelle, Damon, and Andrew Scharlatt, Hannah Wilke Collection & Archive, Los Angeles/ VG Bild-Kunst, Bonn 2017

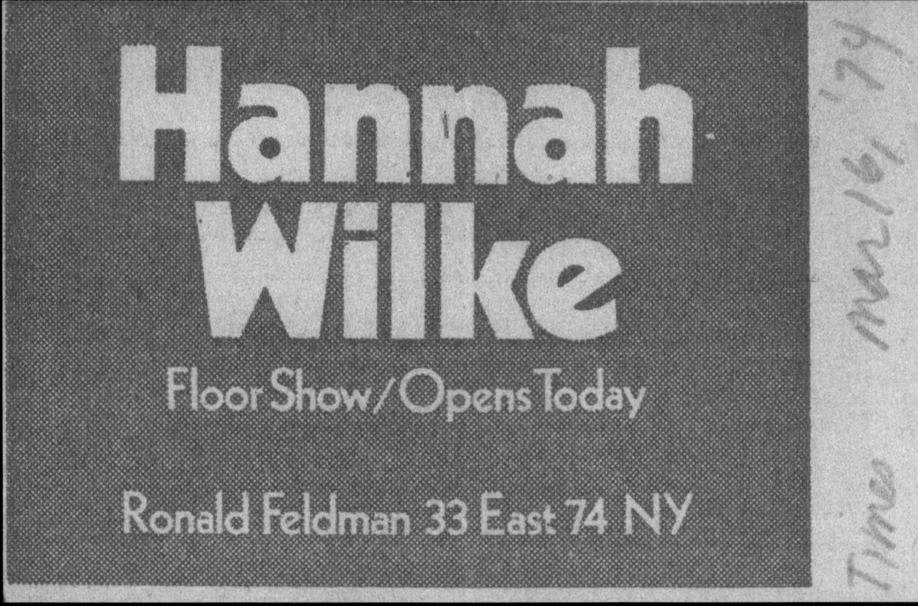

02

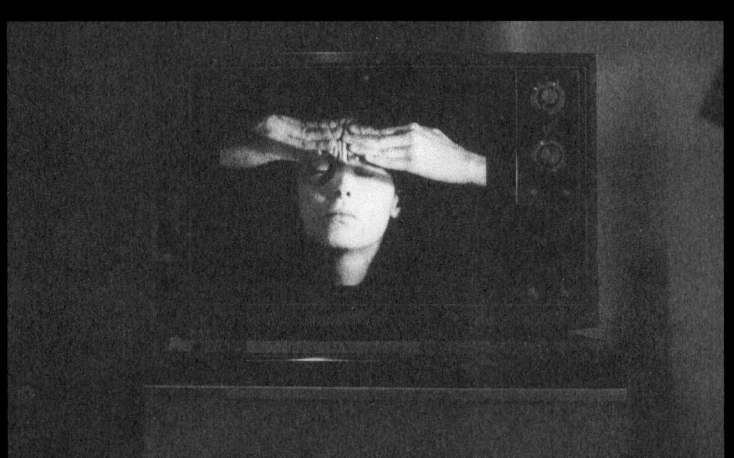

Hannah Wilke

Hannah Wilke's "Floor Show," her second one-woman New York exhibition presents recent sculptural images of female genitalia and black and white video tape. Since the early 1960s Wilke has made small terra cotta boxes and shapes resembling vulvas and vaginas. Now, she continues to develop this iconography. Included are '176 one-fold gestural terra cotta pieces" (1973-74). The number and arrangement of the pieces is arbitrary, and each element is a separate and complete sculptural form. These pieces vary in size (some are tiny), but all are painted a uniform soft pink. Each pocket-like form is made from a single thin layer of clay which Wilke folds into a multilayered piece that may look like a flower or a shell as well as a sexual organ. Some open up, while others turn inward; and edges may be ragged or smoothly scalloped. Thus here, as in the latex wall hangings exhibited in 1972, Wilke is concerned with the hardness and softness of "femaleness." The clay is hard but thin and somewhat fragile, whereas the delicate color and the folds and curves of the shapes suggest softness and flexibility. Wilke also works with soft materials. For example, there is a piece composed of a row of twelve lint sculptures on a board. (It washing machine.) The colors of these double-fold, open forms range from a warm rose to paler pinks, beige and yellow tones. Also, there are five works in which gray, round forms made from artists kneaded erasers are placed on square boards—in two pieces the elements are lined up in precise patterns, while in the others the arrangements are more casual. Wilke displays a sense of humor in the piece made up of thirty-one fortune cookies lined up on a board. The artist's presentation of this "found object" which resembles so closely the modeled genital images, causes the viewer to see the "real" world in a new way. In the silent video tape, Wilke makes gestures with her hands, head, and face which relate to the shapes or gestures of the sculptural floor pieces. She examines herself carefully and thoroughly—patting, massaging, caressing, pulling, pinching, and slapping each feature. Wilke expresses a range of moods—she appears sad, joyous, playful, dazed, or remote. Her gestures are always sensuous and often erotic. (Feldman, *March 16-April 6*)

ARTS MAGAZINE/May 1974

03

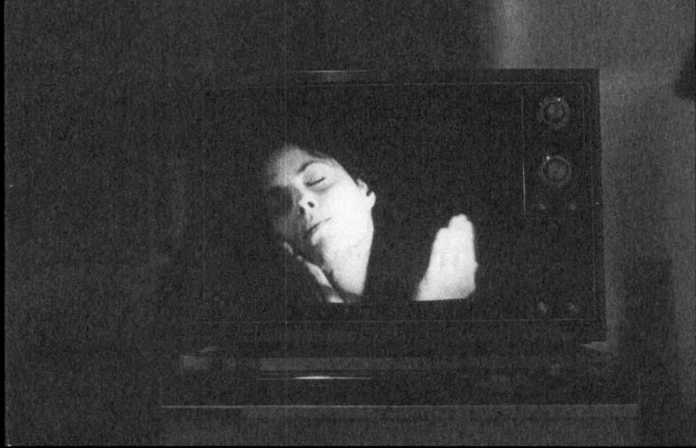

04—05

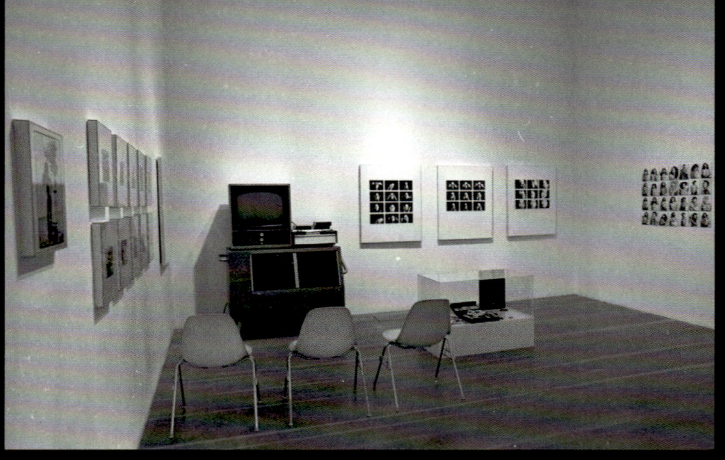

06

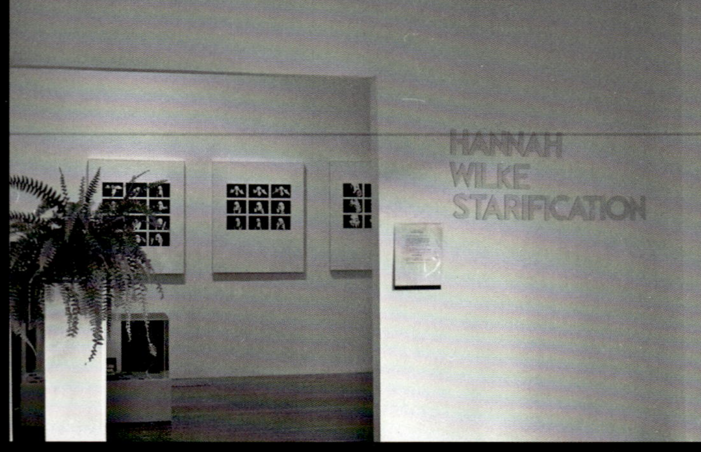

07

Hannah Wilke

Scarification Photographs
and
Videotapes
March 2-13,'76

FINE ARTS GALLERY UNIVERSITY OF CALIFORNIA, IRVINE
TUESDAY—SATURDAY GALLERY HOURS 12:00—5:00

08

06 Hannah Wilke, S/W-Foto der Installation an der UC Irvine, 1976, mit Fernsehbildschirm für / B/w photo of installation at UC Irvine, 1976, showing TV monitor for **GESTURES** und Fototriptychon / and photo triptych **GESTURES.** © Marsie, Emanuelle, Damon, and Andrew Scharlatt, Hannah Wilke Collection & Archive, Los Angeles/VG Bild-Kunst, Bonn 2017

07 Hannah Wilke, S/W-Foto der Installation an der UC Irvine, 1976, mit dem Eingang zur Ausstellung / B/w photograph of installation at UC Irvine, 1976, showing the entrance to the exhibition **Starification** © Marsie, Emanuelle, Damon, and Andrew Scharlatt, Hannah Wilke Collection & Archive, Los Angeles/VG Bild-Kunst, Bonn 2017

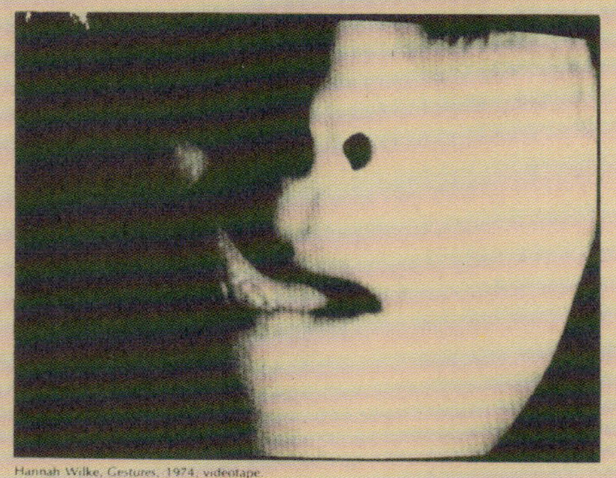

HANNAH WILKE

ON CAMPUS

MIAMI-DADE COMMUNITY COLLEGE
NORTH CAMPUS
JANUARY 10, 1979

VIDEO TAPES 10:00 A.M. - NOON - GALLERY
LECTURE, FILM, DISCUSSION NOON - PAWLEY THEATRE

* * *

MIAMI-DADE COMMUNITY COLLEGE
SOUTH CAMPUS
JANUARY 11, 1979

LECTURE, FILM, DISCUSSION - 11:00 A.M. - GALLERY
VIDEO TAPES 1:00 - 3:00 P.M. - GALLERY

09

08 Einladung zur Ausstellung / Invitation to exhibition **Starification** (fälschlicherweise geschrieben / mistakenly printed as "Scarification"), erstmalige Ausstellung von **GESTURES** in einer öffentlichen Institution / first showing of **GESTURES** in a public institution, UC Irvine, 1976.

Digital archival image © Marsie, Emanuelle, Damon, and Andrew Scharlatt, Hannah Wilke Collection & Archive, Los Angeles/VG Bild-Kunst, Bonn 2017

09 Hannah Wilke, Plakat für Filmvorführung und Vortrag der Künstlerin / Poster for film screening and lecture by the artist, Miami-Dade Community College, 1979. © Marsie, Emanuelle, Damon, and Andrew Scharlatt, Hannah Wilke Collection & Archive, Los Angeles/VG Bild-Kunst, Bonn 2017

Jordan Wolfson, **STAR FIELD (MONTH 25),** 2004, Filmstill / Film still
Courtesy of the artist and Sadie Coles, London

JORDAN WOLFSON
STAR FIELD (MONTH 25), 2004

16-mm-Film, 4', S/W,
kein Ton

16 mm film, 4', b/w,
no sound

"American artist Jordan Wolfson [...] has created a body of work that contains strategies of both Conceptual Art and Pop Art, but which avoids aligning itself fully with either camp. At the heart of his art lies the exploration of our collective memory, with particular attention paid to those aspects related to art history, pop, and consumer culture. For Wolfson, the most important means of expression is provided by the medium of film, which he uses without adopting a single specific technique or form. He is equally comfortable reworking pre-existing film footage, shooting scenes with actors, and producing comic and animation films. His work repeatedly gives rise to visual worlds, which, thanks to both their content and visual incisiveness, change the viewer's perception and consciousness in the long term."

M. Wesseler, 'King of Crises, Milk and Masks', in: **Jordan Wolfson**, exh. cat. Kunstsammlung Nordrhein-Westfalen, Schmela Haus, Düsseldorf, Berlin 2012, p. 35.

Die Präsentation von Videokunst in Ausstellungsräumen erfordert gewisse Strukturen. Der Loop ist mit Sicherheit die gängigste, egal ob das Werk nun seinem Selbstverständnis nach einen Anfang, eine Mitte oder ein Ende hat: Er muss dennoch zu erkennen sein, da eine Arbeit sonst Gefahr läuft, als Skulptur missverstanden zu werden – Zeit und Raum geraten durcheinander. **STAR FIELD (MONTH 25)** (2004) ist offensichtlich „strukturiert", weil sein Motiv – denke ich – der Loop, diese Konfusion von Zeit und Raum ist. Oder vielleicht genau umgekehrt: Zeit und Raum oder Raumzeit wirken hier, als ob sie in gewisser Weise als Pastiche agieren könnten. Die Reise **in** den Raum wird also unendlich fortgesetzt: Die Kamera treibt voran in der mutmaßlichen Suche nach Leben, einem Gegenstand oder Ähnlichem. Und wenn der Loop dabei ständig mit einer Berührung von sich selbst befasst ist, dann ist das Universum, wenn wir es parodistisch betrachten, masturbatorisch und unglaublich einfallslos. Es ist nicht unbedingt eine Allegorie, der eine Erfahrung von Wolfsons äußerst ereignisloser Reise entspricht. Eine andere ist vielleicht auf entschlossenere Weise strukturell. Weiße Sterne auf kosmischem Schwarz – es ist der Filmstreifen selbst, der auf seine grundlegende Binarität reduziert ist –, und natürlich ist jeder Film über das Weltall tatsächlich nichts dergleichen, sondern schlicht die Fantasie, die im Körper des Mediums schlummert und nach vorne rückt, an einen Ort blinden Herumtastens. In dieser Hinsicht kollabiert der Witz in etwas weitaus Melancholischeres: einen unendlichen Verlust, ein Hinter-sich-Lassen von Bild, Gegenstand, Leben. Ein Bildschirmschoner.

Showing videos in galleries necessitates certain structures. The loop is certainly the most endemic, regardless of whether the work understands itself as having a beginning, middle or end: it must show again regardless, as the work gets potentially miscast as sculpture – time gets confused with space. **STAR FIELD (MONTH 25)** (2004) is, of course, structural in as much as its subject, I think, is the loop – this confusing of time for space. – Or maybe vice versa: time and space or space-time feel like they might be operating in some way as pastiche, here. So the journey **into** space continues indefinitely: the camera pushes on, searching, presumably, for life or a subject or something. And if the loop is always really concerned with touching oneself, then somehow, if we're figuring parodically, the universe is masturbatory and incredibly unimaginative. It's not quite an allegory that holds up to an experience of Wolfson's particularly uneventful trip. Another is perhaps more determinedly structural. White stars on cosmic black – it's the filmstrip stripped to its constituent binary – and of course, any film of outer space isn't really anything of the sort, but simply the fantasy dormant in the body of the medium moved to the fore, to a place of blind grope. In this regard, the joke collapses into something far more melancholic: an infinite loss, a leaving behind of the image, the subject, life. It's a screensaver.

Tobias Zielony, **LE VELE DI SCAMPIA,** 2009, Videostill / Video still
Courtesy of the artist and KOW, Berlin

TOBIAS ZIELONY
LE VELE DI SCAMPIA, 2009

HD-Video, Stop-Motion, 9'16", Farbe, kein Ton

HD video, stop motion, 9'16", colour, no sound

"Tobias Zielony's film *Le Vele di Scampia* from 2009 originates in this very place. Seven thousand single images, shot at night with a digital single-lens reflex camera, are used to create nine minutes of animation film. The image sequence is dissociated from real time, some scenes run faster, some slower than reality. The result is an uncomfortable rhythm. Supported by harsh cuts and by the film's motives, this rhythm recalls early silent movies. This adds to the mysterious, stage-like character of the architectural set on which the people Zielony meets stage their own roles in society for his camera.

[…]

The film, as well as the parallel photographic series, shows neither tough guys nor a mafia thriller, much less the notion of a Neapolitan narrative. Rather, as in preceding projects, what stands out is the substantial incertainty of the actors' role-play. Mostly adolescents, they live on the borders of societal acceptance: their hope, to be seen as the individuals they believe themselves to be, meets the sorrow that their representation is not convincing enough. Their clothes, gestures and accessories conform to identity templates drawn from the global stream of fashion, film and music goods. Zielony shows the juvenile waiting for the life yet to start for which they pose. On the remains of failing urban utopias they kill their time with odd jobs and boredom, time and again being criminalised."

A. Koch, 'Vele, Zgora', in: **KOW,** 2010, <http://www.kow-berlin.info/artists/exhibitions/tobias_zielony/tobias_zielony>, accessed 30 March 2017.

Als Dokument gewährt **LE VELE DI SCAMPIA** (2009) einen einzigartigen Einblick in die materiellen und affektiven Bedingungen seines titelgebenden Motivs. Gleichermaßen ist das Werk, sofern es seine subjektive Perspektive wesentlich im Angesicht von etwas ambitioniert Empirischem begreift, selbstreflexiv poststrukturell. Der eigentliche Trick aber besteht für mich in seinem merkwürdigen und merkwürdig sublimierten Status als Animation. Die hervorstechende Beschränkung in der Form, sich allein aus (vom Film vage abgegrenzten) Fotografien zusammenzusetzen, akzentuiert geradezu die Künstlichkeit des Werkes selbst. Ruckelig wie ein Zoetrop in all seiner Fluidität, berührt der Nachbildeffekt, dank dem sich das Werk als Bewegtbild wahrnehmen ließe, das Standfoto, die Statik, die Schwere. Eine Bildwelt zu verhandeln, die wie diese so zutiefst wahrhaftig ist, ganz offenkundig damit befasst, sichtbar zu machen, was nicht sichtbar ist – als handele es sich um eine uralte Phantasmagorie, birgt eine hoffnungslose Traurigkeit. **LE VELE DI SCAMPIA** verbindet dies referenziell mit dem Spektakel des Bewegtbildes, der historischen Bestimmtheit der Fotografie und der Cartoonfantasie einer Animation. Wobei sich der Ausdruck „Animation" hier wackelig ausnimmt. Gewöhnlich für das Fantastische reserviert, beschwört er in Zielonys Arbeit die Idee herauf, Unbewegtes in Bewegung zu versetzen – zu verändern, was sich nicht verändert. Gewaltsame Animation. Als-ob des Toten. Die Andeutung, dass die einzige Bewegung, die Le Vele aufbringt, entropisch ist, wird mit horrender Schlichtheit dargeboten – sie steuert zwangsläufig in Richtung zunehmender Verwahrlosung.

As a document, **LE VELE DI SCAMPIA** (2009) stands as singular insight into the material and affective conditions in its eponymous subject. Similarly, as far as the work intrinsically understands its subjective perspective in the face of something aspiringly empirical, it is self-reflexive, post-structural. Its real trick though, for me, is the weird and weirdly sublimated status it has as animation. The conspicuous formal constraint of constitution by photographs (as opaquely differentiated from film) almost italicises the artifice of the piece itself. Juddering with all the fluidity of a zoetrope, the persistence of vision that would allow the work to be perceived as a moving image abuts the still photograph, the static, the grave. To treat imagery that is so profoundly true – imagery that is so obviously concerned with making visible something that is not – as if it were some ancient phantasmagoria carries a desperate sadness. It makes **LE VELE DI SCAMPIA** referentially attached to the spectacle of the moving image, the historic certitude of the photograph, and the cartoon fantasy of an animation, although 'animation' sits as an uneasy term here. Usually reserved for the fantastical, in Zielony's piece it conjures an idea of getting something to move that does not – changing something that does not change. Forcible animation. As if of the dead. The suggestion that the only movement afforded the Vele is an entropic one is performed with horrendous plainness: it can move only further into decrepitude.

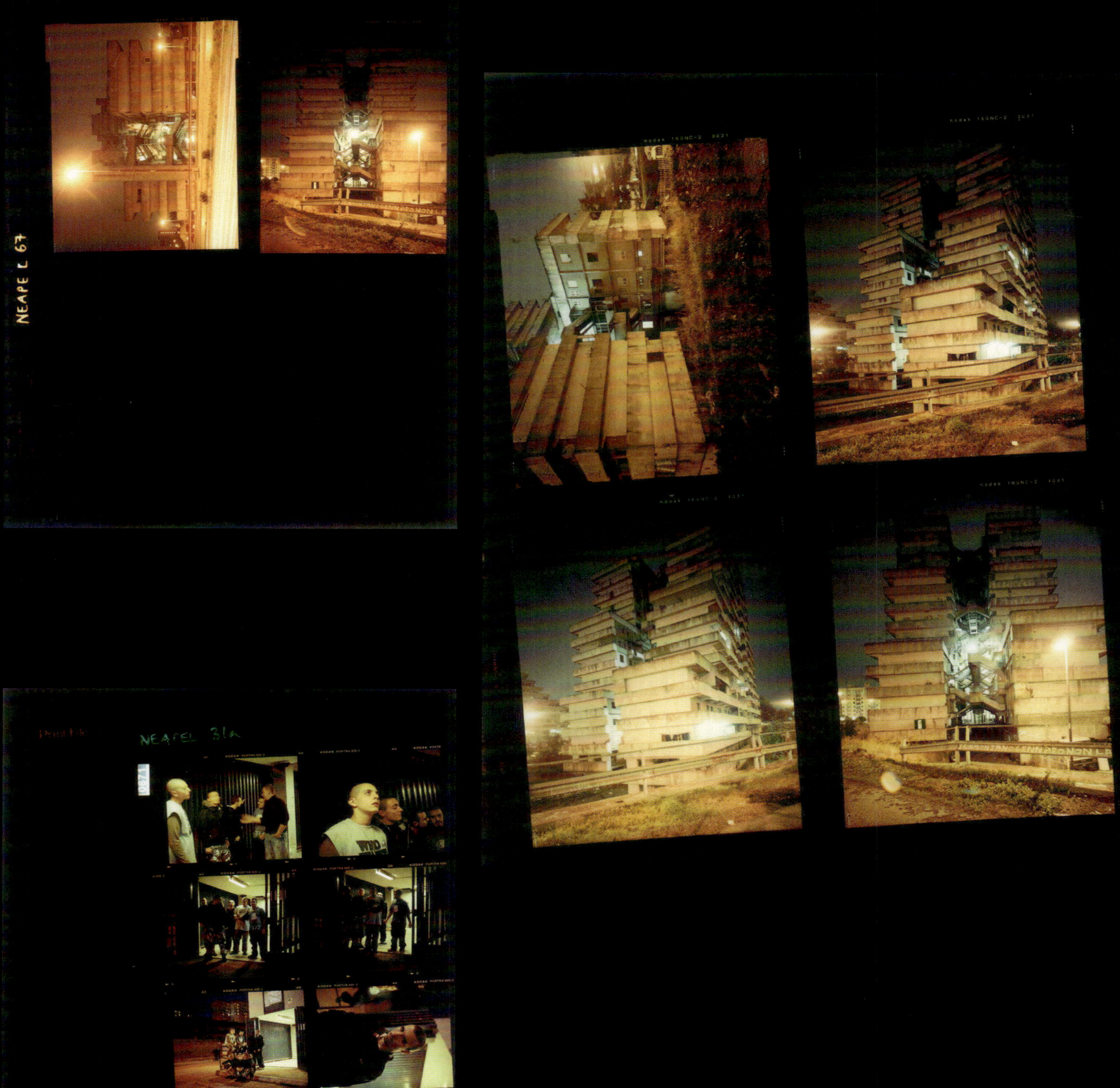

01—04

01—04 Tobias Zielony, Kontaktbögen zu / Contact sheets
for **LE VELE DI SCAMPIA,** 2009. Courtesy of the artist
and KOW, Berlin

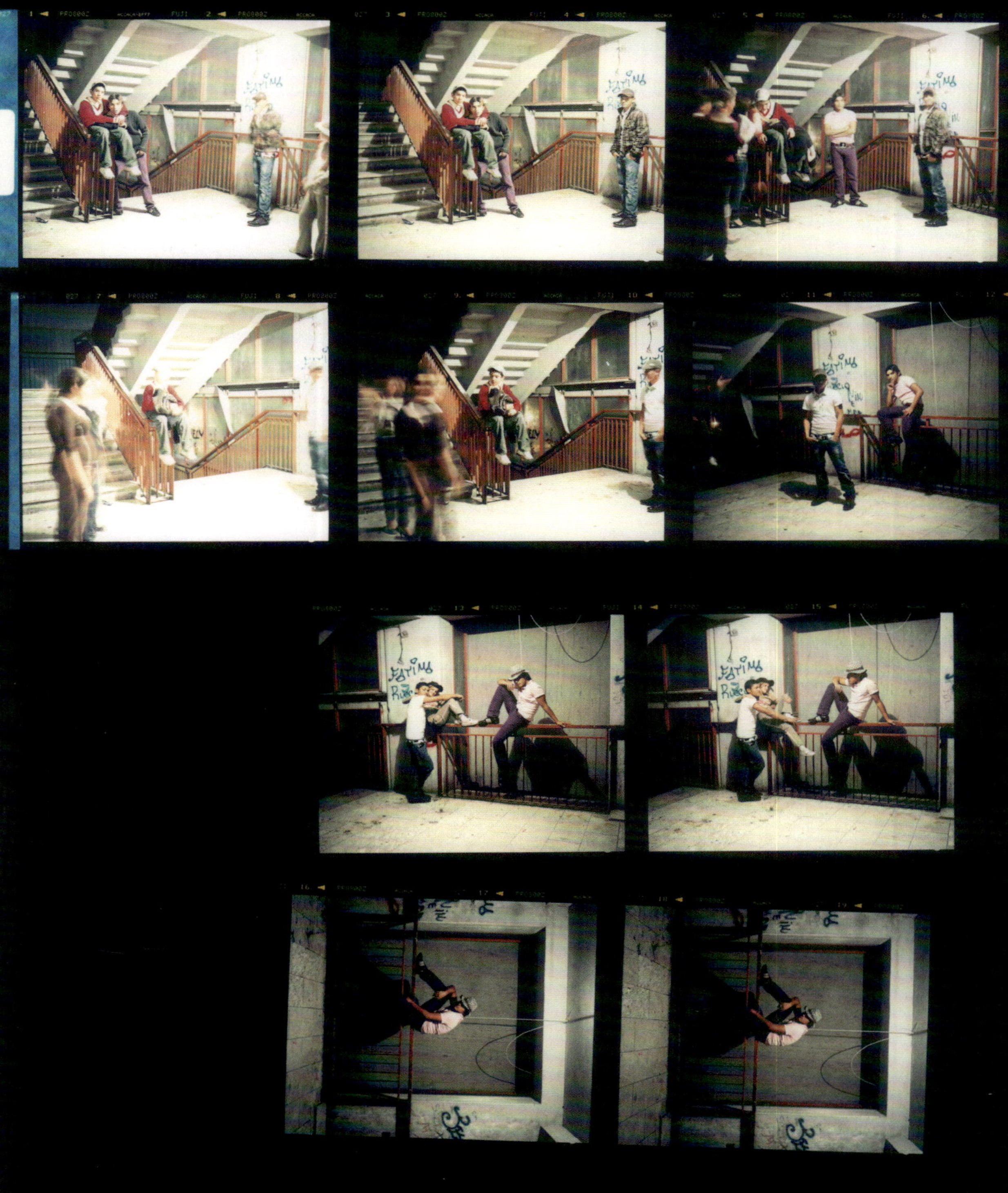

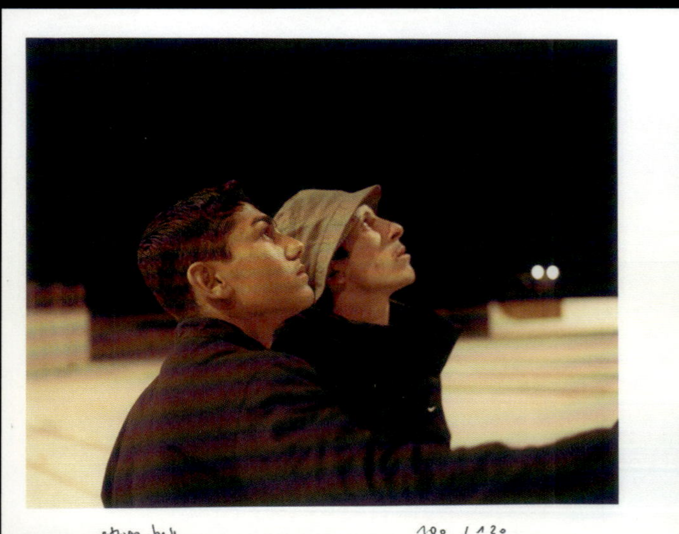
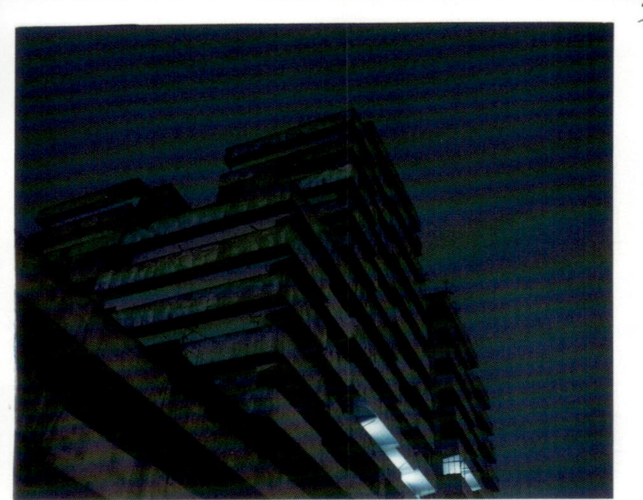

05–07

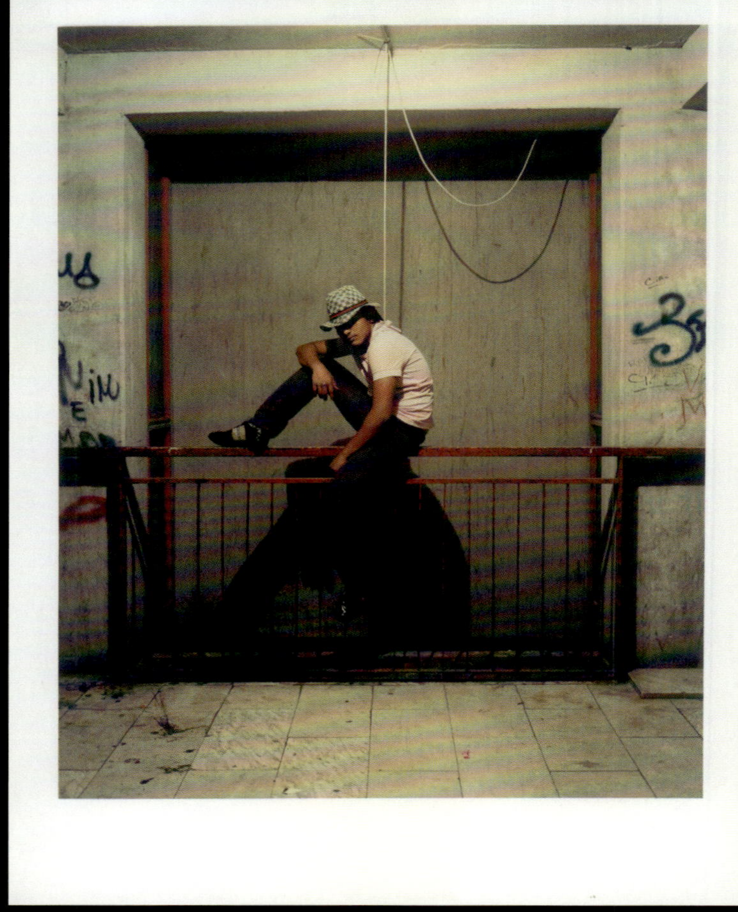

05–07 Tobias Zielony, Testprints zu / Test prints for
LE VELE DI SCAMPIA, 2009. Courtesy of the artist
and KOW, Berlin

08–11 Architekturskizzen von / Architectural
sketches by Francesco Di Salvo, **LE VELE DI
SCAMPIA,** 2009. Courtesy of the artist and
KOW, Berlin

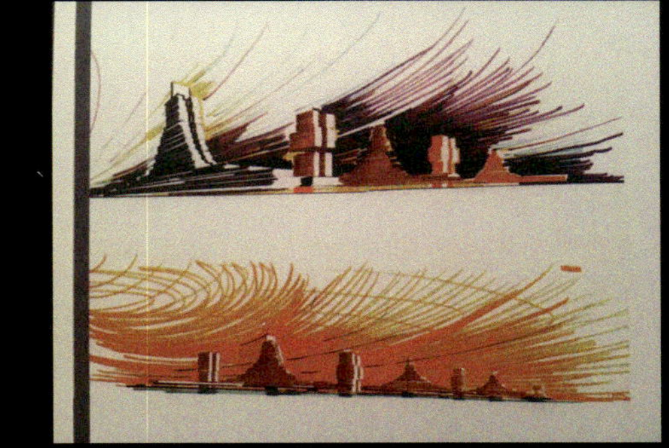

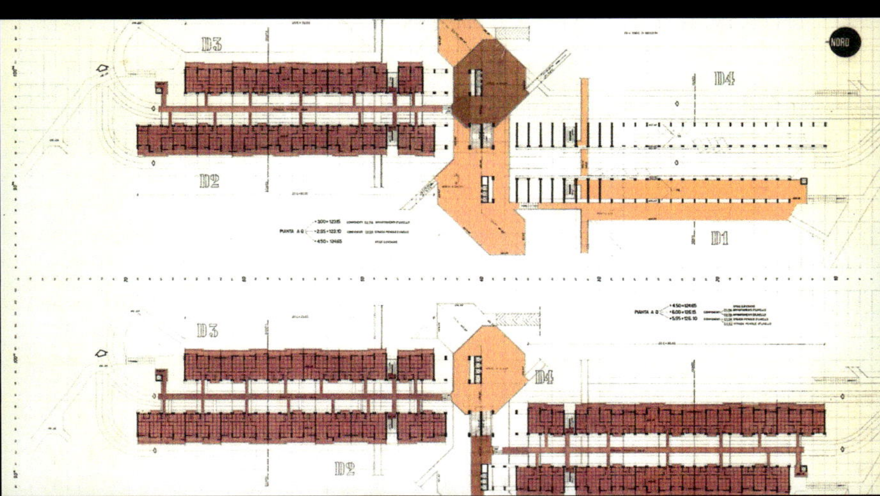

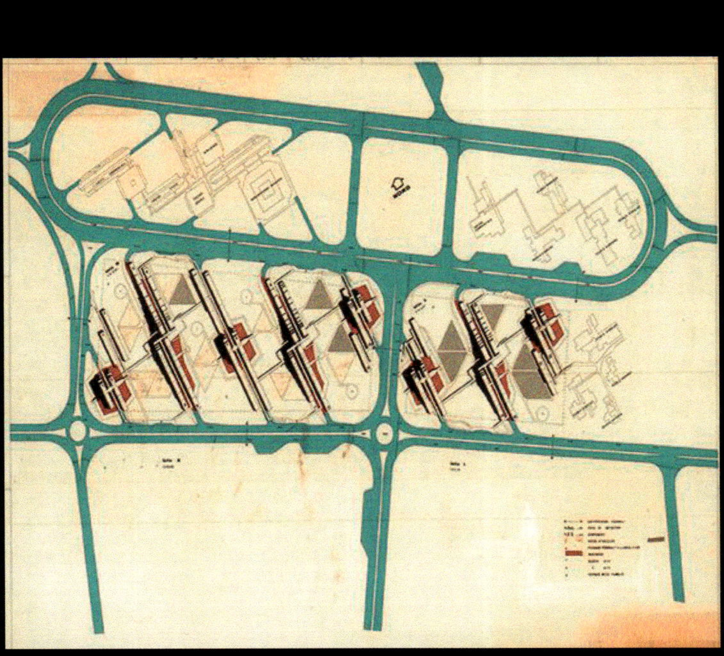

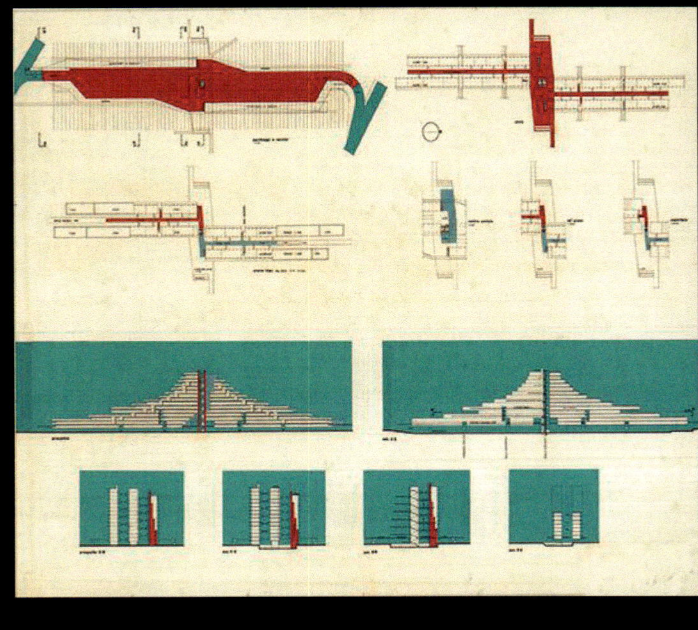

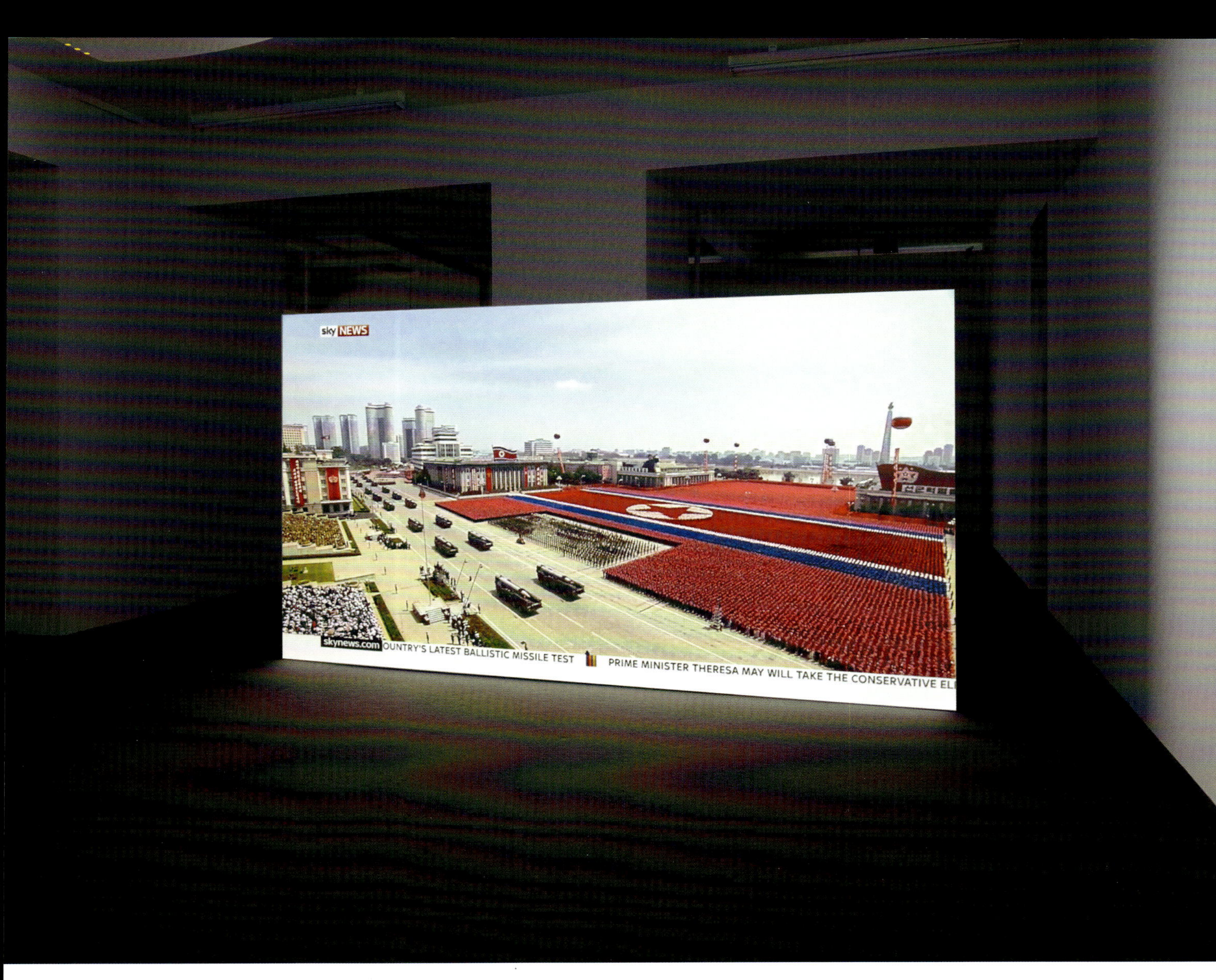

Ed Atkins & Simon Thompson, **SKY NEWS LIVE,** 2016
Installationsansicht / Installation view **GENERATION LOSS, JULIA STOSCHEK COLLECTION**, Düsseldorf
Foto / Photo: Simon Vogel, Köln / Cologne

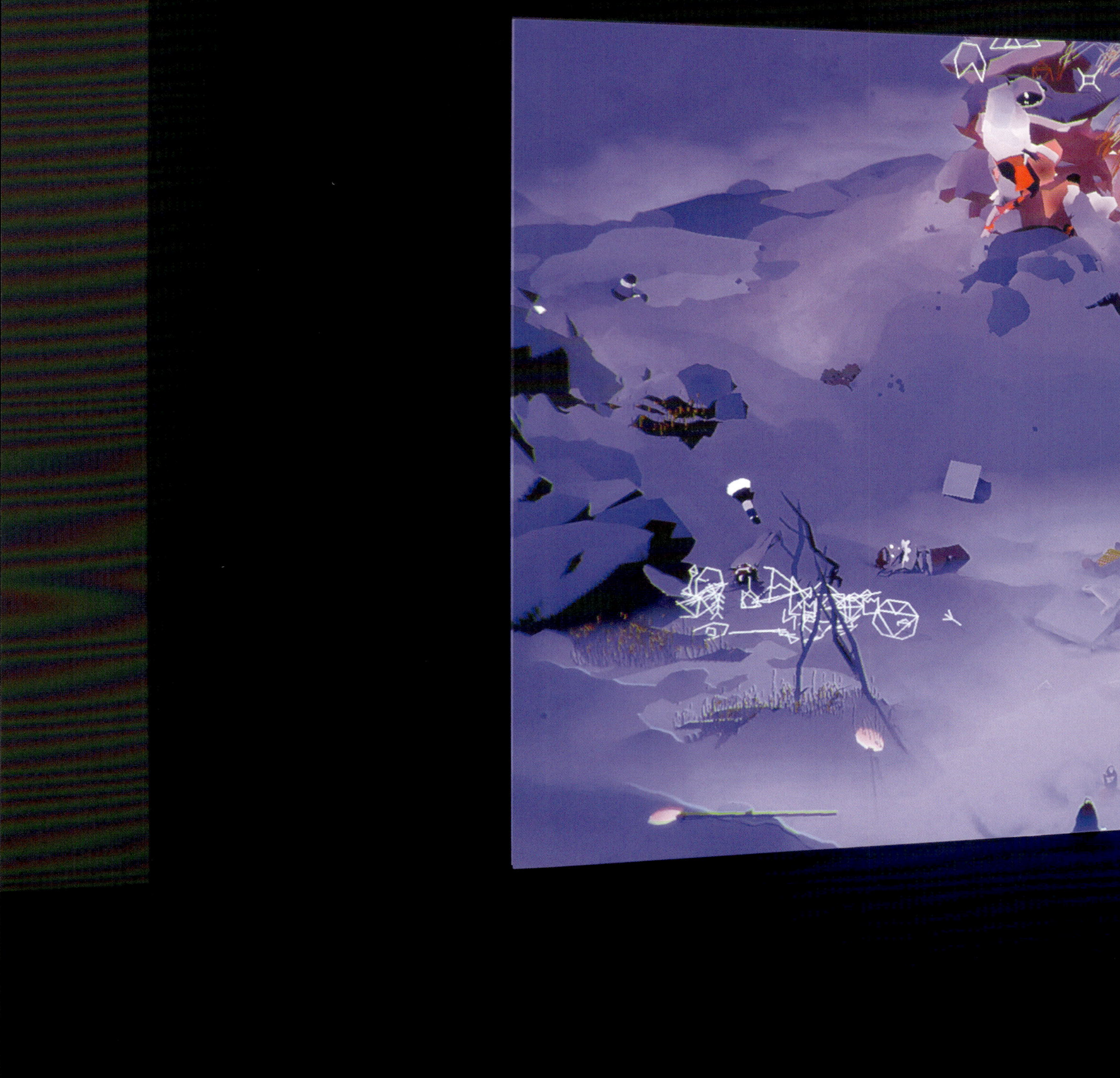

Ian Cheng, **EMISSARY IN THE SQUAT OF GODS,** 2015
Installationsansicht / Installation view **GENERATION LOSS, JULIA STOSCHEK COLLECTION,** Düsseldorf
Foto / Photo: Simon Vogel, Köln / Cologne

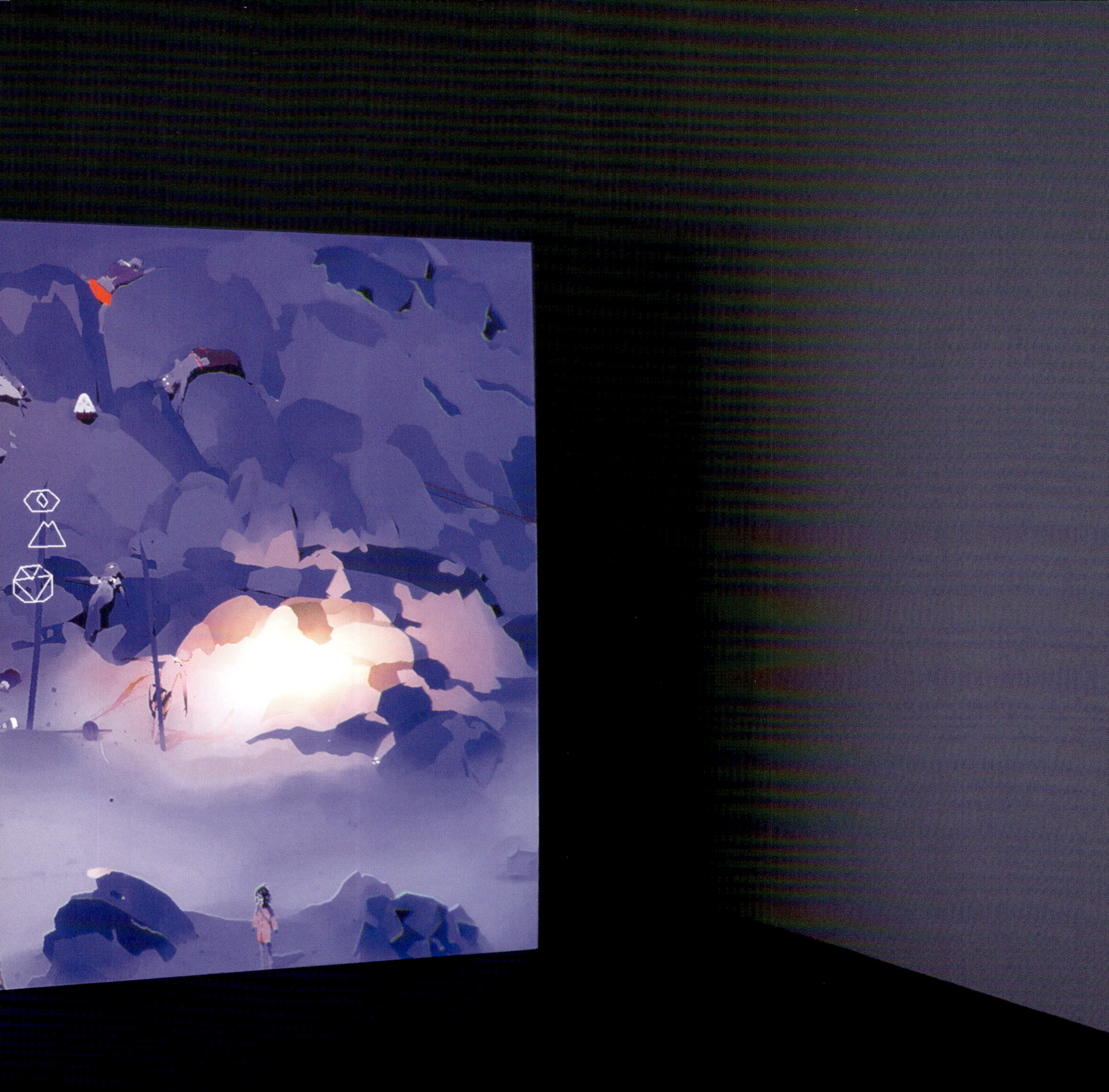

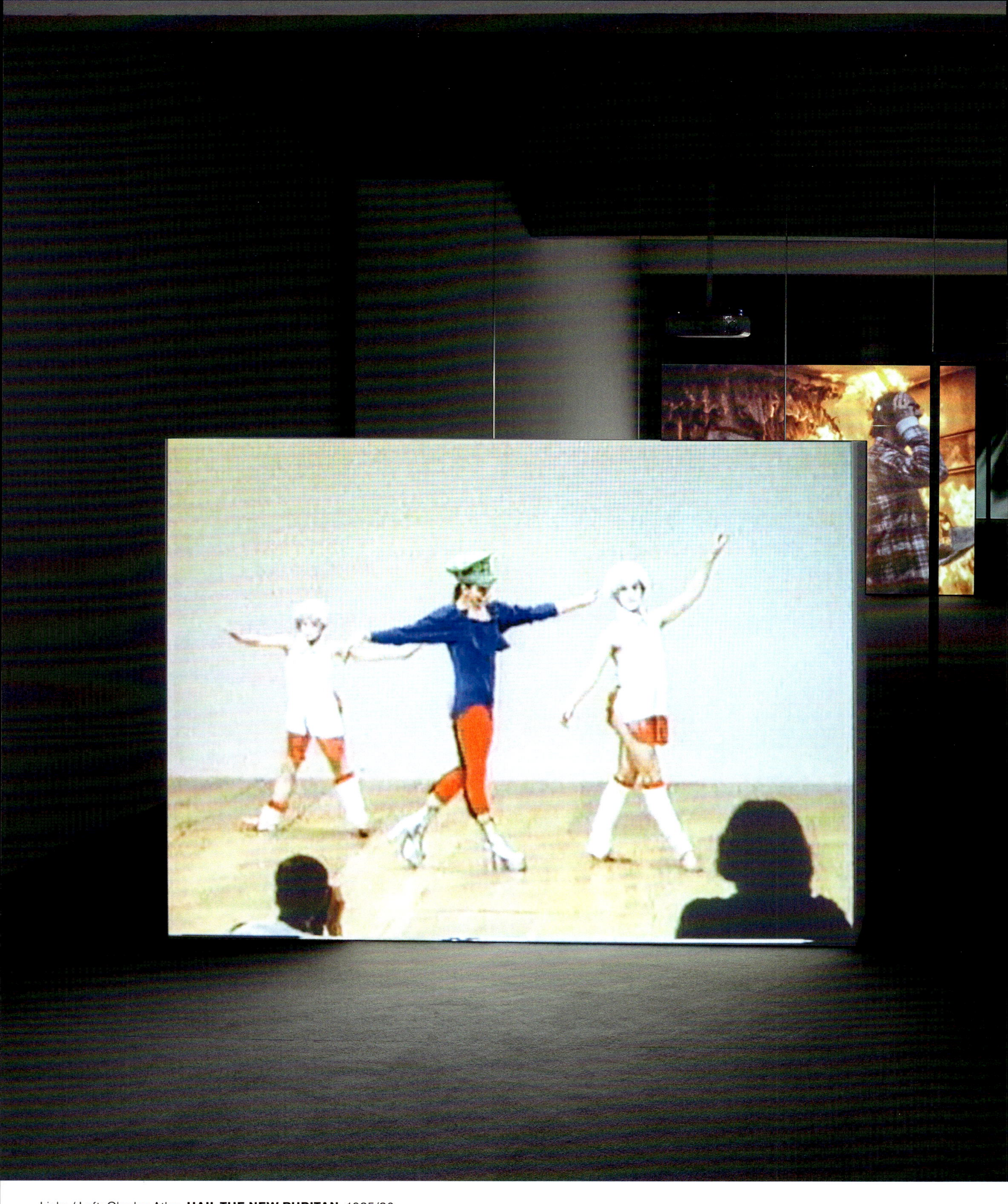

Links / Left: Charles Atlas, **HAIL THE NEW PURITAN,** 1985/86
Rechts / Right: Wolfgang Tillmans, **HEARTBEAT / ARMPIT,** 2003
Installationsansicht / Installation view **GENERATION LOSS, JULIA STOSCHEK COLLECTION,** Düsseldorf
Foto / Photo: Simon Vogel, Köln / Cologne

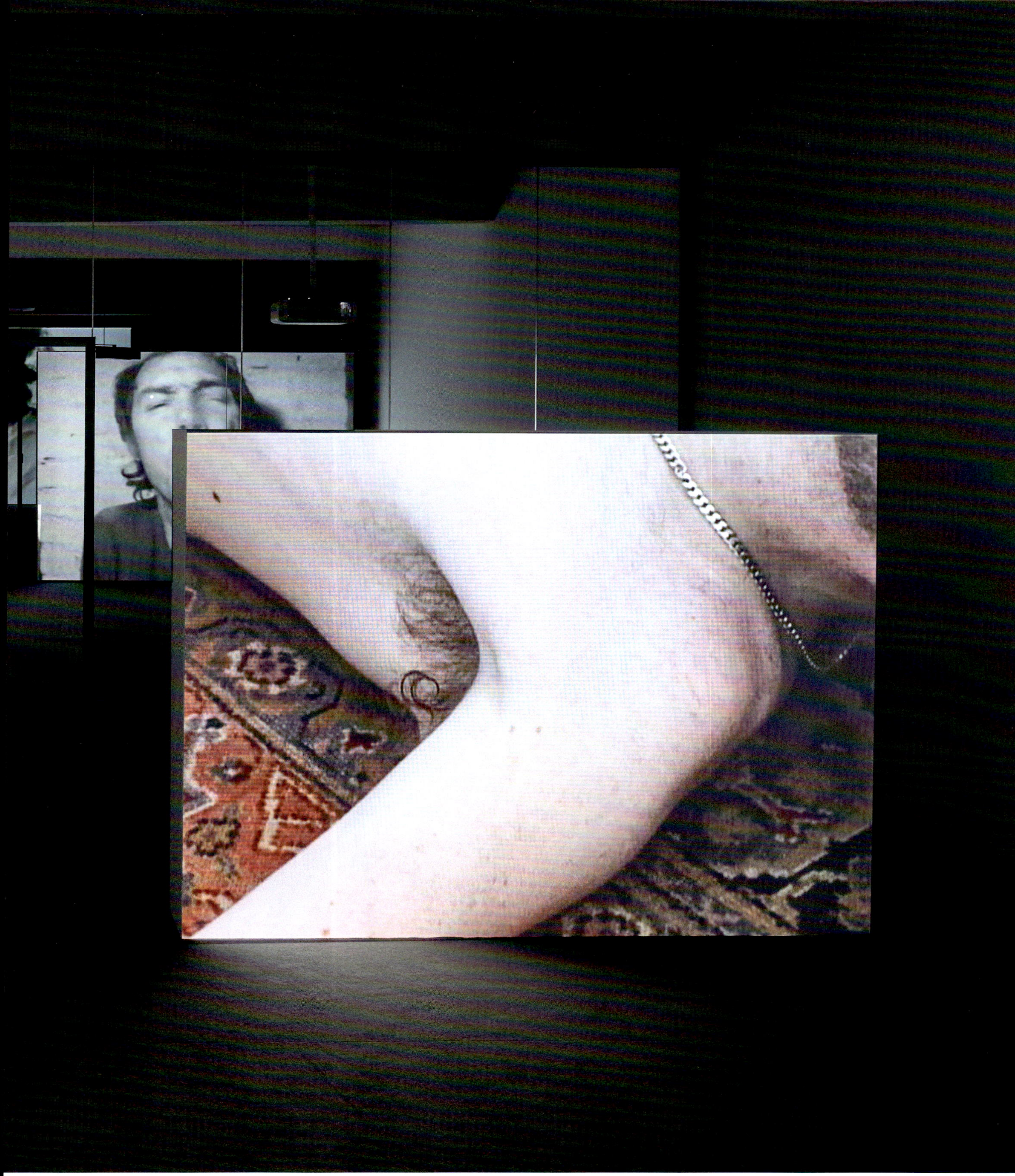

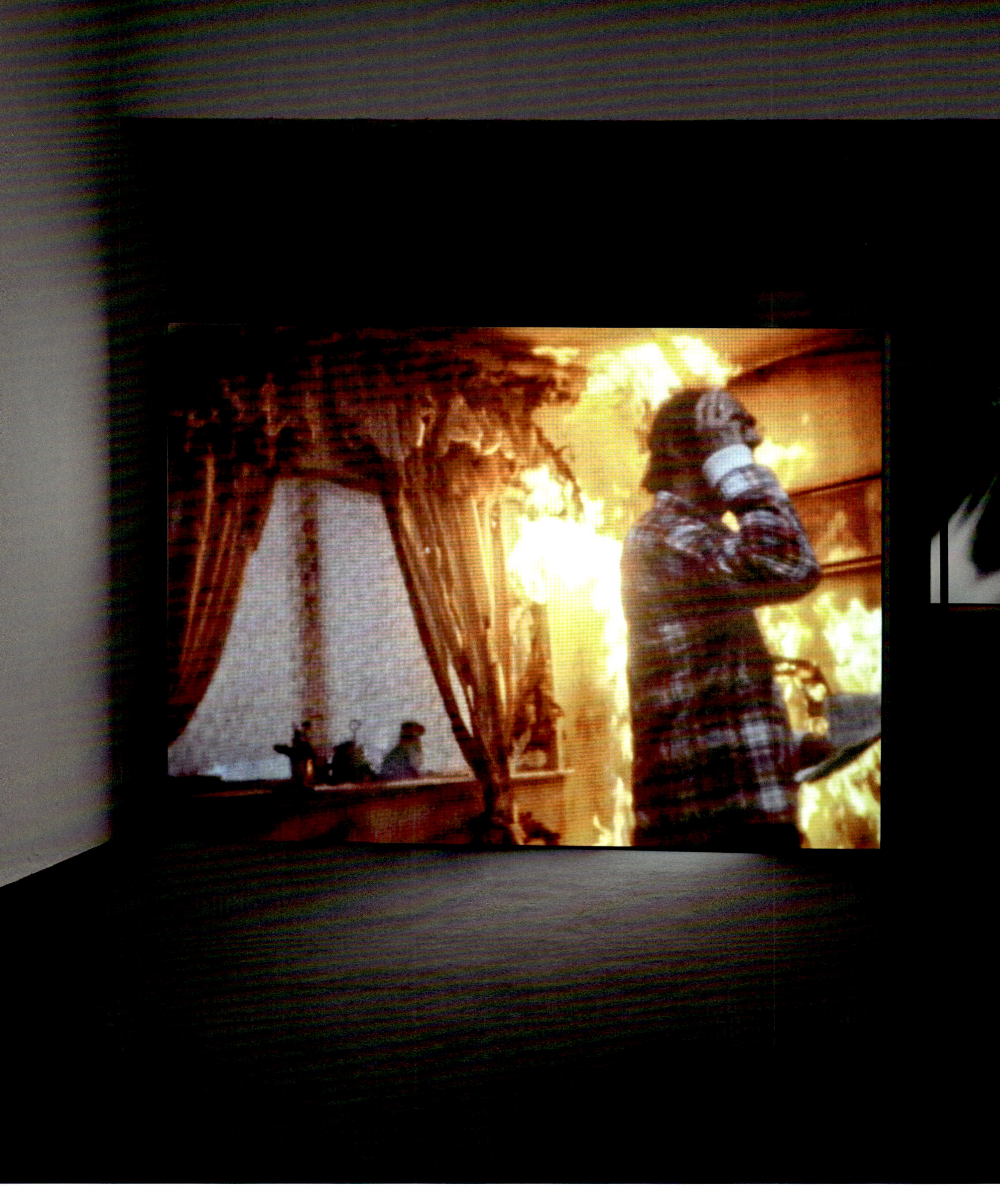

Links / Left: Reynold Reynolds & Patrick Jolley, **BURN,** 2001
Rechts / Right: Paul McCarthy, **SPITTING ON THE CAMERA LENS,** 1974
Installationsansicht / Installation view **GENERATION LOSS, JULIA STOSCHEK COLLECTION,** Düsseldorf
Foto / Photo: Simon Vogel, Köln / Cologne

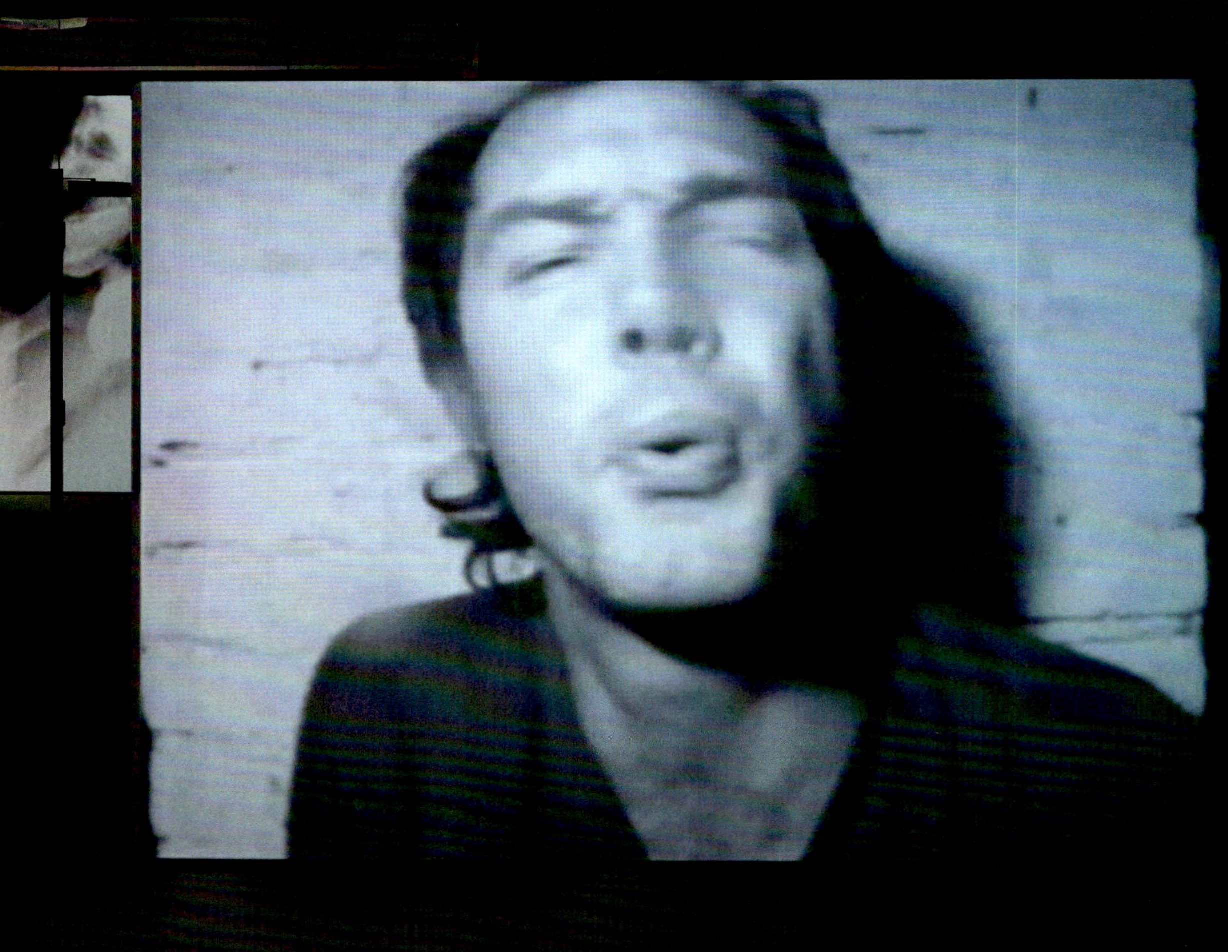

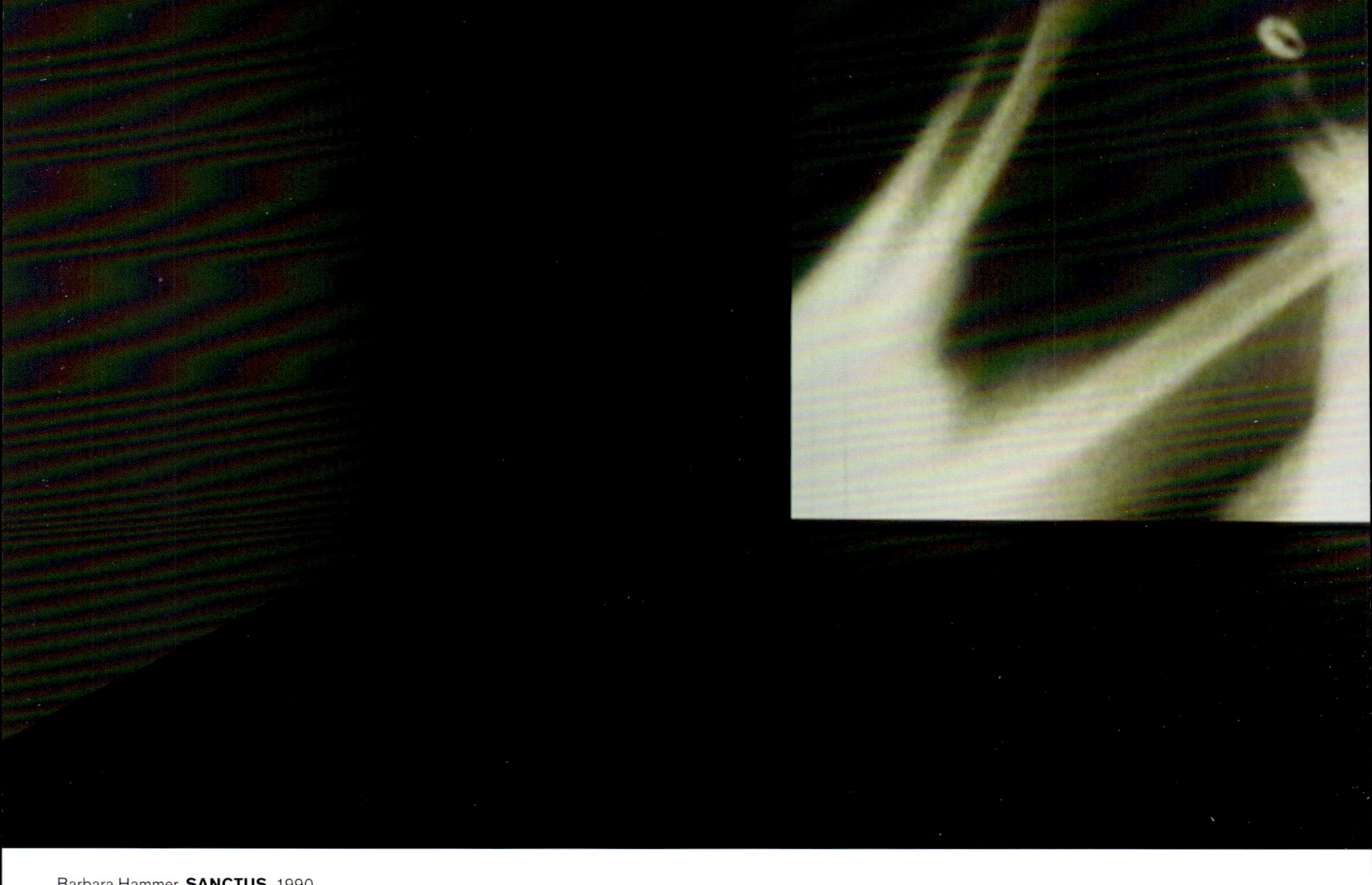

Barbara Hammer, **SANCTUS,** 1990
Installationsansicht / Installation view **GENERATION LOSS, JULIA STOSCHEK COLLECTION,** Düsseldorf
Foto / Photo: Simon Vogel, Köln / Cologne

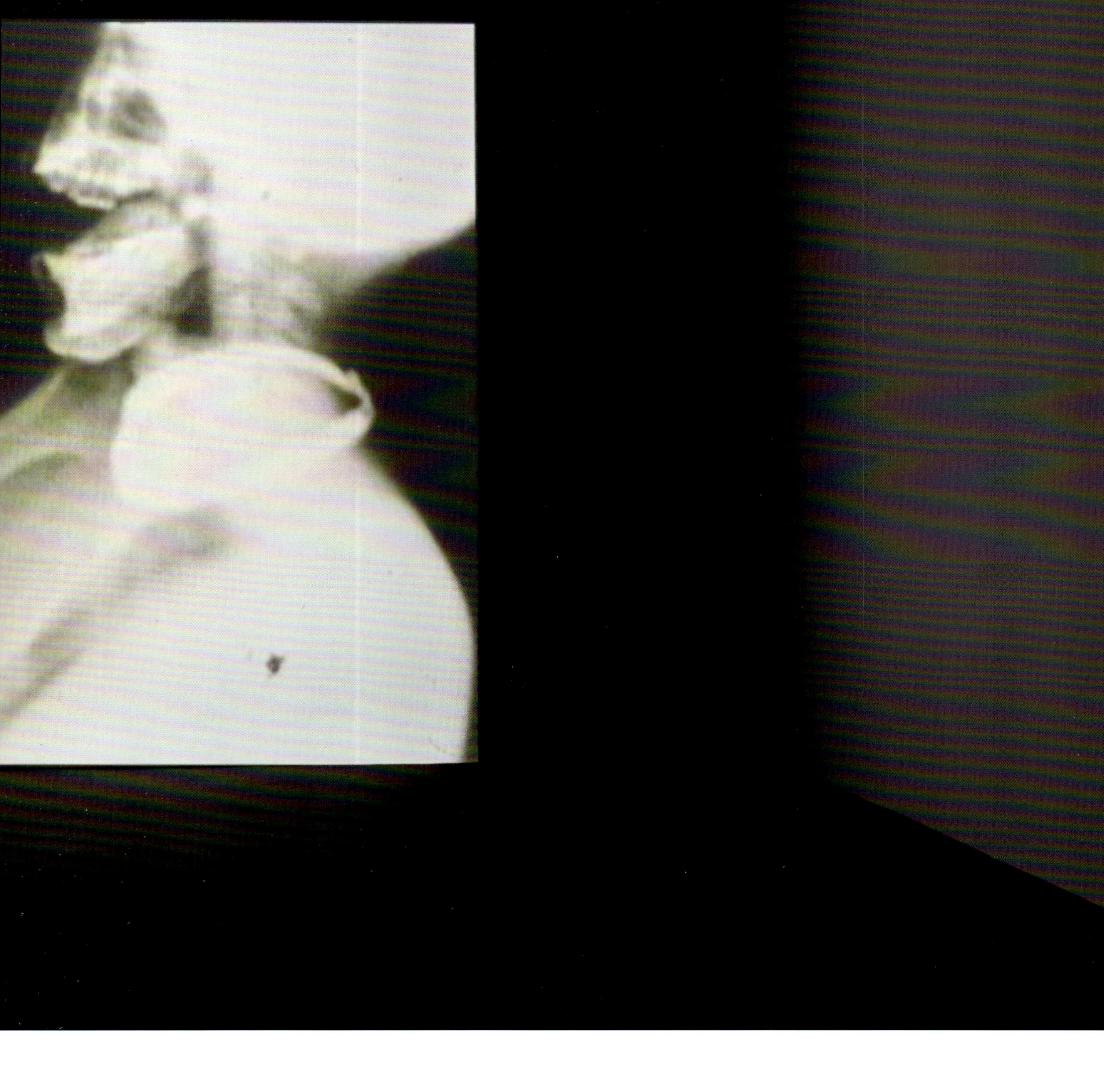

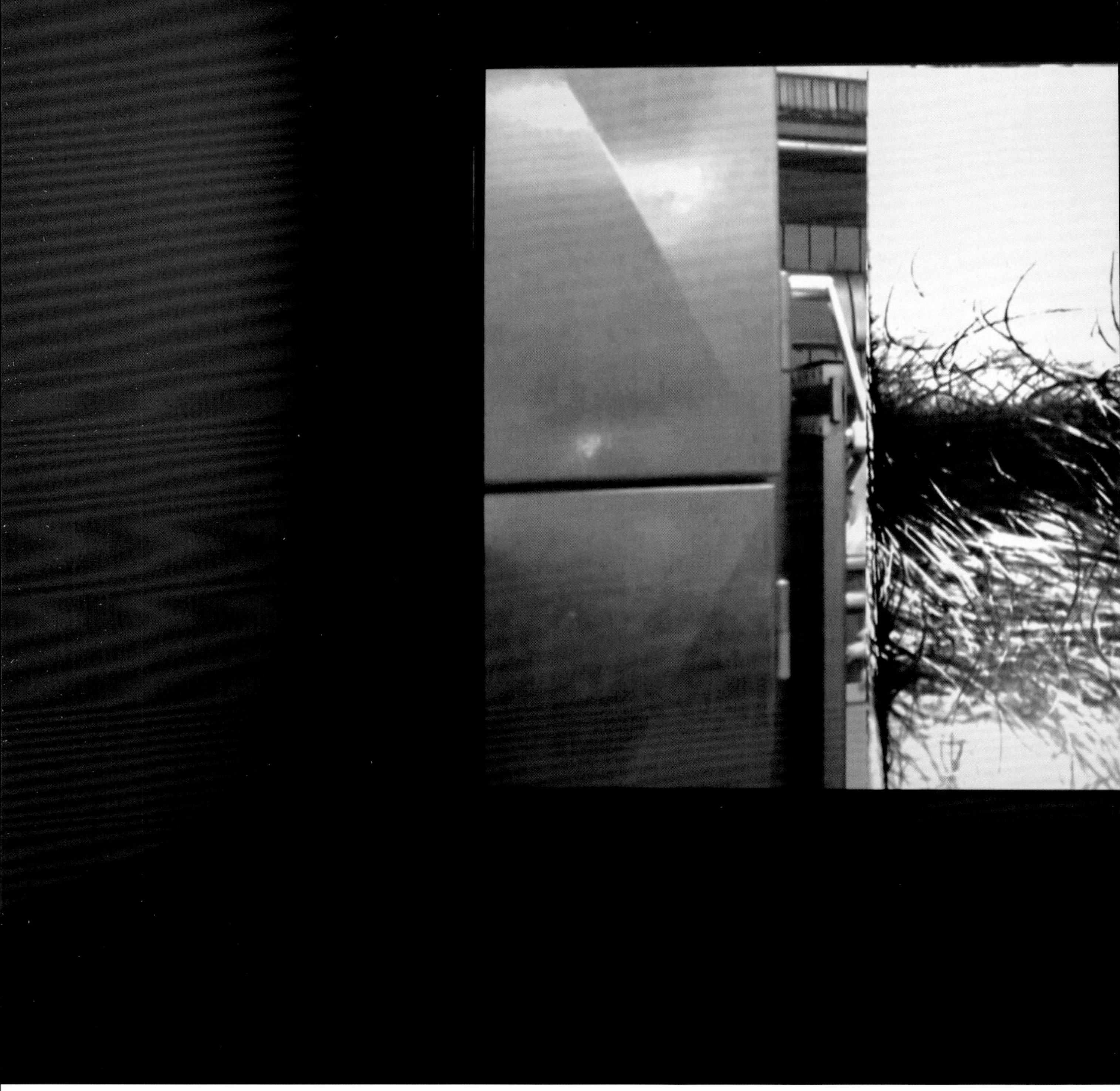

James Richards, **RADIO AT NIGHT,** 2015
Installationsansicht / Installation view **GENERATION LOSS, JULIA STOSCHEK COLLECTION,** Düsseldorf
Foto / Photo: Simon Vogel, Köln / Cologne

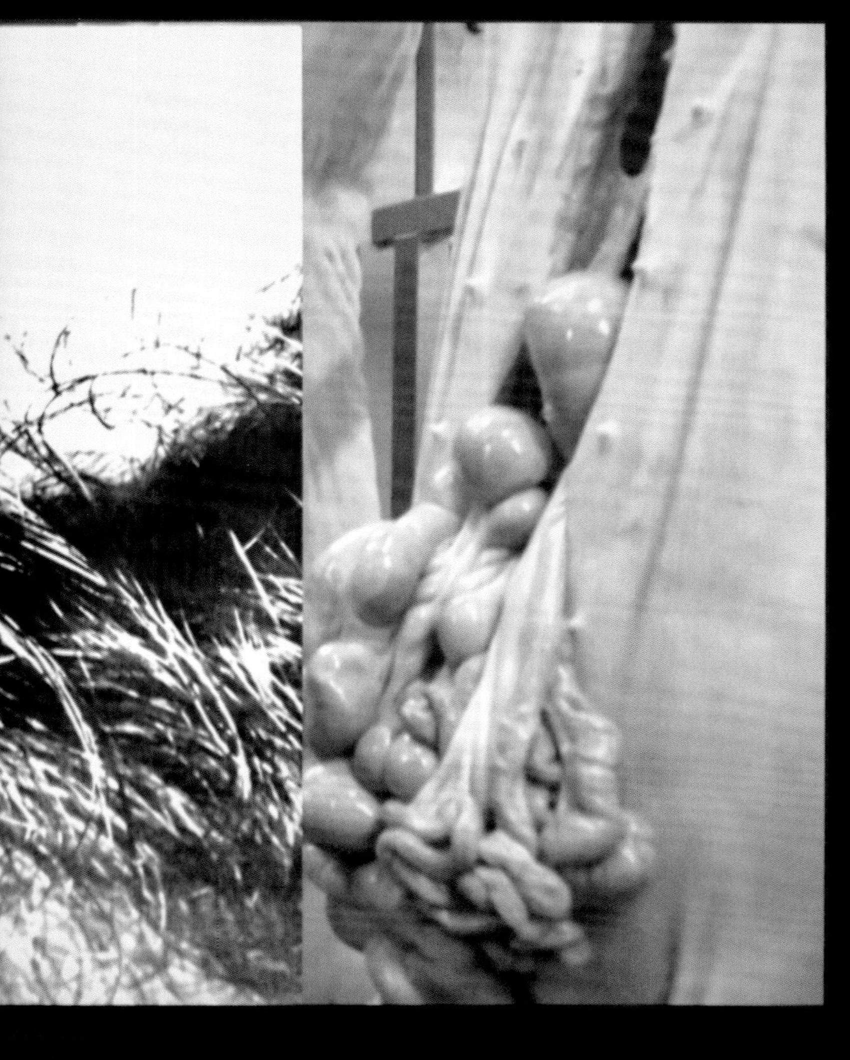

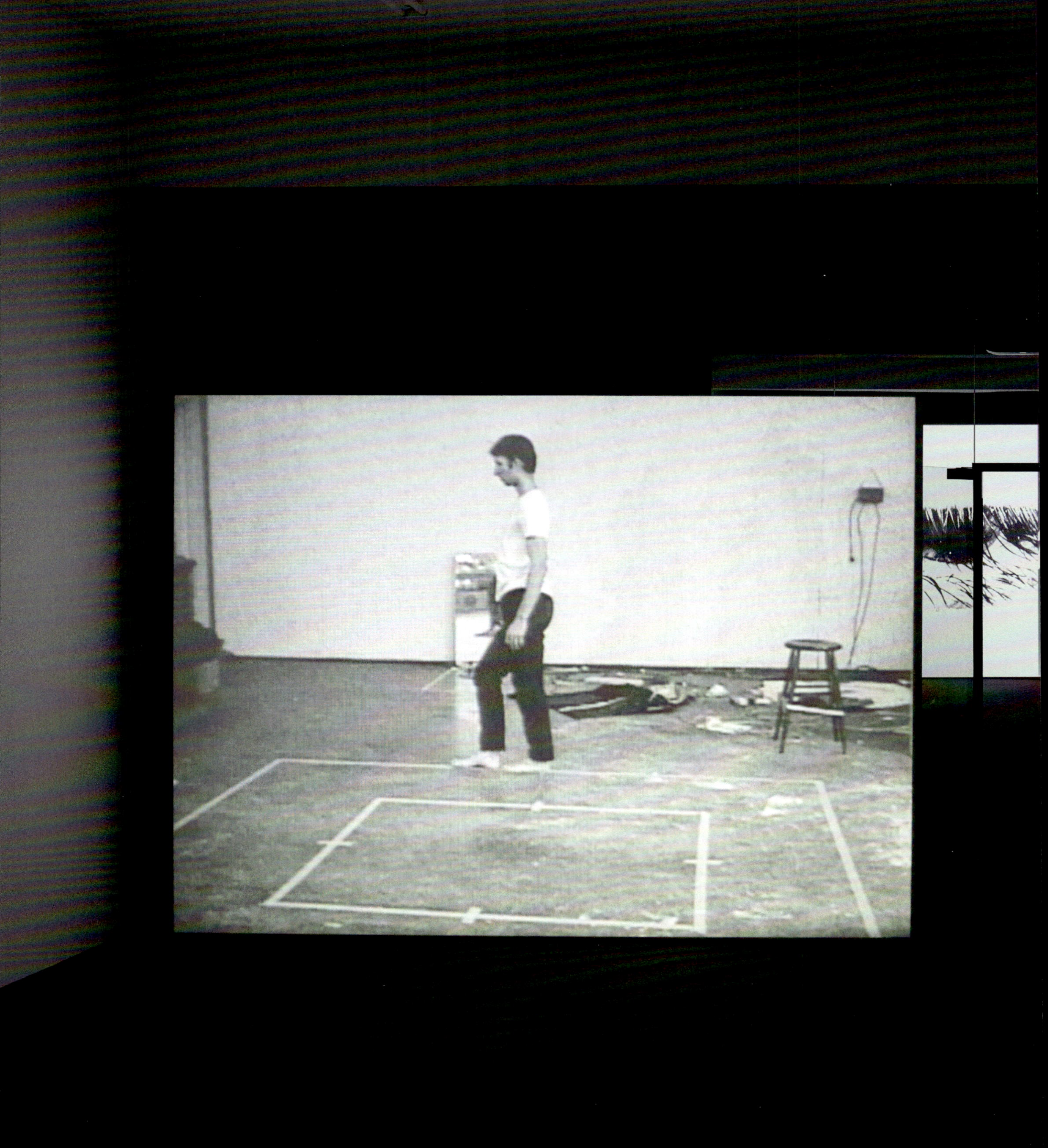

Links / Left: Bruce Nauman, **WALKING IN AN EXAGGERATED MANNER AROUND THE PERIMETER OF A SQUARE,** 1967/68
Rechts / Right: Klara Lidén, **PARALYZED,** 2003
Installationsansicht / Installation view **GENERATION LOSS, JULIA STOSCHEK COLLECTION,** Düsseldorf
Foto / Photo: Simon Vogel, Köln / Cologne. © Bruce Nauman: VG Bild-Kunst, Bonn 2017

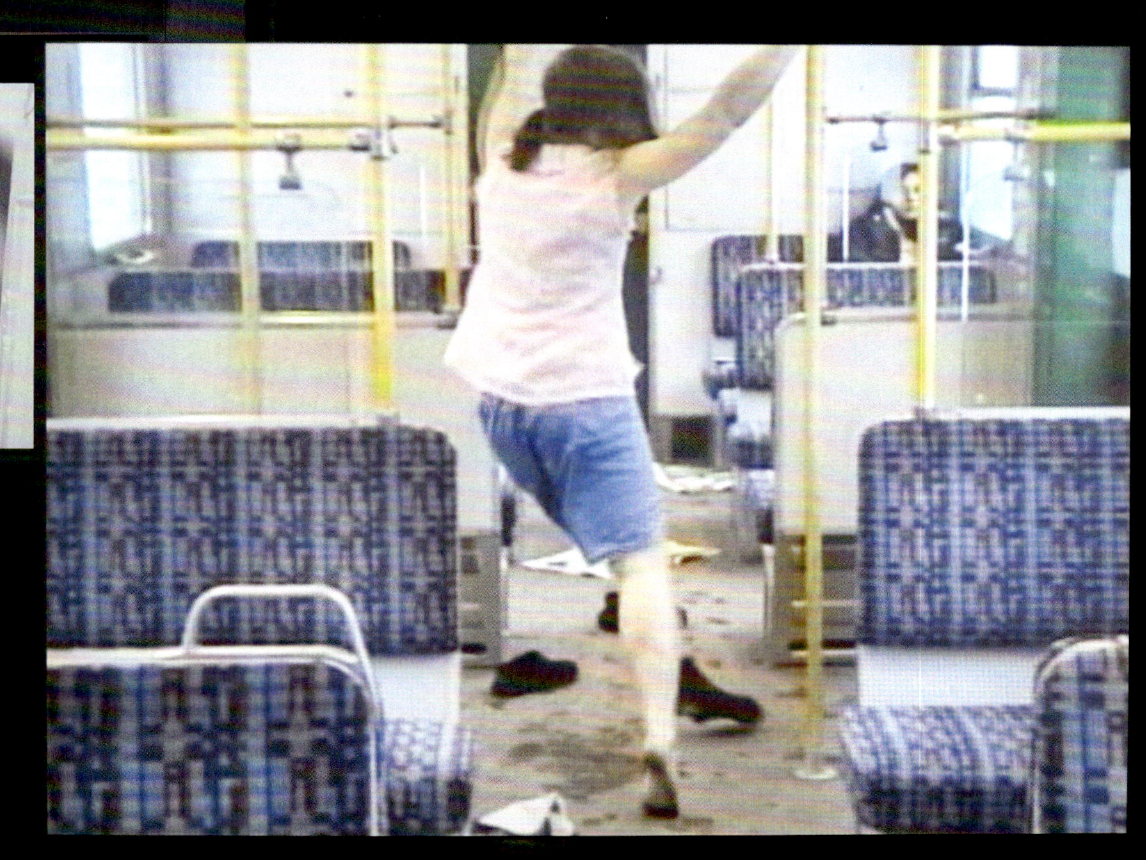

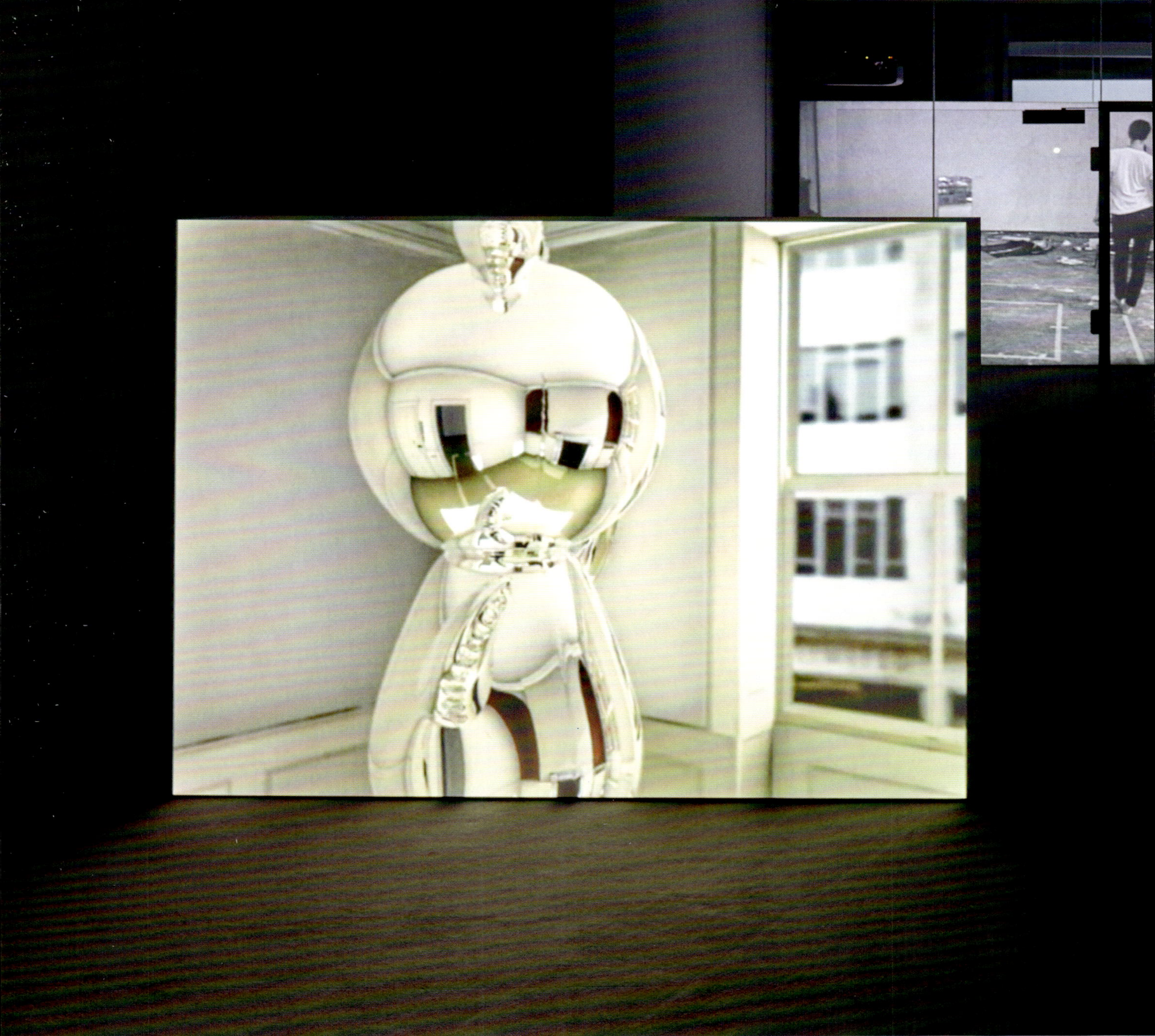

Links / Left: Mark Leckey, **MADE IN 'EAVEN,** 2004
Rechts / Right: Christian Jankowski, **WHAT REMAINS,** 2004
Installationsansicht / Installation view **GENERATION LOSS, JULIA STOSCHEK COLLECTION,** Düsseldorf
Foto / Photo: Simon Vogel, Köln / Cologne

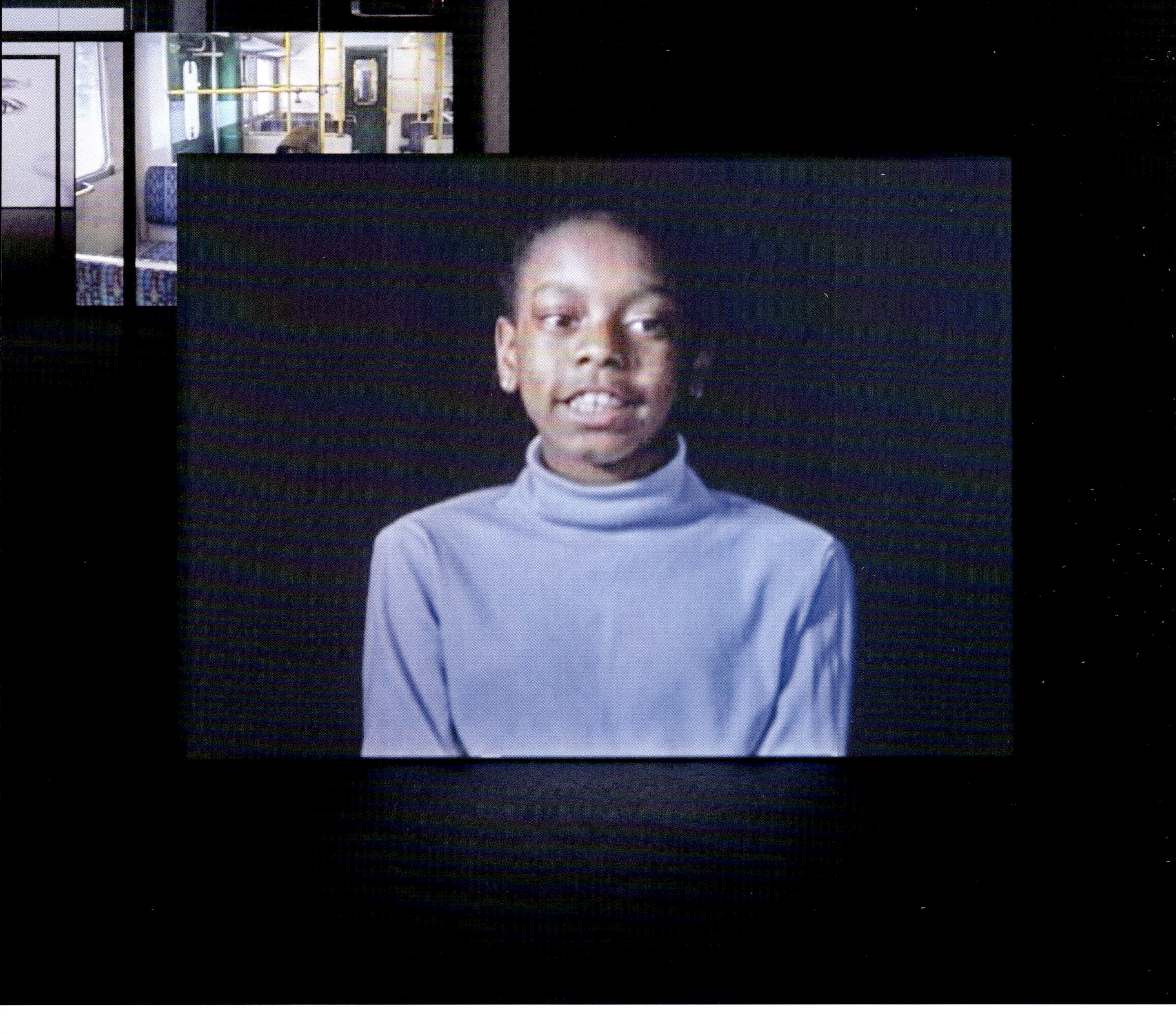

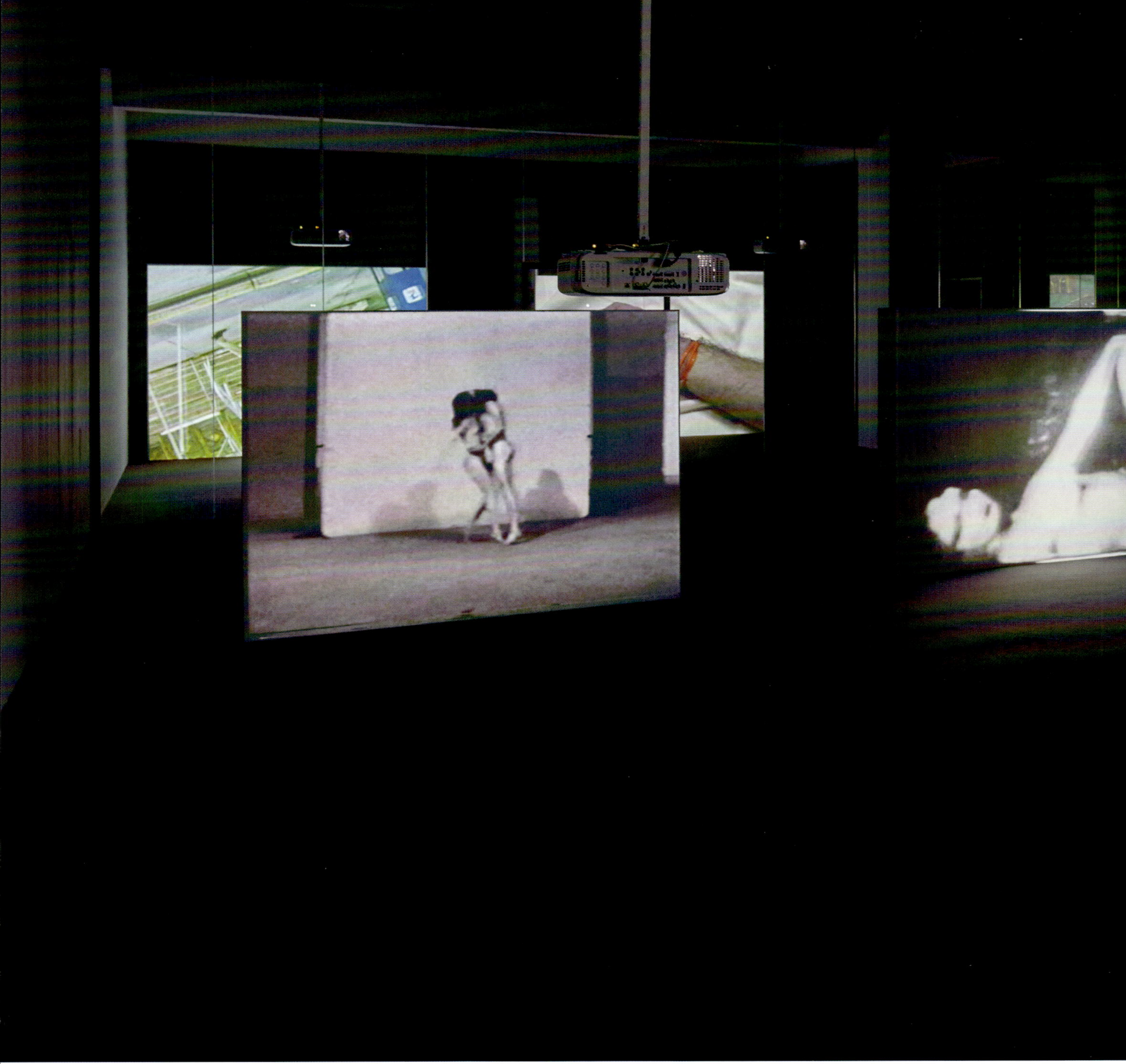

Links / Left: Ulay & Marina Abramović, **RELATION IN SPACE,** 1976
Rechts / Right: Joan Jonas, **VERTICAL ROLL,** 1972
Installationsansicht / Installation view **GENERATION LOSS, JULIA STOSCHEK COLLECTION,** Düsseldorf
Foto / Photo: Simon Vogel, Köln / Cologne. © Ulay & Marina Abramović: VG Bild-Kunst, Bonn 2017

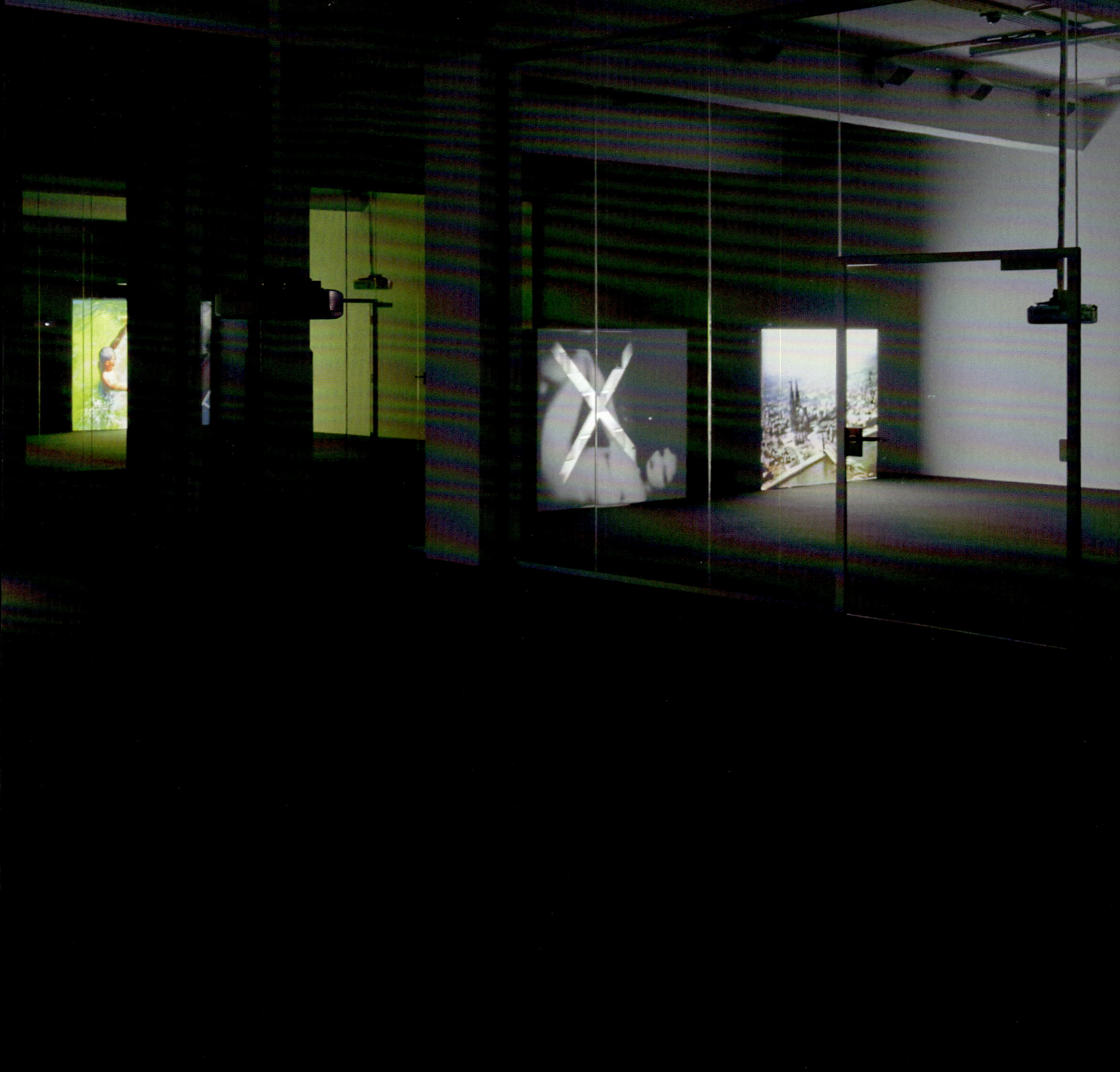

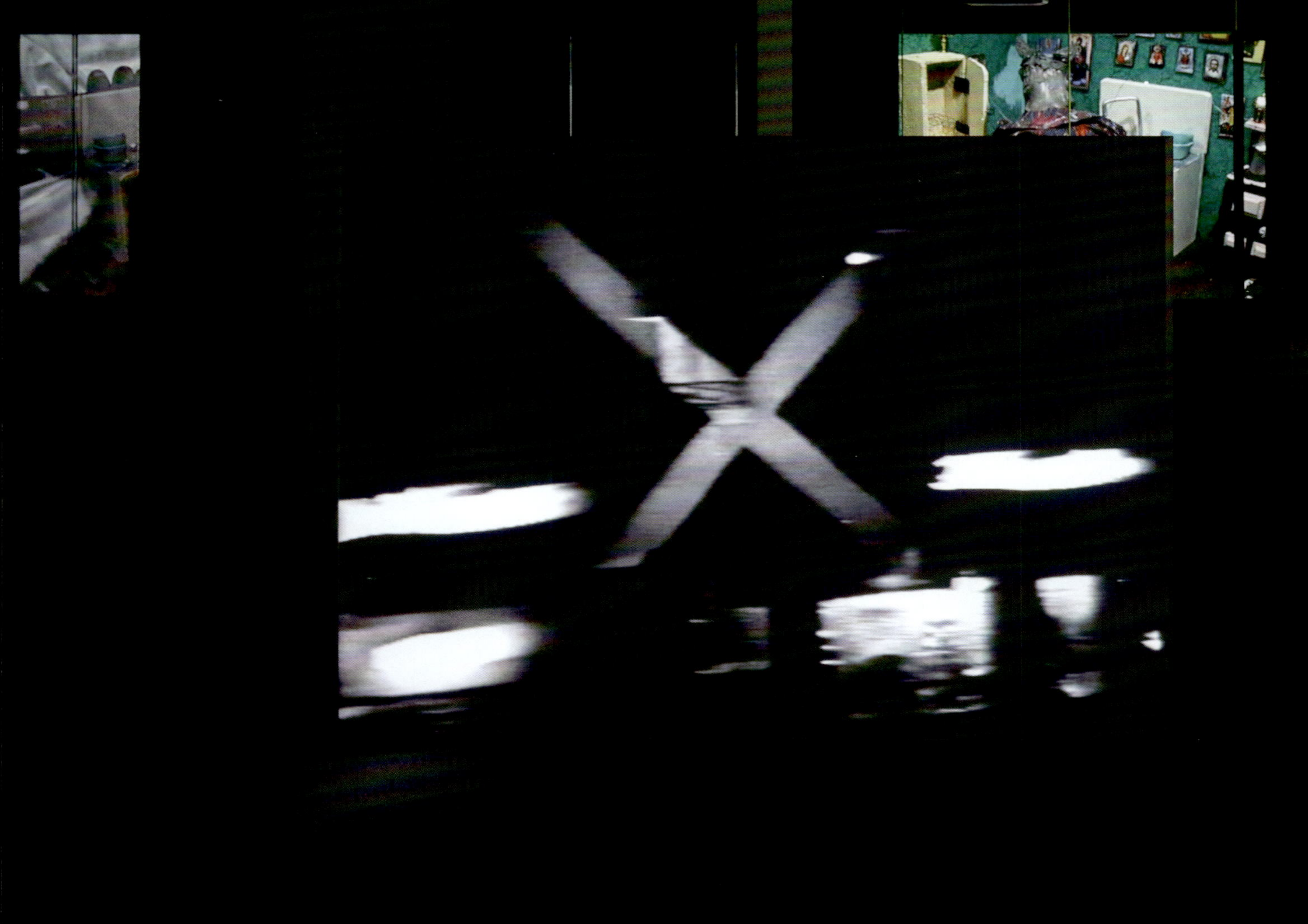

Links / Left: Imi Knoebel, **PROJEKTION X,** 1972
Rechts / Right: Klaus vom Bruch, **DAS ALLIIERTENBAND (ALLIES TAPE),** 1982
Installationsansicht / Installation view **GENERATION LOSS, JULIA STOSCHEK COLLECTION,** Düsseldorf
Foto / Photo: Simon Vogel, Köln / Cologne. © vom Bruch / © Knoebel: VG Bild-Kunst, Bonn 2017

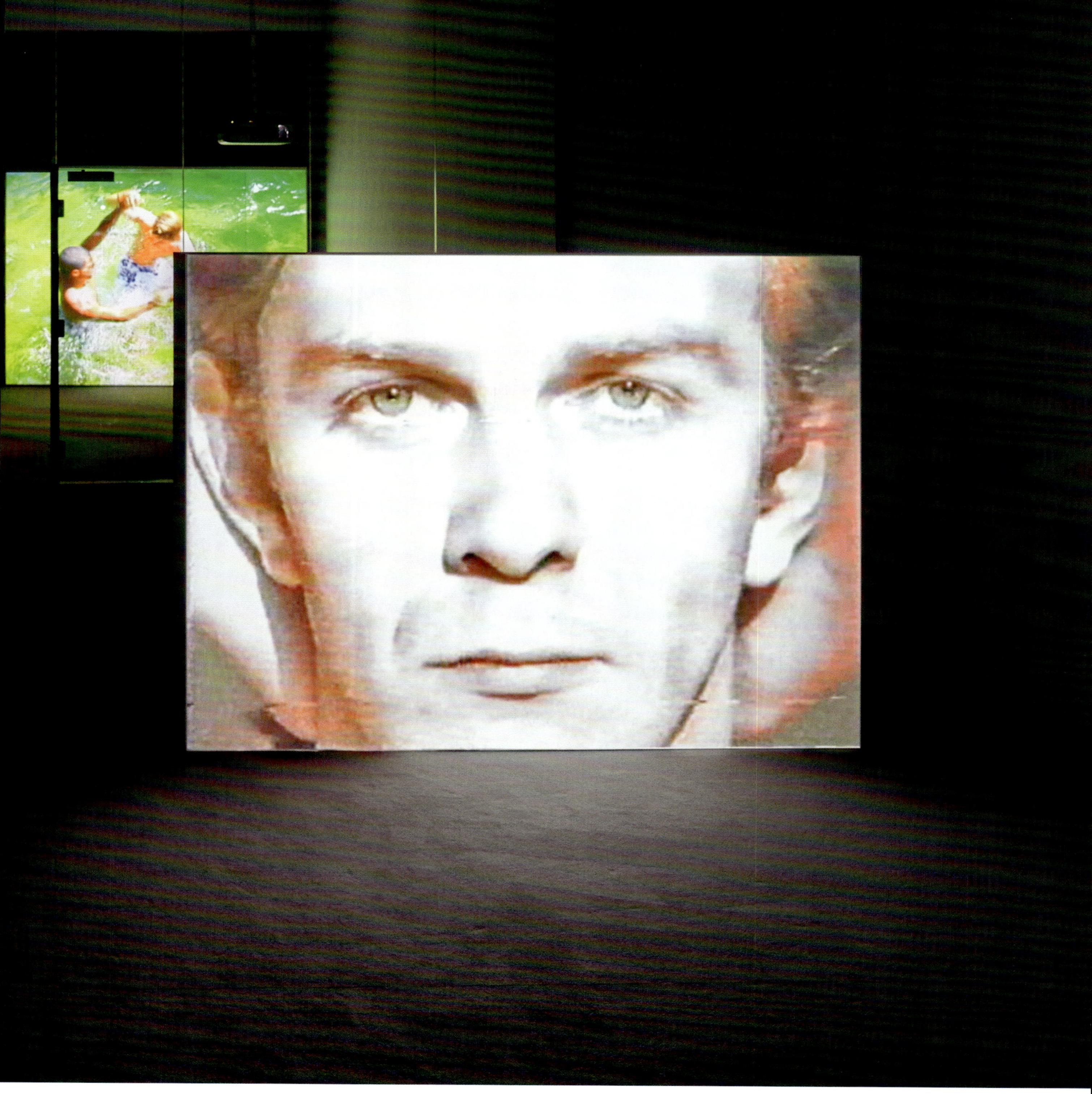

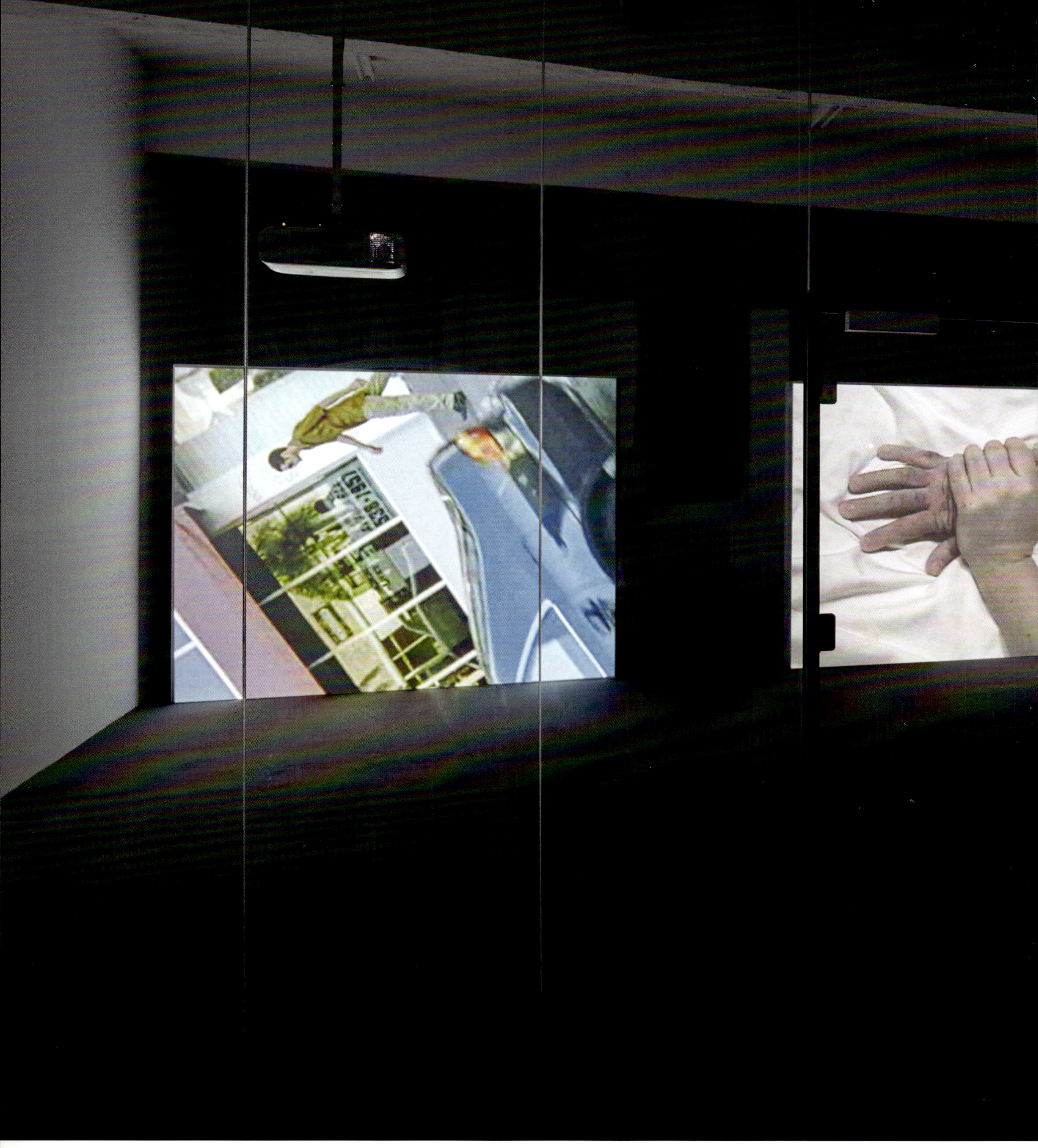

Links / Left: Dara Friedman, **REVOLUTION,** 2003
Rechts / Right: Douglas Gordon, **OVER MY SHOULDER,** 2003
Installationsansicht / Installation view **GENERATION LOSS, JULIA STOSCHEK COLLECTION,** Düsseldorf
Foto / Photo: Simon Vogel, Köln / Cologne. © Gordon: Studio lost but found/VG Bild-Kunst, Bonn 2017

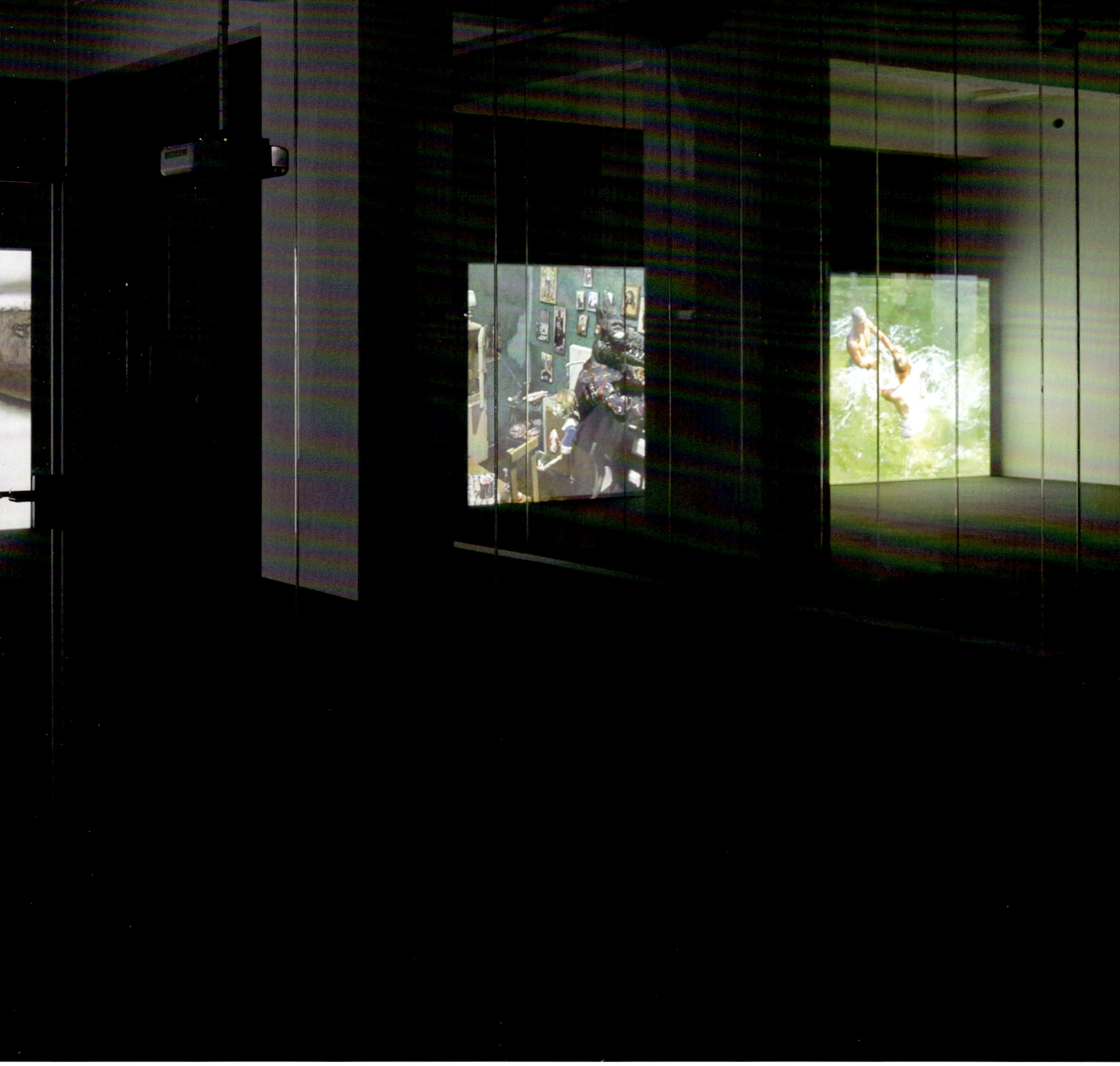

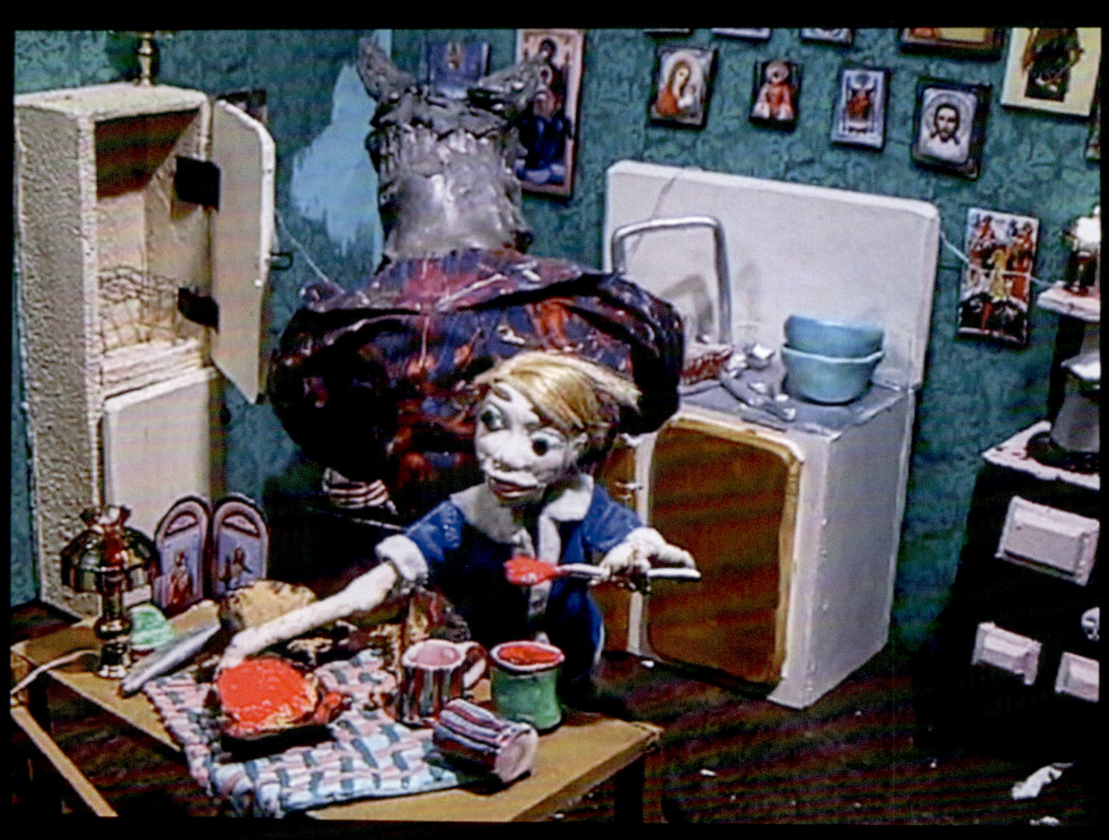

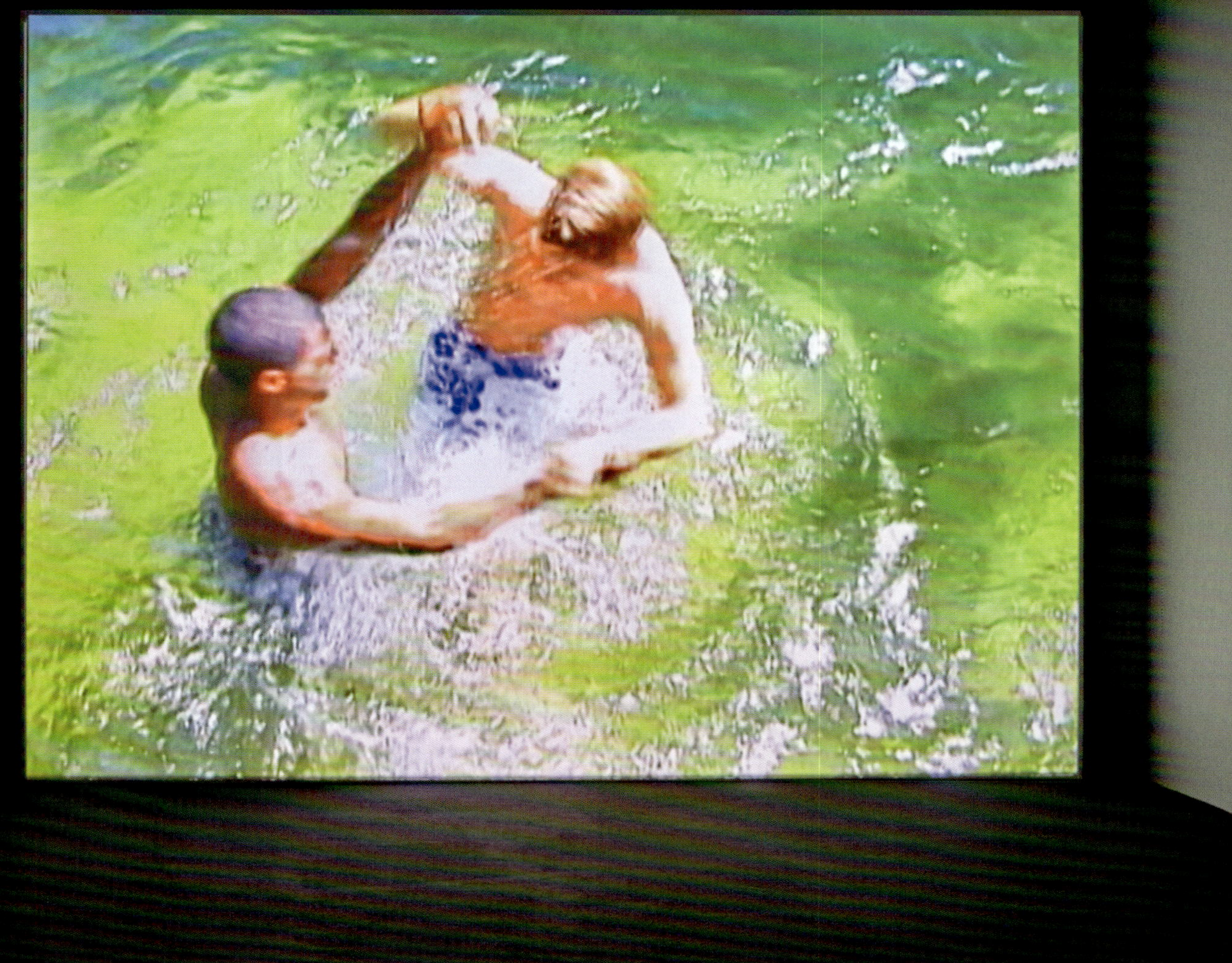

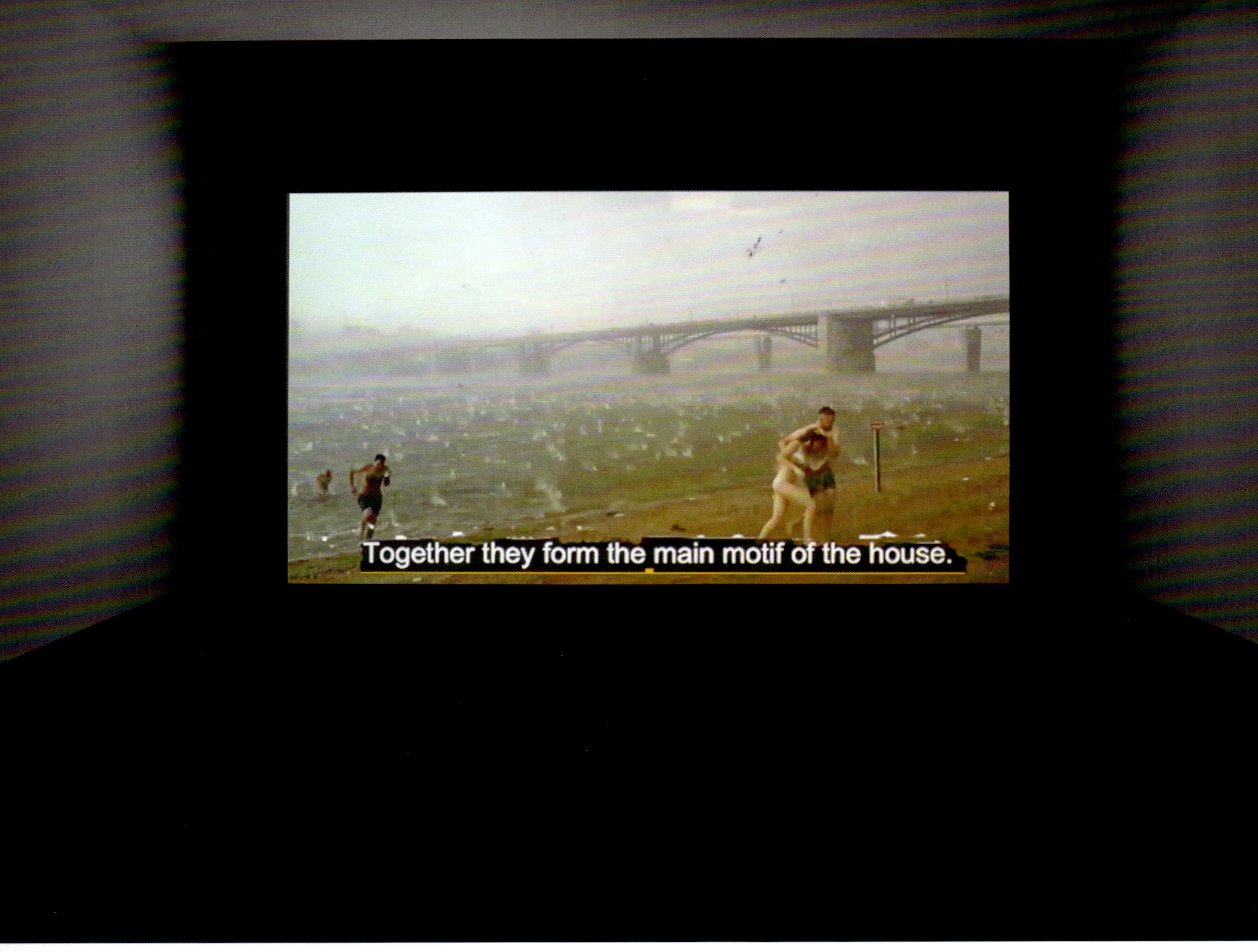

Rachel Rose, **A MINUTE AGO,** 2014
Installationsansicht / Installation view **GENERATION LOSS, JULIA STOSCHEK COLLECTION,** Düsseldorf
Foto / Photo: Simon Vogel, Köln / Cologne

GENERATION LOSS
KÜNSTLER/INNEN
ARTISTS

MARINA ABRAMOVIĆ
1946 geboren in Belgrad, Serbien;
lebt und arbeitet in New York/NY, USA
Born in Belgrade, Serbia, in 1946;
lives and works in New York/NY, USA

ELEANOR ANTIN
1935 geboren in New York/NY, USA;
lebt und arbeitet in San Diego/CA, USA
Born in New York/NY, USA, in 1935;
lives and works in San Diego/CA, USA

ED ATKINS
1982 geboren in Oxford, Großbritannien;
lebt und arbeitet in Berlin, Deutschland
Born in Oxford, United Kingdom, in 1982;
lives and works in Berlin, Germany

CHARLES ATLAS
1949 geboren in St. Louis/MO, USA;
lebt und arbeitet in New York/NY, USA
Born in St. Louis/MO, USA, in 1949;
lives and works in New York/NY, USA

LUTZ BACHER
Lebt und arbeitet in New York/NY, USA
Lives and works in New York/NY, USA

LYNDA BENGLIS
1941 geboren in Lake Charles/LA, USA;
lebt und arbeitet in New York/NY, USA
Born in Lake Charles/LA, USA, in 1941;
lives and works in New York/NY, USA

BERNADETTE CORPORATION
1994 gegründet;
ansässig in New York/NY, USA
Founded in 1994;
based in New York/NY, USA

HANS BERG
1978 geboren in Rättvik, Schweden;
lebt und arbeitet in Berlin, Deutschland
Born in Rättvik, Sweden, in 1978;
lives and works in Berlin, Germany

JOHANNA BILLING
1973 geboren in Jönköping, Schweden;
lebt und arbeitet in Stockholm, Schweden
Born in Jönköping, Sweden, in 1973;
lives and works in Stockholm, Sweden

DARA BIRNBAUM
1946 geboren in New York/NY, USA;
lebt und arbeitet in New York/NY, USA
Born in New York/NY, USA, in 1946;
lives and works in New York/NY, USA

HANNAH BLACK
Geboren in Manchester, Großbritannien
Born in Manchester, United Kingdom

KLAUS VOM BRUCH
1952 geboren in Köln, Deutschland;
lebt und arbeitet in Berlin, Deutschland
Born in Cologne, Germany, in 1952;
lives and works in Berlin, Germany

CHRIS BURDEN
1946 geboren in Boston/MA, USA;
2015 gestorben in Topanga/CA, USA
Born in Boston/MA, USA, in 1946;
died in Topanga/CA, USA, in 2015

MATT CALDERWOOD
1975 geboren in Rasharkin, Nordirland;
lebt und arbeitet in London, Großbritannien
Born in Rasharkin, Northern Ireland, in 1975;
lives and works in London, United Kingdom

PATTY CHANG
1972 geboren in San Leandro/CA, USA;
lebt und arbeitet in New York/NY, USA
Born in San Leandro/CA, USA in 1972;
lives and works in New York/NY, USA

IAN CHENG
1984 geboren in Los Angeles/CA, USA;
lebt und arbeitet in New York/NY, USA
Born in Los Angeles/CA, USA, in 1984;
lives and works in New York/NY, USA

JEN DENIKE
1971 geboren in Norwalk /CT, USA; lebt und
arbeitet in New York /NY, und Los Angeles/
CA, USA
Born in Norwalk/CT, USA in 1971; lives and
works in New York/NY, and Los Angeles/
CA, USA

NATALIE DJURBERG
1978 geboren in Lysekil, Schweden;
lebt und arbeitet in Berlin, Deutschland
Born in Lysekil, Sweden, in 1978;
lives and works in Berlin, Germany

CHERYL DONEGAN
1962 geboren in New Haven/CT, USA;
lebt und arbeitet in New York/NY, USA
Born in New Haven/CT, USA, in 1962;
lives and works in New York/NY, USA

TRISHA DONNELLY
1974 geboren in San Francisco/CA, USA;
lebt und arbeitet in New York/NY, USA
Born in San Francisco/CA, USA, in 1974;
lives and works in New York/NY, USA

CAO FEI
1978 geboren in Guangzhou, China;
lebt und arbeitet in Peking, China
Born in Guangzhou, China, in 1978;
lives and works in Beijing, China

PETER FISCHLI
1952 geboren in Zürich, Schweiz;
lebt und arbeitet in Zürich, Schweiz
Born in Zurich, Switzerland, in 1952;
lives and works in Zurich, Switzerland

DARA FRIEDMAN
1968 geboren in Bad Kreuznach,
Deutschland; lebt und arbeitet in Miami/FL,
USA, und Bad Kreuznach, Deutschland
Born in Bad Kreuznach, Germany, in 1968;
lives and works in Miami/FL, USA, and Bad
Kreuznach, Germany

CYPRIEN GAILLARD
1980 geboren in Paris, Frankreich;
lebt und arbeitet in Berlin, Deutschland, und
New York/NY, USA
Born in Paris, France, in 1980; lives and works
in Berlin, Germany, and New York/NY, USA

DOUGLAS GORDON
1966 geboren in Glasgow, Großbritannien;
lebt und arbeitet in Glasgow, Großbritannien
Born in Glasgow, United Kingdom, in 1966;
lives and works in Glasgow, United Kingdom

BARBARA HAMMER
1939 geboren in Hollywood/CA, USA;
lebt und arbeitet in New York/NY, USA
Born in Hollywood/CA, USA, in 1939;
lives and works in New York/NY, USA

CHRISTIAN JANKOWSKI
1968 geboren in Göttingen, Deutschland;
lebt und arbeitet in Berlin, Deutschland
Born in Göttingen, Germany, in 1968;
lives and works in Berlin, Germany

PATRICK JOLLEY
1965 geboren in Bangor, Nordirland;
2012 gestorben in Delhi, Indien
Born in Bangor, Northern Ireland, in 1965;
died in Dehli, India, in 2012

JOAN JONAS
1936 geboren in New York/NY, USA;
lebt und arbeitet in New York/NY, USA
Born in New York/NY, USA, in 1936;
lives and works in New York/NY, USA

IMI KNOEBEL
1940 geboren in Dessau, Deutschland;
lebt und arbeitet in Düsseldorf, Deutschland
Born in Dessau, Germany, in 1940;
lives and works in Düsseldorf, Germany

MARK LECKEY
1964 geboren in Birkenhead, Großbritannien;
lebt und arbeitet in London, Großbritannien
Born in Birkenhead, United Kingdom, in 1964;
lives and works in London, United Kingdom

KLARA LIDÉN
1979 geboren in Stockholm, Schweden;
lebt und arbeitet in Berlin, Deutschland
Born in Stockholm, Sweden, in 1979;
lives and works in Berlin, Germany

GORDON MATTA-CLARK
1943 geboren in New York/NY, USA;
1978 gestorben in New York/NY, USA
Born in New York/NY, USA, in 1943;
died in New York/NY, USA, in 1978

PAUL MCCARTHY
1945 geboren in Salt Lake City/UT, USA;
lebt und arbeitet in Los Angeles/CA, USA
Born in Salt Lake City/UT, USA, in 1945;
lives and works in Los Angeles/CA, USA

LUTZ MOMMARTZ
1934 geboren in Erkelenz, Deutschland;
lebt und arbeitet in Düsseldorf und Berlin,
Deutschland
Born in Erkelenz, Germany, in 1934;
lives and works in Düsseldorf and Berlin,
Germany

BRUCE NAUMAN
1941 geboren in Fort Wayne/IN, USA;
lebt und arbeitet in Galisteo/NM, USA
Born in Fort Wayne/IN, USA, in 1941;
lives and works in Galisteo/NM, USA

JON RAFMAN
1981 geboren in Montreal, Kanada;
lebt und arbeitet in Montreal, Kanada
Born in Montreal, Canada, in 1981;
lives and works in Montreal, Canada

LUCY RAVEN
1977 geboren in Tucson/AZ, USA;
lebt und arbeitet in New York/NY, USA
Born in Tucson/AZ, USA, in 1977;
lives and works in New York/NY, USA

REYNOLD REYNOLDS
1966 geboren in Central/AK, USA,
lebt und arbeitet in Amsterdam, Niederlande
Born in Central/AK, USA, in 1966;
lives and works in Amsterdam, Netherlands

JAMES RICHARDS
1983 geboren in Cardiff, Großbritannien;
lebt und arbeitet in London, Großbritannien
Born in Cardiff, United Kingdom, in 1983;
lives and works in London, United Kingdom

RACHEL ROSE
1986 geboren in New York/NY, USA;
lebt und arbeitet in New York/NY, USA
Born in New York/NY, USA, in 1986;
lives and works in New York/NY, USA

JACK SMITH
1932 geboren in Columbus/OH, USA;
1989 gestorben in New York/NY, USA
Born in Columbus/OH, USA, in 1932;
died in New York/NY, USA, in 1989

SIMON THOMPSON
1968 geboren in Newcastle, Großbritannien;
lebt und arbeitet in Brüssel, Belgien
Born in Newcastle, United Kingdom, in 1968;
lives and works in Brussels, Belgium

WOLFGANG TILLMANS
1968 geboren in Remscheid, Deutschland;
lebt und arbeitet in Berlin, Deutschland, und
London, Großbritannien
Born in Remscheid, Germany, in 1968;
lives and works in Berlin, Germany, and
London, United Kingdom

ULAY
1943 geboren in Solingen, Deutschland;
lebt und arbeitet in Amsterdam, Niederlande
Born in Solingen, Germany in 1943;
lives and works in Amsterdam, Netherlands

STEINA VASULKA
1940 geboren in Reykjavík, Island;
lebt und arbeitet in Santa Fe/NM, USA
Born in Reykjavik, Iceland, in 1940;
lives and works in Santa Fe/NM, USA

DAVID WEISS
1946 geboren in Zürich, Schweiz;
2012 gestorben in Zürich, Schweiz
Born in Zurich, Switzerland, in 1946;
died in Zurich, Switzerland, in 2012

HANNAH WILKE
1940 geboren in New York/NY, USA;
1993 gestorben in Houston/TX, USA
Born in New York/NY, USA, in 1940;
died in Houston/TX, USA, in 1993

JORDAN WOLFSON
1980 geboren in New York/NY, USA;
lebt und arbeitet in New York/NY und Los
Angeles/CA, USA
Born in New York/NY, USA, in 1980;
lives and works in New York/NY and Los
Angeles/CA, USA

TOBIAS ZIELONY
1973 geboren in Wuppertal, Deutschland;
lebt und arbeitet in Berlin, Deutschland
Born in Wuppertal, Germany, in 1973;
lives and works in Berlin, Germany

FLOORPLAN
FLOOR PLAN

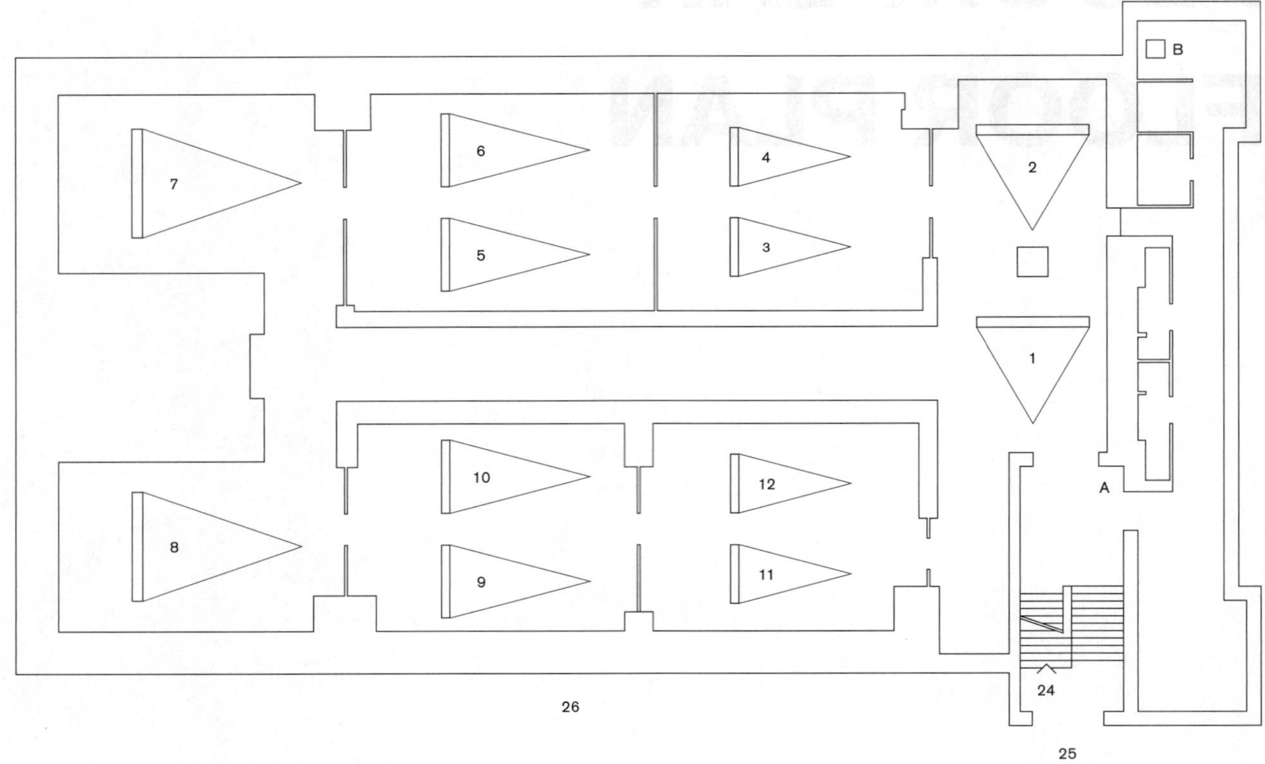
7
6
4
2
5
3
1
A
B
8
10
12
9
11
24
26
25

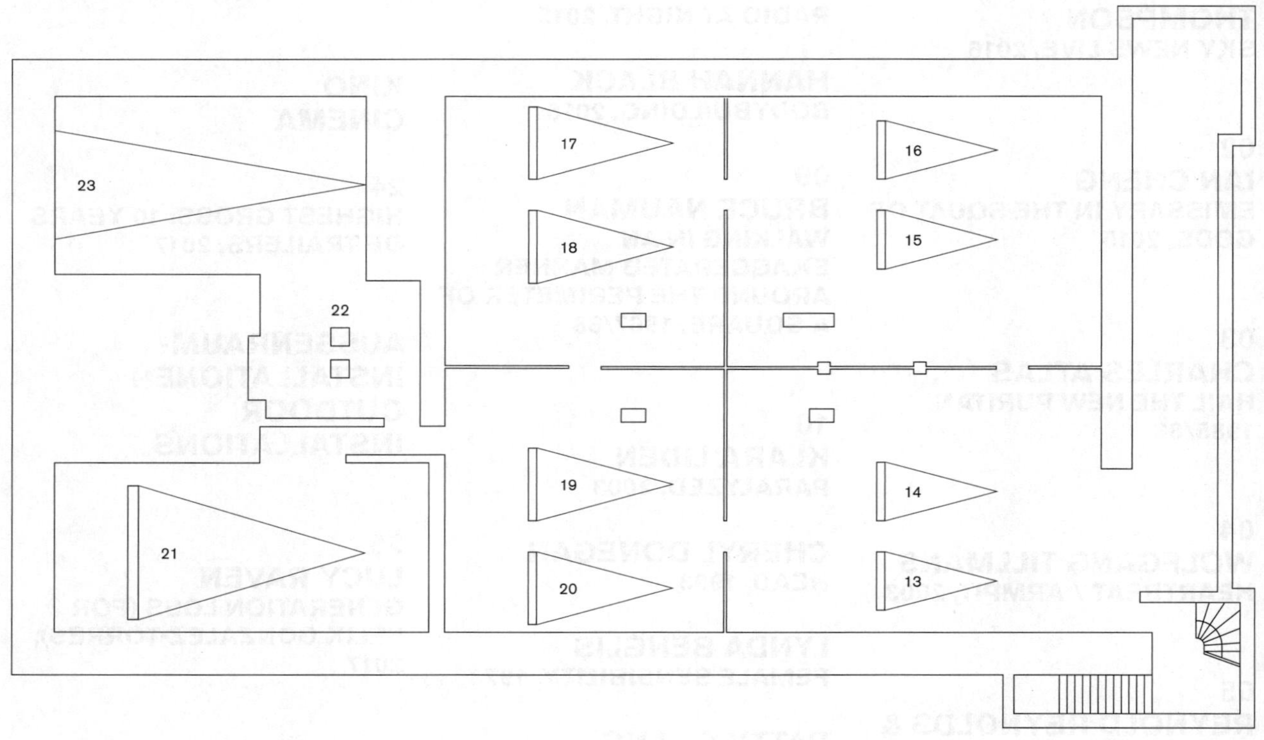

23
17
16
18
15
22
21
19
14
20
13

13
ULAY &
MARINA ABRAMOVIĆ
RELATION IN SPACE, 1976

ELEANOR ANTIN
THE KING, 1972

14
JOAN JONAS
VERTICAL ROLL, 1972

LUCY RAVEN
4:3, 2008

STEINA VASULKA
VIOLIN POWER, 1970–1978

15
IMI KNOEBEL
PROJEKTION X, 1972

BERNADETTE
CORPORATION
GET RID OF YOURSELF, 2003

16
KLAUS VOM BRUCH
DAS ALLIIERTENBAND
(ALLIES TAPE), 1982

CYPRIEN GAILLARD
THE LAKE ARCHES, 2007

GORDON MATTA-CLARK
CONICAL INTERSECT, 1975

17
JEN DENIKE
DUNKING, 2004

HANNAH WILKE
GESTURES, 1974

WOLFGANG TILLMANS
PEAS, 2003

18
NATHALIE DJURBERG &
HANS BERG
WE ARE NOT TWO,
WE ARE ONE, 2008

PETER FISCHLI &
DAVID WEISS
BÜSI, 2001

TRISHA DONNELLY
UNTITLED, 2008

19
DOUGLAS GORDON
OVER MY SHOULDER, 2003

20
DARA FRIEDMAN
REVOLUTION, 2003

MATT CALDERWOOD
STRIPS (VERTICAL), 2005

JOHANNA BILLING
PROJECT FOR
A REVOLUTION, 2000

CHRIS BURDEN
THE T.V. COMMERCIALS,
1973–1977

21
RACHEL ROSE
A MINUTE AGO, 2014

JON RAFMAN
MAINSQUEEZE, 2014

22
LUTZ BACHER
JAMES DEAN, 1986/2014

23
JORDAN WOLFSON
STAR FIELD (MONTH 25),
2004

JACK SMITH
OVERSTIMULATED,
1959–1963

JULIA STOSCHEK COLLECTION BESTANDSKATALOG

COLLECTION CATALOGUE

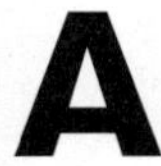

A

BASEL ABBAS & RUANNE ABOU-RAHME

THE INCIDENTAL INSURGENTS: THE PART ABOUT THE BANDITS, CHAPTER 2, 2012/13
HD-Video, 6', Farbe, Ton
HD video, 6', colour, sound

MARINA ABRAMOVIĆ

THE ONION, 1996
Video, 20', Farbe, Ton
Video, 20', colour, sound

THE HERO, 2000
C-Print
C-print
120 × 120 cm

THE HERO, 2001
Video, 30', S/W, Ton
Video, 30', b/w, sound

VITO ACCONCI

APPLICATIONS, 1970
Super-8-Film, transferiert auf Video, 19'32",
Farbe, kein Ton
Super 8 film, transferred to video, 19'32",
colour, no sound

CORRECTIONS, 1970
Video, 12', S/W, Ton
Video, 12', b/w, sound

OPENINGS, 1970
Super-8-Film, transferiert auf Video, 14',
S/W, kein Ton
Super 8 film, transferred to video, 14', b/w, no
sound

THEME SONG, 1973
Video, 33'15", S/W, Ton
Video, 33'15", b/w, sound

THREE RELATIONSHIP STUDIES, 1970
Super-8-Film, transferiert auf Video, 12'30",
S/W, Farbe, kein Ton, bestehend aus:
Super 8 film, transferred to video, 12'30", b/w,
colour, no sound, consisting of:

SHADOW-PLAY, 2'30"
IMITATIONS, 5'05"
MANIPULATIONS, 4'55"

THE RED TAPES, 1977
Video, 141'27", S/W, Ton, bestehend aus:
Video, 141'27", b/w, sound, consisting of:

TAPE 1: COMMON KNOWLEDGE, 40'34"
TAPE 2: LOCAL COLOR, 44'18"
TAPE 3: TIME LAG, 57'15"

MANUEL ACEVEDO

TROPISMS – WTC (WORLD TRADE CENTER), 2007
20 Polaroid-Farbfotografien mit Zeichnungen
in Plexiglasrahmen
20 polaroid colour photographs with drawings
in plexiglass frame
37 × 140 × 3,5 cm (gerahmt / framed),
je / each 10,8 × 8,8 cm

PEP AGUT

MON OMBRE EST UN MUR, 1996
Gemälde; Öl und Gipsputz auf Leinwand auf
Holz, Acrylplatte, Dymoband
Painting; oil and stucco on canvas on wood,
acrylic board, dymolabel
184,5 × 266 cm

PEGGY AHWESH

SHE PUPPET, 2001
Video, 15', Farbe, Ton
Video, 15', colour, sound

DOUG AITKEN

BLOW DEBRIS, 2000
Einkanal-Videoinstallation, 20'27", Farbe, Ton
Single-channel video installation, 20'27",
colour, sound

INTERIORS, 2002
Dreikanal-Videoinstallation; 11 Screens,
3 Projektionsscreens, 8 lichtdurchlässige
Screens, Video, 27'40", Farbe, Ton
Three-channel video installation; 11 screens,
3 projection screens, 8 translucent silkscreen
dividers, video, 27'40", colour, sound
Teilschenkung an / Partial donation to MoMA
Museum of Modern Art, New York, 2007

BROKEN GLASS IN THE SLIPSTREAM, 2003
C-Print auf Plexiglas
C-print mounted to plexiglass
120,6 × 233,7 cm

ALLORA & CALZADILLA

STOP, REPAIR, PREPARE: VARIATIONS ON ODE TO JOY, NO. 1 FOR PREPARED PIANO, 2008
Performance; modifizierter Bechstein-Flügel,
Dauer: 25'
Performance; modified Bechstein piano,
duration: 25'
Piano: 101,6 × 170,2 × 213,4 cm
Schenkung an / Donation to MoMA Museum
of Modern Art, New York, 2009

FRANCIS ALŸS

BEGGARS, 2004
80-teilige 35-mm-Diaprojektion
80-part 35 mm slide projection
Dimensionen variabel / Dimensions variable

FRANCIS ALŸS, IN COLLABORATION WITH RAFAEL ORTEGA

REHEARSAL I (ENSAYO I), 1999–2001
Vierkanal-Videoinstallation, bestehend aus:
Four-channel video installation, consisting of:

REHEARSAL I, 1999–2001
Video, 29'30", Farbe, Ton
Video, 29'30", colour, sound

PERRO PELOTA, 1999–2001
Video, 60', Farbe, Ton
Video, 60', colour, sound

MAQUETA, 1999–2001
Video, 15'18", Farbe, Ton
Video, 15'18", colour, sound

CARACOLES, 1999–2001
Video, 4'22", Farbe, Ton
Video, 4'22", colour, sound

ANT FARM AND T.R. UTHCO

THE ETERNAL FRAME, 1975
Video, 23'50", S/W, Farbe, Ton
Video, 23'50", b/w, colour, sound

ELEANOR ANTIN

THE KING, 1972
Video, 52', S/W, kein Ton
Video, 52', b/w, no sound

CORY ARCANGEL

**THE MAKING OF SUPER
MARIO CLOUDS, 2004**
Video, 76', Farbe, kein Ton
Video, 76', colour, no sound

RICHARD
ARTSCHWAGER

CHAIR / CHAIR, 1980
2 Stühle; rote Eiche, Formica, bemalter Stahl,
Fell
2 chairs; red oak, Formica, painted steel, hide
Je / Each 99,1 × 101,6 × 132,1 cm

ED ATKINS

PARIS GREEN, 2009
HD-Video, 7'38", Farbe, Ton
HD video, 7'38", colour, sound

**DEATH MASK II: THE SCENT,
2010**
HD-Video, 8'19", Farbe, Ton
HD video, 8'19", colour, sound

**THE ANTHROPOPHAGUS!,
2010**
HD-Video, 8'15", Farbe, Ton
HD video, 8'15", colour, sound

**A PRIMER FOR CADAVERS,
2011**
HD-Video, 19'58", Farbe, Ton
HD video, 19'58", colour, sound

DEATH MASK III, 2011
HD-Video, 34'46", Farbe, Ton
HD video, 34'46", colour, sound

**DELIVERY TO THE
FOLLOWING RECIPIENT
FAILED PERMANENTLY, 2011**
HD-Video, 17'09", Farbe, Ton
HD video, 17'09", colour, sound

US DEAD TALK LOVE, 2012
HD-Video, 37'24", Farbe, Ton
HD video, 37'24", colour, sound

EVEN PRICKS, 2013
HD-Video, 8', Farbe, Ton
HD video, 8', colour, sound

**UNTITLED (1, 2, 3, 4, 5, 7, 8, 9),
2013**
8 Collagen; Papier, Holz, Stahl
8 collages; paper, wood, steel
Je / Each 243,8 × 121,4 cm

**WARM, WARM, WARM
SPRING MOUTHS, 2013**
HD-Video, 12'50", Farbe, Ton
HD video, 12'50", colour, sound

CHARLES ATLAS

**HAIL THE NEW PURITAN,
1985/86**
16-mm-Film, transferiert auf Video, 84'47",
Farbe, Ton
16 mm film, transferred to video, 84'47", colour,
sound

KADER ATTIA

**MIMESIS AS RESISTANCE,
2013**
Video, 2'18", Farbe, Ton
Video, 2'18", colour, sound

ILIT AZOULAY

OBJECT # 1, 2015
Audiodatei, 3'40"
Sound file, 3'40"

OBJECT # 2, 2015
Audiodatei, 3'12"
Sound file, 3'12"

OBJECT # 3, 2015
Audiodatei, 2'55"
Sound file, 2'55"

OBJECT # 4, 2015
Audiodatei, 3'19"
Sound file, 3'19"

OBJECT # 5, 2015
Audiodatei, 1'53"
Sound file, 1'53"

OBJECT # 6, 2015
Audiodatei, 3'21"
Sound file, 3'21"

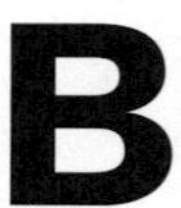

B

LUTZ BACHER

SEX WITH STRANGERS, 1986
Neunteilige S/W-Fotografie-Serie
9-part b/w photograph series
Je / Each 182,8 × 101,6 cm

JAMES DEAN, 1986/2014
HD-Videoinstallation (16 Paare von Video-
stills auf 2 Monitoren), S/W, ohne Ton
HD video installation (16 pairs of video stills on
2 monitors), b/w, no sound
Dimensionen variabel / dimensions variable

JO BAER

UNTITLED, 1966–1974
Diptychon; Öl auf Leinwand
Diptych; oil on canvas
Je / each 152,4 × 109,2 cm

TRISHA BAGA

HERCULES, 2012
3D-HD-Videoinstallation, 24'55", Farbe, Ton
3D HD video installation, 24'55", colour, sound

JOHN BALDESSARI

**BALDESSARI SINGS LEWITT,
1972**
Video, 12'38", S/W, Ton
Video, 12'38", b/w, sound

JULES DE BALINCOURT

**UNTITLED (PASTORAL
SCENE), 2006**

Gemälde; Öl auf Holz
Painting; oil on wood
148 × 198 cm

HEIKE BARANOWSKY

SCHWIMMERIN, 2000
Einkanal-Videoinstallation, 2', Farbe, kein Ton
Single-channel video installation, 2', colour,
no sound

GRAS, 2001
Einkanal-Videoinstallation, 2', Farbe, kein Ton
Single-channel video installation, 2', colour,
no sound

MONDFAHRT 2001, 2001
Einkanal-Videoinstallation, 6'22", Farbe,
kein Ton
Single-channel video installation, 6'22", colour,
no sound

HERNAN BAS

JETSAM FROM THE WRECK OF THE HALF MOON, 2016
6-teiliger Faltparavent, Acryl auf Leinen
montiert in einem Birkenholzrahmen mit
Stoffträger
Six-panel folding screen, acrylic on linen
mounted in a birch-wood frame with fabric
backing
182,9 × 274,3 cm

NEÏL BELOUFA

JAGUACUZZI, 2015
Mixed-Media-Videoinstallation; TV-Monitore,
Farbe auf Fiberglas, Farbe auf MDF, Stahl,
Pigmente und Zigarettenstummel in Gieß-
harz, 140,97 × 340,36 × 226,06 cm und
16 Videos
Mixed media video installation; TV
screens, paint on fibreglass, paint on MDF,
steel, pigments and cigarettes in resin,
140,97 × 340,36 × 226,06 cm, and 16 videos

APRIL THE SECOND, 2007
Video, 13'40", Farbe, Ton
Video, 13'40", colour, sound

KEMPINSKI, 2007
Video, 13', Farbe, Ton
Video, 13', colour, sound

TOUR, 2009
Video, 14'37", Farbe, Ton
Video, 14'37", colour, sound

BRUNE RENAULT, 2010
Video, 17', Farbe, Ton
Video, 17', colour, sound

SANS TITRE, 2010
Video, 14', Farbe, Ton
Video, 14', colour, sound

SAYRE AND MARCUS, 2010
Video, 30', Farbe, Ton
Video, 30', colour, sound

THE ANALYST, THE RESEARCHER, THE SCREENWRITER, THE CGI TECH AND THE LAWYER, 2011
Video, 7'44", Farbe, Ton
Video, 7'44", colour, sound

CATENACCIO SYSTEM, 2011
Video, 4'20", S/W, Ton
Video, 4'20", b/w, sound

PEOPLE'S PASSION, LIFESTYLE, BEAUTIFUL WINE, GIGANTIC GLASS TOWERS, ALL SURROUNDED BY WATER, 2011
Video, 11', Farbe, Ton
Video, 11', colour, sound

PARTY ISLAND, 2012
Video, 8'48", Farbe, Ton
Video, 8'48", colour, sound

REAL ESTATE, 2012
Video, 10'45", Farbe, Ton
Video, 10'45", colour, sound

WORLD DOMINATION, 2012
Video, 19', Farbe, Ton
Video, 19', colour, sound

TONIGHT AND THE PEOPLE, 2013
Video, 81', Farbe, Ton
Video, 81', colour, sound

DESIRE FOR DATA, 2014
Video, 47', Farbe, Ton
Video, 47', colour, sound

HOME IS WHENEVER I'M WITH YOU, 2014
Video, 53'56", Farbe, Ton
Video, 53'56", colour, sound

VENGEANCE, 2014
Video, 14'24", Farbe, Ton
Video, 14'24", colour, sound

LYNDA BENGLIS

FEMALE SENSIBILITY, 1973
Video, 14', Farbe, Ton
Video, 14', colour, sound

HELEN BENIGSON

A RUDE GIRL ARSE GLISTENS LIKE SILICONE. CLUCK, CLUCK, CLUCK 1, 2015
HD-Video, 1'21", Farbe, Ton
HD video, 1'21", colour, sound

A RUDE GIRL ARSE GLISTENS LIKE SILICONE. CLUCK, CLUCK, CLUCK 2, 2015
HD-Video, 1'22", Farbe, Ton
HD video, 1'22", colour, sound

A RUDE GIRL ARSE GLISTENS LIKE SILICONE. CLUCK, CLUCK, CLUCK 3, 2015
HD-Video, 50", Farbe, Ton
HD video, 50", colour, sound

A RUDE GIRL ARSE GLISTENS LIKE SILICONE. CLUCK, CLUCK, CLUCK 4, 2015
HD-Video, 1'20", Farbe, Ton
HD video, 1'20", colour, sound

A RUDE GIRL ARSE GLISTENS LIKE SILICONE. CLUCK, CLUCK, CLUCK 5, 2015
HD-Video, 48", Farbe, Ton
HD video, 48", colour, sound

A RUDE GIRL ARSE GLISTENS LIKE SILICONE. CLUCK, CLUCK, CLUCK 6, 2015
HD-Video, 1'18", Farbe, Ton
HD video, 1'18", colour, sound

BERNADETTE CORPORATION

GET RID OF YOURSELF, 2003
Video, 61', Farbe, Ton
Video, 61', colour, sound

THOMAS BERNSTEIN

WANDLER, 2007
Skulptur; Silikon, Unterschrank
Sculpture; silicon, base cabinet
70 × 55 × 25 cm

WALEAD BESHTY

FEDEX® MEDIUM KRAFT BOX ©2005 FEDEX 330504 REV 10/05 CC, FEDEX PRIORITY OVERNIGHT, LOS ANGELES – DUSSELDORF, TRK#865282057872, SEPTEMBER 19–20, 2008, 2008

FEDEX® MEDIUM KRAFT
BOX ©2005 FEDEX 330504
REV 10 / 05 CC, FEDEX
PRIORITY OVERNIGHT, LOS
ANGELES – DUSSELDORF,
TRK#865282057894,
SEPTEMBER 19–20, 2008,
2008

FEDEX® MEDIUM KRAFT
BOX ©2005 FEDEX 330504
REV 10 / 05 CC, FEDEX
PRIORITY
OVERNIGHT, LOS ANGELES –
DUSSELDORF,
TRK#865282057909,
SEPTEMBER 19–20, 2008,
2008

FEDEX® MEDIUM KRAFT
BOX ©2005 FEDEX 330504
REV 10 / 05 CC, FEDEX
PRIORITY OVERNIGHT, LOS
ANGELES – DUSSELDORF,
TRK#865282057861,
SEPTEMBER 19–20, 2008,
2008

FEDEX® MEDIUM KRAFT
BOX ©2005 FEDEX 330504
REV 10/05 CC, FEDEX
PRIORITY OVERNIGHT, LOS
ANGELES – DUSSELDORF,
TRK#865282057883,
SEPTEMBER 19–20, 2008,
2008

Mixed-Media-Installation; Einwegspiegelglas
mit Sicherheitsglasbeschichtung, Silikon,
Karton
Mixed-media installation; two-way mirror glass
with safety glass laminate, silicon, cardboard
Pro Einheit / Per unit 40,6 × 40,6 × 40,6 cm,
Gesamtdimensionen variabel / Overall dimen-
sions variable

JOSEPH BEUYS

BUTTOCKLIFTING, 1974

(Edition Staeck)
Gewölbtes Metallschild, emailliert
Baked enamel on convex metal sheet
20 × 30 × 1 cm

JOHANNA BILLING

PROJECT FOR A REVOLUTION, 2000

Video, 3'14", Farbe, Ton
Video, 3'14", colour, sound

DARA BIRNBAUM

TECHNOLOGY / TRANSFORMATION: WONDER WOMAN, 1978/79

Video, 5'50", Farbe, Ton
Video, 5'50", colour, sound

POP POP VIDEO, 1980

Video, 9', Farbe, Ton
Video, 9', colour, sound

HANNAH BLACK

BODYBUILDING, 2015

HD-Video, 8'10", Farbe, Ton
HD video, 8'10", colour, sound

DAVID BLANDY

ICE, 2015

HD-Video, 1'10", Farbe, Ton
HD video, 1'10", colour, sound

MIST, 2015

HD-Video, 1'04", Farbe, Ton
HD video, 1'04", colour, sound

MOON, 2015

HD-Video, 1'06", Farbe, Ton
HD video, 1'06", colour, sound

RUIN, 2015

HD-Video, 1'31", Farbe, Ton
HD video, 1'31", colour, sound

SEA, 2015

HD-Video, 1'36", Farbe, Ton
HD video, 1'36", colour, sound

SUNSET, 2015

HD-Video, 1'08", Farbe, Ton
HD video, 1'08", colour, sound

SEAN BLUECHEL

I AM IN LOVE WITH A SUCCUBUS, 2006

14 S/W-Fotografien, davon 7 mit farbiger
Folie
14 b/w photographs, 7 with coloured film
Je / Each 51,3 × 34,9 cm

JOHN BOCK

LÜTTE MIT RUCOLA, 2006

HD-Video, 35'41", Farbe, Ton
HD video, 35'41", colour, sound

ZEZZIMINNEGESANG, 2006

16-mm-Film, transferiert auf Video, 27'22",
Farbe, Ton
16 mm film, transferred to video, 27'22",
colour, sound

EIN HAUFEN VOLLER FLACKER, 2012

Neunkanal-Mixed-Media-Videoinstallation;
Holz, Hocker, Farbe, Ton, bestehend aus:
Nine-channel mixed-media video installation;
wood, stools, colour, sound, consisting of:

DIE ABGESCHMIERTE KNICKLENKUNG IM GEPÄCK VERHEDDERT SICH IM WEISSEN HEMD, 2009

Video, 28'37", Farbe, Ton
Video, 28'37", colour, sound

IM SCHATTEN DER MADE, 2010

Video, 74'16", Farbe, Ton
Video, 74'16", colour, sound

PI BEAN, 2010

Video, 31'10", Farbe, Ton
Video, 31'10", colour, sound

SEEWOLF, 2010

Video, 28'37", Farbe, Ton
Video, 28'37", colour, sound

BAUCHHÖHLE BAUCHEN, 2011

Video, 46'55", Farbe, Ton
Video, 46'55", colour, sound

LICHTERLOH ROH, 2011

Video, 15'31", Farbe, Ton
Video, 15'31", colour, sound

MONSIEUR ET MONSIEUR, 2011

Video, 36'49", Farbe, Ton
Video, 36'49", colour, sound

NICHTS UNTER DER KINNLADE, 2011

Video, 8'55", Farbe, Ton
Video, 8'55", colour, sound

LECKER PUSTE, 2012

Video, 34'51", Farbe, Ton
Video, 34'51", colour, sound

MONICA BONVICINI

WALLFUCKIN', 1995
Einkanal-Videoinstallation, 60', Farbe, Ton
Single-channel video installation, 60', colour, sound
Dimensionen variabel / Dimensions variable

DESTROY SHE SAID, 1998
Zweikanal-Videoinstallation, 60', Farbe, S/W, Ton
Two-channel video installation, 60', colour, b/w, sound

HAMMERING OUT (AN OLD ARGUMENT), 1998–2003
Video, 31'55", Farbe, Ton
Video, 31'55", colour, sound

ALEXANDER BORNSCHEIN

OHNE TITEL, 2011
Siebdruck auf Textilflagge
Screen printing on textile flag
178 × 158 cm

CAROL BOVE

PANEGYRIC (VOGUE PHOTOCOLLAGE), 2003
Fotocollage
Photo collage
44,4 × 30,4 cm

MIA, 2005
Zeichnung; Tusche auf Papier
Drawing; ink on paper
56,5 × 43,5 cm

DAS ENERGI, 2005 / 06
Mixed-Media-Installation; Holz- und Metallregal, Bücher, Broschüre, Bronzeobjekt, Pfauenfeder, Antikspiegel
Mixed-media installation; wood and metal shelf, books, pamphlet, bronze object, peacock feather, antique mirror
165,1 × 279,4 × 30,5 cm

SUMMER SOLSTICE, DÜSSELDORF, 2031, 2006
Ortsspezifische Installation; Bronzestäbe, Draht, Streckmetall
Site specific installation; bronze rods, wire, expanded metal
457 × 244 × 244 cm

ROBERT BOYD

XANADU, 2006
Vierkanal-Videoinstallation, bestehend aus:
Four-channel video installation, consisting of:

PATRIOT ACT, 2004
Video, 22', Farbe, Ton
Video, 22', colour, sound

HEAVEN'S LITTLE HELPERS, 2005
Video, 22', Farbe, Ton
Video, 22', colour, sound

JUDGEMENT DAY, 2006
Video, 22', Farbe, Ton
Video, 22', colour, sound

EXIT STRATEGY, 2005
Video, 5'35", Farbe, Ton
Video, 5'35", colour, sound

LONNIE VAN BRUMMELEN & SIEBREN DE HAAN

GROSSRAUM (BORDERS OF EUROPE), 2004 / 05
35-mm-Film, Publikation **The Formal Trajectory,** 35', Farbe, kein Ton
35 mm film, publication **The Formal Trajectory,** 35', colour, no sound

KLAUS VOM BRUCH

DAS ALLIIERTENBAND (ALLIES TAPE), 1982
Video, 10'29", Farbe, Ton
Video, 10'29", colour, sound

MATTHEW BUCKINGHAM

AMOS FORTUNE ROAD, 1996
16-mm-Film, 21', S/W, Ton
16 mm film, 21', b/w, sound

CHRIS BURDEN

DOCUMENTATION OF SELECTED WORKS, 1971–1974
Super-8-Film, 16-mm-Film, Halbzollfilm, transferiert auf Video, 34'38", S/W, Farbe, Ton, bestehend aus:
Super 8 film, 16 mm film, half-inch film, transferred to video, 34'38", b/w, colour, sound, consisting of:

220, 1971
SHOOT, 1971
BED PIECE, 1972
THROUGH THE NIGHT SOFTLY, 1973
DEADMAN, 1972
FIRE ROLL, 1973
ICARUS, 1973
B.C. MEXICO, 1973
TV AD, 1973
BACK TO YOU, 1974
VELVET WATER, 1974

THE T.V. COMMERCIALS, 1973–1977
Video, 3'46", Farbe, Ton
Video, 3'46", colour, sound

ANTHONY BURDIN

DESERT MIX, "GO SEE UM BLACK FEATHER", 2003
Video, 16'16", Farbe, Ton
Video, 16'16", colour, sound

HE AIN'T NO FUCKIN' DRUMMA, SUMMER P-LOT TOUR 2003, OXNARD CA, 2003. (1. LIGHT MY FIRE, 2. KASHMIUR), 2003
Video, 16'55", Farbe, Ton
Video, 16'55", colour, sound

VOODOO VOCALS, AGENT OF FORTUNE CASSETTE TOUR – DON'T FEAR THE REAPER, NEW YORK, 11 / 22 / 02, 2002
Video, 4'52", Farbe, Ton
Video, 4'52", colour, sound

VOODOO VOCALS, DRIVE HWY 101 N (1. YOU ONLY LIVE TWICE, 2. IT WAS A VERY GOOD YEAR), 2005
Video, 7'50", Farbe, Ton
Video, 7'50", colour, sound

JEFF BURTON

UNTITLED # 151 (PICKET FENCE), 2001
C-Print auf Aluminium
C-print on aluminium
67,5 × 101,5 cm

UNTITLED # 176 (RODS AND CLAMPS), 2003
C-Print auf Aluminium
C-print on aluminium
67,5 × 101,5 cm

UNTITLED # 182 (SPA RULES), 2003
C-Print auf Aluminium
C-print on aluminium
67,5 × 101,5 cm

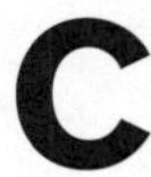

C

MATT CALDERWOOD

GLOSS, 2004
Video, 1'16'', Farbe, Ton
Video, 1'16'', colour, sound

LIGHT, 2004
Video, 47'', Farbe, Ton
Video, 47'', colour, sound

LIGHTNING, 2005
Video, 2'35'', Farbe, Ton
Video, 2'35'', colour, sound

SCREEN, 2005
Video, 3'08'', Farbe, Ton
Video, 3'08'', colour, sound

STRIPS (VERTICAL), 2005
Video, 2'43'', Farbe, Ton
Video, 2'43'', colour, sound

TAPE, 2005
Video, 1'32'', Farbe, Ton
Video, 1'32'', colour, sound

SOPHIE CALLE

DOUBLE BLIND, 1992
Video, 65'58'', Farbe, Ton
Video, 65'58'', colour, sound

PETER CAMPUS

THREE TRANSITIONS, 1973
Video, 4'53'', Farbe, Ton
Video, 4'53'', colour, sound

JANET CARDIFF & GEORGE BURES MILLER

THE KILLING MACHINE, 2007
Mixed-Media-Installation; Audio, 4'40'',
Druckluft, Roboter, elektromagnetischer
Drumschlegel, Zahnarztstuhl, Elektrogitarre,
Computer, Überwachungssysteme
Mixed-media installation; sound, 4'40'', pneu-
matics, robotics, electro-magnetic beaters,
dentist's chair, electric guitar, computer, control
systems
300 × 400 × 250 cm
Schenkung an/Donation to MoMA Museum
of Modern Art, New York, 2007

PAUL CHAN

HAPPINESS (FINALLY) AFTER 35,000 YEARS OF CIVILIZATION (AFTER HENRY DARGER AND CHARLES FOURIER), 2000–2003
Einkanal-Videoinstallation, 17'20'', Farbe,
Ton, transluzenter Screen
Single-channel video installation, 17'20'',
colour, sound, translucent screen

UNTITLED (AFTER ST. CARAVAGGIO), 2003–2006
Einkanal-Videoinstallation, 2'33'', Farbe,
kein Ton
Single-channel video installation, 2'33'', colour,
no sound

PATTY CHANG

SHAVED (AT A LOSS), 1998
Video, 5'19'', Farbe, Ton
Video, 5'19'', colour, sound

UNTITLED (FOR ABRAMOVIĆ, LOVE COCTEAU), 2000
Video, 4'13'', Farbe, Ton
Video, 4'13'', colour, sound

FAN DANCE, 2003
Video, 28'47'', Farbe, Ton
Video, 28'47'', colour, sound

IAN CHENG

EMISSARY IN THE SQUAT OF GODS, 2015
Echtzeitsimulation und Erzählung, unbegrenzte Dauer, Farbe, Ton
Live simulation and story, infinite duration,
colour, sound

EMISSARY FORKS AT PERFECTION, 2015
Echtzeitsimulation und Erzählung, unbegrenzte Dauer, Farbe, Ton
Live simulation and story, infinite duration,
colour, sound

EMISSARY SUNSETS THE SELF, 2017
Echtzeitsimulation und Erzählung, unbegrenzte Dauer, Farbe, Ton
Live simulation and story, infinite duration,
colour, sound

DAVID CLAERBOUT

AMERICAN CAR, 2002
Zweikanal-HD-Videoinstallation, Screen 1:
1'22'', Screen 2: 9'30'', Farbe, Ton
Two-channel HD video installation; screen 1:
1'22'', screen 2: 9'30'', colour, sound

MATT COPSON

ANARCHIST, 2015
Audiodatei, 1'56''
Sound file, 1'56''

BOOTY CALL, 2015
Audiodatei, 2'21''
Sound file, 2'21''

BROADCAST, 2015
Audiodatei, 2'57''
Sound file, 2'57''

INHERIT DEFICIT, 2015
Audiodatei, 1'44''
Sound file, 1'44''

LETTER FROM WAR, 2015
Audiodatei, 2'17''
Sound file, 2'17''

OH-REG-AH-NO, 2015
Audiodatei, 1'30''
Sound file, 1'30''

JANE CRAWFORD &
ROBERT FIORE

RUNDOWN, 1994
Super-8-Film, transferiert auf Video, 12',
Farbe, Ton
Super 8 film, transferred to video, 12', colour,
sound

KEREN CYTTER

LES RUISSELLEMENTS DU DIABLE, 2008
Video, 10'45", Farbe, Ton
Video, 10'45", colour, sound

FOUR SEASONS, 2009
Video, 8'05", Farbe, Ton
Video, 8'05", colour, sound

UNTITLED, 2009
Einkanal-Videoinstallation, 16'52", Farbe, Ton
Single-channel video installation, 16'52",
colour, sound

D

DAS INSTITUT
(KERSTIN BRÄTSCH &
ADELE RÖDER)

**ADELE RÖDER FOR DAS INSTITUT
STARLINE, 2010**
Diaprojektion, 160 glasgerahmte 35-mm-
Dias
Slide projection, 160 glass-mounted 35 mm
slides
Dimensionen variabel / Dimensions variable

APES AND SHAPES (I'LL SEE YOU AGAIN IN 25 YEARS), 2011
Künstlerbuch mit flexiblem Einband
Soft cover artist book
38,1 × 29,8 cm

ANNOUNCEMENT POSTER 1 AND 2, 2011
2 Digitalprints
2 digital prints
Je / Each 218,4 × 133,4 cm

THOMAS DEMAND

BEAU RIVAGE, 1997
C-Print, Diasec
C-print, diasec
160 × 122 cm

FENCE, 2004
C-Print, Diasec
C-print, diasec
180 × 230 cm

LIFT, 2004
C-Print, Diasec
C-print, diasec
196 × 150 cm

DETAILS (SPORTSCAR), 2005
3 C-Print, Diasec
3 C-prints, diasec
Je / Each 78 × 78 cm

JEN DENIKE

WRESTLING, 2002
Video, 3'10", Farbe, Ton
Video, 3'10", colour, sound

SASHA, 2003
C-Print, Diasec
C-print, diasec
127 × 152,4 cm

DUNKING, 2004
Video, 3'30", Farbe, Ton
Video, 3'30", colour, sound

SHIPWRECK, 2005
Video, 49", Farbe, Ton
Video, 49", colour, sound

THE DEADMAN'S FLOAT, 2005
Video, 1', Farbe, Ton
Video, 1', colour, sound

ANAT, 2006
C-Print, Diasec
C-print, diasec
127 × 152,4 cm

FELL, 2006
Video, 1'20", Farbe, Ton
Video, 1'20", colour, sound

GIRLS LIKE ME, 2006
Video, 6', Farbe, Ton
Video, 6', colour, sound

SCRYING, 2010
Performance-Ballett in 3 Akten
Performance ballet in 3 acts

THE PIMP, 2015
HD-Video, 5'24", Farbe, Ton
HD video, 5'24", colour, sound

SIMON DENNY

MULTIMEDIA DOUBLE CANVAS PROGRESSION, 2009
Installation, bestehend aus:
Installation, consisting of:

MULTIMEDIA DOUBLE CANVAS TOSHIBA
Inkjet-Print auf Leinwand, Metallverschrau-
bungen, Podest
Inkjet print on canvas, metal fittings, pedestal
76 × 100 × 60 cm

MULTIMEDIA DOUBLE CANVAS THOMSON
Inkjet-Print auf Leinwand, Metallverschrau-
bungen, Podest
Inkjet print on canvas, metal fittings, pedestal
87 × 117 × 58 cm

MULTIMEDIA DOUBLE CANVAS TEVION
Inkjet-Print auf Leinwand, Metallverschrau-
bungen, Podest
Inkjet print on canvas, metal fittings, pedestal
60 × 80 × 54 cm

MULTIMEDIA DOUBLE CANVAS HANTAREX
Inkjet-Print auf Leinwand, Metallverschrau-
bungen, Podest
Inkjet print on canvas, metal fittings, pedestal
141 × 60 × 43 cm

MULTIMEDIA DOUBLE CANVAS PHILIPS
Inkjet-Print auf Leinwand, Metallverschrau-
bungen, Podest
Inkjet print on canvas, metal fittings, pedestal
51 × 92 × 13 cm

MULTIMEDIA DOUBLE CANVAS SAMSUNG
Inkjet-Print auf Leinwand, Metallverschrau-
bungen, Podest
Inkjet print on canvas, metal fittings, pedestal
80 × 51 × 3 cm

MARIA ANNA DEWES

WOLF, 2008
Zeichnung; Aquarell auf handgeschöpftem
Papier
Drawing; watercolour on handmade paper
30 × 21 cm

NATHALIE DJURBERG & HANS BERG

IT'S THE MOTHER, 2008
Video, 6', Farbe, Ton
Video, 6', colour, sound

WE ARE NOT TWO, WE ARE ONE, 2008
Video, 5'33", Farbe, Ton
Video, 5'33", colour, sound

THE EXPERIMENT, 2009
Dreikanal-Videoinstallation, bestehend aus:
Three-channel video installation, consisting of:

GREED
Video, 10'45", Farbe, Ton
Video, 10'45", colour, sound

FOREST
Video, 7'27", Farbe, Ton
Video, 7'27", colour, sound

CAVE
Video, 5'35", colour, sound
Video, 5'35", Farbe, Ton

CHERYL DONEGAN

HEAD, 1993
Video, 2'49", Farbe, Ton
Video, 2'49", colour, sound

TRISHA DONNELLY

UNTITLED, 2005
Video, 20", S/W, kein Ton
Video, 20", b/w, no sound

SATIN OPERATOR, 2007
13 C-Prints
13 c-prints
Je / Each 158,8 × 111,8 cm

UNTITLED I (DOUBLE ALPHA), 2007
C-Print
C-print
158,8 × 111,8 cm

UNTITLED, 2008
Video, 6', Farbe, kein Ton
Video, 6', colour, no sound

UNTITLED (MOUNTAIN), 2008
Fotoprint auf RC-Papier
Photo print on RC paper
61 × 50,5 cm

UNTITLED, 2010
Soundinstallation, 2'15"
Sound installation, 2'15"

UNTITLED, 2011
Video, 30", Farbe, kein Ton
Video, 30", colour, no sound

UNTITLED, 2012
HD-Video, 3'59", Farbe, kein Ton
HD video, 3'59", colour, no sound

UNTITLED, 2013
Skulptur; rosafarbener Marmor
Sculpture; rose-coloured marble
11,5 × 88,7 × 36,5 cm

SCONCE, 2013
2 Wandobjekte; Gips, Elektrokabel
two wall objects; plaster, electrical wiring
Je / Each 41,5 × 40,5 × 42 cm

JUAN DOWNEY

THE LAUGHING ALLIGATOR, 1979
Video, 27', Farbe, Ton
Video, 27', colour, sound

MARCEL DZAMA

LEILA KHALED DOES NOT NEED ME, 2008
Gemälde; Acryl auf Verbundplatte
Painting; acrylic on panel
50,8 × 40,6 cm

UNTITLED, 2008
Collage auf Rechenpapier
Collage on graph paper
27,6 × 21,3 cm

UNTITLED, 2008
Collage auf Rechenpapier
Collage on graph paper
27,6 × 21,3 cm

UNTITLED, 2008
Collage auf Rechenpapier
Collage on graph paper
27,6 × 21,3 cm

UNTITLED, 2008
Collage auf Rechenpapier
Collage on graph paper
27,6 × 21,3 cm

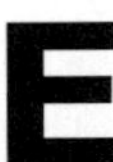

E

OLAFUR ELIASSON

WHEN LOVE IS NOT ENOUGH WALL (FRAGMENT), 2007
Ortsspezifische Installation; Edelstahl, Edelstahlspiegel, Holz; 35 Kaleidoskope,
Site-specific installation; stainless steel, stainless steel mirrors, wood; 35 kaleidoscopes,
Je / Each 27,9 × 45,1 × 55 cm, Wandlänge / Wall length 36 m

BROCK ENRIGHT

CRYSTAL ANARCHY SIGN (PINK), 2007
Skulptur; Kristall, Edelstahl, Filz
Sculpture; crystal, stainless steel, felt
127 × 61 × 55,9 cm

ENZYCLOPEDIA PICTURA / BJÖRK

WANDERLUST, 2008
3D-Videoinstallation, 7'27", Farbe, Ton
3D video installation, 7'27", colour, sound

JAN PAUL EVERS

PLACE DE PYRAMIDE, 2009
Silbergelatineprint auf Barytpapier
Silver gelatin print on baryta paper
55 × 59,5 cm

GROSSE REKURSIVE FUNKTION, 2010
Silbergelatineprint auf Barytpapier
Silver gelatin print on baryta paper
81,5 × 81,5 cm

VORHANG, 2010
Silbergelatineprint auf Barytpapier
Silver gelatin print on baryta paper
105,5 × 134 cm

DER ABSTAND ZWISCHEN DEN GIPFELN MENSCHLICHER MÖGLICHKEITEN, 2011
Silbergelatineprint auf Barytpapier
Silver gelatin print on baryta paper
71 × 65,5 cm

PORTRAIT JULIA STOSCHEK, 2011
Silbergelatineprint auf Barytpapier
Silver gelatin print on baryta paper
98 × 84 cm

VALIE EXPORT

TAPP UND TASTKINO, 1968
Video, 1'08'', S/W, Ton
Video, 1'08'', b/w, sound

FACING A FAMILY, 1971
Video, 4'44'', S/W, Ton
Video, 4'44'', b/w, sound

KÖRPERKONFIGURATION, 1982
Silbergelatineprint
Silver gelatin print
119,5 × 180 cm

F

LORETTA FAHRENHOLZ

IMPLOSION, 2011
HD-Video, 30', Farbe, Ton
HD video, 30', colour, sound

MY THROAT, MY AIR, 2013
HD-Video, 17', Farbe, Ton
HD video, 17', colour, sound

CAO FEI

HIP HOP GUANGZHOU, 2003
Video, 3', Farbe, Ton
Video, 3', colour, sound

WHOSE UTOPIA, 2006
Mixed-Media-Zweikanal-Videoinstallation;
2 C-Prints, je 180 × 255 cm; 22 C-Prints,
je 85 × 127 cm; 4 Lichtobjekte; **My Future is
not a Dream,** Video, 20', Farbe, Ton; **What
are you doing here?,** Video, 35', Farbe, Ton
Mixed-media two-channel video installation;
2 c-prints, 180 × 255 cm each; 22 c-prints,
85 × 127 cm each; four light objects;
My Future is not a Dream, video, 20',
colour, sound; **What are you doing here?,**
video, 35', colour, sound

**I. MIRROR BY CHINA TRACY
(AKA: CAO FEI), 2007**
Video, 28', Farbe, Ton
Video, 28', colour, sound

**RMB CITY – A SECOND LIFE
CITY PLANNING BY CHINA
TRACY, 2007**
Video, 6', Farbe, Ton
Video, 6', colour, sound

PETER FISCHLI & DAVID WEISS

BÜSI, 2001
Video, 6'30'', Farbe, kein Ton
Video, 6'30'', colour, no sound

HUNDE, 2003
Video, 29'51'', Farbe, Ton
Video, 29'51'', colour, sound

**OHNE TITEL (AIRPORT
ZÜRICH, 2000), 2007**
3-teiliger Offsetprint
three-part offset print
Je / Each 130 × 83 cm (Gesamtmaße / Total
130 × 249 cm)

CHRISTIANE FOCHTMANN

TALKSHOW, 2006
Video, 4'03'', Farbe, Ton
Video, 4'03'', colour, sound

CLAUS FÖTTINGER

OHNE TITEL, 2004
2 Lichtobjekte; pigmentierte und laminierte Inkjetprints auf Lampenschirm genäht,
Lampenfuß
Two light objects; pigmented and laminated
inkjet prints sewn on lampshade, lampstand
Je / Each Ø 22,5 cm, H 53,5 cm

**BARBARELLA, MATMOS AND
CHIEF OF MATMOS, 2006**
2 Lichtobjekte; pigmentierte und laminierte
Inkjetprints auf Lampenschirm genäht,
Lampenfuß
2 light objects; pigmented and laminated inkjet
prints sewn on lampshade, lampstand
Ø 33,5 cm, H 69 cm, Ø 34 cm, H 54,5 cm

HANOI / SAIGON, 2007
Lichtobjekt; pigmentierte und laminierte
Inkjetprints auf Baumwollpapier auf Kupfer-
konstruktion genäht
Light object; pigmented and laminated inkjet
prints on cotton paper, sewn on copper con-
struction
Ø 100 cm, H 290 cm

**LIGHT OBJECT NO. 1:
DESTROY, SHE SAID, 2007**
Lichtobjekt; pigmentierte und laminierte
Inkjetprints auf Lampenschirm genäht,
Lampenfuß
Light object; pigmented and laminated inkjet
prints sewn on lampshade, lampstand
Ø 20 cm, H 40 cm

**LIGHT OBJECT NO. 2:
FRAGILE, 2008**
Lichtobjekt; pigmentierte und laminierte
Inkjetprints auf Lampenschirm genäht,
Lampenfuß
Light object; pigmented and laminated inkjet
prints sewn on lampshade, lampstand
Ø 20,5 cm, H 40 cm

FRAGILE-BAR, 2008
Bar; pigmentierte und laminierte Inkjetprints
auf Stahlkonstruktion genäht, Glas
Bar; pigmented and laminated inkjet prints,
sewn on steel construction, glass
117,5 × 232 × 87 cm

**LIGHT OBJECT NO. 3: HERE
AND NOW, 2009**
Lichtobjekt; pigmentierte und laminierte
Inkjetprints auf Lampenschirm genäht,
Lampenfuß
Light object; pigmented and laminated inkjet
prints sewn on lampshade, lampstand
Ø 25,5 cm, H 49 cm

**LIGHT OBJECT NO. 4: DEREK
JARMAN – SUPER8, 2010**
Lichtobjekt; pigmentierte und laminierte
Inkjetprints auf Lampenschirm genäht,
Lampenfuß
Light object; pigmented and laminated inkjet
prints sewn on lampshade, lampstand
Ø 32 cm, H 54,5 cm

**LIGHT OBJECT I WANT TO
SEE HOW YOU SEE, 2010**
Lichtobjekt; pigmentierte und laminierte
Inkjetprints auf Lampenschirm genäht,
Lampenfuß
Light object; pigmented and laminated inkjet
prints sewn on lampshade, lampstand
Ø 21 cm, H 54 cm

**REMIX LUHMANNECK FOR
CITIES OF GOLD AND
MIRRORS, 2011**
Lichtobjekt-Bar; Spiegel, Holz, Stahlkon-
struktion, Glas
Light object bar; mirrors, wood, steel con-
struction, glass
120 × 298 × 63 cm

LIGHT OBJECT NO. 5: CITIES OF GOLD AND MIRRORS, 2011
Lichtobjekt; pigmentierte und laminierte Inkjetprints auf Lampenschirm genäht, Lampenfuß
Light object; pigmented and laminated inkjet prints sewn on lampshade, lampstand
Ø 42 cm, H 55 cm

LIGHT OBJECT NO. 6: FLAMING CREATURES, 2012
Lichtobjekt; pigmentierte und laminierte Inkjetprints auf Lampenschirm genäht, Lampenfuß
Light object; pigmented and laminated inkjet prints sewn on lampshade, lampstand
59 × 22,5 × 22,5 cm

LIGHT OBJECT NO. 7: ED ATKINS – FRANCES STARK, 2013
Lichtobjekt; pigmentierte und laminierte Inkjetprints auf Lampenschirm genäht, Lampenfuß
Light object; pigmented and laminated inkjet prints sewn on lampshade, lampstand
Ø 23,5 cm, H 45 cm

LIGHT OBJECT NO. 8: STURTEVANT, 2014
Lichtobjekt; pigmentierte und laminierte Inkjetprints auf Lampenschirm genäht, Lampenfuß
Light object; pigmented and laminated inkjet prints sewn on lampshade, lampstand
Ø 34 cm, H 40 cm

LIGHT OBJECT KILL, 2014
Lichtobjekt; pigmentierte und laminierte Inkjetprints auf Lampenschirm genäht, Lampenfuß
Light object; pigmented and laminated inkjet prints sewn on lampshade, lampstand
Ø 46,5 cm, H 55 cm

LIGHT OBJECT NO. 9: ELIZABETH PRICE, 2014
Lichtobjekt; pigmentierte und laminierte Inkjetprints auf Lampenschirm genäht, Lampenfuß
Light object; pigmented and laminated inkjet prints sewn on lampshade, lampstand
Ø 37 cm, H 61,5 cm

LIGHT OBJECT NO. 10: TRISHA DONNELLY, 2015
Lichtobjekt; pigmentierte und laminierte Inkjetprints, Plexiglas
Light object; pigmented and laminated inkjet prints, plexiglass
56 × 24 × 24 cm

LIGHT OBJECT NO. 11: CYPRIEN GAILLARD, 2015
Lichtobjekt; pigmentierte und laminierte Inkjetprints auf Lampenschirm genäht, Lampenfuß
Light object; pigmented and laminated inkjet prints sewn on lampshade, lampstand
52,5 × 30,5 × 19,5 cm

LIGHT OBJECT NO. 12: HELLO BOYS, 2016
Lichtobjekt; pigmentierte und laminierte Inkjetprints, Stahlkonstruktion
Light object; pigmented and laminated inkjet prints
250 × 21 × 21 cm

LIGHT OBJECT NO. 13: HITO STEYERL – MISSED CONNECTIONS, 2016
Lichtobjekt; pigmentierte und laminierte Inkjetprints auf Lampenschirm genäht, Lampenfuß
Light object; pigmented and laminated inkjet prints sewn on lampshade, lampstand
Ø 32 cm, H 53 cm

LIGHT OBJECT WELT AM DRAHT, 2016
Lichtobjekt; pigmentierte und laminierte Inkjetprints auf Lampenschirm genäht, Lampenfuß
Light object; pigmented and laminated inkjet prints sewn on lampshade, lampstand
46 × 24 × 24 cm

LIGHT OBJECT JAGUARS AND ELECTRIC EELS, 2017
Lichtobjekt; pigmentierte und laminierte Inkjetprints auf Lampenschirm genäht, Lampenfuß
Light object; pigmented and laminated inkjet prints sewn on lampshade, lampstand
Ø 38 cm, H 49 cm

ED FORNIELES

BATHING, 2015
HD-Video, 3'04", Farbe, Ton
HD video, 3'04", colour, sound

FALLING, 2015
HD-Video, 3'03", Farbe, Ton
HD video, 3'03", colour, sound

CLIMBING, 2015
HD-Video, 3'06", Farbe, Ton
HD video, 3'06", colour, sound

SITTING, 2015
HD-Video, 3'04", Farbe, Ton
HD video, 3'04", colour, sound

SLEEPING, 2015
HD-Video, 3'04", Farbe, Ton
HD video, 3'04", colour, sound

SWIMMING, 2015
HD-Video, 3'07", Farbe, Ton
HD video, 3'07", colour, sound

DARA FRIEDMAN

REVOLUTION, 2003
16-mm-Film, transferiert auf Video, 9'20", Farbe, kein Ton
16 mm film, transferred to video, 9'20", colour, no sound

G

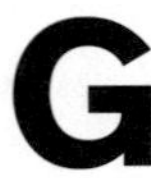

LEO GABIN

AIN'T GON DO IT, 2015
HD-Video, 24", Farbe, Ton
HD video, 24", colour, sound

ALIENS, 2015
Audiodatei, 1'55"
Sound file, 1'55"

AWESOME, 2015
Audiodatei, 50"
Sound file, 50"

BREAK UP, 2015
Audiodatei, 2'53"
Sound file, 2'53"

DATE YOURSELF, 2015
HD-Video, 2'10", Farbe, Ton
HD video, 2'10", colour, sound

FAST LOST BY HO HO CLICK, 2015
HD-Video, 1', Farbe, Ton
HD video, 1', colour, sound

GIRLHOOD, 2015
HD-Video, 1'58", Farbe, Ton
HD video, 1'58", colour, sound

LIPS, 2015
Audiodatei, 1'15"
Sound file, 1'15"

SURFER HO REMIX, 2015
Audiodatei, 1'03"
Sound file, 1'03"

THE CONCEPT, 2015
HD-Video, 1'13", Farbe, Ton
HD video, 1'13", colour, sound

THE HEART WANTS, 2015
Audiodatei, 2'55"
Sound file, 2'55"

WRITE YOUR NAME, 2015
HD-Video, 1'51", Farbe, Ton
HD video, 1'51", colour, sound

CYPRIEN GAILLARD

DESNIANSKY RAION, 2007
Video, 30', Farbe, Ton
Video, 30', colour, sound

THE LAKE ARCHES, 2007
Video, 1'39", Farbe, kein Ton
Video, 1'39", colour, no sound

CITIES OF GOLD AND MIRRORS, 2009
16-mm-Film, 8'52", Farbe, Ton
16 mm film, 8'52", colour, sound

ARTEFACTS, 2011
HD-Video transferiert auf 35-mm-Film, 9'43",
kontinuierlicher Loop, Farbe, Ton
HD video transferred to 35 mm film, 9'43",
continuous loop, colour, sound

KOE, 2015
HD-Video, 4'17", Farbe, ohne Ton
HD video, 4'17", colour, no sound

NIGHTLIFE, 2015
Digitaler 3D-Film, 14', Farbe, Ton
Digital 3D motion picture, 14', colour, sound

RYAN GANDER

PORTRAIT OF A COLOUR BLIND ARTIST OBSCURED BY FLOWERS, 2016
HD-Videoinstallation, 13'09", Farbe, Ton
HD video installation, 13'09", colour, sound

GCC

FIGURE A: AMALGAMATED CITY, 2013
HD-Videoinstallation; Tapete, Video, 20',
Farbe, Ton
HD video installation; wallpaper, video, 20',
colour, sound

TILL GERHARD

CAPTAIN AMERICA, 2004
Gemälde; Öl auf Leinwand
Painting; oil on canvas
40 × 30 cm

DIE ORDNUNG DER DINGE, 2004
Gemälde; Öl auf Leinwand
Painting; oil on canvas
198 × 163 cm

KLEINER HUNGER, 2006
(in Zusammenarbeit mit Tilman Knop /
in cooperation with Tilman Knop)
Gemälde; Öl und Siebdruck auf Leinwand
Painting; oil and screen printing on canvas
50 × 40 cm

ONLINE POLONÄSE, 2006
(in Zusammenarbeit mit Tilman Knop /
in cooperation with Tilman Knop)
Gemälde; Öl und Siebdruck auf Leinwand
Painting; oil and screen printing on canvas
50 × 40 cm

SONDERVORSTELLUNG, 2006
(in Zusammenarbeit mit Tilman Knop /
in cooperation with Tilman Knop)
Gemälde; Öl und Siebdruck auf Leinwand
Painting; oil and screen printing on canvas
100 × 140 cm

MELANIE GILLIGAN

THE COMMON SENSE 2014/15
Ortsspezifische Fünfzehnkanal-Videoinstal-
lation, bestehend aus 15 LED-TV-Bildschir-
men, pulverbeschichteten Stahlrohren, HD-
Videos, je 6'–7', Farbe, Ton, Größe variabel
Site-specific fifteen-channel video installation,
consisting of 15-LED TV screens, powder-
coated steel tubes, HD videos, 6'–7' each,
colour, sound, dimensions variable

KATE GILMORE

MY LOVE IS AN ANCHOR, 2004
Video, 7'05", Farbe, Ton
Video, 7'05", colour, sound

MAIN SQUEEZE, 2006
Video, 4'59", Farbe, Ton
Video, 4'59", colour, sound

DOUGLAS GORDON

STAYING HOME (18.14) AND GOING OUT (21.14), 2005
2 Polaroid-Farbfotografien
2 polaroid colour photographs
Gesamtmaße / Total 23 × 37,5 cm (gerahmt /
framed), je / each 10,8 × 8,9 cm

THE NATURE OF RELATIONSHIPS BETWEEN FEW WORDS, 2006
Wandinstallation; Vinyl
Wall installation; vinyl
Dimensionen variabel / Dimensions variable

NEW COLOUR EMPIRE, 2006–2010
Einkanal HD-Videoinstallation, 108'3", Farbe,
kein Ton
Single-channel HD video installation, 108'3",
colour, no sound

NEW COLOUR EMPIRES, 2006–2010
HD-Video, 17'45", Farbe, kein Ton
HD video, 17'45", colour, no sound

MANUEL GRAF

SHULMANTONIONI, 2004
Mixed-Media-Videoinstallation; Hocker, 3',
Farbe, Ton
Mixed-media video installation; stool, 3', colour,
sound

PING PONG, 2005
Mixed-Media-Videoinstallation; Skulptur;
Draht, Gips, Pappmaschee, Video, 7', Farbe,
Ton
Mixed-media video installation; sculpture; wire,
plaster, papier-mâché, video, 7', colour, sound

1000 JAHRE SIND EIN TAG, 2005
Video, 4', Farbe, Ton
Video, 4', colour, sound

ÜBER DIE AUS DER ZUKUNFT FLIESSENDE ZEIT, 2006
Video, 9', S/W, Ton
Video, 9', b/w, sound

GRÜNDER, 2014
Mixed-Media-Videoinstallation; Flachbildschirm, Stuhl (Gründerzeit), HD-Video, 2'08",
Farbe, ohne Ton
Mixed-media video installation; flat screen,
chair (Wilhelminian period), HD video, 2'08",
colour, no sound
180 × 100 × 80 cm

DAN GRAHAM

PERFORMANCE / AUDIENCE / MIRROR, 1975
Video, 22'52", S/W, Ton
Video, 22'52", b/w, sound

ROCK MY RELIGION, 1982–1984
Video, 55'27", S/W, Farbe, Ton
Video, 55'27", b/w, colour, sound

TWO-WAY MIRROR POWER, 2006
Pavillon, Zweiwegespiegelglas, Edelstahl
Pavillion, two-way mirror, stainless steel
225 × 430 × 430 cm

CAO GUIMARÃES

NANOPHANY, 2003
Super-8-Film, transferiert auf Video, 3',
Farbe, Ton
Super 8 film, transferred to video, 3', colour,
sound

ANDREAS GURSKY

GASHERD, 1980
C-Print
C-print
101 × 74,5 cm

CENTRE POMPIDOU, 1995
C-Print, Diasec
C-print, diasec
93 × 161 cm

RHEIN II, 1999
Inkjetprint
Inkjet print
43,2 × 63,5 cm

SUPERNOVA, 1999
C-Print
C-print
52 × 42 cm

UNTITLED XII, NO. 4, 2000
C-Print, Diasec
C-print, diasec
272 × 185 cm

COCOON II, 2008
C-Print, Diasec
C-print, diasec
209,3 × 503,6 cm

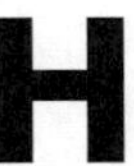

BARBARA HAMMER

SANCTUS, 1990
16-mm-Film transferiert auf Video, 18'18",
Farbe, S/W, Ton
16 mm film transferred to video, 18'18", colour,
b/w, sound
Musik von / Sound by Neil B. Rolnick

JEPPE HEIN

2-DIMENSIONAL MIRROR LABYRINTH, 2006
Skulptur, polierter Edelstahl
Sculpture; polished stainless steel
Ø 350 cm, 22 Teile / parts: 220 × 23 × 5,5cm;
21 Teile / parts: 220 × 10 × 5,5cm

GARY HILL
PRIMARILY SPEAKING, 1981–1983
Video, 19'23", Farbe, Ton
Video, 19'23", colour, sound

INCIDENCE OF CATASTROPHE, 1987/88
Video, 43'51", Farbe, Ton
Video, 43'51", colour, sound

CANDIDA HÖFER

JULIA STOSCHEK COLLECTION IV 2008, 2008
C-Print
C-print
200 × 147 cm

JULIA STOSCHEK COLLECTION VIII 2008, 2008
C-Print
C-print
200 × 158,1 cm

NANCY HOLT

MONO LAKE, 1968–2004
Video, 19'54", Farbe, Ton
Video, 19'54", colour, sound

SUN TUNNELS, 1978
16-mm-Film, transferiert auf Video, 26'31",
Farbe, Ton
16 mm film, transferred to video, 26'31", colour,
sound

NANY HOLT & ROBERT SMITHSON

SWAMP, 1971
16-mm-Film, transferiert auf Video, 6', Farbe,
Ton
16 mm film, transferred to video, 6', colour,
sound

MARTIN HONERT

EISBÄR, 1995/2001
Plastik: Polystyrol, Acryl auf Epoxidharz
Sculpture; polystyrene, acrylic on epoxy resin
150 × 114 × 20 cm

J

CHRISTIAN JANKOWSKI

DIE JAGD, 1992–1997
Video, 1'11", Farbe, Ton
Video, 1'11", colour, sound

HOLLYWOODSCHNEE, 2004
16-mm-Film, transferiert auf Video, 11'50",
Farbe, Ton
16 mm film, transferred to video, 11'50", colour,
sound

WHAT REMAINS, 2004
16-mm-Film, transferiert auf Video, 11'33",
Farbe, Ton
16 mm film, transferred to video, 11'33"colour,
sound

16MM MYSTERY, 2004
35-mm-Film, transferiert auf Video, 5', Farbe,
Ton
35 mm film, transferred to video, 5', colour,
sound

JOAN JONAS

VERTICAL ROLL, 1972
Video, 19'38", S/W, Ton
Video, 19'38", b/w, sound

SONGDELAY, 1973
16-mm-Film, transferiert auf Video, 18'35'',
S/W, Ton
16 mm film, transferred to video, 18'35'', b/w,
sound

DISTURBANCES, 1974
Video, 11', S/W, Ton
Video, 11', b/w, sound

ISAAC JULIEN

TRUE NORTH, 2004
Dreikanal-HD-Videoinstallation, 16-mm-Film,
transferiert auf Video, 14'20'', Farbe, Ton
Three-channel HD video installation, 16 mm
film, transferred to video, 14'20'', colour, sound

JESPER JUST

BLISS AND HEAVEN, 2004
16-mm-Film, transferiert auf Video, 8'41'',
Farbe, Ton
16 mm film, transferred to video, 8'41'', colour,
sound

THE LONELY VILLA, 2004
16-mm-Film, transferiert auf Video, 5'30'',
Farbe, Ton
16 mm film, transferred to video, 5'30'', colour,
sound

SOMETHING TO LOVE, 2005
16-mm-Film, transferiert auf HD-Video,
8'10'', Farbe, Ton
16 mm film, transferred to HD video, 8'10'',
colour, sound

K

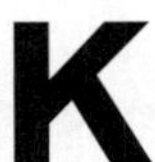

DANIEL KELLER &
MARTTI KALLIALA

EXITSCAPE 1, 2015
HD-Video, 3'02'', Farbe, Ton
HD video, 3'02'', colour, sound

EXITSCAPE 2, 2015
HD-Video, 3'08'', Farbe, Ton
HD video, 3'08'', colour, sound

EXITSCAPE 3, 2015
HD-Video, 3'19'', Farbe, Ton
HD video, 3'19'', colour, sound

EXITSCAPE 4, 2015
HD-Video, 3'24'', Farbe, Ton
HD video, 3'24'', colour, sound

EXITSCAPE 5, 2015
HD-Video, 3'19'', Farbe, Ton
HD video, 3'19'', colour, sound

EXITSCAPE 6, 2015
HD-Video, 2'51'', Farbe, Ton
HD video, 2'51''', colour, sound

MIKE KELLEY

**EXTRACURRICULAR
ACTIVITY PROJECTIVE
RECONSTRUCTION #36
(VICE ANGLAIS), 2011**
Video, 25'15'', Farbe, Ton
Video, 25'15'', colour, sound

**EXTRACURRICULAR
ACTIVITY PROJECTIVE
RECONSTRUCTION #36
(VICE ANGLAIS), 2011**
Linsenrasterpanel, Lichtbox
Lenticular panel, lightbox
82,6 × 122,6 × 8,3 cm

ZILVINAS KEMPINAS

WHITE NOISE, 2007
Mixed-Media-Installation; Ventilatoren,
Videobänder
Mixed-media installation; electric fans, video
tapes
Dimensionen variabel / Dimensions variable

JON KESSLER

HEAVEN'S GATE, 2004
Mixed-Media-Installation; Kameras, Lampen,
Monitore, Motoren
Mixed-media installation; cameras, lights,
monitors, motors
235 × 190 × 74 cm

K-HOLE

**K-HOLE FOR EDUCATION,
2016**
Beleuchtetes Display, Aluminiumbox mit
LED-Lichtsystem
Backlit tension fabric display, aluminium frame,
LED light system
77 × 305 × 10 cm

JOSH KLINE

**DESIGNER'S HEAD IN TIM
COPPENS (TIM), 2013**
Im 3D-Druckverfahren hergestellte Gips-
skulptur, Inkjet-Tinte und Cyanacrylat; eisen-
armes Starphire-Glas; „Stella Artois"-Bier,
MDF, Klebstoff
3D printed sculpture in plaster, inkjet ink, and
cyanoacrylate, low-iron Starphire glass, 'Stella
Artois' beer, MDF, glue

FOREVER 27, 2013
HD-Video, 14'39'', Farbe, Ton
HD video, 14'39'', colour, sound

FOREVER 48, 2013
HD-Video, 16'06'', Farbe, Ton
HD video, 16'06'', colour, sound

IMI KNOEBEL

PROJEKTION X, 1972
Video, 40', S/W, kein Ton
Video, 40', b/w, no sound

**PROJEKTION X (REMAKE
2005), 2005**
Video, 14'11'', Farbe, Ton
Video, 14'11'', colour, sound

TERENCE KOH

SPRUNGKOPF, 2006
Video, 1'42'', S/W, Ton
Video, 1'42'', b/w, sound

**THE CAMEL WAS GOD, THE
CAMEL WAS SHOT, 2007**
Skulptur; Abguss vom Körper des Künstlers,
Bronze, weiße Patina
Sculpture; cast of artist's body, bronze, white
patina
18 × 46 × 166 cm

SNOW WHITE, 2008
Mixed-Media-Installation; 200 Neonröhren,
Porzellan-Chrysanthemen, Spiegelsarg,
Soundinstallation
Mixed-media installation; 200 neon lights,
porcelain chrysanthemums, mirror coffin,
sound installation
Dimensionen variabel / Dimensions variable

ANDREAS KORTE

SELF CODED, 2008
Dreikanal-HD-Videoinstallation, 23'16'',
Farbe, Ton
Three-channel HD video installation, 23'16'',
colour, sound

TANZFILM, 2011
HD-Video, 26'42", Farbe, Ton
HD video, 26'42", colour, sound

L

MARIE-JO LAFONTAINE

LES LARMES D'ACIER, 1988
Videoskulptur; 5 Monitore, lackierter Holz-
korpus und -paneel; Video 7'42", Farbe, Ton
Video sculpture, 5 monitors, enamel on wood-
en corpus and panel; video 7'42", colour, sound
304 × 100 × 64 cm

LINA LAPELYTE

HUNKY BLUFF ACT 1, 2015
Audiodatei, 1'25"
Sound file, 1'25"

HUNKY BLUFF ACT 2, 2015
Audiodatei, 2'57"
Sound file, 2'57"

HUNKY BLUFF ACT 3, 2015
Audiodatei, 2'07"
Sound file, 2'07"

HUNKY BLUFF ACT 4, 2015
Audiodatei, 3'
Sound file, 3'

HUNKY BLUFF ACT 5, 2015
Audiodatei, 2'41"
Sound file, 2'41"

HUNKY BLUFF ACT 6, 2015
Audiodatei, 1'41"
Sound file, 1'41"

MARK LECKEY

**FIORUCCI MADE ME
HARDCORE, 1999**
Video, 15', Farbe, Ton
Video, 15', colour, sound

PARADE, 2003
Video, 7'19", Farbe, Ton
Video, 7'19", colour, sound

MADE IN 'EAVEN, 2004
16-mm-Film, transferiert auf Video, 2', Farbe,
kein Ton
16 mm film, transferred to video, 2', colour, no
sound

**SHADES OF DESTRUCTORS,
2005**
Video, 18'30", Farbe, Ton
Video, 18'30", colour, sound

**CINEMA-IN-THE-ROUND,
2006–2008**
Video, 42'21", Farbe, Ton
Video, 42'21", colour, sound

**FELIX GETS BROADCASTED,
2007**
Video, 5', Farbe, Ton
Video, 5', colour, sound

**GREENSCREENREFRIGERATOR,
2010**
HD-Video, 17'10", Farbe, Ton
HD Video, 17'10", colour, sound

KLARA LIDÉN

PARALYZED, 2003
Video, 3', Farbe, Ton
Video, 3', colour, sound

550, 2004
Video, 2'46", Farbe, Ton
Video, 2'46", colour, sound

**SELF PORTRAIT WITH THE
KEYS TO THE CITY, 2005**
Digitalprint
Digital print
60 × 42 cm

**UNTITLED (UNDER MATTAN),
2006–2010**
Diaprojektion
Slide projection

**HANDICAP (KONST FACK),
2007**
Diaprojektion
Slide projection

KASTA MACKA, 2009
Video, 3'45", Farbe, Ton
Video, 3'45", colour, sound

CLAIM, 2010
Diaprojektion
Slide projection

SEINE, 2010
Diaprojektion
Slide projection

**UNTITLED (COLUMN
MONKEY), 2010**
Diaprojektion
Slide projection

UNTITLED (DOWN), 2011
C-Print
C-print
40 × 30 cm

UNTITLED (TRASHCAN), 2011
Video, 2'56", Farbe, Ton
Video, 2'56", colour, sound

KURT LIGHTNER

UNTITLED, 2004
Acrylat-Tinte auf Mylar
Acrylic ink on mylar
141,5 × 193 cm

USELESS FRUIT, 2006
Acrylat-Tinte auf Mylar, Collage auf Papier
auf Holz
Acrylic ink on mylar, collage on paper on wood
213,4 × 274,4 cm

KRISTIN LUCAS

HOST, 1997
Video, 7'36", Farbe, Ton
Video, 7'36", colour, sound

MARY LUCIER

BIRD'S EYE, 1978
Video, 10', S/W, Ton
Video, 10', b/w, sound

M

MARK MANDERS

**LARGE FIGURE WITH THIN
NEWSPAPER, 2010**
Skulptur; Farbe auf Leinwand, Farbe auf
Epoxidharz, Holz, Eisen, Farbe auf Eisen, Seil,
Offsetprint auf Papier
Sculpture; painted canvas, painted epoxy resin,
wood, iron, painted iron, rope, offset-print on
paper
221 × 65 × 50 cm

CHRISTIAN MARCLAY

TELEPHONES, 1995
Video, 7'30", Farbe, Ton
Video, 7'30", colour, sound

HELEN MARTEN

DUST AND PIRANHAS, 2011
HD-Video, 25'25", Farbe, Ton
HD video, 25'25", colour, sound

EVIAN DISEASE, 2012
HD-Video, 28'45", Farbe, Ton
HD video, 28'45", colour, sound

GORDON MATTA-CLARK

PROGRAM ONE: CHINATOWN VOYEUR, 1971
Video, 60', S/W, Ton
Video, 60', b/w, sound

PROGRAM THREE, 1971–1975

DAY'S END, 1975
Super-8-Film, transferiert auf Video, 23'10",
Farbe, kein Ton
Super 8 film, transferred to video, 23'10",
colour, no sound

FIRE CHILD, 1971
Super-8-Film, transferiert auf Video, 9'47",
Farbe, Ton
Super 8 film, transferred to video, 9'47", colour,
sound

FRESH KILL, 1972
16-mm-Film, transferiert auf Video, 12'56",
Farbe, Ton
16 mm film, transferred to video, 12'56",
colour, sound

PROGRAM FIVE, 1972–1976

AUTOMATION HOUSE, 1972
16-mm-Film, transferiert auf Video, 32', S/W,
Ton
16 mm film, transferred to video, 32', b/w,
sound

CLOCKSHOWER, 1973
16-mm-Film, transferiert auf Video, 13'50",
Farbe, kein Ton
16 mm film, transferred to video, 13'50",
colour, no sound

CITY SLIVERS, 1976
Super-8-Film, transferiert auf Video, 15',
Farbe, kein Ton
Super 8 film, transferred to video, 15', colour,
no sound

PROGRAM SIX, 1974–1976

SPLITTING, 1974
Super-8-Film, transferiert auf Video, 10'50",
Farbe, S/W, kein Ton
Super 8 film, transferred to video, 10'50",
colour, b/w, no sound

BINGO/NINTHS, 1974
Super-8-Film, transferiert auf Video, 9'40",
Farbe, kein Ton
Super 8 film, transferred to video, 9'40", colour,
no sound

SUBSTRAIT (UNDERGROUND DAILIES), 1976
16-mm-Film, transferiert auf Video, 30',
Farbe, S/W, Ton
16 mm film, transferred to video, 30', colour,
b/w, sound

PROGRAM SEVEN, 1974–2005

CONICAL INTERSECT, 1975
16-mm-Film, transferiert auf Video, 18'40",
Farbe, kein Ton
16 mm film, transferred to video, 18'40", colour,
no sound

SOUS-SOLS DE PARIS (PARIS UNDERGROUND), 1977–2005
Super-8-Film, transferiert auf Video, 25'20",
S/W, Ton
Super 8 film, transferred to video, 25'20", b/w,
sound

ANTHONY MCCALL

LINE DESCRIBING A CONE, 1973
16-mm-Filminstallation, 30', S/W, kein Ton
16 mm film installation, 30', b/w, no sound

PAUL MCCARTHY

BLACK AND WHITE TAPES, 1970–1975
Video, 32'50", S/W, Ton, bestehend aus:
Video, 32'50", b/w, sound, consisting of:

MA BELL, 1971

PAINTING FACE DOWN – WHITE LINE, 1972

SPIT – NOT LOOKING AT THE CAMERA, 1974
Basement Tapes

SPINNING, SHORT SEGMENT OF 20-MINUTE TAPE, 1970 / 71

WHIPPING THE WALL WITH PAINT, 1975

UP DOWN PENIS SHOW, 1974
Basement Tapes

ZIPPEDY DOO DANCE, 1974
Basement Tapes

ICICLE SLOBBER, 1975
Basement Tapes

PIPE SHADOW, 1975
Basement Tapes

UPSIDE DOWN SPITTING – BAT, 1975
Basement Tapes

DRAWING – SEMEN DRAWING, 1975
Basement Tapes

SPITTING ON THE CAMERA LENS, 1974
Basement Tapes

UPSIDE DOWN PIPE, 1975
Basement Tape

PAUL MCCARTHY & MIKE KELLEY

HEIDI, 1992
Video, 62'40", Farbe, Ton
Video, 62'40", colour, sound

ADAM MCEWEN

UNTITLED (A-LINE), 2002
C-Print, Diasec
C-print, diasec
309 × 180,5 cm

RACHEL MCLEAN

LET IT GO – PART 1, 2015
HD-Video, 3'03", Farbe, Ton
HD video, 3'03", colour, sound

LET IT GO – PART 2, 2015
HD-Video, 3'03", Farbe, Ton
HD video, 3'03", colour, sound

LET IT GO – PART 3, 2015
HD-Video, 3'03", Farbe, Ton
HD video, 3'03", colour, sound

LET IT GO – PART 4, 2015
HD-Video, 3'03", Farbe, Ton
HD video, 3'03", colour, sound

LET IT GO – PART 5, 2015
HD-Video, 3'03", Farbe, Ton
HD video, 3'03", colour, sound

LET IT GO – PART 6, 2015
HD-Video, 3'03", Farbe, Ton
HD video, 3'03", colour, sound

ALEX MCQUILKIN

FUCKED, 1999
Video, 3', Farbe, Ton
Video, 3', colour, sound

INDEFINITE LINE TOWARDS BECOMING THE PERFECT SOHO GIRL, 2000
Video, 3'17", Farbe, Ton
Video, 3'17", colour, sound

GET YOUR GUN UP, 2002
Video, 2'30", Farbe, Ton
Video, 2'30", colour, sound

TEENAGE DAYDREAM: IT'S ONLY ROCK'N ROLL, 2002
Video, 2'30", Farbe, Ton
Video, 2'30", colour, sound

TEENAGE DAYDREAM: IN VAIN, 2002 / 03
Video, 2', Farbe, Ton
Video, 2', colour, sound

JESSICA MEIN

DELEVELED, 2007
Video, 1', Farbe, kein Ton
Video, 1', colour, no sound

FLORIAN MEISENBERG

HIHIHIHIHIHHIHIHIHIHIHIH, 2015
HD-Video, 3'18", Farbe, Ton
HD video, 3'18", colour, sound

RGHWORI, 2015
HD-Video, 2'15", Farbe, Ton
HD video, 2'15", colour, sound

SOMEWHERE_SIDEWAYS, 2015
HD-Video, 2'22", Farbe, Ton
HD video, 2'22", colour, sound

THE_ANCIETY_OF_INFLUENCE, 2015
HD-Video, 4'21", Farbe, Ton
HD video, 4'21", colour, sound

TOWARDS_A_NEW_ARCHITECTURE, 2015
HD-Video, 3'22", Farbe, Ton
HD video, 3'22", colour, sound

THE_TACIT_ONE, 2015
HD-Video, 3'13", Farbe, Ton
HD video, 3'13", colour, sound

ANA MENDIETA

ANIMA, SILUETA DE COHETES (FIREWORK PIECE), 1976
Super-8-Film, transferiert auf HD-Video, 2'23", Farbe, kein Ton
Super 8 film, transferred to HD video, 2'23", colour, no sound

ASIER MENDIZABAL

ÜBERBAU (SUPERSTRUCTURE), 2005
Mixed-Media-Installation, Eisenrahmenkonstruktion, Holzpaneele, Offsetprint-Poster
Mixed-media installation; iron framework, wood panels, offset-printed posters
Dimensionen variabel / Dimensions variable

N,S,O,T,C, 2008
Skulptur; Stahl, 5-teilig, je 180 × 45 × 40 cm
Sculpture; steel, 5 parts, 180 × 45 × 40 cm each

DELIMITAR #1, 2009
Gravur auf Gravoply auf Birkensperrholzplatte
Engraving on Gravoply mounted on birch plywood
30 × 30 cm

DELIMITAR #2, 2009
Gravur auf Gravoply auf Birkensperrholzplatte
Engraving on Gravoply mounted on birch plywood
30 × 30 cm

DELIMITAR #3, 2009
Gravur auf Gravoply auf Birkensperrholzplatte
Engraving on Gravoply mounted on birch plywood
30 × 30 cm

DELIMITAR #4, 2009
Gravur auf Gravoply auf Birkensperrholzplatte
Engraving on Gravoply mounted on birch plywood
30 × 30 cm

DELIMITAR #5, 2009
Gravur auf Gravoply auf Birkensperrholzplatte
Engraving on Gravoply mounted on birch plywood
30 × 30 cm

FIGURES AND PREFIGURATIONS (DIVERS, V. PALLADINI, 1926), 2009
Scherenschnitt aus Offsetprint
Cut-out from offset print
96,5 × 72 cm

FIGURES AND PREFIGURATIONS (DIVERS, A. RODCHENKO, 1930, POLITICAL FOOTBALL), 2009
Scherenschnitt aus Offsetprint
Cut-out from offset print
96,5 × 72 cm

THE STAFF THAT MATTERS (30,000), 2009
Scherenschnitt aus Offsetprint
Unique cut-out from offset print
96,5 × 72 cm

THE STAFF THAT MATTERS (SI), 2009
Scherenschnitt aus Offsetprint
Unique cut-out from offset print
96,5 × 72 cm

HARD EDGE 4, 2010
Skulptur; MDF, Lack
Sculpture; MDF, varnish
40 × 40 × 366 cm

NANDIPHA MNTAMBO

INTSANDVOKATI, 2008
Skulptur; Rinderfell, Harz, Polyestergewebe,
Sculpture; cowhide, resin, polyester mesh
140 × 160 × 120 cm

SONDZELA, 2008
Skulptur; Rinderfell, Harz, Polyestergewebe, gewachste Schnur, Glasperlen
Sculpture; cowhide, resin, polyester mesh, waxed cord, glass beads
170 × 165 × 100 cm

LUTZ MOMMARTZ

DIE TREPPE, 1967
16-mm-Film, transferiert auf Video, 6'31", S/W, Ton
16 mm film, transferred to video, 6'31", b/w, sound

SELBSTSCHÜSSE, 1967
16-mm-Film, transferiert auf Video, 6'30", S/W, Ton
16 mm film, transferred to video, 6'30", b/w, sound

WEG ZUM NACHBARN, 1968
16-mm-Film, transferiert auf Video, 10'13",
S/W, Ton
16 mm film, transferred to video, 10'13", b/w,
sound

SOZIALE PLASTIK, 1969
16-mm-Film, transferiert auf Video, 11', S/W,
kein Ton
16 mm film, transferred to video, 11', b/w, no
sound

**ALS WÄR'S VON BECKETT,
1975**
16-mm-Film, transferiert auf Video, 23', S/W,
Ton
16 mm film, transferred to video, 23', b/w,
sound

COLIN MONTGOMERY

**ARLINGTON NATIONAL
CEMETRY (JFK FUNERAL
MODEL), 2005**
Archiv-Pigmentprint
Archival pigment print
72,5 × 89 cm

**EMERGENCY DOORS
(SMITHSONIAN AMERICAN
HISTORY MUSEUM), 2006**
Archiv-Pigmentprint
Archival pigment print
113 × 143,5 cm

**VIEW, 101 CONSTITUTION
AVENUE (U.S. CAPITOL), 2006**
Archiv-Pigmentprint
Archival pigment print
113 × 126 cm

ALEX MÜLLER

DREI FINGER DICK, 2005
Gemälde; Acryl, Tusche, Bleichgold auf
Leinwand
Painting; acrylic, ink, pale gold on canvas
100 × 120 cm

TAKESHI MURATA

OM MAKING IT RAIN, 2015
HD-Video, 18", Farbe, Ton
HD video, 18", colour, sound

OM PASSENGER, 2015
HD-Video, 43", Farbe, Ton
HD video, 43", colour, sound

PLANT WHISPERER, 2015
HD-Video, 28", Farbe, Ton
HD video, 28", colour, sound

PUMPJACK POPEYE, 2015
HD-Video, 46", Farbe, Ton
HD video, 46", colour, sound

TENNIS, 2015
HD-Video, 36", Farbe, Ton
HD video, 36", colour, sound

WITCH RISES 2015
HD-Video, 37", Farbe, Ton
HD video, 37", colour, sound

N

BRUCE NAUMAN

**ART MAKE-UP NO. 1–4,
1967 / 68**
16-mm-Film, transferiert auf Video, 40',
Farbe, Ton, bestehend aus:
16 mm film, transferred to video, 40', colour,
sound, consisting of:

NO. 1, WHITE, 1967
16-mm-Film, transferiert auf Video, 10',
Farbe, Ton
16 mm film, transferred to video, 10', colour,
sound

NO. 2, PINK, 1967 / 68
16-mm-Film, transferiert auf Video, 10',
Farbe, Ton
16 mm film, transferred to video, 10', colour,
sound

NO. 3, GREEN, 1967 / 68
16-mm-Film, transferiert auf Video, 10',
Farbe, Ton
16 mm film, transferred to video, 10', colour,
sound

NO. 4, BLACK, 1967 / 68
16-mm-Film, transferiert auf Video, 10',
Farbe, Ton
16 mm film, transferred to video, 10', colour,
sound

**BOUNCING TWO BALLS
BETWEEN THE FLOOR AND
CEILING WITH CHANGING
RHYTHMS, 1967 / 68**
16-mm-Film, transferiert auf Video, 10', S/W,
Ton
16 mm film, transferred to video, 10', b/w,
sound

**DANCE OR EXERCISE ON
THE PERIMETER OF A
SQUARE (SQUARE DANCE),
1967 / 68**
16-mm-Film, transferiert auf Video, 8'24",
S/W, Ton
16 mm film, transferred to video, 8'24", b/w,
sound

**PLAYING A NOTE ON THE
VIOLIN WHILE I WALK
AROUND THE STUDIO,
1967 / 68**
16-mm-Film, transferiert auf Video, 10', S/W,
Ton
16 mm film, transferred to video, 10', b/w,
sound

**VIOLIN FILM #1 (PLAYING
THE VIOLIN AS FAST AS I
CAN), 1967 / 68**
16-mm-Film, transferiert auf Video,10'54",
S/W, Ton
16 mm film, transferred to video,10'54", b/w,
sound

**WALKING IN AN
EXAGGERATED MANNER
AROUND THE PERIMETER OF
A SQUARE, 1967 / 68**
16-mm-Film, transferiert auf Video,10', S/W,
Ton
16 mm film, transferred to video, 10', b/w,
sound

**BOUNCING IN THE CORNER
NO. 1, 1968**
Video, 60', S/W, kein Ton
Video, 60', b/w, no sound

GAUZE, 1968
16-mm-Film, transferiert auf Video, 8', S/W,
Ton
16 mm film, transferred to video, 8', b/w, sound

**STAMPING IN THE STUDIO,
1968**
Video, 1'02", S/W, Ton
Video, 1'02", b/w, sound

BLACK BALLS, 1969
16-mm-Film, transferiert auf Video, 8', S/W,
kein Ton
16 mm film, transferred to video, 8', b/w, no
sound

BOUNCING BALLS, 1969
16-mm-Film, transferiert auf Video, 9', S/W,
kein Ton
16 mm film, transferred to video, 9', b/w, no
sound

**BOUNCING IN THE CORNER,
NO. 2: UPSIDE DOWN, 1969**
Video, 60', S/W, Ton
Video, 60', b/w, sound

LIP SYNC, 1969

Video, 57', S/W, Ton

Video, 57', b/w, sound

PULLING MOUTH, 1969

16-mm-Film, transferiert auf Video, 8', S/W, kein Ton

16 mm film, transferred to video, 8', b/w, no sound

CARSTEN NICOLAI

TELEFUNKEN ANTI, 2004

Mixed-Media-Installation; 2 Plasmamonitore, Sound

Mixed-media installation; 2 plasma monitors, sound

SPRAY, 2004

Video, 8', S/W, Ton

Video, 8', b/w, sound

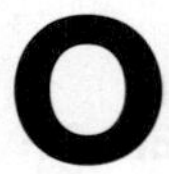

DENNIS OPPENHEIM

PROGRAM ONE: ASPEN PROJECTS, 1970

16-mm-Film, 8-mm-Film und Videotape transferiert auf Video, 30', S/W, Farbe, kein Ton, bestehend aus:

16 mm film, 8 mm film, and video tape transferred to video, 30', b/w, colour, no sound, consisting of:

MATERIAL INTERCHANGE, 1970

2'44", S/W, kein Ton

2'44", b/w, no sound

IDENTITY TRANSFER, 1970

1', S/W, kein Ton

1', b/w, no sound

ROCKED HAND, 1970

3'34", Farbe, kein Ton

3'34', colour, no sound

COMPRESSION – FERN #1, 1970

5'46", Farbe, kein Ton

5'46", colour, no sound

PRESSURE PIECE #1, 1970

1'40", Farbe, kein Ton

1'40", colour, no sound

GLASSED HAND, 1970

2'56, Farbe, kein Ton

2'56, colour, no sound

COMPRESSION – POISON OAK, 1970

2'46", Farbe, kein Ton

2'46", colour, no sound

COMPRESSION – FERN #2, 1970

5'22", Farbe, kein Ton

5'22", colour, no sound

LEAFED HAND, 1970

3'44", Farbe, kein Ton

3'44", colour, no sound

PROGRAMM SIX, 1971/72

Video, 27'18", S/W, Farbe, kein Ton, bestehend aus:

Video, 27'18", b/w, colour, no sound, consisting of:

FORMING SOUNDS, 1971

7'14", S/W, kein Ton

7'14", b/w, colour, no sound

2 STAGE TRANSFER DRAWING (ADVANCING TO FUTURE STATE), 1971

2'48", Farbe, kein Ton

2'48", colour, no sound

2 STAGE TRANSFER DRAWING (RETREATING TO A PAST STATE), 1971

2'57", Farbe, kein Ton

2'57", colour, no sound

A FEEDBACK SITUATION, 1971

3'02", Farbe, kein Ton

3'02", colour, no sound

3 STAGE TRANSFER DRAWING, 1972

3'07", Farbe, kein Ton

3'07", colour, no sound

TWO STAGE TRANSFER DRAWING (RETURNING TO A PAST STATE), 1971

3', Farbe, kein Ton

3', colour, no sound

OBJECTIFIED COUNTERFORCES, 1971

2'06", Farbe, kein Ton

2'06', colour, no sound

SHADOW PROJECT, 1971

3'04", Farbe, kein Ton

3'04', colour, no sound

TONY OURSLER

THE WEAK BULLET, 1980

Video, 12'41", Farbe, Ton

Video, 12'41", colour, sound

SON OF OIL, 1982

Video, 16'08", Farbe, Ton

Video, 16'08", colour, sound

EVOL, 1984

Video, 28'58", Farbe, Ton

Video, 28'58", colour, sound

TUNIC (SONG FOR KAREN), 1990

Video, 6'17", Farbe, Ton

Video, 6'17", colour, sound

MOVIE BLOCK, 1994–2007

Mixed-Media-Videoinstallation; Video, 21'24", Farbe, Ton

Mixed-media video installation; video, 21'24", colour, sound

PHONE BLOCK, 1994–2007

Mixed-Media-Videoinstallation; Video, 20'37", Farbe, Ton

Mixed-media video installation; video, 20'37", colour, sound

STATION BLOCK, 1994–2007

Mixed-Media-Videoinstallation; Video, 21'18", Farbe, Ton

Mixed-media video installation; video, 21'18", colour, sound

SIXTH (DUSSELDORF VARIATION), 2005–2007

Fassadenprojektion; Video, 21'33", Farbe, kein Ton

Wall projection; video, 21'33", colour, no sound

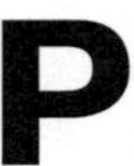

ADRIAN PACI

TURN ON, 2004

Video, 4', Farbe, Ton

Video, 4', colour, sound

NAM JUNE PAIK

VIDEO-FILM CONCERT, 1966–1972/1992

16-mm-Film, transferiert auf Video, 34'50", S/W, Farbe, Ton

16 mm film, transferred to video, 34'50", b/w, colour, sound

GLOBAL GROOVE, 1973
Video, 28'30", Farbe, Ton
Video, 28'30", colour, sound

BORN AGAIN, 1991
Videoobjekt; patinierte Bronze eines „Kuba"-
Fernsehers mit 3 kleinen Fernsehmonitoren,
Antenne, Stecker
Video object; patinated bronze of a "Cuba" TV
with 3 small television monitors, antenna, plug
46 × 58,3 × 13,8 cm

**EMPIRE STATE BUILDING,
1995**
Videoskulptur; Röhrenfernseher, Laserdisc,
Laserdisc-Player, Neonröhren, Acrylfarbe,
Platinen und Empire-State-Building-Replikat
auf Aluminiumvierkantprofil und Lochblech
Video sculpture; tube television, laserdisc,
laserdisc player, neon tubes, acrylic paint, circuit
boards and Empire State Building replica on
aluminum square profile and perforated plate
239 × 74 × 57,5 cm

ROXY PAINE

182212102002B, 2002
Gemälde; Acryl auf Leinwand
Painting; acrylic on canvas
86,36 × 88,9 cm

PAPER RAD

P-UNIT MIXTAPE, 2005
Video, 21'08", Farbe, Ton
Video, 21'08", colour, sound

OLIVER PAYNE & NICK RELPH

GENTLEMAN, 2003
Video, 25', Farbe, Ton
Video, 25', colour, sound

HANNAH PERRY

AAHHHHHH, 2015
HD-Video, 1'18", Farbe, Ton
HD video, 1'18", colour, sound

KEEP THE PEACE, 2015
Audiodatei, 1'21"
Sound file, 1'21"

LET GO BEAT, 2015
Audiodatei, 2'26"
Sound file, 2'26"

**PRINCESS & PRINCESSES,
2015**
Audiodatei, 1'38"
Sound file, 1'38"

SICK OFF SMOKE, 2015
Audiodatei, 2'35"
Sound file, 2'35"

SMOKE, 2015
Audiodatei, 2'38"
Sound file, 2'38"

**THE WORSE YOU FEEL THE
BETTER I LOOK, 2015**
Video, 1'18", Farbe, Ton
Video, 1'18", colour, sound

**TO SAY YOU FEEL
SOMETHING, 2015**
Video, 1'15", Farbe, Ton
Video, 1'15", colour, sound

**TOO LOUD AND TOO WAVY
(LIMAZULU), 2015**
Audiodatei, 2'41"
Sound file, 2'41'

USELESS, 2015
Video, 2'09", Farbe, Ton
Video, 2'09", colour, sound

WAITING HERE, 2015
Video, 3'44", Farbe, Ton
Video, 3'44", colour, sound

**WHAT ARE YOU THINKING
ABOUT, 2015**
Video, 1'34", Farbe, Ton
Video, 1'34", colour, sound

PAUL PFEIFFER

EMPIRE, 2004
Einkanal-Videoinstallation, 2400', Farbe,
kein Ton
Single-channel video installation, 2400', colour,
no sound

**FOUR HORSEMEN OF THE
APOCALYPSE (15), 2004**
C-Print
C-print
142,5 × 173 cm

**FOUR HORSEMEN OF THE
APOCALYPSE (16), 2004**
C-Print
C-print
142,5 × 173 cm

RICHARD PHILLIPS

JULIA, 2014
Gemälde; Öl auf Leinwand
Painting; oil on canvas
172 × 382 cm

***POINT OF VIEW:
AN ANTHOLOGY OF THE
MOVING IMAGE, 2004***
(The New Museum and Bick Productions,
co-producers, 11 DVDs)
Bestehend aus / consisting of:

**FRANCIS ALŸS, EL GRINGO,
2003**
Video, 4'12", Farbe, Ton
Video, 4'12", colour, sound

**DAVID CLAERBOUT, LE
MOMENT, 2003**
Video, 2'44", Farbe, Ton
Video, 2'44", colour, sound

**DOUGLAS GORDON, OVER
MY SHOULDER, 2003**
Video, 13'48", Farbe, Ton
Video, 13'48", colour, sound

**GARY HILL, BLIND SPOT,
2003**
Video, 12'27", Farbe, Ton
Video, 12'27", colour, sound

PIERRE HUYGHE, I JEDI, 2003
Video, 5', Farbe, Ton
Video, 5', colour, sound

JOAN JONAS, WALTZ, 2003
Video, 7'03", Farbe, Ton
Video, 7'03", colour, sound

ISAAC JULIEN, ENCORE, 2003
Video, 4'38", Farbe, Ton
Video, 4'38", colour, sound

**WILLIAM KENTRIDGE,
AUTOMATIC WRITING, 2003**
Video, 2'38", S/W, Ton
Video, 2'38", b/w, sound

**PAUL MCCARTHY, WGG TEST,
2003**
Video, 5'20", Farbe, Ton
Video, 5'20", colour, sound

**PIPILOTTI RIST, I WANT TO
SEE HOW YOU SEE (OR A
PORTRAIT OF CORNELIA
PROVIDOLI), 2003**
Video, 4'48", Farbe, Ton
Video, 4'48", colour, sound

ANRI SALA, TIME AFTER TIME, 2003
Video, 5'22", Farbe, Ton
Video, 5'22", colour, sound

ELIZABETH PRICE

AT THE HOUSE OF MR. X, 2007
HD-Video, 20', Farbe, Ton
HD video, 20', colour, sound

THE WOOLWORTHS CHOIR OF 1979, 2012
HD-Video, 17', Farbe, Ton
HD video, 17', colour, sound

SUNLIGHT, 2013
Zweikanal-HD-Videoinstallation, 10', Farbe, Ton
Two-channel HD video installation, 10', colour, sound

SETH PRICE

"PAINTING" SITES, 2000/01
Video, 18'12", Farbe, Ton
Video, 18'12", colour, sound

ROB PRUITT

ESPRIT DE CORPS: GUITAR JAM, 2006
Skulptur; Jeans, Beton
Sculpture; denim, concrete
38,1 × 73,7 × 58,4 cm

GLOBAL WARMING, 2006
Acryl, Öl, Glitter auf Folienpanel
Acrylic, oil, glitter on foil panel
253 × 253 cm

ADAM PUTNAM

BOOKSHELF, 1997
S/W-Fotografie
B/w photograph
50,8 × 40,7 cm

DISH CABINET, 1997
S/W-Fotografie
B/w photograph
50,8 × 40,7 cm

WARDROBE, 1997
S/W-Fotografie
B/w photograph
50,8 × 40,7 cm

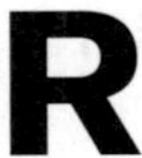

R

JON RAFMAN

BETAMALE TRILOGY (GLASS CABIN), 2015
Mixed-Media-Videoinstallation; HD-Videoprojektor, Stahlrahmen, Sicherheitsglas, 3 Videos, 20'42", Farbe, Ton, bestehend aus:
Mixed-media installation; HD video projector, steel panels, tempered glass, 3 videos, 20'42", colour, sound, consisting of:

STILL LIFE (BETAMALE), 2013
HD-Video, 4'54", Farbe, Ton
HD video, 4'54", colour, sound

MAINSQUEEZE, 2014
HD-Video, 7'23", Farbe, Ton
HD video, 7'23", colour, sound

ERYSICHTHON, 2015
HD-Video, 8'03", Farbe, Ton
HD video, 8'03", colour, sound

ON THE HUMANITY, 2015
HD-Video, 3'03", Farbe, Ton
HD video, 3'03", colour, sound

TRANSDIMENSIONAL SERPENT, 2016
Virtual-Reality-Installation (Oculus Rift), 4'38", Farbe, Ton, Sitzbank
Oculus rift virtual reality installation, 4'38", colour, sound, bench

POOR MAGIC, 2017
HD-Video, 8'30", Farbe, Ton
HD video, 8'30", colour, sound

LUCY RAVEN

CURTAINS, 2014
3D-Video, 50', Farbe, Ton
3D video, 50', colour, sound

REYNOLD REYNOLDS & PATRICK JOLLEY

THE DROWNING ROOM, 2000
8-mm-Film, transferiert auf Video, 10', Farbe, Ton
8 mm film, transferred to video, 10', colour, sound

BURN, 2001
16-mm-Film, transferiert auf Video, 10', Farbe, Ton
16 mm film, transferred to video, 10', colour, sound

ROBIN RHODE

CANDLE, 2007
16-mm-Film, 2'16", S/W, Ton
16 mm film, 2'16", b/w, no sound

JAMES RICHARDS

RADIO AT NIGHT, 2015
HD-Video, 8'10", Farbe, Ton
HD video, 8'10", colour, sound

JAMES RICHARDS & LESLIE THORNTON

CROSSING, 2016
HD-Video, 19'12", Farbe, Ton
HD video, 19'12", colour, sound

CHARLES RICHARDSON

27TH MARCH, 2015
HD-Video, 3'08", Farbe, Ton
HD video, 3'08", colour, sound

CARRAMESH, 2015
HD-Video, 3'08", Farbe, Ton
HD video, 3'08", colour, sound

EXTRA, 2015
HD-Video, 3'11", Farbe, Ton
HD video, 3'11", colour, sound

FRIEND, 2015
HD-Video, 3'11", Farbe, Ton
HD video, 3'11", colour, sound

NEEDLES, 2015
HD-Video, 3'08", Farbe, Ton
HD video, 3'08", colour, sound

VANISH, 2015
HD-Video, 3'08", Farbe, Ton
HD video, 3'08", colour, sound

PIPILOTTI RIST

I'M NOT THE GIRL WHO MISSES MUCH, 1986
Video, 7'46", Farbe, Ton
Video, 7'46", colour, sound

SEXY SAD I, 1987
Video, 4'36", Farbe, Ton
Video, 4'36", colour, sound

(ENTLASTUNGEN) PIPILOTTIS FEHLER, 1988
Video, 11'10", Farbe, Ton
Video, 11'10", colour, sound

YOU CALLED ME JACKY, 1990
Video, 4'06", Farbe, Ton
Video, 4'06", colour, sound

ALS DER BRUDER MEINER MUTTER GEBOREN WURDE, DUFTETE ES NACH WILDEN BIRNENBLÜTEN VOR DEM BRAUNGEBRANNTEN SIMS, 1992
Video, 3'55", Farbe, Ton
Video, 3'55", colour, sound

PICKELPORNO, 1992
Video, 12'02", Farbe, Ton
Video, 12'02", colour, sound

BLUTCLIP, 1993
Video, 2'40", Farbe, Ton
Video, 2'40", colour, sound

I'M A VICTIM OF THIS SONG, 1995
Video, 5'06", Farbe, Ton
Video, 5'06", colour, sound

THIAGO ROCHA PITTA

HOMAGE TO JMW TURNER, 2002
Video, 18', Farbe, Ton
Video, 18', colour, sound

DOUBLE FOUNTAIN OR COOKED LANDSCAPE, 2005
Video, 14', Farbe, Ton
Video, 14', colour, sound

INVERTED ZENITH, 2005
Video, 11', Farbe, Ton
Video, 11', colour, sound

RIO DE JANEIRO X SÃO PAULO, AIR TRIP WITH HIGHWAY TIME OR ADDRESSLESS LOVE LETTER, 2005
Video, 240', Farbe, Ton
Video, 240', colour, sound

SUBLIMATION, CONDENSATION, ZENITH, AND PRECIPITATION, 2005
Video, 17', Farbe, Ton
Video, 17', colour, sound

BUNNY ROGERS

MANDY'S PIANO SOLO IN COLUMBINE CAFETERIA, 2016
HD-Videoinstallation, 13', Farbe, Ton, Klavierbank
HD video installation, 13', colour, sound, piano stool

POETRY READING IN COLUMBINE LIBRARY WITH JOAN OF ARC / POETRY READING WITH GAZLENE MEMBRANE IN COLUMBINE CAFETERIA, 2014
HD-Videoinstallation, 20', Farbe, Ton, Sitzbank
HD video installation, 20', colour, sound, bench

RACHEL ROSE

PALISADES, 2015
Mixed-Media Videoinstallation, 2 Videos, Audioarbeit (2015, 20'), spezialangefertigte Lautsprecher, Teppich, bestehend aus:
Mixed-media video installation, 2 videos, audio work (2015, 20'), custom made speakers, carpet, consisting of:

A MINUTE AGO, 2014
Einkanal-HD-Video, 8'43", Farbe, Ton
Single-channel HD video, 8'43", colour, sound

PALISADES IN PALISADES, 2014
Einkanal-HD-Video, 9'31", Farbe, Ton
Single-channel HD video, 9'31", colour, sound

AURA ROSENBERG

MIKE KELLEY / CARMEN, 1996
Archiv-Inkjetprint auf Aluminium
Archival inkjet print on aluminium
104,2 × 78,8 cm

HARMONY KORINE / CARMEN, 1998
Archiv-Inkjetprint auf Aluminium
Archival inkjet print on aluminium
104,2 × 78,8 cm

MATHILDE ROSIER

EVERY DAY THE SAME, 2002
Video, 14', Farbe, Ton
Video, 14', colour, sound

MARTHA ROSLER

SEMIOTICS OF THE KITCHEN, 1975
Video, 6'33", S/W, Ton
Video, 6'33", b/w, sound

MIKA ROTTENBERG

MARY'S CHERRIES, 2004
Mixed-Media-Videoinstallation; Sperrholz, Teppich, Video, 10', Farbe, Ton
Mixed-media video installation; plywood, carpet, video, 10', colour, sound

TROPICAL BREEZE, 2004
Mixed-Media-Videoinstallation; Sperrholz, Karton, Kosmetiktücher, Video, 10', Farbe, Ton
Mixed-media video installation; plywood, cardboard, tissues, video, 10', colour, sound

E20, 2005
Zeichnung; Bleistift und Farbstift auf Papier
Drawing; pencil, and coloured marker on paper
76,2 × 101,6 cm

E24, 2005
Zeichnung; Bleistift und Farbstift auf Papier
Drawing; pencil, and coloured marker on paper
76,2 × 101,6 cm

DOUGH, 2006
Mixed-Media-Videoinstallation; Sperrholz, Ventilator, Bodenfliesen, Deckenpanele, Video, 7', Farbe, Ton
Mixed-media video installation; plywood, fan, floor tiles, ceiling panels, video, 7', colour, sound
Dimensionen variabel / Dimensions variable

CHASING WATERFALLS (THE RISE AND FALL OF THE AMAZING SEVEN SUTHERLAND SISTERS), 2006
Video, 9', Farbe, Ton
Video, 9', colour, sound

CHEESE, 2008
Mixed-Media Videoinstallation, Holzkonstruktion, 6 Videos, bestehend aus:
Mixed-media video installation, wooden structure, 6 videos, consisting of:

HOUSE
Video, 7'05", Farbe, Ton
Video, 7'05", colour, sound

CHEESE
Video, 4'28", Farbe, Ton
Video, 4'28", colour, sound

HAIRWASH
Video, 1'53", Farbe, Ton
Video, 1'53", colour, sound

MILK
Video, 2'04", Farbe, Ton
Video, 2'04", colour, sound

CONCERT
Video, 2'01", Farbe, Ton
Video, 2'01", colour, sound

CHICKEN SOUP
Video, 1'07", Farbe, Ton
Video, 1'07", colour, sound

TORBJØRN RØDLAND

GOLDENE TRÄNEN, 2002
C-Print auf Aluminium
C-print on aluminium
50 × 40 cm

THOMAS RUFF

PORTRÄT 2009
(J. STOSCHEK), 2009
C-Print, Diasec
C-print, diasec
210 × 165 cm

ED RUSCHA

SIN-WITHOUT, 2002
Lithografie
Lithograph
68 × 116,9 cm

S

NATASCHA SADR HAGHIGHIAN

ARTIFICIAL LIFE, 1995
Diaprojektor-Installation
Slide-projector installation

EMPIRE OF THE SENSELESS PART II, 2006
Zweikanal-Videoinstallation, 102'10", Farbe, kein Ton
Two-channel video installation, 102'10", colour, no sound

CHRISTOPH SCHLINGENSIEF

AFFENBILDER, 2005
6 Fotoprints auf Leinwand
6 photo prints on canvas
Je / Each 80 × 120 cm

ANIMATOGRAPH ODINS PARSIPARK, NEUHARDENBERG, 2005
Video, 3'47", S/W, kein Ton
Video, 3'47", b/w, no sound

I WANT TO DESTROY, 2005
Video, 1'39", Farbe, Ton
Video, 1'39", colour, sound

DIANA ALTAR, 2006
Mixed-Media-Videoinstallation; tragbarer Altar, ehemaliger Bestandteil der Performance
Mixed-media video installation; portable altar, former component of the performance **Diana II – what happened to Allan Kaprow?**
London, 10.–12. Oktober 2006, Holz, Fotokopien, 3 Monitore, 3 Videos (Screen 1: 4'16", Farbe, Ton; Screen 2: 2'51", Farbe, kein Ton, Screen 3: 2'41", Farbe, kein Ton), 3 mp4-Player, Autobatterie
London, 10–12 October 2006, wood, xerox copies, 3 monitors, 3 videos (screen 1: 4'16", colour, sound; screen 2: 2'51", colour, no sound; screen 3: 2'41", colour, no sound), 3 mp4 players, car battery
143 × 250 × 45 cm

CAROLEE SCHNEEMANN

UP TO AND INCLUDING HER LIMITS, 1976
Video, 29', Farbe, Ton
Video, 29', colour, sound

JEREMY SHAW

BEST MINDS PART ONE, 2007
Zweikanal-Videoinstallation, 48'31", Farbe, Ton
Two-channel video installation, 48'31", colour, sound

JULIUS SHULMAN

CASE STUDY HOUSE # 22, 1960
Silbergelatine-Print,
Silver gelatin print
50,8 × 40 cm

KATHARINA SIEVERDING

DIE SONNE UM MITTERNACHT SCHAUEN 26 / III / 196 / 1973 / 97 / A / B, 1973
2 C-Prints, Acryl, Stahl
2 c-prints, acrylic, steel
Je / Each 190 × 125 cm

DIE SONNE UM MITTERNACHT SCHAUEN 24 / III / 196 / 1973 / 97 / A / B, 1973
2 C-Prints, Acryl, Stahl
2 c-prints, acrylic, steel
Je / Each 190 × 125 cm

DIE SONNE UM MITTERNACHT SCHAUEN 11 / III / 196 / 1973 / 97 / A / B, 1973
2 C-Prints, Acryl, Stahl
2 c-prints, acrylic, steel
Je / Each 190 × 125 cm

O. T., 1990
C-Print, Acryl, Stahl
C-print, acrylic, steel
275 × 375 cm

TARYN SIMON

CALVIN WASHINGTON, C&E MOTEL, ROOM NO. 24, WACO, TEXAS – WHERE AN INFORMANT CLAIMED TO HAVE HEARD WASHINGTON CONFESS SERVED 13 YEARS OF A LIFE SENTENCE FOR MURDER, 2002
C-Print auf Aluminium
C-print on aluminium
121,9 × 157,5 cm

LARRY MAYES SCENE OF ARREST, THE ROYAL INN, GARY, INDIANA – POLICE FOUND MAYES HIDING BENEATH A MATTRESS IN THIS ROOM SERVED 18.5 YEARS OF AN 80–YEAR SENTENCE FOR RAPE, ROBBERY AND UNLAWFUL DEVIATE CONDUCT, 2002
C-Print auf Aluminium
C-print on aluminium
121,9 × 157,5 cm

RONALD JONES SCENE OF ARREST, SOUTH SIDE, CHICAGO, ILLINOIS – SERVED 8 YEARS OF A DEATH SENTENCE FOR RAPE AND MURDER, 2002
C-Print auf Aluminium
C-print on aluminium
121,9 × 157,5 cm

TIMUR SI-QIN

SELECTION DISPLAY: ANCESTRAL PRAYER, 2011
4 Werbebanner, tibetanische Gebetsfahnen
4 display banners, Tibetan prayer flags
Je / Each 150 × 50 cm, total 150 × 200 cm

DISPLAY (PEACE), 2015
UV-Beschichtung auf mikroperforiertem
Gewebe, eloxiertes Stahlrohr, Plexiglas, LED
UV coating on micro-perforated mesh, ano-
dised steel tube, plexiglass, LED
105 × 150 × 10,5 cm

IN MEMORIAM 9, 2015
Beleuchtetes Display, Aluminiumbox mit
LED-Lichtsystem
Backlit tension fabric display, aluminium frame,
LED light system
208 × 284,5 × 12 cm

VISIT MIRRORSCAPE 2016: ARRIVE, 2016
Beleuchtetes Display, Aluminiumbox mit
LED-Lichtsystem
Backlit tension fabric display, aluminium frame,
LED light system
110 × 220 × 16 cm

VISIT MIRRORSCAPE 2016: HERE, 2016
Beleuchtetes Display, Aluminiumbox mit
LED-Lichtsystem
Backlit tension fabric display, aluminium frame,
LED light system
110 × 220 × 16 cm

VISIT MIRRORSCAPE 2016: NOW, 2016
Beleuchtetes Display, Aluminiumbox mit
LED-Lichtsystem
Backlit tension fabric display, aluminium frame,
LED light system
110 × 220 × 16 cm

JACK SMITH

RESPECTABLE CREATURES, 1950–1966
16-mm-Film, 24', Farbe, Ton
16 mm film, 24', colour, sound

SCOTCH TAPE, 1959–1962
16-mm-Film, 3', Farbe, Ton
16 mm film, 3', colour, sound

OVERSTIMULATED, 1959–1963
16-mm-Film, 5', S/W, kein Ton
16 mm film, 5', b/w, no sound

FLAMING CREATURES, 1962/63
16-mm-Film, 43', S/W, Ton
16 mm film, 43', b/w, sound

NORMAL LOVE, 1963–1965
16-mm-Film, 120', Farbe, Ton
16 mm film, 120', colour, sound

YELLOW SEQUENCE, 1963–1965
16-mm-Film, 15', Farbe, Ton
16 mm film, 15', colour, sound

JUNGLE ISLAND, 1967
16-mm-Film, 20', Farbe, Ton
16 mm film, 20', colour, sound

NO PRESIDENT, 1967–1970
16-mm-Film, 45', S/W, Ton
16 mm film, 45', b/w, sound

I WAS A MALE YVONNE DECARLO, 1967–1970
16-mm-Film, 28', S/W, Ton
16 mm film, 28', b/w, sound

SONG FOR RENT, 1969
16-mm-Film, 4', Farbe, Ton
16 mm film, 4', colour, sound

HOT AIR SPECIALISTS, 1980ER-JAHRE / 1980S
16-mm-Film, 7', Farbe, Ton
16 mm film, 7', colour, sound

ROBERT SMITHSON

SPIRAL JETTY, 1970
16-mm-Film, transferiert auf Video, 35',
Farbe, Ton
16 mm film, transferred to video, 35', colour,
sound

MICHAEL SNOW

*CORPUS CALLOSUM, 2002
Video, 91', Farbe, Ton
Video, 91', colour, sound

FRANCES STARK

BACK SIDE OF THE PERFORMANCE, 2008
Collage; Papier, Pailletten und Stecknadeln
auf Schaumstoffplatte
Collage; paper, paillettes and escutcheon pins
on foam core
91,2 × 162,2 cm

THE INCHOATE INCARNATE: AFTER A DRAWING, TOWARD AN OPERA, BUT BEFORE A LIBRETTO EVEN EXISTS, 2009
Tragbares Stoffkostüm aus Astrachan
Wearable fabric costume, astrachan cloth
147,3 × 177,8 × 81,3 cm

MY BEST THING, 2011
Video, 99'17", Farbe, Ton
Video, 99'17, colour, sound

DETUMESCENCE AND/OR ITS OPPOSITE (FROM A TORMENT OF FOLLIES), 2012
Wandinstallation; 3 Komponenten aus Vinyl
und Farbe
Wall installation; 3 components of vinyl and
paint
Dimensionen variabel / Dimensions variable

NOTHING IS ENOUGH, 2012
HD-Video, 14', S/W, Ton
HD video, 14', b/w, sound

OSSERVATE, LEGGETE CON ME, 2012
Dreikanal-Videoinstallation, 29'34", S/W, Ton
Three-channel video installation, 29'34", b/w,
sound

UNTITLED, 2012
Mixed-Media Collage
Mixed-media collage
53 × 67,9 cm

HITO STEYERL

NOVEMBER, 2004
Video, 25', Farbe, Ton
Video, 25', colour, sound

LOVELY ANDREA, 2007
Video, 30', Farbe, Ton
Video, 30', colour, sound

FACTORY OF THE SUN, 2015
Einkanal-HD-Videoinstallation und
Environment, 23', Farbe, Ton
Single-channel HD video installation and
environment, 23', colour, sound

STURTEVANT

DILLINGER RUNNING SERIES, 2000
Einkanal-Videoinstallation auf rotierender
Platform, 26'55", S/W, Ton
Single-channel video installation on rotating
platform, 26'55", b/w, sound

ELASTIC TANGO, 2010
Neunkanal-Videoinstallation, 9 Monitore,
Monitorhalterung in umgekehrter Pyramiden-
form, 12', Farbe, Ton
Nine-channel video installation, 9 monitors,
monitor mount in inverted pyramid shape, 12',
colour, sound

FINITE/INFINITE, 2010
Vierkanal-Videoinstallation, 9'42", Farbe, Ton
Four-channel video installation, 9'42", colour,
sound
Dimensionen variabel / Dimensions variable

PACMAN, 2012
HD-Video, 1'15", Farbe, Ton
HD video, 1'15", colour, sound

T

MATHILDE TER HEIJNE

MATHILDE, MATHILDE, 2000
Video, 4'29", Farbe, Ton
Video, 4'29", colour, sound

SUICIDE BOMB, 2000
Video, 4'57", Farbe, Ton
Video, 4'57", colour, sound

BRITTA THIE

**"THREE INFOMERCIALS",
2016**
Dreikanal-HD-Videoinstallation, 1'49", Farbe,
Ton
Three-channel HD video installation, 1'49",
colour, sound

**"INTERFACES BECOME OUR
WEATHER", 2016**
Inkjetprint auf PVC-Folie
Inkjet print on PVC
Dimensionen variabel / Dimensions variable

**"SOMETIMES I LOOK AT
PHOTOS OF MYSELF TOO
MUCH. PHOTOS OF WHEN I
WAS YOUNG", 2016**
Inkjetprint auf Polyester-Satin
Inkjet print on polyester satin
Dimensionen variabel / Dimensions variable

**"IF SOMETHING TURNS INTO
HYPE THAT ONCE SAVED
YOU, IT FEELS LIKE YOU ARE
BACK IN THE TITANIC AGAIN.
BUT JACK DAWSON HAS
ALREADY LEFT YOU", 2016**
Inkjetprint auf PVC-Folie
Inkjet print on PVC
Dimensionen variabel / Dimensions variable

**"I GOOGLED MY MOM AND
WAS RELIEVED THAT SHE IS
STILL SAFE", 2016**
Inkjetprint auf Polyester-Satin
Inkjet print on polyester satin
Dimensionen variabel / Dimensions variable

**"IT'S ALL GOOD IN ITALICS",
2016**
Inkjetprint auf Polyester-Fine-Mesh
Inkjet print on fine polyester mesh
Dimensionen variabel / Dimensions variable

"HD", 2016
Inkjetprint auf Polyester-Mesh
Inkjet print on polyester mesh
Dimensionen variabel / Dimensions variable

"MALL-E", 2016
HD-Film, 2'48", Farbe, Ton
HD film, 2'48", colour, sound

GWENN THOMAS

TWILIGHT, 1975
Silbergelatineprint
Silver gelatin print
28 × 35 cm

WOLFGANG TILLMANS

LA STILL LIFE, 2001
Ungerahmter Inkjetprint auf Papier
Unframed inkjet print on paper
138 × 208 cm

HEARTBEAT / ARMPIT, 2003
Video, 2'27", Farbe, kein Ton
Video, 2'27", colour, no sound

NACKT, 2003
Ungerahmter Inkjetprint
Unframed inkjet print
207 × 138 cm

PEAS, 2003
Video, 2'42", Farbe, Ton
Video, 2'42", colour, sound

RYAN TRECARTIN

TRILL-OGY COMP., 2009
Mixed-Media-HD-Videoinstallation, 3 Videos,
bestehend aus:
Mixed-media HD video installation, three
videos, consisting of:

**P.OPULAR S.KY (SECTION
ISH), 2009**
HD-Video, 43'51", Farbe, Ton, Picknicktische
mit integrierten Bänken
HD video, 43'51", colour, sound, picnic tables
with integrated benches

**K-COREAINC.K (SECTION A),
2009**
HD-Video, 33'05", Farbe, Ton, Konferenz-
tisch, Bürostühle
HD video, 33'05", colour, sound, conference
table, office chairs

**SIBLING TOPICS (SECTION A),
2009**
HD-Video, 50', Farbe, Ton, Flugzeugsitze
HD video, 50', colour, sound, aeroplane seats

ROSEMARIE TROCKEL

EI-DORADO, 1992 / 93
Video, 1'57", S/W, Ton
Video, 1'57", b/w, sound

**EGG-TRYING TO GET WARM
(VERSUCH NACH MACH),
1994**
Video, 4'15", S/W, Ton
Video, 4'15", b/w, sound

INTERVIEW, 1994
Video, 2', S/W, Ton
Video, 2', b/w, sound

KON TRUBKOVICH

REPEAT OFFENDERS, 2006
Video, 11', Farbe, Ton
Video, 11', colour, sound

WU TSANG

WILDNESS, 2012
HD-Video, 74', Farbe, Ton
HD video, 74', colour, sound

A DAY IN THE LIFE OF BLISS, 2014
Zweikanal-HD-Videoinstallation plus dritter Textkanal, 2 Projektionsscreens, 1 verspiegeltes Projektionsglas, 1 Zweiwegespiegel-Projektionsglas, 20'26", Farbe, Ton
Two-channel HD video installation plus third text channel, 2 projection screens, 1 mirror screen, 1 two-way mirror screen, 20'26", colour, sound

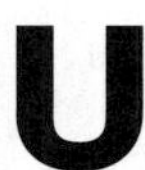

U

ULAY & MARINA ABRAMOVIĆ

A PERFORMANCE ANTHOLOGY (1975–1980) I–III

I A PERFORMANCE ANTHOLOGY (1975–1980)

FOUR PERFORMANCES BY MARINA ABRAMOVIĆ, 1975/76

ART MUST BE BEAUTIFUL, ARTIST MUST BE BEAUTIFUL, 1975
Video, 14'14", S/W, Ton
Video, 14'14", b/w, sound

FREEING THE VOICE, 1976
Video, 14', S/W, Ton
Video, 14', b/w, sound

FREEING THE MEMORY, 1976
Video, 15'20", S/W, Ton
Video, 15'20", b/w, sound

FREEING THE BODY, 1976
Video, 9'08", S/W, Ton
Video, 9'08", b/w, sound

ACTION IN 14 PREDETERMINED SEQUENCES

THERE IS A CRIMINAL TOUCH TO ART, 1976
Video, 25'48", S/W, Ton
Video, 25'48", b/w, sound

14 PERFORMANCES: RELATION WORK, 1976–1980

RELATION IN SPACE, 1976
Video, 14'38", S/W, Ton
Video, 14'38", b/w, sound

TALKING ABOUT SIMILARITY, 1976
Video, 10'09", S/W, Ton
Video, 10'09", b/w, sound

BREATHING IN, BREATHING OUT, 1977
Video, 11'33", S/W, Ton
Video, 11'33", b/w, sound

IMPONDERABILIA, 1977
Video, 9'55", S/W, Ton
Video, 9'55", b/w, sound

EXPANSION IN SPACE, 1977
Video, 14'21", S/W, Ton
Video, 14'21", b/w, sound

RELATION IN MOVEMENT, 1977
Video, 13'21", S/W, Ton
Video, 13'21", b/w, sound

RELATION IN TIME, 1977
Video, 12', S/W, Ton
Video, 12', b/w, sound

LIGHT/DARK, 1977
Video, 6'40", S/W, Ton
Video, 6'40", b/w, sound

BALANCE PROOF, 1977
Video, 8'46", S/W, Ton
Video, 8'46", b/w, sound

AAA-AAA, 1978
Video, 10'20", S/W, Ton
Video, 10'20", b/w, sound

INCISION, 1978
Video, 10'29", S/W, Ton
Video, 10'29", b/w, sound

KAISERSCHNITT, 1978
Video, 7'03", S/W, Ton
Video, 7'03", b/w, sound

CHARGED SPACE, 1978
Video, 8'27", S/W, Ton
Video, 8'27", b/w, sound

THREE, 1978
Video, 10'10", S/W, Ton
Video, 10'10", b/w, sound

II MODUS VIVENDI (1979–1986)

COMMUNIST BODY / FASCIST BODY, 1979
Video, 41'45", Farbe, Ton
Video, 41'45", colour, sound

THAT SELF, 1980
Video, 45'59", Farbe, Ton
Video, 45'59", colour, sound

ANIMA MUNDI, 1983
Video, 6'51", Farbe, Ton
Video, 6'51", colour, sound

POSITIVE ZERO, 1983
Video, 15'08", Farbe, Ton
Video, 15'08", colour, sound

MODUS VIVENDI, 1985
Video, 11'26", Farbe, Ton
Video, 11'26", colour, sound

NIGHT SEA CROSSING CONJUNCTION, 1983
Video, 2'08", Farbe, Ton
Video, 2'08", colour, sound

THE OBSERVER (WITH RÉMY ZAUGG), 1984
Video, 6'05", Farbe, Ton
Video, 6'05", colour, sound

III CONTINENTAL VIDEO SERIES (1983–1986)

CITY OF ANGELS, 1983
Video, 20'07", Farbe, Ton
Video, 20'07", colour, sound

TERRA DEGLA DEA MADRE, 1984
Video, 15'15", Farbe, Ton
Video, 15'15", colour, sound

TERMINAL GARDEN, 1986
Video, 19'18", Farbe, Ton
Video, 19'18", colour, sound

CHINA RING (UNEDITED VIDEO NOTEBOOK), 1986
Video, 99'06", S/W, Farbe, Ton
Video, 99'06", b/w, colour, sound

AMALIA ULMAN

WHITE FLAG EMOJI 1, 2015
HD-Video, 8", Farbe, Ton
HD video, 8", colour, sound

WHITE FLAG EMOJI 1, 2015
HD-Video, 8", Farbe, Ton
HD video, 8", colour, sound

WHITE FLAG EMOJI 2, 2015
HD-Video, 8", Farbe, Ton
HD video, 8", colour, sound

WHITE FLAG EMOJI 3, 2015
HD-Video, 7", Farbe, Ton
HD video, 7", colour, sound

WHITE FLAG EMOJI 4, 2015
HD-Video, 5", Farbe, Ton
HD video, 5", colour, sound

WHITE FLAG EMOJI 5, 2015
Video, 5", Farbe, Ton
Video, 5", colour, sound

WHITE FLAG EMOJI 6, 2015
HD-Video, 7", Farbe, Ton
HD video, 7", colour, sound

V

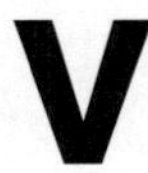

NADIM VARDAG

UNTITLED, 2011
S/W-Fotografie
B/w photograph
81 × 107 cm

STEINA VASULKA

VIOLIN POWER, 1970–1978
Video, 10'04", S/W, Ton
Video, 10'04", b/w, sound

BILL VIOLA

**THE REFLECTING POOL –
COLLECTED WORK,
1977–1980**
Bestehend aus / Consisting of:

**THE REFLECTING POOL,
1977–1979**
Video, 7', Farbe, kein Ton
Video, 7', colour, no sound

ANCIENT DAYS, 1979–1981
Video, 12'21", Farbe, Ton
Video, 12' 21", colour, sound

SILENT LIFE, 1979
Video, 13'14", Farbe, Ton
Video, 13' 14", colour, sound

**VEGETABLE MEMORY,
1978–1980**
Video, 15'13", Farbe, Ton
Video, 15'13", colour, sound

MOONBLOOD, 1977–1979
Video, 12'48", Farbe, Ton
Video, 12'48", colour, sound

**HATSU-YUME (FIRST
DREAM), 1981**
HD-video, 57'33", Farbe, Ton
HD video, 57'33", colour, sound

STEPHEN VITIELLO

**IN THE WOODS (AFTER TANA
FRENCH), 2015**
Audiodatei, 3'01"
Sound file, 3'01"

**RATNER'S STAR (AFTER DON
DELILLO), 2015**
Audiodatei, 3'01"
Sound file, 3'01"

**STARS IN MY POCKET LIKE
GRAINS OF SAND (AFTER
SAMUEL DELANEY), 2015**
Audiodatei, 3'02"
Sound file, 3'02"

**THE BONE CLOCKS (AFTER
DAVID MITCHELL), 2015**
Audiodatei, 2'56"
Sound file, 2'56"

**THE WAVES (AFTER VIRGINIA
WOOLF), 2015**
Audiodatei, 3'01"
Sound file, 3'01"

**THE WRATH OF ANGELS
(AFTER JOHN CONNOLLY),
2015**
Audiodatei, 3'
Sound file, 3'

W

CLEMENS VON
WEDEMEYER

**BIG BUSINESS + THE
MAKING OF BIG BUSINESS,
2002**
Zweikanal-Videoinstallation, bestehend aus:
Two-channel video installation, consisting of:

BIG BUSINESS, 2002
Video, 25', Farbe, Ton
Video, 25', colour, sound

**THE MAKING OF BIG
BUSINESS, 2002**
Video, 27', Farbe, Ton
Video, 27', colour, sound

**SILBERHÖHE + DIE
SIEDLUNG, 2003/04**
Zweikanal-Videoinstallation, bestehend aus:
Two-channel video installation, consisting of:

SILBERHÖHE, 2003
35-mm-Film, transferiert auf Video, 10',
Farbe, Ton
35 mm film transferred to video, 10', colour,
sound

DIE SIEDLUNG, 2004
Video, 20', Farbe, Ton
Video, 20', colour, sound

**DAS BILDERMUSEUM
BRENNT, 2004/05**
Dreikanal-Videoinstallation auf 3 Screens,
27', (3 × 9'), Farbe, Ton
Three-channel video installation on 3 screens,
27', (3 × 9'), colour, sound

CLEMENS VON
WEDEMEYER & MAYA
SCHWEIZER

RIEN DU TOUT, 2006
35-mm-Film, transferiert auf Video, 30',
Farbe, Ton
35 mm film transferred to video, 30', colour,
sound

WILLIAM WEGMAN

**SELECTIONS FROM 1970–1978,
1981**
Video, 19'11", S/W, Ton, bestehend aus:
Video, 19'11", b/w, colour, sound, consisting of:

**MILK/FLOOR
STOMACH SONG
RANDY'S SICK
POCKETBOOK MAN
ANET AND ABTU
OUT AND IN
RAGE AND DEPRESSION
MASSAGE CHAIR
CROOKED FINGER,
CROOKED STICK
DEODORANT
GROWL
SPELLING LESSON
DRINKING MILK
DOG DUET
STARTER
BAD MOVIES
HOUSE FOR SALE
BASEBALL OVER
HORSESHOES**

LAWRENCE WEINER

INHERENT IN THE RHUMB LINE, 2005
Video, 7'25", Farbe, kein Ton
Video, 7'25", colour, no sound

ANDRO WEKUA

NEVER SLEEP WITH A STRAWBERRY IN YOUR MOUTH, 2010
HD-Video, 15', Farbe, Ton
HD video, 15', colour, sound

SHOULD BE TITLED, 2010/11
Skulptur; Wachsfigur, PU-Schaum, Stahl, Baumwolle, Kunsthaar, Pigmente, Farbe, Aluminiumguss, Kunststoff
Sculpture; wax figure, polyurethane foam, steel, cotton, artificial hair, pigments, paint, cast aluminum, plastic
65 × 185 × 60 cm

FRANZ WEST

OHNE TITEL (L28), 2006
Lichtobjekt; Fiberglas, Epoxidharz, Metall
Light object; fibreglass, epoxy resin, metal
299 × 110 × 110 cm

OHNE TITEL (L31), 2006
Lichtobjekt; Fiberglas, Epoxidharz, Metall
Light object fibreglass, epoxy resin, metal
265 × 113 × 113 cm

K095, K104, K107, K108, K116, K117, K118, K121, K122, K126, K130, K131, 2011
12 Künstlerstühle; Nirosta, Epoxidharz, Acryllack
12 artist chairs; nirosta, epoxy resin, acrylic lacquer
Je / Each 85 × 45 × 55 cm

CHRISTOPH WESTERMEIER

BLAKER, 2011
Installation; C-print, Holz, Glas, Lack
Installation; c-print, wood, glass, lacquer
250 × 160 × 10 cm

LÜSTER, 2011
Installation; C-print, Holz, Glas, Lack
Installation; c-print, wood, glass, lacquer
250 × 160 × 10 cm

NANCY, PAMELA, THOMAS, DIANA, UNITY, JESSICA, DEBORAH, 2011
Fine Art Print
Fine art print
52 × 39 cm

BARBARIAN + CLASSICS, 2012
8 S/W-Fotoprints, 2 Hochformate, 6 Querformate
8 b/w photo prints, 2 portrait formats, 6 landscape formats
Je / Each 21 × 30 cm, 30 × 21 cm

HANNAH WILKE

GESTURES, 1974
Video, 35'30", S/W, Ton
Video, 35'30", b/w, sound

HELLO BOYS, 1975
Video, 12', S/W, Ton
Video, 12', b/w, sound

HANNAH WILKE THROUGH THE LARGE GLASS, 1976
16-mm-Film, transferiert auf Video, 10', Farbe, Ton
16 mm film, transferred to video, 10', colour, no sound

PHILLY, 1977
Video, 32', S/W, Ton
Video, 32', b/w, sound

INTERCOURSE WITH …, 1978
Video, 27', S/W, Ton
Video, 27', b/w, sound

CHLOE WISE

DO YOU REALLY THINK HE FINGERED HER, 2015
HD-Video, 1'03", Farbe, Ton
HD video, 1'03", colour, sound

SHE'S SO TALENTED, 2015
HD-Video, 1'06", Farbe, Ton
HD video, 1'06", colour, sound

SHOULD I ADD AN EMOJI, 2015
HD-Video, 1'03", Farbe, Ton
HD video, 1'03", colour, sound

THE HOTEL GAVE US WINE, 2015
HD-Video, 58", Farbe, Ton
HD video, 58", colour, sound

WE HAD A TRAUMATIC THREEWAY, 2015
HD-Video, 1'03", Farbe, Ton
HD video, 1'03", colour, sound

WE'VE BEEN DRINKING SINCE NOON, 2015
HD-Video, 2'09", Farbe, Ton
HD video, 2'09", colour, sound

JORDAN WOLFSON

STAR FIELD (MONTH 25), 2004
16-mm-Film, 4', S/W, kein Ton
16 mm film, 4', b/w, no sound

X
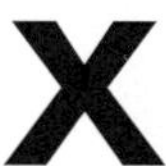

GUAN XIAO

WEATHER FORECAST, 2016
Dreikanal-HD-Videoinstallation, 12'48", Farbe, Ton
Three-channel HD video installation, 12'48", colour, sound

Y
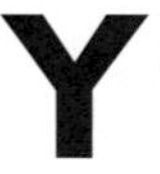

AMIR YATZIV

THE NATIONAL PARK, 2013
HD-Video, 5'39", Farbe, Ton
HD video, 5'39", colour, sound

HAUSBAUMASCHINE, 2013
Mixed-Media-Videoinstallation, HD-Video, 7'39", Farbe, Ton, 3D-Druckmodell aus Nylonkunststoff, 29,7 x 18,4 x 25,5 cm, Buch **Bauordnungslehre (BOL)** (Ernst Neufert, hrsg. von Albert Speer, 1943, Erstausgabe)
Mixed-media video installation, HD video, 7'39", colour, sound, 3D print model made of nylon, 29.7 x 18.4 x 25.5 cm, book **Bauordnungslehre (BOL)** (Ernst Neufert, ed. Albert Speer, 1943, first edition)

ANICKA YI

ESCAPE FROM THE SHADE 5, 2016
Skulptur; Epoxidharz, Edelstahl, Glühbirnen,
Display einer Digitaluhr, Draht
Sculpture; epoxy resin, stainless steel, light
bulbs, digital clock interface, wire
105 × 62 × 59 cm

THE FLAVOR GENOME, 2016
3D-Videoinstallation, 22', Farbe, Ton
3D video installation, 22', colour, sound

BRUCE AND NORMAN YONEMOTO

VAULT, 1984
Video, 11'45", Farbe, Ton
Video, 11'45", colour, sound

AARON YOUNG

HIGH PERFORMANCE, 2000
Video, 3', Farbe, Ton
Video, 3', colour, sound

GOOD BOY, 2001
Video, 2'05", Farbe, Ton
Video, 2'05", colour, sound

FREEFORMDOME, 2003
C-Print, Diasec
C-print, diasec
122 × 153 cm

WHITE CONS, 2003
Video, 3', Farbe, Ton
Video, 3', colour, sound

TENDER BUTTONS WITH MIRRORS, 2004
Sculptur; bemalter Stahl, Pilotensonnen-
brillen
Sculpture; painted steel, aviator sunglasses
244 × 35,5 × 35,5 cm

FREEDOM FRIES, 2005
Video, 4', Farbe, Ton
Video, 4', colour, sound

I.P.O. (25 OFFERINGS), 2006
C-Print auf Aluminium
C-print on aluminium
152 × 122 cm

Z

TOBIAS ZIELONY

LE VELE DI SCAMPIA, 2009
HD-Video, Stop-Motion, 9'16", Farbe,
kein Ton
HD video, stop motion, 9'16", colour, no sound

DER BRIEF (THE LETTER), 2013
HD-Video, Stop-Motion, 4'26", Farbe, Ton
HD video, stop motion, 4'26", colour, sound

THE STREET (C.P.A.), 2013
HD-Video, Stop-Motion, 1'57", Farbe,
kein Ton
HD video, stop motion, 1'57", colour, no sound

AUSSTELLUNGEN EXHIBITIONS 2007–2017

JULIA STOSCHEK COLLECTION DÜSSELDORF

NUMBER ONE: DESTROY, SHE SAID
2007/08

Doug Aitken, Francis Alÿs, Heike Baranowsky, Dara Birnbaum, Monica Bonvicini, Robert Boyd, Lonnie van Brummelen, Anthony Burdin, Jeff Burton, Paul Chan, Thomas Demand, Olafur Eliasson, Dara Friedman, Kate Gilmore, Douglas Gordon, Manuel Graf, Dan Graham, Jeppe Hein, Christian Jankowski, Joan Jonas, Mark Leckey, Klara Lidén, Gordon Matta-Clark, Anthony McCall, Adam McEwen, Bruce Nauman, Tony Oursler, Paul Pfeiffer, Reynold Reynolds & Patrick Jolley, Pipilotti Rist, Thiago Rocha Pitta, Natascha Sadr Haghighian, Taryn Simon, Robert Smithson, Mathilde ter Heijne, Kon Trubkovich, Ulay & Marina Abramović, Bill Viola, Clemens von Wedemeyer, Aaron Young

NUMBER TWO: FRAGILE
2008/09

Marina Abramović, Vito Acconci, Peggy Ahwesh, Walead Beshty, John Bock, Chris Burden, Janet Cardiff & George Bures Miller, Paul Chan, Patty Chang, Jen DeNike, Nathalie Djurberg, Cheryl Donegan, Encyclopedia Pictura/Björk, Kate Gilmore, Cao Guimarães, Terence Koh, Alex McQuilkin, Nandipha Mntambo, Lutz Mommartz, Bruce Nauman, Rob Pruitt, Adam Putnam, Pipilotti Rist, Torbjørn Rødland, Mika Rottenberg, Katharina Sieverding, Rosemarie Trockel, Hannah Wilke, Aaron Young

NUMBER THREE: HERE AND NOW
2009/10

Marina Abramović, Allora & Calzadilla, Jérôme Bel, John Bock, Keren Cytter, Jen DeNike, Saskia de Keyser, Bert Didillon, Stefan Ettlinger, Andrea Fraser, Dara Friedman, Manuel Graf, Sharon Hayes, Emma Hedditch, Eunhye Hwang, Christian Jankowski, Joan Jonas, Ragnar Kjartansson, Andreas Korte, Eva Meyer-Keller, Xavier Le Roy, Michalis Nicolaides, Cornelius Quabeck, Jimmy Robert, Tino Sehgal, Annette Sonnenwend & Michael Strasser (Cie. Agar Agar), Nico Vascellari, Sven Vieweg, Tris Vonna-Michell, Ian White, Ww, Andrea Zittel

100 YEARS (VERSION #1, DUESSELDORF)
2009/10

Lida Abdul, Allora & Calzadilla, Francis Alÿs, Laurie Anderson, Matthew Barney, Vanessa Beecroft, Jérôme Bel, Joseph Beuys, John Bock, Trisha Brown, James Lee Byars, Patty Chang, Christo & Jeanne-Claude, René Clair, Der Plan, Cheryl Donegan, Valie Export, Öyvind Fahlström, Simone Forti, Regina José Galindo, Dan Graham, Martha Graham, Anna Halprin, Sharon Hayes, Antony Hegarty, Hobbypopmuseum, Rebecca Horn, Tehching Hsieh, Zhang Huan, Jamie Isenstein, Christian Jankowski, Joan Jonas, Martin Kippenberger, Yves Klein, Kraftwerk, Yayoi Kusama, Sigalit Landau, Klara Lidén, Gordon Matta-Clark, Ursula Mayer, Ana Mendieta, Klaus Mettig, Meyerhold, Laurel Nakadate, Roman Ondák, Yoko Ono, Philippe Parreno, Adrian Piper, Yvonne Rainer, Robin Rhode, Martha Rosler, Oskar Schlemmer, Christoph Schlingensief, Gerry Schum, Katharina Sieverding, Santiago Sierra, Smith/Stewart, Carolee Schneemann, Tony Tasset, Rikrit Tiravanija, Ryan Trecartin, Günther Uecker, Ulay & Marina Abramović, Francesco Vezzoli, Guido van der Werve, Mary Wigman, Aaron Young, Andrea Zittel

NUMBER FOUR: DEREK JARMAN
2010/11

**NUMBER FIVE: CITIES OF
GOLD AND MIRRORS**
2011/12

Francis Alÿs, Charles Atlas,
Salvatore Bevilacqua, Johanna
Billing, David Claerbout, Jane
Crawford, Keren Cytter, Simon
Denny, Olafur Eliasson, Robert
Fiore, Cyprien Gaillard,
Andreas Gursky, Nancy Holt,
Das Institut (Kerstin Brätsch &
Adele Röder), Zilvinas
Kempinas, Jon Kessler, Mark
Manders, Gordon Matta-Clark,
Jessica Mein, Adrian Paci,
Oliver Payne, Davide Pepe,
Rob Pruitt, Nick Relph, Robin
Rhode, Christoph
Schlingensief, Jeremy Shaw,
Robert Smithson, Wolfgang
Tillmans, Clemens von
Wedemeyer, Andro Wekua,
Christoph Westermeier,
Tobias Zielony

**NUMBER SIX:
FLAMING CREATURES**
2012/13

John Bock, Lizzie Fitch, Birgit
Hein, Mike Kelley, Paul
McCarthy, Bruce Nauman, Tony
Oursler, Paper Rad, Peaches,
Aura Rosenberg, Ed Ruscha,
Jack Smith, Gwenn Thomas,
Ryan Trecartin

**NUMBER SEVEN:
ED ATKINS/FRANCES
STARK**
2013/14

**NATHALIE DJURBERG:
THE EXPERIMENT**
2014

**NUMBER EIGHT:
STURTEVANT**
2014

**NUMBER NINE:
ELIZABETH PRICE**
2015

**WU TSANG: A DAY IN THE
LIFE OF BLISS**
2015

**NUMBER TEN:
TRISHA DONNELLY**
2015

**NUMBER ELEVEN:
CYPRIEN GAILLARD**
2015/16

**NUMBER TWELVE:
HELLO BOYS**
2016

Eleanor Antin, Lutz Bacher,
Lynda Benglis, Jen DeNike,
Trisha Donnelly, Valie Export,
Barbara Hammer, Joan Jonas,
Marie-Jo Lafontaine, Klara
Lidén, Martha Rosler, Gwenn
Thomas, Hannah Wilke

**NUMBER THIRTEEN:
FACTORY OF THE
SUN – HITO STEYERL
&
MISSED CONNECTIONS**
2016/17

Morehshin Allahyari, Hamishi
Farah, Devin Kenny, Lawrence
Lek, Sandra Mujinga, Sondra
Perry

**JULIA STOSCHEK
COLLECTION BERLIN**

**WELT AM DRAHT
2016**

Ed Atkins, Neïl Beloufa,
Hannah Black, Ian Cheng,
Loretta Fahrenholz, Cao Fei,
Melanie Gilligan, Camille
Henrot, Juliana Huxtable,
K-Hole, Josh Kline, Helen
Marten, Jon Rafman, Rachel
Rose, Timur Si-Qin, Frances
Stark, Hito Steyerl, Britta Thie,
Wu Tsang, Amir Yatziv

**JAGUARS AND
ELECTRIC EELS
2017**

Doug Aitken, Kader Attia,
Heike Baranowsky, Trisha
Donnelly, Juan Downey,
Encyclopedia Pictura/Björk,
Cyprien Gaillard, Ryan Gander,
Manuel Graf, Cao Guimarães,
Nancy Holt & Robert
Smithson, Donna Huanca,
Martin Honert, Isaac Julien,
Simon Martin, Nandipha
Mntambo, Ana Mendieta, Paul
Pfeiffer, Ben Rivers, Natascha
Sadr Haghighian, Sturtevant,
James Richards & Leslie
Thornton, Bill Viola, Guan
Xiao, Anicka Yi, Aaron Young

**KOOPERATIONEN /
PROJEKTE
COOPERATIONS /
PROJECTS**

**VIDEO KOOP, KIT –
KUNST IM TUNNEL,
DÜSSELDORF
2008**

Andreas Bunte, Christiane
Fochtmann, Manuel Graf,
Andreas Korte, Bianca Voss,
Jan Wagner

**RHINE ON THE DNIPRO:
JULIA STOSCHEK
COLLECTION/ANDREAS
GURSKY, PINCHUK ART
CENTRE, KIEV
2008**

Doug Aitken, Monica
Bonvicini, Robert Boyd, Kate
Gilmore, Manuel Graf,
Christian Jankowski, Mark
Leckey, Klara Lidén, Gordon
Matta-Clark, Anthony McCall,
Bruce Nauman, Tony Oursler,
Reynold Reynolds & Patrick
Jolley, Robert Smithson,
Aaron Young

**OUT OF SPACE 1:
CAO FEI – WHOSE
UTOPIA
GLORIAHALLE,
DÜSSELDORF
2009**

**I WANT TO SEE HOW YOU
SEE – JULIA STOSCHEK
COLLECTION,
DEICHTORHALLEN,
HAMBURG
2010**

Marina Abramović, Vito
Acconci, Pep Agut, Peggy
Ahwesh, Doug Aitken, Eleanor
Antin, Heike Baranowsky,
Lynda Benglis, Walead Beshty,
Monica Bonvicini, Robert

Boyd, Chris Burden, Jeff
Burton, Matt Calderwood,
Paul Chan, Patty Chang,
Thomas Demand, Jen DeNike,
Nathalie Djurberg,
Encyclopedia Pictura/Björk,
Claus Föttinger, Douglas
Gordon, Cao Guimarães,
Andreas Gursky, Jeppe Hein,
Christian Jankowski, Isaac
Julien, Terence Koh, Klara
Lidén, Gordon Matta-Clark,
Anthony McCall, Adam
McEwen, Alex McQuilkin,
Nandipha Mntambo, Lutz
Mommartz, Bruce Nauman,
Carsten Nicolai, Tony Oursler,
Paul Pfeiffer, Rob Pruitt,
Pipilotti Rist, Aura Rosenberg,
Martha Rosler, Mika
Rottenberg, Thomas Ruff,
Christoph Schlingensief,
Carolee Schneemann, Taryn
Simon, Wolfgang Tillmans,
Steina Vasulka, Clemens von
Wedemeyer, Franz West,
Hannah Wilke, Aaron Young

ENTROPY OF A CITY –
JULIA STOSCHEK
COLLECTION,
MŰCSARNOK/
KUNSTHALLE BUDAPEST
2013–2014

Francis Alÿs, Lonnie van
Brummelen, Cao Fei, Cyprien
Gaillard, Klara Lidén, Helen
Marten, Gordon Matta-Clark,
Robert Smithson, Clemens
von Wedemeyer, Andro
Wekua, Tobias Zielony

HIGH PERFORMANCE –
ZEITBASIERTE
MEDIENKUNST SEIT
1996. DIE JULIA
STOSCHEK COLLECTION
ZU GAST IM ZKM,
KARLSRUHE
2014

Doug Aitken, Francis Alÿs, Ed
Atkins, Allora & Calzadilla,
Trisha Baga, John Bock,
Monika Bonvicini, Robert
Boyd, Matthew Buckingham,

Paul Chan, Keren Cytter,
Simon Denny, Cyprien
Gaillard, Christian Jankowski,
Jesper Just, Mike Kelley, Klara
Lidén, Helen Marten, Tony
Oursler, Mika Rottenberg,
Mathilde ter Heijne, Ryan
Trecartin, Clemens von
Wedemeyer, Andro Wekua,
Aaron Young, Tobias Zielony

TURN ON –
ZEITBASIERTE
MEDIENKUNST AUS DER
JULIA STOSCHEK
COLLECTION, TEL AVIV
MUSEUM OF ART,
TEL AVIV
2015

Marina Abramović, Ed Atkins,
Johanna Billing, Monica
Bonvicini, Paul Chan, Keren
Cytter, Nathalie Djurberg &
Hans Berg, Jesper Just, Klara
Lidén, Helen Marten, Adrian
Paci, Seth Price, Christoph
Schlingensief, Sturtevant,
Mathilde Ter Heijne, Andro
Wekua

THE NEW HUMAN –
YOU AND I IN GLOBAL
WONDERLAND,
MODERNA MUSEET
MALMÖ
2015

Ed Atkins, Trisha Baga, Yael
Bartana, Robert Boyd, Loulou
Cherinet, Ioana Cojocario, Cao
Fei, Esra Ersen, Isaac Julien,
Helen Marten, Santiago
Mostyn, Adrian Paci, Tomáš
Rafa, Mika Rottenberg,
Frances Stark, Ryan Trecartin,
Ferhat Özgür

THE NEW HUMAN –
KNOCK, KNOCK IS
ANYONE HOME?
MODERNA MUSEET
MALMÖ
2016

Ed Atkins, Harun Farocki,
Kerstin Hamilton, Helen
Marten, Daria Martin, Ursula
Mayer, Mika Rottenberg,
Superflex, Ryan Trecartin

THE NEW HUMAN,
MODERNA MUSEET
STOCKHOLM
2016/17

Adel Abdessemed, Ed Atkins,
Robert Boyd, Esra Ersen,
Harun Farocki, Kerstin
Hamilton, Daria Martin,
Santiago Mostyn, Ursula
Mayer, Adrian Paci, Tomáš
Rafa, Frances Stark, Hito
Steyerl, Superflex, Ryan
Trecartin

Diese Publikation erscheint anlässlich der Ausstellung
This book is published in conjunction with the exhibition

GENERATION LOSS
10 YEARS JULIA STOSCHEK COLLECTION

JULIA STOSCHEK COLLECTION, Düsseldorf
10. Juni 2017 – 10. Juni 2018
10 June 2017 – 10 June 2018

HERAUSGEBER / PUBLISHER
JULIA STOSCHEK FOUNDATION e.V.,
Düsseldorf

KURATORISCHES KONZEPT / CURATORIAL CONCEPT
Ed Atkins

AUTOREN / AUTHORS
Ed Atkins, Monika Kerkmann, Julia Stoschek,
Andreas Weisser

REDAKTION / EDITOR
Anna-Alexandra Pfau

TEXTREDAKTION / TEXT EDITING
Monika Kerkmann, Anna-Alexandra Pfau,
Anke Volkmer

ZITATRECHERCHE / CITATION RESEARCH
Irene Bretscher, Kathrin Jentjens, Katharina
Neudeck

BILDREDAKTION / PHOTO EDITING
Irene Bretscher, Katharina Neudeck, Anna-
Alexandra Pfau, Şirin Şimşek, Anke Volkmer

VERZEICHNIS BESTANDSKATALOG / LIST OF COLLECTION CATALOGUE
Monika Kerkmann, Anke Volkmer

VERZEICHNIS DER KÜNSTLERBIOGRAFIEN & AUSSTELLUNGEN / LISTS OF ARTIST BIOGRAPHIES & EXHIBITIONS
Katharina Neudeck

GESTALTUNG / GRAPHIC DESIGN
DOUBLE STANDARDS, Berlin
Julia Egger, Aletta Heinsohn, Tien Nguyen The,
Chris Rehberger

PROJEKTMANAGEMENT / PROJECT MANAGEMENT
Kerber Verlag: Kathleen Herfurth
JULIA STOSCHEK COLLECTION:
Anna-Alexandra Pfau

ÜBERSETZUNGEN / TRANSLATIONS
Amy Klement, Kurt Rehkopf,
Alexandra Titze-Grabec

LEKTORAT / COPY-EDITING
Deutsch / German: Kerber Verlag
Englisch / English: Kerber Verlag

SCHRIFT / TYPEFACE
Berthold Akzidenz Grotesk

PAPIER / PAPER
Novatech matt 115 g (Antalis)
Novatech gloss 170 g (Antalis)
Planoscript 70 g

Die Deutsche Nationalbibliothek verzeichnet diese Publikation in der Deutschen National-bibliografie; detaillierte bibliografische Daten sind im Internet über http://dnb.dnb.de abrufbar.
The Deutsche Nationalbibliothek lists this publication in the Deutsche Nationalbibliografie; detailed bibliographic data are available on the Internet at http://dnb.dnb.de.

VERTRIEB / PUBLISHED BY
Kerber Verlag, Bielefeld
Windelsbleicher Str. 166–170
33659 Bielefeld
Germany
T. 0049 / 521 / 9500810
F. 0049 / 521 / 9500888
info@kerberverlag.com

ARTBOOK | D.A.P.
75 Broad Street, Suite 630
New York, NY 10004
USA
T. 001 / 212 / 6271999
F. 001 / 212 / 6279484

Kerber-Publikationen werden weltweit in führenden Buchhandlungen und Museums-shops angeboten (Vertrieb in Europa, Asien, Nord- und Südamerika).
Kerber publications are available in selected bookstores and museum shops worldwide (distributed in Europe, Asia, South and North America).

ISBN 978-3-7356-0384-5
www.kerberverlag.com

Printed in Germany

JULIA STOSCHEK COLLECTION
Schanzenstrasse 54
40549 Düsseldorf
Germany
T. 0049 / 211 / 5858840
F. 0049 / 211 / 58588419
info@julia-stoschek-collection.net
www.julia-stoschek-collection.net

JULIA STOSCHEK
Sammlerin und Gründerin der
JULIA STOSCHEK COLLECTION /
Collector and founder of the
JULIA STOSCHEK COLLECTION

MONIKA KERKMANN
Direktorin / Director
Presse- und Öffentlichkeitsarbeit /
Press and public relations
Sammlung und Künstler /
Collection and artists
Publikationen / Publications

ANKE VOLKMER
Wissenschaftliche Mitarbeiterin /
Research Associate
Ausstellung / Exhibition
Sammlung und Künstler /
Collection and artists
Publikationen / Publications
Besucherservice / Visitor service

ANNA-ALEXANDRA PFAU
Wissenschaftliche Mitarbeiterin /
Research Associate
Leitung Public Programme /
Head of Public Programme
Sammlung und Künstler /
Collection and artists
Publikationen / Publications

ANDREAS KORTE
Ausstellungsplanung und -technik /
Exhibtion planning and exhibition technology

CHRISTIAN KUMMETAT
Leitung Gebäudetechnik /
Head of Building Technology

ŞIRIN ŞIMŞEK
Assistentin / Assistant
Visuelle Kommunikation / Sammlung
Visual communication / collection
Bibliothek / Library
Publikationen / Publications

KATHARINA NEUDECK
Assistentin / Assistant
Presse- und Öffentlichkeitsarbeit /
Press and public relations

FRED FLOR
Medientechnik / Media technology

LLUÏSA SÀRRIES I ZGONC
Konservatorische und restauratorische
Betreuung / Conservation and restoration
advice

ANDREAS WEISSER
Konservatorische und restauratorische
Betreuung für audio-visuelle Medien /
Conservation and restoration advice for
audio-visual media

ELKE KANIA
Freie wissenschaftliche Mitarbeiterin Kunst-
vermittlung / Freelance research assistant in
art education

DR. EMMANUEL MIR
Freier wissenschaftlicher Mitarbeiter Kunst-
vermittlung / Freelance research assistant in
art education

KATHRIN JENTJENS
Freie wissenschaftliche Mitarbeiterin Kunst-
vermittlung / Freelance research assistant in
art education

IRENE BRETSCHER
Praktikantin / Intern

**JULIA STOSCHEK
COLLECTION BERLIN**

PAOLA MALAVASSI
Leitung Organisation
Head of Organisation

CAMILLA GEIER
Assistenz / Assistant
Organisation / Organisation